COORDINADORES:

FRANCISCO JAVIER CASTEJÓN OLIVA
FRANCISCO JAVIER GIMÉNEZ FUENTES-GUERRA
FRANCISCO JIMÉNEZ JIMÉNEZ
VÍCTOR LÓPEZ ROS

INVESTIGACIONES EN FORMACIÓN DEPORTIVA

Título:	INVESTIGACIONES EN FORMACIÓN DEPORTIVA.
Autores:	FRANCISCO JAVIER CASTEJÓN OLIVA, FRANCISCO JAVIER GIMÉNEZ FUENTES-GUERRA, FRANCISCO JIMÉNEZ JIMÉNEZ Y VÍCTOR LÓPEZ ROS (COORDINADORES)
Editorial:	WANCEULEN EDITORIAL DEPORTIVA, S.L. C/ Cristo del Desamparo y Abandono, 56 41006 SEVILLA Tlfs 954656661 y 954920298
ISBN:	978-84-9993-296-5
Dep. Legal:	SE-1184-2013
©Copyright:	WANCEULEN EDITORIAL DEPORTIVA, S.L.
Primera Edición:	Año 2013
Impreso en España:	Publidisa

Reservados todos los derechos. Queda prohibido reproducir, almacenar en sistemas de recuperación de la información y transmitir parte alguna de esta publicación, cualquiera que sea el medio empleado (electrónico, mecánico, fotocopia, impresión, grabación, etc), sin el permiso de los titulares de los derechos de propiedad intelectual. Cualquier forma de reproducción, distribución, comunicación pública o transformación de esta obra solo puede ser realizada con la autorización de sus titulares, salvo excepción prevista por la ley. Diríjase a CEDRO (Centro Español de Derechos Reprográficos, www.cedro.org) si necesita fotocopiar o escanear algún fragmento de esta obra.

ÍNDICE

PRÓLOGO 9

CAPÍTULO I. FORMACIÓN DEPORTIVA COMO EJE CENTRAL DE LA ENSEÑANZA DEL DEPORTE. 15
Francisco Javier Castejón Oliva, Francisco Javier Giménez Fuentes Guerra, Francisco Jiménez Jiménez y Víctor López Ros

PRIMERA SECCIÓN. INVESTIGACIONES EN LA FORMACIÓN DEPORTIVA Y LA ENSEÑANZA DEL DEPORTE EN EDUCACIÓN FÍSICA. 39

CAPÍTULO II. LA ORGANIZACIÓN DE LA ACTIVIDAD CONJUNTA EN LA ENSEÑANZA ESCOLAR DE LOS DEPORTES COLECTIVOS. 41
Víctor López Ros

CAPÍTULO III. ESTUDIO COMPARADO SOBRE LA ENSEÑANZA DEL BALONCESTO EN EL CONTEXTO DE LA EDUCACIÓN FÍSICA. 65
Antonio Méndez Jiménez

CAPÍTULO IV. LA TRANSFERENCIA EN LOS MODELOS HORIZONTALES DE INICIACIÓN DEPORTIVA. 91
Luis Miguel García López

CAPÍTULO V. LA INICIACIÓN DEPORTIVA EN LOS DEPORTES COLECTIVOS: LA UTILIZACIÓN DE LA TRANSFERENCIA PARA EL APRENDIZAJE DE SOLUCIONES TÁCTICAS. 109
Joaquín Yáñez Gómez

CAPÍTULO VI. DESARROLLO DEL PENSAMIENTO TÁCTICO EN EDAD ESCOLAR. 127
David Gutiérrez Díaz del Campo

CAPÍTULO VII. EL APRENDIZAJE COOPERATIVO EN LA INICIACIÓN DEPORTIVA. 151
Javier Fernández-Río

CAPÍTULO VIII. DIFICULTADES, INCERTIDUMBRES Y SATISFACCIONES DEL PROFESORADO DE EDUCACIÓN FÍSICA EN LA APLICACIÓN DE UN ENFOQUE COMPRENSIVO DE INICIACIÓN DEPORTIVA: EVOLUCIÓN DE SU PENSAMIENTO Y CREENCIAS A TRAVÉS DE UNA INVESTIGACIÓN COLABORATIVA. 173
Mario Díaz del Cueto

CAPÍTULO IX. LA ENSEÑANZA DE LOS JUEGOS DEPORTIVOS EN LA EDUCACIÓN FÍSICA ESCOLAR: UN ESTUDIO DE CASOS EN INVESTIGACIÓN COLABORATIVA. 199
José Devís Devís

CAPÍTULO X. TRATAMIENTO DEL DEPORTE DENTRO DEL ÁREA DE EDUCACIÓN FÍSICA DURANTE LA ETAPA DE EDUCACIÓN SECUNDARIA OBLIGATORIA..................................225
José Robles Rodríguez

CAPÍTULO XI. APLICACIÓN DE LA ENSEÑANZA PARA LA COMPRENSIÓN EN LA FORMACIÓN INICIAL DEL PROFESORADO DE EDUCACIÓN FÍSICA..............................251
Roberto Monjas Aguado

SECCIÓN SEGUNDA. INVESTIGACIONES EN LA FORMACIÓN DEPORTIVA Y LA ENSEÑANZA DEL DEPORTE COMO ACTIVIDAD EXTRAESCOLAR..279

CAPÍTULO XII. ESTUDIO PRAXIOLÓGICO DE LA ESTRUCTURA DE LAS SITUACIONES DE ENSEÑANZA EN LOS DEPORTES DE COOPERACIÓN/OPOSICIÓN DE ESPACIO COMÚN Y PARTICIPACIÓN SIMULTÁNEA: BALONMANO Y FÚTBOL SALA..281
Francisco Jiménez Jiménez

CAPÍTULO XIII. ADQUISICIÓN DE LA COMPETENCIA PARA EL DEPORTE EN LA INFANCIA: EL PAPEL DEL CONOCIMIENTO Y LA COMPRENSIÓN EN LA TOMA DE DECISIONES EN BALONMANO. 311
Juan Antonio García Herrero

CAPÍTULO XIV. LA FORMACIÓN DEL ENTRENADOR DE INICIACIÓN AL BALONCESTO EN ANDALUCÍA. SEMINARIO DE FORMACIÓN Y ESTUDIO DE CASO. 327
Francisco Javier Giménez Fuentes-Guerra

CAPÍTULO XV. INCIDENCIA DEL CAMBIO DE UN CONJUNTO DE REGLAS DE JUEGO SOBRE ALGUNAS DE LAS VARIABLES QUE DETERMINAN EL PROCESO DE FORMACIÓN DE LOS JUGADORES DE MINIBASKET 9-11 AÑOS. 343
María Isabel Piñar López

CAPÍTULO XVI. EFECTO DE LA MODIFICACIÓN DE LA MASA DEL BALÓN SOBRE VARIABLES DE JUEGO QUE IMPLICAN SU POSESIÓN EN MINIBÁSQUET..367
José Luis Arias Estero

CAPÍTULO XVII. METODOLOGÍA DE ENSEÑANZA BASADA EN LA IMPLICACIÓN COGNITIVA DEL JUGADOR DE FÚTBOL BASE. 391
Gustavo Vegas Haro

CAPÍTULO XVIII. ESTUDIO DE LAS ETAPAS DE FORMACIÓN DEL JOVEN DEPORTISTA DESDE EL DESARROLLO DE LA CAPACIDAD TÁCTICA. APLICACIÓN AL FÚTBOL. 417
Sixto González Víllora

CAPÍTULO XIX. LA FORMACIÓN DEL ENTRENADOR EN EL PROCESO DE ENSEÑANZA-APRENDIZAJE DE JÓVENES FUTBOLISTAS. 443
Manuel Tomás Abad Robles

TERCERA SECCIÓN. INVESTIGACIONES EN VALORES Y TRATAMIENTO DE LA COMPETICIÓN EN LA FORMACIÓN DEPORTIVA.. 471

CAPÍTULO XX. LA COMPETICIÓN DEPORTIVA EN LAS CLASES DE EDUCACIÓN FÍSICA DE LA ETAPA PRIMARIA: SU TRATAMIENTO COMO MEDIO EDUCATIVO................................ 473
Joan Estrada Aguilar

CAPÍTULO XXI. ANÁLISIS DE UNA EXPERIENCIA DE FORMACIÓN PERMANENTE EN EL DEPORTE ESCOLAR A TRAVÉS DE UN PROGRAMA DE HABILIDADES SOCIALES............ 493
María Teresa Vizcarra Morales

CAPÍTULO XXII. BUSCANDO UN MODELO EDUCATIVO DE DEPORTE ESCOLAR EN EL MUNICIPIO DE SEGOVIA. 519
Darío Pérez Brunicardi

PRÓLOGO

Esta obra estuvo inspirada en un principio en lo que inicialmente entendíamos que debía ser un tributo a la Iniciación Deportiva como contenido que ha sido investigado en los últimos años. Con el tiempo pasamos a centrarnos en otro término más amplio, pero también más inclusivo, el de Enseñanza Comprensiva del Deporte, y ha terminado, creemos que con mejor criterio, en Investigaciones en Formación Deportiva, todavía más amplio, pero que precisa de una manera más adecuada lo que pretendemos con la enseñanza del deporte. Desde este enfoque de la enseñanza del deporte se busca integrar el desarrollo personal y social en los aprendizajes deportivos, reclamando el hacer compatible el desarrollo de la competencia deportiva con el desarrollo de valores. Con ello se pretende que los aprendices actúen de manera crítica, autónoma, y responsables en los contextos sociales del deporte como consumidores, espectadores y practicantes del deporte (Velázquez, 2001). Por supuesto que intentar que todas las publicaciones e investigaciones sobre este concepto de Formación Deportiva tuvieran cabida en este libro sería materialmente imposible, de ahí que conseguir ser certeros para definir el concepto sea una obra inacabada, pues apenas se ha iniciado el camino de su fundamentación; sin embargo, los trabajos que aquí se presentan serán piedra fundacional.

Nuestra intención, en un principio somera, se ha ido convirtiendo en una obra extensa, intensa, y creemos, bajo nuestra opinión, que fundamental para entender la enseñanza del deporte en nuestro país en los últimos años y los derroteros que seguirá su desarrollo en el ámbito educativo, no necesariamente exclusivo de la asignatura de Educación Física; comprometido con la sociedad en la que nos encontramos, porque el deporte, como construcción social, tiene todavía un largo recorrido; y de ruptura, pues trata de plantear una enseñanza del deporte que no tiene por qué mantener un conjunto de automatismos mentales y verbales que han sido dados por sentados durante un amplio periodo de tiempo, es decir, una enseñanza del deporte basada en una separación del contexto que ha terminado en una dominación parcial de palabras engoladas y grandilocuentes (desde "siempre se ha hecho así", hasta "así me lo enseñaron, así lo enseño"). Lo que ahora tratamos es utilizar argumentos científicos que no pueden eliminarse por argumentos personales, por muy respetuosos que sean.

En este libro, inevitablemente y por la propia dinámica de lo que significa pensar, elaborar, diseñar y llevar a la práctica una investigación que termina escribiéndose en una tesis doctoral, proporciona respuestas parciales en cada uno de los trabajos, a una pregunta general, o mejor diríamos total, que es la de Formación Deportiva, tal y como se expone en el capítulo primero. No obstante, permite hacerse una idea bastante precisa atendiendo a los múltiples factores que participan en el deporte, desde el profesorado y los entrenadores, pasando por el alumnado, deportistas, instituciones y tipos de deportes.

Este interés por universalizar desde lo particular es el que ahora tratamos de presentar, esperamos que con planteamientos acertados, y sin duda sesgados por nuestro modo de entender cómo es la Formación Deportiva, en un conjunto de capítulos que son resúmenes de tesis doctorales de los autores que hemos elegido. Esta elección ha seguido un criterio particular basado en el concepto de Formación Deportiva que se desarrolla en cada uno de los capítulos del presente libro.

Los primeros pasos para este libro, como hemos señalado antes, iban sobre iniciación deportiva, sin embargo, a medida que hemos ido profundizando hemos comprobado que nos quedábamos cortos. Por ejemplo, si era iniciación deportiva ¿sólo en Educación Física? Vimos que no, pero si se ampliaba a la actividad extraescolar, entonces había que dejar paso para lo que se estaba haciendo, aisladamente o no, en algunos equipos, instituciones o clubes, y ahí aparece un nuevo contexto ¿las escuelas municipales también cuentan? Claro que sí, ¿y muchas actividades que se hacen fuera de la escuela que no tienen un fin competitivo? También. Por lo tanto, la raíz era Iniciación deportiva que se amplió a Enseñanza Comprensiva y ha terminado con Formación Deportiva, una categoría que incluye trabajos que si sólo fueran de iniciación deportiva o de Enseñanza Comprensiva, se quedarían fuera de la publicación. En suma, los añadidos han sido varios variados y creemos que enriquecedores. Un ejemplo evidente es que no hay en este documento, trabajos sobre deportes individuales o deportes de adversario, cuando es cierto que también tienen su cabida en la Formación Deportiva, pero debido al interés de los coordinadores por la Enseñanza Comprensiva, no hemos incluido ninguno. Seguro que hay trabajos interesantes que, en otra ocasión, podrán incluirse en este concepto de Formación Deportiva.

Hay antecedentes recopilatorios sobre investigaciones en Educación Física en el ámbito español, como el de Del Villar (1996), o el de Navarro y Trigueros (2009), en el del deporte específico (Antón, Piñar y Aguilar, 2010) y también en otras áreas de conocimiento que nos podrían llevar a una lista amplia. Suelen seguir el formato de los *Handbook* que pretenden actualizar el conocimiento sobre algún tema específico en las disciplinas de estudio. Y este es el objetivo del presente libro, un libro que sirva de referencia para todas aquellas personas que tienen interés en saber qué se ha investigado respecto a la enseñanza del deporte, y que tenía su punto de partida en las propuestas del Teaching Game for Understanding, hasta llegar a lo que hemos definido como Formación Deportiva.

Nuestro trabajo seleccionado ha sido sobre investigaciones y en particular, con las personas que han leído sus tesis y han seguido publicando sus trabajos relacionados con el deporte, tal y como argumentamos desde el primer capítulo. ¿Por qué las tesis doctorales? Sin duda porque son documentos que muchas veces no se publican al completo, debido a que tienen un carácter científico y no siempre divulgativo, y que en algunos casos están diseminados en diferentes publicaciones, mientras que aquí se encuentran reunidos sobre un tema común. A todas las personas a las que hemos planteado nuestra propuesta les ha parecido interesante, la respuesta de todos y cada uno de ellos y ellas ha sido positiva, y ante nuestra exigencia de formato de capítulo, se han ceñido y han entregado su capítulo con disposición y en las fechas previstas.

La selección de las personas que hemos elegido y que han defendidos sus tesis doctorales en los últimos años, no ha estado exenta de dificultad. Sabemos que, pese al esfuerzo, no habremos conseguido que todos los trabajos que han podido leerse en España estén aquí presentes (y pedimos disculpas porque seguro que hay trabajos relevantes que muchos entenderían que deberían haberse incluido), pero sí podemos asegurar que todos los trabajos que aquí están, son del tema que hemos planteado y nos han ayudado a definir mejor el campo de estudio.

Tras una deliberación conjunta, cada capítulo fue planteado de la siguiente forma: una breve introducción donde expusieran el motivo del estudio y el objetivo que se planteaban en la tesis, a partir de aquí qué metodología habían empleado, para pasar a los resultados más significativos. Al final están las conclusiones donde les pedimos a los autores un esfuerzo para presentar (a) las dificultades que se habían encontrado en sus investigaciones; (b) las posibles líneas de investigación futura a corto y medio plazo siguiendo el trabajo que habían desarrollado; y (c) las aplicaciones prácticas derivadas de la investigación. Por último, una bibliografía no muy extensa (como se verá, corresponde al año de la lectura de la tesis, pero se les pidió que incluyeran alguna referencia actual derivada de sus trabajos), pero suficiente para que el capítulo no fuera demasiado extenso (la longitud solicitada a cada autor y autora fue de 25 páginas a un espacio).

Hemos creído conveniente que una gran parte del capítulo se centrara en el proceso de investigación, precisamente para que sirva de ejemplo a las personas que desean tener una idea de la investigación en la enseñanza del deporte, pero también hemos planteado una aplicación práctica derivada de la investigación, para que se compruebe que no son investigaciones que van por un lado, y que la práctica va por otro.

Desde un punto de vista metodológico, se podrá comprobar que hay tesis que han tomado partido por una metodología más cuantitativa, mientras que otras tienen una inclinación francamente cualitativa. Esto permite que cualquier persona que lea el libro pueda darse cuenta de las posibilidades de complementación que tienen las metodologías, además de comprobar cómo los autores han solucionado los problemas y las limitaciones cuando se trata de acceder a la información desde una u otra metodología.

El orden que hemos planteado para los capítulos se ha debido a un conjunto de secciones. En primer lugar hemos situado aquellos que se encuentran con relación a las clases de Educación Física y que profundizan en la metodología de la enseñanza; en segundo lugar los que se desarrollan fuera de las clases de Educación Física pero que siguen teniendo una base educativa dirigida a la Formación Deportiva, y en tercer lugar los que tratan de los valores, la competición y el compromiso institucional extraescolar o similar. Como se comprenderá, esto no significa ningún orden de importancia, sino que son los diversos contextos específicos donde ha sido objeto de estudio alguno de los rasgos que conforman ese concepto de Formación deportiva que tratamos en el capítulo primero y que creemos que se extiende por todo el libro. De la misma forma, los capítulos en cada sección no significan que tengan más importancia unos de otros, vuelve a ser una secuencia que hemos entendido que permite seguir mejor el hilo conductor de toda la obra, pero no es una jerarquía, simplemente son pasos que refuerzan nuestro argumento de formación.

El primer capítulo es introductorio, y no hace más que reflejar una reflexión de las personas que coordinamos esta obra, también en discusiones, foros, publicaciones, y que nos llevan a tener una idea sobre cómo debería ser la Formación Deportiva, sin que ello impida tener una visión crítica. Da pie a las ideas que se desarrollan con rigor y solvencia en los capítulos posteriores, pero también señalamos aspectos que creemos que deberían ir apareciendo en un periodo breve de tiempo.

En la primera sección hemos ubicado los capítulos donde lo que prima es el cambio de perspectiva metodológico partiendo del TGfU y de la Enseñanza Comprensiva del Deporte, respecto a una forma denominada "tradicional" en la enseñanza del deporte y vinculados a Educación Física. Hay diferentes aportaciones, desde las que se centran la construcción del conocimiento (Víctor López Ros) y que se trata en la totalidad de la clase de Educación Física (Antonio Méndez Giménez), pasando por aspectos centrales del proceso de enseñanza aprendizaje, como es la transferencia (Luis Miguel García López y Joaquín Yáñez Gómez), el desarrollo del pensamiento táctico (David Gutiérrez Díaz del Campo), el trabajo colaborativo (Javier Fernández-Río), hasta la figura del profesorado y sus barreras y dificultades para llevar a la práctica una forma diferente de enseñar el deporte (Mario Díaz del Cueto, José Devís Devís y José Robles Rodríguez), que también tiene su relación con cómo se plantea el cambio desde la formación inicial del profesorado (Roberto Monjas Aguado).

Una segunda sección trata de la Enseñanza Comprensiva del deporte fuera de la clase de Educación Física, pero no por ello deja de ser importante, pues también incide en la Formación Deportiva. El capítulo de Francisco Jiménez Jiménez trata desde el análisis praxiológico e interpretativo, de las situaciones de enseñanza que se emplean en los deportes colectivos (balonmano y fútbol sala); en esa misma línea, hay una propuesta en el cambio metodológico en balonmano (Juan Antonio García Herrero) con el fin de mejorar en el aprendizaje de los jugadores. Asimismo se analiza el grado de presencia de este enfoque de la enseñanza comprensiva del deporte en la formación de los entrenadores, concretamente en el caso del baloncesto (Francisco Javier Giménez Fuentes-Guerra), del mismo modo que también se incluyen propuestas de cambio en la competición (María Isabel Piñar López) y llega hasta algo tan inevitable como es el cambio en las características del móvil y su incidencia en el aprendizaje (José Luis Arias Estero). De la misma forma, el cambio metodológico en fútbol (Gustavo Vegas Haro) señala las ideas que aparecen en la sección de Educación Física, pero que también se abordan en la enseñanza del deporte fuera de la escuela, y que en el caso de Sixto González Víllora, hace hincapié en la formación táctica del jugador, mientras que el trabajo de Manuel Tomás Abad Robles se centra en la formación que debería atender ese cambio metodológico en la formación del entrenador de fútbol.

Hay una tercera sección que se centra en la Enseñanza Comprensiva del deporte con relación a los valores de la competición deportiva que aquí se presentan, por un lado, sobre la forma de plantear la competición en el deporte en Educación Física y su incidencia (Joan Estrada Aguilar), y por otro lado, sobre la mejora de las habilidades sociales y el deporte (María Teresa Vizcarra Morales); y en el caso de Darío Pérez Brunicardi, diagnóstico de un plan institucional de promoción desde la visión de los agentes implicados en ella.

Sería pretencioso decir que este libro está al alcance de cualquier persona. No sería responder a la realidad ni a la intención de los autores. Es un libro que sirve para que las personas que tienen algún interés por la formación deportiva, los estudiantes de grado en Ciencias de la Actividad Física y del Deporte y las menciones de educación física en los grados de Maestro, los licenciados y graduados en Ciencias de la Actividad Física y del Deporte, los que tratarán este tema en los Posgrados y Máster, los entrenadores deportivos y personas que tengan alguna responsabilidad en la enseñanza del deporte y la formación deportiva, obtengan una idea mínima de lo que se ha hecho en los últimos e inmediatos años y lo que se está haciendo respecto a la enseñanza del deporte y por dónde deberían ir las propuestas de práctica deportiva para que cumpla con el principio de un deporte para todos y para todas, y que cualquier persona que desee practicar deporte no se vea impedido por perspectivas no inclusivas.

Para terminar, tenemos que dar las gracias a los autores de cada uno de los capítulos, han seguido escrupulosamente las indicaciones dadas. También dar las gracias a la Editorial Wanceulen por su compromiso respecto a los trabajos que se publican sobre el deporte y por dejar que un libro como este, pueda salir a la luz.

REFERENCIAS

Antón García, J.L., Piñar López, M.I. y Aguilar Martínez, D. (Eds.) (2010). *La evolución científica del balonmano a través de las tesis doctorales presentadas en España en los últimos veinte años: aplicaciones prácticas*. Granada: Autores. Formato CDrom.

Del Villar Álvarez, F. (Ed.) (1996). *La investigación en la enseñanza de la Educación Física*. Cáceres: Universidad de Extremadura

Navarro Adelantado, V. y Trigueros Cervantes, C. (Eds.) (2009). *Investigación y juego motor en España*. Lleida: Edicions de la Universitat de Lleida.

Velázquez, R. (2001). Deporte: ¿Presencia o negación curricular?. En *Actas del XIX Congreso Nacional de Educación Física* (pp. 65-106). Murcia: Universidad de Murcia.

CAPÍTULO I

FORMACIÓN DEPORTIVA COMO EJE CENTRAL DE LA ENSEÑANZA DEL DEPORTE

Francisco Javier Castejón Oliva, Francisco Javier Giménez Fuentes Guerra, Francisco Jiménez Jiménez y Víctor López Ros

INTRODUCCIÓN

La enseñanza del deporte, especialmente en edad escolar, ha evolucionado de forma considerable desde los años 70 y, especialmente, desde los años 80 del pasado siglo. Las influencias del ámbito francés y del ámbito anglosajón (Gréhaigne, Wallian y Godbout, 2005), preocupadas fundamentalmente por la mejora del aprendizaje de los deportes de marcado carácter táctico, han tenido un fuerte impacto en los cambios acontecidos en la iniciación deportiva en España.

En términos generales, la presencia de Teaching Games for Undestanding (TGfU) desde los años 80 del siglo pasado (Bunker y Thorpe, 1982), y su presentación en España con las aportaciones iniciales de Devís Devís (1990a, 1990b), supuso un punto de inflexión en la enseñanza del deporte en Educación Física (EF) primero, y en el deporte extraescolar después. Dicha influencia ha ido creciendo y traduciéndose en nuevas propuestas, tanto teóricas, con reflexiones y argumentaciones muy acertadas (p.e. Contreras, De la Torre y Velázquez, 2001), como prácticas y empíricas, con la presentación de datos que matizaban y ampliaban lo que parecía un modelo más o menos crítico. El impacto de este modelo aparentemente sencillo ha terminado por empujar a una parte importante de investigadores y profesorado universitario a buscar nuevas vías con el fin de concretar las propuestas iniciales. Estas iniciativas han dado lugar en nuestro país a la propuesta y fundamentación de varios modelos alternativos de enseñanza del deporte, que han ido adoptando diversas denominaciones dirigidas a resaltar algún rasgo diferencial respecto a las propuestas anteriores (vertical de enseñanza centrado en el juego, comprensivo horizontal centrado en el juego, estructural, integrado, constructivista, etc.). Desde nuestra perspectiva, el punto fundamental de todos estos avances no radica en las particularidades de los diferentes modelos sino que atiende, creemos, a un concepto más amplio, que concede un papel relevante a la implicación del alumnado en la comprensión y construcción de sus aprendizajes. Todas estas propuestas han ido incluyéndose en un concepto que hemos denominado Enseñanza Comprensiva (a veces se le añade del deporte, otras veces no, de ahí que se utilice las siglas ECD) (p.e. Castejón Oliva, 2003, 2010). Estas aportaciones han sido asumidas con interés en el ámbito educativo; sin embargo, este impacto ha sido bastante menor en el ámbito federativo, el cual se ha mantenido bastante ajeno a los avances dentro del entorno escolar y educativo.

Como trataremos de presentar en este capítulo, que sirve de introducción a un buen número de las investigaciones en iniciación deportiva, en estos más de 20 años se ha rebasado la forma más tradicional y analítica de plantear la enseñanza del deporte, y atendemos en la actualidad a un caleidoscopio de propuestas y modelos que buscan reforzar el componente formativo de la enseñanza del deporte, situándonos en la noción de Formación Deportiva. Este enfoque de la enseñanza del deporte aboga por la integración del desarrollo personal y social en los aprendizajes deportivos, reclamando el hacer compatible el desarrollo de la competencia deportiva con el desarrollo de valores.

FORMACIÓN DEPORTIVA. RECORRIDO Y PUNTOS FUERTES

La Formación Deportiva responde, en esencia, a la acción y efecto de formarse en y mediante el deporte. Este tópico ya ha sido objeto de atención por diversos autores (Bredemeier, 1994; Brustad y Arruza, 2002; Cecchini, Montero y Peña, 2003; Crumm, 2005; Escartí, Pascual y Gutiérrez, 2005; Svoboda y Patricksson, 1996; Velázquez, 2002; Vizcarra, 2004), que han ido precisando su particular visión del fenómeno y han realzando interesantes aportaciones. Si bien estos abordajes han prestado una mayor atención a 'formarse mediante el deporte', dejando en un segundo plano la dimensión formativa 'en el deporte'. De manera inversa ocurre en las propuestas que se han venido realizando desde la ECD, en las que si bien se demanda al alumnado la movilización de sus capacidades cognitivas y motrices de manera significativa, mediante recursos metodológicos específicos (protocolos de reflexión), no sucede lo mismo con las de tipo afectivo y social. Este reto para integrar ambas dimensiones de una manera equilibrada y significativas se está intentando resolver desde la estrategia del *hibridaje* o complementación de modelos procedentes del desarrollo de responsabilidades personales y sociales (Hellison, 2003), con los que han surgido en el ámbito de la ECD o TGfU.

Entendemos que dicha formación se refiere a los procedimientos y valores educativos que debería tener el deporte (no porque se haga una alabanza y se pretenda ser "políticamente correcto"), en la medida que éste debe atender a una formación que implique los ámbitos cognitivo, afectivo-social y motor. Así, desde el plano motor, se han ido incluyendo en la ECD, cada vez más nociones y aportaciones derivadas del ámbito psicológico. Ya no es posible entender el deporte como un conjunto de destrezas que hay que aprender de forma inevitablemente mecánica para poder participar. Es necesario que los estudiantes, los jugadores, los participantes, se presenten con algo más que el músculo. Deben ser considerados como personas globalmente, incluyendo todos los aspectos que configuran su personalidad. De forma genérica, y atendiendo a los aspectos antes mencionados.

La ECD parece asumir, hasta el momento y a pesar de las contradicciones internas, la llamada perspectiva constructivista de la enseñanza y el aprendizaje (López Ros, 2010; Velázquez, 2011). De esta manera, el aprendizaje en el deporte no puede fundamentarse en la repetición sin sentido (o con poco sentido y atribuible en esencia al entrenador-profesor), sino que el jugador-aprendiz elabora y construye su propio conocimiento como consecuencia de participar en situaciones de enseñanza en las que el profesor-entrenador actúa como ayuda y, por tanto, no es el único depositario del conocimiento (Castejón Oliva y López Ros, 2002).

Pero si la aportación psicológica ha dado un impulso sustancial a la forma de entender la enseñanza y el aprendizaje en el deporte, los componentes afectivo-sociales tienen igual trascendencia. Es cierto que tal y como se entendía la enseñanza del deporte (creemos que hablar en pasado nos sitúa en la enseñanza desde la técnica, o desde procesos analíticos, aislados y descontextualizados, y hablar en presente o futuro, nos coloca en la ECD), se podría hacer una enseñanza implicando cierto "esfuerzo" mental para el aprendiz, pero resultaba, lo presentáramos como lo presentáramos, fuera de las nuevas corrientes educativas que han evidenciado la importancia de la influencia de los valores sociales y la necesidad de promover el desarrollo personal y social en los aprendizajes deportivos. El aprendizaje colaborativo, la cooperación, los valores sociales que deben tener las actividades de aprendizaje, han reclamado una forma distinta de plantear la enseñanza-aprendizaje del deporte (Giménez Fuentes-Guerra, Sáenz- López Buñuel y Díaz Trillo, 2005). Este nuevo enfoque de la enseñanza del deporte comprometido con la dimensión formativa reclama ampliar el campo de las programaciones deportivas, para dar cabida en ellas a objetivos y contenidos vinculados al desarrollo de valores, y al empleo de estrategias metodológicas específicas para su desarrollo.

Lo que observamos entonces en la enseñanza deportiva, es un cúmulo de elementos (participación, inteligencia, toma de decisiones, valores, desarrollo personal, responsabilidad social, etc.), muchos de ellos conjuntados, pero también otros más periféricos y que tratados de forma aislada, bien poco podrían tener en común con la ECD. Por ejemplo, en la ECD hay un énfasis por la participación del alumnado en las clases de deporte en Educación Física (ver estudios preliminares del TGfU) y ese mismo interés se plasma en las iniciativas del deporte popular, entendido éste como el deporte para todos y que las instituciones, fundamentalmente ayuntamientos, promocionan en sus políticas locales (competiciones deportivas). Estas políticas tratan de que el deporte alcance a una gran mayoría y se manifieste como un añadido a la Educación Física, pero ahora como actividad extraescolar. Pues bien, esta idea del deporte popular, o deporte extraescolar también tiene su correspondencia en el interés por una formación deportiva.

Como puede verse, la idea de Formación Deportiva, y ahora la situamos en mayúsculas, incluye todos los diferentes aspectos de la personalidad del deportista que deben ser tenidos en cuenta: (a) los motrices; (b) los cognitivos; y (c) los afectivo-sociales. Estos tres aspectos se corresponden con los habituales ámbitos del conocimiento, los cuales incluyen, a su vez, un número de factores, a veces propios y únicos de cada uno de los ámbitos, y otras veces se encuentran entrelazados. Por ejemplo, si hablamos de la llamada cultura deportiva, bien podría pensarse que prioriza o focaliza la atención en el aspecto afectivo-social. Sin embargo, resulta evidente que no pueden excluirse los ámbitos cognitivo y motriz. Y la implicación de estos elementos comporta atender fundamentalmente al aprendizaje, a las formas concretas y específicas de aprendizaje que se esperan y se desean derivadas del hecho de participar en la práctica deportiva.

Desde el punto de vista de la investigación en la enseñanza de los deportes, ha habido una clara presencia de trabajos que han incidido en el aprendizaje y en las diferencias observadas en una forma analítica o global de presentarlo; y cómo no, de la enseñanza. No debe olvidarse que, en última instancia, el TGfU y en su vertiente más amplia la ECD, son modelos y perspectivas sobre la enseñanza del deporte y su ámbito de trabajo y de influencia se extiende no sólo a las situaciones de aprendizaje de los deportista sino también a la formación de los profesionales que imparten el deporte, y no en exclusiva en las clases de EF.

El libro que el lector tiene en sus manos en este momento ha servido para aunar un conjunto de trabajos de investigación que bien pueden situarse en los ámbitos antes señalados del aprendizaje y la enseñanza, así como en el "cruce" de dichos ámbitos.

La formación deportiva de la que hablamos incluye los grandes ámbitos del conocimiento, pero también los procesos específicos y concretos de enseñanza-aprendizaje que culminan en lo que entendemos por una persona que se ha formado en el deporte. Esto se circunscribe a muchas y distintas posibilidades, desde el o la practicante que lo toma como una actividad de ocio, hasta la persona que puede elegir inmiscuirse en una exigencia profesional. De la misma forma, cuando hablamos de formación deportiva, lo hacemos reconociendo que el deporte es también un espectáculo, y hay que formarse para acceder a los espectáculos deportivos, no sólo con un sentido pasivo, sino crítico. Pero también para las personas que organizan el deporte y tratan de que, verdaderamente, cumpla una importante función social, y es que pueda ser practicado por el mayor número de personas sin que tenga que excluirse a nadie en dicha práctica, por ningún motivo.

El presente libro, por tanto, trata de la Formación Deportiva, y tiene como base, los trabajos sobre iniciación deportiva, enseñanza del deporte, valores deportivos, ECD, deporte de base, y otros muchos aspectos que sustentan una formación para que las personas puedan desarrollarse como consecuencia de participar, intervenir, actuar, en una actividad adecuada, sin que provoque exclusiones por ningún tipo de causa, todo lo contrario, concebida como una actividad inclusiva y sostenible.

LOS PRIMEROS PASOS, DESDE LA INICIACIÓN DEPORTIVA A LA ECD

Como señalábamos al inicio de este capítulo, podríamos decir que hay un origen, más o menos preciso, en los modelos de enseñanza que comienzan con el TGfU y con las aportaciones derivadas del estructuralismo francés, y que evolucionan hacia modelos como el *Games centred approach*, el *Tactical Games*, o el *Tactical-decision learning model* (Gréhaigne et al., 2005; Oslin y Mitchell, 2006). En estos modelos se persiguen varias actuaciones y se desarrollan en un mismo contexto, la clase de EF. El origen, o la causa fundamental que lleva a los autores a proponer el TGfU tiene, como punto principal, la falta de motivación de los estudiantes para la práctica de los deportes, la utilización de ejercicios analíticos y descontextualizados, y la dificultad del profesorado para que todo el mundo participe y, consecuentemente, tenga posibilidades de aprender. Podríamos añadir alguna más, por ejemplo, la utilización del deporte como elemento de discriminación, por razón de sexo y de habilidad motriz (reincidiendo en este último caso, sobre las chicas).

El hecho de que estos modelos hayan surgido y se hayan expandido fundamentalmente en el ámbito escolar ha generado la situación, incluso, de abordar la enseñanza del deporte en EF partiendo del supuesto tácito de que en EF es donde se da la iniciación deportiva. Es decir, si hay deporte en las clases, siempre es iniciación deportiva, ¿es así? Precisamente los expertos que tratamos este tema necesitamos aclarar y definir con mayor claridad qué entendemos por "iniciación deportiva". Así, ha habido trabajos que han terminado por plantear una definición para saber, precisamente, de qué estábamos hablando cuando nos referimos a iniciación. En este sentido, y a pesar del recorrido que queda por hacer, parece que existe un cierto consenso sobre lo que es la iniciación deportiva, incluso también existe un cierto grado de acuerdo sobre lo que consideramos un experto en el deporte. Lo que parece no estar tan claro es la "tierra media", es decir, en qué momento una persona ya no está en la iniciación, y en qué momento un deportista pasa a ser un experto. Pudiera parecer que este hecho no es especialmente relevante, sin embargo, sí creemos que hay que darle una merecida importancia, precisamente porque el deporte no se enseña de cualquier manera, en la iniciación no se puede enseñar como al experto; de la misma forma, al experto no se le puede enseñar como cuando un, o una, deportista se inicia. Y no sólo como se inicia, sino como se pretende que evolucione.

Desde el punto de vista de los procesos de formación de los enseñantes del deporte, lo que verdaderamente comenzó a ser una campo de estudio fueron las materias que bajo el término iniciación deportiva (a veces, actividades físicas organizadas, y habitualmente en las especialidades de Maestro de Educación Física), plantearon la enseñanza del deporte saliéndose de la especialización que hasta el momento se habían planteado en la formación inicial en EF, particularmente en las Facultades de Ciencias de la Actividad Física y el Deporte (o nombre similar). En estas facultades, todavía en la actualidad, podemos encontrar planteamientos que presentan el deporte de forma fragmentada. No hay en la mayoría de los centros formativos una materia que unifique la enseñanza del deporte, dejándola principalmente vinculada a cada modalidad deportiva, o para otras materias como Enseñanza de la Actividad Física, o similar. La realidad es que esas materias no impartían ni imparten modelos específicos de enseñanza de los deportes. Fue a través de la materia "iniciación deportiva" donde se hizo un sitio la enseñanza del deporte, de manera que la enseñanza, como método, y el deporte, como contenido, se unificaron.

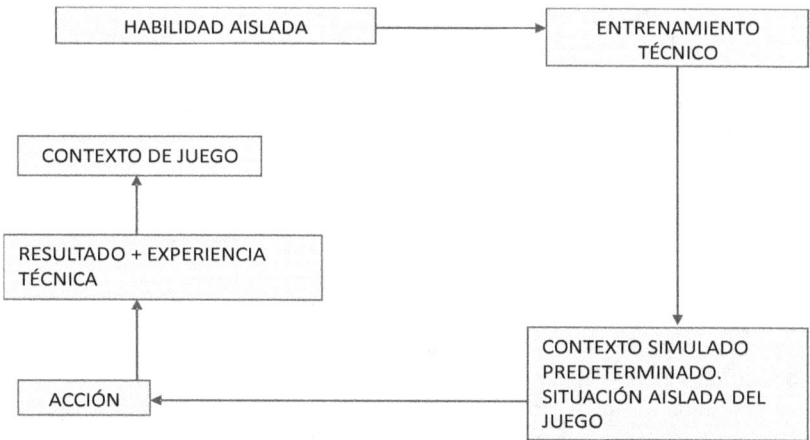

Figura 1. Modelo de enseñanza tradicional del deporte partiendo desde la técnica (Devís Devís, 1996).

Los trabajos de Bunker, Thorpe y Almond (Bunker y Thorpe, 1982; Thorpe, Bunker y Almond, 1986), pero también Devís Devís (1990a y 1990b; Devís y Peiró, 1992), sientan los precedentes de un modelo que bosqueja la enseñanza del deporte tomando la táctica como punto de partida. Los dos ejemplos que presentamos están enfrentados. En el primero (figura 1) se muestra la forma tradicional de enseñar el deporte (por supuesto, habría matizaciones de si siempre ha sido así y no podría haber algún salto entre las diferentes etapas). No obstante, se comprueba que hay una presencia inicial de un modelo de lo que se espera que se aprenda (contrastado por los buenos jugadores y deportistas), un conjunto de habilidades que se encuentran en ese modelo, una práctica más o menos aislada de esas habilidades y del modelo (aquí es donde decimos que podría haber saltos), y una situación final donde se presupone que si se tienen los aprendizajes, la práctica definitiva, donde ya hay táctica tal y como se tendrá en un partido, está presente.

La figura 2 es un modelo de enseñanza donde encontramos un cambio en los pasos que hemos ido tratando. Ahora el punto de partida del aprendizaje ya no es un modelo de ejecución de habilidades que se presenta como referente único, sino que lo importante pasa a ser lo que el estudiante percibe, es decir, el actor principal y referente es el deportista y no las características del deporte en sí mismas. A partir de aquí se originan dos claras vías, una centrada en el "qué hacer" por parte del deportista, y que se refiere en exclusiva a la táctica; y otra centrada en el "cómo hacerlo", que se refiere a la técnica. A partir de ahí, es cuando se presentan los modelos y las habilidades. Bien caracterizado, el modelo resulta coherente con la perspectiva cognitiva que dominaba el panorama de la psicología en los años 80 y 90, es decir, el procesamiento de la información: para poder actuar de forma voluntaria, el sujeto primero percibe, luego decide y finalmente ejecuta.

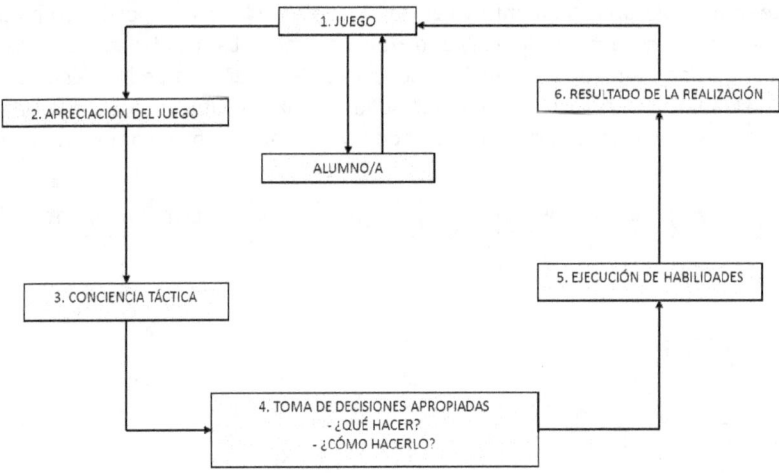

Figura 2. Modelo de enseñanza del TGfU (Devís Devís, 1996)

Este fue el caldo de cultivo para que el TGfU tuviera su amplificador en propuestas sobre enseñanza en deportes con predominio táctico, tanto colectivos como de adversario. Los trabajos no se hicieron esperar. Y particularmente, eran trabajos que se fueron basando en dos postulados: (a) un conjunto de propuestas basadas en el modelo del TGfU; y (b) una comparación entre una metodología tradicional de enseñanza del deporte, y la nueva metodología (Rink, 1996). En mayor o menor medida, todavía siguen apareciendo trabajos en uno y otro sentido, y una buena recopilación es la que aquí se presenta, bien en los capítulos que tratan de la forma de enseñar, bien en la bibliografía específica de esos mismos capítulos, que en muchos casos, el lector o lectora encontrará que hay bibliografía común. También hay que resaltar que han ido ampliándose los estudios a deportes con menor presencia táctica, de manera que si el origen del TGfU y de la ECD, así como su desarrollo y evolución está centrada en los deportes con componentes tácticos, su influencia ha alcanzado también, en los últimos años, a los llamados deportes técnicos (Valero, 2004).

¿Qué íbamos sabiendo de lo que se investigaba? Poco a poco, tanto en España como fuera de España se fueron publicando y se han ido publicando trabajos donde las aportaciones desde el TGfU han superado resistencias entre los investigadores y han mostrado su potencial explicativo y formativo (Butler, Griffin, Lombardo y Nastasi, 2003; Griffin y Butler, 2005; Méndez Giménez, 2009). Así, como veremos después, que es difícil encontrar trabajos que no se remitan a los autores citados en los capítulos que aquí se presentan, y más ampliamente, en las revistas científicas sobre la enseñanza del deporte. No obstante, la realidad que afecta a la formación, especialmente la inicial, de los enseñantes del deporte, sigue mostrándose en algunos casos fragmentada. Incluso con las transformaciones incorporadas en los actuales títulos de grado, los deportes siguen apareciendo divididos (el grado de maestro con la mención de EF apenas tiene un espacio reconocido para la ECD), con mayoría de incidencia en el contenido, el deporte, y mucho menos en la forma de enseñarlo (tal y como ocurre en los Grados de Ciencias de la Actividad Física y Deporte), que sigue en manos de las materias denominadas Enseñanza, Didáctica o similar.

Los resultados que se habían ido obteniendo se resumían en una mayor y mejor adaptación del deporte a las necesidades e intereses del alumnado, y no a la habilidad o maestría de unos pocos. El TGfU se abría camino y reemplazaba poco a poco las propuestas sobre la enseñanza del deporte basadas en unos modelos técnicos, la mayoría de las veces aislados, que confluían en el deporte definitivo, siempre ubicado al final de la sesión, y más al final de la unidad didáctica programada. Al contrario, con el TGfU, y también como base de la ECD, el juego es el punto inicial, donde aparecen situaciones tácticas que tratan de implicar cognitivamente al estudiante, de forma que más que saber cómo hacer determinadas técnicas, se busca qué hacer en determinadas situaciones, y a partir de esa demanda, involucrar a la técnica. Es decir, el deportista pasa de ser un reproductor o imitador de acciones a ser un agente activo de sus propias decisiones y acciones.

Por otro lado, en el ámbito estrictamente escolar, el currículum establecido desde la LOGSE hasta el actual, aunque con diferencias entre comunidades autónomas, ha ido dando una importancia relativa al deporte. El cambio de edades dejando la Educación Primaria (EP) entre los 6 y los 12 años, y la ESO entre los 12 y 16, permitió, a su vez, que el deporte tuviera una implicación evidente en el último ciclo de la EP y en la ESO, pero es en la EP donde parece que la iniciación deportiva ocupa un lugar preferente. De ahí que resultara del todo necesario que en la formación inicial de los maestros y las maestras especialistas en EF existiera esa materia. No es de extrañar que muchos de los trabajos que han ido realizándose, y las investigaciones que se han hecho en iniciación deportiva provengan, precisamente, de las personas que se encontraban y se encuentran en las antiguas Escuelas de Magisterio y en las actuales Facultades de Educación o Facultades de Formación del Profesorado. Es decir, profesores e investigadores dedicados específicamente al deporte en edad escolar.

Podríamos resumir este apartado diciendo que la iniciación deportiva, tanto en la formación universitaria, como derivada de la necesidad de impartir el deporte de una forma más adecuada según la filosofía educativa de las reformas que han ido planteándose desde los 90, ha supuesto que sea una materia, o mejor, un campo de estudio donde ha tenido cabida un amplio desarrollo sobre la enseñanza del deporte. Las investigaciones sobre la idea del TGfU también fueron ampliándose en esos años, y su repercusión no ha dejado de notarse todavía.

La base pedagógica y filosófica se amplía

Un aspecto fundamental que cambia en los nuevos modelos de enseñanza, es la forma de entender el tratamiento que recibe el proceso de toma de decisiones por parte el deportista. La idea de un jugador que repite de forma mecánica hasta el infinito como forma de conseguir el dominio en un determinado rango de habilidades deportivas se ha ido diluyendo y ha ido dejando paso a algo más acorde con los tiempos y con las aportaciones de las investigaciones recientes. Nos referimos a la idea del jugador inteligente. Lo que nos llama la atención en el deporte no es tanto la filigrana o el malabarismo, sino cuándo hace el jugador lo que hace y su adecuación perfecta a las necesidades del momento.

Este cambio radical reside en el hecho de considerar la inteligencia del deportista como un elemento fundamental en la práctica deportiva. Tradicionalmente, desde el modelo del procesamiento de la información se recurrió a esa fase intermedia denominada "mecanismo de decisión" para explicar el ajuste y la adecuación de las respuestas que daba el deportista. La táctica se fue convirtiendo y se ha consolidado, poco a poco, como un elemento clave del deporte, claro está, en aquellos deportes que tienen una demanda táctica. La acción táctica se ha convertido en un foco de atención para los investigadores independientemente del marco teórico de referencia en el que se encuentren. Así, en la actualidad conviven los trabajos basados en el cognitivismo con las no menos importantes aportaciones realizadas desde la teoría de los sistemas dinámicos y ecológicos (Araújo, 2006; Araújo, Davids y Hristovski, 2006).

El trabajo prístino de Mahlo (1974) puede considerarse un punto de partida fundamental a pesar de que en su momento apenas se tuvo en cuenta. La aceptación del procesamiento de la información como modelo psicológico explicativo conllevó que también desde el aprendizaje y control motor se incidiera en lo cognitivo. Así, desde una parte importante de la psicología cognitiva se habla de diferentes tipos de conocimiento, y adquiere importancia en el deporte la relación entre el conocimiento declarativo y procedimental (Anderson, 1982; y su evolución hacia términos similares en Pozo, 2001), Esto ha dado lugar a un número importante de trabajos en el aprendizaje deportivo (ver Dodds, Griffin y Placek, 2001) y, al mismo tiempo, ha planteado la confrontación con otras aportaciones acerca del conocimiento explícito e implícito. De ahí que lo cognitivo haya adquirido gran relevancia también en el aprendizaje y el control motor (Arnold, 1991; Oña, Martínez, Moreno y Ruiz, 1999; Ruiz Pérez, 1994).

Las investigaciones y los trabajos sobre la enseñanza del deporte van tomando partido por esta inclusión de la psicología cognitiva precisamente porque dan fundamentación a la enseñanza del deporte tomando como referencia la táctica, y a partir de ahí, llegar a las necesarias ejecuciones (ver el modelo del TGfU como una imagen del modelo del procesamiento de la información).

Pero si el modelo del procesamiento de la información parece ser una clave, hay otros antecedentes que podríamos añadir. Desde Piaget (2001), cuando plantea la escritura, hasta las sugerencias del aprendizaje motor (Whiting, 1969) sobre cómo enseñar el deporte, han servido de base para buscar alternativas. Y si en la actualidad hay una perspectiva que parece que tiene gran influencia, esta es la perspectiva constructivista. Hay que reconocer que la idea inicial del TGfU no se basaba en el constructivismo, pero ha sido a partir de los planteamientos de esta corriente como se ha ido afianzando como ECD. Aquí también se presentan capítulos que tienen esa base constructivista, y las publicaciones, principalmente desde finales de los 90, han ido aumentando cada vez más ese componente filosófico y pedagógico para plantear la enseñanza de los deportes, y seguimos diciendo, que prioritariamente en aquellos que tienen un mayor énfasis en la táctica.

Cualquiera que se interese por los métodos y modelos de enseñanza de la EF y el deporte, y lea el libro original de Mosston (1982; y el posterior de Mosston y Asworth, 1993) verá que la enseñanza mediante la búsqueda o la enseñanza por problemas (aunque es cierto que otros autores y autoras han utilizado términos similares, no necesariamente iguales) supone una clara implicación cognitiva en la enseñanza de la EF. Precisamente con el auge de algunos postulados derivados del constructivismo, este paso es evidente. Ya no se trata de que el estudiante, o el jugador, repita en la tarea el modelo de ejecución que se le ofrece sin más, sino que hay que tratar de que esa enseñanza tenga unos principios que permitan que el propio estudiante o jugador sepa qué es lo que hace y por qué lo hace. De forma resumida y simplificada, la perspectiva constructivista de la enseñanza y el aprendizaje incluye determinados núcleos o ejes fundamentales: el aprendizaje significativo, la metáfora del andamiaje en el aprendizaje, el proceso y desarrollo de las etapas de asimilación, acomodación y equilibración, y la relación entre los procesos intersubjetivos e intrasubjetivos en el proceso de aprendizaje (Ausubel, Novak y Hanesian, 1991; Bruner, 1995; Piaget, 1977; Vygotski, 1995) y han sido desarrollados y adaptados a la base curricular y educativa (Coll, 1987, 1990, 1991). Los trabajos que han utilizado y ampliado estas ideas fundamentales han incidido directamente en la enseñanza del deporte (ver Contreras et al., 2001; Castejón Oliva y López Ros, 2002).

Parece pues, una cuestión relevante el hecho de involucrar cognitivamente al aprendiz. Los procesos reflexivos en la práctica y sobre la práctica (Schön, 1992, 1998) que tenían su origen y aplicación en el desarrollo profesional, son tomados en consideración para la enseñanza del deporte. Los estudiantes, antes, durante y después de las actuaciones que han tenido lugar en las situaciones tácticas, reflexionan con el profesor o profesora sobre lo que va a suceder o lo que ha sucedido, y se comprueba en la práctica tomando como referencia las ideas previas de los estudiantes. Este es un rasgo característico de la perspectiva constructivista, utilizar las ideas previas de la persona para incidir en ellas y a partir de ahí favorecer la construcción de nuevos significados que, entre otras cosas, les permita disponer de nuevas interpretaciones de la realidad en la que están inmersos.

Como venimos señalando, con la incorporación de la perspectiva constructivista como base pedagógica y filosófica, que además se encontraba en pleno apogeo en el currículum educativo de los años 90, se da un nuevo giro importante a la enseñanza del deporte. Si bien el TGfU, inicialmente, no tenía esa base pedagógica y filosófica, la ECD alcanza un nuevo estadio defendiendo los procesos reflexivos sobre la práctica, y especialmente favoreciendo la comprensión en el proceso de aprendizaje. Este giro no es exclusivo para las investigaciones en España, los autores que, inicialmente, habían tomado partido con el TGfU cuando hace su aparición y va desarrollándose, también van tomando partido con la perspectiva constructivista. Si bien este hecho presenta muchos matices en la medida que, bajo el título constructivista subyacen formas de entender y de considerar la enseñanza y el aprendizaje muy diversas y no siempre ajustadas con esta perspectiva; en términos generales se confirma un auge considerable. Con ello, la implicación cognitiva tiene un amplio campo de aplicación en la enseñanza del deporte, algo de lo que, estamos convencidos, es un paso importante en la forma en la que se diseñan las tareas, se ponen en práctica y se evalúan. No obstante, todavía queda un gran trecho por recorrer, la enseñanza tradicional, la perspectiva técnica, ha ido acopiándose de un cúmulo de publicaciones que han sido utilizadas por múltiples investigadores y profesores, y no es fácil que nuevas perspectivas se hagan un sitio. Es más, y esto es algo que tenemos que agradecer en publicaciones como la presente, es necesario que vayan apareciendo publicaciones que aporten soluciones para el profesorado, para su puesta en práctica en la enseñanza del deporte (Méndez Giménez, 2011; Sánchez Gómez, Devís y Navarro, 2011).

Una de las cuestiones que se plantea también como consecuencia del TGfU y del estructuralismo, es el análisis de los elementos que configuran los diferentes deportes. Así, surgen investigaciones y trabajos destacados desde la praxiología motriz y, también, desde el estudio de la transferencia en el aprendizaje de diferentes deportes con rasgos comunes. Es destacable el esfuerzo realizado desde la perspectiva praxiológica para explicar y entender los elementos estructurales y funcionales que configuran el "esqueleto" de los diferentes deportes (ver Hernández Moreno, 2000; Jiménez Jiménez, 2003, 2008). Sólo desde el conocimiento de la lógica de cada especialidad deportiva es posible diseñar situaciones de enseñanza y aprendizaje apropiadas, de ahí su importancia. Asimismo, resulta interesante la propuesta que señala que hay elementos comunes entre los deportes y que esto puede ser fuente de aprendizaje al tiempo que permita a los aprendices desarrollar los procesos de transferencia y ahorrar tiempo en dicho aprendizaje. Por ello se consideran diferentes posibilidades de secuenciar y ordenar los deportes que deben enseñarse. Esto se debe a que, por ejemplo, en los deportes colectivos de cancha compartida (fútbol, balonmano, baloncesto, etc.), hay un número importante de situaciones (tácticas, estratégicas) que se resuelven de forma parecida, lo que permite que sean los estudiantes los que apliquen lo que ya saben de un deporte al nuevo deporte cuando se encuentran con esa situación similar (ver Contreras et al., 2001; García López, Contreras, Penney y Chandler, 2009).

MÁS ALLÁ DE LA ENSEÑANZA DEL DEPORTE EN EDUCACIÓN FÍSICA

Hemos señalado anteriormente cómo la iniciación deportiva ha ido construyendo un nuevo espacio académico, fundamentando teóricamente las nuevas alternativas que han ido surgiendo y ofreciendo modelos de enseñanza que han permitido trascender la enseñanza tradicional del deporte. Esto permitió, en determinados momentos, precisar el punto de partida y quién se responsabilizaba de ese punto de partida. Ha sido, y es, impensable que no se haga iniciación deportiva en las clases de EF, pero ¿qué pueden hacer, entonces, las federaciones deportivas -entre otros organismos- cuando enseñan deporte? Es cierto que en EF no hay una predilección por un deporte, algo que sí pretende cualquier federación o institución, pero esos mismos organismos también promueven la iniciación al deporte. Entonces ¿cómo deberían hacerlo?

Parece claro que la iniciación deportiva también ha ido ocupando un espacio que ya no pertenece a la EF, se trasladaba a la enseñanza del deporte extraescolar, o deporte fuera de la escuela. Esto les llevó a interesarse por definir con más claridad el área de incidencia pertinente cuando se trataba de enseñar el deporte. Hay una responsabilidad por iniciar al deporte, entendido como una actividad que debe alcanzar a la máxima población y que no debe enmarcarse en unos deportes por el simple hecho de que sean los más "mediáticos", o bien porque se asume que la lógica de la práctica deportiva empieza en la escuela y debe continuar en la sociedad pero por otros medios, instituciones, estructuras, etc. Lo que sí es cierto es que el comienzo del deporte no sólo es exclusivo de la escuela, también se hace por otros medios que, si bien no tienen un dominio formal en la educación (los centros docentes), sí es cierto que aportan un contenido que tiene que tener un carácter educativo.

Cuando el contexto es federativo o de "escuelas deportivas" de carácter institucional, a menudo nos encontramos que en vez de ser iniciación deportiva es iniciación a (póngase el nombre de un deporte después de esa a). Para estos organismos, intentar definir y entender la iniciación desde un punto de vista científico no es, en modo alguno, una cuestión prioritaria puesto que lo que necesitan es su uso. Es decir, dependiendo de la cultura deportiva en que nos situemos, estaremos transmitiendo unos determinados conocimientos, valores, actitudes que van a influir en la configuración que tengan los sujetos que se inician de lo que puede representar personal y socialmente la práctica deportiva.

La idea de una oferta deportiva extraescolar pero inclusiva ha llevado a movilizar a diferentes personas que han hecho propuestas de enseñanza del deporte tratando de enfatizar en los valores, en la participación, y no tanto en unos reglamentos y competiciones deudoras de un deporte de elite. En algunos de los capítulos de este libro se exponen trabajos que han ido en esa línea, y han demostrado que hay posibilidades de plantear y realizar una práctica deportiva sin que tenga que tener un vínculo directo con la competición deportiva minoritaria que desemboca en la alta competición.

Asimismo, la búsqueda en EF de ofrecer al alumnado prácticas deportivas auténticas que aumenten su implicación y autonomía ha motivado la consideración de modelos de enseñanza, que como el Sport Education (Siedentop, 1994; Siedentop, Hastie y Van der Mars, 2004) además de trascender la práctica aislada de las habilidades técnico-tácticas de los deportes, integra el desarrollo de otros roles complementarios al de deportista que también son asumidos por el alumnado (entrenador, preparador físico, organizador, árbitro, analista, reportero, etc.) y que promueven el desarrollo de competencias básicas que van más allá de un desempeño deportivo competente. Los rasgos que desde este enfoque se asocian a esta 'práctica autentica' son: temporada, afiliación, competición formal, fase final, registro de datos y festividad, aspectos que no suelen estar presentes en la forma que se enseña el deporte en la clases de EF. Con esta aproximación de la propuesta de enseñanza deportiva en el ámbito educativo a cómo se lleva a cabo la práctica deportiva en las diversas comunidades de práctica del entorno social, se pretende que tanto chicos como chicas tengan las mismas oportunidades de práctica, lleguen a ser competentes en su acción de juego, conocedores del deporte, y se entusiasmen con la práctica, de manera que se fomenten en ellos hábitos perdurables para la práctica de actividad física y deportiva. Este nuevo enfoque de la enseñanza del deporte, de manera específica o complementándose con otros modelos de enseñanza alternativa del deporte, y las experiencias prácticas a que está dando lugar en nuestro país (Calderón, Hastie, y Martínez de Ojeda, 2010, 2011; Hastie, Martínez de Ojeda, Calderón, 2011) abre aún más el espectro de alternativas desde las que implementar la formación deportiva en el ámbito educativo.

En suma, lo que ha podido ir argumentándose en este breve apartado es una idea sobre qué entendemos por enseñanza del deporte, que base filosófica y pedagógica es la más adecuada. En EF han confluido distintas vertientes, donde la idea educativa prima sin duda, lo que ha dado lugar a la propuesta de diversos términos que pusieran de relieve ese compromiso formativo. En esta línea debemos considerar la expresión 'educación deportiva', que amplía y recoge asimismo el campo semántico de enseñanza deportiva, dando lugar a otro concepto cuya finalidad "está en conseguir que los alumnos y las alumnas adquieran y desarrollen los conocimientos, capacidades, valores y actitudes que les permitan llega a ser autónomos como consumidores, como espectadores y como practicantes del deporte" (Velázquez, 2001, p. 96). Es decir, este concepto de 'educación deportiva' podríamos considerarlo sinónimo del de 'formación deportiva' y vincula explícitamente la mediación docente con el desarrollo integral de la persona e integra la socialización "en" y "a través" del deporte.

Sin embargo, en el deporte fuera de EF lo que hay es un interés por tener una perspectiva de enseñanza, alejada de posibles controversias, es decir, más cercano a la "receta", a algo que funcione, independientemente de si hay argumentos filosóficos, pedagógicos o científicos. Pero si esta doble perspectiva puede parecer alejada, no es así, porque cada vez más, las personas que han ido ampliando los estudios de investigación sobre la ECD, lo han hecho con actividades que ya no se encuentran en el entorno formal de la escuela, de la clase de EF (por ejemplo, www.tgfu.org).

Queda un largo camino por recorrer, en el sentido de ver si la ECD tiene posibilidades para el deporte cuando éste ya no es iniciación. En la "tierra media", y también con los expertos, hacen falta trabajos de investigación que puedan demostrar que la ECD tiene posibilidades de aplicarse. Sin embargo, hay que recordar que parte con un punto en su contra, la ECD ha seguido un amplio tratamiento y ha sido concebida para la iniciación deportiva ¿tendrá cabida para llegar la élite e inclusive para el entrenamiento de la propia élite? No sería la primera vez que algo que se enseña en un contexto puede traspasarse a otro, pero queda tiempo para que pueda demostrarse.

EL PROFESORADO

Hay que resaltar que la formación que tenía el profesorado en el momento de la aparición del TGfU, y con el paso siguiente a la ECD, no era la más adecuada. Son modelos de enseñanza, formas de enseñar que los maestros y profesores no han tenido en su formación inicial, lo que significa que la historia personal, la tradición y la enseñanza en su formación como docentes, con un gran peso en el dominio de la técnica siguiendo un conjunto de progresiones, que luego se intentaban llevar a la situación táctica y al deporte definitivo, no favorecía la penetración de la ECD.

Evidentemente, había profesores y profesoras que iban levantando la voz para romper con una forma hegemónica de enseñar el deporte, pero difícilmente tenía cabida en las clases de EF. En esencia, la base pedagógica y filosófica sobre la que se sustentaba la práctica docente era deficiente, o no estaba bien explicada (Blázquez, 1986; Devís y Peiró, 1992; Devís y Sánchez, 1996; Jiménez, 1994; Velázquez, 2001). Este hecho ha favorecido que la investigación se dedicara también a los procesos de formación del profesorado en las nuevas metodologías de la enseñanza deportiva.

Los trabajos sobre la presencia de la ECD durante la formación inicial del profesorado (y una gran parte de su desarrollo profesional) señalan las dificultades con las que se encuentran para llevar a la práctica actividades que o bien no controlan, o bien no son partidarios porque no saben cómo van a funcionar. Si además, añadimos que la tradición de la enseñanza desde la técnica ha contribuido con un conjunto de pruebas que permiten evaluar los aprendizajes de los estudiantes, con más razón para que ese profesorado no entendiera la nueva propuesta.

El profesorado universitario es el que más ha apreciado el cambio. Como hemos señalado, especialmente en la formación de maestros especialistas en EF, ha habido, y hay, un conjunto de profesores y profesoras que han asumido la ECD casi sin discusión. Las investigaciones y publicaciones de este mismo profesorado abunda en el tema, y la mayoría de los exponentes de los que contribuyen en este volumen son profesorado universitario que sigue esa línea.

En cuanto al profesorado de EP, ESO y Bachillerato, el número de personas afectas a la forma de trabajo de la ECD es bastante menor. Todavía hay un grupo mayoritario que tiene una idea anclada en su formación (y si nos apuramos, en su propia práctica deportiva), que les lleva a mantener que el deporte se ha enseñado "siempre así", y así deben ellos y ellas seguir enseñándolo. Muchos de los que contribuyen a los capítulos presentes, y otros más que enseñan el deporte desde la ECD, cuando van a curso, congresos, simposios, avanzan poco a poco con este planteamiento hacia el profesorado de la enseñanza no universitaria, pero todavía queda un buen camino que recorrer.

Un ámbito que merece especial consideración es el deporte federativo. Como hemos señalado, la ECD ha rebasado la enseñanza del deporte en EF, y reclama también esa enseñanza para el deporte fuera de las clases. Sin embargo, si en el profesorado no universitario hay resistencias, éstas son aún mayores en el ámbito federativo. Las individualidades son todavía mayores, y si hay algún atisbo de cambio mínimamente sólido es porque esos entrenadores y/o profesores en las federaciones, o bien lo son también de la universidad, o han pasado más o menos recientemente por la universidad. Sin embargo, raro es el documento que se puede encontrar con aportaciones de la ECD en las federaciones deportivas (Castejón Oliva, Martínez Muñoz, del Campo Vecino y Argudo Iturriaga, 2011).

EL LUGAR DEL APRENDIZAJE

La voluntad de favorecer un aprendizaje lo más significativo posible, ha facilitado que la ECD tuviera cabida en la enseñanza del deporte. Con la presencia y el vigor de favorecer lo que se ha denominado de distintas formas (aprendizaje fuerte vs. débil -

Arnold, 1991-, conocimiento declarativo vs. procedimental -Ruiz Pérez, 1994-, y un largo etcétera con premisas similares -por ejemplo, Pozo, 2001), se ha desarrollado un amplio conjunto de investigaciones en las que se ha ido comprobando que el desarrollo de un único dominio del conocimiento (procedimental, en particular con el deporte) resultaba insuficiente para favorecer la comprensión y la significación del aprendizaje. Se demanda, pues, que el conocimiento sea lo más completo posible, el saber y el saber hacer necesitan mostrarse de forma explícita. Recordemos que la perspectiva constructivista necesita que el profesorado conozca qué ideas previas tiene el aprendiz, y una de las formas de conocerlas es por procesos reflexivos de la práctica, el conocimiento declarativo es una ayuda inestimable. Lo mismo podemos decir respecto a los procesos reflexivos sobre la práctica. Podemos saber si los aprendices han tenido en cuenta elementos que son necesarios para que las actividades que se plantean en la táctica se resuelven, tanto en el "saber" cómo en el "saber hacer".

Las diferencias en el aprendizaje en distintos jugadores se apreciaban en el saber. Así por ejemplo, el uso de imágenes del juego con el propósito de comprobar qué es lo que tiene como idea el jugador, ha sido una línea de investigación en la enseñanza del deporte (French y Thomas, 1987). Se trataba de comprobar si los jugadores con mejor solución práctica durante el juego, también la tenían con el conocimiento declarativo. Parece que las correlaciones son muy altas, buenos jugadores tienen buenas ideas, la relación procedimental y declarativa parece estar asegurada. No ha sido extraño, entonces, encontrar trabajos que han presentado diferencias en el aprendizaje respecto al conocimiento, tanto declarativo como procedimental (Castejón Oliva y López Ros, 2000).

Pero no todo es paz. Ha habido trabajos que han cuestionado que sea necesario ese conocimiento declarativo. Un antecedente como el de Magill (1998), señala que no es necesario que los jugadores tengan un conocimiento declarativo sobre lo que hacen, pues la adquisición del aprendizaje de las habilidades deportivas no necesita de ese conocimiento para que puedan ser asimiladas. Trabajos más recientes (Araújo, Travassos y Vilar, 2010) señalan las diferencias de las habilidades y cómo no es posible transferir el proceso de aprendizaje de habilidades verbales a las habilidades tácticas, simplemente, porque no son habilidades que tengan componentes esenciales para ser transferibles.

Desde la perspectiva constructivista, y con la incorporación de otras fuentes filosóficas y pedagógicas, se incide en la necesidad de los procesos reflexivos; pero hemos visto que hay trabajos que se alejan de la necesidad de comparar habilidades que de por sí son distintas, y que requieren procesos de adquisición distintos, lo que lleva a que no puedan interactuar entre ellas. Todavía en este punto hay un buen tramo que recorrer, conseguir avances que nos ayuden a hacer una enseñanza sin que por ello utilicemos procedimientos que pueden ser equívocos, o contrarios a lo que pretendemos.

Probablemente un aspecto fundamental tenga que ver, no con el hecho de si los jugadores aprenden o no de forma explícita, sino en qué tipo de aprendizaje queremos favorecer. O dicho en otras palabras, la discusión no gira alrededor del "aprendizaje" en abstracto, puesto que es bien conocida la existencia del aprendizaje implícito y del aprendizaje explícito, sino sobre qué tipo de aprendizaje consideramos que puede aportar más al desarrollo del deportista en tanto que persona. Es pues, en última instancia, una opción filosófica, educativa.

Los valores y el deporte

En las clases de EF, el trabajo sobre los valores se ha ido entendiendo como un contenido transversal. Esto quiere decir que la implicación de la ECD ha estado emparejada con una formación en valores que no demandaba una aplicación en exclusiva. La EF se encontraba en un marco curricular que defendía un tipo de valores y no se salía de ahí. Se comprobaba que el profesorado, bien por formación, bien por intuición, trabajaba los valores como un elemento más de la clase. Pero ¿qué ocurría con el deporte fuera de la escuela? El deporte que no está en el horario de las clases de EF debía trabajar un conjunto de valores acorde con la sociedad, pero también acordes con la propia práctica deportiva, si quería subsistir en un proceso de cambio hacia una práctica cada vez mayor y necesaria debido a nuevas formas de participar en el tiempo de ocio y recreación, especialmente en la población más joven.

Las instituciones encargadas de fomentar la práctica deportiva han ido incitando hacia una forma diferente de entender la práctica deportiva. La facilidad con la que antes se apuntaban muchos chicos y chicas a practicar deporte, ahora ya no ocurre. La oferta es amplia y variada, el abandono comienza a ser su una epidemia. La participación es más importante que conseguir unos resultados deportivos altos, algo que no se rechaza, pues la práctica deportiva hacia la élite sigue existiendo, pero cada vez hay una demanda mayor para practicar deporte y para que todo el mundo tenga posibilidades de hacerlo. En este contexto, hay que plantear una práctica que redunde en los valores, no se puede fomentar un deporte excluyente, más bien al revés, hay que fomentar una práctica deportiva que invite a la adherencia.

Se trata de que todo el mundo tenga posibilidades de practicar el deporte, sin que el objetivo sea ganar a cualquier precio. La cooperación empieza a estar por encima de la competición. Los entrenadores y entrenadoras son estimulados para que traten de que todo el mundo pueda participar. Se trata de que las familias no dejen a sus hijos en la pista o en el campo y se olviden. Todo lo contrario, la implicación de los padres es un valor añadido. Las instituciones velan porque el deporte alcance a la mayoría, para que el deporte tenga el fin social que hemos asumido que tiene, pero que pocas veces hemos visto en la práctica. La Formación deportiva no trata en exclusiva del dominio motriz, también es necesario que tenga una vertiente pedagógica, participativa, con valores declarados explícitamente que sirvan de referencia para la organización de esta práctica deportiva que llegue a la gran mayoría, donde la inclusión sea la pieza clave.

Los trabajos al respecto (ver capítulos de en este libro) han propuesto una práctica deportiva que en momentos parece tener puntos en común con la ECD, otras veces utiliza ideas pedagógicas que ya han desarrollado otros autores, con el fin de que esa práctica no sea para unos pocos. De la misma forma, la implicación de una práctica deportiva donde los valores tengan un gran peso, siguiendo modelos como el de Hellison (2003), son desarrollados y se comprueba que se obtienen resultados que fomentan los valores a través del deporte.

QUÉ FALTA EN LA FORMACIÓN DEPORTIVA. UNA VISIÓN CRÍTICA

Podría parecer por lo escrito hasta aquí, que la formación deportiva, la que hemos señalado que debe incidir en lo motriz, en lo psicológico y en lo afectivo-social, se ha ido consiguiendo. Desde un punto de partida más motriz, poco a poco han ido importándose elementos psicológicos y sociales, derivados, fundamentalmente, de la educación, y han supuesto un incremento en la formación deportiva. Pero una formación deportiva completa es necesaria, y no está claro que se esté consiguiendo. En este apartado vamos a ir viendo cómo está la situación, hacia dónde se podría dirigir la atención, y además nos servirá para que en el momento en el que se lean los capítulos de esta publicación, pueda comprobarse que el esfuerzo realizado es ímprobo, abrumador, pero queda un buen camino por recorrer.

La cultura deportiva

Puede parecer que bajo este epígrafe se trata, de nuevo, de algo semejante a la educación deportiva, o la formación deportiva que hemos ido señalando. No es así, estamos hablando de la cultura deportiva entendida como los distintos momentos en el que las personas toman, asimilan y asumen costumbres que se encuentran en el deporte. Ser un buen practicante del deporte, tal y como se ha señalado, requiere de comprender qué se hace y por qué se hace, del contexto donde la persona se encuentra, de las posibilidades de la práctica en la escuela y fuera de la escuela y que las instituciones apoyen dicha práctica. Pero hay otros momentos en la manifestación deportiva.

La formación deportiva no sólo es para el que practica, hay más personas alrededor de ese practicante. Por ejemplo, deberíamos formar a las personas para ser consumidores del deporte, y por consumidor entendemos un conjunto de elementos que parecen necesarios, como puede ser la ropa, los materiales, las instalaciones, las propuestas de práctica deportiva de las instituciones. En una sociedad basada en la oferta y la demanda, no se puede creer que la oferta deportiva es siempre buena, hay que saber percibir aquello que es positivo para el fin que se persigue (salud, ocio...), saber decidir para que esa oferta cubra los intereses, y saber qué es lo que hay que hacer en esa práctica.

El deporte, tal y como lo entendemos, se desarrolla con la participación de árbitros y jueces. La formación deportiva debería incidir en este apartado. Es penoso ver, muchos fines de semana, cómo las competiciones deportivas se encuentran en manos de personas que hacen de árbitro o juez sin tener una formación acorde a lo que se está haciendo. Si la representación de la alta competición no siempre es la adecuada para la formación, cómo están representados los árbitros y jueces tampoco es un buen ejemplo. Unido a eso podríamos señalar la formación como espectadores. Hemos dicho que es penoso ver algunos arbitrajes, no es menos penoso comprobar algunos comportamientos de los padres y madres en esas competiciones, por no decir de los comportamientos como espectadores en diferentes eventos deportivos.

Podríamos añadir algunas facetas más, por ejemplo, el consumo de la prensa y las noticias deportivas, la forma en la que se entiende la gestión de los eventos. Todos estos elementos conforman lo que hemos dado a entender que es la cultura deportiva, costumbres, maneras, formas de ver, participar y hacer en el deporte.

La inclusión en el deporte

Cuando hay un fin en el deporte que es ganar, las personas utilizamos, y así se demuestra, las reglas para obtener el beneficio y llegar antes que otros a la victoria. No es raro encontrar casos de participaciones en el deporte, que sin estar fuera de las reglas, deja que desear como faceta participativa. El problema es que la cultura deportiva que tenemos ha ido enfocada hacia la competición, y en el caso de la competición, hacia la victoria como único fin.

Como la victoria en el deporte necesita esfuerzos que están al alcance de pocos, la mejor forma de conseguir esa victoria es no atender a los que buscan una práctica deportiva que no les excluya. Un ejemplo, se han dado casos de, en categorías inferiores, fichar en un equipo a jugadores que han nacido en los primeros meses del año: en chicos y chicas de, pongamos 10 años, la diferencia entre haber nacido en enero y en diciembre es suficiente para que, el que ha nacido en enero, tenga ventaja ¿esto es ir contra las reglas? No creemos que sea así. Pero sí que es utilizar una norma que favorece a unos sobre otros.

Podríamos añadir lo mismo con la separación de sexos en esas categorías inferiores. Somos partidarios de que la escuela es un lugar donde se debe trabajar la inclusión, y en las clases de EF no se separa a las chicas de los chicos, lo mismo podríamos decir de las competiciones federativas en categorías inferiores.

Las diferencias debidas a la discapacidad, sean motrices, intelectuales y/o sensoriales, no deberían ser causa de exclusión en la práctica deportiva. De nuevo, la forma de entender el deporte favorece a unos sobre otros. No entendemos por qué no es posible que en un campo de deporte, en una pista, haya personas con diferentes rangos de movilidad, claro, si lo que se persigue es conseguir la victoria como único requisito, entonces, hay muchas personas que se quedarán fuera.

Como se podrá ver en la mayoría de los trabajos que aquí se publican, todavía no ha habido mucho interés por abordar estos aspectos. Hay dificultades que apuntan a que no resultan todo lo atractivos que debieran ser; quizá también a la necesidad de tener un dominio sobre las diferencias debidas a la cultura, el género, la edad, que pueden tener un interés menor dentro del concepto de ECD, y sin embargo, debe tratarse con la misma atención para aquellas personas que se inician y practican deporte y deberían recibir una enseñanza de calidad, actual, como la que reciben otras personas que puede que no tengan tantas dificultades para acceder a la práctica deportiva.

LA RUPTURA CON LA TRADICIÓN ¿UNA NUEVA DEUDA?

En los últimos años es fácil encontrar trabajos que tengan referencias al constructivismo, bien porque el currículum educativo lo demandaba, bien porque las publicaciones que han ido ampliando y reforzando la ECD se han basado en la perspectiva constructivista. Pero esta base pedagógica y filosófica se ha ido ampliando: desde el aprendizaje situado hasta la presencia de los sistemas dinámicos, pueden aparecer como referencias en la ECD.

Una crítica que podríamos hacer es que quizá se están presentando unos resultados para consumo interno de una determinada comunidad, nos referimos principalmente al profesorado universitario. Lo que tratamos de decir es que las personas que trabajan directamente con la ECD tienen, en su mayoría, vínculo universitario, y no tanto en otras facetas, digamos federativas, relacionadas con el deporte. Debido a que los portavoces de la ECD son revistas nacionales e internacionales, que el profesorado universitario necesita publicar para mantener cierto estatus, y que en dichas revistas no es fácil publicar artículos que no sigan la línea de la ECD, entonces encontramos que muchas de las investigaciones, y las tesis doctorales lo son, se configuran hacia determinados ejes, núcleos o centros de interés. A partir de aquí, planteamos una pregunta ¿no estaremos tratando de formar o forzar una determinada opinión? Recordemos que un paradigma no gobierna una disciplina pero sí a un conjunto de profesionales. Si esos profesionales tienen el control por donde hay que pasar bien para publicar, bien para investigar, cualquier ideología que no fluya hacia la dominante no la respalda, y puede verse fuera de lo que, en estos momentos, se considera mayoritario. Somos producto de la historia y somos productores de la historia. Cualquier avance, propuesta, interés por investigar o publicar podría verse de dos diferentes formas: o repercute en la dominación o repercute en la emancipación. Sin embargo, lo que se ha ido tratando principalmente en los estudios de la ECD es en una metodología como alternativa, pero no da con ello la razón. Precisamente si de lo que estamos tratando de afianzar es la formación deportiva, no sólo la metodología debe ser el elemento fundamental, hay que tratar de avanzar, y de forma crítica, hacia una teoría de la formación deportiva, donde habrá métodos, contenidos, profesorado, tipos de aprendizaje, etc.

PENSAR Y PLANTEAR OTROS DISEÑOS

Si hay algo que ha quedado claro en las investigaciones sobre la ECD es que se han limitado a un conjunto de sesiones, o bien unidades didácticas, pero una severa revisión de los trabajos publicados nos lleva a comprobar que faltan estudios de largo alcance, nos referimos a un completo curso académico, incluso, a más de un curso académico.

En el caso de las tesis doctorales, la realidad es que la mayoría de los investigadores tienen un tiempo limitado, y quizá por ello no es fácil encontrar estudios de larga duración. Sin embargo, en los artículos no se encuentran estudios de este tipo, y convendría que se empezara a trabajar tanto en estudios amplios, como longitudinales. Lo que suele encontrarse en la red de publicaciones, es la inmediatez, en algunos casos, reincidentes sobre el mismo tema.

En el caso de programas deportivos de instituciones, sí es más habitual encontrar estudios que duren más de un curso o temporada, pero en estos casos lo que falta es comprobar factores y variables de la formación deportiva. Como en el caso anterior, las limitaciones de los investigadores, la necesidad de realizar una tesis doctoral en un tiempo prudencial, o la legitimidad de publicar datos en revistas buscando un beneficio no dejan sitio para que se puedan realizar investigaciones con diseños diferentes a los habitualmente publicados.

Se tiende al corto plazo y a la relevancia local, pero esto impide comprobar si hay la suficiente variabilidad local como para hacer un trabajo similar en otros contextos. La realidad es que hay cierta imposibilidad de replicación en Ciencias Sociales, porque no se puede volver a tener a los mismos sujetos y por tanto, conseguir los mismos resultados. Es decir, muchas de las investigaciones impiden llegar a hacer una réplica que permita ampliar la información obtenida en investigaciones originales. Hay algunas posibilidades para que los resultados puedan tener algún atisbo de generalización, por ejemplo, ampliar la cantidad de la población de estudio, o atender a más deportes, en definitiva, implicar otros factores que no han sido tan habituales, y que además de los nucleares, se puedan incluir otros periféricos pero que son importantes en la formación deportiva.

Una persistente idea, que ha sido desarrollada en publicaciones fuera de nuestras fronteras, pero que todavía en nuestras escuelas, y más fuera de las escuelas, tiene poco calado es la incorporación de la perspectiva constructivista. Las propuestas son halagüeñas, pero los resultados de las investigaciones son escasos. Hay que resaltar que la ECD coincide con esta forma de enseñar, y señalamos la importancia de carácter cognitivo del movimiento y de la forma de entender el movimiento.

GÉNERO Y DEPORTE

El predominio masculino del deporte (un ejemplo, los autores en el presente libro son más hombres que mujeres, cuando lo normal sería una proporción semejante entre autores y autoras), ha caracterizado una forma de entenderlo, desde las habilidades hasta el espectáculo. Los trabajos publicados apenas hacen referencia a tratar de comprobar si el deporte favorece a unos sobre otras, cuando la realidad es que el deporte en la mujer es marginal (Macías, 1999; Vizcarra, Macazaga y Rekalde, 2010).

No estamos reclamando un deporte femenino, estamos reclamando que se haga un tratamiento sobre la práctica deportiva que incluya a todas las personas. Si desde la iniciación al deporte no se está formando en el deporte, no es extraño que haya un abandono, y que se siga viendo con predominio masculino.

La presencia de profesoras, entrenadoras, investigadoras, practicantes del deporte, y así continuaríamos con un largo número de posibilidades de uso del deporte, ampliaría las ventajas que muchas veces se dice que tiene el deporte, pero que en muchos casos a lo que ha llevado ha sido a una separación evidente, cuando no a una forma de exclusión en la realidad.

No creemos que haya deportes femeninos ni deportes masculinos, hay una forma social de entender la práctica deportiva, y si bien es cierto que lo biológico, según se ha configurado desde el nacimiento del deporte, ha favorecido a los hombres sobre las mujeres, también es cierto que desde una perspectiva exclusivamente biológica habría que hacer las adecuadas adaptaciones. Estamos convencidos de que, por ejemplo, la forma de lanzar una pelota no admite diferencias, otra cosa es lo lejos que se llegue con ese lanzamiento. Este mismo ejemplo podría servir para la mayoría de deportes que observamos en el día a día.

EL DEPORTE FEDERATIVO

Las posibilidades que tiene la ECD no son vistas por la formación de técnicos en las federaciones. No porque estén en contra, simplemente porque se desconoce su existencia (por ejemplo, Castejón et al., 2011).

La culpa, si es que alguien la tiene, podría achacarse a múltiples aspectos, pero la realidad es que la forma de convencer es con hechos. Más trabajos en esta línea redundarían en un mayor conocimiento sobre las posibilidades de la ECD en el ámbito federativo. Las propias federaciones necesitan de una amplia base de practicantes, y que esos mismos practicantes sigan en el deporte, aunque no sea a nivel de elite, porque la práctica deportiva, en la formación deportiva, se entiende como buena, saludable, y que esté al alcance de todos y todas.

A MODO DE CONCLUSIÓN

Este capítulo de introducción al libro presenta dos grandes apartados, por un lado, lo que se ha ido desarrollando en los últimos años y que ha evidenciado un número de investigaciones que han ido más allá del concepto de iniciación deportiva que era el que nos movía, y que se ha terminado por definir como Formación Deportiva. Una Formación Deportiva que no es exclusiva de la EF, sino que alcanza a actividades fuera del horario de EF y en la que se involucran agentes que también tienen cierta influencia educativa. Por otro lado, exponemos los vacíos o las debilidades que hemos ido comprobando, porque todavía queda un largo camino que recorrer.

Las investigaciones deberían continuar, y los capítulos siguientes exponen una parte de lo que se ha hecho, pero también señalan muchos aspectos que todavía se pueden hacer. De la misma forma, ofrecen ejemplos sobre cómo aplicar esos hallazgos y dejan en manos de los profesionales su aplicación, aunque también quedan otros temas por abordar.

BIBLIOGRAFÍA

Anderson, J. R. (1982). Acquisition of cognitive skill. *Psychological Review, 89*(4), 369-406.
Araújo, D. (2006). *Tomada de decisao no desporto*. Lisboa: FMH ediçoes.
Araújo, D., Davids, K. y Hristovski, R. (2006). The ecological dynamics of decision making in sport. *Psychology of Sport and Exercise, 7*, 653-676.
Araújo, D., Travassos, B. y Vilar, L. (2010). Tactical skills are not verbal skills: a comment on Kannekens and colleagues. *Perceptual and Motor Skills, 110*(3), 1086-1088.
Arnold, P. J. (1991). *Educación física, movimiento y currículum*. Madrid: MEC/Morata.
Ausubel, D. P., Novak, J. D. y Hanesian, H. (1991). *Psicología educativa* (5ª ed.). México: Trillas.
Blázquez Sánchez, D. (1986). *Iniciación a los Deportes de Equipo*. Barcelona: Martínez Roca.
Butler, J., Griffin, L., Lombardo, B. y Nastasi, R. (Eds.) (2003). *Teaching games for understanding in physical education and sport. An international perspective.* Reston: National Association for Sport and Physical Education.
Bredemeier, B.J. (1994). Children's moral reasoning and their assertive, aggressive, and submissive tendencies in sport and daily life. *Journal of Sport & Exercise Psychology, 16*(1), 1-14.

Bruner, J. S. (1995). *Desarrollo cognitivo y educación* (2ª ed.). Madrid: Morata.
Brustad, R. y Arruza, J. (2002). Práctica deportiva y desarrollo social en jóvenes deportistas. En J. Arruza (ed.), *Nuevas perspectivas acerca del deporte educativo* (pp. 25-39). Bilbao: Servicio editorial de la UPV.
Bunker, D. y Thorpe, R. (1982). A model for the teaching of games in secondary schools. *Bulletin of Physical Education, 18*(1), 5-8.
Calderón Luquin, A., Hastie P.A, y Martínez de Ojeda Pérez D. (2010). Aprendiendo a enseñar mediante el Modelo de educación Deportiva (Sport Education Model). Experiencia inicial en Educación Primaria. *CCD, 5*(15), 169-180.
Calderón Luquin, A., Hastie P.A, y Martínez de Ojeda Pérez D. (2011). El modelo de educación deportiva (Sport Education Model). ¿Metodología de enseñanza del nuevo milenio?. *Revista Española de Educación Física y Deportes, 395*, 63-79.
Castejón Oliva, F.J. (Coord.) (2003). *Iniciación deportiva. La enseñanza y el aprendizaje comprensivo en el deporte*. Sevilla: Wanceulen.
Castejón Oliva, F.J. (Coord.) (2010). *Deporte y enseñanza comprensiva*. Sevilla: Wanceulen.
Castejón Oliva, F. J. y López Ros, V. (2000). Solución mental y solución motriz en la iniciación a los deportes colectivos en la educación primaria. *Apunts Educación Física y Deportes, 61*, 37-47.
Castejón Oliva y López Ros, V. (2002). Consideraciones metodológicas para la enseñanza y el aprendizaje del deporte escolar. *Tándem. Didáctica de la Educación Física, 7*, 42-55.
Castejón Oliva, F. J., Martínez Muñoz, L. F., del Campo Vecino, J. y Argudo Iturriaga, F. (2011). Análisis de la documentación para la formación de entrenadores de base en baloncesto. *Revista Internacional de Medicina y Ciencias de la Actividad Física y el Deporte, 11*(42), 255-277.
Cecchini, J.A., Montero, J. y Peña, J.V. (2003). Repercusiones de un programa de intervención para el desarrollar la responsabilidad personal y social de Hellison sobre los comportamientos de fair-play y el auto-control. *Psicothema, 15*, 631-637
Coll, C. (1987). *Psicología y curriculum*. Barcelona: Paidós.
Coll, C. (1990). *Aprendizaje escolar y construcción del conocimiento*. Barcelona: Paidós.
Coll, C. (1991). Concepción constructivista y planteamiento curricular. *Cuadernos de Pedagogía, 188*, 8-11.
Contreras, O., De la Torre, E. y Velázquez, R. (2001). *Iniciación deportiva*. Madrid: Síntesis.
Crum, B. (2005). Educación a través del deporte un lema para la educación escolar, un callejón sin salida, una alternativa y algunas características para la educación física de calidad. En *Valores del deporte en la educación física (año europeo de la educación a través del deporte)*, (pp. 179-195). Madrid: MEC/Secretaria General Técnica.
Devís Devís, J. (1990a). Renovación pedagógica en la Educación Física: Hacia dos alternativas de acción I. *Perspectivas de la Actividad Física y el deporte, 4*, 4-7.
Devís Devís, J. (1990b). Renovación pedagógica en la Educación Física: Hacia dos alternativas de acción II. *Perspectivas de la Actividad Física y el deporte, 5*, 13-16.
Devís Devís, J. (1996). *Educación Física, deporte y curriculum*. Madrid: Visor.
Devís, J. y Peiró, C. (1992). *Nuevas perspectivas curriculares en Educación Física: la salud y los juegos modificados*. Barcelona: Inde.
Devís, J. y Sánchez, R. (1996). La enseñanza alternativa de los juegos deportivos: antecedentes, modelos actuales de iniciación y reflexiones finales. En J.A. Moreno y P.L. Rodríguez (Eds.), *Aprendizaje deportivo* (pp. 159-181). Murcia: Universidad de Murcia.
Dodds, P., Griffin, L. y Placek, J. (2001). A selected review of the literature on development of learners' domain-specific knowledge. *Journal of Teaching in Physical Education, 20*(4), 301-313.
Escartí, A., Pascual, C., y Gutiérrez, M. (2005). *Responsabilidad personal y social a través de la educación física y el deporte*. Barcelona: Graó.
French, K. E. y Thomas, J. R. (1987). The relation of knowledge development to children's basketball performance. *Journal of Sport Psychology, 9,* 15-32.

García López, L., Contreras, O., Penney, D. y Chandler, T. (2009). The role of transfer in games teaching: implications for the development of the sports curriculum. *European Physical Education Review, 15*(1), 47-63.

Giménez Fuentes-Guerra, F.J., Sáenz-López Buñuel, P. y Díaz Trillo, M. (Eds.) (2005). *Educar a través del deporte*. Huelva: Universidad de Huelva.

Gréhainne, J.F., Wallian, N. y Godbout, P. (2005). Tactical-decision learning model and students's practices. *Physical Education and Sport Pedagogy, 10*(3), 255-269.

Griffin, L.L. y Butler, J.I. (Eds.) (2005). *Teaching Games for Understanding: theory, research and practice*. Champaign: Human Kinetics

Hastie, P. A., Martínez de Ojeda, D. y Calderón Luquin, A. (2011). A review of research on Sport Education: 2004 to de present. *Physical Education & Sport Pedagogy, 16*(2), 103-132.

Hellinson, D. (2003). *Teaching responsibility through Physical Activity* (2ª ed). Champaign: Human kinetics.

Hernández Moreno, J. (Dir.) (2000). *La iniciación a los deportes desde su estructura y dinámica*. Barcelona: Inde.

Jiménez Jiménez, F. (1994). Análisis y tratamiento didáctico de las actividades deportivas de cooperación/oposición. En *Actas I Congreso Nacional de Educación Física de Facultades de Ciencias de la Educación y XII de E.U. de Magisterio* (pp. 207-212). Sevilla: Wanceulen.

Jiménez Jiménez, F. (2003). Construyendo escenarios, promoviendo aprendizajes: las situaciones de enseñanza en la iniciación a los deportes de cooperación-oposición. En F.J. Castejón (Coord.), *Iniciación deportiva. La enseñanza y el aprendizaje comprensivo en el deporte* (pp. 58-86). Sevilla: Wanceulen.

Jiménez Jiménez, F. (2008). Los deportes y su estructura: diseñar situaciones de enseñanza. En V. López Ros y J. Sargatal (Eds.), *L'esport en edat escolar* (pp. 35-57). Girona: Universidad de Girona.

López Ros, V. (2010). Perspectiva constructivista del aprendizaje y de la enseñanza del deporte. En F.J. Castejón (Coord.), *Deporte y enseñanza comprensiva* (pp. 35-61). Sevilla: Wanceulen.

Macías, V. (1999). *Estereotipos y deporte femenino. La influencia del estereotipo en la práctica deportiva de niñas y adolescentes*. Tesis doctoral no publicada. Granada: Universidad de Granada.

Magill, R. A. (1998). Knowledge is more than we can talk about: Implicit learning in motor skill acquisition. *Research Quarterly of Exercise and Sport, 69*(2), 104-110.

Mahlo, F. (1974). *La acción táctica en el juego*. La Habana: Pueblo y Educación.

Méndez Giménez, A. (Coord.) (2009). *Modelos actuales de iniciación deportiva*. Sevilla: Wanceulen.

Méndez Giménez, A. (2011). La evaluación desde la perspectiva comprensiva. *Tándem. Didáctica de la Educación Física, 37*, 42-54.

Mosston, M. (1982). *La enseñanza de la Educación Física*. Barcelona: Paidós.

Mosston, M. y Ashworth, S. (1993). *La enseñanza de la Educación Física. La reforma de los estilos de enseñanza*. Barcelona: Hispano europea.

Oña, A., Martínez, M., Moreno, F. y Ruiz, L. M. (1999). *Control y aprendizaje motor*. Madrid: Síntesis.

Oslin, J. y Mitchell, S. (2006), Game-centred approaches to teaching physical education. En D. Kirk, D. MacDonald y M. O'Sullivan (Eds.), *Handbook of physical education* (pp. 627-651). Londres: Sage.

Piaget, J. (1977). *Seis estudios de psicología* (9ª ed.). Barcelona: Seix Barral.

Piaget, J. (2001). *Psicología y pedagogía*. Barcelona: Crítica.

Pozo, J. I. (2001). *Humana mente*. Madrid: Morata.

Rink, J. (Ed.) (1996). Tactical and Skill Approaches to Teaching Sport and Games. *Journal of Teaching in Physical Education, 15*(4). Número monográfico.

Ruiz Pérez, L. M. (1994). *Deporte y aprendizaje*. Madrid: Visor.

Sánchez Gómez, R., Devís, J. y Navarro, V. (2011). Los juegos modificados y las modificaciones según el alumnado en el modelo comprensivo. *Tándem. Didáctica de la Educación Física, 37,* 20-30.

Schön, D. A. (1992). *La formación de profesionales reflexivos. Hacia un nuevo diseño de la enseñanza y el aprendizaje en las profesiones.* Barcelona: Paidós/MEC.

Schön, D. A. (1998). *El profesional reflexivo. Cómo piensan los profesionales cuando actúan.* Barcelona: Paidós.

Siedentop, D. (1994). *Sport education: Quality PE through positive sport experiences.* Champaign: Human kinetics.

Siedentop, D., Hastie, P. y Van der Mars, H. (2004). *Complete guide to sport education.* Champaign: Human kinetics.

Svoboda, B. y Patriksson, G. (1996). Socialización informe a modo de toma de postura. En VV.AA. *La función del deporte en la sociedad* (pp. 99-103). Madrid: CSD.

Thorpe, R., Bunker, D. y Almond, L. (Eds.). (1986). *Rethinking games teaching.* Loughborough: Department of Physical Education and Sports Science.

Valero, A. (2004). Situación actual de la metodología en la iniciación deportiva al atletismo. *Revista de Educación Física. Renovar la teoría y la práctica, 94,* 13-20.

Velázquez, R. (2001). Deporte: ¿Presencia o negación curricular?. En *Actas del XIX Congreso Nacional de Educación Física* (pp. 65-106). Murcia: Universidad de Murcia.

Velázquez, R. (2002). Educación deportiva y desarrollo moral: algunas ideas para la reflexión y para la práctica. *Tándem. Didáctica de la Educación Física, 7,* 7-20.

Velázquez, R. (2011). El modelo comprensivo de enseñanza deportiva. *Tándem. Didáctica de la Educación Física, 37,* 7-19.

Vygotski, L. S. (1995). *El desarrollo de los procesos psicológicos superiores* (3ª ed.). Barcelona: Crítica.

Vizcarra, M.T. (2004). *Análisis de una experiencia de formación permanente en el deporte escolar a través de un programa de habilidades sociales.* Bilbao: Universidad del País Vasco.

Vizcarra, M.T., Macazaga, A. M. y Rekalde, I. (2009). *Las necesidades y valores de las niñas ante la competición en el deporte escolar.* Bilbao: Universidad del País Vasco.

Whiting, H. T. A. (1969). *Acquiring ball skill. A Psychological interpretation.* London: Bell and sons.

PRIMERA SECCIÓN
INVESTIGACIONES EN LA FORMACIÓN DEPORTIVA Y LA ENSEÑANZA DEL DEPORTE EN EDUCACIÓN FÍSICA

CAPÍTULO II

LA ORGANIZACIÓN DE LA ACTIVIDAD CONJUNTA EN LA ENSEÑANZA ESCOLAR DE LOS DEPORTES COLECTIVOS[1]

Víctor López Ros

INTRODUCCIÓN

Desde la aparición de la LOGSE, la enseñanza escolar ha tomado como marco explicativo y de referencia el constructivismo. De acuerdo con Cubero (2005), los postulados constructivistas pueden situarse en tres niveles de análisis distintos: el epistemológico, el psicológico y el educativo. Si bien dichos niveles de análisis están entrelazados, nos ubicaremos fundamentalmente en el ámbito escolar y, por tanto, en el nivel educativo y en parte en el nivel psicológico. Como han indicado varios autores, la concepción constructivista como herramienta explicativa de los procesos de enseñanza y aprendizaje escolar, debe situarse esencialmente en el ámbito de la psicología educativa. Desde este punto de vista, la perspectiva constructivista de la enseñanza y del aprendizaje escolar tiene como objetivo fundamental analizar y comprender en profundidad las prácticas educativas escolares con la finalidad de poder intervenir en ella y mejorarla. Asimismo, y de acuerdo con diferentes autores (Coll, 1997; Cubero, 2005), no es pertinente hablar de "constructivismo" ni en singular, ni como una teoría finalizada, y aún menos como "la teoría" que explica los procesos de aprendizaje. Debe contemplarse, por lo menos, la existencia de varias perspectivas constructivistas no siempre coincidentes (aunque puedan compartir aspectos epistemológicos fundamentales). De ahí que el punto de partida se ubique en las prácticas educativas escolares y se considere la perspectiva constructivista para poder analizarlas e intervenir en ellas.

La concepción constructivista de la enseñanza y del aprendizaje escolar muestra una organización y estructura jerárquica que le da coherencia interna. El primer nivel de análisis hace referencia a lo que se entiende por educación escolar; el segundo nivel de análisis se centra en las particularidades del triángulo interactivo; y el tercer nivel de análisis se sitúa en los principios explicativos de la construcción de conocimiento y de los mecanismos de influencia que los hacen posibles. El presente trabajo focaliza la atención en este último nivel, asumiendo y tomando como referencia los dos niveles jerárquicos precedentes.

De forma resumida podemos señalar que, el primer nivel comporta considerar la educación como una actividad con una clara función de desarrollo individual de la persona y también socializadora. Es, asimismo, una práctica social compleja por la cual, los

---

[1] López Ros, V. (2001). La organización de la actividad conjunta en la enseñanza escolar de los deportes colectivos. Director: Ignasi Vila Mendiburu. Departamento de Psicología. Facultad de Educación y Psicología. Universidad de Girona.

alumnos acceden a unos saberes concretos pertenecientes al ámbito social correspondiente. A diferencia de otras prácticas educativas, éstas tienen la característica de necesitar de una ayuda específica, mantenida y sistemática sin la cual no sería posible garantizar el acceso a estos saberes ni el desarrollo del propio conocimiento. El segundo nivel comporta tomar el triángulo interactivo formado por profesor, alumno y contenido como eje nuclear sobre el que se vertebra el proceso de enseñanza y aprendizaje. De los tres elementos que configuran los vértices, sin duda el alumno tiene un papel fundamental puesto que es él, el que construye su propio conocimiento partiendo de los conocimientos previos y a partir de relacionarse con unos contenidos preestablecidos. Es decir, el aprendizaje depende básicamente de la actividad individual constructiva del aprendiz frente a unos contenidos determinados. Sin embargo, desde la perspectiva constructivista, con estos dos elementos no es suficiente para explicar dicho proceso de enseñanza y aprendizaje. El profesor actúa como ayuda y como mediador de esta relación entre el alumno y el contenido para poder guiar y orientar la actividad mental constructiva del aprendiz. Asimismo, y éste será un elemento trascendental, las relaciones entre profesor, alumno y contenido no son unidireccionales sino bidireccionales, de tal manera que se influyen mutuamente. Los procesos de enseñanza y aprendizaje no pueden entenderse de forma completa si no se toma en consideración esta cuestión. El tercer nivel se refiere a los procesos constructivos y a los mecanismos de influencia que los hacen posibles.

Respecto a esta cuestión, y tomando como referencia las diferentes corrientes constructivistas que subyacen a la perspectiva constructivista de la enseñanza y del aprendizaje escolar, tienen especial incidencia diferentes aportaciones provenientes de la perspectiva sociohistórica y cultural, de la perspectiva genética y del aprendizaje significativo. Señalamos brevemente algunos aspectos.

De la perspectiva genética, basada en las ideas de Piaget, nos interesa la idea fundamental de que el aprendizaje deriva de la interacción entre el sujeto y el objeto de conocimiento, y comporta un proceso de autoestructuración como consecuencia de un conflicto cognitivo. Dicho proceso es personal e implica activamente al sujeto en la construcción de su conocimiento. El llamado "aprendizaje significativo", basado en los postulados de Ausubel y colaboradores, permite poner de manifiesto la importancia de la construcción de significados como aspecto nuclear del proceso de enseñanza y aprendizaje. Esto es posible cuando el aprendiz es capaz de atribuir sentido a lo que está aprendiendo.

La perspectiva sociohistórica y cultural hunde sus raíces en los postulados presentados por L.S. Vigotsky (ver Bruner, 1991; Cole, 1999; Vila, 1987). De las múltiples cuestiones que se pueden considerar hacemos hincapié en varios aspectos. Por un lado, en el hecho de que para Vigotsky la mente (la conciencia) está mediada semióticamente (Vigotsky, 1995), es decir, presupone una diferencia entre los procesos psicológicos básicos y los procesos psicológicos superiores que son los que nos hacen explícitamente humanos. El desarrollo de dichos procesos superiores implica algún tipo de mediación de signos, símbolos o instrumentos que provienen del entorno y de la cultura. Por consiguiente, el desarrollo mental y humano no puede explicarse de forma solipsista y dependiente únicamente del desarrollo "natural". El paso de la "forma elemental" a la "forma superior" es consecuencia de la mediación social (Vila, 1987; Wertsch, 1988). Esta cuestión remite a un tema crucial en el pensamiento de Vigotsky, la "internalización", es decir "la reconstrucción interna de una operación externa" (Vigotsky, 1995, p. 92). Dicha internalización implica un cambio en el uso de los signos en el sentido que pasan de ser un elemento de regulación externa a ser un elemento de regulación interna (Vila, 1987). Sin ánimo de extendernos, esto nos llevaría a la no dependencia de los procesos naturales y biológicos, al peso del contexto cultural, y a la importancia del dominio de los signos y de los símbolos en el desarrollo del pensamiento, en un proceso en el que los más capaces enseñan a los "aprendices" a emplear un conjunto de herramientas simbólicas relevantes en un contexto cultural determinado (Moll, 1990). Para Vigotsky dicho aprendizaje antecede al desarrollo y se produce en la "Zona de Desarrollo Próximo" (ZDP) (Vigotsky, 1995). Este concepto es, probablemente, uno de los que más impacto ha tenido en el mundo escolar y educativo y se refiere al proceso por el cual un aprendiz aprende a resolver autónomamente una tarea determinada que inicialmente solo no es capaz, mediante la ayuda de alguien (más experto). Así, lo que permite y facilita que una persona pueda desarrollarse surge de la interacción social. O dicho de otra forma, el aprendizaje precede al desarrollo y es consecuencia de la interacción social, tomando como punto de partida el nivel de desarrollo "real" del aprendiz. Bruner (1981) empleó la metáfora del andamiaje para intentar explicar el tránsito del aprendiz en dicha ZDP. Para que ello sea posible es necesario un nivel de "intersubjetividad", es decir, de capacidad de entender la mente de los otros (Bruner, 1997; Rogoff, 1993) e implica la necesidad de negociación continua entre los interlocutores.

Tomando como referencia este marco teórico, muchos trabajos han estudiado y han focalizado su atención en: ¿cómo se facilita el proceso de construcción de conocimiento en la ZDP?, ¿de qué forma se lleva a cabo el proceso de ayuda?, ¿cómo se implican activamente los enseñantes en el proceso de aprendizaje de los otros?,... es decir, han puesto el acento en estudiar cómo se lleva a cabo la "ayuda pedagógica". Es necesario pues, analizar la interacción a partir de considerar que ésta no acontece de forma preestablecida ni es unidireccional (ver Newman, Griffin y Cole, 1991). No puede considerarse el avance del aprendiz en la ZDP como consecuencia de unos procesos de ayuda definidos de antemano. Los procesos de interacción, si bien son asimétricos, son asimismo bidireccionales. Más allá de otras consideraciones, parece que uno de los rasgos distintivos de una enseñanza eficaz es el ajuste continuado de la ayuda pedagógica en función de lo que va aconteciendo en el devenir del aprendiz en la ZDP (Onrubia, 1996).

Puesto que la interacción verbal resulta fundamental en el proceso de ayuda y en la construcción de conocimiento del aprendiz, en las últimas décadas ha ganado fuerza el estudio de la interacción desde la perspectiva sociolingüística. No en vano, una parte importante del aprendizaje deriva de cómo se lleva a cabo el proceso de construcción conjunta y compartida de significados. Trabajos relevantes sobre los procesos interactivos y comunicativos en el aula (ver Edwards y Mercer, 1994; Lemke, 1997; Mercer, 1997) han puesto de manifiesto la importancia de la estructura de participación social en la interacción, así como los recursos semióticos empleados en el proceso de construcción conjunta de los significados (p.e. el uso de enunciados, de preguntas, etc.). En todos los casos, los estudios desde esta perspectiva ponen el acento en la necesidad de analizar el discurso desde una perspectiva pragmática con la finalidad de entender qué dicen los enseñantes y aprendices, qué quieren decir, y cuál es la función de lo que dicen en el proceso de construcción de significados.

Asimismo, la comprensión de la estructura de participación social no puede considerarse al margen de la estructura de la tarea (de las características del contenido) en la que se hallan inmersos el enseñante y los aprendices. La importancia de considerar estos aspectos revela la imposibilidad de entender la influencia educativa a partir de la interacción directa entre los participantes. O dicho de otra forma, la influencia educativa opera en un ámbito más amplio que estrictamente en el de la interacción social considerada como interacción directa. De ahí que diferentes trabajos hayan puesto de manifiesto la necesidad de analizar la construcción de conocimiento a partir de estudiar la organización de la actividad conjunta (Coll, Bolea, Colomina, De Gispert, Mayordomo, Onrubia, Rochera y Segués, 1992; Coll, Colomina, Onrubia y Rochera, 1992; Vila, 1998). Como señala Vila (1998, p. 75): "Traspasar la interacción social y situarse en el ámbito de la organización conjunta de la actividad resulta del todo necesario para el análisis de las prácticas educativas". Esta necesidad de entender cómo se articulan las acciones entre el profesor y los alumnos nos lleva al concepto de "interactividad", es decir, a la idea de que para comprender el proceso de construcción de conocimiento necesitamos abordar la articulación de las actuaciones del profesor y de los alumnos (qué dicen y qué hacen) en torno a un contenido determinado, considerando que dicha relación es de influencia mutua (Coll, Colomina, Onrubia et al., 1992). Esta cuestión es importante por distintos motivos. En primer lugar porque comporta considerar la interactividad como unidad de análisis básica. En segundo lugar, porque establece que los procesos de interacción están sometidos a un conjunto de derechos y obligaciones que limitan los formatos interactivos. En tercer lugar, porque pone el acento en que el proceso de interacción no es algo que esté dado de antemano. Y en cuarto lugar, porque resalta la importancia del contenido y de las tareas como elementos que también delimitan y definen los procesos de ayuda y, por tanto, de organización conjunta de la actividad. Desde estas consideraciones, el estudio de la enseñanza y el aprendizaje debe realizarse a partir de las actuaciones del profesor y de los aprendices a lo largo de una secuencia, analizando su evolución, y sus características en relación a un contenido concreto.

A partir de todo lo señalado, diferentes trabajos de referencia (Coll et al., 1992; Coll, Colomina, Onrubia et al., 1992) han hipotetizado la existencia de dos mecanismos de influencia educativa que operan en la organización de la actividad conjunta, y a partir de los cuales es posible ajustar efectivamente la ayuda educativa. Dichos mecanismos se han descrito como: (a) "La cesión y el traspaso progresivo de la responsabilidad y del control en el aprendizaje" (Coll, Colomina, Onrubia et al., 1992, p. 195); y (b) "La construcción progresiva de sistemas de significados compartidos a propósito de las tareas, situaciones o contenidos en torno a los cuales se organiza la actividad conjunta de los participantes" (Coll, Colomina, Onrubia et al., 1992, p. 196).

En los últimos años se han desarrollado importantes investigaciones sobre dichos mecanismos. Algunos de estos trabajos han sintetizado los aspectos más significativos al respecto. Trataremos algunas cuestiones sólo sobre el primero de dichos mecanismos en la medida que la presente investigación se ha dedicado al mismo. Al respecto, Colomina y Onrubia (1997) y De Gispert y Onrubia (1997) señalan: (a) que dicho proceso de cesión y traspaso es dinámico y procesual, y no se da de forma ni fácil ni fluida. Así, el traspaso no se puede considerar como un proceso lineal sumativo, sino como discontinuo puesto que tiene retrocesos, estancamientos, etc.; (b) el proceso es "problemático" en el sentido que requiere de la participación conjunta y de continuos procesos de negociación entre los participantes; (c) dicho proceso se concreta y se materializa a través de múltiples formas y dispositivos cuyo uso pueden venir definidos en parte por niveles superiores, y en parte son dependientes de la situación concreta; (d) el contenido y las tareas concretas parecen jugar un papel fundamental para facilitar o no el proceso de cesión y traspaso; y (e) dicho mecanismo está en estrecha relación con el proceso de construcción progresivo de significados compartidos.

APRENDIZAJE Y ENSEÑANZA DE LOS DEPORTES COLECTIVOS

El presente trabajo sobre los mecanismos de influencia educativa tiene como contenido de enseñanza y aprendizaje la iniciación a los deportes colectivos, y en concreto, la iniciación a la colaboración táctica en ataque. Ya hemos señalado anteriormente la importancia del contenido y de las tareas en el proceso de aprendizaje y, por consiguiente, dedicamos la parte final de este apartado a este aspecto.

Dentro de la tipificación de contenidos escolares, la educación física (EF) y en concreto el aprendizaje deportivo implica fundamentalmente el desarrollo y aprendizaje de procedimientos. En términos generales éstos se entienden como un "conjunto de acciones ordenadas, orientadas a la consecución de una meta" (Valls, 1995, p. 31) y están asociados a un "saber hacer", a un "saber cómo actuar" de manera eficaz (Coll y Valls, 1992). Asimismo, podemos diferenciar entre procedimientos algorítmicos y procedimientos heurísticos. En el primer caso, los pasos para conseguir el objetivo están claramente definidos; mientras que en el segundo caso, sólo orientan de forma general y no dicen exacta y completamente cómo hay que actuar para resolver un problema determinado. Sin ánimo de extendernos, el hecho de plantear la enseñanza deportiva priorizando un tipo de procedimiento u otro delimita y define en parte las posibilidades de aprendizaje de los alumnos en la medida que comporta una estructura de la tarea y una estructura de la participación social diferentes. Al mismo tiempo, si lo que se persigue es que el aprendizaje sea lo más significativo posible, no puede entenderse el aprendizaje de procedimientos alejado del aprendizaje de los conceptos que ayudan a dar sentido y permiten la construcción de significados compartidos. En nuestro caso hemos considerado la necesidad de favorece un "saber cómo" en el sentido fuerte del término (Arnold, 1991), de forma que dicho "saber actuar" vaya acompañado de una comprensión sobre la actuación y el sentido de la misma.

Nuestro punto de partida sobre la enseñanza de la iniciación a los deportes colectivos se basa, fundamentalmente, en los modelos que cuestionaron el planteamiento tradicional de empezar la iniciación por el dominio técnico para luego evolucionar hacia el dominio táctico. Es decir, modelos de corte analítico fundamentados en la enseñanza de los deportes técnicos y organizados sobre procedimientos algorítmicos. Por contraposición a estos planteamientos, surgieron en la década de los años 70 y 80 del pasado siglo, voces críticas que mostraron otras alternativas. Las dos fuentes de influencia más importantes para dicho cambio de perspectiva son, por un lado, el estructuralismo francés (ver Bayer, 1986) que, tras el análisis de los elementos estructurales y funcionales de los deportes colectivos, muestra la inadecuación de enseñarlos sin considerar dichos elementos como el eje nuclear de los mismos. Y, por el lado del ámbito anglosajón, el Teaching Games for Understanding (TGfU) propuesto por Bunker y Thorpe (1982). El TGfU ha tenido un fuerte impacto tanto a nivel teórico como empírico y de investigación. A nivel teórico, existe una cierta unanimidad en que es un modelo de enseñanza en el que subyace una concepción constructivista del aprendizaje (ver Griffin, Mitchell y Oslin, 1997; Kirk y MacDonald, 1998). A nivel práctico, se han realizado un número importante de investigaciones para intentar determinar si es preferible empezar por la técnica o por la táctica; y, a la vista de los resultados obtenidos, ha empujado a diferentes autores a trabajar en el desarrollo de otros modelos, incluyendo el "modelo integrado técnico-táctico" (ver López Ros y Castejón, 1998).

Más allá de las particularidades de cada modelo nos interesa remarcar varios aspectos. Por un lado, el hecho común de favorecer el aprendizaje del "qué hacer" antes del "cómo hacer" frente a un problema deportivo concreto. Para ello se emplean juegos, formas jugadas, tareas abiertas o semi-abiertas, etc. Así, y como segundo aspecto, plantear la iniciación a los deportes colectivos de esta forma lleva asociada una determinada "estructura de la tarea", con niveles de apertura más amplios, priorizando los procedimientos algorítmicos, etc. que determinan, en tercer lugar, las estructuras de participación social. Es decir, delimitan las posibles formas en que pueden actuar o no los aprendices y el profesor en el proceso de enseñanza y aprendizaje. Estos aspectos son fundamentales en la medida que inciden directamente en las formas de organización de la actividad conjunta y en los dispositivos semióticos empleados para favorecer la construcción de significados.

OBJETIVOS E HIPÓTESIS DE LA INVESTIGACIÓN

Objetivos

El objetivo fundamental que vertebra la investigación se concreta en estudiar la interactividad, así como los mecanismos de influencia educativa subyacentes en las diferentes formas de organización de la actividad conjunta, en el ámbito de la iniciación deportiva escolar. Y más concretamente en la enseñanza de la colaboración táctica en ataque en los deportes de colaboración y oposición. De los dos mecanismos descritos en las diferentes investigaciones, la tesis se centra fundamentalmente en el estudio de uno de ellos (el proceso de cesión y traspaso del control y de la responsabilidad en el aprendizaje), así como en el papel del contenido (sus características y el proceso de organización y secuenciación del mismo) en la aparición y en la evolución de dicho mecanismo.

Así pues, los objetivos específicos se concretan en:

Estudiar y comprender como se construye la actividad conjunta y compartida entre el profesor y los alumnos en la enseñanza de la colaboración táctica de ataque en la iniciación a los deportes colectivos.

Identificar, en la enseñanza de dicha colaboración táctica, dos de los mecanismos de influencia educativa y analizar con exhaustividad el referido al proceso de cesión y traspaso del control y de la responsabilidad en el aprendizaje por parte de los alumnos.

Analizar el papel y el valor de los contenidos específicos en la organización de la actividad conjunta, tanto por lo que se refiere al tipo de contenido, como a las características estructurales, como a su organización y secuenciación.

Hipótesis

De forma resumida, las hipótesis se pueden concretar en:

A lo largo de la secuencia didáctica el profesor irá cediendo en control a los alumnos y estos irán apropiándose, de forma discontinua y con rupturas en el proceso, de dicho control y responsabilidad en el aprendizaje de las tareas concretas propuestas. Dicho aprendizaje se manifestará, desde el punto de vista motor, mediante una mejora en el comportamiento táctico individual y colectivo. El proceso de apropiación del conocimiento mostrará ritmos desiguales en diferentes aspectos del contenido.

Junto al proceso de cesión y traspaso se apreciará, también, un proceso de construcción de significados compartidos entre el profesor y los alumnos. Dicho proceso será progresivo e implicará una negociación continua de los participantes. Ambos mecanismos actúan de forma interdependiente, si bien es posible estudiar y analizar con exhaustividad uno de ellos.

La organización de la actividad conjunta depende, al menos en parte, de las características intrínsecas del contenido y de la forma de organización y secuenciación del mismo. Así, el proceso de cesión y traspaso se verá condicionado por las pautas de organización y secuenciación del contenido.

METODOLOGÍA

De acuerdo con los estudios realizados sobre mecanismos de influencia educativa (Colomina, 1996; Coll et al., 1992; Coll, Colomina, Onrubia et al., 1992; Maíz, 1999; Onrubia, 1993), hemos empleado una metodología de tipo interpretativo (Erickson, 1989; Stake, 1998) con la intención de ofrecer descripciones profundas, así como interpretaciones sobre las interrelaciones entre los elementos que configuran un proceso complejo y contextualizado de enseñanza y aprendizaje (Coll, 1988).

Contexto y participantes

La investigación se ha realizado en una escuela pública de la ciudad de Girona, con alumnos de ciclo superior, y en horario escolar. La secuencia didáctica (SD) se ha realizado en el patio de la escuela que es donde los alumnos realizan habitualmente la EF. Debido a aspectos logísticos, se ha trabajado con diez alumnos (siete niñas y tres niños) que se han seleccionado conjuntamente con la maestra de la escuela. Los criterios de selección responden, por un lado a la necesidad de que exista un nivel de juego lo más homogéneo posible entre los participantes; y por otro lado, a la facilidad de identificar las diferentes "voces" de los alumnos de cara a la grabación y posterior transcripción.

Procedimiento de recogida de datos, instrumentos y unidades de análisis

Procedimiento de recogida de datos. Para la recogida de los datos se procedió a filmar en vídeo y en audio todo el proceso de enseñanza y aprendizaje. Es decir, se han filmado las sesiones completas de la SD (4) y se ha grabado todo lo que decían los alumnos y el profesor durante dicha SD. Para ello ha sido necesario emplear una cámara de video fija, micrófonos inalámbricos y una mesa de mezclas para poder dar entrada a los diferentes micrófonos.

Asimismo, para poder evaluar el nivel de aprendizaje de los alumnos en relación con los objetivos de la SD, hemos desarrollado un instrumento de evaluación (basado en el juego de "los 10 pases") y una hoja de observación que ha sido debidamente validada por expertos, y que también se ha utilizado en varias pruebas piloto para garantizar su validez (López Ros, 1999a, 1999b; Castejón y López Ros, 2000).

Previamente al desarrollo de la SD se han llevado a cabo dos sesiones de familiarización con las condiciones de realización y de organización de la posterior SD. Así, y debido a que hemos realizado una observación participante en la que el investigador es al mismo tiempo el profesor de la SD, hemos dedicado un tiempo prudente para favorecer el conocimiento mutuo entre el investigador y los alumnos, así como con el material y con la presencia de la cámara. En relación a la "observación participante" como método para este tipo de investigación, Tusón (1997, p. 98) señala: "es especialmente apropiado porque, a través de la participación intensiva y repetida, se puede llegar a comprender mejor cómo actúan los participantes en diferentes situaciones de comunicación".

Instrumentos y unidades de análisis. Para la obtención de los datos hemos empleado dos tipos de instrumentos. Uno, para poder evaluar el nivel de aprendizaje de los alumnos en relación a los objetivos de la SD; y otro, para la obtención de datos sobre la organización de la actividad conjunta. Respecto al primero de los instrumentos, ya nos hemos referido anteriormente. En esencia, se trata de un registro secuencial (Bakeman y Gottman, 1989) de los comportamientos tácticos relacionados con la colaboración, y toma en consideración fundamentalmente el comportamiento "pase" y los diferentes niveles de calidad del mismo respecto al juego colectivo (López Ros, 1999a, 1999b, Castejón y López Ros, 2000).

Para la obtención de datos acerca de la organización de la actividad conjunta, hemos empleado una hoja de transcripción que registra las producciones verbales del profesor y de los alumnos, de forma simultánea con el registro de los eventos más significativos acontecidos a lo largo de la sesión (p.e. qué actividad de enseñanza se estaba desarrollando, qué organización mantenían los alumnos, etc.). Los diferentes aspectos recogidos en la hoja de transcripción responden, fundamentalmente, al marco teórico de la investigación y a los objetivos de la misma. No en vano, como señalan Calsamiglia y Tusón (1999, p. 357) respecto al proceso de transcripción: "es donde comienza el tratamiento de los datos e implica tomar una serie de decisiones que forman ya parte del análisis y que lo afectan".

Los niveles y unidades de análisis para el estudio del proceso de cesión y traspaso del control y de la responsabilidad del aprendizaje, toman como referencia los trabajos de Coll y colaboradores (ver Coll et al., 1992; Coll, Colomina, Onrubia et al., 1992; Coll y Onrubia, 1999; Onrubia, 1993), así como de otras investigaciones al respecto (Maíz, 1999).

Por lo que respecta a los niveles de análisis, se diferencian dos. Un primer nivel de tipo más general o "macro", centrado en comprender la estructura de la interactividad, es decir, sobre las diferentes formas de organización conjunta entre el profesor y los alumnos alrededor de un contenido concreto, así como su evolución. Y un segundo nivel, mucho más "micro", centrado en el habla del profesor y de los alumnos, y más concretamente, en los dispositivos semióticos empleados en el habla. Este hecho responde a la importante consideración que se otorga al discurso como instrumento de negociación de significados durante el proceso de enseñanza y aprendizaje. Si bien ambos niveles de análisis tienen características y funciones diferenciadas, la comprensión completa de la organización de la actividad conjunta requiere considerar los resultados de ambos niveles de forma interrelacionada.

De acuerdo con los trabajos antes aludidos, hemos utilizado las siguientes unidades de análisis. Por un lado, las unidades básicas, que engloban la secuencia didáctica (SD), las sesiones y sus características (S), los segmentos de interactividad (SI) y los mensajes (M). Y por otro lado, las unidades derivadas o de segundo orden, que incluyen las configuraciones de segmentos de interactividad (CSI) y las configuraciones de mensajes (CM).

Señalamos a continuación unas breves anotaciones respecto a cada una de dichas unidades. La SD se entiende como una unidad completa de enseñanza y aprendizaje en la cual aparecen todos los elementos de la misma. Se considera la unidad básica de recogida y de interpretación de los datos, y en este sentido todos los análisis que se lleven a término deben ser ubicados en este contexto.

Las sesiones (S) deben considerarse como cortes temporales de la SD. Este aspecto viene impuesto por la realidad de la enseñanza escolar y, al mismo tiempo, permite analizar aspectos de gran relevancia, como por ejemplo, las continuidades o rupturas en el proceso de organización de la actividad conjunta y del aprendizaje. Dicha unidad de análisis permite, asimismo, el análisis y la interpretación de cuestiones fundamentales como el tipo de tareas, la evolución estructural de las mismas en relación al aprendizaje, etc.

Los SI, por su parte, son la primera unidad de análisis inferida a partir de los datos y permite abordar de forma específica los modos de organización de la actividad conjunta. De manera sencilla, "un SI puede caracterizarse por el conjunto de actuaciones típicas y dominantes que exhiben las personas que participan en él y que reflejan, en último extremo, la estructura de participación subyacente" (Coll, Colomina, Onrubia et al., 1992, p. 206). Por ello, "un SI implica (...) un conjunto de restricciones específicas del comportamiento que tienen que ver tanto con la lógica del contenido la tarea que se lleva a cabo, como con los derechos y obligaciones desde el punto de vista de la interacción y la participación social de los miembros del grupo-clase" (Coll y Onrubia, 1999, p. 144). Los SI toman sentido en base a la función instruccional que los preside.

Los mensajes hacen referencia a la unidad básica comunicativa en un contexto determinado, y por tanto, como unidad de información con sentido en sí misma en el contexto en el que se produce.

Las configuraciones de segmentos de interactividad (CSI) son conjuntos de SI que aparecen de forma regular y sistemática a lo largo de la SD.

Las configuraciones de mensajes (CM) son conjuntos de mensajes que aportan unos significados que no pueden reducirse a la suma de los significados de cada uno de los mensajes considerados individualmente.

RESULTADOS: ANÁLISIS Y DISCUSIÓN

Análisis de los resultados

La primera parte de descripción de resultados corresponde al análisis de la secuencia didáctica, de las sesiones, al tipo de objetivos, de tareas y de formas de organización y secuenciación de las mismas, así como a los aspectos básicos de la estructura de participación social. Nos referiremos sólo a aquellas cuestiones más ilustrativas.

La SD está constituida por cuatro sesiones y responde a los objetivos generales de: (a) entender y actuar de acuerdo con los principios básicos del juego colectivo, en especial en los aspectos de la colaboración táctica en ataque; y (b) reconocerse como atacantes y defensores cuando corresponda y actuar con un repertorio de movimientos ajustados al rol que tengan que desarrollar. Para desarrollar dichos objetivos, las tareas se realizan con la mano (iniciación al balonmano).

Las sesiones, constituidas por el formato clásico de parte inicial, parte principal y parte final, tienen una duración variable, encontrando que las dos sesiones intermedias son las que emplean un tiempo mayor.

	Sesión 1	Sesión 2	Sesión 3	Sesión 4	Total
Duración	2492"	3076"	2936"	2577"	11081"
% Tiempo total	22,48%	27,75%	26,49%	23,25%	100%

Tabla 1. Tiempo de las sesiones en segundos.

En relación a aspectos vinculados a la estructura de la tarea, cabe señalar que todas las tareas que configuran la SD presentan elementos de colaboración y oposición. Esto comporta para los alumnos la necesidad de intervenir en las tareas tomando siempre decisiones. Por tanto, éstas presentan siempre un nivel de exigencia táctico superior al nivel de exigencia técnica, y responden a un modelo de tareas abierto en las que se priorizan el desarrollo de los procedimientos heurísticos. La presentación de dicho sistema de tareas implica la existencia de varias soluciones posibles, aunque la organización de la lógica interna de las mismas lleva asociada una respuesta preferible hacia la cual el alumno debe tender, o por lo menos comprender. Asimismo, las condiciones de actuación están siempre contextualizadas, de forma que los comportamientos tácticos individuales se aprenden en el contexto de la táctica colectiva, y la técnica se desarrolla en el contexto de la táctica individual y colectiva.

A lo largo de la SD se mantiene un progreso compensado del aprendizaje de los aspectos de ataque y de los aspectos de defensa. Este aspecto es imprescindible si el objetivo es la mejora de la colaboración en ataque. Desde el punto de vista metodológico, se prioriza el uso de juegos y formas jugadas que van evolucionando a partir de realizar modificaciones sobre la estructura interna. Así, se proponen tareas-base a partir de las cuáles se desarrollan variantes referidas a la complejidad interna de las mismas. Los dos puntos fundamentales para el diseño de las variantes son, por un lado, la respuesta que los alumnos dan, y por otro lado, el grado de complejidad objetiva de las mismas. El hecho de emplear fundamentalmente tareas-base y modificaciones de las mismas conlleva: (a) mejor control de la complejidad a medida que avanza la secuencia; y (b) el uso de un número limitado de tareas. Vemos en la tabla siguiente (Tabla 2) el modelo de distribución de tareas-base y las respectivas modificaciones. Estas cuestiones a las que nos hemos referido comportan un modelo de secuenciación en espiral, de forma que los alumnos trabajan en diferentes tareas que evolucionan en complejidad y dificultad. Esto permite que los alumnos estén concentrados en el contenido real y no en los aspectos organizativos y estructurales de las tareas.

	Sesión 1	Sesión 2	Sesión 3	Sesión 4
Número de tareas-base	3	4	4	2
Número total de modificaciones	4	7	1	1
% de tiempo de tareas-base respecto al tiempo total de la sesión	47'3%	59'9%	70'7%	32%

Tabla 2. Tareas-base y modificaciones en las diferentes sesiones.

Finalmente, es importante señalar que el desarrollo de los procedimientos se realiza de forma conjunta con el contenido conceptual y declarativo que facilita un aprendizaje lo más significativo posible. Para ello, la SD presenta momentos de tareas que no son estrictamente motrices, sino que tienen carácter explícitamente cognitivo. Es decir, además de la implicación cognitiva de las propias tareas motrices, hay momentos en los que se presentan tareas de discusión o de recapitulación. Se establece, pues, un proceso de revisión y de ida y vuelta del trabajo procedimental y del trabajo conceptual.

	Sesión 1	Sesión 2	Sesión 3	Sesión 4
% de tiempo de tareas motrices	89'2%	92'2%	86'8%	73'4%
% de tiempo de tareas cognitivas	10'7%	7'7%	13'1%	26'5%
% de tiempo de tareas- base respecto al tiempo de tareas motrices	52'8%	57'4%	81'1%	43'6%

Tabla 3. Comparación del tiempo de tareas motrices y no motrices en cada una de las sesiones, y análisis del tiempo destinado a tareas-base respecto del tiempo de tareas motrices.

Respecto a las cuestiones generales de la estructura de participación social vinculadas señalamos que las tareas se plantean de forma que el profesor explica (y eventualmente demuestra), y los alumnos atienden y preguntan los aspectos que no se entienden. Es decir, no se mantiene un formato de diálogo. El profesor no cede el control sobre los objetivos, la adecuación de las tareas o sobre el tiempo de inicio y final. Son tareas, pues, con un grado de apertura limitado por lo que respecta a las posibilidades de participación social. Durante la ejecución práctica, el profesor regula las tareas desde fuera, es decir, observando y ofreciendo *feed-backs* durante la ejecución de las mismas. En términos generales, se diseñan tareas con un formato de participación guiada en las que el profesor mantiene una posición de control e intenta conducir a los alumnos hacia un conocimiento más profundo mediante preguntas o mediante la aportación de criterios generales que les permita a los alumnos resolver los problemas motrices planteados. Este mismo criterio básico se mantiene durante las tareas no motrices (cognitivas, con conocimiento declarativo), en las que el profesor intenta generar, mediante preguntas y respuestas, el descubrimiento de las respuestas correctas. En estos casos hay momentos de participación social más abierta, con diálogos cruzados entre alumnos o con iniciativas de los alumnos empleando preguntas. En estos casos, el profesor actúa priorizando los diálogos que llevan hacia las respuestas correctas, si bien se acepta un intercambio más amplio y fluido. De todas formas, el control final de la situación se ejerce desde el profesor.

Finalmente, en este primer apartado de resultados incluimos el análisis del rendimiento obtenido en el nivel de aprendizaje procedimental de los alumnos mediante la tarea de evaluación (el juego de "los 10 pases"). Dicha tarea se empleó en las cuatro sesiones de la SD.

A modo de ejemplo señalamos algunos de los indicadores utilizados que nos sirven para evidenciar el grado de mejora de los alumnos: evolución del número total de pases de los dos equipos a lo largo de las cuatro sesiones; porcentaje de pases que implican cambio y no cambio de posesión del balón a lo largo de las cuatro sesiones; o evolución del número de pases tácticamente buenos (codificados como "3") y de pases no tácticamente buenos (codificados como "2").

Respecto a la "evolución del número total de pases a lo largo de las cuatro sesiones", se aprecia una notable mejoría, de modo que se establecen diferencias significativas al respecto ($p=.006$). Respecto al "porcentaje de pases que implican cambio y no cambio de posesión", no encontramos diferencias significativas por lo que respecta a la evolución a lo largo de las cuatro sesiones para ninguna de las dos opciones. Sin embargo, existe una disminución progresiva de las pérdidas de balón (21.3%, 17.1%, 13.6% y 12.2%) y, por consiguiente, aumenta el número de pases que implican colaboración y mantenimiento de la posesión (78.8%, 82.9%, 86.4% y 87.8%).

Con relación a la "evolución de los pases tácticamente buenos y de los pases no tácticamente buenos" se aprecia que, en términos absolutos hay diferencias significativas ($p=.0001$) entre ambos a favor de los pases tácticamente buenos. Si lo analizamos de forma relativa a la evolución a lo largo de las cuatro sesiones, el número de pases buenos aumenta paulatinamente, al tiempo que el número de pases no tácticamente buenos va disminuyendo, estableciéndose diferencias significativas al respecto ($p=.016$).

Además de los indicadores presentados, el análisis de todos los indicadores empleados viene a mostrar que a lo largo de la SD se produce un aprendizaje, por lo menos a nivel procedimental, y que a pesar del número reducido de sesiones, los alumnos muestran una mejora considerable en el aprendizaje de la colaboración táctica en ataque en situaciones de no progresión hacia la portería contraria. Este aspecto es importante, puesto que define el contexto de análisis de los mecanismos de influencia educativa.

La segunda parte del análisis de resultado está centrada en describir, de forma más concreta, la organización de la actividad conjunta y su evolución a lo largo de la SD; y también en papel del contenido y de su secuenciación para favorecer o no el proceso de cesión y traspaso del control y de la responsabilidad del aprendizaje. Para ello se obtienen y se analizan los diferentes segmentos de interactividad. Esto incluye la descripción de los patrones de actividad del profesor y de los alumnos, es decir, la estructura de participación social alrededor de las tareas de enseñanza y aprendizaje. Dichos segmentos cumplen funciones instruccionales concretas y específicas que ponen de manifiesto los diferentes mecanismos inter-psicológicos que se dan en la situaciones de enseñanza y aprendizaje y que están al servicio de los mecanismos de influencia educativa descritos.

Como señalan Coll y Onrubia (1999, p. 146): "La identificación de los SI es el resultado de un proceso continuado de ida y vuelta entre la teoría (...) y los datos (...). Después de una primera segmentación intuitiva, se revisan todos y cada uno de los segmentos con la ayuda de los criterios especificados (…) y se introducen eventuales modificaciones en la segmentación inicial". Asimismo, según Onrubia (1993, p. 91) identificaremos: "un nuevo segmento de interactividad cada vez que se da un cambio sustancial, detectable por el observador, en el patrón de comportamientos o actuaciones dominantes de los participantes (…) o en aquello alrededor de lo que se está hablando y/o actuando". En el presente trabajo hemos identificado cinco SI: segmento de organización de la actividad (SIOA), segmento de práctica guiada (SIPG), segmento de discusión (SID), segmento de recapitulación (SIR), y segmento de transición (SIT).

De forma resumida, el SIOA se caracteriza por que el profesor presenta la tarea a los alumnos y tiene la función principal de explicar las condiciones de la práctica. Dicha explicación incluye las preguntas, dudas, etc. de los alumnos. El SIPG es el momento en que los alumnos realizan la tarea práctica y el profesor observa y regula, mediante intervenciones, dicha práctica. En el SID el profesor y los alumnos dialogan sobre aspectos de la práctica inmediata (que se está llevando a cabo o que justo ha finalizado). Se realiza fuera de la práctica de la tarea e implica la revisión de la misma. El SIR cumple con la función de reflexionar sobre los aspectos más globales de la práctica con relación al total del trabajo realizado en la SD. Es también un segmento teórico (de no práctica). El SIT sirve para comprender la interactividad en momentos de baja o nula finalidad instruccional. Se toma en consideración en la medida que en el ámbito de la EF puede llevar a ocupar un tiempo importante (transiciones como ir a beber agua, recoger el material, etc.).

Dadas las características del presente texto, presentamos a título de ejemplo las actuaciones del profesor y de los alumnos en dos de los SI descritos: el SIOA y el SIPG.

Como puede apreciarse, las tablas describen la actuación y si éstas son simultáneas o alternadas. Igualmente, y tal como mostraremos de forma resumida, cada una de dichas actuaciones incluye en su seno diferentes formas de intervención. Las actuaciones características del SIOA pueden verse en la siguiente tabla 4.

PROFESOR	ALUMNOS
*Presentación y explicación de la tarea	Seguimiento e intervención
*Demanda	
	Respuesta
*Directrices de actuación y comportamiento	
	Respuesta

Tabla 4. Actuaciones dominantes del profesor y de los alumnos en el SIOA. El asterisco indica quién tiene la iniciativa en el intercambio comunicativo

En el SIOA el profesor es el que habitualmente empieza, y él es el que tiene la iniciativa y el dominio de los procesos de interacción, siendo pues un modelo interactivo claramente asimétrico. Para que pueda comprenderse qué implica cada una de las categorías descritas mostramos algunos ejemplos. En la "presentación y explicación de la tarea" el profesor reúne al grupo y, normalmente, explica a todos los alumnos lo que van a realizar. Dicha explicación hace referencia fundamentalmente a: condiciones de la tarea (tiempo de juego, como están formados los equipos, reglas básicas, etc.), recapitulación anticipatoria (breve explicación de toda la sesión con la finalidad de conectar la tarea en cuestión con el resto de la sesión), y recapitulación posterior (se relaciona la tarea presente con otras tareas ya realizadas y conocidas de forma conjunta). Durante este proceso explicativo, los alumnos escuchan e intervienen ("seguimiento e intervención") mediante interrupciones relacionadas o no con el contenido de la explicación que incluyen comentarios aleatorios, preguntas o sugerencias.

En el patrón de interacción "Demanda/Respuesta", la demanda del profesor puede ser general, a un grupo de alumnos, o individual. Hemos observado y diferenciado tres grandes categorías de demandas: demanda de comprensión ("¿se entiende?"), demanda de reto y motivación ("A ver si tenemos un poco más de actividad..."), y demanda de atención. Frente a estas demandas los alumnos dan una respuesta que puede ir desde el silencio, a una respuesta verbal explícita o una respuesta de actuación no verbal. Mediante las respuestas se pone de manifiesto el nivel de colaboración e implicación de los alumnos.

Veamos seguidamente (Tabla 5) y también de forma resumida las actuaciones del profesor y de los alumnos en el SIPG.

PROFESOR	ALUMNOS
*Directriz de inicio y de final de la tarea	
	Ejecución de la directriz
	*Ejecución de la tarea
Observación e intervención	
	Seguimiento e intervención
	*Intervención
Respuesta	

Tabla 5. Actuaciones dominantes del profesor y de los alumnos en el SIPG.

Desde el punto de vista instruccional, dicho segmento sirve para comprobar cuál es el grado de apropiación del conocimiento de los alumnos respecto a la tarea propuesta. Así, los alumnos prueban y demuestran el grado de control sobre la tarea y sobre los conocimientos que están implicados en ella.

De los diferentes patrones interactivos que aparecen, mostramos como ejemplo el correspondiente a "ejecución de la tarea/observación e intervención/seguimiento e intervención". Después de la directriz de inicio de la tarea, los alumnos empiezan la ejecución de la actividad. Dadas las características de colaboración y oposición de las tareas, todos los alumnos participan simultáneamente y de forma interrelacionada. Asimismo esto implica que aparecen de forma conjunta comportamientos motores y verbales. Mientras los alumnos practican, el profesor lleva a cabo la "observación e intervención". En ella se dan interacciones tanto grupales como diádicas. De las diferentes formas de "intervención" del profesor hemos destacado las informativas, las directivas, las demandas, y las preguntas.

En las intervenciones informativas toman especial importancia: las informaciones sobre elementos organizativos de la actividad (enunciados como "dos minutos más, ¿eh?"); producciones de recapitulación: "ahora paramos, ahora paramos y después lo cambiamos", etc.); informaciones sobre el funcionamiento de la tarea ("mira quien tienes aquí" -en una situación de juego-, o "tenéis uno que os ayuda", o "no tocáis ni una,

¿eh?", etc.) que permiten al profesor reconducir y orientar las actuaciones de los alumnos en la actividad.

En las directrices destacamos: las directrices de funcionamiento de la actividad, que hacen referencia al funcionamiento del juego desde el punto de vista de las reglas que delimitan las acciones motrices de los alumnos ("balón para los que no llevan el peto", etc.); y las directrices de organización derivadas de la necesidad de ajustar aspectos de la tarea sobre la marcha ("abre un poco más los conos", "P. también para", aludiendo a la incorporación de un jugador en un rol del juego).

En el ámbito de las demandas, toman importancia las de tipo motivacional y de actitud ("los que no lleváis peto, a ver si os concentráis, eh!"); y las demandas referidas al funcionamiento de la actividad. Aquí cabe destacar las relativas a aspectos reglamentarios ("no hagas falta", "déjala que saque",…), y las de tipo táctico. Estas últimas tienen gran trascendencia porque sirven de guía directa del profesor sobre los alumnos con relación al contenido, es decir, sobre lo que los alumnos tienen que pensar mientras están jugando. Son enunciados del tipo "¿quién ayuda?" cuando en una situación de juego, un alumno no puede continuar sin colaboración táctica, o "¿quién está solo?", "¿a quién tenías más cerca?", etc. La función de estos enunciados reside en llevar la mente de los alumnos a aquello que es realmente importante en relación con la colaboración táctica.

Finalmente, por lo que se refiere a las preguntas, hemos encontrado preguntas sobre el funcionamiento de la propia práctica, preguntas sobre la organización de la actividad, y preguntas de tipo táctico. Estas últimas no son consideradas demandas o peticiones sino preguntas abiertas que requieren una respuesta concreta ("¿A quién le tienes que pasar"?). Aún así, tienen una función instruccional parecida a las demandas tácticas en la medida que ofrecen a los alumnos un guión para resolver las situaciones en el escenario de práctica concreta.

Como hemos indicado, en este patrón se produce también el "seguimiento e intervención" por parte de los alumnos. El análisis de los mismos permite contemplar las posibilidades de comprensión de estos en relación a las situaciones y demandas o preguntas que hace el profesor (p.e. (Prof.): "¿tú crees que te la pasarán aquí, detrás de alguien?"/ (Al.): "Aquí sí, ¿has visto?").

Con estos ejemplos hemos intentado evidenciar qué es lo que comporta a nivel real cada uno de los patrones de actuación. Dicho nivel de análisis de descripción y de categorización de todas las actuaciones del profesor y de los alumnos, configuran cada patrón de interacción que se inscribe en cada uno de los segmentos de interactividad descritos. Asimismo, dicho proceso es el que se ha seguido para los otros tres segmentos (SID, SIR y SIT) y para cada uno de los patrones de actuación que se incluyen en ellos.

Una vez descritos los diferentes SI, así como los patrones de actuación dominantes, resulta imprescindible analizar su evolución a lo largo de la SD. Esto nos va a permitir observar el desarrollo de la actividad conjunta y las características fundamentales del proceso de cesión y traspaso a lo largo de dicha SD. De forma sucinta pueden verse los resultados generales en la siguiente tabla (Tabla 6). Mostramos la evolución general de la interactividad a partir de los aspectos más importantes (nº de SI por sesiones, % del total de SI, y % del tiempo total), así como las evolución parcial de cada uno de los diferentes SI.

	Sesión 1	Sesión 2	Sesión 3	Sesión 4	Total
Duración	2492"	3076"	2936"	2577"	11081"
Núm. SI	49	39	31	26	145
% SI Total	33.79%	26.89%	21.37%	17.93%	100%
% Tiempo Total	22.48%	27.75%	26.49%	23.25%	100%
SIOA					
Núm.	12	12	9	4	37
Tiempo	299"	602"	495"	96"	1492"
% Tiempo de la sesión	11.99%	19.57%	16.85%	3.72%	13.46%
SIPG					
Núm.	19	14	11	9	53
Tiempo	1522"	1924"	1612"	1333"	6391"
% Tiempo de la sesión	61.07%	62.54%	54.90%	51.72%	57.67%
SID					
Núm.	9	6	5	6	26
Tiempo	219"	215"	234"	290"	958"
% Tiempo de la sesión	8.78%	6.98%	7.97%	11.25%	8.64%
SIR					
Núm.	2	2	1	2	7
Tiempo	254"	166"	371"	593"	1384"
% Tiempo de la sesión	10.19%	5.39%	12.63%	23.01%	12.48%
SIT					
Núm.	7	5	5	5	22
Tiempo	198"	169"	224"	265"	856"
% Tiempo de la sesión	7.94%	5.49%	7.62%	10.28%	7.72%
% Tiempo total Sesión	100%	100%	100%	100%	

Tabla 6. Datos generales de la evolución de los SI.

En términos generales, la evolución del número de SI que aparecen a lo largo de las sesiones es decreciente (ver gráfico 1).

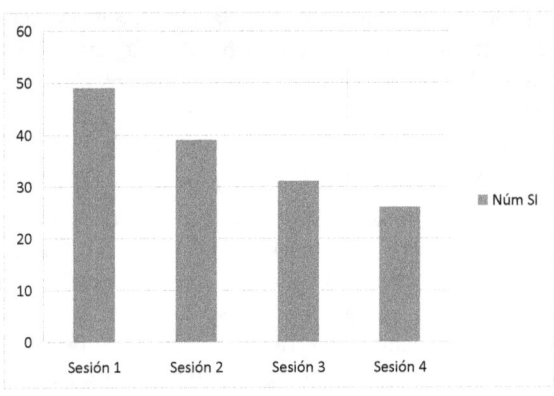

Gráfico 1. Número de Segmentos de Interactividad por sesión.

Este hecho indica, inicialmente, un proceso de disminución de las rupturas y cambios en la organización de la actividad conjunta y se interpreta como un indicador del proceso de cesión y traspaso, de forma que la segmentación disminuye y se producen espacios más amplios alrededor de las tareas. Este hecho está relacionado con un mayor conocimiento y nivel de dominio de los alumnos en las tareas de enseñanza y aprendizaje.

Desde el punto de vista de la evolución de cada uno de los diferentes SI, podemos destacar de forma resumida que:

Los SIOA disminuyen a lo largo de la SD, así como el tiempo proporcional que ocupan en cada sesión. Esto se considera un indicador del proceso de cesión y traspaso en la medida que manifiesta la menor necesidad de atención de los alumnos sobre los aspectos organizativos de las tareas. Esta evolución, tal como sucede con el resto de los segmentos no es lineal sino que manifiesta rupturas y oscilaciones. Las formas de actuación del profesor y de los alumnos en los diferentes patrones también evolucionan hacia un mayor dominio que se manifiesta con la presencia de abreviaciones y de anticipaciones discursivas en la presentación de las tareas.

Los SIPG, que ocupan más del 50% del tiempo en cada una de las sesiones, también disminuyen, así como el tiempo invertido en ellas. Desde nuestra perspectiva, este indicador manifiesta el mayor dominio de los alumnos y, por tanto el hecho de requerir menor tiempo para la ejecución de la tarea en condiciones correctas. Esto coincide además con que el número de tareas por sesión va disminuyendo a lo largo de la SD (excepto en la sesión 2), y que las características tipológicas de las tareas son más conocidas a medida que avanza la SD. A pesar de que disminuyen los SIPG y el tiempo destinado a la práctica, el comportamiento motor (valorado en la tarea de evaluación a la que nos hemos referido anteriormente) mejora considerablemente. Al igual que sucede con los SIOA, en los SIPG el proceso de cesión y de traspaso no se manifiesta de forma fluida sino que muestra rupturas y oscilaciones. Asimismo, las formas de organización de la actividad conjunta también evolucionan hacia una menor intervención y regulación por parte del profesor, y van acompañadas de una manifestación más rica y compleja de los comportamientos motores de los alumnos.

La evolución de los SIOA y de los SIPG está estrechamente relacionada con los SID y, especialmente, con los SIR. La importancia de estos últimos segmentos va en aumento a medida que avanza la SD. El proceso de cesión y de traspaso del control y de la responsabilidad del aprendizaje en el plano motor va acompañado de un aumento del tiempo destinado al aprendizaje conceptual. Éste toma importancia en las sesiones tres y cuatro, y muy especialmente en ésta última. La evolución del tiempo ocupado por los SIR sí que es progresiva y sin rupturas. La posibilidad de profundizar en el conocimiento teórico derivado de la práctica nos informa, por un lado, sobre el hecho de que el nivel de ejecución práctica vas siendo cada vez mejor como para poder hacer reflexiones y diálogos teóricos suficientemente ricos; y, por otro lado, sobre el establecimiento de un sistema de significados compartidos cada vez más amplio y más rico. Desde el punto de vista de las formas de actuación del profesor y de los alumnos, se pone de manifiesto una evolución hacia el grado de apropiación del conocimiento por parte de estos últimos tanto en relación con aspectos organizativos de las tareas, como en relación a los conocimientos tácticos. Esto se manifiesta tanto por el tipo de producción verbal como por el aumento de la riqueza en los significados compartidos.

Como hemos manifestado en la introducción y a lo largo del presente trabajo, el proceso de cesión y traspaso, y por tanto las formas de organización de la actividad conjunta están directamente relacionadas con el contenido y con las tareas de enseñanza y aprendizaje. En este último apartado de los resultados mostramos la incidencia de diferentes aspectos de organización y secuenciación del contenido en la facilitación de dicho proceso de cesión y traspaso. Ponemos de manifiesto como la organización del contenido a lo largo de la SD tiene un papel fundamental al respecto.

Se ha analizado la evolución de los SI en diferentes sistemas de organización del contenido. Por un lado, la evolución de los SI en las tareas-base y en sus respectivas modificaciones a lo largo de las diferentes sesiones. Por otro lado, la evolución de los SI en tareas repetidas a lo largo de la SD. También, la evolución de los SI en tareas de estructura similar durante la SD; y la evolución de los SI en secuencias de tareas repetidas. Finalmente, hemos abordado la evolución de los SI respecto a la tarea de evaluación y al rendimiento obtenido por los alumnos.

Presentamos a continuación (Tabla 7) algunos ejemplos para que el lector pueda ver como se ha realizado el análisis. En el caso de la evolución de los SI en las tareas-base y en sus respectivas modificaciones mostramos un ejemplo de la sesión 1.

	3 vs. 2	Modificación 1	Modificación 2	Modificación 3
Núm. de SI	SIOA (3) SIPG (5) SID (2) SIT (1)	SIOA (3) SIPG (3) SID (1) SIT (1)	SIOA (1) SIPG (5) SID (4)	SIOA (1) SIPG (2)
SI totales	11	8	10	2
Tiempo de los diferentes SI	SIOA (75") SIPG (157") SID (36") SIT (11")	SIOA (34") SIPG (142") SID (11") SIT (30")	SIOA (21") SIPG (202") SID (114")	SIOA (10") SIPG (30")
Tiempo total	279"	217"	337"	40"
% del tiempo de la tarea	SIOA: 26.8% SIPG: 56.2% SID: 12.9% SIT: 3.9%	SIOA: 15.6% SIPG: 65.4% SID: 5% SIT: 13.8%	SIOA: 6.2% SIPG: 59.9% SID: 33.8%	SIOA: 25% SIPG: 75%

Tabla 7. Comparación de los SI y el tiempo entre la tarea "3 x 2" y las modificaciones correspondientes.

El análisis de todas las relaciones entre las "tareas-base" y sus modificaciones muestra algunas tendencias generales importantes. De forma breve, se detecta una disminución del tiempo de SIOA cuando la semejanza estructural entre las tareas-base y las modificaciones se mantiene. Esta disminución del tiempo es progresiva. Cuando se produce una ruptura en la semejanza estructural el tiempo invertido en SIOA aumenta. Asimismo, en las diferentes secuencias analizadas no se encuentra una tendencia clara hacia un aumento del tiempo de SIPG. Finalmente, señalar que la comprensión de las formas de organización de la actividad conjunta vinculada a la estructura de las tareas requiere, en algunos casos, de una explicación proveniente de otro ámbito de la SD.

Por lo que respecta a la evolución de los SI en tareas repetidas durante la SD, mostramos un ejemplo (Tabla 8) de una tarea que aparece en la sesión 3 y en la sesión 4.

	Sesión 3: "7 pases"(1)	Sesión 4: "7 pases"(2)
Núm. de SI	SIOA (1) SIPG (2) SID (1)	SIOA (2) SIPG (7) SID (6) SIT (1)
SI totales	4	16
Tiempo de los diferentes SI	SIOA (74") SIPG (273") SID (34")	SIOA (49") SIPG (582") SID (290") SIT (141")
Tiempo total	381"	1062"
% del tiempo de la tarea	SIOA: 19.4% SIPG: 71.6% SID: 8.9%	SIOA: 4.6% SIPG: 54.8% SID: 27.3% SIT: 13.2%

Tabla 8. Comparación de los SI y su duración en tareas iguales repetidas ("7 pases").

En las diferentes secuencias de tareas repetidas analizadas, se detecta una tendencia a la disminución de los aspectos relacionados con los SIOA en la segunda tarea respecto de la primera. No hay una tendencia clara en los SIPG ni en los SID derivado del hecho de que sean tareas repetidas. Más bien parece estar relacionado con el lugar que ocupa la tarea en cada sesión, así como en el total de la SD, y a la función instruccional que parece tener asignada.

En el caso de la evolución de los SI en tareas de estructura similar durante la SD, parece que la "repetición" estructuras sí que pueda facilitar en cierto grado el proceso de cesión y de traspaso, especialmente por lo que se refiere a los aspectos relacionados con las normas de funcionamiento de dichas tareas. No queda claro que también delimite de forma tan evidente las formas de organización de la actividad conjunta en relación al conocimiento táctico.

Finalmente (Tablas 9 y 10) mostramos la evolución de los SI en la tarea de evaluación a lo largo de la SD.

Sesión 1	Sesión 2	Sesión 3	Sesión 4
SIOA (38")	SIOA (26")	SIOA (25")	SIOA (12")
SIR (36")	SIPG (353")	SIPG (322")	SIPG (360")
SIPG (342")	SIT (50")	SIT (11")	SIT (20")
SID (11")		SID (80")	
SIPG (77")			
SIT (29")			
SID (47")			
Total:580"	Total: 429"	Total: 438"	Total: 392"

Tabla 9. Tipos de SI y su duración en la tarea de evaluación.

Sesión 1	Sesión 2	Sesión 3	Sesión 4
SIOA: 6.5%	SIOA: 6%	SIOA: 5.7%	SIOA: 3%
SIPG: 72.2%	SIPG: 82.2%	SIPG: 73.5%	SIPG: 91.8%
SID: 10%		SID: 18.2%	

Tabla 10. Porcentaje de tiempo que ocupan SIOA, SIPG y SID.

De forma breve, parece que la evolución de los SIOA y de los SIPG podría interpretarse como un indicador de cesión y de traspaso. En términos generales consideramos este hecho aunque entendemos que se requiere de una explicación más precisa respecto a cuestiones como la estructura de las diferentes sesiones, la organización del resto de tareas en las diferentes sesiones, etc.

Para finalizar este apartado sobre la relación entre el proceso de cesión y de traspaso y la organización y secuenciación del contenido, consideramos que tanto la estructura del contenido como los aspectos de organización y de secuenciación ayudan a entender la evolución del proceso. El uso de determinado tipo de tareas con semejanza estructural, así como su ubicación a lo largo de las SD puede facilitar dicho proceso de cesión y de traspaso.

De forma general, respecto al global de los resultados, podemos señalar que:

A lo largo de la SD se aprecia un proceso progresivo de cesión y de traspaso del control y de la responsabilidad del aprendizaje del profesor hacia los alumnos.
Este proceso no es lineal, sino que manifiesta fluctuaciones y rupturas manifestadas tanto en la evolución de los diferentes segmentos de interactividad, como de las unidades instruccionales, como de las formas de actuación del profesor y de los alumnos. Esto se debe, en parte, a las características del contenido así como a su organización y secuenciación.
Este proceso de cesión y de traspaso parece estar en estrecha relación con el segundo mecanismo de influencia educativa descrito: el establecimiento de un sistema de significados compartidos entre el profesor y los alumnos cada vez más rico y más complejo.

DISCUSIÓN Y PERSPECTIVAS DE FUTURO

Este último apartado del presente documento se divide en dos partes. Por un lado, la discusión de los resultados con relación a las hipótesis descritas. Y por otro lado, la presentación de algunos aspectos para futuras investigaciones.

En relación a la primera hipótesis relativa al proceso de cesión y traspaso del control y de la responsabilidad del aprendizaje, así como al hecho de que dicho proceso sea gradual, discontinuo y que no se produzca de forma absoluta ni definitiva señalamos algunos aspectos que nos permiten su corroboración.

Tiempo empleado en las sesiones. Este se mantiene relativamente homogéneo, de forma que mediante el análisis de dicho tiempo no podemos encontrar ningún indicio del proceso de cesión y de traspaso.

Manteniendo como referencia de análisis a la sesión, vemos como el número de SI disminuye a lo largo de la SD. Dicha disminución es progresiva y cuantitativamente importante. La disminución progresiva indica mayor continuidad de la actividad conjunta y, por tanto, un avance en el proceso de cesión y traspaso. El número de SIOA disminuye de forma progresiva, aunque no así el tiempo ocupado por estos segmentos. La evolución de los SIOA parece mostrar que el proceso de cesión es fluido y progresivo, sin embargo el análisis del tiempo nos permite ver que muestra oscilaciones y que el proceso es gradual pero discontinuo. El número de SIPG disminuye progresivamente y también el tiempo empleado. Este hecho podría sorprender en la medida en que los SIPG son los segmentos de práctica real de los alumnos. Ya nos hemos referido a esta cuestión en el apartado de resultados. Asimismo, el papel de los SIPG en el proceso de cesión y traspaso se entiende mejor a partir del análisis de los otros segmentos. Por su parte, la evolución de los SID y de los SIR reflejan la parte más conceptual del proceso de cesión, es decir, ponen de manifiesto el proceso de elaboración del conocimiento conceptual derivado de los SIPG. Ni el número de SID ni de SIR muestran una clara tendencia al incremento, pero sí que se aprecia en cambio, un aumento del tiempo ocupado por estos segmentos. Esto es especialmente destacado en los SIR que muestran un incremento del tiempo en el desarrollo del aprendizaje conceptual derivado de un mayor nivel de apropiación del conocimiento procedimental en los SIPG. La tendencia del tiempo en estos segmentos muestra igualmente oscilaciones y una ruptura importante en una de las sesiones.

Por lo que respecta a la segunda hipótesis que señala la necesidad de considerar un segundo mecanismo de influencia educativa (la construcción de un sistema de significados compartidos cada vez más rico y más complejo) de forma interconectada con el proceso de cesión y de traspaso.

La evolución de los diferentes SI. Encuentra una parte de su explicación en la necesidad de suponer la existencia de una construcción compartida y progresiva de significados entre el profesor y los alumnos. Así, por ejemplo, la disminución de los SI a lo largo de la SD presupone que al inicio de la misma la parcela de conocimiento compartido es menor. Igualmente, no podemos explicar la evolución de los SID y de los SIR respecto de los SIOA y de los SIPG sin este supuesto. La evolución descrita por los SIOA durante toda la SD también corrobora esta idea. La disminución de los SIOA indica, por ejemplo, que los alumnos dejan de necesitar progresivamente algunas de las "explicaciones" del profesor. Este hecho sucede con muchos aspectos que ponen de manifiesto la existencia de una "base de conocimiento común" construida conjuntamente, en la que se comparten los marcos de referencia, y que va evolucionando y creciendo progresivamente estableciéndose niveles de intersubjetividad cada vez más elevados. La presencia de diferentes dispositivos y mecanismos semióticos nos permiten pensar que lo indicado es razonable.

Como hemos señalado anteriormente, la evolución de los SID y SIR respecto a los SIOA y SIPG ponen de manifiesto la interconexión entre el conocimiento procedimental y conceptual, y también la relación entre los dos mecanismos de influencia educativa. Así, por ejemplo, las discusiones y recapitulaciones aumentan a medida que el conocimiento conceptual toma importancia. Y esto es así a partir de un determinado dominio del conocimiento procedimental. Asimismo, es razonable pensar que el establecimiento de un sistema de significados compartidos cada vez más rico se produce específicamente también dentro del conocimiento procedimental y del conocimiento conceptual respectivamente.

En la tercera hipótesis ponemos de relieve la importancia del contenido en las formas de organización de la actividad conjunta.

El proceso de cesión y de traspaso. Se debe, al menos en parte, a las características del contenido, a su forma de presentación, de organización y de secuenciación. Señalamos a este respecto sólo algunas cuestiones. Las tareas planteadas en la SD tienen un alto nivel de exigencia cognitiva y se presentan de forma que permite al profesor y a los alumnos establecer espacios de diálogo y de discusión. Así, los patrones de comportamiento de los participantes tienen que ver con las posibilidades de intervención que ofrecen las tareas. Igualmente, esto viene definido en parte por la voluntad del profesor de facilitar un aprendizaje lo más significativo posible y no centrado en la automatización de técnicas deportivas. Todo ello determina unas estructuras de participación social concretas.

Los criterios de organización y de secuenciación del contenido también definen las posibilidades instruccionales. Así, en nuestro caso, la organización del contenido en tareas-base y sus modificaciones; y también el uso de tareas con una elevada semejanza estructural son dos aspectos determinantes. Sobre el primero de estos aspectos, los datos parecen indicar que éste no es tan importante en el ámbito de toda la SD como en el ámbito de cada sesión en particular. En el segundo caso, sí que parece que es un aspecto determinante para facilitar el proceso de cesión y de traspaso.

El análisis de la evolución de los SI en los diferentes sistemas de secuenciación de las tareas pone de manifiesto que la organización del contenido parece ser un elemento crítico que puede facilitar la fluidez y la continuidad del proceso de cesión y de traspaso, especialmente dentro de la misma sesión.

Las tres hipótesis descritas hacen referencia a aspectos que están relacionados entre sí y, por tanto, es necesario interpretar los resultados y las conclusiones de forma interdependiente. Es decir, cada una de las hipótesis se puede entender y explicar mejor desde el conocimiento surgido de la explicación de las otras dos.

Respecto a las diferentes perspectivas de futuro, queremos poner el acento en varias cuestiones.

En primer lugar, es necesario señalar que la inmensa mayoría de los trabajos sobre los mecanismos de influencia educativa se han realizado bajo la óptica de la psicología de la educación y no desde la óptica de las didácticas específicas. Así, queda pendiente abordar con detalle el estudio de los dispositivos específicos que se ponen en funcionamiento para facilitar el proceso de cesión y de traspaso y para el establecimiento de un sistema de significados compartidos cada vez más rico. Dicho estudio nos debería permitir analizar las características de los mismos (p.e. las regularidades, si es que existen) y conocer su aplicabilidad más directa sobre los procesos de enseñanza. Este hecho, que se da muchas veces por supuesto en el ámbito de la didáctica, requiere de un análisis mucho más profundo que tome en consideración de forma conjunta los procesos de enseñanza y de aprendizaje.

En segundo lugar, el hecho de que nos hayamos centrado en el proceso de cesión y de traspaso incorporando el estudio del contenido específico, no elimina la necesidad de estudiar con profundidad el segundo mecanismo de influencia educativa descrito. Creemos, sin embargo, que este estudio tiene que incorporar también diferentes hipótesis que permitan esclarecer el papel que puede tener el contenido en este proceso. El estudio de los mecanismos de influencia educativa sin el análisis de las particularidades derivadas del contenido no nos permitirá tener un conocimiento ajustado del proceso de ayuda del profesor a los alumnos en su aprendizaje.

En tercer lugar, el estudio del segundo mecanismos de influencia educativa descrito pone de manifiesto, aún más, el papel determinante del discurso en la actividad conjunta y reconoce la actividad discursiva como uno de los núcleos esenciales de los procesos de construcción de conocimiento. El análisis en profundidad de los recursos discursivos nos obliga a considerar y a integrar los conocimientos provenientes de ámbitos científicos diferentes si queremos profundizar en qué es todo lo que sucede cuando alguien enseña y alguien aprende. En el caso de la enseñanza de la EF y del deporte, el estudio de los procesos comunicativos tiene que integrar también todo aquello relativo a la comunicación no verbal.

Finalmente, creemos que es fundamental en un futuro estudiar de forma simultánea los procesos interactivos entre el enseñante y los alumnos junto con las interacciones entre iguales. Esto debería permitirnos conocer mucho mejor, por ejemplo, quiénes son todos los participantes reales en los procesos de ayuda y cuál es su función a lo largo de la Zona de Desarrollo Próximo para facilitar el aprendizaje.

Dadas las características del presente documento, muchas cuestiones quedan pendientes o no son tratadas con la debida profundidad. Sin embargo, esperamos haber mostrado lo que consideramos más relevante con el ánimo de que el lector que desee profundizar pueda realizarlo posteriormente.

BIBLIOGRAFÍA

Arnold, P.J. (1991). *Educación física, movimiento y currículum*. Madrid: Morata.
Bakeman, R. y Gottman, J.M. (1989). *Observación de la interacción: introducción al análisis secuencial*. Madrid: Morata.
Bayer, C. (1986). *La enseñanza de los juegos deportivos colectivos*. Barcelona: Hispano Europea.
Bruner, J.S. (1981). Vygotski : una perspectiva histórica y conceptual. *Infancia y Aprendizaje, 14*, 3-17.
Bruner, J.S. (1991). *Actos de significado. Más allá de la revolución cognitiva*. Madrid: Alianza.
Bruner, J.S. (1997). *La educación, puerta de la cultura*. Madrid: Visor.
Bunker, D.J. y Thorpe, R.D. (1982). A model for the teaching of games in secondary school. *Bulletin of Physical Education, 18,* 1, 5-8.
Calsamiglia, H. y Tusón, A. (1999). *Las cosas del decir. Manual de análisis del discurso*. Barcelona: Ariel.
Castejón, F.J. y López Ros, V. (2000). Solución mental y solución motriz en la iniciación a los deportes colectivos en la educación primaria. *Apunts. Educació Física i Esports, 61*, 37-47.
Cole, M. (1999). *Psicología cultural*. Madrid: Morata.
Coll, C. (1988). *Conocimiento psicológico y práctica educativa. Introducción a las relaciones entre psicología y educación*. Barcelona: Barcanova.
Coll, C. (1997). Constructivismo y educación escolar: ni hablamos siempre de lo mismo ni lo hacemos siempre desde la misma perspectiva epistemológica. En M.J. Rodrigo y J. Arnay (Comps.), *La construcción del conocimiento escolar* (pp. 107-136). Barcelona: Paidós.
Coll, C., Bolea, E., Colomina, R., De Gispert, I., Mayordomo, R., Onrubia, J., Rochera, M.J. y Segués, M.T. (1992). Interacció, influència educativa i formes d.organització de l.activitat conjunta. *Temps d.Educació, 7*, 11-86.
Coll, C., Colomina, R., Onrubia, J. y Rochera, M.J. (1992). Actividad conjunta y habla: una aproximación al estudio de los mecanismos de influencia educativa. *Infancia y Aprendizaje, 59-60*, 189-232.
Coll, C. y Onrubia, J. (1999). *Observació i anàlisi de les practiques d.educació escolar*. Barcelona: UOC.
Coll, C. y Valls, E. (1992). El aprendizaje y la enseñanza de los procedimientos. En C. Coll, J.I. Pozo, B. Sarabia y E. Valls (Comps.), *Los contenidos en la reforma* (pp. 81-131). Madrid: Santillana.
Colomina, R. (1996). *Interacció social i influència educativa en el context familiar*. Tesis doctoral no publicada. Departamento de Psicología Evolutiva y de la Educación. Barcelona: Universidad de Barcelona.
Colomina, R. y Onrubia, J. (1997). La observación de los procesos de regulación del aprendizaje en el aula. *Cultura y Educación, 8*, 63-72.

Cubero, R. (2005) *Perspectivas constructivistas. La intersección entre el significado, la interacción y el discurso.* Barcelona: Graó.

De Gispert, I. y Onrubia, J. (1997). Analizando la práctica educativa con herramientas socioculturales: traspaso del control y aprendizaje en situaciones de aula. *Cultura y Educación, 6-7,* 105-115.

Edwards, D. y Mercer, N. (1994). *El conocimiento compartido. El desarrollo de la comprensión en el aula.* Barcelona: Paidós/MEC.

Erickson, F. (1989). Métodos cualitativos de investigación sobre la enseñanza. En M.C. Wittrock (Ed.), *La investigación de la enseñanza II. Métodos cualitativos y de observación.* (pp. 195-301)Barcelona: Paidós/MEC.

Griffin, L., Mitchell, S. y Oslin, J. (1997). *Teaching sport concepts and skills. A tactical games approach.* Champaign: Human kinetics.

Kirk, D. y MacDonald, D. (1997) Situated learning in physical education. *Journal of Teaching in Physical Education, 17,* 376-387.

Lemke, J. (1997). *Aprender a hablar ciencia. Lenguaje, aprendizaje y valores.* Barcelona: Paidós/MEC.

López Ros, V. (1999a). *L.ensenyament esportiu: un marc per a l.estudi dels mecanismes d.influència educativa.* Tesina de doctorado no publicada. Departamento de Psicología. Girona: Universidad de Girona.

López Ros, V. (1999b). Iniciación a los deportes colectivos: análisis de una experiencia práctica sobre la enseñanza de la colaboración táctica en ataque. En P. Sáenz, J. Tierra y Díaz, M. (coords.). *Actas del XVII Congreso Nacional de Educación Física,* Vol. 2, pp. 808-822. Huelva: Universidad de Huelva.

López Ros, V. y Castejón, F.J. (1998). Técnica, táctica individual y táctica colectiva: implicación en el aprendizaje y la enseñanza deportiva (práctica) *Revista de educación física. Renovación de la teoría y la práctica, 68,* 12-16.

Maíz, I. (1999). *La interacción social en el proceso de enseñanza-aprendizaje: estudio empírico de los mecanismos de influencia educativa en la identificación de figuras geométricas.* Bilbao: Universidad del País Vasco.

Mercer, N. (1997). *La construcción guiada del conocimiento.* Barcelona: Paidós/MEC.

Moll, L. (1990). Introducción. En L. Moll (Comp.), *Vygotsky y la educación. Connotaciones y aplicaciones de la Psicología Sociohistórica en la educación* (pp. 13-42) Buenos Aires: Aique.

Newman, D., Griffin, P. y Cole, M. (1991). *La zona de construcción del conocimiento.* Madrid: Morata/MEC.

Onrubia, J. (1993). Interactividad e influencia educativa en la enseñanza-aprendizaje de un procesador de textos: una aproximación teórica y empírica. *Anuario de Psicología, 58,* 83-103.

Onrubia, J. (1996). Enseñar: crear zonas de desarrollo próximo e intervenir en ellas. En C. Coll, E. Martín, T. Mauri, M. Miras, J. Onrubia, I. Solé y A. Zabala (Comps.), *El constructivismo en el aula* (pp. 101-124). Barcelona: Graó.

Rogoff, B. (1993). *Aprendices del pensamiento. El desarrollo cognitivo en el contexto social.* Barcelona: Paidós.

Stake, R.E. (1998). *Investigación con estudio de casos.* Madrid: Morata.

Tusón, A. (1997). *Análisis de la conversación.* Barcelona: Ariel.

Valls, E. (1995). *Los procedimientos: aprendizaje, enseñanza y evaluación.* Barcelona: ICE/Horsori.

Vila, I. (1987). *Vigotski: la mediació semiòtica de la ment.* Vic: Eumo.

Vila, I. (1998). El espacio social en la construcción compartida del conocimiento. *Educar, 22-23,* 55-98.

Vigotsky, L.S. (1995). *El desarrollo de los procesos psicológicos superiores.* Barcelona: Crítica.

Wertsch, J. (1988). Vygotsky y la formación social de la mente. Barcelona: Paidós.

CAPÍTULO III
ESTUDIO COMPARADO SOBRE LA ENSEÑANZA DEL BALONCESTO EN EL CONTEXTO DE LA EDUCACIÓN FÍSICA[2]

Antonio Méndez Giménez

INTRODUCCIÓN

Tradicionalmente, entre los profesores de Educación Física ha imperado la creencia de que para que los alumnos pudieran jugar un partido de cualquier deporte debían previamente conseguir cierto nivel de habilidad técnica. Consecuentemente con esta concepción, en primer lugar se han enseñado las habilidades requeridas en el juego de manera aislada, se han entrenado sistemáticamente y, después, se han estructurado las sesiones para practicar dichas habilidades técnicas en situación de juego, con la esperanza de que los jugadores las aplicaran correctamente, casi de manera automática. Se podría decir que la adquisición de los fundamentos técnicos ha sido prioritaria y que, en muchos casos, ha condicionado el acceso de promociones y promociones de estudiantes a la práctica global o cuasi-global de las modalidades deportivas. Desafortunadamente, sólo algunos estudiantes consiguen, por sus propios medios, transferir la habilidad de manera efectiva. Incluso, a pesar de la práctica persistente y repetitiva de las habilidades técnicas, con demasiada frecuencia este método ha resultado poco eficaz para la mejora del juego en el contexto escolar (Thorpe y Bunker, 1982).

Es probable que esta forma de enseñar también se haya fundamento en una segunda creencia del profesorado: el jugador técnico, por el hecho de serlo, ya posee los requisitos necesarios para ejecutar una tarea en cualquier situación de juego. En pocas ocasiones, los docentes han establecido relaciones entre la práctica de las habilidades técnicas y en cómo y cuándo se deberían aplicar éstas en el juego. Sin embargo, es sabido que para tener éxito en el deporte se requiere del participante mucho más que habilidades motrices. El juego deportivo se caracteriza porque brinda multitud de oportunidades a los jugadores para tomar decisiones. Algunas de estas decisiones deben ser tomadas de forma inmediata; otras, sin embargo, pueden ser anticipadas. Obviar este aspecto en el proceso de enseñanza simplemente limita el desarrollo de jugadores inteligentes. Por tanto, para que un jugador tenga éxito es fundamental que posea tanto el conocimiento y la capacidad para tomar eficaces decisiones en el momento adecuado, como la habilidad para ejecutarlas adecuadamente. En consecuencia, los alumnos que dominen el fundamento técnico del pase de baloncesto estarán condenados al fracaso durante el juego si al mismo tiempo no son capaces de tomar las decisiones apropiadas

---

[1] Méndez Giménez, A. (1999). Análisis comparativo de las técnicas de enseñanza en la iniciación a dos deportes de invasión: El *floorball* patines y el baloncesto. Directores: José Antonio Cecchini Estrada y Miguel Ángel Delgado Noguera. Departamento Educación Física y Deportes, Universidad de Granada.

respecto a dónde y cuándo ejecutarlo en el contexto. Y viceversa, con la simple toma de decisión correcta no basta para tener éxito en una situación deportiva determinada, además hay que saber realizarla. A estos ingredientes imprescindibles del juego con éxito habría que añadir una buena dosis de motivación por la práctica y unos niveles funcionales óptimos derivados de una adecuada condición física.

TÉCNICAS DE ENSEÑANZA Y MODELOS DE ENSEÑANZA

Cuando emprendimos nuestro trabajo de tesis doctoral, entendimos, que el debate y la investigación sobre la eficiencia metodológica en iniciación deportiva debía centrarse en una doble problemática: por un lado, era necesario comparar las formas de transmitir al alumnado la información relevante, especialmente, las habilidades y estrategias que se requieren en el juego, es decir, necesitábamos contrastar las Técnicas de Enseñanzas (T.E.). Por otro lado, era preciso diferenciar el énfasis y orden que se ponía durante la intervención didáctica en los aspectos tácticos versus técnicos del juego; en otras palabras, se debían comparar dos Modelo de enseñanza. Por ello, y teniendo en cuenta la realidad de la práctica docente, tratamos de identificar los paralelismos existentes entre ambos constructos, al objeto de realizar un estudio que comprendiera ambos problemas de manera conectada.

En cuanto a la primera cuestión, Delgado Noguera (1991; 1993) y Sánchez Bañuelos (1990) destacaron dos técnicas de enseñanza fundamentales:

La T.E. mediante la instrucción directa, en la que el docente aporta el modelo correcto de ejecución al estudiante, a través de la información inicial de tipo visual, verbal o mixta. Se entiende que existe una solución de probado rendimiento y bien definida (modelo) que ha surgido de forma empírica y se ha precisado mediante estudios biomecánicos para su optimización. Una vez que el aprendiz reproduce el gesto, se llevan a cabo los ajustes posteriores al modelo mediante el conocimiento de la ejecución y de los resultados (*feedback*). Por consiguiente, la aplicación de esta T.E. se refiere en sí a la ejecución de dichos modelos y no a los problemas contextuales de ¿cuándo? o ¿cómo?.

La T.E. mediante búsqueda o indagación, caracterizada porque el profesor trata de inducir la actividad y el gesto que deben realizar los alumnos indicando normas o pautas para su realización. Su labor consiste en presentar adecuadamente la situación a explorar o el problema motor y dar información adicional en función de las respuestas. Las correcciones son de tipo general, acerca de la organización o el incumplimiento de las normas del juego. Para Sánchez Bañuelos (1990) las tareas con una dificultad significativa en los mecanismos perceptivos y de decisión son más susceptibles a planteamientos de enseñanza mediante la búsqueda. Además, las presentaciones a modo de juegos o formas jugadas para plantear los problemas situacionales favorecen la motivación para la búsqueda.

Tanto en una T.E. como en la otra se pretende la utilización del pensamiento convergente. En la instrucción directa todas las pautas e informaciones dadas por el profesor apuntan a una sola respuesta, el modelo, que es dado por él mismo. Sin embargo, mediante indagación, el profesor diseña una estrategia sutil para que el alumno llegue a la respuesta que previamente él dispuso.

En cuanto a la segunda cuestión, la iniciación deportiva se ha venido abordando mediante dos grandes modelos de enseñanza: el modelo técnico o tradicional y el modelo táctico (Bayer, 1992; Blázquez Sánchez, 1986, 1995; Devís Devís, 1996; Graça y Oliveira, 1997; Lasierra Aguilá, 1991; Werner, Thorpe y Bunker, 1996). A nuestro modo de ver, ambos modelos presentan importantes paralelismos con las técnicas de enseñanza.

El modelo técnico y la instrucción directa. Este modelo reserva un papel bastante pasivo al alumno ya que el objetivo principal del proceso de enseñanza-aprendizaje es la acumulación de las diferentes habilidades técnicas requeridas en el juego. Para ello, suele emplearse la instrucción directa en la transmisión de información, estructurando la enseñanza en una serie de secuencias que progresivamente llevan al alumno a la adquisición de la habilidad. Devís Devís (1996) sostiene que el énfasis en la técnica surgió de la aplicación en el campo deportivo de la tendencia racionalizadora que imperó a principios del siglo XIX, cuyo sentido principal era obtener métodos para mejorar el rendimiento. El proceder racional se caracterizó por la sistematización, especialización y categorización del conocimiento, y entendió los problemas prácticos aislados del contexto real. Así, se descompusieron las habilidades en partes y se enseñaron de forma secuencial para tratar de reintegrarlas, más tarde, en el contexto de juego.

Desde una perspectiva educativa, el modelo técnico parece presentar algunos inconvenientes, por ejemplo, no se valora el interés de los propios practicantes, por lo que se debilita la motivación hacia la práctica deportiva; y elimina la posibilidad de una toma de conciencia, por parte del alumnado, del momento, lugar y razones de la utilidad de los gestos técnicos en juego (Blázquez Sánchez, 1995). Además, no da opción a que aparezcan las características más preciadas de los juegos deportivos y propias de la racionalidad humana: los pensamientos abiertos, la capacidad de adaptabilidad, la habilidad para reflexionar en y sobre la acción y la capacidad de imaginación y de creatividad (Devís Devís, 1996). Se trata, en definitiva, de una enseñanza centrada en el profesor, masiva y analítica, en la que se proporciona directamente la información al alumnado.

El modelo táctico y la enseñanza mediante búsqueda. A diferencia del modelo anterior, la teoría constructivista apunta que el sujeto accede al conocimiento mediante la organización progresiva de estructuras cuyos continuos ajustes y reajustes se deben a la interacción con el medio. Cada nueva estructura incluye a las anteriores y supone una evolución. El individuo procede de lo general a lo particular. Se trata, por tanto, de una tendencia más globalizadora y activa, basada en las teorías cognitivas, en la que prevalece la atención al proceso y el aprendizaje mediante ensayo-error. Devís Devís (1996) apunta que los antecedentes en Europa de las perspectivas actuales que trataron de ir más allá de la orientación técnica y mecanicista en la enseñanza de los juegos deportivos se centran en la profundización de la enseñanza de la táctica. Alude el autor a los procesos de las cuatro tradiciones europeas respecto al planteamiento táctico: la alemana, la francesa, la británica y la española.

En general, todas las tradiciones se referían a la existencia de principios técnico-tácticos comunes a varios juegos deportivos y al empleo de juegos menores como recursos metodológicos en la enseñanza deportiva. Sin embargo, sólo a partir de la década de los setenta, la enseñanza de los juegos deportivos fue capaz de superar ese énfasis técnico y se orientó especialmente a los aspectos tácticos. Ello se debió, principalmente, a las aportaciones tanto francesa como británica. En Francia, Bayer (1983, 1992) desarrolló su perspectiva apoyado en las nociones de transferencia y de análisis estructural y funcional e identificó una serie de principios tácticos de ataque y de defensa en los juegos de invasión. Basó el proceso metodológico en una sucesión de situaciones del juego, fundamentadas en deportes reducidos o simplificados, para adaptarse a las posibilidades de los practicantes. La contribución británica proviene de un grupo de profesores de la Universidad de Loughborough (Thorpe y Bunker, 1982) que desde los sesenta viene madurando sus ideas hasta conseguir su propuesta de una nueva aproximación a la enseñanza deportiva denominada *Teaching Games for Understanding* (TGfU), conocida en España como enseñanza comprensiva de los juegos. En esta concepción, se parte de la táctica hacia la técnica mediante el uso de juegos modificados que poseen similitudes tácticas con los deportes estándar de cada tipo o forma de juego deportivo (de blanco, de golpeo/fildeo, de cancha dividida/muro y de invasión); y se busca la comprensión de los principios existentes en cada una de las formas expuestas a partir de la participación.

Thorpe y Bunker (1982) observaron que en la Educación Física escolar, el desarrollo de las habilidades técnicas requería la mayor parte del tiempo de la sesión dejando realmente escasas oportunidades para la práctica del deporte. Como alternativa, desarrollaron un modelo de enseñanza que permite abordar las tácticas y estrategias del juego en tándem con el desarrollo de la habilidad. Las modificaciones del juego se realizan a varios niveles: reglas, número de jugadores, área de juego y equipamiento, y las habilidades técnicas se introducen cuando los jugadores hayan alcanzado el nivel de juego que requiere que ésta sea aprendida. Una vez desarrollada la pericia de los jugadores, se debe proponer otra forma jugada para continuar provocando el reto de los jugadores en términos de apreciación del juego, concienciación táctica, toma de decisiones y ejecución de la técnica. En la actualidad, TGfU se ha divulgado por todo el mundo, acuñándose diversos términos para referirse a esta misma aproximación en función de cada contexto, como, por ejemplo *Tactical Games Model* (Griffin, Oslin y Mitchell, 1997) o *Games Sense* (Australian Sports Comisión, 1997).

OBJETIVOS DE LA INVESTIGACIÓN

Decidimos emprender este trabajo de tesis doctoral movidos en primer lugar por la observación de que un modelo de enseñanza excesivamente directivo en cuanto a la forma de proporcionar la información y orientado a la técnica podría provocar cierta insatisfacción entre los alumnos de Educación Física, especialmente en los menos habilidosos. En segundo lugar, por la sensación de que todos los esfuerzos por diseñar e implementar adecuadas progresiones técnicas no siempre se corresponden ni con el adecuado grado de afectividad positiva, ni con el deseado compromiso activo, ni con el nivel de ejecución óptimo de los alumnos durante las prácticas. Por el contrario, la atención de los estudiantes suele centrarse más en cuándo van a poder jugar el partido que en el propio aprendizaje y perfeccionamiento de los patrones motores, ciertamente, descontextualizados en ocasiones.

Nos propusimos comparar qué enfoque de enseñanza es más eficaz en el marco escolar: por un lado, enfatizar una serie de técnicas o habilidades deportivas expuestas de forma directa como paso previo antes de practicar el juego y de mostrar la táctica deportiva, y por otro, suscitar la comprensión de los principios tácticos a partir de situaciones de juego simplificadas y preguntas que encaucen el aprendizaje. Aunque nuestro trabajo de tesis comprendió además un estudio piloto, por problemas de espacio en este capítulo sólo daremos cuenta de la segunda investigación. El primer estudio comparó las técnicas de enseñanza en la iniciación al *floorball* patines, también con alumnado de Secundaria (véase Méndez Giménez, 2000).

El marco de intervención en el que nos centramos es la propia clase de Educación Física con sujetos de Secundaria que se inician en un deporte de invasión, en este caso, el baloncesto, modalidad deportiva de gran trascendencia en nuestro currículum escolar.

Los objetivos que se plantean en esta investigación fueron los siguientes:

Analizar y comparar el efecto que producen las dos técnicas de enseñanza fundamentales (T.E. mediante instrucción directa y T.E. mediante búsqueda) y una técnica que combina ambas tendencias, en la iniciación al baloncesto respecto al rendimiento físico y deportivo durante el período de aprendizaje, la adquisición de las habilidades deportivas específicas y al grado de motivación y satisfacción por las prácticas realizadas.

Estudiar cómo inciden determinados aspectos emocionales relacionados con la motivación y el interés a través del tiempo, una vez terminado el período de aprendizaje.

Determinar y comparar el nivel de conocimiento adquirido por cada grupo de estudio, tanto del conocimiento declarativo como del procedimental.

Además, nos propusimos analizar y comparar los efectos de los tratamientos entre ambos géneros tomando como variables dependientes el rendimiento físico y deportivo durante el período de aprendizaje, la adquisición de las habilidades deportivas específicas y el grado de motivación y satisfacción por las prácticas realizadas. No obstante, por problemas de espacio, en este capítulo no presentaremos estos análisis (para más información, véase Méndez Giménez, 1999, 2005).

Variables independientes

A continuación, detallamos los niveles de tratamiento seleccionados en el estudio, que fueron distribuidos al azar entre los grupos o cursos.

Técnica de enseñanza combinada. El grupo 1 recibió la enseñanza mediante una técnica combinada, resultante de la utilización de instrucción directa y mediante la búsqueda. En concreto, se combinaron ambas técnicas docentes intercambiando tareas analíticas y ejercicios técnicos con otras más lúdicas y globales. Se incluyeron actividades de tipo más directivo y aprendizajes por indagación a través de formas jugadas y juegos modificados. Además, se utilizaron preguntas explícitas para provocar la búsqueda. Por tanto, en unos casos se proporcionó la información directamente y, en otros, se indujo mediante el planteamiento de situaciones problema en forma lúdica con el ánimo de provocar de manera implícita, la comprensión de los principios tácticos de juego.

Técnica mediante la instrucción directa. En el grupo 2 se utilizó exclusivamente la técnica mediante la *instrucción directa*. Su puesta en práctica se apoyó en estrategias de práctica analíticas y consistió en la reproducción de modelos (tras breves explicaciones y demostraciones), en algunos casos con imposición de un ritmo concreto de trabajo, y en otros, simplemente por la repetición de una serie de ejercicios. Igualmente, el profesor proporcionó las correcciones y el *feedback* pertinentes tras las ejecuciones de los alumnos.

Técnica mediante búsqueda o indagación. En el grupo 3 el proceso de enseñanza-aprendizaje fue enmarcado dentro de la técnica mediante indagación. Se concretó en la propuesta de diversos juegos dirigidos, esencialmente, juegos simplificados, que consideramos activadores y de alto potencial táctico-técnico (Devís Devís y Peiró Velert, 1992). Durante el proceso de aprendizaje se plantearon diversas preguntas acerca de los requerimientos técnicos y tácticos con objeto de suscitar la búsqueda de respuestas por parte de los propios alumnos. Se priorizó el planteamiento tanto de diversidad como de comprensión de juegos.

Esos tres niveles de tratamiento fueron desarrollados como tres unidades didácticas y pueden consultarse en el libro de Méndez Giménez (2005).

Variables dependientes

En el estudio consideramos cuatro tipos de variables dependientes:

Variables relacionadas con el Rendimiento Físico: Concretadas en dos parámetros: tiempo de práctica motriz en la tarea e intensidad de esfuerzo.

Variables relacionadas con el Rendimiento Deportivo: Respecto a la ejecución de tres pruebas cerradas: Velocidad de *dribling*, velocidad de pases frente a una pared y eficacia de tiros cerca del aro. Respecto a la ejecución y toma de decisiones en una prueba abierta tratamos de valorar las conductas tanto de los jugadores atacantes con y sin balón como de los defensas.

Variables afectivo-emocionales relacionadas con el nivel de satisfacción y de motivación con las prácticas realizadas: Centradas en dos momentos: post-tratamiento (Cuestionario II) y tras dos meses del estudio (Cuestionario III).

El grado de conocimiento teórico-práctico de la materia.

Variables extrañas

Con anterioridad al desarrollo de los tratamientos y al objeto de controlar sus posibles efectos se valoraron las siguientes variables:

Nivel de experiencia, conocimiento y motivación deportiva. Para ello, elaboramos el Cuestionario I de autoevaluación inicial en el que se demandaba información sobre la práctica del baloncesto o cualquier otro deporte de equipo, el nivel de entrenamiento sistemático del baloncesto, una autovaloración de su nivel de juego y del nivel de conocimientos del reglamento, el grado de atracción por este deporte y el interés por su práctica y mejora (se utilizó una escala Likert del 1 al 5). El nivel de confianza fue de .89.

Nivel inicial de condición física. Con objeto de valorar la igualdad entre los grupos en cuanto al nivel inicial de condición física se aplicaron diversos tests. Dado que una de las variables dependientes del estudio era el rendimiento físico-deportivo observado por cada nivel de tratamiento, consideramos necesario asegurarnos de que no existían diferencias significativas entre grupos. Tanto en las pruebas cerradas como en la prueba de evaluación en situación real de juego, los componentes cuantitativo y cualitativo pueden ser determinantes en la ejecución de las conductas motrices. Así pues, seleccionamos varias pruebas relacionadas con las cualidades requeridas: fuerza resistencia del tronco, velocidad de desplazamiento, fuerza del tren inferior, resistencia y fuerza de la musculatura extensora de brazos.

Teniendo en cuenta los resultados obtenidos en el estudio piloto (Méndez Giménez, 2000), nuestra hipótesis era que los grupos de tratamiento de búsqueda y combinado obtendrían mejores puntuaciones en las variables motivacionales, rendimiento deportivo y de rendimiento físico que el grupo de instrucción directa centrado en la técnica. Otra hipótesis era que el grupo de instrucción directa obtendría también puntuaciones más bajas en cuanto a conocimiento procedimental que los otros dos grupos.

METODOLOGÍA

Participantes

Los sujetos de este estudio eran alumnos de 2º de la ESO de un instituto de Asturias durante el curso escolar 97/98 y sus edades oscilaban entre 13-14 años. De seis cursos disponibles, seleccionamos los tres grupos más homogéneos en cuanto a proporción de individuos de ambos sexos, grado de motivación por la práctica del baloncesto, nivel de experiencia, habilidad deportiva y condición física, una vez pasados los tests correspondientes. Cada grupo del estudio estaba constituido por 24 sujetos (11 mujeres y 13 varones), lo que hacía muestra de N=72 sujetos. Todos ellos asistieron con regularidad a las sesiones de los tratamientos, que se desarrollaron durante el horario lectivo destinado a la materia de Educación Física. La duración del estudio comprendió 10 semanas en total, con 10 sesiones por tratamiento (2 sesiones semanales) y se prolongó durante dos meses más para la evaluación postratamiento. El centro educativo disponía de una cancha polideportiva cubierta con dos canastas de baloncesto y suficiente material deportivo para el desarrollo de las sesiones.

Diseño

Se utilizó un diseño cuasi-experimental de tipo mixto (intergrupo e intrasujeto en ciertas variables). Se plantearon tres niveles de tratamiento asignados al azar, cada uno de ellos con una duración de 10 sesiones de 50 minutos, durante las cuales se desarrollaron los mismos contenidos -impartidos por el mismo profesor-, a través de las tres técnicas de enseñanza descritas. Al tiempo programado para las clases hubo que descontar 10 minutos para cambiarse y trasladarse desde el aula al polideportivo. Para la realización de las pruebas de evaluación se necesitaron cinco sesiones previas al tratamiento y otras cinco postratamiento. El profesor que desarrolló los tratamientos era licenciado en Educación Física y contaba con 10 años de experiencia en la enseñanza del baloncesto tanto en el marco de la Educación Física como en escuelas deportivas en algún Patronato Deportivo Municipal.

Instrumentos de recogida de datos: Rendimiento Físico

Tiempo de práctica motriz en la tarea. Se cronometró el tiempo en que los alumnos participaban de manera activa durante las sesiones, eliminando los períodos de espera, los momentos de inactividad, los tiempos empleados en dar la información y el *feedback*, el tiempo ocupado en la organización del material y de los alumnos, así como el empleado en interacciones verbales o en tareas no propuestas por el profesor. Se dispuso de dos observadores que cronometraron en cada sesión las progresiones de dos alumnos seleccionados al azar y sin el conocimiento de los implicados. Con anterioridad al estudio, ambos observadores recibieron un adiestramiento, obteniendo un nivel de fiabilidad de .84.

Intensidad de esfuerzo. Se calculó el nivel de trabajo exhibido por el alumnado durante el transcurso de las clases, valorando el promedio de las pulsaciones conseguidas. En cada sesión, cuatro alumnos elegidos al azar emplearon un monitor de ritmo cardíaco (MRC) o pulsómetro (marca Polar, 3 de ellos modelo Accurex NV y un Sport Tester) para registrar las pulsaciones medias de trabajo durante el tiempo de duración de la clase. Mediante el Método de Karvonen, se calcularon la Frecuencia Cardíaca Máxima teniendo en cuenta la fórmula (FCd Máx=220-edad) y la Frecuencia Cardíaca de Reserva (R FCd=FCd Máx-FCd rep), siendo FCd rep=Frecuencia Cardiaca de Reposo. Con ello se obtuvo la intensidad del ejercicio (FCd Entrenamiento=% R FCd+FCd rep), de donde se despejó la Intensidad de esfuerzo.

Rendimiento Deportivo

Dribling (Pila Teleña, 1988, p. 210). El objetivo de esta prueba era medir la velocidad y habilidad del sujeto para *driblar* con un balón eludiendo obstáculos. Se trataba de superar seis conos en zigzag, realizando un recorrido de ida y vuelta hasta retornar a la línea de partida. El nivel de fiabilidad obtenido mediante test-retest con una muestra de 15 sujetos fue de .91.

Pase rápido (Blázquez Sánchez, 1990, p. 255). Esta prueba pretendía medir la velocidad del jugador al lanzar y recibir un balón de forma continua. El jugador se sitúa detrás de una línea a 3 m de una pared. A la señal fijada, lanza el balón contra la pared a la altura de la cabeza, lo recibe tras el rebote hasta un total de 10 pases y recepciones, lo más rápido que pueda. El nivel de fiabilidad mediante test-retest fue de .89.

Tiros debajo del aro. Se trató de evaluar la destreza del jugador para tirar al aro, recuperar el balón y volver a tirar debajo del aro. El jugador debe situarse debajo del aro sujetando un balón. A la señal comienza a realizar tiros a canasta tratando de encestar de forma repetida lo más rápidamente que pueda durante 30 segundos. Se obtuvo un nivel de fiabilidad de .80.

Rendimiento en situación real de juego. Se llevó a cabo una observación indirecta mediante análisis de vídeo con registro cuantitativo de acontecimientos o conductas (frecuencia y porcentaje) durante el juego real de 5 vs. 5. Para analizar las conductas de los jugadores dispusimos de dos vídeos que nos permitieron grabar sus evoluciones durante el juego real. En cada grupo se constituyeron dos rankings separando los sujetos por sexo y considerando los resultados obtenidos en las pruebas cerradas postest (*dribling*, tiro y pase). Se utilizó la técnica de apareamiento y de asignación aleatoria para constituir los dos equipos, lo más semejantes posibles. Se grabaron y analizaron las evoluciones de 20 sujetos por grupo (10 varones y 10 mujeres) durante 10 minutos de juego de un partido (N=60). Dado que los jugadores más expertos disponen de más oportunidades de juego, consideramos el porcentaje de cada una de las categorías observadas. Los dos codificadores fueron entrenados para el uso del instrumento y contaban con gran experiencia en la práctica de baloncesto. El porcentaje de acuerdo en todas las variables dependientes fue superior al 87%. Los sujetos encargados de la grabación recibieron instrucciones claras y precisas sobre cómo realizarlas, tratando de tener el balón de juego como centro y captar en imagen al mayor número de jugadores desde ángulos y campos distintos.

Se realizaron observaciones individuales de las conductas de toma de decisión (TD) y ejecución (EJ) según la función del jugador: atacante en posesión del balón, compañero del portador del balón, defensa del atacante con balón y defensa del atacante sin balón. Para valorar el rendimiento del jugador con balón durante el juego real, se utilizó el instrumento de observación diseñado y validado por French y Thomas (1987) para el baloncesto, y más tarde adaptado por Turner y Martinek (1992) al hockey. Se codificaron tres categorías: control, decisión y ejecución. El control fue definido como la correcta adaptación en el contacto con el balón y fue codificado como 1 para un control con éxito y como 0 para un control sin éxito. Igual proceder se realizó con la calidad de la decisión y la ejecución. Por otro lado, siguiendo las pautas establecidas por French y Thomas (1987) se codificaron dos categorías respecto a los jugadores atacantes no portadores del balón y a los defensores: decisión y ejecución. Los criterios de codificación de todas categorías pueden encontrarse en Méndez Giménez (2005).

Nivel de satisfacción-motivación (Cuestionario II). Con objeto de determinar qué tratamiento podría provocar mayor satisfacción y motivación entre los grupos de estudio, elaboramos un cuestionario de 14 ítems -formulados mediante una escala Likert del 1 al 5- que pretendía obtener información sobre las respuestas emocionales provocadas en los alumnos, sobre algunos indicadores motivacionales, así como la opinión acerca de la T.E. empleada (Méndez Giménez, 2005).

Las variables que conformaron el Cuestionario II fueron las siguientes: grado de satisfacción con la asignatura, nivel de interés y de atracción por el baloncesto, divertimento durante las sesiones de baloncesto, grado de acuerdo con el tiempo dedicado a las explicaciones, claridad en la transmisión de la información, grado de utilidad de los aprendizajes, nivel de organización de las clases en favor de mayor tiempo de práctica, adecuación de las actividades propuestas al nivel de los participantes, interés despertado por el aprendizaje, nivel de esfuerzo percibido por los alumnos, deseo de continuar practicando este deporte, voluntad de pertenecer a un equipo de baloncesto, percepción de la mejora en el nivel de juego, aspectos que cambiarían de la clase. El grado de fiabilidad de test fue de alfa de Cronbach .82

Grado de afectividad hacia el baloncesto y las clases recibidas (Cuestionario III). Se trató de medir la incidencia de los tratamientos a través del tiempo a los dos meses del estudio, en cuanto a algunas variables presentes en los Cuestionarios I y II y que retomamos para ver su evolución a través del tiempo.

El Cuestionario III (Méndez Giménez, 2005) estuvo formado por las siguientes variables: nivel de atracción por el baloncesto, divertimento durante las sesiones, interés despertado por el aprendizaje, deseo de continuar practicando este deporte, ganas de pertenecer a un equipo de baloncesto. El grado de fiabilidad de test fue de alfa de Cronbach .80.

Grado de conocimiento teórico-práctico de la materia. Al término de los tratamientos se aplicó a los alumnos un test que pretendía recoger los conocimientos recibidos por los alumnos (Méndez Giménez, 2005). A los tres grupos se les administró el mismo test (10 preguntas escritas, siete de elección múltiple y tres de respuesta breve) y bajo las mismas instrucciones. La prueba escrita constaba de seis preguntas referidas al conocimiento declarativo y cuatro al conocimiento procedimental bajo la fórmula "si..., entonces". Las preguntas fueron seleccionadas de las reglas, técnica y de la táctica ofensiva y defensiva de juego del baloncesto. El grado de fiabilidad de la prueba de conocimiento fue de alfa de Cronbach .85.

Procedimiento

El primer día de clase se administró a los sujetos el Cuestionario I de autoevaluación. El segundo y tercero se realizaron los tests de Condición Física: abdominales, lanzamiento de balón, salto y flexibilidad (día 2), y resistencia y velocidad (día 3). Los días 4 y 5 se destinaron a la evaluación técnica de los sujetos (*dribling*, pase y tiro). Los días 6 al 15 se dedicaron al desarrollo de los tratamientos. El día 16 se realizó la grabación en vídeo en situación real de juego (20 sujetos por grupo). Los días 17 y 18 se repitieron los tests técnicos. El día 19, se administró a los alumnos el test de conocimiento, y el día 20 cubrieron el Cuestionario II. Dos meses después cumplimentaron el Cuestionario III.

ANÁLISIS Y DISCUSIÓN

El análisis de los datos fue procesado por un ordenador Pentium 166 mediante el programa estadístico SPSS 6.0.1. Para valorar la condición de normalidad de las variables utilizamos la prueba de *Kolmogorov-Smirnov-Lilliefors*, mientras que para comprobar la homogeneidad entre varianzas recurrimos a la prueba de *Levene*. Cuando no se cumplieron estos supuestos se aplicaron pruebas no paramétricas para el análisis estadístico.

Comprobación de la homogeneidad en variables extrañas

Inicialmente, analizamos la homogeneidad entre los grupos comparando las pruebas de condición física, los resultados del Cuestionario I, y las tres pruebas relacionadas con las habilidades deportivas de tipo cerrado.

Pruebas de condición física. Para analizar la homogeneidad de medias entre los grupos en las pruebas de condición física, se utilizó un Análisis de la varianza simple ("One way ANOVA"). Los resultados de este análisis no mostraron diferencias significativas entre los grupos en ninguna de las pruebas de condición física realizadas a un nivel de significación de .05.

Variables del Cuestionario I. Tampoco se encontraron diferencias entre los grupos en cuanto el nivel de práctica del baloncesto ni de entrenamiento. Sin embargo, sí se observan diferencias entre grupos en cuanto a la práctica de otros deportes de equipo. Tras solicitar la prueba de Chi-cuadrado, el grupo 2 se declaró significativamente superior en la práctica de deportes de equipo, en concreto, en la práctica de fútbol con respecto a los grupos 1 y 3. En estos dos últimos grupos, el número de sujetos que no practicaban sistemáticamente ningún deporte de equipo fue sensiblemente mayor que en el grupo 2. Con objeto de someter a estudio la varianza entre los grupos en cuanto a los *ítems* 5 al 8 del Cuestionario I se solicitó la prueba H de Kruskal-Wallis para k muestras independientes. Los resultados no mostraron diferencias significativas entre grupos en la variable *habilidad percibida*, ni de *conocimiento del reglamento de baloncesto*, ni en el nivel inicial de *atracción hacia este deporte*, aunque sí se encontraron diferencias ligeramente significativas en la variable de *interés* por su aprendizaje para un nivel de significación de .05. Realizando comparaciones dos a dos mediante la U de Mann Whitney dichas diferencias se concretaron entre los grupo 2 (instrucción directa) < 3 (búsqueda).

Pruebas cerradas. Igualmente, se procedió al análisis de las diferencias de medias entre los tres grupos a estudio ("One way ANOVA") en las pruebas técnicas de carácter cerrado (dribling, pase y tiro). Los resultados también indicaron que no existían diferencias significativas entre grupos en ninguna de las pruebas pretest evaluadas, para un nivel de significación de 0.05.

Comparaciones intergrupo. Rendimiento Físico

Práctica motriz en la tarea e *intensidad* en función del grupo de tratamiento. En la Tabla 1 se presentan los estadísticos descriptivos relativos a las variables tiempo de práctica motriz en la tarea (*Tiempo práctica*), Frecuencia Cardiaca de Reposo (*Fcd Rep*), intensidad de esfuerzo y promedio de la Frecuencia Cardíaca (*PromedFc*) en función del curso.

	Tiempo práctica (**)		Fcd Rep.		Intensidad (**)		Promed Fc (**)	
	Media	D. Típica	Media	D. Típica	Media	D. Típica	Media	D. Típica
Grupo 1	20.35	5.81	66.75	8.87	59.19	9.79	149.12	14.17
Grupo 2	12.31	5.85	67.83	7.84	50.16	11.98	137.29	16.20
Grupo 3	19.08	6.45	67.29	9.75	62.47	10.94	154.08	14.76
Total	17.25	7.01	67.29	8.74	57.27	11.99	146.83	16.46

Tabla 1. Medias y desviaciones típicas de las variables del rendimiento físico por grupo (N=72).** Significación estadística p<.001

Para determinar si existían diferencias en función del curso respecto a las variables citadas procedimos al análisis de las diferencias de medias entre los tres grupos a estudio ("One way ANOVA"). Tras la aplicación del test de *Scheffé* a un nivel de significación de .05 se determinaron diferencias significativas en el tiempo de práctica motriz en la tarea entre los grupos 1 y 2, y los grupos 3 y 2. Por tanto, y a tenor de las medias recogidas en la tabla, los sujetos que recibieron la T.E. combinada y la T.E. de búsqueda obtuvieron mayores puntaciones significativamente que los que recibieron la T.E. mediante instrucción directa.

En cuanto a la Frecuencia Cardíaca de Reposo, no se detectaron diferencias entre grupos. Sin embargo, el análisis de la varianza encontró diferencias en cuanto a la intensidad de trabajo en las sesiones entre grupos, así como en el promedio de pulsaciones registrada por los pulsómetros, nuevamente entre los grupos 3 y 2, y los grupos 1 y 2. En conclusión, los resultados mostraron diferencias significativas en la intensidad del esfuerzo en función del tratamiento recibido, concretándose estas diferencias, de nuevo, en unas mayores puntaciones para aquellos sujetos que recibieron la T.E. combinada y T.E. mediante indagación con respecto a los que recibieron la T.E. mediante instrucción directa.

Rendimiento Deportivo

Pruebas cerradas: Análisis intrasujeto. Con objeto de comparar las medias de los pretests y los postests de cada sujeto en las tres pruebas deportivas cerradas y tratar de determinar así la eficacia de los tratamientos recibidos, se aplicó la prueba *t* de Student (de medidas relacionadas). En los tres casos, el *p*-valor asociado al estadístico de contraste *T* ("Tail Sig.=.0000") es menor que .05, luego, a un nivel de significación .05 se rechaza la hipótesis nula y se confirma la existencia de diferencias significativas. Este dato permite deducir que los tres tratamientos se mostraron eficaces para mejorar las tres habilidades deportivas evaluadas: velocidad de *dribling*, velocidad de autopases y eficacia de tiro a corta distancia.

Análisis de medidas repetidas. No obstante, al objeto de analizar las diferencias entre las pruebas cerradas, tanto a nivel individual como entre los grupos a través del período de tratamiento, se procedió a efectuar un análisis de la varianza de medidas repetidas tomando los pretests y postests como factor intrasujeto y la variable nivel de tratamiento como medida intergrupo. De esta forma se pretendían evaluar la influencia de las interacciones entre el grupo y la evolución de cada una de las pruebas estimadas para evaluar el rendimiento deportivo.

Respecto a la habilidad *de dribling* a través del tiempo se confirmaron los resultados obtenidos en los análisis anteriores ya que el ANOVA de medidas repetidas no encontró diferencias significativas entre los grupos de estudio y sí las mostró en la evolución de la habilidad de *dribling* a través del tiempo, para un nivel de significación de .05. Además, la interacción entre el nivel de tratamiento y la evolución de la variable de la habilidad de *dribling* también mostró diferencias significativas. De su análisis pudo deducirse que el grupo 1 (que recibió la T. E. combinada) mejoró significativamente la habilidad de *dribling* a lo largo del tratamiento en comparación con los otros dos grupos. Igualmente, el grupo 2, que recibió el tratamiento mediante instrucción directa mejoró en menor proporción que los otros dos grupos.

Respecto a la evolución de la velocidad de autopases frente a una pared, el ANOVA de medidas repetidas tampoco mostró diferencias significativas entre los grupos, para un nivel de significación de .05, y confirmó diferencias significativas en la evolución de la habilidad de autopase, teniendo en cuenta a todos los sujetos del estudio, para un nivel de significación de .05. La interacción entre el curso y la evolución de la variable de la habilidad de autopase no mostró diferencias significativas.

Finalmente, respecto a la evolución de variable eficacia en el tiro a canasta, el ANOVA de medidas repetidas tampoco encontró diferencias significativas entre grupos, para un nivel de significación de .05. Además, confirmó las diferencias significativas de dicha variable a través del tiempo, teniendo en cuenta a todos los sujetos del estudio, para un nivel de significación de .05. Por último, la interacción entre el curso y la evolución de la variable de la habilidad de autopase no mostró diferencias significativas.

Prueba de observación en situación real de juego. Para valorar el Rendimiento Deportivo en situación real de juego se consideraron las conductas tanto del jugador atacante con balón como las de los atacantes no portadores y los defensores. La tabla 2 recoge los estadísticos descriptivos de las categorías de rendimiento deportivo evaluadas en situación real de juego, en función del curso.

Así pues, se analizaron las siguientes variables relacionadas con las funciones del jugador en cada momento:

Respecto al jugador atacante con balón. Control (*control*), toma de decisiones en el pase (*decisión pase*), toma de decisiones en el *dribling* (*decisión dribling*), toma de decisiones en el tiro (*decisión tiro*), ejecución del pase (*ejecución pase*), ejecución en el *dribling* (*ejecución dribling*) y ejecución en el tiro (*ejecución tiro*).

Respecto al jugador atacante sin balón: toma de decisiones en el desmarque (*decisión desmarque)* y ejecución del desmarque (*ejecución desmarque*).

Respecto al defensa del atacante con balón: toma de decisiones en el marcaje (*decisión maracb*) y ejecución en el marcaje (*ejecución marcacb*).

Respecto al defensa del atacante sin balón: toma de decisiones en el marcaje (*decisión marasb*) y ejecución (*ejecución marasb*).

De cada jugador se calculó el porcentaje de toma de decisiones apropiadas en ataque (*decisión ataque*) y en defensa (*decisión defensa*), así como la media total (*decisión total*). También se calculó, individualmente, el porcentaje de ejecuciones con éxito en ataque (*ejecución ataque*) y en defensa (*ejecución defensa*), así como el total (*ejecución total*).

	Control					
	Media	Media				
T. E. Combinada	69.62	69.62				
T. E. I. Directa	79.69	79.69				
T. E. Indagación	78.22	78.22				
	Decisión dribling		Decisión pase		Decisión tiro	
	Media	D. Típica	Media	D. Típica	Media	D. Típica
T. Combinada	56.89	48.26	90.41	23.46	70.83	43.14
T. I. Directa	78.28	30.66	85.43	24.21	77.78	37.25
T. Indagación	61.99	45.05	89.76	13.03	69.28	42.72
	Decisión desmarque		Decisión maracb		Decisión marasb (*)	
	Media	D. Típica	Media	D. Típica	Media	D. Típica
T. Combinada	66.21	26.89	71.92	26.10	53.02	26.86
T. I. Directa	68.07	17.72	62.57	26.36	35.00	17.75
T. Indagación	62.96	27.16	60.46	28.77	38.27	25.35
	Decisión ataque		Decisión defensa		Decisión total	
	Media	D. Típica	Media	D. Típica	Media	D. Típica
T. combinada	71.09	22.42	62.48	22.25	66.78	19.50
T. I. directa	79.89	16.15	48.79	17.67	64.34	12.47
T. indagación	71.00	21.28	49.37	23.45	60.18	19.19
	Ejecución dribling		Ejecución pase		Ejecución tiro	
	Media	D. Típica	Media	D. Típica	Media	D. Típica
T. combinada	48.43	42.90	66.46	33.81	48.12	43.35
T. I. directa	63.70	40.26	67.92	29.22	45.96	42.85
T. indagación	42.65	44.24	78.98	18.02	60.16	40.68
	Ejecución desmarque		Ejecución maracb		Ejecución marasb (*)	
	Media	D. Típica	Media	D. Típica	Media	D. Típica
T. combinada	53.90	30.44	25.09	23.01	40.49	28.62
T. I. directa	65.99	17.75	20.81	20.00	22.32	18.00
T. indagación	60.43	25.78	26.70	18.39	26.47	19.97
	Ejecución ataque		Ejecución defensa		Ejecución total	
	Media	D. Típica	Media	D. Típica	Media	D. Típica
T. Combinada	54.23	24.55	32.79	22.88	43.51	21.24
T. I. Directa	60.90	20.38	21.60	16.77	41.25	14.35
T. Indagación	60.56	19.91	26.58	17.07	43.57	15.49

Tabla 2. Medias y des. típicas del rendimiento deportivo en situación de juego: control. * Significación estadística $p<.05$

Una vez comprobado que las distribuciones de las tres categorías cumplían los criterios de normalidad mediante la prueba de *Kolmogorov-Smirnov-Lilliefors* ($p>.05$), se procedió a la comparación entre grupos mediante ANOVAs univariados. Los resultados no mostraron diferencias significativas entre grupos en ninguna de las variables citadas de *control, toma de decisión* y *ejecución*. Igualmente, se procedió a la comparación entre grupos de las subcategorías correspondientes a las variables mencionadas, mediante el análisis multivariado. Sólo se encontraron diferencias significativas entre grupos en las variables *decisión marsb* y *ejecución marsb* para $p<.05$. La prueba de *Scheffé* determinó las diferencias entre los grupos 1 (T.E combinada) > 2 (T.E. instrucción directa).

Variables afectivo-emocionales relacionadas con el nivel de satisfacción y motivación con las prácticas realizadas. Cuestionario II. Seguidamente, adjuntamos la tabla 3 en la que se muestran los estadísticos descriptivos de cada una de las variables del cuestionario por grupo de tratamiento.

T.E.	1. Satisfacción (*)			2. Atracción			3. Diversión (*)			4. Explicación		
	Media	D. T	Md	Media	D. T	Md	Media	D. T	Md	Media	D. T	Md
Combinada	4.58	.50	5	3.87	.99	4	4.00	.66	4	4.41	.50	4
I. Directa	4.25	.68	4	3.79	.83	4	4.30	.55	4	4.08	.88	4
Indagación	4.70	.55	5	4.30	.64	4	4.50	.51	4.5	4.54	.72	5

	5. Claridad concept			6. Utilidad (*)			7. Organización			8. Ajuste		
	Media	D. T	Md	Media	D. T	Md	Media	D. T	Md	Media	D. T	Md
Combinada	4.12	.61	4	3.83	1.17	4	4.67	.48	5	4.29	.81	4
I. Directa	3.83	.64	4	4.04	.75	4	4.54	.51	5	3.75	1.11	4
Indagación	4.17	.48	4	4.54	.51	5	4.67	.48	5	4.33	.76	4

	9. Interés			10. Esf. percibido			11. Adhesión			12. Equipo		
	Media	D. T	Md	Media	D. T	Md	Media	D. T	Md	Media	D. T	Md
Combinada	4.08	.97	4	3.75	.74	4	3.96	1.12	4	2.75	1.54	3
I. Directa	4.08	.83	4	3.58	.97	4	3.83	1.13	4	3.17	1.43	3
Indagación	4.50	.66	5	3.79	.88	4	4.37	.77	5	3.33	1.68	3.5

	13. Mejora percibida		
	Media	D.T.	Md
Combinada	4.00	4.00	4
I. Directa	4.00	4.00	4
Indagación	4.21	4.21	4

Tabla 3. Medias, desviaciones típicas y medianas de las variables del Cuestionario II (N=72). * Significación estadística p<.05

Variables relacionadas con el nivel emocional y de satisfacción con las prácticas realizadas a través del tiempo (a los dos meses de terminar los tratamientos), valoradas mediante el Cuestionario III. Las variables que pretendía medir el cuestionario III se concretan en el nivel de atracción por el baloncesto (1. *Atracción2*), el grado de diversión (2. *Diversión2*), el interés despertado por el baloncesto (3. *Interés2*), el deseo de continuar practicando baloncesto (4. *Adhesión2*), y el deseo de pertenecer a un equipo (5. *Equipo2*) a los dos meses después de los tratamientos. Todas las variables habían sido consideradas en el Cuestionario II. Con este nuevo test se pretendía evaluar qué había ocurrido a nivel afectivo-motivacional una vez terminado el proceso de aprendizaje.

En la tabla 4 se muestran los estadísticos básicos de las variables del Cuestionario III por grupo. Los resultados indicaron diferencias significativas tras los dos meses de tratamiento en cuanto a las variables 3. *Interés2*, 4. *Adhesión2* y 5. *Equipo2*, para un nivel de significación de .05. Una comparación posterior de estos ítems (tomando los grupos de tratamiento dos a dos) mediante la prueba *U* de Mann Whitney nos indicó entre qué grupos se produjeron las diferencias significativas para un nivel de $p<0.05$. En la variable 3. *Interés2* las diferencias fueron determinadas ente los grupos 1-3 y 2-3; en la variable 4. *Adhesión2* también fueron determinadas las diferencias ente los grupos 1-3 y 2-3; y, en la variable 5. *Equipo2* las diferencias fueron determinadas ente los grupos 1-2 y 1-3. Así pues, los sujetos que recibieron la T.E. mediante búsqueda o indagación (grupo 3) puntuaron, a posteriori, de forma más positiva el interés despertado durante las clases y el deseo de continuar practicando el baloncesto que los otros dos grupos. Por último, tanto el grupo 3 como el grupo 2 manifestaron significativamente mayor interés por pertenecer a un equipo en relación al grupo que recibió la técnica combinada.

T.E.	1. Atracción2			2. Diversión2			3. Interés2 (**)		
	Media	DT	Md	Media	DT	Md	Media	DT	Md
Combinada	3.87	.68	4	3.87	.54	4	3.12	1.15	3
I. Directa	3.83	.82	4	3.87	.74	4	3.42	1.25	4
Indagación	4.25	.61	4	4.17	.56	4	4.42	.83	5

T.E.	4. Adhesión2 (*)			5. Equipo2 (*)		
	Media	DT	Md	DT	Md	Md
Combinada	3.17	1.27	2.29	1.37	2	2
I. Directa	3.37	1.28	3.17	1.43	3	3
Indagación	4.12	1.19	3.46	1.67	4	4

Tabla 4. Medias, desviaciones típicas y medianas de las variables del Cuestionario III (N=72). * Significación estadística $p<.05$, ** Significación estadística $p<.01$

Análisis intrasujeto de los resultados de los Cuestionarios II y III. Se realizó la prueba *T* de *Wilcoxon* (de medidas relacionadas) entre cada par de variables de uno y otro cuestionario con objeto de comparar los resultados de los *ítems* comunes de los cuestionarios II y III a través del tiempo, en concreto, de las variables: nivel de atracción hacia el baloncesto *(2. Atracción*-*1. Atracción2)*, grado de diversión percibido *(3. Diversión*-2. *Diversión2)*, interés despertado por las sesiones para la práctica del baloncesto (9. *Interés*-3. *Interés2*), deseo de continuar practicando baloncesto (11. *Adhesión*-4. *Adhesión2*), e interés de pertenecer a un equipo (12. *Equipo*-5. *Equipo2*). Obsérvese que, se nombra, en primer lugar a la variable del cuestionario II y en segundo, su homóloga del Cuestionario III.

Los resultados indicaron diferencias significativas para un grado de significación de $p<.05$. en cuanto a la valoración que los sujetos realizaron nada más terminar el período de tratamiento y la valoración realizada dos meses más tarde, en las siguientes variables: el grado de diversión percibido (3. *Diversión*-2. *Diversión2*), en el interés despertado por el baloncesto (9. *Interés*-3. *Interés2*), y en el deseo de continuar practicándolo (11. *Adhesión*-4. *Adhesión2*). En los tres casos, las puntuaciones del Cuestionario III (retests) son inferiores a las puntuaciones del Cuestionario II. Por tanto, parece ser que el tiempo de inactividad es un factor desmotivador, tanto en la valoración afectivo-emocional que los sujetos realizan de las clases recibidas, como en el deseo de continuar practicando las actividades aprendidas.

No obstante, en el grupo que recibió la enseñanza mediante indagación, el interés prácticamente no decayó tras los dos meses postratamiento, el grado de diversión se mantuvo mucho más alto que en los otros dos grupos, y el deseo de continuar también puntuó más alto, incluso, que los valores postratamiento de los otros grupos.

Igualmente, se realizó la prueba T de *Wilcoxon* (de medidas relacionadas) tomando las variables dos a dos para comparar los resultados de los *ítems* comunes de los Cuestionarios I, II y III, en concreto, de las variables: nivel de atracción hacia el baloncesto antes, al término y tras dos meses de los tratamientos (7. *Atracción inicial*-2. *Atracción*-1. *Atracción2*), y el interés de continuar practicando baloncesto antes, al término y tras dos meses de los tratamiento (8. *Interés*-11. *Adhesión*-4. *Adhesión2*).

Los resultados indican diferencias significativas en cuanto a la valoración que los sujetos realizaron sobre la variable nivel de atracción del baloncesto antes de comenzar el estudio y nada más terminar el período de tratamiento (7. *Atracción inicial*-2. *Atracción*). En general, los sujetos aumentaron significativamente las puntuaciones en este apartado tras recibir las clases de aprendizaje. Igualmente, comparando el nivel de atracción inicial y el obtenido tras los dos meses del estudio, se encontraron diferencias significativas a favor de las variables en el Cuestionario III (7. *Atracción inicial*-1. *Atracción2*).

Sin embargo, no se encontraron diferencias significativas en el interés por practicar baloncesto antes y nada más terminar el período de aprendizaje (8. *Interés inicial*-11. *Adhesión*). Por último, sí hubo diferencias significativas entre el interés inicial y el mostrado tras el período de los dos meses en los que no practicaron baloncesto. Los datos parecen sostener la idea de que este interés decayó tras los dos meses de inactividad *(8. Interés inicial*-4. *Adhseión2)* con respecto al mostrado antes del estudio, excepto para el grupo que recibió la enseñanza mediante indagación.

Conocimiento de la materia. Para concluir con estos análisis, adjuntamos la tabla 5 en la que se muestran las medias y desviaciones típicas obtenidas en el test de conocimiento adquirido, en el conocimiento declarativo y en el procedimental sobre la materia en función del grupo.

	Conocimiento (*)		Conocimiento Declarativo (*)		Conocimiento Procedimental	
	Media	Media	D. Típica	Media	D. Típica	D. Típica
T.E. Combinada	5.62	3.25	3.25	1.48	2.37	1.24
T.E.I. Directa	4.38	2.28	2.28	1.30	2.10	.98
T.E. Indagación	4.21	2.31	2.31	1.26	1.90	1.07

Tabla 5. Medias y desviaciones típicas de las variables de conocimiento por grupo (N=72). * Significación estadística $p<.05$

Los resultados del ANOVA univariado tomando los valores en el test de conocimientos adquiridos como variable dependiente y como factor el grupo, mostraron diferencias significativas. El test de *Tukey* verificó las diferencias en el conocimiento general entre los grupos combinado y mediante indagación, a favor del primero, para un nivel de significación de .05 También se encontraron diferencias en el conocimiento declarativo entre los grupos 1>2, y 1>3 para dicho nivel de significación, lo que mostró una superioridad del grupo combinado frente a los otros dos grupos en este aspecto. En el conocimiento procedimental no se encontraron diferencias significativas ente los grupos para un nivel de significación de .05.

DISCUSIÓN

Esta investigación se proponía estudiar y comparar las T.E. en la iniciación al baloncesto en el propio contexto educativo, lo que dificultaba enormemente un diseño experimental en el que los sujetos fueran distribuidos al azar en los grupos de clase antes de comenzar los tratamientos. Para paliar tal inconveniente y puesto que disponíamos de varios grupos establecidos de antemano en un mismo nivel, optamos por seleccionar los más homogéneos en función de una serie de pruebas que asegurasen la igualdad inicial. Para preservar el rigor del diseño cuasi-experimental decidimos introducir una cantidad grande de variables extrañas, cuya valoración nos permitiría asegurar cierta equidad entre los grupos finalmente escogidos.

Homogeneidad entre grupos. Los resultados del cuestionario I confirmaron cierta igualdad inicial entre grupos, y apoyan el argumento de homogeneidad junto con los datos derivados de las pruebas técnicas y pruebas físicas realizadas. No se encontraron diferencias entre los grupos en la experiencia previa, ni en el nivel técnico declarado por los alumnos/as, ni en la autovaloración de sus conocimientos sobre el reglamento, ni en el grado de atracción hacia el baloncesto. No obstante, el grupo centrado en la técnica contaba con niveles de interés por la práctica ligeramente más bajos que los otros dos grupos (combinado y mediante búsqueda). Analizando los resultados de la variable que pretendía medir el grado de entrenamiento de otros deportes de equipo encontramos que el grupo que recibió la técnica de *instrucción directa* obtuvo un nivel mayor de práctica con respecto a los otros dos. Estas diferencias se centraron en el nivel superior de entrenamiento de fútbol en horario extraescolar (50% de los sujetos) respecto a los niveles más bajos del grupo combinado (17%) y de indagación (25%). Este hecho podría ser la causa de las diferencias mencionadas anteriormente, lo que inclinó su interés más por la práctica del fútbol que por el baloncesto.

Rendimiento. Los resultados de este estudio y del preliminar (Méndez Giménez, 2000) demuestran un mayor trabajo intensivo durante las sesiones de aprendizaje para los grupos combinado y mediante búsqueda en comparación con el grupo de instrucción directa. Las diferencias en cuanto a intensidad de esfuerzo de los alumnos durante las sesiones fueron congruentes en las dos investigaciones. El grupo de instrucción directa obtuvo intensidades más bajas que los otros dos grupos de tratamiento. Estos resultados podrían deberse, a nuestro entender, a dos factores o a la combinación de ambos:

La diferente exigencia física es motivada por el tipo de organización de la clase, el ritmo de trabajo y la secuenciación de tareas implícita al empleo de cada técnica de enseñanza, lo que incidiría en el aprovechamiento del tiempo real de práctica y en la intensidad del esfuerzo en las técnicas combinada y de búsqueda.

Las técnicas de enseñanza menos directivas ejercen efectos psicológicos positivos entre los adolescentes que podrían aumentar su nivel motivacional, e impulsarles a implicarse de forma más enérgica durante las sesiones de iniciación deportiva. En ese sentido, Devís Devís (1996) constata cierta fluidez o continuidad en el juego del alumnado durante la puesta en práctica del modelo comprensivo, vinculada al deseo de jugar pese a las interferencias recibidas.

Algunos autores (Bunker y Thorpe, 1982; Devís, 1996) reprochan poca actividad en las clases de enseñanza técnica, lo que provoca como resultado que el alumnado se aburra. Piéron (1988b) asocia un índice de compromiso motor reducido a aprendizajes limitados y a escasos progresos, así como a un reducido entusiasmo y motivación. También suele corresponderse con momentos largos de espera, lo que puede traducirse en aburrimiento y en problemas de disciplina.

Si bien las investigaciones han comprobado una correlación positiva entre el tiempo de actividad motriz y los progresos de los alumnos, parece que el tiempo empleado en la práctica de la tarea (ejercicio criterio) o el número de intentos realizados, y el tiempo de práctica de la tarea con un nivel de éxito elevado son más relevantes que el simple tiempo de actividad motriz del alumnado. Los profesores más eficaces logran que los alumnos pasen más tiempo trabajando en la actividad y pierdan menos tiempo en esperas que los profesores menos eficaces. Además, los primeros proporcionan menos *feedback* que los segundos, respetando la idea de que el alumno necesita, en un primer momento, practicar la actividad para después recibir las informaciones pertinentes (Piéron, 1988a).

El hecho de que en nuestro estudio el mismo profesor desarrollara los tres tratamientos sugiere que no existieron diferencias individuales en cuanto al aprovechamiento del tiempo y que estas diferencias se deben más a las peculiaridades de cada T.E que a cuestiones personales del docente. En el presente estudio se promediaron 17' 25" de tiempo de práctica en la tarea, lo que supuso un 43% del tiempo útil. La mayoría de los estudios indican valores relativamente bajos en cuanto al tiempo de práctica en la tarea (entre el 15% y 30% del tiempo útil). Los altos valores obtenidos tanto en este estudio como en el preliminar (Méndez Giménez, 2000) sugieren que el profesor organizó bien el tiempo de la clase y que fue bastante eficaz en este aspecto de la enseñanza.

Según las investigaciones aportadas por Piéron (1988a), el tiempo de práctica motriz parece mostrarse más sensible a la influencia de las variables del programa (contenidos, metodología, etc.) que a las variables de contexto (diferencias entre géneros, número de alumnos por clase, edad, etc.) Así, los valores de práctica motriz son más altos en sesiones centradas en la aptitud física que en las que pretenden esparcimiento o aprendizaje. Por otro lado, la especialidad deportiva desempeña un papel determinante en los valores de práctica motriz del alumnado. Por ejemplo, los deportes colectivos presentan, en general, valores netamente más elevados de actividad que los individuales, como es el caso del atletismo o las modalidades gimnásticas.

El tipo de organización en que el alumnado efectúe sus prácticas también es determinante en el cómputo de la actividad; así, la organización en dispersión asegura mayor práctica motriz que la organización en filas, relevos u oleadas (Ould y Brunelle, citados por Piéron, 1988). En este sentido, consideramos que determinadas formaciones y organizaciones del espacio son más características de unas técnicas de enseñanza que de otras. La T.E. mediante instrucción directa parece más propensa a la utilización de estructuras organizativas del tipo fila, columna, relevo, oleada, mientras que la T.E. mediante indagación parece estar más asociada a la organización del grupo de estudiantes de manera dispersa. En nuestro estudio, aplicamos la técnica de enseñanza mediante búsqueda en grupos pequeños que trabajaron de forma simultánea y dispersa por el espacio, mientras que la T.E. mediante instrucción directa partió de actividades individuales (por ejemplo, en fila si se requerían desplazamientos hacia la meta) con objeto del adquirir el manejo y dominio del móvil, para después progresar hacia situaciones de 2 vs. 2 ó 3 vs. 3. El trabajo técnico individual, propio del método tradicional, implica mayor cantidad de momentos de espera del turno, especialmente cuando se trabajan aspectos de definición hacia la meta. Para reducir su frecuencia, se puede utilizar mayor cantidad de material (balones, canastas...). Sin embargo, salvando las imposibilidades económicas, esta opción provoca más situaciones de descontrol, ruido, etc. y exige mayor esfuerzo por parte del profesor para captar la atención del alumnado en las explicaciones y mayor capacidad de adaptación.

Para Sánchez Bañuelos (1990) el patrón tradicional de estructuración del grupo ha sido el masivo, considerándolo como un todo homogéneo que ejecuta simultáneamente los mismos ejercicios, con la misma intensidad y ritmo. Sin embargo, los grupos habituales de las clases de Educación Física distan mucho de ser homogéneos, con lo que la alternativa didáctica de dividir el todo y estructurarlo en subgrupos parece más idónea. Este diseño prevalece en la aproximación táctica o comprensiva de los juegos deportivos, y permite mayor atención a las posibilidades y limitaciones de cada grupo. En nuestros estudios, los subgrupos se formaron libremente, por afinidad, nivel funcional o de habilidad. Las formas jugadas y los juegos modificados que han frecuentado los diseños de los grupos de enseñanza mediante búsqueda y combinado admiten cierta flexibilidad respecto a aspectos cualitativos (como dificultad y complejidad) y cuantitativos (dosificación de las cargas de esfuerzo) (Devís Devís y Peiró Velert, 1992).

Las sesiones mediante instrucción directa se vieron desfavorecidas en cuanto al tiempo real de práctica como consecuencia de las reiteradas paradas en el ritmo de la clase para las explicaciones, demostraciones, esperas del turno en las filas, para captar la atención, para conseguir cierto silencio del grupo, para proporcionar el *feedback*, en las transiciones, etc. No son sorprendentes, por tanto, los registros promedio más elevados de frecuencia cardíaca, -y por tanto de mayor intensidad de esfuerzo-, en los grupos que recibieron la enseñanza mediante búsqueda y combinado. El ritmo de las sesiones más ralentizado en la perspectiva técnica (que parte de lo sencillo para llegar a lo complejo, de lo estático al movimiento, del trabajo sin oposición a las situaciones con oposición...) determina niveles más bajos de intensidad en la enseñanza tradicional. Este aspecto ya fue resaltado por Durán y Lasierra (1987), quienes concluyeron que el método global posibilitaba mayor tiempo de actividad motriz, ya que se reducen sustancialmente los tiempos de inactividad o de transición.

Además de lo expuesto, cabría considerar el componente motivacional como posible factor asociado a las diferencias observadas. Sánchez Bañuelos (1990) aconseja las presentaciones mediante juegos o formas jugadas porque favorecen la motivación para la búsqueda. La implicación de los sujetos adolescentes podría estar influenciada en iniciación deportiva, por la presencia de actividades lúdicas de carácter global, que permitieran poner en funcionamiento las habilidades y capacidades de que disponen. El reto de enfrentarse a un oponente parece ser más poderoso entre el alumnado adolescente que el reto de auto-superación en una prueba analítica sin oponente.

Rendimiento Deportivo

Pruebas cerradas. Los resultados obtenidos en las pruebas técnicas de carácter cerrado a través del tiempo (10 sesiones de tratamiento) confirmaron la eficacia de los tres tratamientos en la mejora de dichas habilidades, incluso en el tratamiento mediante indagación, que no contemplaba la enseñanza explícita de la técnica. Estos datos podrían arrojar alguna luz acerca de la cantidad de sesiones necesarias en una unidad didáctica de iniciación deportiva que permita obtener resultados satisfactorios. En este sentido, Boutmans (1983) encontró mejoras significativas en sus dos estudios sobre baloncesto y voleibol en períodos de instrucción de 10 y 7 sesiones, respectivamente. McMorris (1988) confirmó estas diferencias entre los pretests y postests en todas las pruebas excepto en la de precisión en fútbol en el grupo que recibió la enseñanza mediante juegos reducidos (seis sesiones de tratamiento). Turner y Martinek (1992) también corroboraron estas mejoras en ambos modelos (técnico y táctico) en la enseñanza del hockey hierba en similares períodos de tratamiento. El contrapunto lo encontramos en los estudios de Griffin, Oslin y Mitchell (1995), por un lado y Mitchell, Griffin y Oslin (1995) por otro, en los que no parece haberse logrado ninguna evolución a través del tiempo en períodos de nueve y ocho sesiones, respectivamente. Sin embargo, todos los estudios revisados cuya duración de tratamiento oscila entre 10 sesiones y más mostraron incrementos significativos en los tests técnicos.

Por otro lado, no se encontraron diferencias significativas en las medidas prestest y postest de las tres pruebas de habilidad de baloncesto. No obstante, el grupo combinado mejoró significativamente a través del tiempo en comparación con los otros dos grupos. El grupo de indagación también mejoró comparativamente más que el orientado a la técnica. Curiosamente, el grupo técnico no progresó en la misma medida que los grupos combinado y de búsqueda. Estos resultados son similares a los del estudio de Lawton (1989), en el que el número de jugadores que progresaron a través del tiempo en el grupo táctico fue superior al del grupo técnico. En su argumentación, Lawton interpretó estos resultados en la misma línea que Thorpe, Bunker y Almond (1986) considerando que la enseñanza basada en la técnica puede provocar un efecto desmotivador en los alumnos.

Algunos autores sugieren que las tareas que son diseñadas correctamente en el plano contextual pueden facilitar los aprendizajes de la técnica, sin requerir tan siquiera ni de explicaciones ni de demostraciones explícitas de la misma. En nuestra opinión, estos diseños de tareas podrían verse mediatizados tanto por la tarea en sí (juegos modificados) como por la idoneidad de las preguntas fórmulas para la búsqueda. Por lo tanto, en el grupo combinado, la mejora del *dribling* podría haber sido influido tanto por las tareas ambientales como por la enseñanza explícita de las técnicas deportivas, lo que permitió puntuaciones más altas en la prueba específica, en comparación con los otros dos grupos.

Sin embargo, los resultados contrastan con los del estudio de French, Werner, Rink, Taylor y Hussey (1996) en el que el grupo combinado exhibió rendimientos más pobres que los grupos técnico y táctico en los tests técnicos de *drop* y en el servicio. Los autores argumentaron que el grupo combinado tuvo que dividir el tiempo de práctica tanto en las tareas propias de la técnica como en las relativas a la táctica, lo que provocó menos tiempo disponible de práctica para ambos aspectos. Puesto que estos resultados son divergentes de los nuestros, pensamos que son necesarios más estudios longitudinales para la comprensión de qué efectos provoca la enseñanza combinada de técnica y táctica en cada una de las variables evaluadas.

Rendimiento en situación de juego. En el estudio previo centrado en la comparación de las técnicas de enseñanza del *floorball* patines (Méndez Giménez, 2000), el grupo combinado obtuvo puntuaciones más altas que los otros dos grupos en la variable control con éxito durante el juego, si bien no se encontraron diferencias entre los grupos en el resto de variables en situación real de juego (toma de decisión y ejecución). En este trabajo se confirmó esta tendencia de igualdad en todas las variables respecto a los roles de ataque. Sin embargo, encontramos diferencias en la toma de decisión y en las ejecuciones en la defensa al atacante sin balón (variables no consideradas en el estudio piloto). El grupo combinado obtuvo nuevamente mejores resultados que el grupo de instrucción directa.

Las diferencias promovidas por la aproximación comprensiva de los juegos deportivos en cuanto a la toma de decisión -no suficientemente evidenciadas en el marco educativo en programas de intervención inferiores a un trimestre- podrían encontrar en estos resultados un mayor significado en tratamientos combinados de instrucción directa y búsqueda. En esta línea, el trabajo de Medina Casaubón (1997) sugiere la utilización combinada de las dos técnicas de enseñanza para la enseñanza del fútbol.

Variables afectivo-emocionales relacionadas con el nivel de satisfacción y motivación

En nuestro primer trabajo (Méndez Giménez, 2000), el grupo de búsqueda valoró más alto algunos aspectos de la metodología, como la *claridad* de los conceptos abordados y se manifestó más satisfecho con las clases que los otros dos grupos de tratamiento. Además, tanto el grupo de búsqueda como el grupo combinado evaluaron más positivamente que el grupo de instrucción directa, tanto el deporte aprendido como la idea de continuar con su práctica.

En el presente trabajo, al término del período de tratamiento, el grupo de *búsqueda* percibió más positivamente las clases recibidas que los otros dos, valoró más alto la asignatura que el de instrucción directa; y el grado de diversión que el grupo combinado. Igualmente, los grupos de búsqueda y de instrucción directa evaluaron más alto el grado de utilidad de los aprendizajes que el grupo combinado. En nuestra opinión, esta paradójica desigualdad podría explicarse por dos motivos:

> Por un lado, el hecho de que tanto el grupo de instrucción directa como el combinado recibieron en sus aprendizajes algunos modelos de ejecución propios del deporte adulto y estructuras de propuestas encorsetadas o rígidas. Probablemente, ante la imposibilidad de adquirir y reproducir semejantes patrones en tan corto período de tiempo, los sujetos reaccionen con cierta insatisfacción o frustración ya que, en general, muchos no consiguen el objetivo previsto. El grupo de búsqueda, que en principio no tuvo ningún patrón de referencia, se mostró más satisfecho con el proceso de enseñanza, posiblemente al no tener un punto de referencia con el que compararse, y al ser el protagonista de su propio aprendizaje.
>
> Por otro lado, y partiendo de la base empírica de que lo que más motiva y recompensa a los alumnos es el propio juego, podríamos encontrar cierto descontento con las clases recibidas en los grupos técnico y combinado al no satisfacerse sus expectativas a este respecto. El grupo de búsqueda recibió mayor cantidad de propuestas cercanas al juego real. Como Brooker, Kirk, Braiuka y Bransgrove (2000) apuntaron, los juegos modificados podrían provocar cierto descontento en los alumnos que ya conocen el deporte adulto (aunque sea por televisión) o lo practican habitualmente, lo que les lleva a expresar su

insatisfacción por no ofrecerles el modelo cultural tal y como lo conocen y retrasar su participación. Esta decepción se refleja en las puntuaciones más bajas en cuanto a diversión durante las clases o en la percepción de la utilidad de las actividades planteadas. No obstante, debemos ser cautos en nuestras reflexiones teniendo en cuenta el tipo de diseño utilizado en ambos estudios, así como las diferencias constatadas en el interés inicial por el aprendizaje entre los grupos que recibieron la instrucción directa y el grupo de búsqueda en este segundo trabajo.

A los dos meses postratamiento estas diferencias motivacionales fueron más evidentes a favor del grupo de indagación (en interés, afiliación y deseo de continuar). Se detectó un descenso importante en el interés por continuar la práctica tras los dos meses de inactividad principalmente en el grupo combinado y, de forma más atenuada, en el grupo de instrucción directa. Sin embargo, el nivel de este ítem se mostró prácticamente invariable en el grupo de búsqueda durante ese período de tiempo postratamiento.

Por otro lado, constatamos un mayor rendimiento físico de los sujetos que pertenecían a los grupos de búsqueda y combinado en comparación con los del grupo técnico (intensidad de trabajo). Junto con los razonamientos expuestos anteriormente, podría argumentarse que un mayor componente motivacional para la práctica va asociado a un mayor compromiso de los estudiantes durante las sesiones.

En el trabajo de Durán y Lasierra (1987), a pesar de que no se encontraron diferencias entre los grupos en el grado de satisfacción con la práctica, el grupo global reforzó la sensación de satisfacción consigo mismo, mientras que el analítico manifestó cierta frustración por no alcanzar el dominio esperado.

Conocimiento. Finalmente, el grupo combinado obtuvo un grado de conocimiento declarativo mayor que los otros grupos de tratamiento, y entre el grupo más directivo y el menos directivo no hubo diferencias significativas. Estos resultados podrían deberse al tipo de enseñanza que recibieron los primeros: instrucción explícita de la técnica y de la táctica asociada a procesos de búsqueda mediante el juego.

Uno de los pilares básicos del enfoque curricular para la enseñanza de los juegos deportivos se centra en su comprensión táctica. En un estudio de casos colaborativo, Devís Devís (1996) subrayó las dificultades de comprensión de determinados principios tácticos en los deportes de invasión, entre los que se encuentra la defensa del jugador sin balón. En nuestro estudio, el grupo de enseñanza combinado obtuvo mejores puntuaciones en la toma de decisión y en la ejecución en la defensa al atacante sin balón, así como en el test de conocimiento declarativo, si bien dichas ventajas no se manifestaron en el apartado del conocimiento procedimental. Esta incoherencia podría deberse a una debilidad del test de conocimiento, que no parece sensible a la variabilidad de los aspectos tácticos defensivos.

LIMITACIONES Y PROPUESTAS DE FUTURO

El presente trabajo encontró ciertas limitaciones en el tipo de diseño adoptado. Encontramos una desigualdad inicial entre los grupos en cuanto a la práctica de deportes de invasión en horario extraescolar. Es posible que, como consecuencia de este hecho, el grupo que recibió la técnica de instrucción directa estuviera inicialmente más motivado, como se ha indicado, por la práctica de fútbol, deporte que entrenaba con mayor asiduidad que los otros dos. Así pues, ésta podría ser una variable extraña no controlada suficientemente que nos obliga a ser cautos en nuestras conclusiones al respecto.

En cuanto al test de conocimiento utilizado, debemos decir que si bien comprendía ítems relacionados con los jugadores portadores del balón en ataque y los no portadores, no se mostró sensible al conocimiento relativo a las conductas defensivas respecto al atacante sin balón, con lo que, en caso de haber diferencias entre grupos atribuibles de los tratamientos no podrían ser comprobadas empíricamente.

Por otro lado, dicha prueba no comprendía prácticamente casi ningún aspecto relacionado con el conocimiento de la técnica deportiva, es decir, sobre cómo ejecutar las acciones motrices. Hubiera sido más enriquecedor considerar y analizar la influencia de las técnicas de enseñanza en la adquisición de este tipo de conocimiento.

Algunas otras dificultades encontradas durante el desarrollo de los experimentos, tales como el hecho de ser aplicados en el contexto real de un centro escolar (sujetos a un horario inflexible) o la elevada cantidad de sujetos implicados, deberían ser tenidas en cuenta.

Las investigaciones futuras podrían considerar las siguientes sugerencias:

Contrastar distintos paradigmas de investigación (cuantitativo y cualitativo) para triangular los datos, teniendo en cuenta la complejidad de factores que intervienen en las clases de Educación Física. En este sentido, se podrían considerar tanto la información obtenida por los profesores (expectativas, sentimientos, intereses, etc.) como la obtenida por técnicas cualitativas dirigidas a los alumnos/as (diarios, entrevistas, cuestionarios).

Enfocar el estudio a otros grupos de edad (primaria o bachillerato), así como a distintos niveles de iniciación deportiva o a otros tipos de juegos deportivos (cancha dividida, golpeo y fildeo...).

Aplicar tratamientos de mayor tiempo de duración y a través de varios deportes de invasión.

Y, por último, tal y como consideramos en este segundo estudio, profundizar en el análisis y evaluación de la toma de decisión y ejecución de todos los jugadores, tanto en ataque como en defensa, y en función de los diferentes subroles del juego en situación real o modificada.

BIBLIOGRAFÍA

Australian Sports Commission (1997). *Game sense: Developing thinking players.* Belconnen: ASC.
Bayer, C. (1983). Pour une pratique transferáble dans l'enseignement des sports collectifs. En VV.AA. *Teaching Team Sports* (pp. 198-208). Roma: Congreso AIESEP 1983.
Bayer, C. (1992). *La enseñanza de los juegos deportivos colectivos.* Barcelona: Hispano Europea.
Blázquez Sánchez, D. (1986). *Iniciación a los deportes de equipo.* Barcelona: Martínez Roca.
Blázquez Sánchez, D. (1992). *Evaluar en Educación Física* (2ª ed.). Barcelona: Inde.
Blázquez Sánchez, D. (Ed.) (1995). *La iniciación deportiva y el deporte escolar.* Barcelona: Inde.
Boutmans, J. (1983). Comparative effectiveness of two methods of teachings team sports in secundary schools. En VV.AA. *Teaching Team Sports* (pp. 239-247). Roma: Congreso AIESEP.

Brooker, R., Kirk, D., Braiuka, S. y Bransgrove, A. (2000). Implementing a game sense approach to teaching junior school basketball in naturalistic setting. *European Physical Education Review*, 6(1), 7-26.

Delgado Noguera, M. A. (1991). *Estilos de enseñanza en Educación Física. Propuesta para una Reforma de la Enseñanza*. Universidad de Granada.

Delgado Noguera, M. A. (1993). Los métodos didácticos en Educación Física. En VVAA. *Fundamentos de Educación Física para enseñanza primaria* (pp. 1045-1066, Vol II). Barcelona: INDE.

Devís Devís, J. (1996). *Educación Física, deporte y currículum*. Madrid: Visor.

Devís Devís, J. y Peiró Velert, C. (1992). *Nuevas perspectivas curriculares en la Educación Física: La salud y los juegos modificados*. Barcelona: Inde.

Durán, C. y Lasierra, A. (1987). Estudio experimental sobre didáctica aplicada a la iniciación de los deportes colectivos. *Revista de Investigación y Documentación sobre las Ciencias de la Educación Física y del Deporte*, 7, 91-128.

French, K.E. y Thomas, J.R. (1987). The relation of Knowledge development to children's basketball performance. *Journal of Sport Psychology*, 9, 15-32.

French, K. E., Werner, P. H., Rink, J. E., Taylor, K. y Hussey, K. (1996). The effects of a 3-week unit of tactical, skill, o combined tactical and skill instruction on badminton performance of ninth-grade students. *Journal of Teaching in Physical Education*, 15, 418-438.

Graça, A. y Oliveira, J. (1997). *La enseñanza de los juegos deportivos*. Barcelona: Paidotribo.

Griffin, L.L., Oslin, J.L. y Mitchell, S.A. (1995). Analysis of two instructional approaches to teaching net games. *Research Quarterly for Exercice and Sport*, 66 (Suppl.), A-64.

Griffin, L.L., Oslin, J.L. y Mitchell, S.A. (1997). *Teaching Sports Concepts and Skills*. Champaign: Human kinetics

Lasierra, G. y Lavega , P. (1993). *1015 juegos y formas jugadas de iniciación a los deportes de equipo*. Barcelona: Paidotribo.

Lawton, J. (1989). A comparison of two teaching methods in games. *Bulletin of Physical Education*, 25(1), 35-38.

McMorris, T. (1988). Comparison of effectiveness of two methods of teaching passing and support in football. En Congreso Mundial: *Humanismo y nuevas tecnologías en la Educación Física y el Deporte* (pp. 229-232). Madrid: AIESEP, MEC e INEF.

Medina Casaubón, J. (1997) Propuesta de intervención para la enseñanza del fútbol. En J. Giménez Fuentes-Guerra, P. Sáenz-López Buñuel, y M. Díaz Trillo (Eds.), *El deporte escolar* (pp. 111-117). Huelva: Universidad de Huelva.

Méndez Giménez, A. (1999). *Análisis comparativo de las técnicas de enseñanza en la iniciación a dos deportes de invasión: El floorball patines y el baloncesto*. Tesis doctoral no publicada. Granada: Universidad de Granada.

Méndez Giménez, A. (2000). Análisis comparativo de las técnicas de enseñanza en la iniciación al *floorball* patines. *Apunts Educación Física y Deportes*, 59, 68-79.

Méndez Giménez, A. (2005). *Técnicas de enseñanza en la iniciación al baloncesto*. Barcelona: Inde.

Mitchell, S.A., Griffin, L. L. y Oslin, J. L. (1995). An analysis of two approaches to teaching invasion games. *Research Quarterly for Exercise and Sport*, 66 (Suppl) A-65.

Piéron, M. (1988a). *La pedagogía de la actividad física y el deporte*. Málaga: Unisport.

Piéron, M. (1988b). *Didáctica de las actividades físicas y deportivas*. Madrid: Gymnos.

Pila Teleña, A. (1988). *Educación físico-deportiva: enseñanza-aprendizaje*. Madrid: Pila Teleña.

Sánchez Bañuelos, F. (1990). *Bases para una didáctica de la Educación Física y el Deporte*. (2ª ed.). Madrid: Gymnos.

Thorpe, R. y Bunker, D. (1982). From theory to practice: two examples of an understanding approach to the teaching of games. *Bulletin of Physical Education*, 18(1), 9-15.

Thorpe, R., Bunker, D. y Almond, L. (1986). *Rethinking Games Teaching*. Loughborough: Department of Physical Education and Sport Science. University of Technology.

Turner, A.P. y Martinek, T.J. (1992). A comparative analysis of two models for teaching games - technique approach and game-centered (tactical focus) approach. *International Journal of Physical Education*, *29*(4), 15-31.

Werner, P., Thorpe, R. y Bunker, D. (1996). Teaching Games for Understanding: Evolution of a model. *JOPERD*, *67*(1), 28-33.

CAPÍTULO IV

LA TRANSFERENCIA EN LOS MODELOS HORIZONTALES DE INICIACIÓN DEPORTIVA[3]

Luis Miguel García López

INTRODUCCIÓN

La enseñanza de los deportes ha evolucionado desde tendencias tradicionales centradas en el contenido y en el resultado, a enfoques comprensivos centrados en el sujeto discente. Esta evolución se ha dado mediante la denominada Enseñanza Comprensiva del Deporte (ECD). Este modelo de enseñanza ha supuesto el avance del tratamiento didáctico del deporte en diferentes sentidos, como pueden ser la utilización de la búsqueda como técnica de enseñanza, el equilibrio entre la enseñanza de la técnica y la táctica, la utilización predominante de juegos modificados que enriquecen las situaciones de juego y las adaptan a los sujetos, o el tratamiento horizontal en la enseñanza de los deportes. Este último punto es sin duda una de las novedades más importantes que aportó la ECD. El tratamiento horizontal de la enseñanza de los deportes, término acuñado por Devís Devís y Sánchez Gómez (1996), propone que en determinadas etapas, sobre todo en las iniciales, los deportes se enseñen por categorías, y no de manera específica. Los deportes que tienen similares principios tácticos y elementos estructurales, tienen un mayor o menor número de aspectos en común, los cuales pueden ser enseñados de manera genérica para todos ellos. Por tanto, un desmarque en balonmano, fútbol o wáterpolo es básicamente igual, por lo que una vez aprendido en uno de ellos, el sujeto debería de haberlo aprendido para el resto, con las variaciones correspondientes a la naturaleza de cada deporte. En este caso, el deportista estaría "transfiriendo" lo ya aprendido en un deporte a los nuevos aprendizajes en otros deportes.

La transferencia es un concepto clásico dentro de la investigación educativa y psicológica. El hecho de aprovechar un aprendizaje ya realizado para afrontar uno nuevo está en los fundamentos de las teorías constructivistas del aprendizaje, más concretamente en el aprendizaje significativo (Ausubel, 1983). Las acepciones al concepto de transferencia son muy variadas (Adams, 1987). Básicamente destacaremos que la transferencia se puede dar en función de si existen elementos idénticos entre las tareas (Thorndike y Woodworth, 1901) o si existe un principio que relacione el cómo desarrollar ambas tareas (Judd, 1908). En el primer caso, el de la Teoría de los Elementos Idénticos, estaríamos hablando de la transferencia como la que se puede dar entre el golpeo del drive en tenis y en pádel, pues en ambos casos sería con un implemento, a una bola similar y con un objetivo similar. En el segundo caso, la transferencia está más relacionada con el patrón de conducta, como por ejemplo el hecho de saber aplicar lo aprendido en

---

[3] García López, L. M. (2004). La transferencia en los modelos horizontales de Iniciación Deportiva. Director: Onofre R. Contreras Jordán. Departamento de Didáctica de la Expresión, Musical Plástica y Corporal, UCLM.

tenis en relación al lanzamiento de la bola a espacios libres, al pádel. En este caso, más allá de los elementos similares, que también los habrá, lo que se transfiere es el análisis de una situación y la decisión que llevan a realizar una conducta. Por ejemplo, si el jugador contrario se desplaza hacia la izquierda, la bola debo de enviarla a la derecha para dificultar su devolución. Es por esto que la primera de las teorías suele relacionarse con la técnica y la segunda con la táctica, aunque podríamos encontrar ejemplos para ambas teorías en ambos casos.

La demanda de investigación que contraste empíricamente los distintos fundamentos de la ECD no encuentra una excepción en el caso de la transferencia. Más allá de los estudios que analizan la transferencia desde la óptica del aprendizaje motor (Adams, 1987), la transferencia en el deporte con una orientación pedagógica ha sido investigada desde cuatro ámbitos:

Estudios en relación a la transferencia de habilidades y la práctica variable (Dan Ota y Vickers, 1998; Wrisberg, 2001).

Estudios sobre la transferencia de estrategias según en el nivel de pericia (Lerda, Garzunel y Therme, 1996; Smeeton Ward y Williams, 2004).

Estudios que analizan la transferencia de las situaciones aprendidas mediante las nuevas tecnologías a situaciones de práctica (Catteeuw, Gilis, Jaspers, Wagemans, y Helsen, 2010; Murphy, 2009; Wiemeyer, 2010).

Estudios que analizan la transferencia de soluciones tácticas entre deportes, y entre juegos modificados de un deporte y ese mismo deporte (García López, Contreras Jordán, Penney y Chandler, 2009).

El trabajo que aquí se presenta se centra en esta última posibilidad. A continuación se muestra la Tabla 1, realizada a partir de la publicada por García López et al. (2009) en la que se han reflejado los estudios que han tratado este tema hasta la fecha. La posibilidad de realizar este documento siete años después de la lectura de la tesis que tiene como origen permite hacer una comparación de los resultados obtenidos, no solo con los estudios anteriores, sino también con los posteriores. El hecho de que todavía ahora se sigan publicando estudios sobre el tema del que nos ocupamos es sin duda una prueba de la relevancia y la vigencia de este estudio.

Autor	Deporte 1 (duración)	Deporte 2 (duración)	Participantes y edades (años)	Variables de estudio	Resultados
Mitchell y Oslin (1999)	Bádminton (5 sesiones)	Pickleball (5 sesiones)	n=21, 14-15	Conocimiento procedimental	Detectaron las características comunes Enfatización y comprensión de los aspectos tácticos
Jones y Farrow (1999)	Voleibol (4 semanas)	bádminton dobles (0)	2 clases de octavo curso	Precisión y velocidad en la toma de decisiones Conocimientos declarativo y procedimental	Transferencia de la precisión en la toma de decisiones y de los conocimientos declarativo y procedimental
Castejón Oliva et al. (2001)	Fútbol 2 vs. 1 (4 sesiones de 50')	Baloncesto 2 vs. 1 (0)	n=26, 10-11	Toma de decisiones (pase y conducción)	Transferencia de la toma de decisiones
Yáñez Gómez (2001)	Baloncesto 2 vs. 1 (4 sesiones de 50')	Floorball 2 vs. 1 (0)	n=21, M=15,2	Toma de decisiones (pase y conducción)	Transferencia de la toma de decisiones
Martin (2004)	Ultimate frisbee 3 vs. 3 (7 sesiones)	Balonmano 3 vs. 3 (7 sesiones)	n=36, 11-12	Apoyo en situación de juego	Transferencia en el apoyo
García López (2004); Contreras Jordán et al. (2005)	Juegos de Invasión (14 sesiones de 50')	Floorball (sólo formación técnica en situación asilada, 9 sesiones de 50')	n=36, 11-12	Conocimiento procedimental Rendimiento de juego (toma de decisiones y ejecución) Técnica en situación aislada	Transferencia del conocimiento procedimental previa a la formación técnica en floorball Transferencia de la toma de decisiones de la conducción tras formación técnica La técnica y la percepción de sus implicaciones como limitantes
Smeeton et al. (2004)	Voleibol (32 secuencias), fútbol (32 secuencias), hockey hierba (32 secuencias)	Voleibol (32 secuencias), fútbol (32 secuencias), hockey hierba (32 secuencias)	n=18 expertos y n=18 novatos, 17-26	Conocimiento procedimental de patrones tácticos	Solo los jugadores más habilidosos fueron capaces de reconocer patrones tácticos en otros deportes
Holt et al. (2006)	Fútbol, 2 vs. 1 y 3 vs. 2 (11 sesiones de 45' + 3 partidos)	Fútbol, 3 vs. 3 (0)	n=6, (edad universitaria, nivel medio y bajo)	Toma de decisiones	Transferencia de la toma de decisiones en los jugadores de nivel hábil medio
Lee y Ward (2009)	Tag rugby (enfoques técnico y táctico) (20 sesiones)	Tag rugby (4 vs. 4)	n= 12, 12-14	Toma de decisiones en el desmarque	Transferencia de la toma de decisiones desde el enfoque táctico en los jugadores menos hábi-

					les
Memmert y Harvey (2010)	Juegos de invasión con las manos, los pies e implementos	Juegos de invasión con las manos, los pies e implementos	n=95, M=6.5	Identificación de situaciones genéricas de juego transferibles	La transferencia es posible en las tareas de atacar la portería, avanzar hacia la portería contraria, juego de conjunto, aprovechamiento de espacios, fintas, y crear superioridad en ataque
Yáñez y Castejón (2011)	Baloncesto 2 vs. 1 (4 sesiones de 50')	Floorball 2 vs. 1 (0)	n=58, M=14.4	Conocimientos declarativo y procedimental	Transferencia de ambos conocimientos, más alta del declarativo que el procedimental

Tabla 1. Investigación relativa a la transferencia de soluciones tácticas.

El primero de los estudios realizados con el fin de analizar la transferencia de la táctica entre deportes de la misma categoría fue el de Mitchell y Oslin (1999). Veintiún sujetos de edades comprendidas entre los 14 y los 15 años fueron seleccionados aleatoriamente en un centro de Educación Secundaria. Tras la enseñanza de una unidad didáctica de bádminton de cinco lecciones mediante un enfoque táctico, se implementó otra unidad didáctica de pickleball tratándolos mismos contenidos. Los estudiantes mejoraron significativamente su nivel de comprensión táctica del bádminton, tras la unidad de pickleball, lo que se atribuyó a la transferencia de carácter retroactivo del conocimiento cognitivo. El segundo estudio, llevado a cabo por Jones y Farrow (1999), también fue orientado a los juegos de red, esta vez con niños de ocho años. Se midió la transferencia en la precisión y la velocidad en la toma de decisiones y el conocimiento declarativo y procedimental. Se encontraron resultados positivos significativos en ambos conocimientos y en la precisión de la toma de decisiones.

A partir del tercer estudio se analizó la transferencia en juegos de invasión. Castejón Oliva et al. (2001) y Yáñez Gómez (2001) encontraron ambos transferencia en la toma de decisiones del jugador con balón en situaciones de 2 vs. 1, el primero desde el fútbol al baloncesto, y el segundo del baloncesto al fútbol. Martin (2004) se centró en las situaciones de 3 vs. 3, más concretamente en el desmarque del jugador sin balón. Martin observó resultados significativos en la transferencia desde el ultimate frisbee 3 vs. 3 al balonmano 3 vs. 3. A nivel conceptual era un hallazgo importante, pues en el desmarque se disminuyen las diferencias técnicas entre deportes al mínimo, lo que comentaremos en la discusión.

A partir de aquí, los estudios son posteriores al aquí presentado, y han ido profundizando en diferentes matices de la metodología comprensiva. Smeeton et al. (2004) analizaron la capacidad de reconocer un patrón táctico, un esquema de juego. Para ello eligieron jugadores habilidosos y no habilidosos de voleibol, fútbol y hockey hierba. Solo los jugadores habilidosos fueron capaces de establecer esa transferencia en el reconocimiento de patrones tácticos (conocimiento procedimental).

Holt, Ward y Wallhead (2006) y Lee y Ward (2009) se plantea qué tipo de transferencia hay entre los juegos modificados utilizados en las clases y entrenamientos, y su aplicación en la competición. Holt y col. (2006) analizaron como dos progresiones de juegos modificados 2 vs. 1 y 3 vs. 2 incidían en el rendimiento de juego en un 4 vs. 4 en fútbol, sin encontrar diferencias. Los jugadores que progresaron de manera significativa en ambos casos fueron los de nivel de habilidad medio. Lee y Ward (2009), en un estudio que también se podría encuadrar en aquellos que comparan la efectividad del modelo técnico y la ECD, analizaron la transferencia de unidades didácticas con juegos con mayor énfasis en la técnica y aquellas de juegos con mayor énfasis en la táctica, en tag rugby (sin contacto). Solo encontraron diferencias significativas en la transferencia desde el enfoque táctico, y en los sujetos de bajo nivel de habilidad.

El último estudio que se ha publicado sobre este tema es el de Memmert y Harvey (2010), en el cual se tratan de encontrar que tipo de contenidos son transferibles entre deportes de invasión. Para ello utilizaron un original diseño en el que practicaron diferentes situaciones de deportes de invasión, utilizando las manos, los pies y un implemento, en cada una de ellas. Los participantes, de tan solo 6.5 años de edad de media, mostraron valores similares en las situaciones de ataque a la portería, avanzar hacia la portería, juego de conjunto, identificación de espacios, fintas y aprovechamiento de espacios.

Objetivo de la investigación

El objetivo del estudio que aquí se plantea ocupa otro de las necesidades de contrastación científica que el modelo comprensivo necesita. Una de las fuertes apuestas de la ECD es el planteamiento horizontal (*thematic approach* en la literatura en lengua inglesa, Mitchell, Oslin y Griffin, 2003), que ya explicábamos al inicio esta introducción. Por tanto la tesis doctoral defendida analizó, en primer lugar, el tipo de aprendizaje producido en la utilización de este tipo de planteamientos pedagógicos. En segundo lugar, se analizó la transferencia del rendimiento de juego y el conocimiento procedimental de un programa de enseñanza horizontal de los juegos de invasión a un programa vertical de enseñanza vertical de floorball. En tercer lugar, se estudió la influencia de la técnica para el aprendizaje y aplicación de dichos principios tácticos generales en una especialidad concreta. Por último, tratamos de comprobar la validez del modelo constructivista de enseñanza de los deportes en la etapa de iniciación.

MÉTODO

Participantes

Los participantes de este estudio fueron 36 estudiantes de quinto de Educación Primaria (22 niños y 14 niñas) de entre 10 y 11 años de edad. Los alumnos pertenecían a dos grupos de un colegio de Educación Primaria de Albacete. Uno de los grupos fue el grupo experimental y el otro el grupo de control. Se eligió este centro por posibilidades de acceso al mismo, y esta edad por ser en la los planteamientos teóricos estiman que se debe utilizar este tipo de enfoques (Contreras Jordán, De la Torre Navarro y Velázquez Buendía, 2001; Mitchell et al., 2003). El nivel socioeconómico de los estudiantes era medio. Todos los padres o tutores de los alumnos dieron consentimiento informado a la participación de sus hijos en la investigación.

El maestro que implementó el programa tenía más de seis años de experiencia en el tratamiento de los deportes desde la ECD. Fue grabado impartiendo dos sesiones del programa previamente a su implementación con otro grupo, para evaluar sus habilidades de enseñanza. Dos expertos evaluaron positivamente su capacidad para enseñar siguiendo este modelo.

Programa de intervención y su validación

El grupo experimental fue instruido primero en los aspectos básicos de los deportes de invasión, desde un planteamiento horizontal con especial atención a la táctica. A continuación, fue implementado un programa técnico de floorball. Se analizó cuánto de lo aprendido en deportes de invasión fue transferido al floorball.

El programa horizontal fue adaptado del propuesto por Contreras Jordán et al. (2001). Se implementó en 14 sesiones, con una duración de 50 minutos cada una. La progresión en la enseñanza de habilidades técnico-tácticas siguió un doble criterio funcional y estructural. Desde el punto de vista funcional (Bayer, 1992), a lo largo del programa se enseñaron, en este orden, los principios tácticos o situaciones de ataque de conservar la posesión del móvil, avanzar hacia la meta contraria y conseguir el objetivo; y los principios tácticos o situaciones de defensa de robar el móvil, evitar el avance y evitar la consecución del objetivo por parte del rival. Dentro de cada uno de estos principios o contextos tácticos trabajados, la progresión en cada lección se hizo de acuerdo al binomio estructural de cooperación/oposición. Así, cada sesión comenzó con situaciones de cooperación, de ahí se pasaba a situaciones de oposición, finalmente se afrontaban situaciones de cooperación y oposición al tiempo.

Un ejemplo de lección fue aquella que se centraba en el principio/problema táctico de conservar el móvil. Para ello se inició la sesión con una reflexión sobre la necesidad de saber mantener la posesión del móvil en los deportes de invasión, y cuáles eran las herramientas técnicas para lograr ese fin. A continuación se hacía una tarea de en la que por parejas debían ser capaces de no perder la posesión del móvil cooperación, después se practicaba una situación de 1 vs. 1 (oposición), y por últimos se abordaba un juego más rico tácticamente como el "juego de los 4 pases" en situación de 3 vs. 3 (colaboración/oposición).

El programa técnico consistió en nueve lecciones de floorball de 50 minutos cada una, dos días a la semana. Las lecciones fueron adaptadas de las pertenecientes a la unidad utilizada por Durán Delgado y Lasierra Aguilá (1987) en un estudio anterior en el que se comparaban las estrategias en la práctica analítica y global en la enseñanza de los deportes. Según este enfoque, el profesor iniciaba la clase con una demostración de un contenido técnico, a partir de lo cual los estudiantes realizaban una serie de tareas en las que se practicaba dicha habilidad técnica en situación aislada. Siempre se finalizaba las lecciones con un partido 3 vs. 3, con el fin de permitir que las estrategias tuvieran un momento donde pudieran ser transferidas, pero sin ningún tipo de instrucción al respecto. Tampoco se daba ningún tipo de información táctica en el resto de la sesión.

Ambos programas fueron validados siguiendo el protocolo establecido por Turner y Martinek (1992). Tres expertos codificaron por el programa con un porcentaje de acuerdo entre los tres del 100%. Este instrumento requiere que los codificadores hagan juicios sobre cada lección en función de seis criterios: (a) los estudiantes dedicaron la mayor parte de la lección implicados en juegos modificados o formas jugadas; (b) los estudiantes dedicaron la mayoría del tiempo al aprendizaje de habilidades enseñadas antes empezar el juego; (c) el profesor empezó cada tarea con una explicación sobre la misma; (d) el profesor intervino en los juegos en las formas jugadas para explicar las estrategias a los alumnos; (e) se puso mayor énfasis en la técnica; (f) se puso mayor énfasis en la táctica durante la enseñanza de los juegos modificados y formas jugadas. En el planteamiento con carácter táctico y horizontal se esperaba una respuesta positiva en los ítems "a", "d" y "f". En el programa que incidía en la técnica las respuestas positivas debían ser "b", "c" y "e".

Instrumentos de evaluación

Test de conocimiento procedimental de juegos de invasión y floorball. Se construyó un test de respuesta múltiple para evaluar el conocimiento procedimental en los deportes de invasión, el cual fue adaptado al floorball. Los test tuvieron como referencia instrumentos previos como los de McGee y Farrow (1987), García Herrero y Ruiz Pérez (2003) y Contreras Jordán et al. (2001). Las reglas no fueron incluidas como contenido del test porque pueden diferir en gran medida de un deporte a otro dentro de una misma categoría, y, por tanto, la transferencia no tiene relevancia en este tipo de conocimiento. El conocimiento declarativo tampoco fue incluido en los tests por la misma razón. Todos los ítems están relacionados con el conocimiento procedimental, y siguen esquema de afirmaciones si/entonces. Primero se diseñó el test para juegos de invasión. A partir de éste se hizo la adaptación al floorball. En ejemplo de ítem del cuestionario es el siguiente: "¿A qué debes atender cuando vas botando un balón en un juego deportivo? (a) Sólo al balón que es lo más importante; (b) Al balón, compañeros, contrarios y espacio en el que te mueves; (c) Al balón y a los contrarios. El test constó de nueve preguntas orientas a aspectos técnicos (2, 3, 4, 6, 8, 11, 12, 13, 14), y cinco preguntas estaban orientadas a aspectos técnicos (1, 5, 7, 9, 11). Hubo más preguntas referidas a aspectos técnicos debido a que el planteamiento de enseñanza que se tomo como referencia, el de Contreras Jordán et al. (2001), estima que en esta edad el conocimiento estratégico a enseñar debe estar más relacionado con el "cómo hacer" (técnica) que con el "qué hacer" (táctica). En cualquier caso, el conocimiento procedimental incluye ambos aspectos.

Tres expertos con más de ocho años de experiencia en la enseñanza de los juegos de invasión juzgaron y validaron este test. También se realizó una validación semántica. Seis niños de diez años (tres niños y tres niñas) contestaron el test, encontrando dificultades de comprensión de vocabulario en los ítems 5, 8, 9, 10 y 11, que fueron modificados. Por ejemplo, el ítem 10 inicialmente decía "en un juego 2x2...", y fue modificado para decir "en un juego 2 contra 2...". Se calculó el coeficiente de estabilidad mediante un test-retest con una semana de diferencia, y obteniendo un resultado de .87 de coincidencia.

Instrumento de observación del rendimiento de juego. La herramienta utilizada a tal efecto fue una adaptación al juego de invasión de evaluación de la diseñada por French y Thomas (1987) para evaluar el rendimiento individual en baloncesto. En caso del floorball, se utilizó la adaptación que Turner y Martinek (1992) realizaron para el hockey y Méndez Giménez (1999) al propio floorball. Del mismo modo que establecen French y Tomas (1987), la acción fue divida en el componente cognitivo, la toma de decisiones, y en el componente motor, la ejecución de la habilidad técnica. Se asume que en los deportes de invasión las acciones normalmente se dan siguiendo la secuencia control-decisión-ejecución. La toma de decisiones se define como la selección de la habilidad técnica (en este caso pase, conducción o tiro), así como a qué compañero pasar, en qué dirección conducir, cuándo tirar, etc. Aunque la recepción del móvil es una ejecución motriz, el control del mismo fue considerado un componente aparte para un mejor análisis de la secuencia, tal y como se da habitualmente. El procedimiento de codificación se muestra en la Tabla 2. El Porcentaje de acuerdo intra-observador alcanzó el 88.15% en el test-retest sobre una misma grabación con una semana de diferencia.

Control
Los controles con éxito fueron codificados como 1. El jugador recibe o controla la pelota con una o dos manos/stick para posteriormente jugarla (bote/conducción, pase, tiro) Los controles sin éxito fueron codificados como 0. El jugador no llega a hacerse con la pelota y se le escapa de las manos/stick.
Toma de decisiones

Las decisiones apropiadas fueron codificadas como 1. Las decisiones inapropiadas fueron codificadas como 0.
Se consideraron las siguientes categorías:
    1. Pase
    Decisiones apropiadas (1). El jugador trata de:
    Pasar a un compañero libre.
    Decisiones inapropiadas (0) El jugador trata de:
    Pasar a un compañero cubierto o con un defensa colocado en la línea de pase.
    Pasar a un lugar de la cancha donde no se encuentra ningún compañero.
    2. Dribling (bote + avance)/Conducción
    Decisiones apropiadas (1) El jugador trata de:
    Subir la pelota al campo de ataque sin un oponente férreo.
    Realizar una penetración apropiada.
    Realizar un cambio de dirección apropiado, (es decir, fuera del alcance de un defensa) hacia una zona libre o romper la defensa.
    Decisiones inapropiadas (0) El jugador trata de:
    Driblar a un defensor cargándole.
    Driblar sin avanzar hacia la canasta o alejándose de ella, sin presión de un defensa.
    Driblar retrocediendo provocando campo atrás.
    Driblar hacia fuera del territorio de juego.
    Abusar del dribling cuando hubiera sido más apropiado un pase a un compañero libre o un tiro al cono/portería. (*)
    3. Tiro
    Decisiones apropiadas (1) El jugador trata de:
    Tirar al cono/portería dentro o cerca del área de 6,25 m cuando está libre de marcaje o sin presión.
    Decisiones inapropiadas (0)
    Tirar desde una distancia muy superior a los tres cuartos de campo.
    Tirar cargando (comete falta) o desequilibrado (equilibrio no perdido por contacto físico).
    Realizar un tiro cuando un defensa realiza un marcaje presionante.
    Tirar cuando es más oportuno un pase a un compañero libre y adelantado. (*)
    No intentar un tiro cuando se está libre de marcaje y cerca de la meta.

Ejecución

Las ejecuciones con éxito fueron codificadas como 1. Las ejecuciones sin éxito fueron codificadas como 0.
    1. Pase
    Ejecuciones con éxito (1)
    El balón llega a su compañero desmarcado con una adecuada velocidad.
    Ejecuciones sin éxito (0)

El pase va demasiado alto, demasiado lejos, atrasado o adelantado o fuera de los límites del terreno de juego.
2. Dribling
Ejecuciones con éxito (1)
Progresa con la pelota controlado y sin cometer infracción.
Ejecuciones sin éxito (0)
Pierde el control.
Pierde la pelota por acción legal de un oponente.
Comete infracción (pasos o falta en ataque). (**)
3. Tiro
Ejecuciones con éxito (1)
El balón toca el cono o entra en la portería.
Ejecuciones sin éxito (0)
El balón no toca ni el cono ni entra en la portería.
Tiro bloqueado.

Tabla 2. Procedimiento de codificación del instrumento de observación del rendimiento de juego. (*) Aportaciones de Méndez Giménez al instrumento de French y Thomas. (**) Se eliminaron los dobles al tratarse de un juego genérico de los deportes de invasión y no de otra modalidad.

Tests de habilidad técnica de floorball. Solo se evaluó el aprendizaje de las técnicas de control, conducción y pase, pues fueron las únicas que eran posibles aprender en el reducido tiempo que se le dedicó a la unidad. Los tests de control y pase fueron adaptados de los propuestos por Méndez Giménez (1999). En este caso la portería de 0.80x0.60m^2 fue colocada a 4 m de la línea de control y pase. Un experto, colocado al lado de la portería, pasaba la bola al sujeto colocado detrás de la línea de control y con el stick en sus manos, para luego realizar un pase dentro de la portería. Los sujetos realizaban diez intentos. El control se codificó como 1 cuando se realizaba una parada de la bola con solo un toque del stick. El control sin éxito se codificó como 0. El pase fue codificado como 1 cuando entraba en la portería, y como 0 cuando no lo hacía.

Prueba de evaluación de la conducción en slalom. Esta prueba está adaptada de la propuesta por Blázquez Sánchez (1997). En ella se mide la capacidad de conducción de la pelota eludiendo obstáculos. En un recorrido de ida y vuelta, se cronometra el tiempo (en segundos, con décimas y centésimas) que emplea el sujeto en desplazarse conduciendo la pelota en zig-zag pasando entre 6 conos separados 3 metros entre sí. La distancia del punto de partida al primer cono es de 2 metros y éste debe ser superado por su derecha. Se llevan a cabo dos intentos. Si el sujeto incumple el recorrido, este intento es considerado como nulo.

Procedimiento

En la primera semana del estudio cada alumno contestó el test de conocimiento procedimental de deportes de invasión. Todos los sujetos fueron grabados en un juego de invasión genérico 3 vs. 3 (adaptado del propuesto por Contreras Jordán et al., 2001), con una duración de 12 minutos.

Entre las semanas dos y ocho del estudio, el tratamiento táctico horizontal se implementó en el grupo experimental (14 lecciones), tiempo en el que el grupo de control recibió clases de expresión corporal. En la semana nueve, se volvieron a pasar las dos pruebas iniciales. En la semana diez, coincidiendo con la vuelta de las vacaciones de Navidad, cada alumno volvió a realizar las pruebas, pero en su versión adaptada al floorball, así como las pruebas de habilidad técnica en floorball.

En las semanas 11 a 15, el grupo experimental realizó el tratamiento técnico de floorball. En la semana 16 los estudiantes realizaron la última tanda de tests, repitiendo el test de conocimiento procedimental de floorball y la prueba de rendimiento de juego en floorball, así como los tests de habilidades técnicas en floorball.

Todos los alumnos se mantuvieron en los mismos equipos para los días de evaluación del rendimiento de juegos. Estos equipos fueron mixtos, con el mismo número de chicos y chicas en cada equipo de cada partido. Todos los partidos se grabaron con una videocámara JVC GR-DVX10.

Análisis estadístico

Como hubo solo 18 sujetos en cada grupo, se aplicó la prueba de Kolmogorov-Smirnov para garantizar los supuestos paramétricos. En aquellos casos en que se dieron se aplicaron pruebas *t* para muestras relacionadas e independientes. Cuando no se dieron los supuestos paramétricos se aplicaron las pruebas de Mann-Whitney para muestras relacionadas y Wilcoxon para pruebas independientes.

Se analizaron en primer lugar los tests de conocimiento procedimental, seguidos de los tests de habilidad técnica, y finalmente los tests de rendimiento de juego. Se partió del supuesto de que solo en el caso de que hubiera aprendizaje significativo de las habilidades técnicas, la transferencia de las estrategias de juego podría ser observada y examinada, debido a que el floorball es un deporte técnicamente muy complejo.

RESULTADOS

Conocimiento procedimental

Las tablas 3 y 4 muestran las medias y desviaciones típicas para la variable conocimiento procedimental. El grupo de control mostró una conocimiento inicial significativamente más alto que el grupo experimental en esta variable, $t(34)=-2.38$, $(p<.05)$, aparentemente debido a su conocimiento previo del contenido. Después del tratamiento táctico, esta diferencia desapareció $(p>.05)$.

		Conocimiento técnica		Conocimiento táctica		Conocimiento Juegos Invasión	
		M	DT	M	DT	M	DT
Pretest	G.E.	5.17	1.72	2.61	.98	7.78	2.18
	G.C.	6.17	1.20	3.11	.83	9.28	1.53
Postest	G.E.	7.11	1.32	3.50	.86	10.61	1.65
	G.C.	6.17	1.58	3.56	1.04	9.72	1.74

Tabla 3. Resumen de medias y desviaciones típicas para la variable conocimiento procedimental de juegos deportivos de invasión. *G.E.: grupo experimental; **G.C.: grupo control

Grupo Experimental	Conocimiento técnica		Conocimiento táctica		Conocimiento Procedimental	
	M	DT	M	DT	M	DT
Postest Juegos Invasión	7.11	1.32	3.50	.86	10.61	1.65
Pretest Floorball	6.22	1.55	3.17	1.04	9.39	2.17
Postest Floorball	7.06	1.06	3.33	.69	10.39	1.33

Tabla 4. Resumen de medias y desviaciones típicas para la variable conocimiento procedimental del postest juegos deportivos de invasión y el pretest el postest de floorball del grupo experimental.

La prueba *t* para muestras relacionadas mostró que hubo diferencias significativas entre el conocimiento procedimental obtenido en el postest juegos de invasión y el pretest de floorball, $t(17)=2.47$, $p<.05$. La transferencia no se dio ni en las preguntas orientadas a la técnica, $t(17)=1.97$, $p>.05$, ni en las orientadas a la táctica, $t(17)=1.68$, $p>.05$. Sin embargo, los tests realizados tras la implementación del programa técnico sí que revelaron que se había producido la transferencia, puesto que en este caso no se encontraron diferencias significativas ($p>.05$).

Habilidades técnicas

Las medias y desviaciones típicas se muestran en la tabla 5. Los test de habilidades técnicas en floorball revelaron que había aprendizaje con diferencias significativas en el las habilidades básicas de este deporte (control, $p<.001$; pase, $p<.001$; conducción, $p<.001$). Debemos hacer hincapié en que esta situación era esencial para garantizar la transferencia, al menos en el rendimiento de juego.

	Pretest		Postest	
	M	DT	M	DT
Pase	2.11	1.32	5.17	3.13
Conducción	5	1.41	6.89	.96
Tiro	23.23	7.02	16.81	3.04

Tabla 5. Resumen de medias y desviaciones típicas de pretest y postest en las variables habilidades técnicas en floorball.

Rendimiento de juego

Los valores de las medias y las desviaciones típicas de esta variable se muestran en las tablas 6 y 7. Como cada sujeto tenía un nivel de participación diferente respecto al resto, los datos se analizaron como porcentaje de respuestas correctas respecto al total de las respuestas.

			Grupo experimental		Grupo control	
			M (%)	DT	M (%)	DT
Control		Pretest	95.74	6.74	92.10	9.89
		Postest	96.29	7.32	88.87	43.56
Toma de decisiones	Pase	Pretest	64.68	21.36	70.74	19.40
		Postest	78.22	13.46	72.42	14.31
	Conducción	Pretest	67.00	17.37	54.84	29.86
		Postest	82.81	24.21	57.90	24.47
	Tiro	Pretest	57.89	30.78	49.35	39.21
		Postest	69.38	36.85	59.18	38.38
Ejecución	Pase	Pretest	70.71	22.72	69.06	25.88
		Postest	81.69	12.08	78.76	14.75
	Conducción	Pretest	84.23	25.26	86.01	20.50
		Postest	95.05	6.69	84.91	15.63
	Tiro	Pretest	36.10	30.43	30.93	33.28
		Postest	51.94	39.75	43.71	29.28

Tabla 6. Medias y desviaciones típicas de las variables del rendimiento de juego para ambos grupos en el pretest y el postest en deportes de invasión.

			Grupo experimental	
			M (%)	DT
Toma de decisiones	Pase	Postest Juegos Invasión	78.22	13.46
		Pretest Floorball	40.64	16.29
		Postest Floorball	49.19	26.39
	Conducción	Postest Juegos Invasión	82.81	24.21
		Pretest Floorball	33.48	26.43
		Postest Floorball	81.02	33.84
Ejecución	Conducción	Postest Juegos Invasión	95.05	6.69
		Pretest Floorball	28.79	27.79
		Postest Floorball	57.77	39.74

Tabla 7. Resumen de medias y desviaciones típicas del grupo experimental en las variables donde se ha dado aprendizaje desde el postest de juegos de invasión al postest de floorball.

La U de Mann-Whitney y las pruebas t para muestras independientes reflejaron que no hubieron diferencias significativas en la comparación entre grupos en el pretest (Tabla 8).

			U de Mann-Whitney	W de Wilcoxon	p
Control		Pretest	134.000	305.000	.330
		Postest	91.20	262.500	.016
Ejecución	Conducción	Postest	99.500	270.500	.037
			t	gl	p
Toma de decisiones	Pase	Pretest	-.891	34	.379
		Postest	1.252	34	.219
	Conducción	Pretest	1.493	34	.145
		Postest	3.071	34	.004
	Tiro	Pretest	.726	34	.473
		Postest	.814	34	.421
			t	gl.	p
Ejecución	Pase	Pretest	.204	34	.840
		Postest	.654	34	.518
	Conducción	Pretest	-.232	34	.818
	Tiro	Pretest	.487	34	.630
		Postest	.707	34	.484

Tabla 8. Resultados de la comparación entre el grupo experimental y el grupo de control en el rendimiento de juego para el pretest y el postest de deportes de invasión.

Después de la implementación del modelo táctico horizontal (Tabla 3), la U de Mann-Whitney mostró diferencias significativas para el control (p=.016) y la ejecución de la conducción (p=.037). La prueba t para muestras independientes también reveló diferencias significativas en la toma de decisiones de la conducción (p<.01). Es probable que no se hallaran diferencias significativas en la toma de decisiones del pase debido al alto nivel inicial de grupo de control en el test uncial, que era más alto que el del grupo experimental aunque no de manera significativa.

Las comparaciones en rendimiento de juego en deportes de invasión para muestras relacionadas (Tabla 9) mostraron que no se habían dado cambios para el grupo de control, pues no se había dado aprendizaje. Sin embargo, el grupo experimental mostró en la prueba de Wilcoxon que había mejorado en la ejecución de la conducción, y en la t

de Student para muestras relacionadas, una mejora significativa en la toma de decisiones del pase (*p*=.041) y de la conducción (*p*=.041).

				Z	p
Pretest y postest juegos de invasión	Grupo experimental	Control		-.421[a]	.674
		Ejecución	Conducción	-2.223[a]	.026
				t	p
		Toma de decisiones	Pase	-2.209	.041
			Conducción	-2.215	.041
			Tiro	-1.171	.258
		Ejecución	Pase	-1.834	.084
			Tiro	-1.588	.131
	Grupo control	Control		.839	.419
		Toma de decisiones	Pase	-.828	.676
			Conducción	-.425	.676
			Tiro	-.910	.376
		Ejecución	Pase	-1.579	.133
			Conducción	.266	.794
			Tiro	-1.802	.089
				t	p
Postet juegos de invasión y pretest floorball	Grupo experimental	Toma de decisiones	Pase	6.691	.000
			Conducción	5.390	.000
		Ejecución	Conducción	9.997	.000
				Z	p
Postest de juegos de invasión y pretest de floorball		Toma de decisiones	Conducción	-.210[a]	.834
				t	p
Pretest y postest de floorball		Toma de decisiones	Pase	3.985	.001
		Ejecución	Conducción	4.088	.001

Tabla 9. Comparación de la secuencia de tests de rendimiento de juego. [a]Basado en rangos negativos.

Las acciones de tiro supusieron un 15.95% de todas las acciones del pretest y un 14.4% de todas las acciones del postest. Aunque es un valor a considerar, es claramente más bajo que las otras dos variables decisionales, las cuales suman entre las dos prácticamente el 85% en ambos tests. Este bajo resultado en el tiro es atribuible a la consecuencia de que estas acciones son las más importantes en relación a la consecución del objetivo del juego y lo que suponía cierta ansiedad a los participantes, y quizás no tuvieron suficiente tiempo de aprendizaje.

Fue en las tres variables de toma de decisiones de pase y conducción, y ejecución de la conducción donde la transferencia fue analizada. Antes de la transferencia del programa técnico, no se encontró transferencia. Hubo diferencias significativas en estas tres variables entre el postest del programa táctico de juegos de invasión y el pretest del programa técnico (Tabla 4), siendo el resultado mayor para el primero. Sin embargo, tras la aplicación del programa técnico, el análisis utilizando la prueba de Wilcoxon indicó que se había dado el efecto de transferencia entre los postest de juegos de invasión y floorball, al no hallarse entonces diferencias significativas.

DISCUSIÓN

Hallazgos relacionados con el aprendizaje mediante el planteamiento táctico horizontal

En este estudio se trató de demostrar que es posible el aprendizaje de conocimientos y de diversas variables del rendimiento de juego mediante enfoques tácticos y horizontales de enseñanza del deporte, así como la transferencia de dichos aprendizajes obtenidos de este modo a otros nuevos aprendizajes adquiridos con carácter vertical. Los resultados han sido positivos, pero necesitan ser discutidos.

Los sujetos que participaron en el programa de enseñanza de los principios técnico tácticos generales de la categoría de deportes de invasión, mejoraron de manera significativa tanto los conocimientos procedimentales sobre la técnica como sobre la táctica, y así, la suma de ambos: el conocimiento procedimental sobre los deportes de invasión.

En cuanto al rendimiento de juego, los sujetos del grupo experimental mejoraron su competencia principalmente en la toma de decisiones, y más concretamente en los aspectos del pase y la conducción. Estas dos facetas son las más relevantes de la toma de decisiones, pues entre las dos suponen un 85% del total de las acciones de este estudio. La toma de decisiones sobre el tiro no es tan importante, puesto que no se entrenó específicamente en el programa técnico (sino como una aplicación del pase) y las posibilidades de aplicarla durante el juego son mucho menores, lo que no permite que aparezca ese efecto de aprendizaje.

Respecto al control y los otros factores de ejecución, solo se ha apreciado un aprendizaje significativo en la conducción. Esto supone que tan solo se puede afirmar que los sujetos pertenecientes al grupo experimental aprendieron de manera significativa un elemento aislado y no el global de la ejecución en el rendimiento de juego. Las mejoras en la ejecución de la conducción pueden haberse debido a que ésta se aprendió mediante el bote en baloncesto y balonmano, y la conducción de fútbol. Al ser muy parecidos los botes de baloncesto y balonmano, ha habido práctica suficiente como para fijar este aprendizaje. En el caso del resto de habilidades (control, pase y tiro) las diferencias entre balonmano y baloncesto son considerables, por lo que puede no haber habido suficiente práctica, o excesiva variabilidad, como para permitir un efecto de entrenamiento estable en las mismas.

Hallazgos relacionados con la transferencia del conocimiento procedimental

Los resultados en la transferencia del conocimiento procedimental antes de la aplicación del programa técnico son confusos. Los resultados parciales de técnica y táctica muestran una mejora (no significativa) en ambos apartados, pero no en el total. Hay dos posibles razones para que esto sucediera así. En primer lugar, el pretest realizado antes del programa de floorball fue hecho tras las vacaciones de Navidad, lo que puede haber provocado un efecto de olvido. En segundo lugar, aunque el floorball es un deporte de invasión, sus características específicas pueden haber evitado la transferencia hasta que los estudiantes no han sido expuestos a una experiencia directa con el mismo. Oslin y Mitchell (1999) no valoraron la transferencia previamente a la enseñanza de la segunda modalidad deportiva. Sin embargo, Jones y Farrow (1999) sí lo hicieron, encontrando una mejora del 26% en el conocimiento declarativo y una profundización en el conocimiento procedimental. Es también el caso de Castejón Oliva et al. (2001), Yáñez Gómez (2001) y Yáñez y Castejón (2011), los cuales en investigaciones similares encontraron transferencia en el conocimiento procedimental en relación a situaciones de 2 vs. 1.

La transferencia en el conocimiento procedimental se dio de manera evidente después del tratamiento técnico del floorball. Este resultado es consistente con el de Mitchell y Oslin (1999), cuyos estudiantes entendieron las similitudes entre deportes de red, en lo que se refiere al lugar de envío del móvil y la utilización del espacio. Martin (2004) también observó la mejora de la comprensión táctica en una unidad de *ultimate frisbee*, que se mantenía en otra unidad de balonmano, en los sujetos participantes en su estudio. La existencia de transferencia de carácter cognitivo también se ha observado en otras áreas educativas del conocimiento (Benson, 1997; Berman, 1994). En cualquier caso, quedan patentes las dificultades de transferir el conocimiento cognitivo, y éstas son mayores en función del tipo de contenido. Así Smeeton et al. (2004) sólo observaron transferencia en el reconocimiento de patrones tácticos de juego, en aquellos sujetos con alto nivel de habilidad y experiencia.

Hallazgos relacionados con la transferencia de la toma de decisiones y la ejecución

La valoración inicial del rendimiento de juego en floorball deja claro que no ha habido ningún tipo de transferencia en los sujetos del grupo experimental previamente al desarrollo del programa técnico. Esto no coincide con los resultados de Castejón Oliva et al. (2001), Yáñez Gómez (2001) y Yáñez y Castejón (2011), los cuales hallaron transferencia en la toma de decisiones en la conducción y el pase, de la situación del 2 vs. 1 en fútbol al 2 vs. 1 en baloncesto, enseñando sólo la primera. Tampoco coincide con los resultados de Jones y Farrow (1999) en cuanto a la precisión en la toma de decisiones, aunque estos investigadores también estudiaron la transferencia en la velocidad de la toma de decisiones, y en este apartado tampoco encontraron transferencia. Martin (2004) no evalúa la utilización del apoyo antes del segundo programa.

Estos resultados, que a priori son claramente contradictorios, no lo son tanto si tenemos en cuenta que los estudios de Castejón et al. (2001), y Yáñez y Castejón (2011) se realizaron con dos deportes cuyas herramientas básicas, las técnicas utilizadas, son habilidades específicas muy similares en la etapa de iniciación a las dos habilidades básicas de las que provienen: el pateo y el bote. En nuestro estudio, sin embargo, la manipulación del stick supone una dificultad adicional que no tiene tanto parecido con otros golpeos que se pudieran haber aprendido previamente.

La valoración final del rendimiento de juego supone que tan sólo existe transferencia en la toma de decisiones de la conducción, uno de los aspectos de la toma de decisiones en los que había habido aprendizaje. La dificultad técnica del floorball parece no solo haber impedido la transferencia en el aspecto de ejecución de la conducción, sino también en la toma de decisiones del pase. Este último aspecto podría ser debido a dificultades perceptivas y no del tipo decisional, ya que el ángulo de pase es mucho menor en hockey que en los deportes de invasión con los que se ha practicado inicialmente (baloncesto, balonmano y fútbol). Las diferencias vienen dadas por el largo alcance que tiene el defensor para interceptar los pases al utilizar el stick, cuando en los deportes anteriores el brazo o la pierna permite un ángulo de pase mucho mayor para el atacante. Este planteamiento estaría en línea con los resultados obtenidos por Martin (2004), quien al elegir el desmarque como variable de estudio eliminó las diferencias técnicas entre los deportes observados (*ultimate frisbee* y balonmano).

Por otra parte, Mitchell y Oslin (1999) tienen como resultado una profundización en la toma de decisiones (no diferenciaron ningún tipo dentro de ella) mediante la aplicación del segundo programa, también de carácter táctico, lo cual justificarían por la transferencia y retención de conocimientos del anterior programa de intervención. Puesto que en nuestro estudio el segundo programa era exclusivamente técnico, no era de esperar que se diese mejora alguna en la toma de decisiones. Los resultados en cuanto a la transferencia no son tan satisfactorios, pero no podemos saber en qué medida puesto que Mitchell y Oslin no diferenciaron los diferentes aspectos de la toma de decisiones, y, además, hay que tener en cuenta que los deportes de invasión son más complejos que los deportes de cancha dividida desde el punto de vista táctico.

Por último, el resultado de la transferencia en la toma de decisiones de la conducción coincide con tres categorías del estudio de Memmert y Harvey (2010) sobre transferencia en deportes de invasión, como son el avanzar hacia la portería contraria, aprovechamiento de espacios y la utilización de fintas.

Implicaciones para la enseñanza de los deportes

Los resultados encontrados en este estudio suponen unas implicaciones de gran importancia para la ECD y su incidencia curricular. Las altas puntuaciones obtenidas por los alumnos en el conocimiento procedimental y el rendimiento de juego, incluso en los tests iniciales, induce a pensar que estos grupos de niños estaban preparados para iniciar el aprendizaje deportivo en niveles previos al quinto curso de Educación Primaria. En previos decretos del currículo (MEC, 1991) se deducía que el deporte, como tipo de juego, debía introducirse en tercer ciclo de Educación Primaria. Según los datos aquí obtenidos se podría introducir en segundo ciclo de Educación Primaria, como ya pone de manifiesto el actual decreto del currículo (MEC, 2006), y se ha recogido en otras investigaciones (Gutiérrez Díaz del Campo, 2008).

El éxito en el aprendizaje de contenidos mediante el enfoque táctico horizontal invita a la enseñanza de los deportes con principios tácticos similares a una enseñanza con carácter general, que incida más en lo común que en lo diferente, en las primeras etapas del aprendizaje deportivo. Esto permitiría un ahorro importante de tiempo escolar, y sentaría unas bases que podrían ser aprovechadas en futuros aprendizajes deportivos con carácter vertical, en los que se podría incidir en las particularidades de un deporte respecto a otros de la misma categoría, con el fin de que se dé la transferencia con mayor eficacia. En este caso, los aspectos perceptivos diferenciadores de un deporte deberían recibir especial atención con el fin de favorecer la transferencia entre los deportes.

Las futuras investigaciones dentro de esta línea deberían hacerse en relación a las posibilidades de transferencia de los aspectos defensivos del juego, y de las características que deben cumplir los juegos modificados para que la transferencia a la competición sea efectiva en los diferentes niveles de aprendizaje.

Bunker y Thorpe (1982) criticaron que los modelos tradicionales centrados en la técnica no favorecían la formación de espectadores reflexivos y jugadores inteligentes.

Sin duda este estudio ha sido un intento de contrastar un planteamiento de enseñanza que supone un avance en este sentido.

BIBLIOGRAFÍA

Ausubel, N. H. (1983). *Psicología Educativa: Un punto de vista cognoscitivo*. México: Trillas.
Adams, J. A. (1987). Historical review and appraisal of research on the learning, retention, and transfer of human motor skills. *Psychological Bulletin, 101*(1), 41-74.
Bayer, C. (1992). *La enseñanza de los juegos deportivos colectivos* (2 ed.). Barcelona: Hispano Europea.
Benson, N. J. (1997). Training and transfer-of-learning effects in disabled and normal readers: Evidence of specific deficits. *Journal of Experimental Child Psychology, 64*, 343-366.
Berman, R. (1994). Learners' transfer of writing skills between languages. *TESL Canada Journal, 12*, 29-46.
Blázquez Sánchez, D. (1997). *Evaluar en Educación Física*. Barcelona: Inde.
Bunker, D. J., y Thorpe, R. (1982). A model for the teaching of games in secondary schools. *Bulletin of Physical Education, 19*(1), 5-9.
Castejón Oliva, F. J., Aguado Gómez, R., Calle Gómez, M., Corrales Martínez, D. y Gamarra Martínez, A. (2001). Transferencia de la solución táctica del atacante con balón en el 2x1 entre fútbol y baloncesto. *Habilidad Motriz, 12*, 11-19.
Catteeuw, P., Gilis, B., Jaspers, A., Wagemans, J. y Helsen, W. (2010). Training of Perceptual-Cognitive Skills in Offside Decision Making. *Journal of Sport & Exercise Psychology, 32*(6), 845-861.
Contreras Jordán, O. R., De la Torre Navarro, E., y Velázquez Buendía, R. (2001). *Iniciación Deportiva*. Madrid: Síntesis.
Contreras Jordán, O. R., García López, L. M. y Cervelló Gimeno, E. (2005). Transfer of tactical knowledge: From invasion games to floorball. *Journal of Human Movement Studies, 49*, 193-213.
Dan Ota, K. y Vickers, J. N. (1998). The effects of variable practice on the retention and transfer of two volleyball skills in male club-level athletes. *Journal of Sport and Exercise Psychology, NASPA Abstracts, 20*(Supplement), S121.
Devís Devís, J. y Sánchez Gómez, R. (1996). La enseñanza alternativa de los juegos deportivos: antecedentes, modelos actuales de iniciación y reflexiones finales. En J.A. Moreno Murcia y P.L. Rodríguez (Eds.), *Aprendizaje deportivo* (pp. 159-181). Murcia: Universidad de Murcia.
Durán Delgado, C. y Lasierra Aguilá, G. (1987). Estudio experimental sobre didáctica aplicada a la iniciación a los deportes colectivos. *Revista de Investigación y Documentación sobre las Ciencias de la Educación Física y el Deporte, 7*, 91-128.
French, K. E. y Thomas, J. R. (1987). The Relation of Knowledge Development to Children's Basketball Performance. *Journal of Teaching in Physical Education, 9*(1), 15-32.
García Herrero, J. A. y Ruiz Pérez, L. M. (2003). Análisis comparativo de dos modelos de intervención en el aprendizaje del balonmano. *Revista de Psicología del Deporte, 12*(1), 55-66.
García López, L. M. (2004). *La transferencia en los modelos horizontales de iniciación deportiva*. Tesis doctoral no publicada. Toledo: Universidad Castilla-La Mancha.
García López, L. M., Contreras Jordán, O. R., Penney, D. y Chandler, T. J. L. (2009). The role of transfer in games teaching: Implications in the development of the sports curriculum. *European Physical Education Review, 15*(1), 47-63.
Gutiérrez Díaz del Campo, D. (2008). *Desarrollo del pensamiento táctico en edad escolar*. Tesis doctoral no publicada. Ciudad Real: Universidad de Castilla-La Mancha.

Holt, J. E., Ward, P. y Wallhead, T. L. (2006). The transfer of learning from play practices to game play in young adult soccer players. *Physical Education & Sport Pedagogy, 11*(2), 101-118.

Jones, C. y Farrow, D. (1999). The Transfer of Strategic Knowledge: A Test of The Games Classification Curriculum Model. *The Bulletin of Physical Education, 35*(2), 103-124.

Judd, C. H. (1908). The relation of special training and general intelligence. *Educational Review, 36*, 28-42.

Lee, M.A. y Ward, P. (2009). Generalization of tactics in tag rugby from practice to games in middle school physical education. *Physical Education & Sport Pedagogy, 14*(2), 189-207.

Lerda, R., Garzunel, R. y Therme, P. (1996). Analogic Transfer: A Strategy for Adapting to Spatial Constraints. The Case of a Duel in Soccer. *International Journal of Sport Psychology, 27*, 188-145.

Martin, R. J. (2004). *An Investigation of Tactical Transfer in Invasion/Territorial Games*. Paper presented at the 2004 AAHPERD National Convention and Exposition, New Orleans.

MEC. (1991). *Real Decreto* 1006 *de enseñanzas mínimas de Educación Primaria*.

MEC. (2006). *Real Decreto* 1513 *de enseñanzas mínimas de Educación Primaria*.

McGee, R. y Farrow, D. (1987). *Test questions for physical education activities*. Champaign: Human kinetics.

Memmert, D. y Harvey, S. (2010). Identification of non-specific tactical tasks in invasion games. *Physical Education & Sport Pedagogy, 15*(3), 287-305.

Méndez Giménez, A. (1999). *Análisis comparativo de las técnicas de enseñanza en la iniciación a dos deportes de invasión: el floorball patines y el baloncesto*. Tesis doctoral no publicada. Granada: Universidad de Granada.

Mitchell, S. A. y Oslin, J. L. (1999). An investigation of Tactical Transfer in Net Games. *European Journal of Physical Education, 4*, 162-172.

Mitchell, S. A. Oslin, J. L. y Griffin, L. L. (2003). *Sport Fundations for Elementary Physical Education. A Tactical Games Approach*. Champaign: Human kinetics.

Murphy, S. (2009). Video Games, Competition and Exercise: A New Opportunity for Sport Psychologists? *Sport Psychologist, 23*(4), 487-503.

Smeeton, N. J., Ward, P. y Williams, M. (2004). Do pattern recognition skills transfer across sports? A preliminary analysis. *Journal of Sports Sciences, 22*(2), 205-213.

Thorndike, E. L. y Woodworth, R. S. (1901). The influence of improvement in one mental function upon the efficency of other functions (I). *Psycholocical Review, 8*, 247-261.

Turner, A. P., y Martinek, T. J. (1992). A comparative analysis of two models for teaching games -technique approach and game-centered (tactical focus) approach-. *International Journal of Physical Education, 29*(4), 15-31.

Wiemeyer, J. (2010). Serious Games-The challenges for computer science in sport. *International Journal of Computer Science in Sport, 9*(2), 65-74.

Wrisberg, C. A. (2001). Levels of Performance Skill. From beginners to Experts. En R. N. Singer, H. A. Hausenblas y C. M. Janelle (Eds.), *Handbook of Sport Psychology* (2 ed., pp. 3-19). New York: Wiley.

Yáñez Gómez, J. (2001). *Análisis de las transferencias en el aprendizaje de las soluciones tácticas del atacante con balón en soluciones de dos contra uno, entre dos deportes colectivos*. Comunicación presentada en II Congreso de CC. de la Actividad Física y el Deporte, Valencia.

Yáñez, J. y Castejón, F.J. (2011). The use of transfer to learn collective tactics in sports in Secondary Education. *Infancia y Aprendizaje, 34*(1), 95-107.

CAPÍTULO V

LA INICIACIÓN DEPORTIVA EN LOS DEPORTES COLECTIVOS: LA UTILIZACIÓN DE LA TRANSFERENCIA PARA EL APRENDIZAJE DE SOLUCIONES TÁCTICAS[4]

Joaquín Yáñez Gómez

INTRODUCCIÓN

La asignatura de Educación Física (EF) en la Educación Secundaria Obligatoria (ESO), en el actual marco educativo, está condicionada por dos aspectos fundamentales: el número de sesiones (dos semanales, aproximadamente unas sesenta y cuatro en cada curso escolar) y la duración de cada una de estas sesiones (cincuenta minutos teóricos, apenas cuarenta o cuarenta y cinco reales). A pesar de esto, los contenidos que se quieren abarcar son amplios y todavía más con las nuevas reformas recogidas en los Reales Decretos 3473/2000, 831/2003 y 116/ 2004 publicadas en los BOE el 16 de enero de 2001, el 3 de julio de 2003 y el 10 de febrero de 2004 respectivamente, que modifican el currículo de la asignatura, ampliando cerca de un 30% los contenidos referidos, por ejemplo, a las Habilidades Específicas (donde se incluyen los deportes colectivos). Como dice Cuevas (2002, p. 26) en su análisis de esta reforma: "Es inviable tratar el gran volumen de contenidos expuestos para cada curso con la irrisoria asignación de dos horas semanales para Educación Física."

Referido a los deportes colectivos, el Real Decreto 3473/2000, establece como punto seis de los Objetivos Generales para la ESO: la aplicación de fundamentos reglamentarios, técnicos y tácticos en situaciones de juego en modalidades colectivas. Y dentro del bloque de contenidos de Habilidades Específicas: el aprendizaje de fundamentos técnicos y tácticos y su posterior perfeccionamiento, el aprendizaje de estrategias de ataque y defensa comunes a los deportes colectivos, así como los reglamentos correspondientes y la realización práctica de algunos de ellos.

Una posible solución a este desequilibrio entre, objetivos a conseguir y medios disponibles, será diseñar situaciones de enseñanza-aprendizaje, tanto tácticas como técnicas, en un determinado deporte, que puedan transferirse a otros, con una lógica interna similar. Si bien las situaciones técnicas están condicionadas por el reglamento de cada deporte y su especificidad está delimitada por los modelos de ejecución, es en la táctica, con su doble vertiente de solución mental y solución motriz (Mahlo, 1974), la que permite estudios en los que puedan comprobarse la transferencia (Contreras, de la Torre y Velázquez, 2001; Riera, 2005). Esto nos lleva al objetivo principal de la investigación,

---

[4] Yáñez Gómez, J. (2005). La enseñanza del deporte colectivo en Educación Secundaria: La utilización de procesos de transferencia para el aprendizaje de soluciones tácticas. Director: Francisco Javier Castejón Oliva. Departamento de Expresión Musical y Corporal. Facultad de Educación. Universidad Complutense de Madrid.

comprobar si los aprendizajes que se realizan en un determinado deporte, en nuestro caso dentro de los considerados como colectivos de invasión, son transferibles a otros deportes colectivos que tengan una misma estructura y lógica del juego. Para llevar a cabo este estudio se ha utilizado un modelo de enseñanza, Constructivista Vertical e Integrado, que busca un aprendizaje en el cual el alumnado es parte fundamental del proceso, un desarrollo de los contenidos de forma "vertical" (de menor a mayor dificultad en una modalidad deportiva) e "integrado", balanceando los contenidos técnicos y tácticos, (Contreras et al., 2001).

Además se ha buscado combinar los aprendizajes procedimentales y declarativos relacionados con la táctica, procurando que el alumnado, a partir de su propio conocimiento, sea capaz de transferirlo cuando se le presenten situaciones similares en un deporte colectivo distinto al que adquirió los aprendizajes.

Sobre la transferencia

El profesorado trata que lo que se enseña al alumnado pueda ser utilizado, bien en nuevos aprendizajes en un entorno formal, bien en un entorno informal como muchas de las situaciones de la vida diaria. Es un objetivo educativo básico de la enseñanza, donde se necesita que se generalicen los conocimientos a nuevas situaciones, aunque pueden expresarse diferencias individuales a la hora de realizarlo. La transferencia, así contemplada, pasa de ser un requisito en el proceso docente, a una necesidad para el aprendizaje discente.

Los estudios sobre la transferencia han sido enfocados desde diversas perspectivas (Ausubel 2002; Pozo, 1993), y también han sido estudiados desde el aprendizaje motor (Ruiz, 1997; Schmidt, 1988; Singer, 1986). El resumen que podemos plantear es que las propuestas iniciales sobre la transferencia (partiendo de la teoría de elementos idénticos de Thorndike y que autores posteriores como Guthrie, Hull o Skinner fueron matizando, ver Gagné, 1991) se ocupaban de que se tenían que dar las condiciones similares de adquisición de conocimiento para que esa transferencia se produjera. Esta es una idea acumulativa en cuanto al conocimiento, de modo que subtareas más fáciles se van agregando y pueden transferirse a otras más difíciles, las cuales están compuestas por esas subtareas. En suma, el grado de transferencia es proporcional al número de partes o aspectos iguales que hay entre la tarea previa y la posterior (que contiene a todas las partes). Estos trabajos iniciales demostraron que las tareas finales, consideradas más difíciles, también ayudaban a mejorar la retención de las subtareas originales, es decir había una retroalimentación. Los antecedentes en algunos trabajos prácticos también afianzaron estos aspectos (Duncan, 1953) donde la similitud entre tareas era necesaria para una mejor transferencia; o más adelante, con Algarabel y Dasí (1996), cuando señalaron que se facilita el efecto de la transferencia si se presentaban exactamente los mismos estímulos.

Tal y como la resume Pozo (1993) en su análisis de la transferencia desde diferentes perspectivas, se puede decir que la recuperación de los aprendizajes asociativos se apoya en la semejanza de los elementos, mientras que el aprendizaje constructivo se apoya más bien en la organización explícita de esos elementos. Por tanto, los aprendizajes significativos tienen mayores posibilidades de ser transferidos a otros momentos, de modo activo por el alumnado, aunque las diferencias se hagan patentes por la complejidad o la cantidad de la información que hay que recuperar.

En el proceso de transferencia hay que tener en cuenta las tareas y los protagonistas de esa transferencia. En cuanto a los protagonistas, el profesorado puede determinar cómo se transfiere, y para ello diseña progresiones que facilitan la actividad del estudiante, presentando situaciones en la que utilice la información ya conocida, tomando el aprendiz una participación activa para construir su conocimiento.

Respecto a las tareas, podemos decir que lo que se ha aprendido y memorizado tiene posibilidades de ser transferido (Voss, 1987), pero conviene que el contexto tenga significado para que esa transferencia sea representativa. Cuando las personas se encuentran ante situaciones parecidas y el aprendiz encuentra significado entre lo que sabe y lo que trata de realizar, induce un plan de actuación para tratar de solucionar el problema que se le presenta.

Mayer (2004) afirma que los alumnos que aprenden por comprensión pueden transferir el conocimiento aplicándolo de manera poco usual. Como muchas de las tareas que se plantean para comprobar la transferencia se basan en situaciones abiertas, la comprensión favorece esa transferencia a nuevas tareas, debido a que los materiales se encuentran explícitamente organizados en función de las estructuras de conocimiento disponibles en los aprendices. Por otro lado, Gagné (1987) dice que cuanto más amplia sea la capacidad aprendida, mayores serán las oportunidades de transferir a situaciones nuevas y diferentes, siempre dentro de un enfoque consciente y significativo para que la transferencia se establezca inteligentemente y se adapte adecuadamente. En suma, las tareas tienen que permitir al aprendiz comprender e interpretar lo que hace y cómo lo puede aplicar ante nuevas y posteriores actuaciones.

En la EF y el deporte, la transferencia ha sido estudiada para probar si los movimientos aprendidos tienen aplicación ante nuevos aprendizajes (Riera, 2005; Ruiz, 1997), comprobando que los efectos pueden ser positivos, negativos, o indeterminados según permitan, interfieran o no influyan en otro contexto de aprendizaje (Parlebas, 2001; Ruiz, 1997). Knapp (1981) argumenta que el aprendizaje de una nueva actividad física puede verse acelerado, dificultado o cualitativamente alterado por un aprendizaje anterior. Para Singer (1986), todo deporte requiere una pauta específica de movimientos en cada situación dada, y afinar la habilidad exige un planteamiento altamente especializado y con contextos relacionados. Sin embargo Bayer (1986), comenta que la transferencia depende de la actitud del aprendiz, de manera que pueda dar sentido a las tareas y modificarlas, es decir, adquirir los principios fundamentales y las generalidades de determinadas actuaciones deportivas, proporciona unos esquemas mentales que favorecen la transferencia. Entre estas dos propuestas, Singer se fija más en lo que puede proporcionar el docente, mientras que Bayer lo hace más en el aprendiz.

La transferencia entre deportes

La táctica comprende una solución mental y una solución motriz (Mahlo, 1974). Desde la Psicología, el conocimiento declarativo es aquí relacionado con la solución mental, mientras que el procedimental estaría en la solución motriz (implícito y explícito según Pozo, 2001). La solución mental se investiga vinculando el conocimiento declarativo que los aprendices demuestran conocer sobre una actividad, mientras que la solución motriz tiene que ver con la ejecución. En cuanto a la enseñanza y para que el conocimiento táctico se afiance, es necesario establecer las adecuadas relaciones entre solución mental y motriz que, además, permita transferirse a otros deportes (Arnold, 1991; Castejón y López, 2000).

La aportación del estudio del conocimiento táctico, declarativo y procedimental, en los deportes colectivos de invasión, pretende estudiar cómo se solucionan las situaciones tácticas (más o menos simplificadas), y cómo pueden generalizarse a otras situaciones, con mayor o menor nivel de dificultad, y que, desde nuestro punto de vista, son los más adecuados para el tratamiento de la táctica (Bunker y Thorpe, 1982; Devís y Peiró, 1992; Griffin, Oslin y Mitchell, 1995; Holt, Strean y Garcia-Bengoechea, 2002; Kirk y McPhail, 2002; Smeeton, Ward y Williams, 2004), pues para que puedan darse situaciones de transferencia táctica entre deportes, es necesario que exista un planteamiento de enseñanza que incida en esa generalización. Ocurre en las situaciones de ventaja numérica en el ataque, cuando se comprueba que se domina la solución táctica del dos contra uno, y sigue una secuencia de superioridad: tres contra dos, y así sucesivamente. Sobre estos casos existen algunos antecedentes, aunque no sean muy numerosos, basados en investigaciones (Castejón, Aguado, de la Calle et al., 2001; García, 2004; Yáñez, 2001; Yáñez y Castejón, 2011), o bien en propuestas teóricas (Contreras et al., 2001).

La relación existente entre el concepto de transferencia y los estilos de enseñanza que implican cognoscitivamente al alumno ya fue señalada por Gagné (1991) cuando afirmó que es uno de los procesos, junto con la representación y evaluación del problema, que forma parte de las funciones adaptativas del aprendizaje. Por ello, los estilos de enseñanza que tienen más posibilidades de aplicación de transferencia táctica son aquellos que involucran las capacidades cognitivas en las situaciones tácticas en los deportes (Mosston y Ashworth, 1993). Estos estilos confirman que deben darse procesos de interpretación por parte del alumnado, y que el profesor debe participar como guía, estableciendo propuestas, preguntas y alternativas para que sea el alumnado el que confirme sus soluciones, utilizando el conocimiento declarativo, y las lleve al plano procedimental (Sicilia y Delgado, 2002).

Los estilos de enseñanza, en deportes donde predomina la táctica, no pueden ser aquellos que insisten en una realización práctica hasta conseguir dominarla de una forma automatizada, sino que es necesario que se dé sentido a aquello que se está practicando. De ahí que haya que comprobar cómo se realiza la práctica además de implicar el conocimiento declarativo para comprobar cómo se analizan y se relacionan los aprendizajes conseguidos y son empleados a nuevas situaciones. La aplicación de esta transferencia facilita al individuo adaptar algo que ya ha utilizado, a contextos nuevos, más o menos cambiantes, pero que le ha ayudado a solucionar problemas anteriores. Es precisamente en la táctica, con situaciones adaptativas y nuevas que aparecen casi constantemente, donde se implica la transferencia de lo que ya se sabe ante esas nuevas situaciones.

Los problemas tácticos que se presentan al alumnado para implicar la solución mental y la solución motriz se pueden enfocar desde dos situaciones (Mosston y Ashworth, 1993): (a) Presentar un problema único, del cual los alumnos y alumnas tienen que encontrar todas las soluciones posibles o en un número determinado por el profesor; y (b) presentar una secuencia, con dos opciones, una basada en los tipos de acciones que se pueden realizar y otra basada en la ramificación de estas acciones.

Las posibilidades que tienen los deportes con características tácticas son tan abiertas que sería imposible encontrar caminos únicos que nos permitieran comprobar cómo se puede transferir conocimientos entre deportes, sin embargo, si adoptamos una restricción en esa apertura, podremos constatar cómo se logra generalizar. Es el caso de las situaciones de ventaja numérica en ataque, y concretamente en la situación de dos contra uno. En todos ellos, y teniendo como referencia un contexto similar entre deportes de invasión, las respuestas se encuentran en la línea primera propuesta por Mosston y Ashworth (1993), es decir, un problema único donde las soluciones posibles no son numerosas, pero sí suficientes para comprobar la transferencia.

Si bien se han realizado estudios en el deporte competitivo y de elite (Blomqvist, Luhtanen y Laakso, 2000; Ferrari, 1999; Garbarino, Esposito y Billi, 2001; Starkes y Ericsson, 2003) y también en la relación conocimiento declarativo y procedimental (Allard, Deakin, Parker y Rodgers, 1993; Williams y Ericsson, 2005), las dificultades están en efectuar estos estudios en las clases de EF, donde la población no está vinculada al deporte por razones particulares, sino por un currículum académico, con deportes que no suelen ser habituales y en la mayoría de los casos, es una iniciación a los deportes y no una práctica sistemática.

Es en este sentido donde se relaciona con nuestro trabajo, cuando tratamos de demostrar que la transferencia puede utilizarse como aplicación y generalización de planes de actuación táctica en situación de ventaja numérica. Hemos optado por verificar si los alumnos son capaces de transferir aprendizajes adquiridos en un deporte para utilizarlos en otro donde las características técnicas no son iguales pero tienen rasgos similares en la táctica.

OBJETIVOS

El objetivo se concreta en comprobar si los alumnos son capaces de transferir los aprendizajes que realizan para solucionar las situaciones de ventaja numérica en el ataque de un determinado deporte (baloncesto) a otro nuevo deporte (floorball). Entre estos deportes existen una serie de características comunes, lo que se denomina "lógica interna" que es la común a los deportes colectivos de invasión donde, desde un punto de vista teórico, parece lógico aplicar las mismas soluciones al mismo problema táctico (López y Castejón, 1998) y que en el caso de la ventaja numérica (dos contra uno) se resumen en tres posibilidades que los alumnos deberán dominar tanto en su vertiente declarativa como procedimental:

Jugador que posee el balón ante un defensor situado entre él y el otro atacante. El jugador con balón puede decidir: avanzar o pasar.
Jugador que posee el balón ante un jugador defensor que impide el avance. El jugador con balón tendrá como opción pasar al otro atacante, o bien la posibilidad de rebasar al contrario para conseguir el tanto.
Jugador en posesión del balón y defensor con el compañero. Opción más clara avanzar.

MÉTODO

Para comprobar los objetivos de nuestro estudio hemos empleado un diseño cuasiexperimental con un pretest de medida del conocimiento inicial en los dos deportes de nuestro estudio, la aplicación de unas sesiones de intervención sólo en baloncesto, y un postest para comprobar el conocimiento adquirido en el deporte de intervención, y el postest adaptado al nuevo deporte que no conocen. La idea de que sea al mismo grupo es debido a que no se trata de establecer comparaciones intergrupo, sino intragrupo, porque se trata de comprobar si los alumnos del grupo transfieren el conocimiento ante las nuevas propuestas.

Participantes

Han participado cuatro grupos de 2º de ESO, inicialmente N=84, pero dada la problemática inherente al proceso educativo (se pedía que asistieran a todas las clases que ha durado la intervención), el número final que han realizado todas las pruebas han sido N=58 (34 chicas, un 59%, y 24 chicos, un 41%). La media de edad del grupo era de 14.4 años (DE=.6). Todos cumplimentaron un formulario de autorización (bien por sus padres, madres o tutores, además del propio alumnado) para utilizar los datos obtenidos en las clases en el presente trabajo. El desarrollo de la investigación se ha realizado en una situación habitual, es decir, durante las clases de EF de un Instituto de Enseñanza Secundaria de la Comunidad de Madrid, centro que se puede considerar representativo en el sistema educativo pues no tiene ninguna característica que lo destaque, ni por su alumnado ni por la estructura del propio centro, del resto de centros tanto de su zona como del global de centros.

Instrumentos

Los tipos de pruebas empleadas para la recogida de datos, abarcan los tres apartados del estudio: por un lado el dominio técnico; y por otro lado el dominio táctico con el que valorar el grado de transferencia táctica que consiguen los estudiantes, que a su vez se divide en conocimiento declarativo y procedimental.

Con el fin de detectar si el dominio técnico condicionaba las soluciones tácticas que se plantearon, se utilizó un test técnico para cada deporte, con dos pruebas de medición para cada uno de ellos. Para el baloncesto las pruebas de pase y bote propuestas por Strand y Wilson (1993) modificadas para alumnos de Secundaria. Y para el floorball se modificaron y adaptaron las propuestas para conducción y pase en fútbol. Los resultados técnicos determinaron que las personas de la investigación no tendrían, de partida, ningún conocimiento o influencia del deporte que no era conocido, permitiéndonos desarrollar la investigación. Estas pruebas han sido utilizadas en otros trabajos por Castejón, Aguado, de la Calle et al. (2001) y Yáñez (2001), además de contar con la fiabilidad necesaria para el nivel del alumnado.

El dominio táctico se ha comprobado mediante dos tipos de pruebas. En cuanto al dominio procedimental que consiste en una prueba directa de situación de ventaja numérica, en nuestro estudio un dos contra uno, se han registrado los datos en una hoja de observación siguiendo las pautas de "registro táctico" (Riera, 2005). La hoja de observación fue validada por cuatro expertos (licenciados en Ciencias de la Actividad Física y Deporte) que imparten su docencia en distintos Institutos de Enseñanza Secundaria con alumnado de ESO, con experiencia de más de diez años en su puesto de trabajo y con titulaciones de ámbito nacional en deportes colectivos (como el baloncesto o el balonmano), con un índice de fiabilidad de r=.93.

En la hoja de observación utilizada hay tres opciones para registrar según la disposición del defensor: si se encuentra situado en posición intermedia (Opción 1), con el jugador con balón (Opción 2) o con el jugador sin balón (Opción 3). Y tres posibilidades de acción o soluciones motrices del jugador con balón: "avanzar", "pasar" o "regatear".

Respecto al conocimiento declarativo relacionado con la situación táctica de ventaja numérica se han utilizado unas pruebas escritas donde se han planteado las mismas situaciones que iban a ser realizadas en la práctica. Estas pruebas escritas fueron validadas por los expertos con un índice de fiabilidad de r=.95.

Procedimiento de las sesiones de intervención

Para llevar a cabo el estudio, se ha realizado la enseñanza de un deporte claramente conocido, como es el baloncesto, habitual en las clases de Educación Física, y una situación que también hay que tratar en este deporte, como es la ventaja numérica. Al alumnado, siempre con el mismo profesor, les fue explicado qué es lo que iban a hacer en baloncesto. Se diseñaron y aplicaron cuatro sesiones de intervención, partiendo del modelo Constructivista planteado que también fueron validadas por los mismos expertos, con un índice de fiabilidad de r=0.96. Una sesión previa sirvió para hacer las pruebas iniciales con las que comprobar el conocimiento técnico y táctico que tenían en los deportes, pasando a partir de aquí a las cuatro sesiones de intervención. La evaluación del conocimiento y la transferencia se realiza después de las cuatro sesiones, con pruebas de floorball y baloncesto.

Estadísticos empleados

En el apartado de análisis de los datos obtenidos hemos aplicado los estadísticos más relevantes y necesarios para el estudio: frecuencias, con mediana y rango promedio como índices de tendencia central y dispersión, tablas de contingencias y de correlaciones para comprobar la solución táctica y su transferencia. La justificación de estos estadísticos está razonada por la naturaleza ordinal de las variables que se han aplicado al estudio. Estos estadísticos nos confirmarán que si hay un alto índice de transferencia, los estudiantes puntuarán de forma similar en las soluciones referidas a las situaciones tácticas de baloncesto y floorball, en los respectivos postest procedimentales y declarativos. Cada situación que hay que resolver en cada uno de los deportes se repite en la prueba un número elevado de veces, habitualmente entre 25 y 30, salvo que se considere que el alumnado ha saturado una de las soluciones (por encima del 70%). De todas las soluciones se obtiene un perfil del alumno (pasa, avanza y pasa-avanza), y cada perfil lo constituye la solución que proporciona de forma mayoritaria en la situación a resolver.

RESULTADOS Y ANÁLISIS

De la gran cantidad de datos, resultados y su correspondiente análisis recogidos en el trabajo original (Yáñez, 2005) vamos a centrarnos en los obtenidos en la valoración del dominio táctico procedimental y declarativo por ser los más relacionados con el objetivo de la investigación. Y de las opciones planteadas en la Opción 1, por ser la más representativa, dado que permite al alumnado la mayor variedad de posibilidades en la toma de decisiones.

Resultados del pretest táctico procedimental en baloncesto y floorball

En este primer apartado tratamos de establecer el punto de partida que tiene el alumnado en ambos deportes y que se muestran en la Tabla 1. Los resultados que se obtienen en baloncesto, sin duda, son diferentes a los de floorball, debido al conocimiento que se tiene del primer deporte, sobre todo provocado por un mayor dominio técnico. Esto hace que en baloncesto la acción que más emplea el alumnado es "avanza", mientras que en floorball la acción más empleada es "pasa". Por otra parte, nos permite comprobar las diferencias que existen entre los estudiantes de nuestro estudio.

En este análisis comprobamos, cómo existe una diferencia entre los dos deportes, fundamentalmente a la hora de utilizar el pase o la conducción (el bote en el caso del baloncesto) para solucionar el problema planteado. Como ya hemos dicho anteriormente, la falta de dominio técnico sobre la conducción de la pelota en floorball (pues implica el dominio del stick) hace que se marque esta diferencia con respecto a la utilización del bote en baloncesto, habilidad que, por lo menos desde un punto de vista genérico, han aprendido en cursos anteriores los alumnos y alumnas. Así vemos cómo en esta Opción 1, en la cual la posición del defensor permite realizar cualquier acción, en el pretest de floorball un 69% del alumnado decide "pasar", por un 43% que lo decide en el pretest de Baloncesto. Mientras que un 15.5% decide "avanzar" en floorball por un 46,6% que lo decide en baloncesto.

	Baloncesto	
	Frecuencia	Porcentaje
Pasa	25	43.1
Avanza y pasa	6	10.3
Avanza	27	46.6
Total	58	100
	Floorball	
	Frecuencia	Porcentaje
Pasa	40	69
Avanza y pasa	9	15.5
Avanza	9	15.5
Total	58	100

Tabla 1. Comparación de las Tablas de Frecuencia en el pretest de Baloncesto y Floorball

Resultados del postest táctico procedimental en baloncesto y floorball

Según los resultados que se reflejan en la Tabla 2 podemos acreditar que se ha producido un aprendizaje de aspectos tácticos a través de las sesiones de enseñanza en baloncesto, sin duda por la transferencia positiva entre lo que ocurre en cada clase y el tipo de prueba que se realiza. Hay que adelantar un nuevo aspecto que no era esperado en los resultados posteriores, y es que la intervención ha permitido mejorar en el dominio técnico propio del deporte, lo que supone que hay un nuevo perfil, derivado de cuatro respuestas: (a) avanza y regatea, (b) pasa, (c) avanza y pasa, y (d) avanza. Se debe a que el alumnado ha comprobado y aplicado conocimientos derivados de la intervención que le sirven para solucionar los problemas del baloncesto y que no aparecieron en los pretest. Sin embargo, en floorball es donde comprobamos que se han transferido los aprendizajes. Recordemos que en este deporte no ha habido intervención, por tanto, todas las respuestas son interpretadas por el alumnado siguiendo las ideas que han obtenido en baloncesto. Para que se confirme nuestro objetivo, es necesario que se den altos resultados en el perfil.

En la Tabla de Frecuencias (tabla 2) comprobamos cómo tienden a igualarse los resultados obtenidos en ambos deportes en la dirección de lo aprendido en las sesiones de intervención, sobre todo si tomamos como referencia los resultados en los pretest tácticos. Y así vemos cómo la posibilidad de "avanzar" es la que más eligen los alumnos para solucionar el problema táctico planteado en esta Opción 1, con unos porcentajes que se aproximan bastante entre sí. Un 77.6% del alumnado la elige en baloncesto y un 65.5% la elige en floorball. La posibilidad de "pasar" está ampliamente representada en el floorball, hecho lógico teniendo en cuenta todos los factores de falta de dominio tanto táctico como técnico en este deporte, aunque tampoco se encuentran lejos de los obtenidos en baloncesto.

	Baloncesto	
	Frecuencia	Porcentaje
Avanza y regatea	1	1.7
Pasa	4	6.9
Avanza y pasa	8	13.8
Avanza	45	77.6
Total	58	100
	Floorball	
	Frecuencia	Porcentaje
Avanza y regatea	-	-
Pasa	17	29.3
Avanza y pasa	3	5.2
Avanza	38	65.5
Total	58	100

Tabla 2. Perfiles obtenidos por las soluciones adoptadas en la prueba postest.

Mediante la tabla de contingencia (Tabla 3), comprobamos cómo, en la línea del anterior análisis, los resultados entre los dos deportes tienden a igualarse y vemos fundamentalmente, cómo 30 alumnos repiten su elección de "avanzar" en floorball y en baloncesto, frente a los seis alumnos que lo hacían en el pretest táctico. Con respecto a la posibilidad de "pasar" sucede el hecho contrario, pues en los pretest de ambos deportes coincidían en elegirla 18 alumnos y alumnas, como forma de solucionar el problema táctico, mientras que en los postest la eligen sólo dos alumnos. Estos cambios son importantes pues nos indican que se ha producido una transferencia de aprendizajes entre las sesiones de intervención en baloncesto y los postest tácticos de floorball. Se mantienen, de todas formas, las diferencias entre los resultados de ambos deportes influidos, porque esta Opción 1 es la más abierta respecto a las posibilidades de elección y requiere por lo tanto un mayor dominio táctico y técnico. Y relacionado con lo anterior, porque al realizarse la intervención sobre el baloncesto la mejora tanto táctica como técnica en este deporte será lógicamente mayor.

Deporte		Baloncesto Postest				
		Avanza y regatea	Pasa	Avanza y pasa	Avanza	Total
Baloncesto Pretest	Pasa	-	4	5	16	25
	Avanza y pasa	-	-	1	5	6
	Avanza	1	-	2	24	27
Total		1	4	8	45	58
		Floorball Postest				
		Pasa	Avanza y pasa	Avanza		Total
Floorball Pre-test	Pasa	14	2	24		40
	Avanza y pasa	1	1	7		9
	Avanza	2	-	7		9
Total		17	3	38		58

Tabla 3. Tabla de Contingencia comparativa entre pretest y postest en ambos deportes.

Como representación, muy clara, de que el alumnado ha sido capaz de transferir los aprendizajes de las sesiones de baloncesto y aplicarlos para resolver los problemas tácticos planteados en floorball podemos ver el siguiente gráfico de columnas agrupadas (gráfico 1) donde se aprecia la variación entre el pretest y el postest.

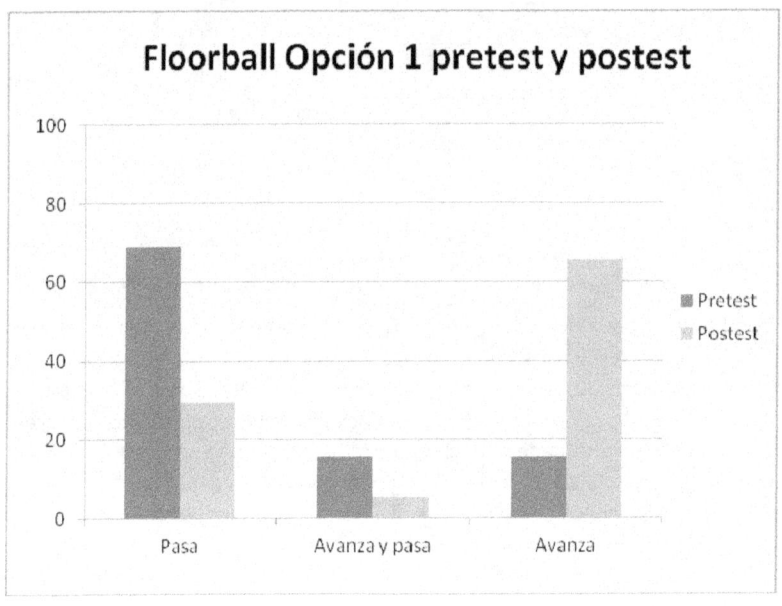

Gráfico 1. Comparación entre pretest y postest táctico en Floorball Opción 1.

Resultados del conocimiento declarativo y los test procedimentales en baloncesto y floorball

Según nuestro objetivo, tenemos que comprobar si el alumnado entiende lo que tiene que hacer en el deporte en cual hemos realizado la intervención, el baloncesto, para confirmar que tienen unas ideas consolidadas al respecto y por lo tanto ser capaces de realizar su transferencia al deporte nuevo, el floorball.

Pretest declarativo y procedimental. En la siguiente tabla (Tabla 4) se exponen las coincidencias y discrepancias entre lo que piensan y dicen (declarativo), con lo que hacen (procedimental) en la situación previa a la intervención en ambos deportes.

Lo primero que observamos en esta Opción 1, que ya hemos indicado es la que más posibilidades de decisión da al alumnado por la posición del defensor y por lo tanto la que va a aportar datos más representativos para su análisis, es que de los 19 alumnos y alumnas que eligen "regatear" en el pretest declarativo, ninguno utiliza esta posibilidad en la prueba procedimental táctica, ni en floorball ni en baloncesto. Esto nos dice que aunque los alumnos y alumnas la consideran una posibilidad clara a realizar, por encima de simplemente "avanzar" e independientemente de sus resultados en las pruebas técnicas de bote y conducción, no la utilizan en la práctica por su falta de aprendizajes tácticos en la utilización adecuada de este aspecto técnico. Este hecho es más representativo en el caso del baloncesto donde, como ya hemos comentado, existe una mayor facilidad para que haya existido una práctica anterior del bote. Estos 19 alumnos que eligen "regatear", en el pretest declarativo se deciden o por "pasar" (9) o por "avanzar" (8) mientras que 2 realizan las dos acciones en el momento de la prueba procedimental táctica de baloncesto. En el caso del floorball, de los 19, (11) eligen "pasar", (5) "avanzan y pasan" y (3) eligen "avanzar".

Por otro lado vemos cómo, en baloncesto, la utilización, por parte del alumnado, de la posibilidad de "pasar" es muy similar, en los resultados totales, entre su uso en la prueba de conocimiento declarativo (27) y su uso en la prueba procedimental táctica de baloncesto (25). Lo mismo sucede en el caso de la utilización del bote, según se puede apreciar en el análisis de estos datos que comparan los resultados de la prueba de conocimiento declarativo y la prueba procedimental táctica, pues si unimos los que utilizan las posibilidades de "avanzar" o "regatear" en las dos pruebas vemos cómo los porcentajes son bastante similares (31 en el primer caso y 33 en el segundo). Aunque si nos centramos en el análisis parcial de los resultados, nos indican que pocos alumnos y alumnas mantienen su decisión entre la prueba de conocimiento declarativo y la prueba procedimental. En el caso de la posibilidad de "pasar" 10 repiten su decisión; y en la utilización de la posibilidad de "avanzar" son sólo 6. Probablemente este hecho se produce por la diferencia entre solucionar un problema a nivel exclusivamente conceptual o hacerlo a nivel procedimental. Pero más importante que este factor es que, al situarnos en las pruebas previas a las sesiones de intervención, el alumnado no ha adquirido los aprendizajes necesarios para ser capaz de solucionar el problema táctico planteado en ambos planos.

En cambio, en el floorball, en los resultados totales, se da una menor repetición en la elección de las posibilidades por parte del alumnado, entre el conocimiento declarativo y la prueba procedimental táctica. En el caso de la posibilidad de "pasar" se utiliza más en la prueba procedimental táctica (27) que en la prueba declarativa (40). Y sobre todo se produce un cambio en la elección entre los que los que elegían "avanzar" en el declarativo y que eligen en su mayoría (75%) "pasar" en la prueba práctica. Si observamos parcialmente los resultados comprobamos que en floorball, a pesar de lo expuesto anteriormente, el alumnado repite en mayor número la posibilidad de pase (20 alumnos y alumnas) tanto en la prueba de conocimiento declarativo como en la procedimental. Esto nos indica que, a la hora de la práctica, el alumnado busca posibilidades más seguras que permitan a los atacantes mantener la posesión del móvil, sobre todo cuando no dominan las habilidades técnicas, como es en el caso del floorball. Y cuando, además, no han realizado aprendizajes sobre las posibles soluciones para la situación táctica planteada que les lleva a no tener un conocimiento sobre qué elemento técnico es mejor utilizar, como ya vimos en el análisis de los pretest técnicos en su relación con los pretest tácticos.

Deporte		Baloncesto Pretest procedimental			
		Pasa	Avanza y pasa	Avanza	Total
Baloncesto Pretest declarativo	Regatea	9	2	8	19
	Pasa	10	4	13	27
	Avanza	6	-	6	12
Total		25	6	27	58
		Floorball Pretest procedimental			
		Pasa	Avanza y pasa	Avanza	Total
Floorball Pretest declarativo	Regatea	11	5	3	19
	Pasa	20	3	4	27
	Avanza	9	1	2	12
Total		40	9	9	58

Tabla 4. Tabla de Contingencia pretest Conocimiento Declarativo y procedimental en ambos deportes

Postest declarativo y procedimental. En la siguiente tabla (Tabla 5) se exponen los mismos planteamientos pero en la situación posterior a la intervención. Ha habido cambios sustanciales en floorball, aparecen menos "pasa", cuyo objeto es desprenderse del móvil para evitar complicaciones, y hay más "avanza", que es la opción en la que se obliga al oponente a definirse, y a partir de esa definición, solucionar el problemas táctico con más garantías.

En el caso del baloncesto vemos como los resultados confirman que, en éste caso, se han producido aprendizajes, a través de las sesiones de intervención, en las que se ha buscado que el alumnado realizara una transferencia vertical tanto de aspectos procedimentales como conceptuales. Comprobamos que los alumnos y alumnas utilizan, al igual que en el floorball, posibilidades que impliquen desplazamiento, ya sea "avanzar" o "regatear", tanto en la prueba de conocimiento declarativo como en la prueba práctica.

En los resultados vemos que la posibilidad de "regatear" solamente es utilizada por un alumno, frente a los 17 alumnos y alumnas, que la eligen en la prueba de conocimiento declarativo. Esto sucede dado que los alumnos, al haber realizado aprendizajes sobre las posibles soluciones para el problema táctico planteado en esta Opción 1, prefieren, en la práctica, buscar posibilidades que les permitan progresar hacia la zona de marca pero sin comprometer la posesión del balón, como son "avanzar", 45 alumnos, o "pasar" (ya sea como posibilidad única o unida a "avanzar") 12 alumnos, objetivo que se ha señalado como importante en las sesiones de intervención.

En el caso de la utilización del pase, que disminuye dado el aumento de las elecciones de conducción, se produce el hecho contrario que en el floorball, pues su utilización es mayor en la prueba de conocimiento declarativo que en la prueba procedimental táctica donde sólo 4 alumnos la utilizan cómo solución única. Aquí la presencia del defensor no es tan decisiva como en el floorball, al disponer los alumnos y alumnas de aprendizajes previos, tanto tácticos como técnicos (utilización del bote como forma de desplazamiento con balón en distintas actividades) para poder solucionar el problema con mayor versatilidad.

En el análisis de los datos referidos al floorball vemos cómo los aprendizajes adquiridos, por transferencia horizontal positiva de las sesiones de baloncesto, hacen que los alumnos y alumnas utilicen para la resolución de este problema táctico (en el cual el defensor se encuentra en posición intermedia permitiendo por lo tanto una progresión hacia la zona de marca) principalmente posibilidades que impliquen desplazamiento, ya sea "avanzar" en la prueba práctica o "avanzar" y "regatear" en la prueba de conocimiento declarativo. Sobre este aspecto se hizo hincapié en las sesiones de intervención, en el sentido de que si el defensor lo permite el primer objetivo es intentar aproximarse a la zona de marca y si se coloca en nuestra trayectoria, una posibilidad, es intentar rebasarle. En la prueba de conocimiento declarativo vemos que 17 (de los 58) alumnos y alumnas utilizan la posibilidad de "regatear" y 29 la posibilidad de "avanzar,"; pero a la hora de la práctica, probablemente por la falta de dominio técnico, dado que no han existido aprendizajes específicos en este sentido, ningún alumno utiliza la posibilidad de "regatear" y se centran en la utilización de la conducción para "avanzar" (38). También podemos comprobar que el pase se utiliza algo menos (12) en la prueba de conocimiento declarativo que en la prueba práctica (17), esto podemos considerarlo como lógico si se tiene en cuenta la presencia física del defensor en esta última. Este hecho es probablemente el responsable de que alumnos que en la prueba de conocimiento declarativo deciden "regatear", elijan "pasar" en la prueba práctica. Como también que aquellos que deciden "avanzar" en la prueba de conocimiento declarativo elijan "pasar" en la prueba práctica. Teniendo en cuenta todos estos datos comprobamos que los aprendizajes procedimentales han facilitado la adquisición de aprendizajes conceptuales y, por lo tanto, estos últimos se han modificado a través de aquéllos.

Deporte		Baloncesto postest procedimental			
		Pasa	Avanza y pasa	Avanza	Total
Baloncesto Postest declarativo	Regatea	-	5	12	17
	Pasa	-	1	11	12
	Avanza	1	6	22	29
	Total	1	12	45	58
		Floorball Postest procedimental			
		Pasa	Avanza y pasa	Avanza	Total
Floorball Postest declarativo	Regatea	6	1	10	17
	Pasa	4	-	8	12
	Avanza	7	2	20	29
	Total	17	3	38	58

Tabla 5. Tabla de Contingencia postest Conocimiento Declarativo y Procedimental en ambos deportes

Si comparamos los gráficos 2 y 3, que resumen la relación entre el conocimiento declarativo y procedimental tanto en las pruebas previas a la intervención como en las posteriores a ella, y tomando como referencia el floorball donde no ha existido intervención, vemos cómo la evolución de los resultados sigue líneas relacionadas y una disminución en la utilización de la posibilidad de "pasar" en la prueba de conocimiento procedimental, en los postest, conlleva una disminución de su utilización en la prueba declarativa. De la misma forma que un aumento en la utilización de la posibilidad de "avanzar" en la prueba procedimental conlleva un aumento de su utilización en la prueba declarativa.

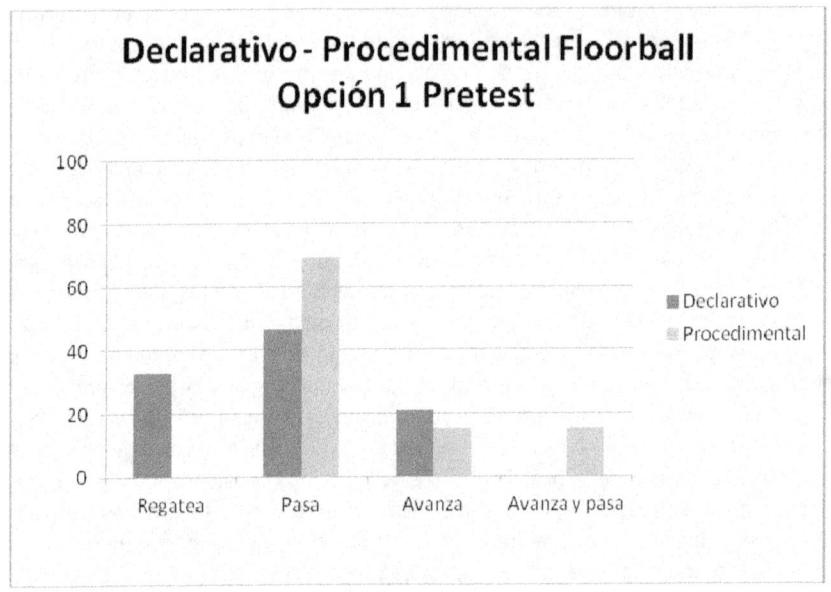

Gráfico 2. Comparación entre el pretest de conocimiento declarativo y el pretest procedimental en floorball. Opción 1.

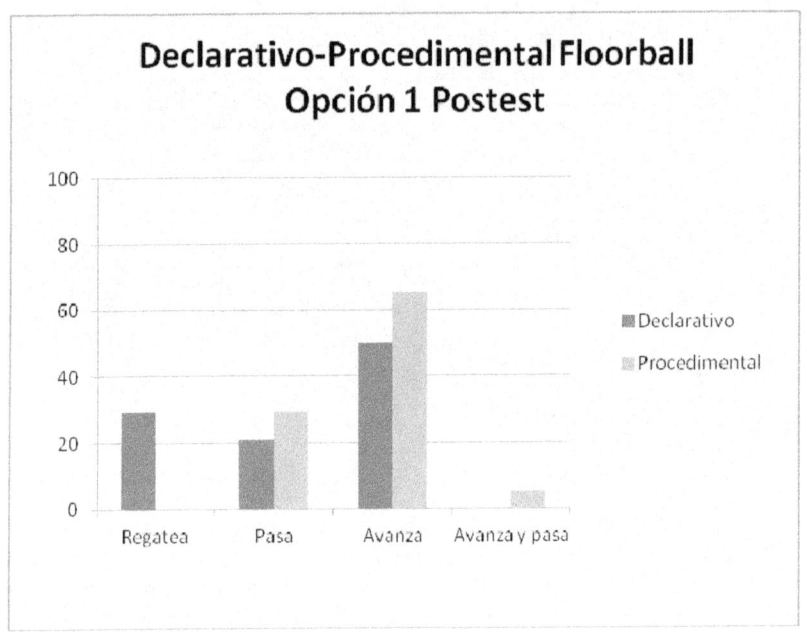

Gráfico 3. Comparación entre el postest de conocimiento declarativo y el postest procedimental en Floorball. Opción 1.

CONCLUSIONES

La preocupación por conseguir que el tiempo disponible en las clases de EF en la ESO, tenga el mayor y mejor aprovechamiento posible, nos ha llevado a comprobar si los aprendizajes adquiridos en un deporte colectivo para la solución de un problema táctico son aplicados, por el alumnado, para la solución de los mismos problemas tácticos en otro deporte colectivo que posee una misma lógica interna. Esto se conseguirá a través de la utilización de procesos de transferencia, tanto vertical como horizontal, aplicados dentro de un modelo de enseñanza que busca que los alumnos y alumnas comprendan qué están aprendiendo y sean capaces de construir nuevos conocimientos en base a lo ya aprendido. Este modelo se caracteriza también por la realización de aprendizajes significativos que integran tanto la táctica como la técnica y por la utilización de un Estilo de Enseñanza que implica cognoscitivamente al alumnado como es la Resolución de Problemas.

Habitualmente los estudios sobre la transferencia indican que los sujetos pueden generalizar aspectos aprendidos en una situación para trasladarlo a otras. En el caso de la presente investigación, hemos confirmado la hipótesis planteada en el sentido de que, entre deportes que poseen una misma lógica interna, el alumnado puede aprender cómo resolver una situación táctica, dos contra uno en un deporte (Baloncesto), y transferir este conocimiento a otro deporte (Floorball). Y esto tanto desde el punto de vista procedimental como declarativo.

Este hecho lo confirman, desde el punto de vista procedimental, los siguientes datos:

Comparando los dos deportes estudiados vemos que en los pretest procedimentales, se produce una diferencia entre los resultados obtenidos, provocada por la diferencia de dominio técnico y la falta de aprendizajes tácticos. En cambio en los postest los resultados tienden a igualarse. Esta igualdad, al no haberse producido aprendizajes directos en floorball, se deberá a la Transferencia Horizontal de las soluciones al problema táctico de dos contra uno, aprendidas en las sesiones de intervención en baloncesto, a los mismos problemas tácticos planteados en floorball.

Si analizamos el floorball, que es la parte fundamental de la investigación, pues es donde se han debido producir los aprendizajes por transferencia, comprobamos cómo el alumnado ha aprendido: (a) a valorar la situación táctica, definida por la posición del defensor, antes de elegir la respuesta al problema táctico planteado; (b) a utilizar aquellas posibilidades aprendidas como más adecuadas para construir la solución al problema táctico planteado en cada Opción; y (c) a que el dominio de la técnica y la comprensión de los problemas tácticos da mayor variedad a la hora de construir soluciones a un problema táctico.

En el análisis del baloncesto comprobamos que los aprendizajes realizados, siguiendo el modelo de enseñanza ya explicado, coinciden con los expresados anteriormente en floorball, pues evidentemente si no fuera así, no podría haber existido transferencia entre ambos deportes.

También comprobamos la transferencia de aprendizajes, si comparamos los resultados procedimentales y los declarativos, que confirman la hipótesis de la investigación, así:

En el caso del floorball, en los pretest, existen diferencias entre las posibilidades utilizadas en la prueba de conocimiento declarativo y en la prueba procedimental, mientras que en los postest las diferencias se reducen significativamente y se comprueba que se ha producido un aprendizaje en ambos niveles.

En baloncesto, en los pretest, donde la posibilidad de aprendizajes previos de la técnica es mayor, la diferencia, entre el conocimiento declarativo y la prueba práctica es mucho menor. A pesar de lo cual en los postest, esta diferencia también se reduce.

En el pretest, tanto en baloncesto como en floorball los alumnos y alumnas eligen posibilidades, en la prueba de conocimiento declarativo, que no se relacionan con su dominio técnico pero, luego las mantienen (en el caso del baloncesto) en la prueba táctica procedimental. En cambio en floorball no mantienen estas decisiones en la prueba táctica procedimental.

En el postest en floorball toman también decisiones, en la prueba de conocimiento declarativo, que no se relacionan con su dominio técnico pero luego mantienen estas decisiones en la prueba táctica práctica. Este hecho es muy importante pues indica que los aprendizajes tácticos, realizados a través de su transferencia de las sesiones de baloncesto, hacen que la técnica no condicione la respuesta de los alumnos y alumnas, disminuyendo la diferencia entre el conocimiento declarativo y el procedimental.

Por último si comparamos los resultados del conocimiento declarativo previo y posterior a la intervención, en el cual no hay ningún factor ni táctico ni técnico que condicione las decisiones del alumnado, también vemos que se ratifica todo lo expuesto anteriormente:

Así, constatamos que el alumnado ha aprendido a tener muy en cuenta la posición del defensor, reflejado en las posibilidades utilizadas en el postest declarativo, a la hora de elegir la solución al problema táctico planteado.

Esto se observa, sobre todo en la Opción 1, donde el alumnado utiliza aquella posibilidad que se ha aprendido, en las sesiones de intervención, cómo más adecuada "avanzar" hasta que el defensor lo permita y una vez en esta situación, si se puede, regatearlo.

Perspectivas de futuro

Aunque los resultados de la investigación parecen indicar claramente que los alumnos y alumnas pueden realizar aprendizajes por transferencia, dentro del ámbito de la Educación Secundaria, entre dos deportes colectivos con una lógica interna similar, habría que comprobar si esto sucede con otros deportes colectivos, donde la técnica tenga mayor o menor importancia o donde los espacios de juego y reglamento condicionen los aprendizajes.

La posible diferencia entre alumnos y alumnas a la hora de realizar aprendizajes por transferencia en una actividad donde la condición física no es determinante sería, como ya hemos señalado, un aspecto cuya investigación creemos muy reveladora.

También la aplicación de este modelo de enseñanza en otros niveles educativos: primaria, bachillerato, ciclos formativos; podría aportar interesantes conclusiones. En este último nivel, donde los planes de estudio se encuentran en revisión y donde la enseñanza de los deportes colectivos no encuentra el grado de desarrollo adecuado, la aplicación de modelos Constructivistas que utilicen procesos de transferencia para el aprendizaje pueden ser muy útiles. De la misma forma que su posible utilización en deportes individuales, sobre todo en aquellos que utilizan implementos (bádminton, tenis, pádel,...).

Otro aspecto igualmente interesante sería estudiar si es posible que se produzcan transferencias retroactivas positivas comprobando si se utilizan los aprendizajes de los deportes aprendidos sucesivamente, al volver a practicar el primer deporte.

BIBLIOGRAFÍA

Algarabel, S. y Dasí, C. (1996). Activación automática y atencional: Efectos nulos de transferencia. *Psicothema, 8*(2), 317-328.

Allard, F., Deakin, J., Parker, S. y Rodgers, W. (1993). Declarative knowledge in skilled motor performance: Byproduct or constituent? En J.L. Starkes y F. Allard (Eds.), *Cognitive issues in motor expertise* (pp. 95-107). Amsterdam: Elsevier.

Arnold, P.J. (1991). *Educación física, movimiento y currículum*. Madrid: MEC/Morata.

Ausubel, D. P. (2002). *Adquisición y retención del conocimiento. Una perspectiva cognitiva*. Barcelona: Paidós.

Bayer, C. (1986). *La enseñanza de los juegos deportivos colectivos*. Barcelona: Hispano europea.

Blomqvist, M., Luhtanen, P. y Laakso, L. (2000). Expert-novice differences in game performance and game understanding of youth badminton players. *European Journal of Physical Educations, 5*, 208-219.

Bunker, D. y Thorpe, R. (1982). A model for the teaching of games in secondary schools. *Bulletin of Physical Education, 18*(1), 5-8.

Castejón, F.J., Aguado, R., de la Calle, M., Corrales, D., Gamarra, A., García, A., Hernando, Á., Martínez, F., Morán, Ó., Ruiz, D., Serrano, H., Suárez, J.R. y de la Torre, A.B. (2001). Transferencia de la solución táctica del atacante con balón en 2x1 entre fútbol y baloncesto. *Habilidad Motriz, 17*, 11-19.

Castejón, F.J. y López, V. (2000). Solución mental y solución motriz en la iniciación a los deportes colectivos en la educación primaria. *Apunts. Educación Física y Deportes, 61*, 37-47.

Contreras, O., De la Torre, E. y Velázquez, R. (2001). *Iniciación Deportiva*. Madrid: Síntesis.

Cuevas, R. (2002) Análisis de la nueva organización de los bloques de contenidos de Educación Física en Educación secundaria. *Apunts. Educación Física y Deportes, 67*, 18-26.

Devís, J. y Peiró, C. (1992). *Nuevas perspectivas curriculares en Educación Física: la salud y los juegos modificados*. Barcelona: Inde.

Duncan, C.P. (1953). Transfer in motor learning as a function of degree of first-task learning and intertask. *Journal of Experimental Psychology, 45*, 1-11.

Ferrari, M. (1999). Influence of expertise on the intentional transfer of motor skill. *Journal of Motor Behavior, 31*(1), 79-85.

Gagné, E.D. (1991). *La psicología cognitiva del aprendizaje escolar*. Madrid: Visor.

Gagné, R.M. (1987). *Las condiciones del aprendizaje* (4ª ed.). México: Interamericana.

Garbarino, J.M., Esposito, M. y Billi, E. (2001). L'orientation de l'action chez les joueurs de football experts: une approche par les verbalisations. *STAPS, 55*, 49-60.

García, L.M. (2004). *La transferencia en los modelos horizontales de iniciación deportiva. Tesis doctoral no publicada*. Toledo: Universidad de Castilla-La Mancha.

Griffin, L.L., Oslin, J. y Mitchell, S. (1995). An analysis of two instructional approach to teaching net games. *Research Quarterly for Exercise and Sport, 66*, A-64.

Holt, N.L., Strean, W.B. y Garcia-Bengoechea, E. (2002). Expanding the teaching games for Understanding model: New avenues for future research and practice. *Journal of Teaching in Physical Education. 21*, 162-176.

Kirk, D. y McPhail, A. (2002). Teaching Games For Understanding and situated learning: Rethinking the Bunker-Thorpe model. *Journal of Teaching in Physical Education. 21,* 177-192.

Knapp, B. (1981). *La habilidad en el deporte*. Valladolid: Miñón.

López, V. y Castejón, F.J. (1998). Técnica, táctica individual y táctica colectiva. Teoría de la implicación en el aprendizaje y la enseñanza deportiva (I). *Revista de Educación Física. Renovar la teoría y la práctica, 68*, 5-9.

Mahlo, F. (1974). *La acción táctica en el juego*. La Habana: Pueblo y Educación.

Mayer, R.E. (2004). *Psicología de la Educación. Enseñar para un aprendizaje significativo*. Madrid: Pearson Prentice Hall.

Mosston, M. y Ashworth, S. (1993). *La enseñanza de la Educación Física. La reforma de los estilos de enseñanza*. Barcelona: Hispano europea.

Parlebas, P. (2001). *Juegos, deporte y sociedades. Léxico de praxiología motriz*. Barcelona: Paidotribo.

Pozo, J.I. (1993). *Teorías cognitivas del aprendizaje* (2ª ed.). Madrid: Morata.

Pozo, J.I. (2001). *Humana mente*. Madrid: Morata.

Riera, J. (2005). *Habilidades en el deporte*. Barcelona: Inde.

Ruiz, L.M. (1997). *Deporte y Aprendizaje*. Madrid: Visor.

Schmidt, R.A. (1988). *Motor Control and Learning. A Behavioral Emphasis* (2ª ed.). Champaign: Human kinetics.

Sicilia, A. y Delgado, M.A. (2002). *Educación Física y Estilos de Enseñanza*. Barcelona: Inde.

Singer, R.N. (1986). *El aprendizaje de las acciones motrices en el deporte*. Barcelona: Hispano europea.

Smeeton N.J., Ward, P. y Williams, M.A. (2004). Do pattern recognition skills transfer across sports? A preliminary analysis. *Journal of Sports Sciences, 22*(2), 205-213

Starkes, J.L. y Ericsson, K.A. (Eds.). (2003). *Expert performance in sports. Advances in research on sport expertise*. Champaign: Human kinetics.

Strand, B. N. y Wilson, R. (1993). *Assessing sport skills.* Champaign: Human kinetics.

Voss, J.F. (1987). Learning and transfer in subject-matter learning: A problem-solving model. *International Journal of Educational Research, 11*, 607-622.

Williams, A.M. y Ericsson, K.A. (2005). Perceptual, cognitive expertise in sport: Some considerations when applying the expert performance approach. *Human Movement Science, 24*, 283-307.

Yáñez, J. (2001). Análisis de las transferencias en el aprendizaje de las soluciones tácticas del atacante con balón en situaciones de dos contra uno, entre dos deportes colectivos. En J.F. Campos, S. Llana y R. Aranda (coord.) *Actas del II Congreso de Ciencias de la Actividad Física y el Deporte: Nuevas aportaciones al estudio de la Actividad Física y el Deporte* (Vol. II, pp. 711-720) Valencia: Universidad de Valencia.

Yáñez, J. (2008). *La enseñanza del deporte colectivo en Educación Secundaria: La utilización de procesos de transferencia para el aprendizaje de soluciones tácticas*. Tesis Doctoral. Departamento de Expresión Musical y Corporal. Universidad Complutense de Madrid.

Yáñez, J. y Castejón, F.J. (2011). La utilización de la transferencia para el aprendizaje de la táctica colectiva deportiva en Educación Secundaria. *Infancia y Aprendizaje, 34*(1), 95-107.

CAPÍTULO VI
DESARROLLO DEL PENSAMIENTO TÁCTICO EN EDAD ESCOLAR[5]

David Gutiérrez Díaz del Campo

INTRODUCCIÓN

El cambio sufrido por las teorías de la instrucción, que han pasado de estar basadas en las teorías conductistas del aprendizaje a las constructivistas, del aprendizaje asociativo al constructivo, está también reflejado en el cambio ocurrido en la iniciación deportiva. El modelo técnico o tradicional, basado en la adquisición de habilidades técnicas mediante la repetición descontextualizada está dejando paso a metodologías en las que el aspecto cognitivo y el aprendizaje contextual tienen gran importancia. La investigación, orientada a los nuevos modelos de enseñanza y a su vez siendo su soporte científico, ha ido modificando su objeto de estudio. Así, se ha pasado de una mayoritaria preocupación por aspectos relacionados con el aprendizaje motor, en los que los análisis eran realizados en contextos aislados, a estudios en los que cada vez se da más importancia a los aspectos cognitivo y contextual. Será precisamente la importancia dada a estos dos aspectos lo que mejor caracterice a las nuevas metodologías en iniciación deportiva.

Oslin y Mitchell (2006) agrupan las mencionadas metodologías alternativas baja la denominación de *Game-Centered Approaches*. Esta denominación incluye al enfoque origen y más extendido *Teaching Games for Understanding* (Bunker y Thorpe, 1982, 1986) y a su posteriores evoluciones como el *Tactical Game Model* (Griffin, Mitchell y Oslin, 1997) o *Play Practice* (Launder, 2001). La descripción realizada por Oslin y Mitchell de la esencia de los *Game-Centered Approaches* es muy cercana a la que usamos en España para designar estos modelos, y que tras un inicio en el que se presentaban bajo dos enfoques diferenciados (estructural y funcional), en la literatura actual aparecen unidos bajo las siglas de ECD (Enseñanza Comprensiva del Deporte).

También Oslin y Mitchell (2006) resumen en cuatro las características de la ECD que la hacen superior al modelo técnico tradicional: (1) mayor motivación por el empleo del juego, (2) transferencia potencial a otros juegos, basada en las similitudes tácticas, (3) desarrolla el componente de toma de decisión, y (4) desarrollo de jugadores inteligentes.

El enfoque compresivo o centrado en el juego cuenta con una tradición de casi tres décadas. En este tiempo la investigación asociada se ha ocupado principalmente del "cómo", de la metodología empleada, en especial en comparación con el modelo técnico. Estos estudios, realizados en todos los niveles educativos (e.g. Educación Primaria, García Herrero, 2001; Tallir, Lenoir, Valcke y Musch, 2007; Educación Secundaria: Griffin, Oslin y

---

[5] Gutiérrez Díaz del Campo, D. (2008). Desarrollo del pensamiento táctico en edad escolar. Directores: Luis Miguel García López y Onofre Contreras Jordán. Departamento de Didáctica de la Expresión Plástica, Musical y Corporal. Facultad de Educación de Ciudad Real. Universidad de Castilla la Mancha.

Mitchell., 1995; Méndez Giménez, 1999; alumnos universitarios, Blomqvist, Luhtanen, y Laakso, 2000; Romero Granados, 2001; y adultos, McPherson y French, 1991). Los estudios citados tienen en común la realización en contextos ecológicos, en los que un docente entrenado en ambos modelos implementa ambos programas, comparando posteriormente las mejoras de uno y otro en variables tales como el rendimiento de juego, el conocimiento, el disfrute o las relaciones sociales. En los mencionados estudios existe una gran diversidad de resultados, siendo la conclusión general la no superioridad clara de un enfoque sobre el otro, y a la vez una manifiesta validez de los enfoques alternativos a la hora de mejorar todos los aspectos del rendimiento de juego, así como de aquellas variables, en menor parte evaluadas pero de gran importancia, como la implicación en el juego (Griffin et al., 1995) y aspectos afectivos y motivacionales (Alison y Thorpe, 1997; Griffin et al., 1995; Méndez Giménez, 1999).

Una vez superada esta línea de investigación aparecen estudios que persiguen, no la justificación del modelo, sino una profundización en el conocimiento de los elementos que pueden mejorar el proceso de enseñanza aprendizaje (e.g. Alison, Pissanos, Turner y Law, 2000; Blomqvist, Vänttinen y Luhtanen, 2005; Castejón Oliva y López Ros, 2000; Griffin, Dodds, Placek y Tremino, 2001). Estas investigaciones tienen en común una preocupación por generar datos extraídos de contextos reales de enseñanza aprendizaje, para lo cual han desarrollado instrumentos de evaluación "auténtica" (Blomqvist et al., 2005). Su fundamentación parte de las teorías constructivistas así como de otras como las perspectivas situadas o ecológicas.

Según lo expuesto, la mayoría de la investigación realizada entorno a la ECD ha tratado tanto de justificar el modelo, como de comprender y mejorar los procesos de enseñanza que emanan de los principios pedagógicos de estos modelos en función de las teorías de aprendizaje. Pero si hasta la fecha se ha estudiado el "cómo", sirviendo para justificar el modelo y mejorarlo, el "cuándo" y el "qué" no han sido abordados por la investigación de forma rigurosa. Las progresiones en los contenidos tácticos presentes en la literatura no están asociadas al desarrollo evolutivo del niño, sino que son establecidas por criterios intuitivos, intuición que en el mejor de los casos proviene de autores prestigiosos y con experiencia, y en la mayoría de ellos, según el único criterio del profesor/entrenador. Esto hace que el niño no alcance todo el potencial del que sería capaz si recibiera la ayuda externa más adecuada a sus capacidades. Por lo tanto, el siguiente paso debe ser el de utilizar el conocimiento científico para el diseño de progresiones de enseñanza que maximicen el potencial de la ECD. Es en este apartado en el que encontramos un campo por explorar, siendo el objeto principal de este trabajo de tesis doctoral.

Desde nuestra perspectiva, el diseño de progresiones dentro de la ECD debe tener en cuenta tres características: (1) utilizar los problemas tácticos como referentes en el diseño de las progresiones y las actividades, (2) utilizar una evaluación auténtica, y (3) tener el cuenta los aprendizajes previos. A continuación se expone cómo se ha abordado en la investigación y en la literatura estas tres características.

Progresiones de enseñanza basadas en los aspectos tácticos

En la literatura se pueden encontrar varias propuestas de clasificación de los problemas tácticos. Probablemente la clasificación y progresión más extendida es la propuesta por Oslin, Mitchell y Griffin, en sus obras (Griffin et al., 1997) para progresiones verticales (fútbol, baloncesto, tenis, etc.). Y Mitchell, Oslin y Griffin (2003) para progresiones horizontales (juegos de invasión, juegos de red, etc.). Otra clasificación es la realizada por Bayer (1992) para deportes de invasión. Este autor considera que existen tres principios fundamentales de actuación en ataque (PFAA): mantener la posesión, progresar hacia el objetivo y conseguir el objetivo. Y y tres principios fundamentales de actuación en defensa (PFAD) que son complementarios de los de ataque: recuperar la posesión, evitar el avance y defender el objetivo. Bayer no describe los PFA como problemas tácticos, sino como contextos de juego, no obstante, estos han sido utilizados como problemas tácticos en el diseño de libros de actividades (e.g. Contreras Jordán, De la Torre Navarro y Velázquez Buendía, 2001; Contreras Jordán, García López, Gutiérrez Díaz del Campo, Del Valle Díaz y Aceña Rubio, 2007; Lasierra Aguilá y Lavega Burgués, 1993). Y en recientes trabajos de investigación (e.g. González Víllora, García López, Gutiérrez Díaz del Campo y Contreras Jordán, 2010; Gutierrez Díaz del Campo, González Víllora, García López y Mitchell, 2011).

Evaluación auténtica

En la ECD se le da una mayor importancia pedagógica a la evaluación, intentando que se acerque a la idea de evaluación auténtica, que es aquella que une lo que es enseñado con cómo es enseñado el contenido, ayudando de esta forma a regular el proceso de enseñanza aprendizaje (Memmert y Harvey, 2008). Los dos instrumentos de evaluación del rendimiento de juego más conocidos y aplicados, tanto en el ámbito de la investigación como el de la enseñanza son el *Team Sport Assessment Procedure* (TSAP) (Gréhaigne, Godbout y Bouthier, 1997) y sobre todo el *Game Performance Assessment Instrument* (GPAI) (Oslin, Mitchell y Griffin, 1998). Otros instrumentos han sido desarrollados en el ámbito de la investigación, aunque sin una aplicación evidente en Educación Física (e.g. Blomqvist et al., 2005; French y Thomas, 1987). Estos instrumentos tratan de aportar una evaluación auténtica mediante la observación de las capacidades durante el juego real (Mitchell, Griffin y Oslin, 2006).

Importancia de los aprendizajes previos

Los alumnos traen consigo experiencias y conocimiento previo a las clases de Educación Física (EF). Basan y negocian el significado de las experiencias de aprendizaje mediante la revisión y creación de significados a partir de sus esquemas previos de conocimiento (Applefield, Huber y Moallem, 2001). Es por esto que comprender el conocimiento previo de nuestros alumnos nos dará información valiosa para planificar la instrucción y por lo tanto facilitar el aprendizaje. Este conocimiento comporta diversas dimensiones, y puede ser aplicado en diferentes situaciones, por lo tanto, debe ser medido a través de diferentes formas. En este sentido Rink, French y Tjeerdsma (1996) exponen que para realizar una evaluación auténtica, la evaluación del rendimiento de juego es importante, pero no suficiente. Debe haber un enfoque multidimensional, donde se considere el conocimiento declarativo y el procedimental, así como dentro y fuera del contexto de juego, ya que "la evaluación del juego únicamente mide la precisión en la implementación de las decisiones" (Rink et al., 1996, p. 399).

En las tres características expuestas encontramos limitaciones que hemos querido abordar en este estudio. La principal es la descrita anteriormente, es decir, la falta de datos extraídos de la investigación que soporten el diseño de progresiones de enseñanza. La segunda está referida a los instrumentos de evaluación. Al proyectar el problema de estudio de esta tesis doctoral, se planteó que la evaluación del conocimiento táctico se debía realizar desde la coherencia de la ECD. En este sentido, en el estudio previo que se hizo de las características de la ECD, se vio que la utilización de problemas tácticos y principios de juego es una de las características más importantes de la aplicación didáctica de estos modelos. Por lo tanto, una evaluación del conocimiento táctico no podía obviar los contextos tácticos de juego. A pesar de existir instrumentos codificados de medición del rendimiento de juego validados, (French y Thomas, 1987; Méndez Giménez, 1999; Turner y Martinek, 1992) ninguno de ellos tenía en cuenta la adecuación al contexto táctico de juego. Estos instrumentos no están referidos a problemas tácticos, sino a elementos técnico-tácticos aislados, lo cual hace que la información extraída no sea del todo válida para organizar una enseñanza basada precisamente en problemas tácticos. Es por ello, que sobre la base de estos instrumentos, se diseñaron los instrumentos de evaluación del estudio.

Basándonos en las teorías constructivistas, con especial atención a las teorías de la información, y en los modelos en los que se basa la ECD, el propósito general de nuestro estudio fue analizar en detalle lo que nuestros alumnos saben, comprenden y son capaces de realizar en situación de juego real, haciendo especial hincapié a su toma de decisión en los distintos contextos de juego que pueden plantearse. De esta forma intentamos conocer el punto de partida sobre el que debemos basar la enseñanza de los deportes de invasión.

OBJETIVOS E HIPÓTESIS ESTUDIO

Nuestra investigación persiguió dos objetivos fundamentales, siendo el segundo una necesidad derivaba del primero.

Objetivo 1. Evaluar y analizar los componentes del rendimiento de juego en juegos de invasión en alumnos de EF con bajo y medio nivel de pericia, en la etapa educativa comprendida entre 2º de Educación Primaria y 2º de ESO.

Objetivo 2. Desarrollar y aplicar nuevos instrumentos de evaluación táctica, tanto en situación real de juego como en otras circunstancias de toma de datos y análisis sobre diferentes tipos de conocimiento.

De acuerdo a estas intenciones la investigación se estructuró de forma general en dos etapas, en la primera se desarrollaron y validaron los instrumentos de evaluación y en una segunda se utilizaron en la población de estudio. De esta segunda etapa se derivaron varios objetivos específicos para cada una de las variables dependientes del estudio (conocimiento de base en deportes de invasión, rendimiento de juego y naturaleza del juego):

1. Conocer la evolución del rendimiento táctico en las edades evaluadas. Hipótesis: existe un mayor rendimiento táctico en los cursos de mayor edad.
2. Conocer si la adecuación a los contextos tácticos definidos por los PFAA (Bayer, 1992) es una variable determinante en la progresión del rendimiento de juego y por lo tanto un elemento importante a tener en cuenta en el proceso de enseñanza aprendizaje. Hipótesis: la adecuación a los PFAA es una variable relevante en el rendimiento de juego.

3. Establecer la edad mínima para el inicio de la enseñanza de deportes de invasión. Hipótesis: los alumnos de 2º de Educación Primaria (7-8 años) poseen las aptitudes necesarias para poderse iniciar en el aprendizaje de los deportes de invasión.
4. Conocer las diferencias que se establecen en torno al rendimiento de juego por razones de sexo en las diferentes edades analizadas. Hipótesis: chicos y chicas muestran similares rendimientos en los componentes cognitivos del rendimiento (conocimiento y toma de decisión) y los chicos alcanzan mejores rendimientos en el componente motriz o ejecución.
5. Conocer las características del rendimiento de juego de los participantes en relación a los distintos elementos del juego en ataque y defensa. Hipótesis: los alumnos desarrollan mayor rendimiento en los elementos técnicos tácticos ofensivos y ligados al balón, que en los defensivos y sin balón.

Objetivos ligados al estudio del conocimiento de base en deportes de invasión

1. Conocer el nivel y evolución del conocimiento de base en deportes de invasión entre los 7 y los 14 años de edad. Hipótesis: existe un mayor conocimiento de base en los cursos de mayor edad.
2. Establecer la existencia de etapas de desarrollo del conocimiento táctico. Hipótesis: existen etapas diferenciadas en el desarrollo del conocimiento táctico, y éstas estarán determinadas por los periodos de desarrollo psicológico descritos por Piaget.
3. Conocer las características del conocimiento de base en deportes de invasión de los participantes en relación a los distintos elementos del juego. Hipótesis: los alumnos poseen mayor conocimiento de las acciones individuales, ofensivas y ligadas al balón, que de las grupales, defensivas y sin balón.

METODOLOGÍA

Participantes y contexto

Esta investigación se enmarcó dentro de un proyecto colaborativo entre la Universidad de Castilla la Mancha y la Consejería de Educación de la Junta de Comunidades de Castilla la Mancha. La muestra estuvo compuesta por 74 alumnos de EF (tabla 1) de segundo (2P), cuarto (4P) y sexto (6P) curso de Educación Primaria, y segundo de ESO (2E); (edades: 7-14 años) del Colegio Público Fernando de Rojas de la Puebla de Montalbán, en la provincia de Toledo. El centro educativo al que perteneció el grupo estudiado fue seleccionado de entre los siete centros participantes en el proyecto por la idoneidad de las instalaciones, la implicación de los maestros de Educación Física y el grado de colaboración del centro.

Se evaluó el rendimiento de juego de todos los participantes, aproximadamente un tercio fueron seleccionados para realizar las entrevistas. Se estableció como criterio inicial haber tenido únicamente experiencias de aprendizaje formales sobre deportes de invasión en las clases de EF. Para ello se administró un cuestionario de experiencia previa, el cual fue analizado teniendo en cuenta el concepto de práctica deliberada definido por Starkes y Ericcson (2003). Al tratarse de un grupo de clase completo y utilizarse las horas de EF, todos los alumnos participaron en el proceso completo, siendo analizados únicamente los alumnos que cumplieron las condiciones descritas. Los sujetos no válidos fueron agrupados en equipos completos. De entre los sujetos válidos se seleccionaron al azar, para ser evaluados, entre 16 y 19 participantes por grupo. Para las entrevistas se decidió establecer como criterio de selección el que los participantes tuvieran un rendimiento y conocimiento de juego medio dentro de su grupo, utilizando para esta selección el criterio del docente especialista. Se les pidió a los docentes que agruparan a sus alumnos en tres grupos de rendimiento y conocimiento de juego, alto medio y bajo. Posteriormente se eligieron al azar 6 participantes del nivel medio en cada uno de los grupos, manteniendo la proporción entre chicos y chicas.

Grupo	Participantes	Juego	Espacio de juego (m.)	Área de gol (m.)	Portería (cm.)
2P: (7-8 años)	16 (8 chicos y 8 chicas)	2 vs. 2	14x7	1,5x2	95x70
4P: (9-10 años)	20 (8 chicos y 12 chicas)	3 vs. 3	30x15	1,5x2	95x70
6P: (11-12 años)	19 (7 chicos y 12 chicas)	4 vs. 4	30x15	3x4	140x105
2E: (13-14 años)	19 (8 chicos y 11 chicas)	5 vs. 5	40x20	3x4	140x105

Tabla 1. Participantes y forma de juego en cada uno de los grupos estudiados.

Instrumentos

Para este estudio fueron diseñados tres instrumentos, uno para evaluar el rendimiento de juego y los otros dos para evaluar el conocimiento de base. Uno de los objetivos de la investigación fue la de relacionar los tipos de conocimiento, por ello ambos instrumentos fueron diseñados para focalizar la evaluación en las mismas parcelas de conocimiento: conocimiento táctico de los elementos técnico tácticos, según la definición de Contreras Jordán et al. (2001), conciencia táctica, según la definición de Mitchell, Griffin y Oslin (1994), y de los PFA descritos por Bayer (1992). A continuación se expone cada uno de los instrumentos.

HERJ: Herramienta de Evaluación del Rendimiento de Juego. El objetivo de este instrumento es medir los componentes cognitivos o de toma de decisión presentes en el rendimiento de juego, así como el componente de ejecución motriz. El diseño de la HERJ estuvo basado en el instrumento de French y Thomas (1987), al que se incorporaron como innovaciones más importantes el estudio de las acciones defensivas, el análisis del componente de toma de decisión en función del contexto de juego y el análisis de las características o naturaleza del juego. El componente de toma de decisión fue analizado en dos niveles. El primer nivel evaluó la toma de decisión en la realización de los elementos técnico-tácticos (e.g. toma de decisión en el desmarque). El segundo nivel evaluó la adecuación al contexto de juego, es decir, el grado de ajuste entre la intención táctica mostrada por el jugador (principio de aplicación que determina la respuesta táctica aplicada por un jugador determinado. Esta respuesta es agrupada en función de los PFA definidos por Bayer, 1992) y la situación de juego presente en el momento de la acción (el principio de situación es el contexto táctico en el que se encuentra un jugador en un momento determinado del juego. Estos contextos tácticos están agrupados en torno a los PFA definidos por Bayer. El principio de situación es una forma de categorizar los contextos tácticos de juego, en función de la idoneidad de realizar una acción de conservación del móvil, progresión o consecución del objetivo, si se trata de un rol ofensivo, y de recuperación del móvil, impedir la progresión, o protección del objetivo si es un rol defensivo. Esta idoneidad vendrá determinada por los componentes del contexto de juego: jugadores atacantes y defensores, y las interacciones que se producen entre ellos, situación del móvil y espacio dentro del terreno de juego en el que se produce el contexto grupal analizado.). La clasificación de los contextos de juego fue establecida siguiendo a Bayer (1992) en su relación de Principios Fundamentales de Actuación (PFA) (1A, primer PFAA: mantener la posesión del móvil; 2A, segundo PFAA: progresar hacia el objetivo; y 3A, tercer PFAA: conseguir el objetivo). Este nivel fue únicamente establecido para las acciones ofensivas. En ambos niveles la decisión correcta fue codificada como (1) y la incorrecta como (0). Por su parte las ejecuciones motrices realizadas correctamente fueron igualmente codificadas como (1) y las incorrectas como (0).

Para el análisis de la ejecución y la toma de de decisión del elemento técnico-táctico, el investigador únicamente tuvo en cuenta la acción del jugador y los compañeros y adversarios implicados directamente, sin atender a la situación global del juego. Por ejemplo, en una acción donde el jugador con balón realiza un pase correctamente ejecutado a un compañero que se encuentra libre de marca, esta acción se codificaría como (1) en la variable ejecución (criterio: el balón llega a su compañero desmarcado con una adecuada velocidad y altura para ser recepcionado); y (1) en la variable toma de decisión del pase (criterio: el jugador pasa a un compañero libre de marca). Por el contrario, para la variable adecuación al contexto de juego, el investigador tuvo que analizar el contexto de juego en el que se enmarcó cada acción. En primer lugar se registró el principio de situación. Después se debía determinar cuál era la intención táctica o principio de aplicación que el jugador realizaba con su acción. Por ejemplo, si el jugador atacante con balón está en situación clara de conseguir gol, su principio de situación es 3A, si en ese contexto realiza un lanzamiento estará aplicando 3A (conseguir el objetivo), pero si decide realizar un pase hacia un compañero retrasado que reinicie la jugada, estará aplicando 1A (mantener la posesión). Esta acción sería codificada como 3A3A en el caso de realizar el disparo, y como 3A1A si realiza el pase. Cuando coincide el principio de situación con el de aplicación se considera una adecuación al contexto de juego correcto, y si no coincide, como incorrecta. Las variables analizadas se muestran en la Tabla 2.

Roles de juego	Adecuación al contexto de juego	Toma de decisión (TD) y ejecución (EJ)
Jugador atacante con balón (JAcB)	Conservar (1A) Progresar (2A) Conseguir el objetivo (3A)	Control (sólo se mide la ejecución) Pase Conducción/Regate Tiro/Remate
Jugador atacante sin balón (JAsB)	Conservar (1A) Progresar (2A)	Desmarque Ayuda
Jugador defensa a atacante con balón (JDaAcB)	-	Marcaje Blocaje defensivo Entrada
Jugador defensa a atacante sin balón (JDaAsB)	-	Marcaje Interceptación Ayuda

Tabla 2. Variables de juego medidas mediante la HERJ.

La HERJ permitió, además de una medición de las variables mencionadas sobre el rendimiento de juego, un estudio de las características del juego, estudio al que denominamos naturaleza del juego. La naturaleza del juego estuvo conformada por información como el porcentaje de acciones realizadas en los diferentes contextos tácticos (principios de situación), el porcentaje de acciones realizadas con una determinada intención táctica (principio de aplicación), el porcentaje de acciones que implican a cada uno de los elementos técnico tácticos, el tiempo real de juego o la implicación de cada jugador en cada uno de los roles.

El juego utilizado para la evaluación del rendimiento de juego fue un juego de balonmano modificado y adaptado a cada edad. Las características fueron las siguientes: juego modificado de balonmano sin porteros; en cada campo se sitúa una portería y un área de meta dentro de la cual no se puede lanzar; la duración del partido fue de dos tiempos de cuatro minutos, con un descanso de tres minutos entre ambas partes. El diseño de este juego modificado de invasión estuvo inspirado en los utilizados en otras investigaciones similares en contextos educativos (Blomqvist et al., 2005; Contreras Jordán, García López y Cervelló Gimeno, 2005; Nevett, Rovegno, Babiarz y McCaughtry, 2001). Las características estructurales del juego fueron estudiadas para que se adaptaran a las características evolutivas de los participantes, de tal forma que pudieran mostrar el máximo rendimiento posible, tanto en los componentes decisionales como de ejecución. Las adaptaciones realizadas para cada edad incluyeron el tamaño de la portería, espacio del terreno de juego y del área, así como del número de jugadores (tabla 1). Especial importancia tuvo la elección del número de jugadores, pues determina en gran medida el número de estímulos presentes y posibles respuestas en cada acción de juego. El número de jugadores por equipo fue establecido mediante un estudio previo en el que se estableció con qué número cada edad mostraba un mejor rendimiento. Los resultados mostraron coincidencia con la propuesta de Mitchell et al. (2003). El juego se grabó desde el fondo de la cancha y desde una situación elevada, de tal forma que se pudiera observar simultáneamente y en todo momento a todos los jugadores.

Instrumento sobre conocimiento de base en deportes de invasión. Su diseño estuvo fundamentado en el sistema de análisis de protocolos verbales de McPherson (1993), y en el estudio sobre las reglas de actuación de Grehaigne y Goodbout (1995). Para abarcar todo el espacio existente entre el conocimiento declarativo y el procedimental (McPherson, 1994) se diseñaron dos entrevistas, una semiestructurada y otra en situación mediante análisis de secuencias de video. Cada una de las entrevistas fue subdividida en varios niveles de conocimiento. En la tabla 3 se muestra cómo estos niveles se ordenan dentro del continuo declarativo-procedimental. Debido a la corta edad de los participantes, se tuvieron en cuenta características especiales como la adaptación del lenguaje, la duración de la entrevista y los medios de transmisión de la información. Para disminuir la importancia de las limitaciones en cuanto a la expresión oral, los entrevistados dispusieron de la posibilidad de apoyar sus respuestas verbales con el manejo de piezas magnéticas sobre una pizarra táctica, así como de realizar gráficos sobre esta pizarra con un rotulador. En este sentido el entrevistador animó en todo momento a los entrevistados a apoyar sus afirmaciones con gráficos, gestos o moviendo las piezas de la pizarra. Las entrevistas fueron grabadas en audio y video, y posteriormente transcritas. A la transcripción de cada pregunta se añadió la descripción de las acciones realizadas por el entrevistado como apoyo a su respuesta.

Entrevista semiestructurada	Entrevista en situación
Conocimiento declarativo	
Nivel I	Nivel I
Enumerar elementos técnico tácticos y asociarlos a los roles de juego	Identificación de elementos técnico tácticos
Nivel II	Nivel II
Función táctica. ¿Para qué?	Identificación de las intenciones tácticas
Nivel III	Nivel III
Aplicación táctica. ¿Cuándo?	Interpretación de la situación contextual
	Nivel IV
	Reglas de actuación aplicadas
Conocimiento procedimental	

Tabla 3. Situación de los niveles de conocimiento presentes en las entrevistas dentro del continuo declarativo-procedimental.

Entrevista semiestructurada. Partiendo de la entrevista diseñada por Griffin et al. (2001), se establecieron cuestiones agrupadas en tres niveles. Los niveles estuvieron ordenados en progresión dentro del continuo declarativo-procedimental (Tabla 3). Las cuestiones establecidas en el primer nivel demandaron conocimiento objetivo o declarativo (ej. nivel I: ¿cuáles son las posiciones de los jugadores en el campo?). En el segundo y tercer nivel las preguntas versaron sobre conceptos interrelacionados y aplicados, y que por lo tanto demandan conocimiento más procedimental (ej. nivel II: ¿para qué se utiliza el desmarque?; ej. nivel III: ¿cuándo se debe realizar un pase? ¿Cuándo no?). La entrevista tuvo una duración de menos de 15 minutos, evitando la fatiga de los entrevistados

Entrevista en situación mediante secuencias de video. La elaboración de esta entrevista estuvo basada en varias fuentes, principalmente en Blomqvist et al., 2005 y Griffin et al., 2001. Se seleccionaron inicialmente 22 secuencias de juego extraídas de partidos de futbol A-7 de categoría alevín y nivel internacional. Finalmente se utilizaron seis secuencias, seleccionadas en función de los elementos técnico-tácticos que se podían apreciar, así como del equilibrio entre acciones correctas e incorrectas. La primera secuencia se utilizó como ejemplo para que el entrevistado conociese exactamente aquello que se le iba a preguntar, y las veces que iba a poder observar la secuencia antes de tener que responder. Se analizaron en total siete acciones ofensivas y cuatro defensivas. Las preguntas sobre cada una de las secuencias se establecieron también en progresión desde aquellas que demandaban un conocimiento puramente declarativo (ej. nivel I: nombra los elementos técnico tácticos que utiliza el jugador que lleva la pelota), a aquellas con una demanda de conocimiento más procedimental (ej. nivel II: ¿Qué intención tiene el jugador del Real Madrid en cada momento de la jugada?) terminando con preguntas sobre las reglas de actuación (ej. nivel IV: ¿por qué esta bien o mal? ¿Qué ves en la jugada para decir que está bien lo que ha hecho, o para decir que está mal tomada la decisión?), siendo éste el nivel más cercano al conocimiento procedimental (Tabla 3). La duración de esta entrevista tampoco excedió los quince minutos.

La codificación de los resultados del instrumento de medida del conocimiento de base, en el caso de la entrevista semiestructurada, estuvo basada en la taxonomía diseñada por Griffin et al. (2001) para el análisis de protocolos verbales. Para la entrevista en situación se utilizó una modificación del protocolo de análisis de secuencias de videos usado por Blomqvist et al. (2005). La agrupación y análisis de los datos de la entrevista semiestructurada se realizó en tres niveles: puntuación global de la entrevista; nivel de conocimiento; y componentes del juego (roles estratégicos de juego, grupal/individual, etc.). En el caso de la entrevista en situación los datos se agruparon según un único criterio: nivel de conocimiento (Tabla 3).

RESULTADOS, ANÁLISIS Y DISCUSIÓN

Los datos sobre el rendimiento de juego se organizaron en cuatro apartados: análisis exploratorio y descriptivo, análisis intergrupal; análisis intragrupal y análisis correlacional. Es importante destacar que en el proceso de transformación de los datos en variables con las que trabajar estadísticamente se crearon variables que englobaron varios aspectos del rendimiento de juego. Los elementos de agrupación fueron aquellos que giran en torno a los roles y componentes del juego. Los primeros, tal y como ha quedado reflejado anteriormente, son JAcB, JAsB, JDaAcB y JDaAsB. Por su parte, como componentes o pares de juego se establecieron defensa/ataque y con balón/sin balón. Estas mismas variables (más las variables "conceptos individuales" y "grupales") se utilizaron para categorizar los datos extraídos de la entrevista semiestructurada. Por su parte los resultados del conocimiento de base extraídos del análisis de las secuencias de video se organizaron en interpretación de la intención táctica, interpretación de la adecuación de la toma de decisión y reglas de actuación aplicadas en la interpretación de la toma de decisión.

Dada la naturaleza de esta publicación se expondrán únicamente una muestra de los datos, de tal forma que se comprendan las decisiones tomadas en cuanto a la validez o invalidez de las hipótesis planteadas. Para una mejor comprensión, los datos y su posterior análisis y discusión se presentan organizados alrededor de los objetivos e hipótesis de estudio, en vez de los apartados establecidos en el trabajo de tesis doctoral (Gutierrez Díaz del Campo, 2008).

Objetivo 1. Conocer la evolución del rendimiento táctico en las edades evaluadas. Hipótesis: existe un mayor rendimiento táctico en los cursos de mayor edad

Este fue el objetivo más amplio del estudio, puesto que incluyó todos los datos recogidos y su comparación por grupos. Si bien la comparación se realizó en todas las variables, agrupadas en descriptoras de los PFAA, ofensivas, defensivas y globales, aquí sólo presentaremos las diferencias encontradas en las variables globales y las descriptoras de los PFAA.

En el gráfico 1 se aprecia que no existió una progresión en todas las variables. Por ejemplo, que en la variable TD sin balón (agrupa las acciones JAsB y JDsB) existió una progresión casi perfecta, pero no es así en la TD en ataque, donde el grupo 4P mostró rendimientos superiores al 6P. Mucho más irregular se muestra la progresión en el resto de variables, especialmente en las descriptoras del componente de ejecución.

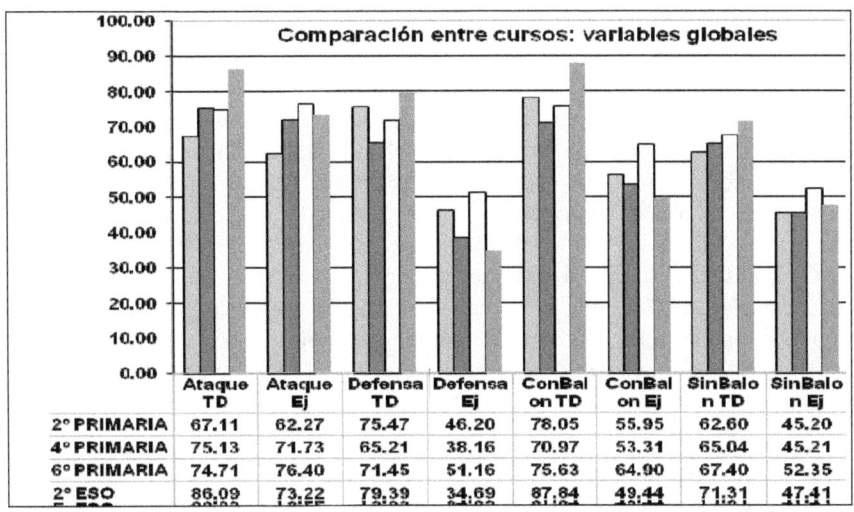

Gráfico 1. Comparación de las variables globales de toma de decisión y ejecución entre los cuatro grupos de edad.

La tabla 4 muestra la comparación estadística de las variables globales y de adecuación a los contestos tácticos o descriptoras de los PFAA. En esta tabla se muestran las variables en las que existieron diferencias significativas entre los grupos, mostrándose subrayadas las variables cuando las diferencias fueron a favor del grupo de menor edad. En esta tabla se puede apreciar que a excepción de 6P, los grupos de mayor edad muestran mejores rendimientos que los de menor edad, y que esta mejora se centra en las variables de toma de decisión y de adecuación a los PFAA. En el caso de 6P aparecen resultados contrarios, mostrando únicamente mejores rendimientos que 2P y 4P en variables de ejecución.

Cursos	4P	6P	2E
2E	*TD Defensa* *TD Con Balón* 1A1A (**) *Adecuación global PFAA*	EJ Ataque (**) EJ Con Balón (**)	*TD Ataque (**)* *TD Con Balón (**)* EJ Defensa 2A2A *Adecuación global PFAA*
4E	-	EJ Defensa (**) EJ Con Balón(**) 1A1A (**) *Adecuación global PFAA (**)*	*TD Ataque (**)* *TD Defensa (**)* *TD Con Balón (**)*
6E	-	-	*TD Ataque (**)* *TD Defensa* *TD Con Balón (**)* EJ Con balón EJ Defensa (**) 3A3A *Adecuación global PFAA*

Tabla 4. Variables con significación estadística en la comparación entre los cuatro grupos de edad en las variables globales del rendimiento de juego: toma de decisión, ejecución y adecuación al contexto táctico (PFAA). Se establece ** cuando la significatividad es a nivel de p>.1; las variables subrayadas indican que la diferencia es a favor del curso de menor edad; las variables referidas a la toma de decisión aparecen en cursiva.

El estudio del rendimiento del juego se complementó con el estudio de la naturaleza del juego. En este estudio se observó que aquellos grupos con mejor rendimiento de juego, 4P y 2E, mostraron un juego más centrado en contextos de progresión, mientras que 2P y 6P mostraron un juego más orientado hacia la conservación. Los jugadores de 4P y 2E mostraron intención de progresar (principio de aplicación) en el 60% y 67% de las acciones respectivamente, por un 50% de las acciones en el caso de 2P y 6P. En el caso de las acciones desarrolladas en un contexto de progresión (principio de situación) esta diferencia fue aún mayor: (4P: 76%; 2E: 78% frente a 2P: 53%; 6P: 54%). Estos resultados fueron inversos en lo referido a contextos de conservación, tanto en la situación como en la aplicación. Según estos datos se puede inferir que los grupos con rendimientos de juego superior realizaron un juego más orientado hacia el objetivo, y los de rendimiento inferior, hacia la conservación. Si bien estos datos por sí solos no demuestran que exista entre estas variables una relación de causalidad.

Se confirmó parcialmente la hipótesis de estudio. Existió un mejor rendimiento general de los cursos de mayor edad, sin embargo el grupo 6P mostró resultados más bajos de lo esperado. Otras conclusiones extraídas fueron: (a) más allá de las diferencias de rendimiento de juego, existieron diferencias en la naturaleza o características del juego; los grupos con mejor rendimiento realizaron un juego más orientado hacia el objetivo; y (b) el componente de ejecución no es un buen indicador del desarrollo o de la pericia en el juego.

Discusión. Estos resultados coinciden parcialmente con estudios anteriores (e.g. Castejón Oliva y López Ros, 2000; French y Thomas, 1987; French, Spurgeon y Nevett, 1995) en los que se muestran mejores rendimientos en los grupos de mayor edad, aunque en la mayoría de los casos estas diferencias no fueron significativas. Si hacemos una analogía de la edad con la *expertise* y con el proceso de aprendizaje, los datos serían coherentes con el estudio de French y Thomas (1987) en el que el componente de toma de decisión fue el que aportó mayores diferencias entre expertos y novatos, por encima del de ejecución. Los datos mostrados son, sin embargo, contrarios a los del estudio de French y McPherson (1999) en beisbol, quienes encontraron que fue el componente de ejecución lo que más aumentó con el aprendizaje. Estos resultados sugieren que frente a otro tipo de deportes, en los deportes de invasión, la toma de decisión es de gran importancia en la mejora del rendimiento, tanto si la variable independiente es la edad, la experiencia o el nivel de pericia.

Objetivo 2. Conocer si la adecuación a los contextos tácticos definidos por los PFAA (Bayer, 1992) es una variable determinante en la progresión del rendimiento de juego y por lo tanto un elemento importante a tener en cuenta en el proceso de enseñanza aprendizaje. Hipótesis: la adecuación a los PFAA es una variable relevante en el rendimiento de juego

El análisis realizado para alcanzar el objetivo y confirmar o no de la hipótesis, fue el estudio de correlación entre los dos niveles de toma de decisión: la toma de decisión en la ejecución del elemento técnico táctico y la adecuación a los contextos tácticos definidos por los PFAA. En el estudio de French y Thomas (1987) la toma de decisión en la ejecución de los elementos técnico tácticos se muestra como la variable más determinante en el nivel de pericia. Esto es confirmado en nuestro estudio donde se mostró como la más representativa en la comparación entre grupos de edad, y por lo tanto del desarrollo del rendimiento de juego. Por lo tanto una correlación positiva confirmaría la hipótesis.

Los datos del estudio de correlación entre la adecuación a 1A y la toma de decisión en los elementos técnico tácticos ejecutados en 1A (pase, conducción y desmarque), mostraron, utilizando la muestra completa, que el pase y el desmarque, cuando son realizados en una situación de conservación del móvil (1A), están correlacionados positiva y significativamente a nivel de $p<.01$, con el rendimiento en la adecuación en 1A. Esto no ocurre en el caso de la conducción. En el resto de los grupos las correlaciones significativas son muy escasas en comparación con los resultados del grupo muestra completa, esto nos lleva a pensar que es el reducido número muestral influye especialmente en este tipo de análisis.

Por su parte los datos del estudio de correlación entre la adecuación a 2A y los elementos técnico tácticos ejecutados en 2A (pase, conducción y desmarque) mostraron correlaciones positivas únicamente en el desmarque. En esta variable mostró diferencias significativas tanto en la muestra completa como en los grupos 2P, 4P y 6P.

Viendo estos resultados podemos afirmar que es muy alta la importancia la que tiene que el jugador decida bien si conservar o progresar en los elementos donde se han hallado correlaciones positivas, ya que esto condicionará el rendimiento en la jugada de una forma doble, por una parte se estará actuando de la forma más adecuada según el contexto de juego y por otra se tendrá una mayor probabilidad de tomar una decisión correcta y alcanzar el éxito en la ejecución.

Otros datos que apoyaron la confirmación de la hipótesis fueron por una parte, que 6P, grupo en el que el pobre rendimiento en cuanto a la adecuación a los PFAA coincide con un bajo rendimiento en la toma de decisión de los elementos técnico tácticos. Y por otra que se confirmó una forma distinta de juego dependiendo de la edad. Con la edad se generan más contextos de progresión, y estos además se asocian a un mayor rendimiento de juego, siendo por lo tanto de gran importancia tener este aspecto en cuenta en el proceso de enseñanza aprendizaje.

Discusión. Estos resultados vienen a confirmar los planteamientos utilizados por diversos autores en sus propuestas de enseñanza. Podemos destacar obras que utilizando problemas tácticos como eje principal de la progresión de enseñanza, han creado progresiones para deportes de invasión. Como ejemplo más significativo y cercano a nuestros planteamientos podemos citar a Mitchell, Oslin y Griffin (2003) en el ámbito anglosajón y Contreras Jordán, et al. (2001) en el español.

Objetivo 3. Establecer la edad mínima para el inicio de la enseñanza de deportes de invasión. Hipótesis: los alumnos de 2º de Educación Primaria (7-8 años) poseen las aptitudes necesarias para poderse iniciar en el aprendizaje de los deportes de invasión

Los resultados sobre el rendimiento de juego han confirmado la hipótesis de que los alumnos de 2P, con edades de 7 y 8 años están preparados para poder iniciar su formación en deportes de invasión. Los resultados sobre rendimiento de juego mostraron no sólo una capacidad suficiente para tomar de decisiones correctas en la acciones de juego, sino de adaptarse a los distintos contextos de juego. Mostraron, sobre todo capacidad, para identificar contextos de logro del objetivo: en un 78% de las acciones en las que el jugador se encontró en situación de disparo, lanzó a portería, y en un 67% de las acciones totales de ataque mostró una intención táctica acorde con el contexto de juego.

En las variables globales (gráfico 2) destacó el alto rendimiento en la TD de las acciones con balón, y el bajo rendimiento en el componente de ejecución, especialmente en acciones defensivas y sin balón: aproximadamente el 45% de las acciones defensivas y sin balón no obtuvieron éxito en la ejecución.

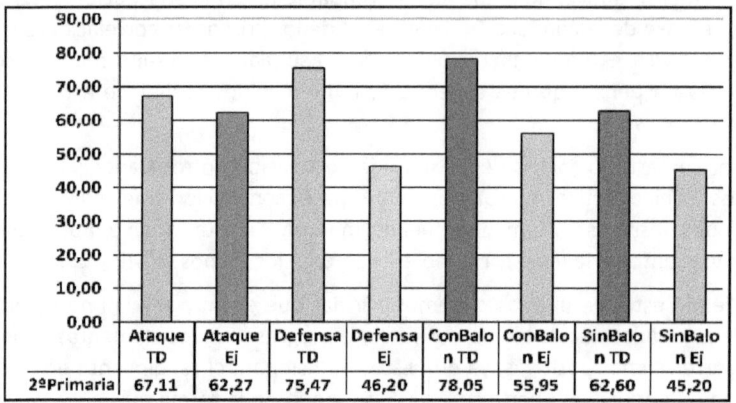

Gráfico 2. Variables globales descriptoras del rendimiento de juego de 2P.

Es muy probable que el alto rendimiento en los componentes de decisión del rendimiento de juego alcanzado por alumnos de tan corta edad, estuviera relacionado con las características del juego modificado utilizado. Esto, unido a los bajos resultados en las variables descriptoras de la ejecución indica que la iniciación deportiva podrá realizarse en estas edades siempre que se plantee desde una metodología centrada en la táctica y con las modificaciones necesarias. Estas modificaciones deben implicar una facilitación en los elementos estructurales y que el componente motriz no sea el limitante principal en el éxito en el juego.

Discusión. Los resultados de la evaluación del conocimiento de base y del rendimiento de juego muestran que existe una gran orientación tanto del juego como del conocimiento de los más pequeños hacia los aspectos del juego más egocéntricos: juego de ataque, juego con balón y juego individual. Esto confirma las teorías mostradas por autores como Martínez de Dios (1996), Bayer (1992) o De la Vega Marcos (2002). En cualquier caso, los resultados nos indican que los alumnos a esta edad son capaces de aprender conceptos básicos referidos a los deportes de invasión. Los resultados son también coherentes con estudios como el de García López (2004) en el que se indica que la edad de inicio a la iniciación deportiva parece poder adelantarse por debajo de los 10 años, edad esta que aparece de forma generalizada en la literatura como la idónea para comenzar la iniciación deportiva. Aún así, creemos que los resultados y argumentos descritos no contradicen lo que autores como Durand (1988) dicen cuando sitúan la edad de iniciación deportiva a los 11 años, ni de aquellos como Blázquez Sánchez (1995), Torres Guerrero y Rivera García (1994) o Personne (1987) quienes advierten del peligro de la especialización temprana, pues partimos de una idea de iniciación deportiva distinta a la contemplada por estos autores, así como de unos objetivos diferentes.

Objetivo 4. Conocer las diferencias que se establecen en torno al rendimiento de juego por razones de sexo en las diferentes edades analizadas. Hipótesis: chicos y chicas muestran similares rendimientos en los componentes cognitivos del rendimiento (conocimiento y toma de decisión) y los chicos alcanzan mejores rendimientos en el componente motriz o ejecución

El análisis de los resultados ha mostrado que sí se establecieron diferencias entre ambos sexos en las variables descriptoras de la toma de decisión, siendo además más importantes y generalizadas que en la ejecución, por lo que no se cumplió la hipótesis. Tomando como referencia la muestra completa, en la adecuación a los principios de actuación se dieron diferencias significativas en el contexto de logro del objetivo (3A); en cuanto a la toma de decisión en los elementos técnico tácticos éstos se dieron en las variables globales Defensa y Sin balón. En cuanto al componente motriz o de ejecución se encontraron también diferencias significativas a favor de los chicos, sin embargo estas no fueron generalizadas, en la muestra completa solo en la variables EJ Sin balón se establecieron diferencias significativas.

Las diferencias en el rendimiento entre ambos sexos, aunque evidentes cuando se analizó la muestra completa, tuvieron un claro componente evolutivo, ya que en los grupos de menor edad, 2P y 4P, los resultados mostraron pocas diferencias entre sexos, ni en los aspectos decisionales ni en los de ejecución. Es a partir de 6P cuando las diferencias entre sexos se hacen más evidentes y cuantificables. En 6P los chicos alcanzan mejores resultados en todos los apartados del juego, y en 2E es donde se da el mayor número de diferencias significativas, aunque no todas a favor de los chicos. El análisis de la naturaleza del juego explicó en gran parte los distintos rendimientos, ya que mostró sobre todo un tipo de juego distinto: más orientado al objetivo y centrado en el balón en los chicos, y conservador y con menos posesión del balón en chicas.

Discusión. Estudios similares aportaron resultados distintos, por un lado Castejón Oliva, Aguado Gómez, Calle Gómez, de los Corrales Martínez, García Bayod y Martínez Alvira (1999), en un estudio realizado con alumnos de 4º, 5º y 6º de Primaria, no encontraron diferencias en el rendimiento entre sexos. Sí lo hicieron Richard, Godbout y Grehaigne (1998), en su estudio, los chicos de todos los grupos (10-14 años) obtuvieron mejores rendimientos en todas las variables evaluadas.

La potencialidad de aprendizaje y el rendimiento motriz son igual para ambos sexos (Singer, 1980), sin embargo, tal y como recoge Ruiz Pérez (1994), los resultados concretos en cuanto al rendimiento motor son la materialización del proceso de socialización y las expectativas. Esto es coherente con haber encontrado mayores diferencias en los cursos superiores. Creemos que no sólo el proceso de socialización previo es importante, sino también las relaciones sociales durante el mismo juego, ya que se encontraron características de participación distintas entre chicos y chicas, (recordamos que todos los partidos fueron mixtos). En este sentido sería necesaria más investigación como la desarrollada por Rovegno, Nevett, Brock y Babiarz (2001) y recientemente por MacPhail, Kirk y Griffin (2008). En ambos estudios se utiliza un enfoque situacional para conocer la influencia de las interacciones sociales en el aprendizaje y enseñanza de los juegos de invasión. Los resultados mostrados conllevan importantes implicaciones didácticas y abren un interesante campo de investigación.

Objetivo 5. Conocer las características del rendimiento de juego de los participantes en relación a los distintos elementos del juego en ataque y defensa. Hipótesis: los alumnos demuestran mayor rendimiento en los elementos técnicos tácticos ofensivos y ligados al balón, que en los defensivos y sin balón

La hipótesis planteada se ha visto confirmada. Los participantes obtuvieron de forma generalizada peores rendimientos en las variables globales Defensa y Sin balón, tanto en el componente decisional como en el de ejecución. En la muestra completa se dieron diferencias significativas, todas a nivel de $p<.001$, entre los pares TD con balón/TD sin balón, EJ Ataque/ EJ Defensa y EJ con balón/EJ sin balón. Estos resultados coinciden con los encontrados en estudios como el de Blomqvist et al. (2005) y parecen indicar la existencia de sesgo en la enseñanza y en el aprendizaje a favor de los componente ofensivos y sobre todo los ligados al balón.

Discusión. Estos resultados son similares a los encontrados por Blomqvist et al. (2005), quienes evaluaron alumnos de edad superior a nuestros participantes, 14-15 años, los participantes alcanzaron los mejores rendimientos en la toma de decisión en las situaciones ofensivas con balón. Según esta autora debido al sesgo en las clases de EF a favor de estas habilidades.

Objetivo 6. Conocer el nivel y evolución del conocimiento de base en deportes de invasión entre los 7 y los 14 años de edad. Hipótesis: existe un mayor conocimiento de base en los cursos de mayor edad

Objetivo 7. Establecer la existencia de etapas de desarrollo del conocimiento táctico. Hipótesis: existen etapas diferenciadas en el desarrollo del conocimiento táctico, y éstas estarán determinadas por los periodos de desarrollo psicológico descritos por Piaget

Los objetivos 6 y 7 fueron alcanzados a partir de los mismos datos, por lo que se exponen de manera conjunta.

En los gráficos incluidos en la figura 1 se muestra la comparación entre grupos en cada una de las categorías en las que se dividieron las dos entrevistas que conformaron el instrumento sobre conocimiento de base. En estos gráficos se aprecia la existencia de progresión con respecto a la edad en todos los apartados de la entrevista semiestructurada, dándose igualmente en el análisis de secuencias de video, salvo entre 6P y 2E, donde se dio un estancamiento de la progresión en el nivel de conocimiento de base. Las diferencias entre los cursos fueron en general significativas cuando los cursos se compararon con dos por encima del suyo, es decir, cuando el intervalo de edad comparado fue de 4 años. Solamente se encontraron diferencias significativas en la entrevista semiestructurada con un intervalo de dos años al comparar los grupos de menor edad, 2P y 4P, tanto en la Puntuación global, como en la Función táctica, que de esta forma sería la parcela de conocimiento que más evolucionaría en esta franja de edad. Se confirma por lo tanto la hipótesis de un mayor conocimiento táctico asociado a la edad. Se observó igualmente el estancamiento a partir de 6P en las variables Interpretación táctica y Reglas de actuación, variables que miden el conocimiento más abstracto, lo que podría ser atribuido a que el nivel de conocimiento mostrado es el límite que puede alcanzar un alumno mediante el currículo actual de EF.

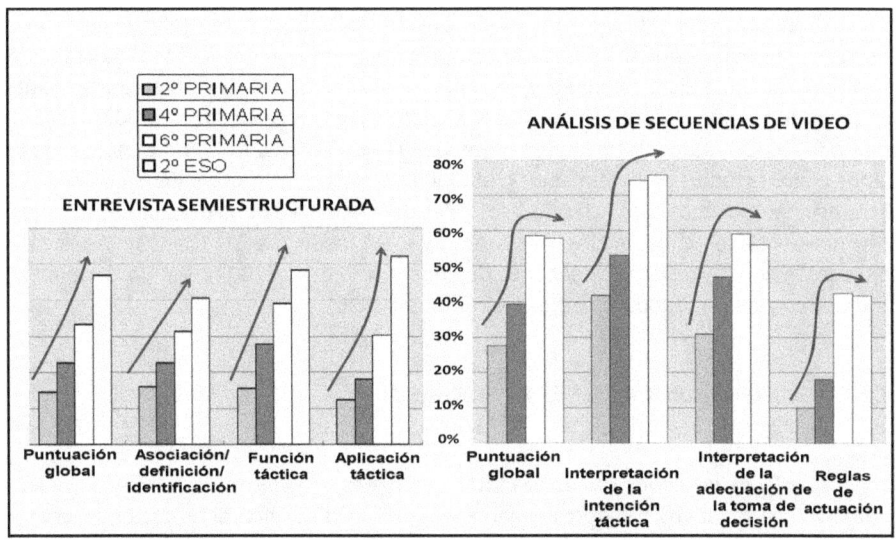

Figura 1. Gráficos de comparación de grupos en las variables medidas del conocimiento de base.

La hipótesis sobre la existencia de etapas en el desarrollo parece confirmarse, ya que la existencia de un intervalo de cuatro años para que se establezcan diferencias significativas entre los grupos, la coincidencia de mejora del conocimiento más abstracto con el paso al estadio de las operaciones formales, y el cambio hacia una mejora notable del conocimiento más elaborado o procedimental son datos coherentes con las teorías del desarrollo de Piaget (1971) y del procesamiento de la información de Anderson (1982).

Discusión. Estos resultados son coherentes a los expuestos en estudios como los de Nevett y French (1997) en beisbol o French y Thomas (1987) en baloncesto, donde los participantes mostraron un mayor conocimiento asociado a la edad. También son coherentes con la teoría de Anderson, quien además del desarrollo, atribuye como causas de mejora del conocimiento a la experiencia y la pericia; componentes estos más elevados en los participantes de mayor edad. Sin embargo la utilización de criterios e instrumentos muy distintos hacen que no podamos comparar el nivel de conocimiento en cada una de las edades con otros estudios.

Objetivo 8. Conocer las características del conocimiento de base en deportes de invasión de los participantes en relación a los distintos elementos del juego. Hipótesis: los alumnos poseen mayor conocimiento de las acciones individuales, ofensivas y ligadas al balón, que de las grupales, defensivas y sin balón

Esta hipótesis se vio confirmada en los resultados de la entrevista semiestructurada, donde se estableció un análisis por componentes del juego. Cuando se analizó la diferencia de conocimiento de base mostrado entre los pares de variables referentes a los componentes del juego (Ofensivo/Defensivo, Individual/Grupal y Con balón/Sin balón) se establecieron diferencias significativas de forma generalizada en todos los grupos, siendo la significatividad muy elevada cuando se utilizó la muestra completa. Las diferencias encontradas entre pares decrecen conforme aumenta la edad de los participantes, siendo muy alta en 2P y existiendo una estabilización entre 4P y 6P.

Discusión. Los resultados muestran que existe una gran centralidad del conocimiento de los más pequeños en los aspectos del juego más egocéntricos y centrados en el balón y el ataque. Estos resultados son coherentes con las teorías mostradas por autores como Martínez de Dios (1996), Bayer (1992) o De la Vega Marcos (2002). Mejores resultados en cuanto a los conceptos ofensivos que defensivos han sido también encontrados en los estudios de Griffin et al. (2001) y Blomqvist et al. (2005). En lo que respecta al conocimiento comparado referido a los roles de juego, se da una gran diferencia en 2P entre los asociados al balón (JAcB y JDaAcB) y a Sin balón (JAsB y JDaAsB), Estos datos concuerdan con los resultados encontrados por Griffin et al. (2001), siendo también coherentes con los resultados encontrados por Auld (2006).

CONCLUSIONES Y APLICACIONES PRÁCTICAS

Aparte de las conclusiones descritas, las cuales estuvieron directamente relacionadas con los objetivos e hipótesis planteados al inicio del proyecto de tesis doctoral, existieron otras que han sido deducidas a lo largo del proceso investigador y que a continuación se exponen:

Se comprobó la existencia de relación entre el conocimiento de base y el rendimiento de juego en sus aspectos de toma de decisión.

Se hallaron claras diferencias entre el juego mostrado por alumnos y alumnas. El carácter de estas diferencias estuvo más ligado a la naturaleza o características de la participación en el juego, que al rendimiento del juego.

A lo largo del estudio se encontraron argumentos de peso que sustentan la utilización de la ECD como método de enseñanza de los juegos deportivos en edad escolar. Entre ellos la influencia de la adecuación a los distintos contextos de juego en el rendimiento de juego, o los altos rendimientos de juego en la toma de decisión relacionados directamente con las modificaciones del juego de evaluación.

El rendimiento en la ejecución motriz ha resultado no ser un indicador fiable del rendimiento de juego y por lo tanto del aprendizaje/desarrollo de los alumnos evaluados. El rendimiento en la ejecución medido durante el juego real está normalmente ligado al éxito en la acción, y por lo tanto depende en gran medida de la acción del oponente. En juegos deportivos donde el medio es inestable e inconstante, cuando nos situamos en contextos de juego real "los sujetos se enfrentan a problemas cuyo nivel de dificultad varía en función del nivel del adversario" (Durand, Geoffroi y Jacquemond, 1998, p. 168). Esta variación de dificultad afectará en mayor medida al éxito de la ejecución que a la toma de decisión.

Esta última conclusión tiene varias consecuencias. Una es que nos ratificamos en basar la enseñanza de los juegos deportivos en los aspectos tácticos, supeditando en las primeras edades la ejecución a situaciones de juego en las que el alumno pueda acceder a la comprensión y éxito en la toma de decisión, tanto de los elementos técnico tácticos aislados, como de los contextos de juego. Con esta afirmación no queremos significar que la ejecución motriz no sea importante o que no deba incluirse el trabajo de la técnica, pero sí que en las primeras edades ésta deba supeditarse en gran medida a los aprendizajes tácticos. La ota es que no debemos basar la evaluación del aprendizaje en los resultados de la ejecución motriz. Es por ello que afirmamos la gran importancia del desarrollo y utilización de instrumentos de evaluación adecuados, que tengan como principal referente evaluador los aspectos decisionales del juego. Y por último, más allá de nuestro ámbito de estudio, y adentrándonos en el paradigma experto-novato, estos resultados nos llevan a cuestionarnos la validez de la ejecución motriz, al menos aquella evaluada durante el juego, como indicador del nivel de pericia.

Aplicaciones prácticas

Dos fueron las principales aplicaciones didácticas derivadas del presente estudio: (1) propuesta de progresión basada en el estudio del rendimiento de juego y centrada en elementos técnico tácticos y PFAA; y (2) propuesta de enseñanza conjunta de los elementos técnico tácticos en función de su relación en el juego.

Las progresión presentada en la tabla 5 es la que correspondiente a 4º de Primaria. Inspirada en la propuesta de Mitchell et al. (2003), esta progresión ha sido diseñada basándose en los resultados alcanzados por los participantes en la toma de decisión de los distintos elementos técnicos tácticos. Los elementos técnico tácticos ofensivos están subdivididos en los contextos tácticos determinados por los PFAA. Tal y como se justificó y explicó en el apartado de metodología, los datos fueron registrados en aquellas situaciones de juego donde cada grupo de edad alcanzó el mejor rendimiento en cuanto a la adecuación a los PFAA. 2P lo hizo en una situación de 2 vs. 2, 4P en un 3 vs. 3, 6P en un 4 vs. 4 y 2E en un 5 vs. 5. Por lo tanto las propuestas presentadas deben entenderse como progresiones en esas situaciones de juego. En cuanto a los mecanismos de ejecución deben ser trabajados dentro del contexto que marca la conciencia táctica, por lo que en las situaciones de enseñanza propuestas, el trabajo de la técnica deber ser considerado y trabajado como herramienta para la solución del problema táctico presentado y no como algo aislado. La salvedad a estas apreciaciones la marca el control, ya que este elemento, en la etapa de iniciación deportiva se trabaja de forma desligada a la toma de decisión. Debemos sin embargo tener en cuenta que el control analizado es el de recepción con ambas manos, y que podría ser distinto si utilizamos otra situación de enseñanza diferente a la propuesta en este trabajo. Las tablas de progresión se diseñaron teniendo en las características de la ECD y de las teorías constructivistas expuestas en el marco teórico, con especial atención al aprendizaje significativo.

En el diseño de las progresiones se establecieron tres niveles dentro de cada una de las etapas educativas. Estos tres niveles vienen determinados por el rendimiento que los alumnos de cada grupo de edad lograron. Los porcentajes de eficacia que marcan los niveles son para cada curso más exigentes, por lo fueron distintos para cada uno, menos entre 2P y 4P, que fueron iguales. Los niveles se ordenaron desde lo que el alumno hace mejor a lo que más le cuesta a nivel decisional, de esta manera potenciamos en primer lugar aquellos aspectos del juego para los que el niño está más preparado, y progresivamente vamos avanzado hacia aquellos en los que tiene mayor dificultad. El aprendizaje planteado es cíclico, puesto que se trabajan todos los elementos técnico-tácticos en todas las etapas, pero en distinta profundidad y en situaciones de juego más complejas en cuanto al número de jugadores.

	Nivel I	Nivel II	Nivel III
Niveles de complejidad técnico-táctica	Más del 75% de eficacia	Entre el 60% y el 75% de eficacia	Menos del 60% de eficacia
ATAQUE			
Sin concreción por principios tácticos — PFAA		Control	
Elementos técnico-tácticos del JAcB — 1A: conservar		Pase / Conducción	
Elementos técnico-tácticos del JAcB — 2A: progresar	Pase	Conducción	
Elementos técnico-tácticos del JAcB — 3A: conseguir el objetivo	Tiro		
Elementos técnico-tácticos del JAsB — 1A: conservar		Desmarque	
Elementos técnico-tácticos del JAsB — 2A: progresar		Desmarque	
DEFENSA			
Elementos técnico-tácticos del JDaAcB — Sin concreción por principios tácticos	Blocaje	Ayuda / Entrada	Marcaje
Elementos técnico-tácticos del JDaAsB — Sin concreción por principios tácticos	Interceptación	Ayuda	Marcaje

Tabla 5. Propuesta de progresión de enseñanza de los elementos técnico tácticos en 4º de Primaria.

En el estudio correlacional (no detallado al completo en este capítulo) se vio cómo el rendimiento mostrado por los participantes en los distintos elementos técnico-tácticos ponía en relación varios de estos elementos. De esta forma se llegó a la clasificación que se muestra en la figura 2 y que puede ser utilizada para el diseño de situaciones de enseñanza en las que, cuando nos centremos en un elemento técnico táctico, tengamos en cuenta como secundarios aquellos que mayor relación tengan con el primario. En los estudios de Nevett et al. (2001) y Auld (2006), se muestran datos similares a los utilizados para realizar esta clasificación. En el primer estudio se estableció que la mejora en el pase estuvo relacionada con la mejora en el desmarque, y ésta con la mejora en las recepciones. El estudio realizado por Auld (2006) se centró en los elementos técnico-tácticos sin balón en un juego modificado de invasión. Una de las conclusiones de este estudio es que los jugadores dependían del jugador que llevaba el balón para alcanzar el éxito. La relación entre estos elementos técnico tácticos sugiere la importancia de examinar estas variables dentro del contexto de juego, debiendo también tener estos datos en cuenta a la hora de la instrucción. Estos datos y conclusiones indican que las acciones en deportes de equipo no pueden ser evaluadas, ni por lo tanto enseñadas, de forma aislada, sino dentro del contexto de juego, ya que estas se verán influenciadas por el nivel de destreza en la ejecución (French et al., 1995) y por las acciones de los compañeros (Nevett et al., 2001).

> **Elementos técnico tácticos similares**
> Pase-tiro
> Conducción-desmarque
> Marcaje-ayuda
> **Elementos técnico tácticos encadenados**
> Control-tiro
> Control-conducción
> **Elementos técnico tácticos complementarios**
> Pase-desmarque
> **Elementos técnico tácticos opuestos**
> Pase-intercepción
> Tiro-intercepción
> Conducción-marcaje
> Desmarque-marcaje
> Tiro-blocaje

Figura 2. Categorización y listado de elementos técnico tácticos con correlación positiva.

PROSPECTIVA DE LA INVESTIGACIÓN

Sería de gran interés comprobar si en cada una de las franjas de edad evaluadas es más adecuado incidir sobre los aspectos que el alumno tiene tendencia a hacer y realiza con mayor eficacia, como lo es el de lograr el objetivo en 2º de Primaria, o progresar con el móvil en 6º de Primaria, o bien trabajar los contextos del juego en los que se muestra menor eficacia. Otro estudio que complementaría el nuestro es el que podría realizarse analizando el rendimiento de juego medido en situaciones de juego donde se enfaticen los distintos PFAA. Esta investigación y su comparación con el rendimiento en contextos globales de nuestro estudio podrían aportar datos muy interesantes sobre la aplicación didáctica de juegos modificados. Blomqvist et al. (2005) desarrollaron un estudio de características muy similares al que proponemos, pero no llegaron a analizar y comparar el rendimiento de juego en los tres juegos modificados utilizados. Para acabar queremos proponer otra vía de estudio, que es aquella que analice desde la perspectiva ecológica las relaciones establecidas entre los componentes de los equipos y más concretamente las establecidas por razón de género. Estudio que investigue cómo estas relaciones afectan al rendimiento y a la naturaleza del juego. Esta vía de investigación estaría en la dirección de las publicaciones de Rovegno et al. (2001) y la reciente de MacPhail et al. (2008), quienes aplican el enfoque situacional para el estudio de las interacciones sociales en el proceso de enseñanza aprendizaje de los juegos de invasión. En este sentido un interesante proyecto sería replicar la evaluación del rendimiento de juego de esta investigación, pero conformando equipos del mismo sexo; de esta forma podríamos conocer si los resultados que muestran que chicos y chicas juegan de forma distinta, se deben a los aprendizajes previos o la composición mixta de los equipos, y por lo tanto a la naturaleza social de los juegos deportivos de invasión. Los resultados de tal investigación tendrían aplicaciones didácticas muy importantes pues entrarían a formar parte del debate de una EF mixta o segregada.

BIBLIOGRAFÍA

Allison, P. C., Pissanos, B. W., Turner, A. P. y Law, D. R. (2000). Preservice physical educators' epistemologies of skillfulness. *Journal of Teaching in Physical Education, 14*(2), 141-161.

Alison, S. y Thorpe, R. (1997). A comparison of the effectiveness of two approaches to teaching games within physical education. A skills approach versus a games for understanding approach. *The British Journal of Physical Education, 28(3)*, 9-13.

Anderson, J. R. (1982). Acquisition of Cognitive Skill. *Psychological Review, 89*(4), 369-406.

Applefield, J., Huber, R. y Moallem, M. (2001). Constructivism in theory and practice: Toward a better understanding. *High School Journal, 84*(2), 35-53.

Auld, R.K. (2006). *The relationship between tactical knowledge and tactical performance for varying levels of expertise.* Tesis doctoral no publicada. Rhode Island: University of Rhode Island and Rhode Island College.

Bayer, C. (1992). *La enseñanza de los juegos deportivos colectivos.* Barcelona: Hispano Europea.

Blázquez Sánchez, D. (1995). Métodos de enseñanza de la práctica deportiva. En D. Blázquez Sánchez (Ed.), *La iniciación deportiva y el deporte escolar* (pp. 251-286). Barcelona: Inde.

Blomqvist, M., Luhtanen, P. y Laakso, L. (2000). Expert-novice differences in game performance and game understanding of youth badminton players. *European Journal of Physical Education, 5*(2), 208-219.

Blomqvist, M., Vänttinen, T. y Luhtanen, P. (2005). Assessment of secondary school students' decision-making and game-play ability in soccer. *Physical Education & Sport Pedagogy, 10*(2), 107-119.

Bunker, D. y Thorpe, R. (1982). Model for the teaching of games in secondary schools. *Bulletin of Physical Education, 18*(1), 5-8.

Bunker, D. y Thorpe, R. (1986). Is there a need to reflect on our games teaching? En R. Thorpe, R. Bunker y L. Almond (Eds.), *Rethinking games teaching* (pp. 25-34). Loughborough: Department of Physical Education and Sports Science.

Castejón Oliva, F.J., Aguado Gómez, R., Calle Gómez, M., del Corral Martínez, D., García Bayod, A. y Martínez Alvira, F. (1999). La enseñanza del deporte de iniciación con estrategia técnica, táctica y técnico-táctica. *Actas del XVII Congreso Nacional de Educación Física.* Huelva: Universidad de Huelva.

Castejón, F.J. y Lopez Ros, V. (2000). Solución mental y solución motriz en la iniciación a los deportes colectivos en la educación primaria. *Apunts, Educación Física y Deportes, 61*, 37-47.

Contreras Jordán, O. R., García López, L. M., y Cervelló Gimeno, E. (2005). Transfer of tactical knowledge: From invasion games to floorball. *Journal of Human Movement Studies, 49*, 193-213.

Contreras Jordán, O.R., De la Torre Navarro, E. y Velázquez Buendía, R. (2001). *Iniciación Deportiva.* Madrid: Síntesis.

Contreras Jordán, O.R., García López, L.M., Gutiérrez Díaz del Campo, D., Del Valle Díaz, S. y Aceña Rubio, R.M. (2007). *Iniciación a los deportes de raqueta. La enseñanza de los deportes de red y muro desde un enfoque constructivista.* Barcelona: Paidotribo.

De La Vega Marcos, R. (2002). *Desarrollo del metaconocimiento táctico y comprensión del juego: un enfoque constructivista aplicado al Fútbol.* Tesis doctoral no publicada. Madrid: Universidad Autónoma de Madrid.

Durand, M. (1988). *El niño y el deporte.* Barcelona: MEC-Paidós.

Durand, M., Geoffroi, V. y Jacquemond, L. (1999). Constancia y estabilidad de las tareas, invariancia de las adaptaciones motrices y técnica deportiva. En J.P. Famose (ed.), *Cognición y rendimiento motor* (pp. 155-175). Barcelona: Inde.

French, K.E. y McPherson, S.L. (1999). Adaptations in response selection processes used during sport competition with increasing age and *expertise*. *International Journal of Sport Psychology, 30*(2), 173-193.

French, K.E. y Thomas, J.R. (1987). The Relation of Knowledge Development to Children's Basketball Performance. *Journal of Sport Psychology, 9*(1), 15-32.

French, K.E., Spurgeon, J.H. y Nevett, M.E. (1995). Expert-novice differences in cognitive and skill execution components of youth baseball performance. *Research Quarterly for Exercise & Sport, 66*(3), 194-201.

García Herrero, J.A. (2001). *Adquisición de la competencia para el deporte en la infancia: el papel del conocimiento y la comprensión en la toma de decisiones en balonmano*. Tesis doctoral no publicada. Cáceres: Universidad de Extremadura.

García López, L. . (2004). *La transferencia en los modelos horizontales de iniciación deportiva*. Tesis doctoral no publicada. Toledo: Universidad Castilla-La Mancha.

González Víllora, S., García López, L.M., Gutiérrez Díaz del Campo, D. y Contreras Jordán, O.R. (2010). Estudio descriptivo sobre el desarrollo táctico y la toma de decisiones en jóvenes jugadores de fútbol (12 años). *Infancia y Aprendizaje 33*, 489-501.

Grehaigne, J.F. y Godbout, P. (1995). Tactical Knowledge in Team Sports from a Constructivist and Cognitivist Perspective. *Quest, 47*(4).

Grehaigne, J.F., Godbout, P. y Bouthier, D. (1997). Performance assessment in team sports. *Journal of Teaching in Physical Education, 16*, 500-516.

Griffin, L.L., Dodds, P., Placek, J.H. y Tremino, F. (2001). Middle School Students' Conceptions of Soccer: Their Solutions to Tactical Problems. *Journal of Teaching in Physical Education, 20*(4), 324-340.

Griffin, L.L., Mitchell, S. A. y Oslin, J.L. (1997). *Teaching sport concepts and skills: a tactical games approach*. Champaign: Human kinetics.

Griffin, L. L., Oslin, J. L. y Mitchell, S. A. (1995). An Analysis of Two Instructional Approaches to Teaching. *Research Quarterly for Exercise and Sport, 66*(Suppl.), A-64.

Gutiérrez Díaz del Campo, D. (2008). *Desarrollo del pensamiento táctico en edad escolar*. Tesis doctoral no publicada. Ciudad Real: Universidad de Castilla-La Mancha.

Gutiérrez Díaz del Campo, D., González Víllora, S., García López, L.M. y Mitchell S. (2011). Differences in decision making development between expert and novice invasion games players. *Perceptual & Motor Skills 112*, 871-88.

Lasierra Aguilá, G. y Lavega Burgués, P. (1993). *1015 juegos y formas jugadas de iniciación a los deportes de equipo* (Vol. I). Barcelona: Paidotribo.

Launder, A. G. (2001). *Play practice. The games approach to teaching and coaching sports*. Champaign: Human kinetics.

MacPhail, A., Kirk, D. y Griffin, L. (2008). Throwing and Catching as Relational Skills in Game Play: Situated Learning in a Modified Game Unit. *Journal of Teaching in Physical Education, 27*(1), 100-115.

Martínez de Dios, C. (1996). *Hockey*. Madrid: Ministerio de Educación y Ciencia.

McPherson, S.L. (1994). The Development of Sport *Expertise*: Mapping the Tactical Domain. *Quest, 46*(2), 223.

McPherson, S.L. y French, K.E. (1991). Changes in Cognitive Strategies and Motor Skill in Tennis. *Journal of Sport & Exercise Psychology, 13*(1), 26-41.

McPherson, S.L. (1993). Knowledge representation and decision making in sport. En J.L. Starkes y F. Allard (Eds.), *Cognitive issues in motor expertise* (pp. 159-188). Amsterdam: Elseiver.

Memmert, D. y Harvey, S. (2008). The Game Performance Assessment Instrument (GPAI): Some Concerns and Solutions for Further Development. *Journal of Teaching in Physical Education, 27*(2), 220-240.

Méndez Giménez, A. (1999). *Análisis comparativo de las técnicas de enseñanza en la iniciación a dos deportes de invasión: el floorball patines y el baloncesto*. Tesis doctoral no publicada. Granada: Universidad de Granada.

Mitchell, S. A., Oslin, J. L. y Griffin, L. L. (2003). *Sport Fundations for Elementary Physical Education. A Tactical Games Approach*. Champaign, I.L.: Human Kinetics.

Mitchell, S., Griffin, L. y Oslin, J. (2006). *Teaching sport concepts and skills: a tactical games approach*. Champaign: Human kinetics.

Mitchell, S.A., Griffin, L.L. y Oslin, J.L. (1994). Tactical awareness as a developmentally appropriate focus for the teaching of games in elementary and secondary physical education. *Physical Educator, 51*(1), 21-28.

Mitchell, S.A., Oslin, J.L. y Griffin, L.L. (2003). *Sport Fundations for Elementary Physical Education. A Tactical Games Approach*. Champaign: Human Kinetics.

Nevett, M., Rovegno, I., Babiarz, M. y McCaughtry, N. (2001). Changes in Basic Tactics and Motor Skills in an Invasion-Type Game After a 12-Lesson Unit of Instruction. *Journal of Teaching in Physical Education, 20*(4), 353-369.

Nevett, M.E. y French, K.E. (1997). The development of specific planning, rehearsal, and updating of plans during defensive youth baseball game performance. Research. *Quaterly for Exercise & Sport, 68*(3), 203-214.

Oslin, J. L., Mitchell, S. A. y Griffin, L. L. (1998). The game performance assessment instrument (GPAI): development and preliminary validation. *Journal of Teaching in Physical Education, 17*, 231-243.

Oslin, J.L. y Mitchell, S.A. (2006). Game-centered approaches to teaching physical education. En M. O'Sullivan, D. Kirk y D. Macdonald (Eds.), *Handbook of Physical Education* (pp. 627-650). Champaign: Human kinetics.

Personne, J. (1987). *Aucune médaille ne vaut la santé d'un enfant*. Paris: Denoël.

Piaget, J. (1971). The theory of stages in cognitive development. En D. R. Green, M. P. Ford y G. B. Flamer (Eds.), *Measurement and Piaget*. New York: McGraw-Hill.

Richard, J. F., Godbout, P. y Grehaigne, J. F. (1998). The establishment of team-sport performance norms for grade 5 to 8 students. *AVANTE, 4*(2), 1-19.

Rink, J. E., French, K. E. y Tjeerdsma, B. L. (1996). Foundations for the Learning and Instruction of Sport and Games. *Journal of Teaching in Physical Education, 15*(4), 399-417.

Romero Granados, S. (2001). *Formación deportiva: nuevos retos en educación*. Sevilla: Universidad de Sevilla.

Rovegno, I., Nevett, M., Brock, S. y Babiarz, M. (2001). Chapter 7. Teaching and Learning Basic Invasion-Game Tactics in 4th Grade: A Descriptive Study from Situated and Constraints Theoretical Perspectives. *Journal of Teaching in Physical Education, 20*(4), 370-388.

Ruiz Pérez, L. M. (1994). *Desarrollo motor y actividades físicas*. Madrid: Gymnos.

Singer, R. N. (1980). *Motor Learning and Human Performance*. New York: McMillan.

Starkes, J.L. y Ericsson, K.A. (2003). *Expert performance in sports: Advances in research on sport expertise*. Champaign: Human kinetics.

Tallir, I. B., Lenoir, M., Valcke, M. y Musch, E. (2007). Do alternative instructional approaches result in different game performance learning outcomes? Authentic assessment in varying game conditions. *International Journal of Sport Psychology, 38*(3), 263-282.

Torres Guerrero, J. y Rivera García, E. (1994). *Juegos y deportes alternativos y adaptados en Educación Primaria*. Granada: Rosillo's.

Turner, A. P. y Martinek, T. J. (1992). A comparative analysis of two models for teaching games - technique approach and game-centered (tactical focus) approach-. *International Journal of Physical Education, 29*(4), 15-31.

CAPÍTULO VII
EL APRENDIZAJE COOPERATIVO EN LA INICIACIÓN DEPORTIVA[6]

Javier Fernández-Río

INTRODUCCIÓN

Desgraciadamente, la sociedad actual está basada en el éxito a cualquier precio. Esta realidad provoca que se produzcan, de manera habitual, manifestaciones agresivas y violentas de toda índole, especialmente en la resolución de conflictos. Esta circunstancia también se produce en el mundo del deporte, y lo que es aún más grave, en el contexto educativo. Como acertadamente señala Gutiérrez (1998), nos encontramos en una situación de crisis de valores en una sociedad extremadamente competitiva. Incluso Johnson, Johnson, Holubec y Roy, (1984) describen dos crisis más: una de rendimiento educativo (altas tasas de fracaso escolar y de analfabetos funcionales) y otra de socialización (niños desconectados de compañeros y padres). En esta misma línea de argumentación, el profesor Ovejero (1993) describe problemas relacionados con la falta de motivación (actitudes negativas hacia la escuela) y con la integración escolar (los estudiantes no interiorizan los valores y las normas de la escuela). Infelizmente, el sistema educativo actual prima la inteligencia académica sobre las relaciones sociales. Sastre (1998, p. 22) lo describe así: "las ciencias encerradas en los fríos muros de una determinada manera de concebir la racionalidad, carecen de una parte fundamental de su significado y exigen al alumno que llegue a ellas despojándose de cualquier connotación afectiva". No obstante, si el estudiante no aprende sobre la vida afectiva y las formas de establecer relaciones interpersonales, sobre el significado e importancia de las diversas actitudes, comportamientos y manifestaciones emotivas propias y de las demás personas, quedará a merced del medio social que le rodea, en el que predominan modelos de respuesta agresiva, incontrolada, ineficaz y destructiva (Busquets, 1998).

Por otro lado, la imagen tradicional de la Educación Física suele ser la de una asignatura que es apreciada por la amplia mayoría de los estudiantes de cualquier nivel educativo. Una clase a la que todos quieren ir porque es agradable y en la que se disfruta; como señala un estudiante: "yo recuerdo que disfrutaba de este juego cuando era niño, pero como suele ser habitual de todos los varones que eran muy habilidosos" (Mays y Langley, 1998, p. 69). A pesar de todo lo dicho con anterioridad, es importante poner el foco de atención sobre la última parte de esta intervención, porque existe un porcentaje de estudiantes que no tienen una percepción tan positiva de la clase de Educación Física; muy al contrario, realmente son infelices en su experiencia con esa materia y Carlson (1995) lo cifra en aproximadamente un 25% de cada clase. Entre los aspectos negativos

---

[6] Fernández Río, J. (2002). El aprendizaje cooperativo en el aula de Educación Física para la integración en el medio social. Análisis comparativo con otros sistemas de enseñanza y aprendizaje. Directora: Carmen González González de Mesa. Departamento de Ciencias de la Educación. Universidad de Oviedo.

detectados por autores como Kirk (1990), Portman (1995) o Tinning (1992) figura un excesivo énfasis en la eliminación, un bajo tiempo de participación, una abundancia de individualismo, una desmedida competitividad, una negativa recreación de desigualdades o unas limitadas posibilidades de éxito para la mayoría. En resumen, algunos estudiantes de secundaria veían sus clases de Educación Física "aburridas, intimidatorias e irrelevantes para sus vidas" (Ennis et al., 1997). Por eso, autores como Marcotte y Savard (1998) consideran que si la Educación Física debe sobrevivir en nuestro sistema escolar debe ser más que simple actividad física; sus medios tienen un enorme potencial para el desarrollo físico, pero también para el desarrollo socioafectivo y cognitivo del alumnado, ya que el objetivo fundamental de la educación es proporcionar al individuo valores, conocimientos y habilidades. Sadker y Sadker (1994) consideran que quizá los estudiantes, especialmente los que tienen percepciones negativas de la clase de Educación Física, se sientan más cómodos y se involucren más si se les sitúa en actividades basadas en el aprendizaje cooperativo.

Así mismo, autores como Seirul-lo (1995) consideran que las condiciones en las que se practiquen las tareas del aprendizaje deportivo son las que hacen del deporte un elemento educativo, pues son las que conducen a la estructuración de la personalidad del deportista. Por ello, la simple participación deportiva no puede considerarse una educación en valores positivos. En efecto, Bredemeier y Shields (1996) plantean que el simple hecho de practicar deporte no proporciona el desarrollo de los valores deseados; si un docente desea promocionar unos u otros valores debe incluirlos entre sus objetivos. Para Solomon (1997), éste es el que tiene la verdadera responsabilidad y la oportunidad de crear situaciones que promuevan el desarrollo del carácter de los niños a través del deporte. En efecto, para Trepat (1995) éste contiene valores fundamentales de desarrollo personal, pero se ha creado el peligroso mito de que el auténtico valor del deporte consiste en ganar, y por ello Gutiérrez (1995) plantea que el docente de Educación Física tiene una gran responsabilidad sobre la interpretación que del deporte llegan a crearse sus estudiantes (importancia de ganar o perder y la forma de utilizar los resultados conseguidos). Por ello, de la Torre (1998) se pregunta: ¿es educativa la competición deportiva? Y se podría contestar que sí que lo es cuando se considera una consecuencia más del juego, no siempre ganan los mismos, es fuente de información hacia la mejora, educa el autocontrol, supone un estímulo de autosuperación y se modifica y adapta a las posibilidades de los estudiantes. Pero ¿se desarrolla el aprendizaje del deporte en nuestras aulas de Educación Física bajo estas premisas? Autores como Mateos (1988) plantean que no es cuestión de eliminar el deporte del contexto educativo, sino que no contradiga, por sus métodos, los fines del mismo. Así, el deporte escolar tiene que ser fuente de alegría y divertimento para todos; debe ser educador en valores como la cooperación, la superación de obstáculos, el compañerismo, la solidaridad o la aceptación de normas.

En otro orden de cosas, uno de los aspectos más importantes de la formación de las personas es el del autoconcepto. Se trata de las percepciones que una persona mantiene sobre sí misma en base a la propia experiencia y al ambiente que la rodea (Shavelson, Hubner y Stanton, 1976). Por ello, la adolescencia es el periodo de la vida donde la adquisición de la propia identidad personal parece ser la tarea principal, donde la persona revisa y rehace la imagen de su cuerpo casi constantemente debido a los numerosos cambios que padece y, en esta tarea, el autoconcepto tiene un papel determinante (Fierro, 1985). Núñez y González-Pienda (1994) se plantean si es posible mejorar el autoconcepto de una persona mediante una estrategia metodológica y reflexionan que para ello es importante trabajar tanto la vertiente académica (éxito en las tareas, notas...) como la no-académica (actitudes, responsabilidades...); señalan también la importancia de los "otros significativos" (compañeros de aula, amigos, docentes...) para alcanzar este cambio. Aunque los resultados de investigaciones anteriores han sido inconsistentes, estos mismos autores recomiendan el uso de grupos cooperativos en la enseñanza. González y Tourón (1992) destacan varias ventajas del uso del aprendizaje cooperativo para la mejora del autoconcepto: aumenta, entre los estudiantes, el valor percibido de la tarea, contribuye a que éstos busquen ayuda de otros estudiantes, pueden aprender unos de otros, perciben que el éxito no depende del fracaso de otros, crea un clima más seguro, posibilita una mayor implicación emocional en la tarea, disminuye el miedo al fracaso y permite una mayor aceptación entre iguales.

Pero ¿se puede emplear el aprendizaje cooperativo en un área tan "competitiva" como la Educación Física? Precisamente, autores como Dunn y Wilson (1991) hacen llamamientos a incrementar el número de estrategias de aprendizaje cooperativas empleadas en Educación Física, ya que describen como efectos positivos que se alcanzan a través de éste formato instructivo los siguientes: un más alto rendimiento académico, una mayor sensación de control, unas relaciones sociales mejoradas y unas mejores habilidades de lenguaje. Pero ¿es posible su empleo para la enseñanza de los deportes? Una revisión de la literatura existente no permite encontrar muchas experiencias de aprendizaje cooperativo en la iniciación deportiva escolar. Smith, Markley y Goc Karp (1997) en la evaluación de una intervención de aprendizaje cooperativo obtuvieron unos resultados que indicaban que ésta había proporcionado muchas oportunidades a los estudiantes para aprender y practicar un número de habilidades sociales y motrices durante la realización de las diferentes actividades físicas (incluidas las deportivas) propuestas durante la experiencia. Otra experiencia llevada a cabo por Strachan y McCauley (1997), en la que desarrollaron una unidad didáctica de balonmano, los resultados mostraron que los estudiantes tenían tiempos bajos dedicados a esperar, de transición entre actividades y de organización y tenían niveles parecidos de posibilidades de respuesta en las actividades. En otro programa descrito por Ebbeck y Gibbons (1998) se encontró que una metodología de trabajo en equipo (similar a la cooperativa), cuando se emplea en Educación Física, refuerza la autoestima de los estudiantes más que las actividades habituales; una encuesta realizada entre los participantes al final del programa concluyó que los estudiantes se encontraban más felices con ellos mismos como personas, puntuaron sus habilidades atléticas mucho más altas, pensaban que eran mejores y se consideraban más populares; las chicas también declaraban que tenían visiones más positivas sobre el trabajo en la escuela y sobre el comportamiento en general. Por último, Dyson (2001) observó cómo se llevaba a cabo una unidad didáctica de baloncesto y otra de voleibol con niños de primaria usando un formato instructivo cooperativo en el cual los niños ejercían roles de anotador, entrenador, animador y evaluador. Los resultados mostraron una mejora en las habilidades, tanto psicomotoras como sociales, de los niños, ya que el formato de aprendizaje cooperativo les enseñaba a analizar a los demás y a darles *feedback* específico de las habilidades a aprender; también se señala que los alumnos aprendieron a preocuparse y a responsabilizarse por la mejora de habilidades de los demás; manifestaron que el ánimo de los compañeros les daba confianza y aumentaba su deseo de participar aunque cometieran errores. Por último señalar que el docente consideró que el Aprendizaje Cooperativo le permitió mover la responsabilidad del aprendizaje hacia los alumnos.

Estas experiencias nos permiten plantear que el aprendizaje cooperativo sí puede ser usado con éxito para la enseñanza deportiva en el contexto de la Educación Física. Tan sólo es necesario adecuar el formato instructivo para adecuarlo a las necesidades de los contenidos deportivos.

OBJETIVOS DE LA INVESTIGACIÓN

El objetivo general de esta tesis doctoral ha sido: "analizar si el empleo de metodología cooperativa dentro del marco habitual de las clases de Educación Física en la Enseñanza Secundaria Obligatoria produce cambios positivos en diferentes ámbitos del desarrollo personal y social del alumnado, así como en la percepción que éste tiene de la propia clase de Educación Física".

En base a ello hemos planteado la siguiente hipótesis fundamental: "la utilización de la metodología cooperativa en las clases de Educación Física repercute positivamente en la formación de las personas y en la valoración que éstas hacen de dicha asignatura". Así, esta hipótesis fundamental se concreta en varias sub-hipótesis:

El empleo de metodología cooperativa en las clases de Educación Física mejora el autoconcepto general del alumnado, así como varias de sus dimensiones: apariencia física, habilidad física, honestidad, relación con los padres, relación con los compañeros del mismo sexo y relación con los compañeros del otro sexo.

En la formación global de una persona influyen aspectos muy importantes como el autoconcepto general, la estabilidad emocional, la apariencia física, la relación con los padres y la relación con los compañeros que se correlacionan.

Existe una relación muy directa entre la formación del autoconcepto de las personas y su apariencia física y su relación con sus familiares y amigos.

Existe una relación muy directa entre variables como la apariencia física y la relación con los compañeros.

Existe una relación muy directa entre la estabilidad emocional y la relación con los padres y con los compañeros.

Las chicas adolescentes parten de valores inferiores en aspectos como la habilidad física, la apariencia física, la estabilidad emocional o la relación con los compañeros del otro sexo.

Las mujeres desarrollan valores inferiores que los varones en aspectos de sí mismas relacionados con la actividad física.

El empleo de metodología cooperativa en las clases de Educación Física hace que esta asignatura sea valorada más positivamente por el alumnado.

La utilización de metodología considerada como "tradicional" disminuye la valoración que el alumnado hace de su propia habilidad físico-deportiva.

Utilizar metodología cooperativa en las clases de Educación Física otorga mayor responsabilidad al alumnado en todo el proceso de enseñanza-aprendizaje.

La metodología cooperativa permite que el alumnado desarrolle un mayor nivel de responsabilidad individual.

Las variables a estudio han sido: el autoconcepto general (y sus 12 dimensiones), las percepciones sobre la habilidad física, la apariencia física y sobre la clase de Educación Física, el género y los estudios de los padres.

METODOLOGÍA

Diseño

El estudio que dio lugar a esta tesis se enmarca directamente en el ámbito escolar, más concretamente en un Instituto de Educación Secundaria, y fue llevado a cabo durante el horario de la asignatura de Educación Física. Para ello se utilizó un diseño cuasi-experimental de tipo mixto (intergrupo e intrasujeto).

Población

Todo el alumnado del tercer curso de Enseñanza Secundaria Obligatoria de un instituto público participó en la investigación (4 grupos-clase). El número total de la muestra fue de 115 estudiantes, de los cuales 60 eran chicos y 55 chicas. Las edades de los sujetos estaban comprendidas entre los 14 y los 18 años.

Los grupos fueron asignados al azar a un tipo u otro de tratamiento por el equipo directivo del centro educativo, de forma que se estableció un grupo control con dos de los grupos-clase y un grupo experimental con los otros dos grupos-clase del mismo nivel educativo. Los dos grupos formados (control y experimental) eran de características similares: heterogéneos en términos de género, estatus socioeconómico y nivel de habilidad motriz. Todos los estudiantes provenían de una misma zona cercana de residencia. El docente experto en metodología tradicional se encargó del grupo control y el docente experto en metodología cooperativa se encargó del grupo experimental. Como ya se ha señalado con anterioridad, la investigación se llevó a cabo durante las dos horas de clase semanal de Educación Física a lo largo de un curso escolar completo.

Instrumentos

Para valorar la incidencia de la intervención se utilizaron dos instrumentos de naturaleza completamente distinta:

Self-Description Questionnaire-II (SDQ-II) de Marsh (1992). Este cuestionario fue diseñado por Marsh y sus colaboradores para evaluar, de manera específica, el autoconcepto en adolescentes (12-18 años). González-Pienda (1993) obtuvo un coeficiente alfa medio de .78 en la versión española de este cuestionario, por lo que Núñez y González-Pienda (1994, p. 349) consideran que: "es una escala fiable... la estructura factorial hipotetizada se encuentra excepcionalmente bien definida... por lo que posee una excelente validez de constructo y es recomendable su utilización para la evaluación del autoconcepto en adolescentes". Se trata de un cuestionario con 150 ítems, la mitad formulados de forma positiva y la mitad de forma negativa, pero todos ellos valorados en una escala tipo Likert de 6 valores (desde falso hasta verdadero). La escala discrimina 12 dimensiones del autoconcepto: general, matemático, verbal, resto de asignaturas, habilidad física, apariencia física, honestidad, estabilidad emocional, relación con los padres, relación con los iguales, relación con los iguales del mismo sexo y relación con los iguales de distinto sexo.

Encuesta de Habilidades y Educación Física (EHEF). Se trata de una encuesta de 11 ítems construida ad hoc para esta experiencia; en ella se solicita a los sujetos participantes que puntúen de 0 a 10 puntos lo que se les plantea en cada pregunta en relación a su percepción sobre su habilidad física y sobre la clase de Educación Física (siendo 0 la nota más baja y 10 la más alta). El objetivo era usar un instrumento más directo para conocer la opinión de los estudiantes sobre los elementos planteados anteriormente. La investigación nos señala que para poder utilizar los datos extraídos de cualquier encuesta debe medirse su consistencia interna. Por ello, obtuvimos su Coeficiente de Fiabilidad α de Cronbach. Éste mide la correlación de un test consigo mismo; la capacidad del test para medir aquello para lo que ha sido diseñado; es decir, si mide lo que se pretende medir ("si me puedo fiar de él"). En nuestro caso obtuvimos un valor de .73; valor sumamente aceptable y que nos permitió hacer uso de los resultados obtenidos a través de este test.

Procedimiento

Se planteó una intervención en la que se impartieron a un grupo experimental y a un grupo control las mismas unidades didácticas (6) en igual número de sesiones (60) a lo largo de todo un curso escolar a razón de 2 sesiones semanales de 50 minutos cada una. Más concretamente, en la unidad didáctica número 6 se desarrolló la enseñanza del deporte del voleibol en un total de 10 sesiones. En ésta, como en todas las demás unidades, se desarrollaron los mismos contenidos: en el grupo experimental bajo el modelo de aprendizaje cooperativo y bajo la dirección de un docente experto en este planteamiento metodológico, mientras que en el grupo control se llevaron a cabo bajo un planteamiento de enseñanza "tradicional" y desde la dirección de un docente experto en este tipo de metodología. Los test iniciales se realizaron el primer día de clase antes de comenzar la intervención, mientras que los test finales se realizaron el último día de clase. Para ello se hizo que los alumnos participantes rellenaran, en ambos casos, las encuestas descritas anteriormente.

RESULTADOS

Todos los datos obtenidos fueron procesados utilizando el programa informático estadístico SPSS versión 9.0. Windows 95. Primeramente, realizamos los análisis estadísticos descriptivos (media y desviación típica) de las diferentes dimensiones estudiadas a través de los dos tests empleados en la investigación.

Posteriormente, usamos la prueba t para muestras relacionas por dos razones: (a) porque desconozco la varianza poblacional; y (b) porque son los mismos sujetos evaluados en diferentes ocasiones. Así hemos podido comparar las variaciones de las diferentes dimensiones evaluadas dentro de cada grupo desde el principio al final de la experiencia.

Por otro lado, empleamos la prueba t para variables independientes para comprobar la correlación entre dos variables que se consideran totalmente independientes una de otra. La correlación o relación mutua de una variable con otra es una medida del grado de ajuste de la dependencia funcional de ambas variables; si se observa que las correlaciones han aumentado ostensiblemente, y al mismo tiempo, el contraste empleado nos indica significatividad en esas correlaciones, eso quiere decir que ha habido una mejora como consecuencia de que las diversas variables a estudio han mejorado gracias a la metodología empleada durante la investigación. Para comprobarlo hemos utilizado el Coeficiente de Correlación de Pearson. En este sentido, cuando las varianzas son iguales; es decir, cuando se dice que hay homocedasticidad u homogeneidad de varianzas, si al realizar el contraste de los datos obtenidos la correlación fuera significativa, implicaría diferencias entre ambas variables a nivel poblacional y a nivel de significación $p < .05$ o $p < .01$; y esto a pesar de que ambas muestras proceden de poblaciones perfectamente homogéneas desde el punto de vista de la varianza.

Análisis y discusión de los resultados del test SDQ-II

Las tablas 1 y 2 recogen los estadísticos descriptivos (medias y desviaciones típicas) de las variables evaluadas mediante el test SDQ-II.

Grupo experimental (Cooperativo)	Test 1	Test 2
Autoconcepto general	4.68 ± .54	*4.83 ± .67
Habilidad física	4.32 ± .70	*4.59 ± .62
Apariencia física	3.90 ± .84	*4.24 ± .91
Autoconcepto matemático	3.05 ± 1.15	3.06 ± 1.23
Autoconcepto verbal	3.70 ± .63	3.71 ± .78
Autoconcepto resto asignaturas	4.12 ± .90	3.93 ± 1.15
Honestidad	4.68 ± .71	4.83 ± .66
Estabilidad emocional	4.37 ± .67	4.30 ± .80
Relación con padres	4.97 ± .75	4.83 ± .76
Relación con compañeros	4.77 ± .53	4.88 ± .59
Relación compañeros igual sexo	4.83 ± .61	4.85 ± .67
Relación compañeros distinto sexo	4.30 ± .73	*4.60 ± .72

Tabla 1. Resultados test SDQ-II grupo experimental. *Sig. <.05

Con respecto al grupo experimental (grupo que trabajó bajo metodología cooperativa) es necesario destacar el aumento que se ha producido en prácticamente todas las variables medidas del primer test al segundo test (tabla 1). Mención especial merece el aumento significativo (a nivel de $p<.05$) producido en las variables: "autoconcepto general", "habilidad física", "apariencia física" y "relación con compañeros distinto sexo". Por lo tanto, a nivel general es importante señalar que los alumnos del grupo que trabajó bajo la metodología cooperativa mejoraron a lo largo de la presente experiencia aspectos tan importantes para su desarrollo personal como son su autoconcepto general, su habilidad física, su apariencia física y la relación con sus compañeros de distinto sexo.

Grupo control (Tradicional)	Test 1	Test 2
Autoconcepto general	4.77 ± .65	4.73 ± .63
Habilidad física	4.55 ± 1.01	4.43 ± .92
Apariencia física	3.91 ± 1.14	4.09 ± .90
Autoconcepto matemático	3.39 ± 1.34	3.37 ± 1.41
Autoconcepto verbal	3.78 ± .76	*3.55 ± .85
Autoconcepto resto asignaturas	4.31 ± 1.02	*3.94 ± 1.23
Honestidad	4.64 ± .80	4.60 ± .80
Estabilidad emocional	4.32 ± .71	4.28 ± .75
Relación con padres	4.83 ± .96	4.80 ± .93
Relación con compañeros	4.76 ± .62	4.94 ± .67
Relación compañeros igual sexo	5.07 ± .63	4.85 ± .74
Relación compañeros distinto sexo	4.36 ± .87	*4.58 ± .93

Tabla 2. Resultados test SDQ-II grupo control. *Sig. < .05

En cuanto al grupo control (grupo que trabajó bajo metodología "tradicional"), es necesario destacar la disminución a nivel muestral (tabla 2) que ha tenido lugar del 1er test al 2º test en prácticamente todas las variables medidas. Más aún, esta disminución ha sido significativa (a nivel p<.05) en las variables "autoconcepto verbal" y "autoconcepto resto de asignaturas". La intervención sólo provocó un aumento en los resultados finales de tres variables, y tan sólo en la "relación con compañeros de distinto sexo" el incremento fue significativo (a nivel p<.05). De esta manera, aspectos tan importantes de la formación de las personas como pueden ser el autoconcepto general, la habilidad física, la honestidad o la relación con compañeros de igual sexo han disminuido a lo largo de la presente experiencia en el alumnado del grupo control, que trabajó bajo una metodología de tipo "tradicional".

Por lo tanto, podemos resumir que mientras que en el grupo que trabajó bajo la metodología cooperativa (grupo experimental) la gran mayoría de los valores de las diferentes dimensiones que conforman el autoconcepto de nuestros alumnos (Byrne y Shavelson, 1986) como son el autoconcepto general, el autoconcepto matemático, el autoconcepto verbal, la honestidad, la relación con los iguales, la relación con los iguales del mismo sexo, la relación con los iguales del otro sexo, la habilidad física y la apariencia física han aumentado con respecto al principio de la presente experiencia (algunos de ellos de manera significativa), en el grupo que trabajó bajo la metodología tradicional (grupo control) la gran mayoría de los valores de estas dimensiones disminuyeron y algunos de ellos incluso de manera significativa.

De manera coincidente, en ambos grupos disminuyeron en el test final los valores de las dimensiones del autoconcepto "resto de asignaturas", "estabilidad emocional" y "relación con los padres"; quizá pueda explicarse esta circunstancia debido a que estos alumnos se encuentran en plena adolescencia, fase en la que suele haber un deterioro de la relación de los hijos con los padres y que también se caracteriza por generar trastornos temporales (dudas y disminuciones) en su estabilidad emocional.

Otro aspecto a reseñar es que los alumnos del grupo control obtuvieron en el primer test puntuaciones más altas que los del grupo experimental en las principales variables evaluadas, con lo que se puede decir que elementos de su personalidad como el autoconcepto, la apariencia física y la habilidad física eran más altos o más fuertes que los del grupo experimental; sin embargo, en el test final no sólo disminuyeron sus valoraciones (excepto en la variable apariencia física), sino que incluso quedaron por debajo de las valoraciones realizadas por los alumnos del grupo experimental en muchas de estas variables: "autoconcepto general", "relación con los iguales del otro sexo", "habilidad física" y "apariencia física". En otras variables medidas, como por ejemplo "honestidad", incluso se amplió la diferencia entre un grupo y otro; ya que mientras en el grupo experimental, que ya partía de una puntuación ligeramente superior, la valoración final se incrementó, en el grupo control la valoración final disminuyó.

Por lo tanto, al final de la intervención, y a pesar de partir de valores iniciales más altos, los valores finales del grupo control quedaron por debajo de los valores finales del grupo experimental, que aumentaron mucho sus valores iniciales durante la exposición a la metodología cooperativa. Por lo tanto, los alumnos del grupo experimental obtuvieron valoraciones más altas al final de esta experiencia que sus compañeros del grupo control en todas las variables estudiadas excepto en "autoconcepto matemático", "autoconcepto resto de asignaturas" y "relación con los compañeros". En todas las demás variables estudiadas que conforman el autoconcepto de las personas (general, habilidad física, apariencia física, verbal, honestidad, estabilidad emocional, relación con los padres, relación con los compañeros del mismo sexo y relación con los compañeros del otro sexo) los sujetos que trabajaron bajo metodología cooperativa finalizaron con puntuaciones superiores a pesar de partir de valores iniciales inferiores.

A continuación (Tabla 3) analizamos los datos obtenidos en ambos tests en las diferentes variables estudiadas, pero en función del género de cada individuo en el grupo experimental.

Grupo experimental (Cooperativo)	Sexo	Test 1	Test 2
Autoconcepto general	Varón	4.55 ± .52	**4.73 ± .80
	Mujer	4.81± .54	4.90 ± .57
Habilidad física	Varón	*4.53 ± .72	4.66 ± .74
	Mujer	4.12 ± .64	**4.53 ± .51
Apariencia física	Varón	4.07 ± .76	4.37 ± .99
	Mujer	3.75 ± .91	4.14 ± .86
Autoconcepto matemático	Varón	2.96 ± 1.21	2.77 ± 1.14
	Mujer	3.16 ± 1.11	3.28 ± 1.28
Autoconcepto verbal	Varón	3.54 ± .62	3.31 ± .71
	Mujer	3.89 ± .61	*/**4.01 ± .71
Autoconcepto resto asignaturas	Varón	3.85 ± .96	3.43 ± 1.12
	Mujer	*4.40 ± .77	*4.30 ± 1.06
Honestidad	Varón	4.50 ± .80	4.69 ± .74
	Mujer	*4.92 ± .51	4.93 ± .60
Estabilidad emocional	Varón	4.41 ± .71	4.29 ± 1.02
	Mujer	4.34 ± .65	4.31 ± .62
Relación con los padres	Varón	4.97 ± .61	4.56 ± .72
	Mujer	4.99 ± .90	*5.03 ± .74
Relación con compañeros	Varón	4.67 ± .59	4.73 ± .69
	Mujer	*4.87 ± .47	4.99 ± .51
Relación compañeros mismo sexo	Varón	4.60 ± .65	4.73 ± .78
	Mujer	*5.11 ± .43	4.94 ± .60
Relación compañeros otro sexo	Varón	4.37 ± .76	4.82 ± .68
	Mujer	4.24 ± .73	4.43 ± .74

Tabla 3. Resultados test SDQ-II en función del género - grupo experimental. *Sig. <.05 **Sig. <.01

La primera reflexión que podemos realizar sobre los datos obtenidos en las distintas variables estudiadas en función del género de los sujetos (tabla 3) es que en el test inicial, las chicas reflejan valores mayores que los chicos en la mayoría de las variables, pero sólo son significativas (a nivel p<.05) en "autoconcepto resto de asignaturas", "honestidad", "relación con compañeros" y "relación con compañeros mismo sexo". Por el contrario, las diferencias son significativas (a nivel p<.05) a favor de los chicos en la variable "habilidad física". Por desgracia, este último dato, no por esperado, es menos lamentable. Sin embargo, en el 2º test, algunas de estas diferencias significativas desaparecen, sólo se mantiene en la variable "autoconcepto resto de asignaturas" y aparece en las variables: "autoconcepto verbal" y "relación con los padres"; todas ellas a favor de las chicas (a nivel p<.05). Por lo tanto, tras la exposición a la metodología cooperativa, la diferencia significativa entre chicos y chicas respecto a la variable "habilidad física" desapareció.

Por otro lado, si analizamos los incrementos ocurridos del test 1 al test 2, en los chicos éste ha sido significativo a nivel p<.01 en la variable "autoconcepto general", mientras que en las chicas se ha producido en las variables: "habilidad física" y "autoconcepto verbal". Por su relación con nuestro campo de conocimiento, creemos muy importante destacar que gracias a la exposición a la metodología cooperativa, las chicas han incrementado de manera significativa la percepción sobre su nivel de habilidad física (equiparándolo al de los chicos).

En la tabla 4 presentamos los datos obtenidos en las diferentes variables estudiadas en función del género de cada individuo en el grupo control.

Grupo control (tradicional)	Sexo	Test 1	Test 2
Autoconcepto general	varón	4.76 ± .62	4.70 ± .12
	mujer	4.79 ± .70	4.79 ± .59
Habilidad física	varón	*4.77 ± .87	*4.62 ± .94
	mujer	4.27 ± .13	4.12 ± .84
Apariencia física	varón	*4.16 ± .23	4.15 ± .83
	mujer	3.61 ± .24	4.01 ± 1.04
Autoconcepto matemático	varón	3.53 ± 1.41	*3.61 ± 1.35
	mujer	3.23 ± 1.25	2.97 ± 1.44
Autoconcepto verbal	varón	3.53 ± .59	3.58 ± .66
	mujer	*4.08 ± .86	3.53 ± 1.12
Autoconcepto resto asignaturas	varón	4.26 ± 1.04	4.02 ± 1.07
	mujer	4.36 ± 1.02	3.81 ± 1.53
Honestidad	varón	4.40 ± .88	4.31 ± .79
	mujer	*4.92 ± .62	*5.17 ± .50
Estabilidad emocional	varón	4.43 ± .66	4.31 ± .76
	mujer	4.19 ± .77	4.22 ± .77
Relación con los padres	varón	4.71 ± 1.04	4.67 ± .99
	mujer	4.97 ± .86	*5.03 ± .80
Relación con compañeros	varón	4.74 ± .58	4.75 ± .64
	mujer	4.79 ± .68	*5.25 ± .63
Relación compañeros mismo sexo	varón	4.90 ± .74	4.71 ± .71
	mujer	*5.26 ± .42	*5.10 ± .77
Relación compañeros otro sexo	varón	4.57 ± .78	4.66 ± .91
	mujer	4.14 ± .93	4.45 ± .99

Tabla 4. Resultados test SDQ-II en función del género - grupo control *Sig. < .05

En el grupo control, las diferencias en los valores obtenidos entre los chicos y las chicas en el test 1 son significativas (a nivel p<.05) en las variables: "autoconcepto verbal", "honestidad" y "relación con compañeros del mismo sexo" a favor de las chicas, mientras que en "habilidad física" y "apariencia física" lo son a favor de los chicos. En el test 2, las diferencias entre los valores de chicos y chicas se mantienen significativas (a nivel p<.05) en las variables: "honestidad", "relación con los padres" y "relación con los compañeros del mismo sexo" para las chicas y en las variables: "habilidad física" y "autoconcepto matemático" a favor de los chicos. Entre todos estos datos queremos destacar, por su relevancia para nuestro área de conocimiento, que mientras en el grupo que trabajó bajo metodología "tradicional" tras la intervención se mantuvo la diferencia significativa entre chicos y chicas respecto de la variable "habilidad física", en el grupo que trabajó bajo metodología cooperativa esta diferencia desapareció.

A continuación (tabla 5) presentamos las correlaciones halladas entre las diferentes variables estudiadas en el grupo experimental, tanto en el test 1 como en el 2.

Grupo experimental	Test 1	Test 2
Autoconcepto general - honestidad	.485*	.492*
Autoconcepto general - estabilidad emocional	.605*	.616*
Autoconcepto general - relación con los padres	.463*	.600*
Autoconcepto general - relación con compañeros	.657*	.770*
Autoconcepto general - relación compañero mismo sexo	.440*	.593*
Estabilidad emocional - relación con compañeros	.493*	.554*

Tabla 5. Correlaciones variables test SDQ-II grupo experimental.*Sig. < .01

En la tabla 5 aparecen aquellas correlaciones significativas (a nivel p<.01) entre diferentes variables estudiadas que aparecieron ya en el test 1 y que reforzaron esa relación tras la intervención aumentando su puntuación en el test 2; por lo tanto, podemos decir que dicha correlación se hizo más fuerte a lo largo de la presente experiencia. Entre ellas se puede destacar que el "autoconcepto general" se correlaciona con la "honestidad", la "estabilidad emocional", la "relación con los padres", "con los compañeros", y "con los compañeros del mismo sexo"; es decir que se manifiesta un claro vínculo entre el autoconcepto y los "otros significativos" (compañeros y padres). Otra correlación interesante es la que se ha manifestado entre la "estabilidad emocional" y la "relación con los compañeros"; es decir que los compañeros del aula influyen poderosamente en la estabilidad emocional de los adolescentes.

Así mismo, en la tabla 6 se presentan las correlaciones que aparecieron en el test 2 de la intervención, y que no aparecieron al comienzo de la misma.

Grupo experimental (cooperativo)	Test 2
Autoconcepto general – apariencia física	.496*
Apariencia física – relación con compañeros	.606*
Apariencia física – relación compañero otro sexo	.447*
Estabilidad emocional – relación con los padres	.419*
Estabilidad emocional - relación compañero mismo sexo	.512*
Estudios padre – estudios madre	.678*

Tabla 6. Correlaciones aparecidas en el test 2 del SDQ-II grupo experimental. *Sig. < .01

En este caso, nos parece muy importante destacar la correlación significativa (a nivel p<.01) que se ha establecido entre el "autoconcepto general" y la "apariencia física"; claramente cómo se ven los adolescentes influye en su autoconcepto. También han aparecido correlaciones entre la "apariencia física" y la "relación con los compañeros del mismo" y "del otro sexo"; nuevamente podemos ver la influencia de los "otros significativos" sobre la apariencia física de los adolescentes y viceversa. Finalmente, también destacar las correlaciones aparecidas entre la "estabilidad emocional" y la "relación con los padres" y "con los compañeros del mismo sexo"; como no podía ser de otro modo, la estabilidad emocional durante la adolescencia viene marcada por los "otros significativos". Por lo tanto, para la formación personal de nuestros chicos y chicas adolescentes parece muy importante el valor de su apariencia física, su relación con los compañeros del mismo y del otro sexo y la relación con sus padres ("otros significativos"). Finalmente, también ha aparecido una fuerte vinculación entre los estudios del padre y los estudios de la madre de los alumnos participantes en la presente investigación.

A continuación presentamos las correlaciones que se han hallado entre las diferentes variables estudiadas en el grupo control, tanto en el test 1 como en el 2.

Grupo control (tradicional)	Test 1	Test 2
Autoconcepto general – apariencia física	.641*	.471*
Autoconcepto general – estabilidad emocional	.574*	.589*
Autoconcepto general – relación con los padres	.366*	.559*
Autoconcepto general – relación con compañeros	.576*	.451*
Autoconcepto general – relación compañero mismo sexo	.413*	.616*
Apariencia física – habilidad física	.577*	.502*

Tabla 7. Correlaciones entre variables test SDQ-II grupo control. *Sig. < .01

Como podemos ver, en el grupo control se mantienen muchas de las correlaciones significativas (a nivel p<.01) señaladas en el grupo experimental. Así, el "autoconcepto general" se correlaciona con la "estabilidad emocional", con la "relación con los padres", con la "relación con los compañeros", y "con los compañeros del mismo sexo", aunque con valores ligeramente inferiores. A estas correlaciones del autoconcepto se les añade "la apariencia física" que en el grupo control aparece en los dos tests, mientras que en el grupo experimental aparecía sólo en el test 2. Así, los valores hallados en ambos grupos (control y experimental) refuerzan la relación entre el autoconcepto de las personas y variables como la apariencia física, la estabilidad emocional o las relación con los "otros significativos" (padres y amigos).

Por otro lado, señalar que en el grupo control no aparece la correlación entre el "autoconcepto general" y la "honestidad", entre la "estabilidad emocional" y la "relación con los compañeros" y entre la "relación con los compañeros" y con los "compañeros del mismo sexo". Por el contrario, aparece la correlación entre la "apariencia física" y la "habilidad física". Por su relevancia para nuestra área de conocimiento, todas estas correlaciones son importantes y los docentes deben ser conscientes de ellas.

En la tabla 8 se presentan las correlaciones, entre las variables estudiadas del grupo control, que aparecieron en el test 2 de la presente investigación y no en el test 1.

Grupo control (Tradicional)	Test 2
Apariencia física – estabilidad emocional	.379*
Apariencia física – relación con compañeros	.461*
Honestidad – relación con compañeros	.499*
Estabilidad emocional – relación con los padres	.503*
Estudios padre – estudios madre	.855*

Tabla 8. Correlaciones aparecidas en el test 2 del SDQ-II grupo control. *Sig. < .01

Lo primero que queremos destacar es que varias de las correlaciones coinciden con las del grupo experimental: entre la "apariencia física" y la "relación con los compañeros" y entre la "estabilidad emocional" y la "relación con los padres"; es decir que la forma en que se ven los adolescentes se ve influida e influye en sus relaciones sociales. Por otro lado, aparecen otras dos correlaciones que no lo hacían en ningún test del grupo experimental: la "apariencia física" y la "estabilidad emocional" y la "honestidad" y la "relación con los compañeros". Finalmente señalar que al igual que en el grupo experimental, en el grupo control ha aparecido una fuerte vinculación entre los estudios del padre y los estudios de la madre del alumnado participante.

Análisis y discusión de los resultados de la EHEF

La tabla 9 recoge los estadísticos descriptivos (medias y desviaciones típicas) de las variables evaluadas mediante la encuesta de Habilidades y Educación Física al grupo experimental.

Grupo experimental (cooperativo)	Test 1	Test 2
Buen atleta	6.34 ± 1.31	6.63 ± 1.69
Hábil en deportes	6.53 ± 2.00	6.87 ± 1.75
Tener resistencia	6.10 ± 1.03	**6.72 ± 1.08
Me gusta la actividad física	8.12 ± 1.62	8.46 ± 1.60
Practico lo suficiente	6.89 ± 2.16	6.67 ± 2.15
Quiero realizar actividad física	8.79 ± 1.63	8.89 ± 1.56
Relación compañeros mismo sexo	7.18 ± 1.77	*8.91 ± 1.61
Relación compañeros otro sexo	7.16 ± 1.67	*8.83 ± 1.49
Responsabilidad adquirida	5.44 ± 1.62	*7.30 ± 1.82
Responsabilidad requerida en EF	5.72 ± 1.41	*7.72 ± 1.60
Valoración clase EF	6.80 ± 1.89	*8.24 ± .94

Tabla 9. Resultados de la encuesta de la EHEF - grupo experimental. *Sig. < .01   **Sig. < .05

Con respecto al grupo experimental (trabajó bajo metodología cooperativa), los cambios en los resultados del 1er test al 2º test pueden calificarse como de espectaculares, ya que en todas las variables analizadas, a nivel muestral, ha habido un aumento, y tan sólo en la variable: "practico lo suficiente" ha habido una disminución. Por tanto, la experiencia puede valorarse como muy positiva para el alumnado participante en la misma. Es importante destacar que muchos de estos aumentos, concretamente los de las variables: "relaciones con compañeros mismo sexo", "relaciones con compañeros del otro sexo", "responsabilidad adquirida", "responsabilidad requerida en la Educación Física" y "valoración de la clase de Educación Física" han sido aumentos significativos (a nivel de p<.01) y el aumento de la variable "tener resistencia" también ha sido significativo (a nivel de p<.05). Por lo tanto, esta significatividad da mayor valor al incremento de principio a fin de la experiencia. Se podría decir que los alumnos del grupo que trabajó bajo metodología cooperativa durante toda la intervención han aumentado significativamente la valoración que hacen de la asignatura de Educación Física, consideran que han desarrollado mayor responsabilidad personal a través de ésta y que se les ha exigido mayor responsabilidad en la realización de las actividades de sus clases, que sus relaciones con sus compañeros del mismo sexo y del otro sexo han mejorado, que son más resistentes, más hábiles y mejores atletas que al principio de la presente experiencia, y que por lo tanto les gusta más la actividad física y quieren practicar más actividad física. En la única variable que disminuye la valoración en el 2º test es: "practico lo suficiente", y esta disminución podría explicarse como consecuencia de que los alumnos participantes en la experiencia se sinceran con ellos mismos y reconocen abiertamente que no practican suficiente actividad física o que deberían practicar más.

A continuación (Tabla 10) veamos estos mismos estadísticos descriptivos (medias y desviaciones típicas) en el grupo control.

Grupo control (tradicional)	Test 1	Test 2
Buen atleta	7.10 ± 2.02	6.80 ± 2.39
Hábil en deportes	7.34 ± 1.67	7.06 ± 2.04
Tener resistencia	6.91 ± 1.93	6.80 ± 1.93
Me gusta la actividad física	9.06 ± 1.57	8.44 ± 2.08
Practico lo suficiente	7.93 ± 1.92	7.18 ± 2.34
Quiero realizar actividad física	8.89 ± 1.70	9.18 ± 1.73
Relación con compañeros mismo sexo	6.98 ± 2.69	6.76 ± 2.90
Relación con compañeros otro sexo	6.91 ± 2.59	6.62 ± 2.81
Responsabilidad adquirida	5.34 ± 2.64	5.16 ± 2.82
Responsabilidad requerida en EF	6.15 ± 2.39	5.98 ± 2.82
Valoración clase EF	7.74 ± 2.16	7.12 ± 2.34

Tabla 10. Resultados de la EHEF - grupo control

Con respecto al grupo control (trabajó bajo metodología "tradicional"), hay que destacar que han disminuido, a nivel muestral, todos los valores del test 1 al test 2 (tabla 10), excepto en una sola variable: "quiero realizar actividad física", en la que se produce un cierto aumento (no significativo). Así, el incremento en esta variable podría explicarse como un deseo de los alumnos de practicar más actividad física, debido a que en sus clases no tienen suficiente tiempo de práctica. En general, se puede decir que la experiencia para los alumnos del grupo control puede considerarse como negativa. Por lo tanto, los estudiantes del grupo que trabajó bajo metodología tradicional durante toda la experiencia han disminuido la valoración que hacen de la asignatura de Educación Física, consideran que han perdido responsabilidad personal, que se les ha exigido menor responsabilidad en la realización de las actividades de sus clases, que sus relaciones con sus compañeros del mismo sexo y del otro sexo han empeorado, que son menos resistentes, menos hábiles y peores atletas que al principio de la presente experiencia, y que por lo tanto les gusta menos la actividad física y que practican menos. Evidentemente, todas estas circunstancias hay que considerarlas como muy negativas tanto para el desarrollo personal de nuestros alumnos, para la creación de hábitos vitalicios saludables de actividad física en éstos, así como para la mejora de la valoración del área de Educación Física.

Comparando los resultados globales de los dos grupos merece la pena destacar que en aspectos como la valoración de la clase de Educación Física, la responsabilidad que consideran que se les ha exigido en las clases y su aprecio por la realización de actividad física, a pesar de que el grupo control partía de valores superiores a los del grupo experimental, tras la intervención se ha producido una inversión de los datos y los valores del grupo experimental son superiores a los del grupo control. Con respecto a variables como la "responsabilidad adquirida" a través de la clase de Educación Física y las "relaciones con compañeros de igual y del otro sexo" en las que el grupo experimental partía de valores superiores a los del grupo control, tras la intervención esta diferencia se ha ampliado aún mucho más. Finalmente, en variables como si se consideran "buenos atletas", si se consideran "hábiles en los deportes", si consideran que "tienen resistencia" y si consideran que "practican suficiente actividad física" en los que el grupo control partía de unos niveles superiores, tras la intervención, y debido a la disminución de las puntuaciones en todas estas variables en el grupo control y al aumento en el grupo experimental, los resultados finales de ambos grupos son muy similares. Por lo tanto se puede decir que el empleo de metodología cooperativa consiguió que un grupo de alumnos que presentaba valores iniciales bajos sobre diferentes aspectos relacionados con su formación personal y con su percepción de la asignatura de Educación Física aumentara significativamente muchos de estos parámetros.

A continuación (Tabla 11) analizamos los datos obtenidos en ambos tests en las diferentes variables estudiadas, pero en función del género de cada individuo.

Grupo experimental (coop.)	Sexo	Test 1	Test 2
Buen atleta	varón	6.67 ± 1.43	7.14 ± 1.74
	mujer	6.04 ± 1.14	6.20 ± 1.55
Hábil en deportes	varón	6.54 ± 2.54	7.19 ± 1.75
	mujer	6.52 ± 1.36	6.60 ± 1.76
Tener resistencia	varón	6.68 ± 2.06	7.33 ± 2.15
	mujer	5.64 ± 1.60	6.20 ± 1.91
Me gusta la actividad física	varón	8.42 ± 1.89	8.95 ± 1.49
	mujer	7.84 ± 1.31	8.04 ± 1.59
Practico lo suficiente	varón	7.50 ± 1.96	7.14 ± 2.10
	mujer	6.32 ± 2.23	6.28 ± 2.15
Quiero realizar actividad física	varón	9.12 ± 1.45	9.19 ± 1.40
	mujer	8.48 ± 1.76	8.64 ± 1.68
Relación compañeros mismo sexo	varón	6.20 ± 1.23	*8.38 ± 1.13
	mujer	*8.16 ± 1.27	*9.36 ± 1.19
Relación compañeros otro sexo	varón	6.28 ± 1.55	*8.38 ± 1.63
	mujer	*8.04 ± 1.21	*9.20 ± 1.29
Responsabilidad adquirida	varón	5.24 ± 1.18	*7.05 ± 2.08
	mujer	5.64 ± 1.98	*7.52 ± 1.58
Responsabilidad requerida en EF	varón	5.48 ± 2.57	*7.57 ± 1.69
	mujer	5.96 ± 2.28	*7.84 ± 1.55
Valoración clase EF	varón	6.52 ± 2.08	*8.09 ± 0.89
	mujer	7.08 ± 1.68	*8.36 ± 0.99

Tabla 11. Resultados encuesta EHEF en función del género – grupo experimental. *Sig. < .01

La primera reflexión que podemos realizar sobre los datos obtenidos (tabla 11) es que en el test inicial, los chicos reflejan valores, a nivel muestral, mayores que las chicas en variables como: "ser buen atleta", "ser hábil en deportes", "tener resistencia", "gustar la actividad física", "practicar lo suficiente" y "querer realizar actividad física", aunque estas diferencias no son significativas. No obstante, estos datos parecen confirmar la hipótesis de que las chicas tienen una imagen de sí mismas, respecto a aspectos relacionados con su cuerpo y la actividad física, negativa o peor que la de los chicos. En el test 2, a pesar del aumento producido en las chicas en todas las variables, las diferencias chico-chica se aumentan ligeramente (debido al fuerte aumento en los chicos) en las variables: "ser buen atleta", "ser hábil en deportes", "tener resistencia" y "gustar la actividad física". Por el contrario, es necesario destacar que en las variables: "practicar lo suficiente" y "querer realizar actividad física", la diferencia chico-chica disminuye, y los valores de las chicas se aproximan a los de los chicos.

Por su parte, las chicas reflejan valores mayores que los chicos en aspectos de la clase de Educación Física como: "relación con compañeros de igual sexo", "relación con compañeros del otro sexo", "responsabilidad adquirida", "responsabilidad requerida en

Educación Física" y "valoración de la clase de Educación Física"; siendo además las dos primeras significativas (a nivel p<.01). En el test 2, la diferencia chico-chica en estas variables disminuye debido a que, tanto en los chicos como en las chicas, el incremento registrado en los resultados entre el test 1 y el test 2 en las variables: "relación con compañeros mismo sexo", "relación con compañeros otro sexo", "responsabilidad adquirida", "responsabilidad requerida en Educación Física" y "valoración de la clase de Educación Física" es significativo (a nivel p<.01). Esto demuestra la bondad de la metodología cooperativa para posibilitar esta mejora en chicas y, quizá lo que es más importante, en chicos.

Pasamos ahora (Tabla 12) a presentar estos mismos resultados en función del género del alumnado participante en el grupo control.

Grupo control (tradicional)	Sexo	Test 1	Test 2
Buen atleta	varón	*7.81 ± 1.10	7.12 ± 2.24
	mujer	6.23 ± 1.56	6.26 ± 2.58
Hábil en deportes	varón	7.72 ± 1.71	7.55 ± 1.73
	mujer	6.88 ± 1.53	6.26 ± 2.30
Tener resistencia	varón	*7.61 ± 1.56	7.06 ± 1.73
	mujer	6.08 ± 1.57	6.37 ± 2.22
Me gusta la actividad física	varón	9.28 ± 1.22	8.77 ± 1.87
	mujer	8.81 ± 1.92	7.89 ± 2.33
Practico lo suficiente	varón	8.06 ± 1.92	7.23 ± 2.44
	mujer	7.77 ± 1.97	7.10 ± 2.23
Quiero realizar actividad física	varón	9.25 ± 1.29	9.35 ± 1.23
	mujer	8.46 ± 2.04	8.89 ± 2.35
Relación compañeros mismo sexo	varón	6.56 ± 2.65	7.06 ± 2.72
	mujer	7.50 ± 2.72	6.26 ± 3.19
Relación compañeros otro sexo	varón	6.50 ± 2.63	6.84 ± 2.58
	mujer	7.42 ± 2.50	6.26 ± 3.19
Responsabilidad adquirida	varón	4.97 ± 2.44	5.13 ± 2.52
	mujer	5.81 ± 2.85	5.21 ± 3.33
Responsabilidad requerida en EF	varón	5.81 ± 2.39	6.35 ± 2.75
	mujer	6.58 ± 2.39	5.37 ± 2.91
Valoración clase EF	varón	7.56 ± 2.34	7.26 ± 2.05
	mujer	7.96 ± 1.95	6.89 ± 2.81

Tabla 12. Resultados encuesta EHEF en función del género grupo control. *Sig. < .05

Al igual que sucedía en el grupo experimental, en el grupo control (trabajó bajo metodología "tradicional") lo primero que podemos decir de los datos obtenidos en las distintas variables estudiadas en función del género de los sujetos (tabla 12) es que en el test inicial, los chicos reflejan valores mayores que las chicas en muchas variables, pero estas diferencias son significativas (a nivel p<.05) en las variables: "ser buen atleta" y "tener resistencia". Estos datos parecen confirmar la hipótesis planteada anteriormente de que las chicas tienen una imagen negativa o inferior que los chicos en aspectos relacionados con la actividad física. Tal y como sucedía en el grupo experimental, las chicas del grupo control reflejan valores, a nivel muestral, mayores que los chicos en aspectos relacionados con la clase de Educación Física como: "relación con compañeros de igual sexo", "relación con compañeros del otro sexo", "responsabilidad adquirida", "responsabilidad requerida en Educación Física" y "valoración de la clase de Educación Física", aunque éstos no son significativos. En el test 2, esta diferencia chico-chica se mantiene casi igual, ya que los valores de ambos disminuyen.

La diferencia con respecto al grupo experimental es que en el grupo control, en el test 2, las chicas también reflejan valores inferiores a los de los chicos en variables en las que eran superiores a éstos en el test 1; nos referimos a variables como: "relación con compañeros del mismo sexo", "relación con compañeros del otro sexo", "responsabilidad requerida en la clase de Educación Física" y "valoración de la clase de Educación Física". Por lo tanto, en estos aspectos tan importantes para nuestra área de conocimiento, la experiencia ha resultado mala para los chicos, pero especialmente negativa para las chicas del grupo control.

A continuación (Tabla 13), presentamos las correlaciones que se han podido observar, tanto en el grupo control como en el experimental, entre las diferentes variables estudiadas en el test 1 y 2.

Grupo experimental – control	Test 1	Test 2	Test 1	Test 2
Ser buen atleta – ser hábil en deportes	.562*	.753*	.799*	.779*
Ser buen atleta – practico lo suficiente	.349*	.400*	.560*	.768*
Ser buen atleta – tener resistencia	.616*	.727*	.760*	.762*
Ser buen atleta – me gusta la actividad física	.398*	.630*	.509*	.691*
Tener resistencia – ser hábil en deportes	.449*	.717*	.731*	.776*
Me gusta la actividad física – tener resistencia	.308*	.512*	.350+*	.619*
Me gusta la actividad física – practico lo suficiente	.554*	.580*	.533*	.711*
Me gusta la actividad física – quiero practicar	.323*	.560*	.597*	.599*

Tabla 13. Correlaciones variables encuesta EHEF - grupo experimental-control. *Sig. < .01

En ambos grupos han aparecido varias correlaciones significativas (a nivel p<.01). Además, prácticamente todas ellas aumentaron su valor del test 1 al test 2, con lo que se puede decir que dicha correlación se ha hecho más fuerte tras la intervención. Estas correlaciones demuestran que, en ambos grupos, variables como: "ser un buen atleta" están muy ligadas a variables como: "ser hábil en deportes", "tener resistencia", "practicar lo suficiente" o "me gusta la actividad física". Así mismo, otra variable como: "me gusta la actividad física" está relacionada muy directamente con "tener resistencia", "practicar lo suficiente" y "querer practicar". Por lo tanto, por su significado para nuestro área de conocimiento es importante destacar que si queremos que a nuestros jóvenes le gusta la actividad física éstos deben pensar que han desarrollado un nivel adecuado de resistencia y que para ello deben practicar suficiente actividad física. Además, cuando a una persona le gusta la actividad física tiene deseos de realizar ejercicio físico.

Queremos también destacar (Tabla 14) las correlaciones significativas (a nivel p<.01) que no existían en el test 1 y que aparecieron en el test 2 como consecuencia de la experiencia de metodología cooperativa llevada a cabo en el grupo experimental.

Grupo experimental	Test 2
Ser hábil en deportes - me gusta la actividad física	.605*
Ser hábil en deportes - practico lo suficiente	.617*
Tener resistencia - practico lo suficiente	.346*
Responsabilidad adquirida - practico lo suficiente	.394*
Responsabilidad en E.F. - practico lo suficiente	.392*
Responsabilidad en E.F. - quiero practicar	.501*
Valoración E.F. - me gusta la actividad física	.322*
Valoración E.F. - tener resistencia	.395*
Valoración E.F. - quiero practicar	.317*
Valoración E.F. - relaciones comp. mismo sexo	.377*
Valoración E.F. - responsabilidad adquirida	.615*

Tabla 14. Correlaciones variables encuesta EHEF - grupo experimental. *Sig. < .01

Tras la experiencia con metodología cooperativa, nuestro alumnado considera que "ser hábil en deportes" está relacionado directamente con aspectos como: "me gusta la actividad física" o "practico lo suficiente"; lo cual a su vez está relacionado con "tener resistencia". Así mismo, queremos destacar otros dos aspectos de gran relevancia para nuestro área de conocimiento: por un lado, que la valoración que el alumnado hace de la clase de Educación Física se relaciona directamente con "querer practicar actividad física", "gustar la actividad física", "tener resistencia" y "las relaciones con los compañeros del mismo sexo" y por otro, que la valoración que hace el alumnado de la "responsabilidad adquirida a través de la Educación Física" se relaciona directamente con "gustar la actividad física", "querer practicar" y "practicar lo suficiente".

También es importante señalar que los datos obtenidos del alumnado del grupo control (Tabla 15), que trabajó bajo metodología tradicional que incluía grandes dosis de competición en sus prácticas, señalan correlaciones significativas (a nivel p<.01) entre aspectos como: "valoración de la clase de Educación Física" y "ser buen atleta" o "ser hábil en deportes", mientras que los datos del alumnado del grupo experimental (que trabajó bajo metodología cooperativa) señalan una correlación significativa (a nivel p<.01) entre la "valoración de la clase de Educación Física" y "responsabilidad adquirida". Estos últimos datos son reveladores de uno y otro planteamiento y las posibles consecuencias de uno y otro. El docente es el responsable de decidir qué quiere que sus estudiantes extraigan de sus experiencias de Educación Física.

Grupo experimental	Test 2
Valoración E.F. - ser buen atleta	.522*
Valoración E.F. - ser hábil en deportes	.495*

Tabla 15. Correlaciones variables encuesta EHEF - grupo control. *Sig.<.01

CONCLUSIONES, PROPUESTAS DE FUTURO Y APLICACIÓN PRÁCTICA

Conclusiones

La metodología cooperativa se muestra como más adecuada que la metodología tradicional para la mejora del autoconcepto general, la apariencia física, la habilidad física, la honestidad, la relación con los padres, la relación con los iguales del mismo género y la relación con los iguales del otro género en chicos y chicas adolescentes. Esta mejora se produce incluso entre alumnado que parte de valores iniciales más bajos en dichos parámetros que los de sus compañeros de la misma edad.

Se muestra una vinculación clara entre la formación del autoconcepto de nuestros alumnos y su relación con padres y compañeros; los conocidos como "otros significativos". Se confirma la vinculación entre la formación del autoconcepto y la apariencia física; así como entre ésta y la relación con los compañeros; y entre la estabilidad emocional y la relación con los padres y los compañeros del mismo y del otro género.

Elementos como el autoconcepto general, la estabilidad emocional, la apariencia física, la relación con los padres y la relación con los compañeros están estrechamente relacionados en la formación personal de nuestros alumnos. En ambos grupos, las mujeres parten de valores iniciales más bajos que los varones en aspectos muy importantes de la formación de las personas como son la habilidad física, la apariencia física, la estabilidad emocional y la relación con los iguales del otro género. Existe una clara correlación entre los estudios del padre y los estudios de la madre, tanto de los alumnos del grupo experimental como de los del grupo control.

La metodología cooperativa es más adecuada para lograr una mayor valoración de la asignatura de Educación Física entre nuestros alumnos. La metodología tradicional parece lograr una disminución en aspectos importantes de la formación físico-deportiva de nuestros alumnos como si se consideran buenos atletas, si se consideran hábiles en los deportes, si consideran que tienen resistencia, o si consideran que les gusta la actividad física. Por el contrario, la metodología cooperativa parece incrementar todos estos aspectos.

Los alumnos perciben que tienen mayor responsabilidad sobre las clases de Educación Física cuando trabajan bajo metodología cooperativa que cuando trabajan bajo metodología tradicional. Los alumnos consideran que desarrollan mayor responsabilidad personal después de haber trabajado bajo metodología cooperativa, que después de haber trabajado bajo metodología tradicional.

Las mujeres, en comparación con los varones, desarrollan una imagen negativa o inferior de sí mismas con respecto a aspectos relacionados con su cuerpo y la actividad física. Hay una serie de aspectos que influyen en la creación de hábitos saludables entre las personas que están muy directamente relacionados entre sí: considerarse un buen atleta, considerarse hábil en deportes, creer que se tiene resistencia, practicar suficiente actividad física o desarrollar gusto por la actividad física.

La valoración que el alumnado hace de la clase de Educación Física influye en sus ganas de practicar actividad física, en que le guste la actividad física, en considerar que se tiene resistencia y en las relaciones con los compañeros del mismo género. La valoración que hace el alumnado de la responsabilidad adquirida a través de la Educación Física influye en el gusto por la actividad física, en la apetencia por practicar actividad física y en practicar ésta suficientemente.

La metodología cooperativa hace que el alumnado relacione directamente su valoración de la clase de Educación Física con la responsabilidad que han adquirido a través de ésta; mientras que la metodología tradicional hace que el alumnado relacione directamente la valoración de la clase de Educación Física con el ser hábil en deportes y buen atleta.

Limitaciones y condicionantes

Durante la realización de la presente tesis doctoral surgieron una serie de circunstancias que han podido condicionar, de alguna manera, los resultados del estudio:

Ha habido un determinado número de alumnos que, a lo largo del curso escolar en el cuál se desarrolló la presente investigación, decidieron abandonar los estudios de secundaria (ejemplos perfectos del conocido "fracaso escolar" de la enseñanza secundaria); en concreto fueron: cuatro alumnos pertenecientes al grupo experimental (aunque dos de ellos simplemente se trasladaron a un centro de secundaria de otra provincia por el traslado de sus padres) y dieciséis pertenecientes al grupo control. Esta circunstancia hizo que algunas funciones estadísticas no pudieran ser utilizadas como hubiéramos deseado, al disminuir el número de respuestas en el test final.

Hay que destacar que el número de alumnos que decidieron abandonar los estudios fue mucho mayor en el grupo control, que utilizó la metodología tradicional, que en el grupo experimental, que utilizó la metodología cooperativa.

El número tan abultado de alumnos del grupo control que abandonó los estudios pudo haber influido en los resultados finales de dicho grupo.

Algunos alumnos señalaron la dificultad de comprender correctamente algunas de las preguntas del Self-Description Questionaire-II de Marsh y la dificultad de elegir la respuesta adecuada de entre los seis valores establecidos para ello.

Propuestas de futuro

Una vez realizada la presente tesis doctoral han surgido una serie de ideas sobre las que se podrían cimentar investigaciones futuras:

Conocer si los cambios producidos en nuestros alumnos por el empleo de metodología cooperativa se mantienen después de transcurrido un cierto tiempo.

Conocer si el empleo de metodología cooperativa en varias asignaturas del currículo de enseñanza secundaria puede lograr cambios más significativos en las dimensiones evaluadas en la presente tesis.

Conocer si la aplicación de la metodología cooperativa en otro tipo de unidades didácticas de Educación Física puede producir los mismos resultados positivos (Fernández-Río, 2006, 2009, 2011; Fernández-Río y Méndez, 2008).

Aplicaciones prácticas

Los resultados de la presente tesis doctoral parecen favorecer el uso de metodologías alternativas a la "tradicional", como el caso del aprendizaje cooperativo, si los docentes quieren obtener mejoras en apartados de la formación de su alumnado como el autoconcepto.

La influencia de los "otros significativos" (compañeros y padres) sobre el autoconcepto de los adolescentes parece ser muy importante, por lo que debemos emplear planteamientos metodológicos, como el aprendizaje cooperativo, que favorecen estas relaciones.

La valoración que los estudiantes hacen de la clase de Educación Física se ve claramente favorecida por el empleo de métodos de enseñanza no-tradicionales como la metodología cooperativa.

BIBLIOGRAFÍA

Bredemeier, B. y Shields, D. (1996). Moral development and children´s sport. En F.L. Smoll y R.E. Smith (Eds.), *Children and youth sport: a biopsychosocial perspective* (pp. 381-401). Madison, Wis: Brown & Benchmark.
Busquets, D. (1998). Educación integral y desarrollo curricular. *Cuadernos de Pedagogía, 271*, 52-55.
Byrne, B.M. y Shavelson, R.J. (1986). On the structure of adolescent self-concept. *Journal of Educational Psychology, 78*(6), 474-481
Carlson, T.B. (1995). We hate gym: student alienation from Physical Education. *Journal of Teaching in Physical Education, 14*(4), 467-477.
De la Torre Navarro, E. (1998). Los deportes de equipo en la escuela: hacia un modelo de enseñanza más coherente. *Áskesis, 1*(4). Revista electrónica. http://www.askesis.arrakis.es/. (revisada el 15 de mayo de 2000)
Dunn, S.E. y Wilson, R. (1991). Cooperative learning in the physical education classroom. *Journal of Physical Education, Recreation and Dance, 60*(2), 22-28.
Dyson, B. (2001). Cooperative learning in an elementary physical education program. *Journal of Teaching in Physical Education, 20*, 264-281.
Ebbeck, V. y Gibbons, S.L. (1998). The effect of a team building program on the self-conceptions of grade 6 and 7 Physical Education students. *Journal of Sport and Exercise Psychology, 20*, 300-310.
Ennis, C.D., Cothran, D.J., Davison, K.S., Loftus, S.J., Owens, L., Swanson, L. y Hopsicker, P. (1997). What factors influence Physical Education classes in urban high schools? *Journal of Teaching in Physical Education, 17*, 52-71.
Fernández-Río, J. (2006). Estructuras de trabajo cooperativas, aprendizaje a través de claves y pensamiento crítico en la enseñanza de los deportes en el ámbito educativo. En actas del V Congreso Internacional de Actividades Físicas Cooperativas. Oleiros, Coruña: Universidade da Coruña.
Fernández-Río, J. (2009). El modelo de aprendizaje cooperativo. Conexiones con la enseñanza comprensiva. En A. Méndez (coord.): Modelos actuales de iniciación deportiva. Unidades didácticas sobre deportes de invasión (pp. 75-102). Sevilla: Wanceulen.
Fernández-Río, J. (2011). La enseñanza del bádminton a través de la hibridación de los modelos de aprendizaje cooperativo, táctico y educación deportiva y del uso de materiales autoconstruidos. En A. Méndez (coord.): Modelos actuales de iniciación deportiva. Unidades didácticas sobre juegos y deportes de cancha dividida (pp. 193-236). Sevilla: Wanceulen.
Fernández-Río, J. y Méndez, A. (2008). Nexos de unión entre el aprendizaje cooperativo y la enseñanza comprensiva para la iniciación deportiva escolar o la necesidad de evolución en la metodología cooperativa para ampliar su campo de influencia. En actas del VI Congreso Internacional de Actividades Físicas Cooperativas. Ávila: Universidad Católica de Ávila.
Fierro, A. (1985). Desarrollo social y de la personalidad en la adolescencia. En A. Marchesi, M. Carretero y J. Palacios (Eds.), *Psicología evolutiva 3. Adolescencia, madurez y senetud* (pp. 138-164). Madrid: Alianza Psicología.
González, M.C. y Tourón, J. (1992). *Autoconcepto y rendimiento académico. Sus implicaciones en la motivación y en la autorregulación del aprendizaje*. Pamplona: EUNSA
González-Pienda, J.A. (1993). *Análisis del autoconcepto en alumnos de 6 a 18 años: Características estructurales, características evolutivo-diferenciales y su relación con el logro académico*. Trabajo original de investigación. Departamento de Psicología. Oviedo: Universidad de Oviedo.
Gutiérrez, M. (1995). *Valores sociales y deporte. La actividad física y el deporte como transmisores de valores sociales y personales*. Madrid: Gymnos.

Gutiérrez, M. (1998). Desarrollo de valores en la educación física y el deporte. *Apunts de Educación Física y Deportes, 51,* 100-108.

Johnson, D.W., Johnson, R.T., Holubec, E. y Roy, P. (1984). *Circles of learning: Cooperation in the classroom.* Alexandria, VA: Association for Supervision and Curriculum Development.

Kirk, D. (1990). *Educación Física y currículum.* Valencia: Universidad de Valencia.

Marcotte, G. y Savard, C. (1998). Do you think that character and other value issues should be part of the written curriculum in Physical Education? *Journal of Physical Education, Recreation and Dance, 69*(2), 12.

Marsh, H.W. (1992). *The Self-Description Questionnaire-II (SDQ-II). A theoretical and empirical basis for measurement of multiple dimensions of adolescents self-concept: An interim test manual and a research monograph.* Macarthur, New South Wales: University of Western Sydney.

Mateos, M.J. (1998). Deporte y educación. *Puertas a la Lectura, 4,* 41-43.

Mays Woods, A. y Langley, D.J. (1998). Preservice teacher perceptions of appropriate activities in Physical Education. *Journal of Physical Education, Recreation and Dance, 69*(2), 69-71.

Nuñez, J.C. y González-Pienda, J.A. (1994). *Determinantes del rendimiento académico.* Oviedo: Universidad de Oviedo.

Ovejero, A. (1993). Aprendizaje cooperativo: una eficaz aportación de la psicología social a la escuela del siglo XXI. *Psichotema, 5* (suplemento), 373-391.

Portman, P.A. (1995). Who is having fun in P. E. classes? Experiences of sixth-grade students in elementary and middle school. *Journal of Teaching in Physical Education, 14,* 445-453.

Sadker, M. y Sadker, D. (1994). *Failing at fairness: how America's schools cheat girls.* New York: Charles Scribner's Sons.

Sastre, G. (1998). Un solo acto de conocimiento. *Cuadernos de Pedagogía, 271,* 21-27.

Seirul-Lo, F. (1995). Valores educativos del deporte, en D. Blázquez (Dir.), *La iniciación deportiva y el deporte escolar* (pp. 96-112). Barcelona: Inde.

Shavelson, R.J., Hubner, J.J. y Stanton, G.C. (1976). Validation of construct interpretations. *Review of Educational Research, 46,* 407-441.

Smith, B.T., Markley, R. y Goc Karp, G. (1997). The effect of a cooperative learning intervention on the social skill enhancement of a 3rd grade Physical Education class. *Research Quarterly for Exercise and Sport, 68*(1), supplement, A-68.

Solomon, G. (1997). Fair play in the gymnasium: improving social skills among elementary school students. *Journal of Physical Education, Recreation and Dance, 68*(5), 22-25.

Strachan, K. y MaCaulley, M. (1997). Cooperative learning in a high school Physical Education Program. *Research Quarterly for Exercise and Sport, 68*(1), supplement, A-69.

Tinning, R. (1990). *Ideology and Physical Education, opening Pandora's box.* Victoria: Deakin University Press.

Trepat, D. (1995). La educación en valores a través de la iniciación deportiva, en D. Blázquez (Dir.), *La iniciación deportiva y el deporte escolar* (pp. 113-139). Barcelona: Inde.

CAPÍTULO VIII

DIFICULTADES, INCERTIDUMBRES Y SATISFACCIONES DEL PROFESORADO DE EDUCACIÓN FÍSICA EN LA APLICACIÓN DE UN ENFOQUE COMPRENSIVO DE INICIACIÓN DEPORTIVA: EVOLUCIÓN DE SU PENSAMIENTO Y CREENCIAS A TRAVÉS DE UNA INVESTIGACIÓN COLABORATIVA[7]

Mario Díaz del Cueto

INTRODUCCIÓN

Las aportaciones realizadas desde la psicología de la educación sobre las posibilidades en la adquisición del conocimiento por parte del alumnado, han sido decisivas en las últimas décadas. Estas investigaciones han contribuido de forma sustancial a la forma de entender y contemplar el proceso de enseñanza y aprendizaje. Por tanto, considerar, analizar e interpretar estas aportaciones y sus posibilidades en el ámbito de la intervención didáctica, es una tarea que los profesionales que nos dedicamos a la función docente, nos debería comprometer hacia un replanteamiento sobre cómo estamos realizando nuestra función educativa. Las decisiones que ello implica y la necesidad de establecer algunos cambios en nuestros conocimientos y creencias, es un proceso que pretendemos estudiar en la investigación que sustenta esta tesis doctoral.

Asimismo, los currícula que las administraciones aportan como referente para la elaboración de las programaciones de aula, se han visto influenciados, en mayor o menor medida, por las aportaciones que desde el ámbito de la psicopedagogía se han realizado, repercutiendo en un cambio en su concepción y grado de apertura, así como en un incremento a la hora de tomar decisiones sobre su elaboración e implementación. En este sentido, las posibilidades de intervención del profesorado atendiendo a las posibilidades del alumnado en la adquisición del conocimiento y cómo programar el proceso de enseñanza y aprendizaje, deberían contemplar cambios en sus posibilidades de participación. Este será el eje principal de la investigación. ¿En qué medida las creencias, conocimientos, comportamientos, intervenciones..., del profesorado sobre su materia, inciden en el proceso de enseñanza y aprendizaje con una intencionalidad de contemplar la posibilidad de que el alumnado construya sus propios aprendizajes? Éste es el elemento clave del currículo en los últimos años.

En efecto, la concepción sobre el proceso de enseñanza y aprendizaje que acontece en las aulas y su relación con la naturaleza de cómo se producen los aprendizajes,

---

[7]Díaz del Cueto, M. (2005). Dificultades, incertidumbres y satisfacciones del profesorado de Educación Física en la aplicación de un enfoque comprensivo de iniciación deportiva: evolución de su pensamiento y creencias a través de una investigación colaborativa. Directores: Juan Luis Hernández Álvarez y Francisco Javier Castejón Oliva. Departamento de Educación Física y Artística. Facultad de Formación de Profesorado y Educación, UAM.

cuentan con variadas interpretaciones según las diferentes teorías que durante las últimas décadas han ejercido su influencia en base al carácter hegemónico que unas u otras han sustentado. Basándonos en la interpretación que realiza Pozo Municio (2003, p. 24), las teorías del aprendizaje, se podrían clasificar en las que contemplan el aprendizaje como un proceso asociativo y las que lo contemplan como un proceso constructivo. Manifiesta el autor que todos los aprendizajes atienden a aspectos cognitivos "... la diferencia entre unas y otras formas de aprendizaje estaría en la naturaleza de esos cómputos y representaciones, en el tipo de procesamiento cognitivo que tiene lugar para aprender", las diferencias estarían, por tanto, en cómo contemplar la adquisición del conocimiento.

A modo de síntesis y motivado por las posibilidades de extensión del presente documento, las diferencias entre ambos enfoques, serían las que se pueden comprobar en la tabla 1.

	Asociacionismo	Constructivismo
Unidad de análisis	Elementos	Estructuras
Sujeto	Reproductivo	Productivo
	Estático	Dinámico
Origen del cambio	Externo	Interno
Naturaleza del cambio	Cuantitativa	Cualitativa
Aprendizaje	Por asociación	Por reestructuración

Tabla 1. Principales diferencias entre concebir al aprendizaje como un proceso asociativo o constructivo (Pozo Municio, 2003).

Esta dualidad en la concepción del aprendizaje, y que de forma desequilibrada la seguimos contemplado en los distintos escenarios de aprendizaje que conforman los centros educativos, consideramos que se hace necesario orientarla en mayor medida hacia la concepción constructivista. En efecto, el cambio introducido en el currículo oficial no ha sido traslado de forma mayoritaria a los escenarios de práctica que observamos en los centros educativos. La concepción constructivista del currículo requiere del profesorado nuevos conocimientos y actitudes hacia dicho cambio por las incertidumbres y dificultades que genera la aplicación del enfoque comprensivo (Butler, 1996; Gubacs, 2004), para romper con las rutinas adquiridas y por la menor dificultad que encuentran en la aplicación del enfoque tradicional (Gubacs-Collins, 2007), características de las que, como posteriormente observaremos, el profesorado colaborador en esta investigación también participó

Atendiendo a las aportaciones de Coll Salvador (2000, p. 14), el término constructivismo hará referencia a la convergencia del aprendizaje escolar entendido como "un proceso de construcción del conocimiento" y la enseñanza entendida como "una ayuda a este proceso de construcción". Por lo que, para que el alumnado construya sus propios aprendizajes, atendiendo a las distintas aportaciones (e.g. Ausubel, 2002; Bruner, 1995; Piaget, 1965; Vygotski, 1979) y a modo esquemático, consideramos que se tendrían que cumplir una serie de condiciones, entre otras:

Partir de los conocimientos previos del alumnado.
Intervenir con la intención de avanzar en la zona de desarrollo potencial del alumnado.
Que los nuevos conocimientos tengan significado para el alumnado.

Que el alumnado se implique cognitivamente de forma significativa en el proceso con la intención de que evolucionen sus esquemas de conocimiento.

Atender a las características individuales de cada uno de los alumnos y alumnas, así como desde la perspectiva social y emocional.

En este sentido, Coll Salvador (1990, p. 204) considera que desde la interacción profesor-alumno en el proceso de enseñanza y aprendizaje, "el profesor guía el proceso de construcción de conocimiento del alumno haciéndole participar en tareas y actividades que le permitan construir significados cada vez más próximos a los que poseen los contenidos del currículo escolar", en donde el adecuado uso del lenguaje en la relación educativa que se establece tiene una significativa relevancia.

Centrándonos en la perspectiva social del deporte y argumentado por López Ros (2003, p. 113), la relación entre la enseñanza comprensiva y la perspectiva social del constructivismo, sería posible y compatible al contemplar "que el conocimiento se construye socialmente y, por tanto, la interacción entre el profesor, el alumno y el contenido, es el eje sobre el que pivotan las posibilidades de le enseñanza comprensiva; también en el deporte". En este sentido, Castejón Oliva (2005, p. 12) manifiesta que son los propios alumnos y alumnas quienes le aportan dicho significado social en las interrelaciones que se establecen, "el carácter social compromete a los alumnos y alumnas a relacionarse con los compañeros, en el sentido de que no sirven actuaciones únicas demandadas por el profesorado, sino actuaciones en las que los alumnos tienen sus propias referencias de otros iguales a ellos mismos", y siendo los momentos de reflexión los que principalmente propician dicha riqueza social "el carácter reflexivo en esta interacción social permite que se compruebe el punto de vista propio, defenderlo con argumentos, y también que se contraste con la opinión de los demás, también defendida con argumentos. La riqueza social somete a los alumnos a defender sus propuestas y respetar las de los demás".

En referencia específica al peso que comparten los contenidos deportivos en el desarrollo curricular y desde esta perspectiva en la función docente en el proceso de enseñanza y aprendizaje, consideramos que se hace necesaria una reflexión del profesorado en la forma de contemplar su utilización, ya que, según manifiesta Hernández Álvarez (1996, p. 53) "los mismos contenidos, con formas distintas de transmisión diferente (metodología) y con una intencionalidad también diferente (objetivos) pueden acabar configurando realidades y construcciones sociales distintas".

Atendiendo a la línea de pensamiento de la que estamos participando y atendiendo al actual enfoque curricular y la concepción en la adquisición del aprendizaje en las que se fundamenta, consideramos que el profesorado debería reflexionar sobre las decisiones que va a tomar a la hora de planificar su enseñanza, para que cada alumno y alumna pueda ir construyendo sus aprendizajes.

La literatura que hace referencia desde el ámbito de la Educación Física a esta forma de contemplar la enseñanza, de forma mayoritaria está enfocada hacia los contenidos específicos de los deportes de invasión y su tratamiento didáctico, dando prioridad al aprendizaje de los elementos tácticos del juego. Las propuestas que realizan los autores siguiendo esta concepción de la enseñanza, van en la línea de utilizar situaciones similares al contexto real del juego, en donde el alumnado pueda tomar decisiones y actuar en base a sus conocimientos previos y progresiones en los aprendizajes, priorizando en la utilización de las técnicas de enseñanza Resolución de Problemas y Descubrimiento

Guiado (Mosston y Ashworth, 1993) ya que van a ser las que en mayor medida permitirán establecer momentos de reflexión con el alumnado, implicándose éstos cognitivamente en el proceso y pudiendo tomar ellos y ellas las decisiones pertinentes en función del "qué hacer" y "cómo hacerlo". Estas propuestas formarían parte de los modelos comprensivos que aportan algunos autores. A saber:

Modelo modificado (Devís Devís, 1990).
Modelo basado en progresiones pedagógicas (Blázquez Sánchez, 1995).
Modelo integrado (López Ros y Castejón Oliva, 2005).
Modelo constructivista integrado (Contreras Jordán, De la Torre Navarro y Velázquez Buendía, 2001).

Entre las propuestas que hacen explícita de forma más específica la interacción reflexiva del docente con el alumnado y que consideramos un elemento clave a la hora de implementar este enfoque de la enseñanza, estaría la realizada por Contreras Jordán et al. (2001, pp. 193-194), contemplando seis fases:

Reflexión inicial.
Breve descripción de la situación de enseñanza.
Práctica continuada.
Pausa y reflexión central.
Vuelta a la práctica o variante.
Reflexión final.

Por su parte, López Ros (2001) propone una serie de segmentos interactivos que incluyen los momentos que acontecen de una forma más asidua durante una sesión, y que serían:

Segmento interactivo de organización de la actividad.
Segmento interactivo de práctica guiada.
Segmento interactivo de discusión.
Segmento interactivo de recapitulación.

Se puede observar, que esta línea de actuación, sustentada sobre los fundamentos propios de un enfoque constructivista de la enseñanza, repercute en el profesorado adquiriendo un mayor protagonismo en el diseño e implementación de la programación. Desde esta perspectiva, el papel asignado al docente ha evolucionado desde su función de transmisor de los conocimientos o de mero ejecutor de currículos cerrados que le asignaban las teorías del aprendizaje de naturaleza conductista, hacia un papel más dinámico y caracterizado por la reelaboración didáctica del conocimiento con una mayor participación en los diferentes procesos de toma de decisión que conducen a su labor educativa en donde le sitúa la concepción constructivista del aprendizaje.

Nuestra propia experiencia profesional como parte del colectivo docente de la etapa de Secundaria, nos hace conscientes de las enormes dificultades que conlleva cualquier cambio cuando éste supone confrontar nuevos enfoques de enseñanza, no sólo con los experimentados en la formación inicial sino con los que, durante largos años, se han vivenciado en la manera en la que hemos sido socializados en la construcción del "saber" y del "saber hacer" como sujetos de aprendizaje. Consideramos que se hace necesaria la aceptación de la necesidad de cambio, la superación de rutinas adquiridas durante el ejercicio de la función profesional e incluso de la formación inicial, la renuncia a la posibilidad de seguir contemplando la enseñanza a través de escenarios de práctica que nos reporten seguridad y escasas incertidumbres. En nuestra opinión, es importante participar de procesos de colaboración que nos ayuden a afrontar las incertidumbres, con el objeto de que la evolución hacia formas de intervención y de mediación de mayor calidad no se detenga en ningún momento.

En este contexto, cabe señalar, en breve síntesis, que nuestra investigación se centra en la enseñanza de la iniciación deportiva que tiene lugar en el marco del desarrollo curricular de la Educación Física en el ámbito de la Educación Secundaria. A través de estudios de casos, se pretende profundizar, desde una perspectiva interpretativa, en el análisis de las dificultades, en pensamiento y acción, que encuentran los profesores para poner en práctica el denominado "enfoque comprensivo" de la enseñanza del deporte.

OBJETIVOS

En consonancia con el objeto de estudio planteado, hemos considerado que se hacía necesario obtener información sobre los conocimientos obtenidos en la formación inicial y continua del profesorado con experiencia, así como de sus percepciones previas en torno a la enseñanza del deporte. A partir de dicha información las intenciones de la investigación se orientan hacia el conocimiento sobre la implementación del enfoque comprensivo y obteniendo información sobre el proceso y las consecuentes satisfacciones y preocupaciones.

Con el fin de orientar estas intenciones, se enunciaron los siguientes objetivos:

Identificar el perfil docente del profesorado de Educación Física de la Comunidad de Madrid y, especialmente, el enfoque de enseñanza que utilizan para la iniciación a los deportes colectivos de invasión.

Conocer las percepciones, conocimientos y creencias del profesorado sobre el enfoque comprensivo para la enseñanza de los deportes colectivos de invasión.

Comprender e interpretar las preocupaciones y/o satisfacciones que manifieste el profesorado al implementar un enfoque comprensivo para la enseñanza de los deportes colectivos de invasión, su evolución y los factores que puedan incidir en las posibles preocupaciones y/o satisfacciones.

Conocer cuáles son, a juicio del profesorado participante en la investigación, los aspectos más relevantes y complejos de un enfoque comprensivo desde la perspectiva de la enseñanza y las dificultades que, dichos aspectos, suponen en su tarea de guía y mediador del proceso de construcción de los aprendizajes del alumnado.

Valorar la contribución de la investigación colaborativa, concretada en torno a la implementación de unidades didácticas diseñadas a tal fin, en la posible evolución del pensamiento de los docentes en cuanto a la concepción del enfoque comprensivo, su valor educativo y las posibilidades reales de aplicación en el marco del desarrollo curricular de la Educación Física.

METODOLOGÍA

Atendiendo a las líneas de actuación que anteriormente hemos relatado, el paradigma interpretativo nos permitirá poder atender de forma adecuada la puesta en práctica de esta investigación.

Desde la perspectiva de este paradigma, y con la intencionalidad de realizar un estudio y análisis de las diversas realidades que acontecen en las clases de Educación Física, hemos llevado a cabo un diseño de estudio de casos colectivo (Stake, 1995), poniendo en práctica el factor colaborativo de la investigación propuesta y que, al mismo tiempo, nos va a permitir interpretar los acontecimientos y manifestaciones de los distintos agentes que intervienen en la investigación desde sus propias percepciones y creencias acerca de la realidad de su práctica de enseñanza.

Contexto y participantes

La investigación para la tesis doctoral se enmarcó en los centros educativos de secundaria en los que el profesorado de Educación Física de la Comunidad de Madrid imparte sus enseñanzas.

Como inicio y referente de la investigación, hemos considerado conveniente conocer las características que reunía el profesorado de Educación Física de la Comunidad de Madrid en cuanto a su perfil académico y profesional. Para ello, se distribuyeron 125 cuestionarios por distintos Institutos de Educación Secundaria (IES) de la Comunidad de Madrid, recibiendo un total de 31 cuestionarios cumplimentados y que conforman una muestra que consideramos suficientemente amplia como para poder hacer una lectura que nos permita acercarnos al perfil docente del profesorado de Educación Física que imparte sus enseñanzas en los distintos IES de esta Comunidad.

Al considerar esta fase como un referente para la tesis doctoral, señalamos algunas de las principales características que tienen relación con el objeto de estudio del profesorado que lo ha cumplimentado, son las siguientes:

Los datos extraídos se referirán al profesorado que imparte su función profesional en los centros públicos de educación secundaria de la Comunidad de Madrid.
Más de la mitad del profesorado que ha cumplimentado el cuestionario lleva más de 15 años en la docencia, y casi una cuarta parte entre 11 y 15 años.
La formación que recibió este profesorado al cursar sus estudios de Educación Física, en cuanto al planteamiento didáctico prioritario para la enseñanza de los deportes colectivos de invasión, se basó principalmente en un planteamiento técnico, también denominado enfoque tradicional o técnico.

Características de los profesores colaboradores en la investigación: estudio de casos. Para el estudio de casos se solicitó la participación del profesorado que había cumplimentado el cuestionario. El procedimiento que resultó más efectivo fue a través del contacto directo y vía telefónica, adquiriéndose finalmente el compromiso de participación de un total de cinco docentes (tres profesores y dos profesoras) que realizaban su función profesional en diferentes IES de la Comunidad de Madrid, situados tanto de la capital como en centros de la periferia.

A modo general, las características de este profesorado son las siguientes:

Las situaciones administrativas y de antigüedad en la docencia que presenta el grupo de profesores y profesoras son: dos tienen plaza definitiva en su centro de destino y con veinte y dieciocho años como docentes respectivamente, dos están en expectativa de destino y con once años de experiencia docente cada uno de ellos, y uno en situación de interinidad y con cinco años de experiencia.

Exceptuando el caso del profesor interino que ha cursado sus estudios de Educación Física en la Facultad de Educación Física de la Universidad de Extremadura y que ha sido el único que recibió información sobre el enfoque comprensivo, el resto del profesorado ha cursado sus estudios en el Instituto Nacional de Educación Física de la Universidad Politécnica de Madrid.

Para mantener el anonimato del profesorado utilizaremos seudónimos. Los casos han sido: Marta (Ma) con la especialidad deportiva en gimnasia; Antonio (An) es el único docente que partiendo de una formación inicial fundamentada en el conductismo, ha adquirido conocimientos del enfoque comprensivo a través de la formación continua al cursar los estudios de doctorado; su especialidad es el rugby; Armando (Ar) con la especialidad en fútbol; Rosa (Ro) sin una especialidad deportiva específica; y Sergio (Se) con especialidad deportiva en atletismo.

Todo el profesorado imparte su docencia en centros públicos de enseñanza secundaria de la Comunidad de Madrid y poseen la titulación de Licenciado en Educación Física.

Por motivos como los expuestos, la investigación interpretativa no pretende, como tampoco se hace en esta investigación, realizar una generalización de los datos y de conclusiones. No obstante, tanto los resultados como su análisis y las conclusiones finales del estudio se podrían tomar como bases de referencia para comprender lo que sucede en casos similares, así como para tratar de detectar problemas y necesidades reales de apoyo y colaboración. Es por ello que el haber podido disponer de un grupo de profesores y profesoras con las características anteriormente señaladas, y que abarcan una gama de situaciones administrativas y profesiones que se contemplan en el estudio previo, podría permitirnos una lectura de referencia a situaciones similares y como punto de partida para un análisis en profundidad de las mismas, pero no desde una lectura e interpretación extensiva a la generalidad del profesorado.

Técnicas e instrumentos

De forma resumida, la información del proceso de investigación se obtuvo a través de:

Cuestionario: Se realizó una amplia revisión bibliográfica y se elaboró la primera versión. Posteriormente se pasó a su validación por expertos universitarios y de educación secundaria y se realizó una prueba piloto. Con las aportaciones recibidas, se elaboró la redacción final.

Entrevistas (En): Se realizaron dos entrevistas personales semiestructuradas a cada profesor al principio y mitad del proceso. Las entrevistas fueron grabadas para su posterior transcripción.

Reuniones de grupo (Rg): Se realizaron un total de ocho reuniones. El investigador principal realizó la función de moderador y estimulador de los debates, manifestando, cada docente, sus preocupaciones, incertidumbres y pautas de actuación de forma colaborativa e interactiva con los demás profesores y profesoras. Cada reunión fue grabada para su posterior transcripción.

Diarios (Di): Cada profesor y profesora elaboró un diario como procedimiento de reflexión. El profesorado utilizó el ordenador como herramienta para escribir su diario, permitiendo de esta forma el envío continuo del mismo, así como la posibilidad de que el investigador principal pudiese realizar un permanente seguimiento de cada profesor y profesora en donde manifestaron sus percepciones, preocupaciones y satisfacciones (McKernan, 1999) al implementar el planteamiento comprensivo.

Observación y grabaciones de clases: Se observaron y grabaron en audio y video dos sesiones a cada profesor/a (10 en total), para contrastar la información que suministraron a través de los otros instrumentos.

Procedimiento

El proceso seguido para la tesis doctoral, y de forma esquemática, ha sido el siguiente:

Una fase previa con el propósito de conocer del perfil docente del profesorado de Educación Física de la Comunidad de Madrid, para lo cual se elaboró y validó el "Cuestionario sobre el enfoque didáctico del bloque de contenidos juegos y deportes".

La primera fase específica de la investigación y con una duración de cinco meses, se dedicó a la composición del grupo colaborador, establecer las pautas de funcionamiento y aportarles información sobre el enfoque comprensivo. Asimismo, y una vez manifestada por los docentes la utilización de forma cotidiana del modelo tradicional, se elaboraron con su colaboración dos unidades didácticas, una para baloncesto y otra para balonmano con un enfoque comprensivo. Estas unidades didácticas contemplaron los objetivos didácticos, los objetivos de cada sesión, las tareas, las posibles preguntas a realizar al alumnado y los instrumentos de evaluación.

La siguiente fase, y con una duración de ocho meses, de dedicó a la implementación de las unidades didácticas por el grupo de profesores, sugiriéndoles que tomasen como referencia los objetivos de la unidad y de cada sesión, estableciendo los ajustes oportunos, tanto en las preguntas como en los demás elementos de las sesiones, según los comportamientos y evolución del alumnado. Asimismo, se realizaron las ocho reuniones de grupo y las dos entrevistas personales. Durante la implementación de las sesiones se observaron y grabaron en audio y video diez sesiones en total.

La última fase de la investigación se dedicó al análisis e interpretación de la información obtenida a través de los distintos instrumentos utilizados. Asimismo, se realizó una nueva revisión y búsqueda de coincidencias con la bibliografía especializada, se validó la interpretación de la información de las reuniones, entrevistas y diarios por el profesorado colaborador, y se establecieron las conclusiones de la investigación.

ANÁLISIS E INTERPRETACIÓN

La información obtenida durante el proceso de implementación de las unidades didácticas a través de los diarios, reuniones de grupo y entrevistas individuales, fue transcrita para realizar la interpretación de las manifestaciones que aportó cada docente. Se realizó un análisis de cada caso y posteriormente se cruzó la información entre casos (Patton, 1990). Por medio del análisis inductivo realizado, se establecieron las categorías que nos han permitido interpretar la evolución de su pensamiento docente.

Categorías de análisis y las claves que las identifican

Evolución del Profesorado sobre el Modelo Comprensivo (PMC): Esta categoría recoge las percepciones o valoraciones realizadas por el profesorado sobre el modelo comprensivo.

Ejemplo: Yo, por eso he comentado antes, veo muy difícil que el planteamiento comprensivo se pueda llevar específicamente a la práctica en bloque. (PMCRgAr5/03/04)

Preocupaciones y Satisfacciones al utilizar Nuevo Enfoque de enseñanza (PSNE): manifestaciones realizadas por el profesorado sobre el grado de satisfacción o de preocupación al utilizar el modelo comprensivo para la iniciación al baloncesto y/o balonmano.

Ejemplo: Creo que alcanzamos los objetivos pretendidos en gran medida. No me conformo porque sé que tengo muchas cosas que mejorar cuando vuelva a plantear estas sesiones, pero estoy muy satisfecha con el resultado de la unidad didáctica. (PSNEDiRo5/02/04)

Percepciones sobre los Comportamientos del Alumnado como partícipes de un enfoque comprensivo (CAL): manifestaciones realizadas por el profesorado sobre su propia percepción de la influencia que tiene en el alumnado la aplicación del planteamiento de enseñanza. El profesor alude a cambios de comportamientos de los alumnos que atribuye al enfoque de la enseñanza.

Ejemplo: Mucha cooperación en el grupo (3ºA) que funciona con bastante fluidez porque entienden y escuchan los objetivos, contestan a las preguntas y aplican soluciones. (CALDiMa16/01/04)

Evolución en la utilización de las Preguntas para favorecer la Implicación Cognitiva del alumnado (PIC): manifestaciones realizadas por el profesorado sobre sus percepciones o valoraciones al utilizar preguntas al alumnado como recurso para provocar la implicación cognitiva, bien por reclamar su atención o por incidir en la actitud o comportamiento.

Ejemplo: Comenzamos con el juego de los 10 pases en diferentes espacios y siguiendo el planteamiento prescrito hacíamos preguntas relativas a la utilización del espacio y a los roles sociomotrices. Las respuestas eran fluidas y había un alto grado de implicación de los alumnos. Tengo la sensación de que los que más responden son los alumnos con mayor experiencia deportiva. (PICDiAn14/01/04)

Las distintas manifestaciones de los docentes se identifican con la clave que les acompaña al final del texto de la frase literal extraída. Ejemplo: (PSNEDiRo5/02/04), esta manifestación pertenece a la categoría PSN: Preocupaciones y Satisfacciones al utilizar Nuevo Enfoque de enseñanza; contemplada en el Di: Diario; por Ro: Rosa; en la fecha 5/02/04.

Realizaremos un análisis global de las manifestaciones de los docentes atendiendo a su evolución en cada una de las categorías de análisis y obtenidas mediante los instrumentos utilizados. Consideramos oportuno señalar la riqueza de las reflexiones y el enriquecimiento que han aportado las interacciones producidas entre el profesorado a través de las entrevistas, reuniones de grupo y diarios. El proceso reflexivo, tanto a modo individual como compartido, que de forma continuada han tenido y que han manifestado en los distintos instrumentos, han enriquecido, asimismo, la investigación de forma muy relevante. Debido a las limitaciones de espacio para el presente documento, extraeremos algunas manifestaciones a modo de ejemplo en la elaboración del análisis realizado.

Evolución del profesorado en referencia al planteamiento de enseñanza

El profesorado coincide al señalar que actualmente no se está utilizando el modelo comprensivo para iniciar al alumnado en los deportes de invasión. Esta percepción se ve reflejada en la manifestación de Armando cuando se le preguntó en la entrevista inicial por el planteamiento de enseñanza que utilizaba.

> Normalmente utilizo la instrucción directa, procurando escoger actividades lo globales posibles, aunque suelo utilizar ejercicios analíticos para el trabajo de la técnica (intentando no abusar de ellos). (PMCEnAr29/X/03).

El profesorado considera que la falta de conocimientos y que la dificultad para llevarlo a la práctica, son los motivos principales que impiden su utilización como se observa también en las aportaciones realizadas por Butler (1996) y Gubacs (2004). El profesorado colaborador razona que sería de gran ayuda la existencia de materiales curriculares desarrollados (unidades didácticas), atendiendo a las características del planteamiento comprensivo, y teniendo en cuenta la realidad de la enseñanza de la Educación Física.

Tener que propiciar la implicación cognitiva del alumnado y el desconocimiento sobre lo que va a acontecer en las aulas, son, asimismo, aspectos del planteamiento que les ofrecen una dificultad de especial relevancia.

> Yo creo que es mucho más fácil de la otra manera [refiriéndose a un planteamiento técnico]. A mí me parece que de esta forma [en un planteamiento comprensivo] lleva un tiempo, es decir, pararles y decir, vamos a intentar comprender lo que hacemos, vamos a buscar el porqué. Me resulta mucho más fácil ponerlos a correr, coger el balón y que me imiten, me resulta infinitamente más fácil, vamos a pasar, vamos a botar, vamos a tirar. O sea la reproducción de modelos, yo creo que es mucho más fácil imitar un modelo y después corregir sobre la imitación. (PMCRgSe10/11/03)

Las sensaciones anteriormente señaladas no las percibían al utilizar el planteamiento tradicional o técnico. Este giro en las sensaciones que perciben al utilizar el planteamiento de enseñanza, lo interpretamos como consecuencia de las inseguridades que genera todo cambio y que provoca sensaciones de falta de seguridad al sentirse poco capaces para llevarlo a cabo, aduciendo a la falta de conocimientos suficientes sobre el planteamiento de enseñanza comprensiva, aportaciones que también señalan en sus estudios Griffin, Mitchell y Oslin (1997), así como McCaughtry, Sofo, Rovegno y Curtner-Smith (2004).

A medida que el profesorado va implementando más sesiones, las preocupaciones iniciales van disminuyendo al apreciar que los aprendizajes del alumnado son más acordes con las intenciones que tenían previstas, y entendiendo que la viabilidad en su implementación como herramienta didáctica para conseguir los objetivos propuestos, les aporta suficientes satisfacciones como para generar un mayor nivel de credibilidad sobre el planteamiento comprensivo.

> Creo que la mayoría [de alumnos y alumnas] han mejorado su nivel de conocimientos teóricos y prácticos sobre el balonmano. Y que han disfrutado con las actividades". (PMCDiRo22/01/04)

Hemos podido apreciar, en el profesorado colaborador de la investigación, la opinión unánime de que se hace necesaria la utilización de este enfoque de la enseñanza, para aportarle a la Educación Física el valor educativo que tiene y vencer las deficiencias del enfoque técnico que han sido señaladas por autores como Thorpe (1992). También coinciden al manifestar que la principal característica de este planteamiento de enseñanza es propiciar la implicación cognitiva del alumnado, siendo esta variable la que consideran como la más difícil de conseguir por el cambio de rol que conlleva en el alumnado, al exigirles un esfuerzo cognitivo importante para decidir qué hacer y cómo hacerlo.

Evolución de las preocupaciones y satisfacciones del profesorado al utilizar un nuevo enfoque de enseñanza

El análisis de las manifestaciones realizadas por el profesorado para esta categoría, nos muestra que, al inicio de su utilización, les ha producido percepciones de preocupación y de ansiedad. En sus comentarios aluden de forma constante a la falta de tiempo provocado por la nueva dinámica de las clases.

> Me ha faltado tiempo para todo y he dejado las preguntas para el próximo día, he tenido que acelerarlo todo y creo que no he conseguido nada aparte de sentirme mal. (PSNEDiMa28/10/03)

Esta nueva dinámica de trabajo les está ocasionando sensaciones de incomodidad y aislamiento por el cambio de rol que deben asumir en las clases, así como preocupación por no poder atender de forma más individualizada al alumnado.

En algún caso se puede observar preocupación por lo que consideran como excesiva la información que aportan al alumnado y cómo la aportan, en referencia a los momentos de reflexión conjunta y al comentarles los objetivos de cada sesión, percibiendo que el alumnado no es capaz de asimilar toda la información porque cognitivamente no están implicados.

> En cuanto a la forma de plantear las actividades creo que desde el principio quiero que a los chicos les queden claras las normas para un determinado ejercicio, y partiendo de ahí cometo el error de darles demasiada información antes de comenzar la tarea..., pero creo que les quedan dudas, que no son capaces de asimilar toda la información que les doy a la primera. (PSNEDiAr21/11/03)

Los cambios en las rutinas que tenían adquiridas al realizar su labor como docentes, están provocando, en algunos componentes del grupo de profesores y profesoras, sensaciones de un mayor desgaste de energía al utilizar este modelo de enseñanza, y en comparación con el que habitualmente venían utilizando. Existen, asimismo, percepciones de incomodidad y aislamiento al utilizar este nuevo enfoque en sus enseñanzas para la iniciación a los deportes de invasión, así como preocupaciones por las paradas que conlleva para provocar la implicación cognitiva del alumnado, percibiendo, en algunos casos, que la actuación del docente al aportar la información que guía al alumnado comporta no dejarles tiempo suficiente a éstos para contribuir con sus propias soluciones, percepciones que concuerdan con las aportadas por Griffin y Butler (2005) y por Gubacs-Collins (2007).

Otro de los motivos de preocupación está originado por el dominio de los contenidos del deporte de referencia. La percepción de falta de conocimientos produce inseguridad en la aplicación de este enfoque de la enseñanza, que en algún caso lo han resuelto transfiriendo los elementos idénticos que desde las necesidades del planteamiento de enseñanza caracterizan a los deportes de invasión.

En la mayoría de los casos, las preocupaciones que han ido manifestando los profesores y profesoras colaboradores a través de los distintos instrumentos utilizados, se han ido acercando a sensaciones de satisfacción a medida que han avanzado en la impartición de las sesiones desarrolladas, e incluso al repetir la misma sesión con otros grupos de alumnos y alumnas, ya que les aportaba seguridad al conocer con antelación lo que probablemente iba a ocurrir.

Organizar la clase, que te dé tiempo a hacer los ejercicios, que te dé tiempo a realizar los comentarios necesarios, hacer las distribuciones, bueno, todo, vas apuradísimo de tiempo, yo voy mucho más agobiado. Pero en la tercera o la cuarta vez, no la segunda, es cuando ya manejas un poco ya la clase. En la primera es todo nuevo, en la segunda salen problemas diferentes y en la tercera ya es cuando ves si vas bien o vas mal. (PSNEEnSe16/01/04).

Estas sensaciones de satisfacción en la evolución del profesorado hacen referencia a sentirse cómodos y útiles al llevar a cabo este nuevo enfoque de la enseñanza, motivado por los aprendizajes que observan en el alumnado, aspectos coincidentes con los estudios de Light (2003), así como poder disponer de una referencia concreta en la aplicación del planteamiento de enseñanza a través de la unidad didáctica. Asimismo, el nuevo rol que asumen en las clases, también es otro factor de satisfacción, aunque este aspecto está bastante diferenciado entre los distintos profesores y profesoras.

A continuación vamos a extraer un diálogo de la transcripción realizada en la reunión de grupo del día 5 de marzo de 2004 (a esta reunión no pudo asistir Sergio). Nuestra intención es mostrar las interacciones que se pueden producir en los debates generados entre los componentes del grupo y en donde la función del investigador principal (coordinador), se ha limitado a moderar el debate e ir introduciendo algunas pautas para provocar la intervención de todos los componentes y que las distintas aportaciones se puedan enriquecer en la medida de lo posible.

En el siguiente extracto se podrá observar cómo las distintas creencias del profesorado influyen en la aplicación de este enfoque de la enseñanza, en cuanto a darle mayor prioridad a los elementos técnicos o tácticos en el diseño de las tareas. El debate se originó después de unas reflexiones sobre las posibilidades que ofrece el diseño de las unidades didácticas para que todo el alumnado vivencie situaciones similares al juego real. Marta comenta que sus alumnos y alumnas le demandaban más tareas en donde pudiesen realizar los gestos técnicos específicos del baloncesto, ante esta intervención el coordinador le comenta que la intención de las tareas en donde hay pocos jugadores (1 vs. 1, 2 vs. 2...) es que cada alumno y alumna realice un número significativo de veces aquellas acciones que son propias de un jugador atacante y/o defensor. Antonio comenta que aún sin estar incluidas específicamente las repeticiones que el alumnado pueda realizar, las tareas contemplan las habilidades que el alumnado debe adquirir dominando su cuerpo con el balón, permitiendo el diseño de la unidad didáctica recoger dicho aspecto.

[Coordinador] La intención de la unidad es que, aún no habiendo situaciones aisladas donde el alumno individualmente tira a canasta, o hace un pase, es que, como empezamos con el 1 vs. 1, ó 2 vs. 2.

[Antonio] Hay 3 vs. 2 que es muy interesante para el concepto de entrada, no te digo de entrada a canasta, sino de secuenciar muchas situaciones en las que, de repente, se quedaba el jugador solo.

[Coordinador] Es decir, que hay vivencias, como intención, vivencias suficientes,...Es decir, pueden tocar más veces el balón, tiran más veces a canasta...

[Marta] Ya. Pero que yo me he encontrado que la propia actuación de ellos, y lo he visto reflejado en las observaciones (que quieren más ejercicios de técnica), me ha parecido que hasta cierto punto era razonable.

[Antonio] Sí. Pero yo creo que esas cosas no están excluidas. A lo mejor no están incluidas, pero no están excluidas.

Continuando con el mismo diálogo, la siguiente manifestación de Marta, en referencia a los aspectos técnicos del juego, provoca un debate sobre la terminología que habitualmente utilizamos en referencia a los conceptos de Técnica, Táctica individual y Comprensión. La relevancia de esta "discusión" la encontramos en el reflejo que aporta sobre los pensamientos y creencias del profesorado a la hora de enfocar sus enseñanzas, incidiendo de forma importante los aprendizajes previos.

En las distintas intervenciones, se observa una visión diferenciada sobre el enfoque que le estamos dando a nuestras enseñanzas. Qué es lo que observamos en los comportamientos de nuestros alumnos y hacia dónde les guiamos con nuestras intervenciones, pueden ser interpretadas de distinta forma desde el momento en el que les pedimos que hagan una acción determinada o que hagan una acción por un motivo concreto, el nivel de implicación cognitiva del alumnado y el sentido que le puede encontrar a esa misma acción son totalmente distintos.

[Marta] No están excluidas ni están incluidas. Entonces, yo, he aprovechado también que, en ese sentido, pues me ha venido bien tener gente técnicamente muy buena porque es que les sale, es que les brota del alma decirlo... Pero, son situaciones que también hay que provocar, porque en algunos casos, en algunos alumnos, en algunas situaciones se ha provocado y en otras situaciones en las que no lo hemos provocado, porque no está incluido, y era fácil, se podía haber hecho sobre la marcha. Porque algunas veces me decías tú (al coordinador,) es que algunas preguntas de las que haces que parecen ir más dirigidas hacia la técnica, y es que realmente, a un chaval que está defendiendo con los brazos pegados al

cuerpo, alguien tiene que decirle, "mira, es que tú no es que juegues mal, es que no mueves los brazos", alguien se lo tiene que decir, y eso es técnica.
[Antonio] No, eso no es técnica.
[Marta] Hombre, el sacar los brazos.
[Antonio] No. No. No. Es que yo he tenido el mismo problema al principio. Cuando les planteas "¿qué estás haciendo, atacando o defendiendo? ¿cuál es tu objetivo?" Y dice "quitarle el balón", y le dices "¿y tú crees que le puedes quitar el balón con la mano en los bolsillos?"
[Marta] Pues yo llego a preguntar "¿dónde tienes los brazos?" Y eso es técnica.
[Antonio] Pero eso. No, no es técnica, es comprensión. En el momento que alguien comprende...
[Marta] Da igual.
[Antonio] No, no, no.
[Marta] Es que da igual. Lo que está claro es que lo importante es hacerle comprender que tiene que sacar los brazos.
[Antonio] Pero no es lo mismo que tú le digas. "Saca los brazos", porque él puede sacar los brazos por hacerte feliz. Porque tú se lo has dicho. Dices "para defender hay que sacar los brazos".
[Rosa] Escúchame (dirigiéndose a Marta), si tú le dices, la mano aquí o aquí. A él eso, si no lo ha razonado, se le va a olvidar.
[Coordinador] Pero, ¿dónde está el significado?
[Antonio] El problema es que tiene que encajar eso en algún esquema previo.
[Coordinador] Armando ¿algún matiz?
[Armando] Yo por eso he comentado antes (basarse en las preguntas en todas las sesiones) que veo muy difícil que el planteamiento comprensivo se pueda llevar específicamente a la práctica en bloque. Habrá que pasarse a dar información directamente al alumno, y creo que en esa mezcla se pueden conseguir más resultados que con un método de reproducción de modelos únicamente o con uno comprensivo únicamente. Habrá que ver el momento, habrá que ver cómo se lo planteamos. Y lo que decíais de cuándo el alumno realmente lo ha entendido, cuándo te responde bien o cuándo lo hace.

Esta intervención de Armando, en donde manifiesta que posiblemente sería conveniente ir simultaneando situaciones de enseñanza y aprendizaje que contemplen ambos planteamientos de enseñanza, cambia el sentido del debate hacia la preocupación por poder conocer cuándo se produce la comprensión del juego, si en el conocimiento declarativo o en el procedimental. El profesorado manifiesta que la verdadera comprensión existirá cuando el alumnado sea capaz de llevarlo a la práctica, pero que en ocasiones se puede ver limitado por las normas del juego y no son capaces de hacerlo atendiendo a esa normativa (por ejemplo entrada a canasta sin hacer pasos), y que posiblemente el alumnado necesitaría más tiempo para poder realizar adecuadamente las decisiones que toma sobre las acciones del juego.

[Coordinador] Entonces, el término que lleva el planteamiento en su denominación "Comprensivo" ¿Por qué creemos que el alumnado ha comprendido o que no ha comprendido esa técnica? Llamémosle así al separar los brazos del cuerpo ¿dónde está la diferencia?, ¿por qué la discusión?

[Antonio] A ese nivel, también, y yo muchas veces lo he pulsado en clase, es por grupos, es decir, cuando alguien, además, que tal cual está planteada la unidad cuando estás trabajando con grupos pequeños y demás, (...) de repente observas una conducta determinada del tipo que sea. Por ejemplo, en una que me he fijado muchísimo, porque tú le hablas a la gente, porque desde que se comprende hasta que se hace una cosa hay una diferencia abismal, la mayoría de la gente puede comprender algo pero luego esa comprensión no se plasma en la práctica.
[Armando] Es que yo creo que ahí está la verdadera comprensión.
[Antonio] Y yo... en gente con menos experiencia, se producen muchas situaciones en las cuales se queda un jugador solo delante la canasta a cuatro metros y tira en lugar de acercarse, esa yo creo que es de las que más se ha producido. Entonces está claro que esa persona no comprende, o a lo mejor sí lo comprende.
[Rosa] Yo creo que a veces están bloqueados por el reglamento.
[Antonio] Sí, pero llega un momento que a lo mejor sí que lo conoce conceptualmente, pero en la situación práctica del juego no es capaz de aproximarse, dar dos pasos, de hacer una entrada. Entonces les digo "Vamos a ver, no será más fácil, si estás tú solo que te acerques a la canasta y tires, a que tires desde aquí". Y esa situación se ha producido muchas veces, y esa situación denota una falta de comprensión. Pero, posiblemente, cuando le preguntas a esa persona...
[Coordinador] ¿Cómo sabemos si es que no lo ha comprendido o el problemas es otro?
[Antonio] Yo creo que está en la fase de transición entre que lo comprende hasta que es capaz aplicar eso en una situación real de juego. Pero para eso está el trabajo del profesor. Yo cuando veo estas situaciones, ahí cojo a esa persona, o a ese grupo, y digo, "vamos a ver, ¿qué ha pasado?, ¿dónde estabas?, ¿por qué ha pasado esto? ¿qué podías haber hecho? Y él mismo te responde. Posiblemente, nos falte tiempo y más veces de esa misma práctica para ver si la siguiente vez que le pasa eso, ya realmente lo ha conceptualizado y lo ha llevado a la práctica, o no.

Continuando con el diálogo establecido en la reunión del 5 de marzo, las preocupaciones más significativas que el profesorado manifiesta al utilizar el planteamiento comprensivo hacen referencia, en algunos casos, al nivel de conocimientos del deporte que se utiliza en la unidad didáctica como herramienta, aunque esta carencia de conocimiento se puede ver reducida, como manifiesta Armando, si se poseen conocimientos de otros deportes que tengan elementos estratégicos comunes y percibamos claramente qué es lo que prioritariamente debe comprender el alumnado.

[Coordinador] ¿Y las preocupaciones al aplicar el planteamiento comprensivo? Al principio, no sé si han evolucionado o no, ¿coinciden o son distintas? En cuanto a la dirección de las sesiones.
[Marta] Hombre. A mí me ha preocupado, en el baloncesto más que en el balonmano, encontrarme situaciones que están por encima de mi comprensión. Encontrarme situaciones de planteamiento de juego, de estrategias, que están por encima de lo que yo soy capaz de controlar. Lo he arreglado muy bien, lo he arreglado con una humildad tremenda "contesta tú que yo no lo sé" (refiriéndose a que contestase un alumno que considera que tiene un nivel alto de baloncesto).
[Coordinador] ¿Nos referimos al dominio de conceptos?

[Rosa] Es que eso ayuda mucho. Es que imagínate que no sepas cómo se hace un bloqueo.
[Marta] Es que cuando controlas una cosa te encuentras mejor. Yo creo que se puede enseñar a hacer el pino sin saber hacer el pino, pero si lo sabes hacer, te va mucho mejor. Si tú controlas la técnica pues tienes la experiencia de haberlo sentido, haberlo hecho, e incides mucho mejor en el aprendizaje del alumno.
[Coordinador] ¿Eso fue lo que más os preocupaba al principio?
[Antonio] Yo siempre me he encontrado muy seguro en los deportes colectivos, porque yo vengo de los deportes colectivos, entonces no me genera inseguridad. En cualquier planteamiento, sea técnico o sea comprensivo, me manejo bien.
[Coordinador] Armando, ¿algún comentario?
[Armando] Yo lo que he estado viendo ha sido balonmano, y balonmano en la carrera he visto poco. En ese sentido puede ser que tuviera inseguridad, pero me he dado cuenta que es que no lo había planteado, o he modificado mi planteamiento a lo largo de las sesiones, y no era enseñarles a balonmano, sino enseñarles a que piensen. Porque, los planteamientos que estamos haciendo son para deportes colectivos, de invasión, que son iguales. Lo que pasa es que unas veces lo coges con la manita y otro con el pie, y en otro lo coges así y lo tiras a un aro. Son cosas muy parecidas, entonces al principio pensaba que tenía que enseñarles a balonmano recordando de la carrera, mirando apuntes, que tampoco es tan lejano, pero es que luego, cambiando ese punto de vista, es decir ¿qué es lo que tienen que hacer ellos? analizar las acciones, observar, tomar decisiones, y eso no es exclusivo del balonmano, eso es todos los deportes colectivos. A partir de ahí, ya sí que me he sentido bastante más cómodo, a gusto, dominando la situación, como queráis llamarlo.
[Coordinador] Rosa ¿qué te preocupaba más?
[Rosa] A mí que jugasen a baloncesto.
[Coordinador] Pero tú como profesora, cuando empezabas a aplicar el planteamiento comprensivo.
[Rosa] Lo que más me preocupaba era poder llevar a cabo la unidad... Un poco la marcha general de la clase. Y sobre todo eso, adaptarme al planteamiento que tenía... También los objetivos planteados. Es decir, que los alumnos lleguen a conseguir jugar a baloncesto con unos principios tácticos básicos, esa ha sido la principal preocupación. Claro, para ello hacer las sesiones. Pero como yo no había trabajado nunca esto, pues para mi llevarlo a cabo. Si se supone que tenemos todo esto, que quiero ser una profesora con planteamientos comprensivos y para llegar allí hacen falta diez pasos, pues yo creo que he llegado al paso dos ó tres.

Se puede observar que el profesorado manifiesta percepciones de satisfacción al finalizar la unidad didáctica y haber utilizado el planteamiento comprensivo. Asimismo, se podría interpretar como que el nivel de satisfacción y de intención en la implicación cognitiva del alumnado, depende de los conocimientos previos sobre el planteamiento de enseñanza y del deporte que se vaya a utilizar. Basándonos en la última manifestación que realiza Rosa, la utilización de un modelo comprensivo necesita unos conocimientos previos y un proceso de entrenamiento en su aplicación que conlleva una progresión en la percepción del profesor que lo está utilizando y en el posible establecimiento de distintos "grados" en su aplicación por parte de cada profesor o profesora, como ha quedado reflejado en las intervenciones del profesorado.

Se podría establecer un abanico de posibilidades que irían desde la búsqueda de la comprensión de los elementos que intervienen en una tarea, hasta la intencionalidad por parte del profesorado de que cada alumno y alumna vaya construyendo sus propios conocimientos en un sentido más amplio. Así, en el caso de Antonio, que partía con mayores conocimientos previos sobre el planeamiento comprensivo y que ya había tenido alguna experiencia cercana anteriormente, su evolución ha sido más rápida y con menores niveles de preocupación. Sus percepciones de satisfacción aparecen en las primeras sesiones, manifestando alguna preocupación por no poder dedicar suficiente tiempo al desarrollo de cada uno de los conceptos que aparecen en algunas sesiones. Sus preocupaciones no se dirigen hacia la puesta en práctica del planteamiento comprensivo y las implicaciones que ello comporta como hemos visto de forma diferenciada en los demás profesores, ni a que el alumnado comprenda el porqué de cada tarea. Su preocupación se dirige hacia la posibilidad de ofrecer a cada alumno y alumna la oportunidad de que vayan construyendo su propio aprendizaje.

Percepciones sobre los comportamientos del alumnado como partícipes de un enfoque comprensivo

Una de las primeras preocupaciones, que se ha podido observar en algunos profesores, se refiere a cómo estará percibiendo el alumnado la nueva dinámica de las clases. Existe una incertidumbre al pensar si el cambio de dinámica que aporta este planteamiento de enseñanza, con relación a la que habitualmente venían trabajando, incidirá en el comportamiento del alumnado y en qué sentido puede orientarse dicho comportamiento.

> Creo que los chicos se han visto sorprendidos al encontrarse con una situación típica dentro de los procesos de enseñanza-aprendizaje, pero seguramente novedosa para ellos, y es que no llegan a percibir las situaciones de 1 vs. 1 y 2 vs. 2 como forma de conseguir experiencias que después puedan extrapolar al juego real. (CALDiAr03/12/03)

A medida que avanzan en el desarrollo de las sesiones, el profesorado aprecia que existen diferencias en cuanto a la implicación cognitiva del alumnado. Estas percepciones detectan una diferenciación en función de los grupos de clase, observando que aquellos grupos que se implican en mayor medida están manifestando comportamientos más acordes con los objetivos establecidos y que el alumnado se siente valorado y atendido, así como mayores niveles de satisfacción para el profesor. La diferenciación, en cuanto a la implicación cognitiva, también está basada en función de las experiencias previas del alumnado en deportes de equipo.

> Parece bastante clara la relación entre el ambiente de clase y la participación de los alumnos en las puestas en común. En los grupos en que los alumnos se sienten más valorados y atendidos, éstos participan más y expresan sus ideas, aunque sepan que pueden no estar en lo cierto. (CALDiSe22/11/03)

Las manifestaciones que realiza el profesorado también están significativamente diferenciadas en función de la variable sexo, manifestando percepciones de satisfacción al observar que las alumnas se están implicando en mayor medida, propiciado por la incidencia en el juego sin balón.

La evolución que ha percibido el profesorado sobre los comportamientos que ha observado en el alumnado, hacen referencia a sensaciones de satisfacción, estando motivadas por los niveles de responsabilidad e implicación motriz y cognitiva que ha revelado el alumnado, con especial referencia al alumnado que mostraba menores conocimientos previos en los deportes que se han utilizado en las unidades didácticas, favorecido, entre otros motivos, por la dinámica que se establece en las clases propiciando la participación de todo el alumnado.

En referencia a la preocupación manifestada por el profesorado sobre la implicación cognitiva de los alumnos que disponían de menores conocimientos previos en los deportes utilizados como medio para la consecución de los objetivos establecidos, ha evolucionado hacia sensaciones de satisfacción al observar que estos alumnos y alumnas han adquirido los suficientes aprendizajes como para participar plenamente en el juego, ya que los conocimientos y destrezas adquiridas les permite evolucionar en el juego de forma satisfactoria. Habría que exceptuar el caso de algunos grupos de alumnos y alumnas de Marta en donde los niveles tan heterogéneos existentes no han permitido una evolución comparable al resto del alumnado.

Evolución en la utilización de preguntas para favorecer la implicación cognitiva del alumnado

Las primeras manifestaciones que realiza el profesorado sobre la realización de preguntas para propiciar la implicación cognitiva del alumnado, hacen referencia a preocupaciones por la nueva dinámica que conlleva el planteamiento de enseñanza comprensivo y la necesidad de atender a múltiples variables. Perciben que la necesidad de realizar preguntas afecta a la distribución del tiempo de clase, manifestando que les está faltando tiempo para poder atender a todo el alumnado y ven la necesidad de dividir las sesiones en dos. Asimismo, tienen la sensación de que la implicación cognitiva del alumnado, en cuanto al grado de participación en las preguntas y a la orientación de las mismas, está muy diferenciada.

El comentario con el que hemos comenzado este apartado, pretende reflejar las preocupaciones que provoca en el profesorado la realización de preguntas a sus alumnos y alumnas, siendo, posiblemente, este procedimiento didáctico el que refleje, de una forma más nítida, los pensamientos y creencias del profesorado.

Las primeras sensaciones que manifiestan al realizar las preguntas varían según cada profesor y profesora. Encontramos sensaciones de comodidad, aunque en algunos momentos, sobre todo en las primeras sesiones, les cuesta trabajo encontrar las preguntas adecuadas; se perciben distantes del alumnado y espectadores/as del proceso, lo que le produce incomodidad; así como preocupaciones por evitar cansar al alumnado con las preguntas.

La percepción que tiene el profesorado sobre cómo creen que aprecia el alumnado las preguntas, varían, existiendo un paralelismo entre las percepciones del propio profesor o profesora como agente de este enfoque de la enseñanza y lo que expresan sobre los pensamientos del alumnado.

El nivel de concreción con el que deben realizar las preguntas, la tendencia a responder siempre los mismos, el grado de asimilación de conceptos y su transferencia a la práctica, son algunas de las sensaciones de preocupación que el profesorado manifiesta en relación de esta categoría de análisis.

La evolución que se va observando en el profesorado muestra, como hemos mencionado anteriormente, algunas diferencias. A modo general, esta evolución hace referencia a percepciones de satisfacción y utilidad al realizar las preguntas, ya que consideran que el alumnado se está implicando y que les ayuda en la comprensión. Asimismo, esta evolución hace referencia a la adecuación que van encontrando entre las preguntas que realizan y las características del alumnado, incidiendo en aquellos alumnos y alumnas que presentan niveles más bajos en el deporte trabajado. Esta evolución les permite utilizar en menor medida las preguntas que aparecen en las sesiones e ir ofreciendo feedback interrogativo en función de las situaciones concretas que detectan en las clases y en base a la propia elaboración de las preguntas.

En la reunión del 5 de marzo, y enlazando el diálogo establecido sobre la implicación cognitiva del alumnado como factor imprescindible y característico de este enfoque de enseñanza con la realización de preguntas como recurso para lograrlo, se pueden observar las percepciones diferenciadas que ha tenido cada profesor y profesora respecto a sí mismo y al alumnado a la hora de realizar las preguntas. El clima actitudinal de la clase, la insistencia en que el alumnado debe pensar, que la pregunta tenga significado para el alumno, el grado de concreción de la pregunta, el número de alumnos que participan en los coloquios, el tiempo y momentos que deben dedicar a la realización de preguntas; son algunas de las variables que el profesorado ha percibido como necesarias para propiciar la implicación cognitiva del alumnado.

[Coordinador] ¿Cómo conseguimos la implicación cognitiva del alumnado?
[Armando] A través de las preguntas, sí. De hecho, lo que te comentaba, de esa diferencia de cuando están más centrados en la tarea que cuando no están tan centrados, se nota. Y cuando tú les pides, les exiges que usen el coco, anda que no se nota ni nada.
[Marta] ¿Habéis visto a los chavales reacios a que les pares y les preguntes y contesten? ¿Os ha resultado fácil que ellos quieran, no solamente que quieran contestar, contestan un poco porque es un poco obligatorio, pero os habéis encontrado una gran disposición de los chavales a contestar? Porque a mí ahora al final, yo lo que me he encontrado cuando las tareas han sido complicadas de organizar, y complicadas de llevar a la práctica, he visto reacios a los alumnos a contestar las preguntas. Cuando la tarea ha sido muy divertida y muy disfrutada, entonces han contestado muy bien. Pero, de alguna manera, en eso es en lo que más he visto yo la progresión. En que al principio cada vez que te parabas a preguntarles se mostraban reacios y ahora quieren.
[Armando] Yo, en ese sentido, problemas no he tenido, lo que ocurría era que normalmente suelen ser tres, cuatro o cinco los que responden, pero no el hecho de recibir alguna crítica porque se haya detenido el juego, o porque se les haya planteado "chavales, qué estáis haciendo ¿es correcto? No, ¿cómo lo haríais? Sí es correcto ¿Por qué?" que un poco se fijen en cómo están funcionando.
[Antonio] Yo ahí también he ido evolucionando. Sí que es difícil..., porque, sí que a veces, cuando preguntas mucho, puede ser que desconecten, mi primera experiencia, de los primeros días es un ajuste continuo, es ver hasta dónde, cuando ya no te prestan atención, y dices, mira, lo dejo aquí y que sigan jugando y que luego

vuelvo a cortar ¿no? Yo creo que tiene que ser, hay que cortar poquito. O sea, tiene que ser 2 minutos, 3 minutos, es que más no se concentran. O no se quieren concentrar. También es que yo lo hacía a las ocho de la mañana y hacía un frío, muchas veces me decían "profe que hace frío".
[Armando] Sí. Ser muy concisos.
[Antonio] Y también, al principio noté que cuando preguntas, sí que es verdad que siempre contestan los mismos. Y también me di cuenta que muchos que están callados no contestan porque, no por timidez, sino porque no saben de qué les estás hablando, están totalmente perdidos..., son cosas que como para nosotros son tan básicas nos cuesta mucho entender que el alumno no lo entienda, y que muchas veces ni siquiera les dedicamos el tiempo suficiente para que vayan construyendo su conocimiento poquito a poco ¿no?, y entonces les hacemos preguntas del tercer nivel, cuando en el primer nivel es que están "perdidísimos", no saben casi ni cuándo son atacantes ni cuándo son defensores. Y, entonces, responden siempre los cuatro o cinco que son los que siguen el hilo y son los que se enteran y los que comprenden.
[Rosa] Eso es lo que decíamos antes también, de que de eso te das cuenta ahora, y yo ya he acabado la unidad didáctica. Si ahora hiciera otra, supongo que dedicaría menos tiempo a las preguntas, preguntaría a los que no están atentos, o a los que no saben, intentaría que no contestaran siempre los mismos.
[Coordinador] ¿Qué evolución has notado en ti (Rosa)?
[Rosa] Pues de cero, pues fíjate. Por lo menos he hecho la unidad. Yo también estoy contenta, pero lo que pasa es que creo que tengo que mejorar mucho.
[Coordinador] Pero, ¿en qué sentido?
[Rosa] Pues en el sentido de ser capaz de desarrollar más preguntas yo sola, sin que esté allí escrito. O de ser capaz, ahora mismo de elaborar una unidad didáctica entera de fútbol yo sola, por ejemplo, o de voleibol, o de otro deporte colectivo. Que me puedo sentir capaz de hacerlo, que me costará mucho trabajo. Que esto (la unidad de baloncesto y balonmano) está hecho ya, no tengo que seleccionar tareas, no tengo que tal.
[Coordinador] O sea, que un tema estaría en el tipo de preguntas...
[Rosa] O saber si realmente son las adecuadas, si no les estás dando la respuesta, que tampoco..., o que has acabado de decírselo y te dices, esto no tendría que habérselo dicho.
[Armando] Yo algunas veces he comentado contigo [con el coordinador] que es muy difícil extrapolar completamente y conseguir que una clase, una unidad didáctica entera, que estamos hablando de dos meses y pico....
[Rosa] ...Y esa es otra, ser capaz de ajustar las sesiones...
[Armando] ...Creo que es muy difícil que durante todas esas sesiones, durante todas esas horas, durante todas esas tareas, podamos planteárselas todas ellas a través de preguntas y que los niños le den al coco, que en ningún momento lleguemos a decirle al niño "esto sale de aquí", yo creo que eso es dificilísimo ¿eh? Hacerlo todo exclusivamente comprensivo, tela marinera.

Las preocupaciones que el profesorado ha ido manifestando, y que hemos señalado anteriormente, las han ido resolviendo progresivamente ganando en autonomía al adecuar las preguntas a las características de cada alumno. Esta evolución requiere de un proceso cognitivo previo por parte del profesorado que integre las necesidades del planteamiento de enseñanza, las características del juego que se está pretendiendo enseñar, así como el proceso cognitivo del alumno que queremos implicar con la referencia de hacia dónde queremos guiar al alumnado.

Este proceso, el profesorado, no lo considera sencillo de conseguir, manifestando que encuentran difícil en una primera fase de aplicación de un modelo comprensivo utilizar la principal variable de este proceso, la realización de preguntas, como un procedimiento habitual y constante en todas las sesiones y para todas las unidades didácticas de las que se compone la programación.

No obstante, las sensaciones de satisfacción han sido generalizadas, percibiendo que un criterio para graduar la evolución en la búsqueda de la implicación cognitiva del alumnado a través de la utilización de preguntas, está en el salto que comporta desde la implicación de la comprensión de la tarea a la construcción que el alumno debe ir realizando de los distintos elementos de los que se compone el juego, y sobre la base de sus particulares conocimientos previos.

CONCLUSIONES

Como se ha podido observar, los interrogantes de partida han guiado la formulación de los objetivos de la investigación y han orientado hacia la línea de investigación utilizada en el presente estudio. Por tanto, siguiendo la estructura seguida en las fases de la investigación, en este apartado concluiremos con las aportaciones más relevantes que hemos extraído de las dificultades, incertidumbres y satisfacciones que el profesorado colaborador de la investigación ha manifestado durante la puesta en práctica de un enfoque comprensivo para la iniciación deportiva en Educación Física y a través del diario, reuniones de grupo y entrevistas realizadas.

Seguiremos la línea de análisis e interpretación seguida en el apartado anterior, estructurando los epígrafes de forma que permitan una adecuada comprensión y claridad en las conclusiones finales.

De modo esquemático, las conclusiones que consideramos más relevantes son:

El punto de partida. Conocimientos y creencias previas del profesorado en torno a la enseñanza deportiva. En términos generales, se puede afirmar que los profesores de Educación Física de la Comunidad de Madrid, incluyendo los que participan directamente en el desarrollo de esta investigación, utilizan habitualmente un enfoque técnico en la enseñanza de los contenidos curriculares de iniciación deportiva.

Consideramos que en la actualidad, y en el comienzo de esta investigación, se observan procesos evolutivos de cambio en el pensamiento del profesorado, especialmente del que participa en nuestro estudio de casos. Este proceso de cambio se pone de manifiesto en el cuestionamiento y las dudas que mantienen sobre el enfoque tradicional (técnico) de iniciación deportiva, avanzando tímidamente hacia procesos de intervención docente con enfoques metodológicos que integran, al menos, aspectos parciales de los planteamientos del enfoque comprensivo de la enseñanza de los deportes colectivos de invasión.

Percepciones del profesorado sobre el modelo comprensivo. Los conocimientos y creencias de una parte del profesorado le llevan a manifestar que conocen e incluso han utilizado un enfoque comprensivo para la enseñanza de los deportes colectivos de invasión. Esta percepción les lleva a apreciar sensaciones de satisfacción con el planteamiento de enseñanza que habitualmente utilizaban, aunque dicha percepción se diluye cuando reflexionan sobre las capacidades que lleva implícitas dicho planteamiento y los beneficios que les puede reportar al alumnado.

La utilización de planteamientos comprensivos para la enseñanza de deportes de invasión es considerada por el profesorado de difícil diseño y aplicación práctica. Los conocimientos y creencias con las que el profesorado se enfrenta a la situación didáctica de utilizar un planteamiento comprensivo, unido a la falta de conocimientos previos que les hace distinguir que no tienen desarrolladas las capacidades necesarias para afrontar el reto que supone este enfoque de enseñanza.

Aunque inicialmente el profesorado considera muy difícil diseñar y llevar a la práctica un planteamiento comprensivo, consideran viable esta posibilidad para la iniciación a los deportes de invasión. La evolución hacia su utilización autónoma es un proceso lento, considerándose de gran ayuda el disponer de herramientas diseñadas a tal efecto, lo que compensa, en cierta medida, la falta de conocimientos previos que poseen sobre este enfoque de la enseñanza deportiva.

La evolución que hemos percibido en el profesorado en la utilización de un planteamiento comprensivo para la enseñanza de los deportes de invasión, consideramos que está diferenciada entre los distintos profesores y profesoras que han colaborado. Este evolución está directamente relacionada con los pensamientos y conocimientos previos que poseen, lo cual repercute en la actitud del profesorado hacia el planteamiento de enseñanza e incidiendo en la intencionalidad por propiciar la comprensión de los requisitos de la tarea, para, progresivamente y según avanza el profesorado en conocimientos y recursos, actuar de guía y medidor en la construcción de los aprendizajes del alumnado en un sentido amplio.

Evolución de las preocupaciones y satisfacciones del profesorado al utilizar un nuevo enfoque de enseñanza. El profesorado se muestra preocupado al comenzar a utilizar un enfoque comprensivo para la enseñanza de los deportes de invasión. Estas preocupaciones tienen su origen en el cambio que supone en las rutinas que tienen adquiridas, lo que les produce incertidumbre sobre lo que puede acontecer en las clases en contraste con la estabilidad y seguridad que les aportaba el enfoque metodológico que habitualmente venían utilizando.

La gestión de la clase y el nuevo rol que deben asumir en la clase, son las preocupaciones más relevantes que el profesorado percibe al utilizar un planteamiento comprensivo de enseñanza para los deportes de invasión. Por lo que existen coincidencias en las percepciones del profesorado con experiencia, cuando cambia de planteamiento de enseñanza, con las del profesorado en formación.

La implementación de un enfoque comprensivo de la enseñanza deportiva hace dudar a los profesores de su nivel de conocimiento disciplinar y del conocimiento didáctico del contenido, aspecto que no se habían planteado con la utilización del enfoque técnico. En este sentido, el enfoque comprensivo se muestra más exigente, lo que contribuye a sumar un factor más de inseguridad y ansiedad en su aplicación que puede desencadenar el abandono del propio enfoque o bien, como sucede en esta investigación, promover la autoformación y la búsqueda de alternativas a las deficiencias personales de conocimientos.

El profesorado percibe sensaciones de cansancio y de mayor desgaste de energía en las etapas iniciales de la utilización de un enfoque comprensivo de la enseñanza. La intensidad de estas sensaciones se encuentra muy condicionada por los conocimientos y creencias previas que el profesorado tiene sobre este enfoque de enseñanza deportiva.

El profesorado de Educación Física considera importante desarrollar las capacidades motrices, cognitivas, sociales e individuales del alumnado, pretensión que proyectan conseguir con la utilización del planteamiento comprensivo que están utilizando y que les repercute en sensaciones de satisfacción.

Percepciones sobre los comportamientos del alumnado como partícipes de un enfoque comprensivo. Los comportamientos del alumnado durante el desarrollo de las sesiones de enseñanza y aprendizaje muestran aceptación por el enfoque comprensivo de la enseñanza en iniciación deportiva.

Existe diferenciación en la implicación cognitiva del alumnado, motivada por los conocimientos previos que poseen de los contenidos y repercutiendo en el clima motivacional y actitudinal.

La asunción por parte del alumnado del rol de observador, durante algunos momentos del proceso de enseñanza y aprendizaje, ha sido satisfactoria en general, aunque se encuentra condicionada por la atención y las pautas de información que el profesor o profesora les ha podido aportar. Se hace necesario encontrar estrategias que permitan un mayor provecho -desde la perspectiva de crear mejores condiciones para el aprendizaje- de las posibilidades de colaboración del alumnado a través de la observación y participación en la enseñanza.

Evolución en la utilización de preguntas para favorecer la implicación cognitiva del alumnado. La utilización de preguntas para favorecer la implicación cognitiva del alumnado e incidir en la comprensión de los diferentes aspectos de la modalidad deportiva que se trata de enseñar, constituye para el profesorado, simultáneamente, el elemento clave del enfoque comprensivo y su mayor dificultad y generación de preocupación. Entre las dudas más relevantes se encuentran aquellas que hacen referencia a aspectos como cuándo realizar las preguntas, a quién realizar las preguntas, qué va a pensar el alumnado de esta forma de enseñar y de las propias preguntas, adecuación de las preguntas, y al propio cansancio que generan en el alumnado.

En el desarrollo de las unidades didácticas, con la colaboración del grupo de investigación, el profesorado evoluciona de forma satisfactoria en la utilización de este elemento clave del enfoque comprensivo: las preguntas al alumnado. La adecuación progresiva entre las preguntas que realizan y las características del alumnado, así como decisiones más oportunas respecto a los momentos de uso, provocan entre el profesorado sentimientos de satisfacción y de utilidad en su papel de promotor del aprendizaje del alumno.

Reflexión final y posibles líneas de investigación

En primer lugar me gustaría comentar que, después de los seis años que han transcurrido desde la lectura de la tesis doctoral, el recuerdo continúa siendo muy gratificante. Ha sido una experiencia enriquecedora, intensa y muy provechosa desde el punto de vista personal y profesional. Como investigador principal me ha servido para conocer de forma más intensa a un grupo de profesores y profesoras con un gran nivel de implicación en su función profesional. Dedicaron muchas horas de su tiempo libre al proceso de investigación cumplimentando el diario y participando en las reuniones de grupo y entrevistas. Para ellos y ellas no ha sido un proceso fácil. Han pasado por momentos difíciles preguntándose si merecía la pena el esfuerzo que estaban realizando. Pero todos y todas llegaron al final del compromiso personal que habíamos establecido. No es fácil encontrar a un grupo de profesionales que estén dispuestos a ofrecer un parte importe de su tiempo para colaborar en un proceso de investigación de este tipo. Gracias por todo.

Pienso que el beneficio que todos hemos recibido ha sido el de poder mejorar en alguna medida nuestra labor como docentes. En mi caso, haber encontrado una herramienta docente que me permitió contrastar, aprender y poder trasladar a mis alumnos y alumnas, tanto de Secundaria, del Ciclo Formativo (TAFAD), como universitarios, los aprendizajes adquiridos, ha sido la motivación principal para seguir buscando, preguntándome y compartiendo, las experiencias y aprendizajes (e incluso las dudas), que me permiten ir enriqueciéndome cada día como docente de la Educación Física.

Creo que el profesorado colaborador también se ha enriquecido con esta investigación. Se ha podido observar en el proceso que, el profesorado, se ha mostrado como profesionales que toman decisiones y emiten juicios generando nuevos pensamientos y creencias los que les permite evolucionar hacia otras rutinas en sus intervenciones didácticas en el proceso de enseñanza y aprendizaje.

Asimismo, se muestran interesados en continuar con su formación permanente, con la motivación de que les va a permitir disminuir algunas de sus preocupaciones como docentes de una materia del currículo que necesariamente demanda la necesidad de aportarle un valor educativo.

Cada profesor y profesora continuará con su recorrido docente, con sus preocupaciones y satisfacciones, y es precisamente esa posibilidad de contemplar la flexibilidad de los pensamientos y creencias la que nos mantiene en permanentes dudas y necesidad de cambiar las rutinas que vamos generando.

En cualquier caso, esta investigación de tipo colaborativo pone en práctica algunos de los principios que, autores como Calderhead y Shorrock (1997), señalan como necesarios en los programas de formación permanente. Principios que orientan acciones formativas encaminadas a contribuir a que los propios docentes reflexionen y analicen su propia práctica de enseñanza, con el objeto de mejorarla y adquirir un mayor control sobre su propio desarrollo profesional.

Posibles líneas de investigación

El pensamiento del profesorado, considerado como línea de investigación, nos ha servido como eje básico para concretar nuestro estudio en los pensamientos, creencias y comportamientos que el profesorado de Educación Física manifiesta a la hora de tomar decisiones sobre el proceso de enseñanza y aprendizaje. Hemos podido comprobar que desde el ámbito de la Educación Física, las investigaciones que recurren al profesorado con experiencia son realmente escasas, estando la mayoría de las investigaciones que actualmente contemplan este campo de estudio dirigidas hacia el profesorado en formación, prioritariamente tomando el periodo del *Prácticum* como etapa de referencia.

Desde esta reflexión, consideramos como necesidad más urgente continuar las distintas líneas de investigación desde las posibilidades que pueda ofrecer el profesorado con experiencia. Somos conscientes de que es difícil encontrar profesorado que posea años de experiencia docente y con suficiente motivación como para colaborar durante un periodo más o menos largo en una investigación, ya que por motivos diversos es bastante difícil conseguir su vinculación a un proyecto de estas características. No obstante, hemos podido comprobar que es factible y posible, por lo que esperamos y ofrecemos esta investigación como un referente más en ese sentido.

Con referencia a este mismo trabajo, han sido publicados algunos trabajos que siguen esta línea (Díaz del Cueto y Castejón Oliva, 2011); otro trabajo centrado en las barreras y satisfacciones que muestra el profesorado al aplicar una enseñanza basada en la comprensión (Diaz-Cueto, Hernández-Álvarez, y Castejón, 2010), y más reciente el que focaliza la problemática que muestra el profesorado al interaccionar con el alumnado durante la realización de preguntas en el proceso interactivo (Díaz del Cueto, Hernández Álvarez y Castejón Oliva, en prensa).

La información obtenida en esta tesis doctoral, la hemos podido contrastar con la aportada por otros docentes que han colaborado en proyectos de investigación en los que hemos participado posteriormente, lo que nos permite considerar que el proceso de cambio hacia la utilización de planteamientos comprensivos es un proceso lento y difícil, por lo que se hace necesaria la colaboración de docentes e investigadores para poder seguir avanzando hacia adquisición de herramientas didácticas que ayuden a lograrlo.

En este contexto, consideramos, como posibles líneas de investigación, entre otras, las siguientes:

Pensamientos y creencias del profesorado sobre el enfoque de enseñanza que utiliza habitualmente y posibilidades de cambio.

Comportamientos del profesorado en la interacción del proceso de enseñanza y aprendizaje (decisiones interactivas) y su vinculación con la planificación (decisiones preactivas), así como con la evaluación (decisiones postactivas en un sentido amplio).

Satisfacciones y preocupaciones del profesorado el desempeñar su función docente, posibles reticencias hacia el cambio.

La utilización de herramientas didácticas flexibles como recurso que ayude al profesorado hacia un cambio en sus pensamientos y creencias.

Vinculación entre teoría y práctica. Cauces de información/formación que permitan la posibilidad de que el profesorado en ejercicio y la literatura específica acerquen sus intereses, necesidades y líneas de actuación.

BIBLIOGRAFÍA

Ausubel, D.P. (2002). *Adquisición y retención del conocimiento*. Barcelona: Paidós.
Bruner, J.S. (1995). *Actos de significado: Más allá de la revolución cognitiva*. Madrid: Alianza Editorial.
Blázquez Sánchez, D. (1995). *La iniciación deportiva y el deporte escolar*. Barcelona: Inde.
Butler, J.I. (1996). Teacher responses to Teaching Games for Understanding. *Journal of Physical Education, Recreation & Dance, 67*(9), 17-20.
Calderhead, J. y Shorrock, J. (1997). *Understanding Teacher Education*. London: Falmer Press.
Castejón Oliva, F.J. (2005). Una aproximación a la utilización del deporte. El proceso de enseñanza aprendizaje. *Lecturas: Educación física y deportes. 10*(80) www.efdeportes.com (revisado el 7 de febrero de 2005)

Coll Salvador, C. (1990). *Aprendizaje escolar y construcción del conocimiento*. Barcelona: Paidós.

Coll Salvador, C. (2000). Constructivismo e intervención educativa. En C. Coll Salvador y otros (coord.), *El constructivismo en la práctica* (pp. 11-32). Barcelona: Graó.

Contreras Jordán, O., De La Torre Navarro, E. y Velázquez Buendía, R. (2001). *Iniciación deportiva*. Madrid: Síntesis.

Devis Devís, J. (1990). Renovación pedagógica en la educación física: la enseñanza de los juegos deportivos II. *Perspectivas de la actividad física y el deporte, 5*, 13–16.

Díaz del Cueto, M. y Castejón Oliva, F.J. (2011). Perfil académico, profesional y planteamientos metodológicos del profesorado de educación física con experiencia. *Tándem, Didáctica de la Educación Física, 36*, 71-79.

Díaz-Cueto, M., Hernández-Álvarez, J. L. y Castejón, F. J. (2010). Teaching Games for Understanding to In-Service Physical Education Teachers: Rewards and Barriers Regarding the Changing Model of Teaching Sport. *Journal of Teaching in Physical Education, 29*(4), 378-398.

Díaz del Cueto, M., Hernández Álvarez, J.L. y Castejón Oliva, F.J. (en prensa). Enseñanza y aprendizaje del deporte en Educación Física: retos e impacto de la estrategia preguntas-respuestas como clave del cambio. *Cultura y Educación, 23*(2).

Gubacs, K. (2004). Implementing a tactical approach into a net/wall games unit. *Journal of the Florida Association of Health, Physical Education, Recreation & Dance, 42*(2), 8-10.

Gubacs-Collins, K. (2007). Implementing a tactical approach through action research. *Physical Education and Sport Pedagogy, 12*(2), 105-126.

Griffin, L.L. y Butler, J.I. (Eds.). (2005). *Teaching games for understanding. Theory, research and practice*. Champaign: Human kinetics.

Griffin, L.L., Mitchell, S.A. y Oslin, J.L. (1997). *Teaching sport concepts and skills*. Champaign: Human kinetics.

Hernández Álvarez, J.L. (1996). La construcción histórica y social de la Educación Física. El currículo de la LOGSE, ¿una definición de la Educación Física escolar?. *Revista de Educación, 311*, 51-70

Light, R. (2003). The joy of learning: Emotion and learning in games through TGfU. *Journal of Physical Education New Zealand, 36*(1), 93-99.

López Ros, V. (2001). L'organització de l'activitat conjunta en l'ensenyament escolar dels esports col.lectius. Tesis doctoral no publicada. Girona: Universidad de Girona.

López Ros, V. (2003). Enseñanza, aprendizaje e iniciación deportiva: la interacción educativa en el aprendizaje comprensivo del deporte. En F.J. Castejón Oliva (coord.). *Iniciación deportiva: La enseñanza y el aprendizaje comprensivo en el deporte* (pp. 111-140). Sevilla: Wanceulen.

López Ros, V., y Castejón Oliva, F.J. (2005). La enseñanza integrada técnico-táctica de los deportes en edad escolar. Explicación y bases de un modelo. *Apunts, Educación Física y Deportes, 79*, 40-48.

McKeernan, J. (1999). *Investigación-acción y currículo*. Madrid: Morata.

Mccaughtry, N., Sofo, S., Rovegno, I. y Curtner-Smith, M. (2004). Learning to Teach Sport Education: Misunderstandings, Pedagogical Difficulties, and Resistance. *European Physical Education Review, 10*(2), 135-155.

Mosston, M. y Ashworth, S. (1993). *La enseñanza de la educación física. La reforma de los estilos de enseñanza*. Barcelona: Hispano Europea.

Patton, M.Q. (1990). *Qualitative evaluation and research methods* (2ª ed.). Newbury Park: Sage.

Piaget, J. (1965). *La construcción de lo real en el niño*. Buenos Aires: Proteo.

Pozo Municio, J.I. (2003). *Adquisición del conocimiento*. Madrid: Morata.

Stake, R.E. (1995). *The Art of Case Study Research*. Thousand Oaks: Sage.

Thorpe, R. (1992). La comprensión en el juego de los niños: una aproximación alternativa a la enseñanza de los juegos deportivos. En J. Devís Devís y C. Peiró Velert (coord.), *Nuevas perspectivas curriculares en educación física: la salud y los juegos modificados* (pp. 185-207). Barcelona: Inde.

Vygotski, L. S. (1979). *El desarrollo de los procesos psicológicos superiores*. Barcelona: Crítica.

CAPÍTULO IX

LA ENSEÑANZA DE LOS JUEGOS DEPORTIVOS EN LA EDUCACIÓN FÍSICA ESCOLAR: UN ESTUDIO DE CASOS EN INVESTIGACIÓN COLABORATIVA [8]

José Devís Devís

INTRODUCCIÓN

Desde principios del siglo XX el deporte ha jugado un papel fundamental dentro de la Educación Física (EF) hasta el punto de ser considerado, por unos, el gran protagonista de la EF y, por otros, el gran colonizador de la EF contemporánea. Independientemente de cuál sea la posición en la que particularmente nos situemos, debemos reconocer que el deporte es, actualmente, un elemento central dentro de nuestra profesión y, desde el punto de vista educativo, un elemento muy controvertido y problemático.

Desde el punto de vista de la EF, los profesores y profesoras nos encontramos ante el reto de convertir el deporte y, especialmente, la enseñanza del deporte en una actividad merecedora de su pertenencia a una asignatura escolar y, por lo tanto, vinculada a valores educativos. La EF y el deporte, como muchas otras prácticas e instituciones sociales pueden utilizarse para apoyar ciertos valores hegemónicos de la sociedad, pero también poseen el potencial suficiente para ser fuente de liberación, dependiendo del contexto que rodee dicha práctica. Tal y como señalaba Hargreaves (1977, p. 26), el deporte dentro de la EF puede convertirse en una actividad que "enfatice, sobre todo, las posibilidades estéticas, participativas, naturales, [y] cooperativas de las actividades deportivas" y no "los elementos dominantes de la disciplina, la agresividad y la competitividad".

Para que esto sea posible necesitamos orientar nuestro trabajo docente hacia estas características o valores que hagan merecedora a la enseñanza de los juegos deportivos de formar parte de la EF escolar. Por ello, en este trabajo desarrollaremos una investigación curricular evaluativa sobre la enseñanza de los juegos deportivos, inspirado en las aportaciones de Thorpe, Bunker y Almond (1986) y que denominaron 'enseñanza para la comprensión en los juegos deportivos'.

---

[8] Devís Devís, J. (1994). Educación física y desarrollo del currículum: un estudio de casos en investigación colaborativa. Director: Natividad López Rodríguez. Departamento de Didáctica y Organización Escolar, Universidad de Valencia. Publicado con detalle en Devís, J. (1996). *Educación física, deporte y currículum*. Madrid: Visor.

FUNDAMENTOS TEÓRICOS DE LA ENSEÑANZA PARA LA COMPRENSIÓN

El conocimiento práctico en los juegos deportivos

Los juegos deportivos promueven o exigen un tipo característico de conocimiento, el conocimiento práctico o saber cómo realizar alguna cosa. Se trata de un tipo de conocimiento no menos importante que el teórico (saber qué) puesto que, en muchos casos, es precursor de este último.

Arnold (1991), filósofo de la actividad física y el deporte, distingue entre un sentido débil y otro fuerte del saber cómo. El primero de ellos se refiere a una persona físicamente capaz de hacer algo y de demostrarlo, pero que no sabe decir nada sobre ello a modo de descripción o comprensión. Es decir, se refiere a la persona que es capaz de hacer algo, no por azar, sino de modo intencional, incluso es capaz de repetirlo, pero no sabe cómo lo hizo y no sabe dar explicación alguna de los pasos y procedimientos que utilizó. Por el contrario, el saber cómo en sentido fuerte está caracterizado por "el hecho de que la persona no sólo es intencionalmente capaz de ejecutar con éxito unas acciones sino que puede identificarlas y describir cómo se realizaron" (p. 38). Además, el sentido fuerte exige una comprensión de los procedimientos implicados en un juego deportivo, es decir, comprender la naturaleza, propósito y contexto de una determinada acción.

Desde este punto de vista, las habilidades técnicas sólo tienen sentido dentro de un contexto y es dentro de él donde deben aprenderse y donde adquieren completo significado. Si realizamos una actividad física orientada a la enseñanza de las habilidades, pero separada de su contexto y, por lo tanto, tratadas como hábitos o automatismos, la actividad se convierte en meramente instrumental, repetitiva, imitativa y difícilmente comprensible dentro de un contexto de juego que no se conoce. Esta forma de enseñar las habilidades técnicas es la que tradicionalmente se realiza en la EF y es, precisamente, la que más se aproxima al entrenamiento y a un sentido débil del saber cómo.

La comprensión y la toma de decisiones

La comprensión se convierte en una característica fundamental de este proyecto o enfoque. Cuando hablamos de comprensión es porque hay algo que comprender. En este caso se trata de comprender de qué va un juego deportivo o cuál es su naturaleza.

Si observamos detenidamente cualquier juego deportivo advertiremos que éste viene determinado por las reglas del juego, es decir, las reglas marcan los cauces por los que se desarrolla el juego. Las reglas conforman los problemas que deben superarse, esto es, los problemas motrices que deben resolverse en el transcurso del juego.

Además, la incertidumbre del contexto creado por las reglas y las interacciones entre los jugadores y el móvil exige tomar decisiones constantemente para adaptarse a las circunstancias cambiantes del juego. En definitiva, es el contexto del juego el que presenta los problemas a los jugadores y es el medio en el que adquieren completo significado. De esta forma, podríamos concluir que los juegos deportivos poseen una naturaleza problemática y también contextual que deben comprender los participantes jugando.

El contexto y los problemas del juego son inseparables y ambos se relacionan con su táctica hasta el punto que para resolver los problemas motrices que surgen dentro del contexto de juego, será necesario comprender los principios o aspectos tácticos básicos. Por lo tanto, una enseñanza para la comprensión en los juegos deportivos debe abordar el aprendizaje de los aspectos tácticos. Tanto es así, que esta perspectiva progresará desde un énfasis en la táctica a un énfasis en la técnica, del 'porqué' al 'qué hacer'.

El proceso de aprendizaje motor

Tal y como hemos visto antes, una habilidad técnica posee significado y se convierte en la expresión del conocimiento práctico en su sentido fuerte cuando se aprende dentro del contexto de juego. Esto es así porque, como señala la literatura del campo, las habilidades técnicas de los juegos deportivos son habilidades abiertas. Según Singer (1986), el primero en hablar de este tipo de habilidades fue Poulton quien, en 1957, las describe como las habilidades que se realizan en un ambiente incierto y en función de las demandas situacionales, donde el participante debe anticiparse y tomar decisiones.

Por otra parte, a finales de los años setenta se produce un desplazamiento de planteamientos mecanicistas y conductuales a otros de tipo más cognitivo que enfatiza su conexión con la acción, así como la relación entre conocimiento y acción (Newell, 1978). Además, el alumno o alumna se considera un solucionador de problemas que es capaz de conocer y emplear su conocimiento en la solución de futuros problemas (Ruiz, 1993).

McKinney (1977) y Pigott (1982) consideran que el aprendizaje de los juegos deportivos debe orientarse a las tareas de carácter abierto, cuyo soporte fundamental se encuentra en la 'Teoría del Esquema' del aprendizaje motor propuesta por Schmidt en 1975. Esta teoría se basa en la noción de esquema, esto es, el principio o regla general que se construye a partir de las relaciones abstractas establecidas entre un conjunto amplio de experiencias motrices. Desde este punto de vista, las habilidades abiertas "son reglas para la acción más que patrones específicos de movimiento" (Pigott, 1982, p. 18). Según esta teoría, el esquema o las reglas podrían fortalecerse con una gran variabilidad práctica de movimientos.

No obstante, a pesar de que la teoría de Schmidt se originó en relación con las habilidades y tareas discretas o cerradas y que la mayoría de las investigaciones utilizaron estas tareas, Pigott (1982) considera que la variabilidad de la práctica parece más significativa si se trata de habilidades abiertas, debido a la gran demanda de respuestas adaptativas que implican. De esta manera, una enseñanza para la comprensión permite aprender, según Pigott, los principios o reglas generales que se encuentran presentes en el contexto del juego y que podrán aplicarse en otras situaciones similares.

Los juegos modificados: actividades para la comprensión

Una propuesta de cambio también necesita disponer de actividades o tareas coherentes con el resto de fundamentos teóricos, es decir, de juegos deportivos. Pero ¿qué son los juegos modificados?

Un juego deportivo modificado es un juego que posee competición y un sistema de reglas que permite concluir quién gana y quién pierde. Es un juego global de principio a fin y no una situación jugada o parte de un juego. También es un juego flexible que puede variar las reglas del juego sobre la marcha y no un juego que mantiene a toda costa las mismas reglas de principio a fin. No es un juego infantil como la tula o la cadena sino una simplificación de un juego deportivo estándar que reduce las exigencias técnicas y exagera la táctica y/o facilita su enseñanza. Además, tampoco es un minideporte porque éste reproduce los patrones del deporte estándar de los adultos y tampoco un predeporte. En el contexto español el predeporte es un término que engloba prácticas muy diversas, tanto ejercicios para aprender técnica, como juegos o formas jugadas (ver Chaves, 1968). No obstante debemos decir que algunas de estas prácticas se aproximan mucho a un juego deportivo modificado.

Esta caracterización no desprecia el valor que los juegos infantiles, los juegos predeportivos y los mini-juegos pueden tener en otras facetas o momentos dentro de la enseñanza/iniciación deportiva. A modo de conclusión, podemos decir que un juego deportivo modificado se encuentra en la encrucijada del juego libre y el juego deportivo estándar o deporte. Mantiene en esencia la naturaleza problemática y contextual del juego deportivo estándar (por lo tanto también su táctica), pero no pertenece a ninguna institución deportiva ni está sujeto a la formalización y estandarización del juego deportivo de los adultos (Devís, 1992).

Pero además, los juegos modificados ofrecen el contexto adecuado para (Devís, 1992):

> Ampliar la participación a todos y todas las participantes, los de mayor y menor habilidad física, porque se reducen las exigencias técnicas del juego.
> Más propensión a integrar ambos sexos en las mismas actividades, ya que se salva el problema de la habilidad técnica y se favorece la formación de grupos mixtos y la participación equitativa.
> Reducir la competitividad que pueda existir en los alumnos y alumnas mediante la intervención del profesor o profesora, centrada en resaltar la naturaleza y dinámica del juego como si de un animador crítico se tratara.
> Utilizar un material poco sofisticado que pueda construirlo el alumnado, porque estos juegos no exigen materiales muy elaborados y caros.
> Que el alumnado participe en el proceso de enseñanza de este enfoque, al tener la capacidad de poner, quitar y cambiar reglas sobre la marcha del juego, e incluso llegar a construir y crear nuevos juegos modificados.

Modelo de enseñanza para la comprensión

Aunque Bunker y Thorpe (1982) presentaron un primer modelo conceptual de una enseñanza para la comprensión en los juegos deportivos, considero que a los efectos de este trabajo resulta de especial relevancia el denominado por Read (1988) modelo integrado (figura 1).

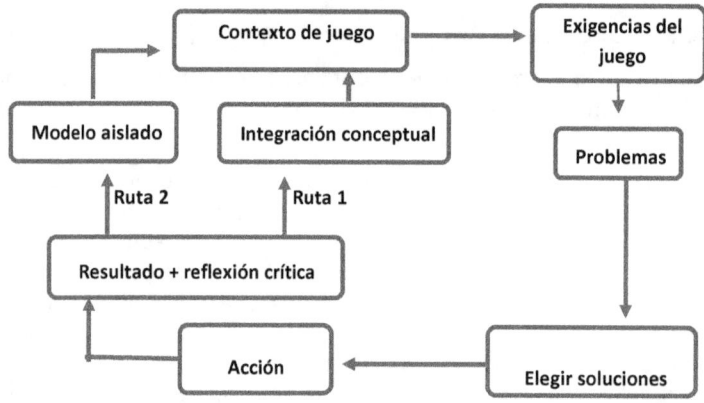

Figura 1. Modelo integrado

El modelo integrado, contrariamente al aislado que se centra en las habilidades técnicas, parte de un juego real. Este juego, que será modificado, crea unas demandas o exigencias problemáticas de juego que deben solucionarse de la mejor forma posible. Una vez realizada la acción para solucionar el problema se pasa a reflexionar sobre el resultado para conseguir una buena comprensión del juego o empezar a valorar la importancia instrumental de la técnica una vez entendida la naturaleza del mismo. Este modelo destaca la importancia de la táctica y el contexto del juego. Ayuda al alumnado a reconocer los problemas, a identificar y generar sus propias soluciones y a elegir las mejores. Para conseguir todo esto los participantes deben saber 'de qué va el juego', esto es, comprender la naturaleza del juego deportivo y los principios tácticos implicados. ¿Qué observamos al ver correr a los niños apiñados alrededor de la pelota en un partido de fútbol?: que no han llegado a comprender en qué consiste este juego. Por lo tanto, será necesario enseñar los aspectos contextuales y los principios tácticos de los juegos porque son los que configurarán su entendimiento, la implicación activa inteligente y la utilidad del dominio de la habilidad técnica. Además, también proporcionan el ambiente adecuado que incentiva la imaginación y la creatividad para resolver las distintas situaciones de juego (Arnold, 1985).

Los principios de procedimiento

Este enfoque de enseñanza de los juegos deportivos cuya preocupación es eminentemente educativa, alejada y distinta del entrenamiento, no puede preespecificar objetivos conductuales ni definir, al detalle, los procedimientos o estrategias a seguir en su aplicación o implementación. Stenhouse (1984) ya señala que es el modelo de proceso, y no el de objetivos, el más acorde con una enseñanza para la comprensión. No obstante, sí que pueden ofrecerse unos principios pedagógicos generales o principios de procedimiento que, según Gimeno (1984), han de modelarse en situaciones concretas y, según Elliott (1990), deben comprobarse en clase.

Principios para la elaboración de juegos modificados. Para desarrollar este modelo de enseñanza partimos de la clasificación de juegos deportivos presentada por Almond (1986) y que es una variación de otra propuesta por Ellis (1983): (a) juegos de blanco o diana (golf, bolos, croquet, etc.); (b) juegos de campo y bate (béisbol, cricket, softbol, rounders, etc.); (c) juegos de cancha dividida o red y muro (tenis, voleibol, bádminton, squash, frontón, pelota valenciana, etc.); y (d) juegos de invasión (fútbol, waterpolo, hockey, etc.). Si bien el nombre de cada tipo de juego deportivo ya sugiere algunas características de cada categoría, el nombre no define totalmente la esencia de cada tipo de juego deportivo, porque si tomamos a los juegos deportivos de blanco y diana podemos pensar que el baloncesto es de esta categoría por tener algo de puntería. En cambio, son las interacciones entre compañeros y adversarios, así como las similitudes tácticas las características que definen a cada una de las categorías.

Además de la clasificación también debemos tener en cuenta aspectos relacionados con la modificación de los juegos. A partir de las propuestas planteadas por Ellis (1986), podemos destacar las siguientes modificaciones: las relacionadas con el material (grande, pequeño, pesado, ligero, elástico, de espuma,...), el equipamiento (palas, bates y raquetas de distintos tamaños, conos, aros, pelotas, áreas,...), el área de juego (campos alargados y estrechos, anchos y cortos, separados, juntos, tamaños y alturas diferentes de zonas de tanteo,...) y las reglas (sobre número de jugadores/as, comunicación entre compañeros/as, puntuación, desarrollo del juego,...).

Principios tácticos de las principales formas de juegos deportivos. Estos principios los puede seleccionar el profesor o la profesora entre los existentes en cada una de las formas anteriores:

Juegos de blanco o diana: muchos de estos juegos no ofrecen muchas posibilidades tácticas y son asumidos dentro de los juegos de psicomotricidad y educación física de base, especialmente los de blanco sin oposición de un contrario. Son juegos propiamente modificados los que poseen oponente, y entre los principios tácticos más importantes destacan: mantener el balón lo más cerca posible del blanco, desplazarlo del oponente y desplazar el móvil para evitar que el oponente se acerque al blanco.

Juegos de bate y campo: lanzar o batear a los espacios libres, lanzar a zonas que retrasen la devolución del móvil, ocupar espacios y distribuirse el área de defensa, apoyar los espacios de los compañeros/as, coordinar acciones tácticas, etc.

Juegos de cancha dividida y muro: enviar el móvil al espacio libre, lejos del oponente, apoyar si juegan varios compañeros, neutralizar espacios para que el oponente no puntúe, buscar la mejor posición para recibir y devolver la pelota, etc.

Juegos de invasión: desmarcarse con y sin balón, buscar espacios libres, profundidad y amplitud, apoyar al compañero/a, abrir juego, distintos tipos de defensas, etc.

Principios para la progresión de los juegos modificados. La complejidad táctica aconseja progresar siguiendo el sentido que empieza en los juegos de blanco, continúa en los de bate, luego en los de cancha dividida/muro y finalmente en los de invasión (Thorpe y Bunker, 1989). Esto no significa necesariamente que se comience una forma o tipo cuando acabe el anterior, ya que puede haber varias formas o tipos a un tiempo. Dentro de una forma determinada hay que buscar las maneras de progresar en dificultad de un juego a otro. Además de utilizar los elementos de modificación para la complejidad, debe tenerse en cuenta la complejidad táctica de cada juego, para lo cual puede resultar útil identificar una serie de juegos modificados clave dentro de cada forma o tipo de juegos deportivos.

Principios para la mejora de los juegos modificados. Para la mejora de los juegos modificados es conveniente adoptar una perspectiva de colaboración entre profesores/as, comentando y discutiendo las experiencias con otros colegas. Habría que valorar los pros y contras de los juegos, tener en cuenta los problemas que vayan surgiendo, o que plantee el alumnado, para progresar y profundizar en los juegos, observar los juegos, anotar los acontecimientos más importantes de la puesta en práctica de los juegos, reflexionar sobre todo ello y volverlo a poner en práctica.

Principios para el desarrollo de la comprensión táctica. La naturaleza grupal del juego modificado aconseja utilizar ciertos recursos de la pedagogía de los grupos reducidos y la dinámica de grupos a la hora de formar y cambiar grupos, organizarlos y conducirlos durante las clases. Es conveniente cuidar el número de juegos modificados a desarrollar. No debe abusarse de la cantidad de juegos modificados, puesto que la comprensión necesita tiempo y el alumnado debe de explorar el potencial táctico de estos juegos. Asimismo, el profesor/a debe cuidar del desarrollo de la acción de juego y tratar de facilitar un proceso inductivo en el aprendizaje de los alumnos/as. Intervendrá en el desarrollo del juego para ayudarles en la comprensión. Las intervenciones deben realizarse con preguntas y comentarios, tipo diálogo, dirigidos a la comprensión táctica, aunque también atenderá otro tipo de problemas que surjan en el desarrollo del juego. Por su parte, el alumnado tiene libertad para preguntar, plantear problemas o cuestiones, reunirse momentáneamente para elaborar alguna estrategia de juego para su grupo y discutir otras cuestiones relacionadas con el desarrollo de los juegos.

Principios relacionados con la evaluación del alumnado. La evaluación debe ser coherente con el enfoque procedural de enseñanza de los juegos deportivos y, por lo tanto, buscará otras formas de evaluación a las típicamente conductuales o de memoria. Almond (1983) propone la creación de juegos modificados por parte del alumnado como una forma de comprobar el nivel de comprensión de una determinada forma de juego deportivo. También pueden plantearse otras formas de evaluación que surjan durante el desarrollo del propio enfoque o proyecto.

EL PROBLEMA Y LOS OBJETIVOS DE LA INVESTIGACIÓN

La formulación del problema de investigación, después de un proceso en el que influyen diversos factores, entre ellos la reflexión teórica previa sobre la enseñanza de los juegos deportivos de la introducción, se concretó finalmente de la forma siguiente:

¿Cómo desarrolla el profesorado del grupo colaborador el proyecto curricular propuesto para la enseñanza de los juegos deportivos?

Esta pregunta general se disgregará durante el proceso de investigación en multitud de problemas concretos que tomarán forma durante el desarrollo del enfoque curricular. Además, ante la asunción de que no existen dos clases de EF iguales, habrá problemas concretos que serán distintos en cada clase y muchos otros que serán similares, pero que variarán en grados diferentes. Aun así, el problema puede subdividirse en otras preguntas que servirán de guía y orientación para nuestra investigación:

¿Cómo desarrolla el profesorado los principios pedagógicos del enfoque o proyecto curricular?
¿Cómo organizan las clases?
¿Cómo discurre el trabajo del profesorado durante las clases, especialmente el dirigido a la comprensión táctica?
¿Qué problemática contextual aparece durante el desarrollo del proyecto o enfoque?

Todas estas cuestiones indican claramente que el objeto o foco de nuestra investigación es el desarrollo curricular, concretamente de un nuevo enfoque o proyecto para la enseñanza de los juegos deportivos conocido como 'enseñanza para la comprensión'. De ahí que nuestros propósitos sean básicamente dos:

La comprensión en profundidad del desarrollo del proyecto que llevan a cabo los profesores/as del grupo colaborador.
La contribución al desarrollo profesional de todos los miembros del grupo colaborador.

METODOLOGÍA

Estrategia metodológica y diseño de la investigación

El estudio de casos es una estrategia de investigación que enfatiza la noción de proceso y búsqueda de datos, así como la forma de recogerlos. No es una técnica o conjunto de técnicas sino una forma de investigación con entidad propia que puede utilizar tanto evidencias cuantitativas como cualitativas. Para Yin (1984, p. 23):

> "Un estudio de casos es una investigación empírica que: investiga un fenómeno contemporáneo dentro de su contexto de vida real; cuando los límites entre el fenómeno y el contexto no son claramente evidentes; y en la que se utilizan múltiples fuentes de evidencia".

La utilización del estudio de casos es especialmente pertinente cuando, según Yin (1984, 1994), se trata de responder a problemas o preguntas que toman la forma "cómo" y/o "por qué", tal y como ocurre en nuestro estudio. Además, los problemas deben versar sobre acontecimientos contemporáneos en los que los investigadores poseen en escaso control sobre los acontecimientos, tal y como corresponde a los contextos naturalistas o reales.

Existen definiciones diversas que entienden el estudio de casos cualitativo, porque en esta investigación se enfatizan los datos cualitativos, como un proceso que busca describir y analizar alguna entidad de forma compleja y comprensiva conforme se desarrolla a lo largo del tiempo o como el análisis de un ejemplo en acción. Según Merrian (1988), el estudio de casos cualitativo se caracteriza por ser:

> Particular, ya que se centra en una situación, acontecimiento, programa o fenómeno.
> Descriptivo, puesto que ofrece una rica y densa descripción del fenómeno a estudiar.
> Heurístico, en cuanto que iluminan la comprensión del lector o lectora sobre el fenómeno en cuestión.
> Inductivo, porque es en este tipo de razonamiento en el que se confía. Las generalizaciones, los conceptos o las hipótesis surgen de un examen de los datos fundamentados en el contexto mismo.

Los estudios de casos también se han clasificado según distintos criterios, uno de ellos se refiere al tipo de diseño según la estructura de las unidades de análisis que puede incorporar, de manera que se distingan estudios de caso único o múltiple con o sin subunidades de análisis (Yin, 1994).

Esta investigación corresponde a un diseño de estudio de multicaso o de multiemplazamiento que comparte el mismo problema de investigación y utiliza los mismos procedimientos en la recogida y análisis de los datos en los distintos lugares de estudio, y puede establecer comparaciones cruzadas sin sacrificar la comprensión única de cada sitio. Los tres casos o unidades de análisis elegidas corresponden al desarrollo que cada profesor y profesora (Amparo, Pedro y Luisa, son nombres ficticios para conservar el anonimato) realiza del enfoque de juegos deportivos y su estudio, mediante comparación, permitirá comprender el desarrollo del proyecto o enfoque en su conjunto y en los casos particulares.

Sin embargo, no debemos olvidar que nuestro estudio de multicaso sigue una perspectiva colaborativa y/o de investigación acción que se preocupa, tal y como señala Stenhouse (1988, p. 50), por "contribuir al desarrollo del caso o casos a estudiar por medio del *feedback* de información que puede guiar la revisión y el refinamiento de la acción".

Para ello se formó un grupo de colaboración entre varios profesores y profesoras, un investigador y una tutora que participaron en un curso de formación de maestros especialistas en EF de la Generalitat Valenciana. El investigador fue profesor durante el curso, precisamente sobre juegos deportivos, y la tutora y el investigador debían actuar como orientadores en una fase de prácticas en las escuelas de un año escolar con varios profesores y profesoras. Su constitución se realizó por decisión voluntaria de todos ellos, con la idea de desarrollar el enfoque desde junio de 1990 a enero de 1991 en una clase de 6º (11-12 años) y otra de 7º de EGB (12-13 años), garantizando el anonimato del profesorado, tutora y los centros educativos. También se constituyó sobre la idea del beneficio mutuo, puesto que servía de aprendizaje en prácticas para el profesorado, el cumplimiento de la docencia para la tutora y el investigador y, finalmente, de investigación para el investigador.

Las técnicas de recogida de datos

En nuestra investigación, además de las tres fuentes tradicionales de recogida de datos en el estudio de casos cualitativos (observaciones, entrevistas y documentos), añadimos dos cuestionarios y las reuniones del grupo colaborador.

Los cuestionarios. De los dos cuestionarios empleados, uno era de carácter cerrado en sus respuestas y otro más abierto. El primero se utilizó en la fase anterior al desarrollo del enfoque de juegos deportivos para definir el contexto de procedencia del profesorado que después formó parte del grupo colaborador y llevó a la práctica el enfoque.

El segundo cuestionario se pasó al comienzo de la puesta en práctica del enfoque de juegos deportivos en las escuelas y una vez el profesorado del grupo colaborador se incorporó a sus respectivos centros. Recogía información sobre los propios profesores y profesoras, sus condiciones de trabajo y otras características generales del centro, la EF y sus compañeros y compañeras. Se pretendía recoger información complementaria a las primeras entrevistas y observaciones.

Las entrevistas. En esta investigación, se realizaron entrevistas semidirigidas, es decir, que no están completamente definidas de antemano, se parecen a una conversación y permiten profundizar, descubrir nuevas claves y abrir nuevas dimensiones a un problema, así como asegurar un relato basado en la experiencia personal de los entrevistados. Este tipo de técnica de recogida de datos muestra que el verdadero instrumento de investigación es el investigador y no el formulario de la entrevista.

En nuestro estudio, realizamos entrevistas individuales y grupales y las dirigimos a recoger opiniones sobre el curso de los juegos deportivos y sobre la valoración, a distintos niveles, de su implicación en la experiencia colaborativa. También se recogieron sus perspectivas e intenciones con anterioridad a la puesta en práctica del enfoque y se les pidió aclaraciones sobre ciertos aspectos poco contrastados en otros instrumentos. Asimismo, se recogieron los comentarios, aclaraciones o modificaciones durante la lectura del borrador del estudio.

La observación. La observación es un hecho cotidiano, pero cuando obedece a un propósito investigador se convierte en deliberada y sistemática. No debe confundirse con un determinado tipo de observación conocido como observación sistemática, es decir, un sistema deductivo de observación donde se identifican previamente una serie de categorías para clasificar los acontecimientos que ocurren en una clase. Se trata, más bien, de una observación sistematizada, aunque de un bajo grado de sistematización, preparada y naturalista. Es una observación preparada porque existe una idea de lo que se pretende observar y es naturalista porque estudia el comportamiento de los individuos en las circunstancias que rodean a unas clases de EF en las que se lleva a la práctica un enfoque curricular sobre los juegos deportivos.

Este tipo de observación se adecúa al problema y propósitos de nuestra investigación colaborativa porque, como señalan Guba y Lincoln (1981, p. 193):

"maximiza la capacidad del investigador para captar los motivos, las creencias, las preocupaciones, los intereses, las conductas inconscientes, las costumbres y similares; la observación...permite al investigador ver el mundo como lo ven sus sujetos, vivir en sus marcos de tiempo, captar el fenómeno en sus propios términos, y la cultura en su propio ambiente natural; la observación...proporciona al investigador el acceso a las reacciones emocionales del grupo de forma introspectiva - es decir, en un sentido real que permite al observador utilizarse *a sí mismo* como una fuente de datos; y la observación...permite al oyente construir un conocimiento tácito, tanto de sí mismo como el de los miembros del grupo".

La posición del observador se movía entre los roles de observador participante cuando se encontraba en una esquina del patio observando una sesión de clase determinada, y el de participante observador, bien al intervenir en el transcurso de una clase con algún comentario al profesor o profesora o al comentar diversos aspectos de las clases con el profesorado después de la misma. Se apoyó en una guía de observación, elaborada a partir de un estudio piloto previo, para orientar la observación.

La observación se realizó en el contexto de una supervisión clínica, un proceso cíclico de cuatro fases (conversación previa a la observación; observación; análisis; conversación posterior a la observación) que se ha utilizado en cursos de investigación acción para la formación permanente del profesorado. El propósito de la supervisión clínica no es el establecimiento de las relaciones entre el profesor/a y el investigador, sino ayudar al profesorado a que se convierta en un estudiante de su propio trabajo y asumir una relación dialéctica con ese trabajo (Smyth, 1984, 1985).

Los documentos. Los documentos jugaron un importante papel en nuestra investigación porque proporcionaron una rica fuente de información contextual sobre las escuelas y el profesorado. Se utilizaron de una forma similar a la observación, es decir, como un medio de sensibilizar al investigador con la situación, de ahí que algunos los consideren como instrumentos cuasi-observacionales (Santos, 1990).

Entre los documentos recogidos figuraban los procedentes de la administración educativa, diarios y otros recursos y reflexiones escritas por el profesorado. Los primeros ayudaron a situar el desarrollo del enfoque curricular en el contexto educativo general. Los recursos escritos sirvieron para comparar lo que se planificó y lo que realmente se hizo, especialmente respecto a las actividades y juegos. Por su parte, los diarios y otros documentos escritos sirvieron para captar la continuidad de las experiencias diarias del profesorado entre las observaciones y las reuniones de grupo.

Las reuniones del grupo colaborador. Fueron como entrevistas de grupo donde había un entrevistador y varios entrevistados, aunque no en el sentido alternativo de pregunta y respuesta, puesto que el interés se centraba en la interacción dentro del grupo. Esta técnica, que cae dentro de la amplia categoría de la entrevista de grupo, comparte características con el grupo de trabajo en investigación educativa (Fraile, 1995) y con las entrevistas de grupo enfocadas a una tarea o discusión de grupo (Krueger, 1991; Morgan, 1988).

El investigador, que también hacía de animador del grupo, seguía una lista flexible de temas procedente de la supervisión clínica, aunque estaba abierto a cualquier tema que surgiera durante la discusión o que planteara algún miembro del grupo. En varias reuniones se comentaron algunas clases de los profesores/as que se habían grabado previamente en vídeo.

La credibilidad. Los criterios seguidos para garantizar el rigor y la confianza en los datos cualitativos son el valor de verdad o credibilidad, dependencia, confirmabilidad que son equivalentes a los criterios positivistas de validez interna, fiabilidad, objetividad y validez externa (Goetz y LeCompte, 1988; Guba, 1985; Lincoln y Guba, 1985).

En este estudio, el rigor descansaba en la implicación prolongada del investigador durante todo el proceso de investigación. La implicación prolongada permitía al investigador legitimar los datos en relación con su contexto específico, es decir, apreciar el contexto en que tenía lugar la innovación. Por otra parte, también permitía construir la confianza entre el investigador y los profesores y las profesoras que llevaron a la práctica el proyecto o enfoque, aspecto éste fundamental para el valor de verdad de los datos. Para favorecer la confianza mutua, además de la relación entre los miembros, destacaríamos la forma en que se actuó. Esto es, la manera en que explícitamente se expusieron las motivaciones e intereses de sus miembros, y el procedimiento seguido en la formación del grupo colaborador y el desarrollo de la investigación.

Los procesos de triangulación también fueron fundamentales para el rigor, especialmente para la credibilidad y confirmabilidad de los descubrimientos. La triangulación es un proceso que posibilita la contemplación de la realidad desde varios vértices diferenciados y sirve para contrastar los datos e interpretaciones (Denzin, 1978; Santos, 1990). En este estudio se utilizó la triangulación de personas, de técnicas y momentos. La triangulación de personas se realizó con el investigador, el profesorado y la tutora colaboradora en un mismo contexto (caso) o contextos similares (casos). La de técnicas se hizo a través de la observación, las reuniones del grupo colaborador, los documentos y las entrevistas y cuestionarios. La triangulación de momentos se encuentra implícita en las otras dos y se refiere a la obtención contrastada de información en tres momentos distintos. En nuestra investigación toma una especial relevancia ya que la dividimos en tres fases (pre-activa, interactiva y post-activa), tal y como lo señalaremos al referirnos al análisis de los datos. Por último, también debemos incluir la comprobación que, las personas informantes de nuestro estudio, realizaron del borrador de sus casos como otro criterio de credibilidad (Taylor y Bogdan, 1986).

Por otra parte, la transferibilidad descansó en la triangulación de lugares, es decir, en la triangulación de centros de enseñanza, ya que tomamos tres casos con el mismo problema de investigación, con los que se utilizaban las mismas técnicas de recogida de datos y se siguió el mismo procedimiento de análisis, y con los que podían hacerse comparaciones. Esto fue posible debido a los abundantes datos descriptivos recogidos que permitían comparar un contexto con otro, incluso a nivel de los procesos. Más allá del estudio, la transferibilidad depende de la habilidad del lector de generalizar personalmente a su situación y de la similitud entre dos contextos, por lo tanto para hacer un juicio de transferibilidad se necesita tener información proveniente de los contextos concretamente implicados.

El análisis de los datos. En este estudio se siguió un análisis inductivo de tipo temático, es decir, que la categorización fruto del análisis estuvo basado en temas. Por lo tanto, la unidad de sentido fue la frase, aunque también tomamos la palabra y, en menor medida, el número. La orientación del análisis se dirigió a la comprensión en profundidad de los casos de nuestro estudio, de forma similar a como lo plantea Taylor y Bogdan (1986), aunque con una intención comparativa en las últimas fases del proceso derivada de las categorías obtenidas en cada caso.

El proceso de análisis seguido en esta investigación no mantuvo una secuencia lineal sino más bien recurrente entre las siguientes cuatro fases: (a) fase de descubrimiento en progreso, (b) fase de desarrollo de categorías de codificación, (c) fase de comparación de casos, y (d) fase de relación con la literatura. Conforme se progresó en las fases, podían replantearse, revisarse o reajustarse los avances conseguidos en la fase anterior, teniendo en cuenta que el contacto y relación con la literatura del campo podía estar presente en todas las fases del proceso de análisis, aunque su fruto fuera patente al final del mismo.

La fase de descubrimiento en progreso consistió en la búsqueda de temas y conceptos que podían cobrar una especial presencia en el desarrollo categorial de la fase siguiente. La segunda fase identificó y clasificó las categorías mediante el proceso sistemático de desarrollo y refinamiento de las interpretaciones de los temas y conceptos anteriores. Posteriormente se realizó una comparación de casos, facilitada por la preparación y redacción de cada caso con un esquema equivalente. De esta manera podían establecerse similitudes y diferencias entre los casos a partir de un esquema de categorización común. Y, por último, se trataba de relacionar las categorías de la comparación de casos con la literatura del campo, dando lugar a la reflexión final.

Dentro de nuestro proceso de análisis interpretativo podemos distinguir seis niveles o momentos clave de análisis que se relacionan con las fases anteriores (ver tabla 1).

Fases del análisis	Niveles del análisis
Descubrimiento en progreso	Análisis realizado dentro de la supervisión clínica de un profesor/a. Análisis comparativo entre supervisiones clínicas de varios profesores/as. Análisis posterior a la reunión del grupo colaborador.
Codificación de categorías	Análisis de cada caso.
Comparación de los casos	Análisis entre casos.
Relación con la literatura	Análisis en función de la literatura.

Tabla 1. Relación entre las fases y niveles del proceso de análisis

Como puede observarse, el análisis cualitativo es un proceso complicado y largo, en el que influye la intuición, la experiencia del investigador, el marco teórico, la reflexión compartida con el grupo colaborador y la interpretación.

RESULTADOS Y DISCUSIÓN

En este apartado presentaré la discusión de los principales resultados del estudio colaborativo de multicaso a partir de las preguntas guía de nuestra investigación que formulamos en el apartado del problema y los objetivos:

¿Cómo desarrollan los profesores/as los principios pedagógicos o de procedimiento del enfoque curricular?
¿Cómo organizan las clases?
¿Cómo discurre el trabajo del profesorado durante las clases, especialmente el dirigido a la comprensión táctica?
¿Qué problemática contextual aparece durante el desarrollo del proyecto o enfoque?

Sin embargo, no responderemos de forma rígida a estas preguntas sino que lo haremos con la flexibilidad que corresponde a una investigación de estas características, puesto que permite modificar y ampliar las concepciones iniciales desde la propia experiencia de la investigación. De ahí que aparezcan epígrafes distintos a los estrictamente relacionados con las preguntas guía.

Los principios de procedimiento en la práctica

Los principios pedagógicos o principios de procedimiento que hemos presentado en la introducción son orientaciones que indican una manera de hacer y evaluar lo que sucede en nuestras clases. Son propuestas de acción que ahora nos permitirán profundizar en el desarrollo práctico de los juegos modificados y sacar ciertos problemas a relucir que nos servirán para mejorar este enfoque o proyecto en el futuro.

Los juegos modificados, su progresión y los principios tácticos asociados. Las dos profesoras y el profesor de nuestro estudio de casos planificaron más juegos de los necesarios por miedo a quedarse sin estas actividades y comenzaron su enseñanza con los juegos de bateo, siguieron con los de cancha dividida y finalizaron con los de invasión, tal y como sugerían Thorpe y Bunker (1989) respecto a la progresión por complejidad táctica.

Los juegos que finalmente realizaron no eran muy diferentes de un caso a otro, debido a que el profesorado trabajó colaborativamente con el propósito de desarrollar el mismo proyecto. Por otra parte, los juegos realizados para los cursos de sexto y séptimo, elegidos para nuestro estudio, no eran muy distintos y el desarrollo de los mismos no reflejaban grandes diferencias.

Las características de cada una de las formas de juego deportivo y los principios tácticos asociados a los juegos (ver tabla 2), fueron objeto de reflexión constante durante la puesta en práctica del enfoque. En realidad podríamos decir que el profesorado del grupo colaborador aprendió las características de las distintas formas de juego deportivo y los principios tácticos asociados durante el desarrollo práctico. Una cuestión eran estos temas sobre el papel, en la planificación, y otra distinta en la puesta en práctica. Como señalaba

Amparo al referirse a los principios u objetivos tácticos, durante el periodo previo de planificación de la enseñanza delos juegos "copiaba lo que leía" en apuntes y artículos, mientras que durante la puesta en práctica los iba aprendiendo.

	AMPARO	PEDRO	LUISA
BATEO	Ataque	Ataque	Ataque
	Lanzar lejos Lanzar a los espacios libres	Lanzar lejos y a zona difícil Lanzar de formas distintas	Observar defensa Lanzar a los espacios libres Lanzar zona difícil devolución
	Defensa	Defensa	Defensa
	Distribuir espacio Asignar papeles juego Cadena pases Apoyo	Distribuir el espacio Cadena pases Apoyo	Distribuir espacio Asignar papeles juego Cadena pases Apoyo
CANCHA	Ataque	Ataque	Ataque
	Lanzar a espacios libres y zona difícil devolución Desplazar oponente para crear espacios	Lanzar espacio libre Desplazamiento adelante-atrás	Lanzar a espacios libres y zona difícil devolución Desplazar oponente para crear espacios
	Defensa	Defensa	Defensa
	Cubrir campo Recuperar posición central	Recuperar la posición central	Recuperar posición central Posición alerta
INVASIÓN	Ataque	Ataque	Ataque
	Desmarque Apoyo Juego abierto	Desmarque Apoyo	Desmarque y apoyo Juego abierto Formar triángulo
	Defensa	Defensa	Defensa
	Marcaje	Marcaje	Marcaje

Tabla 2. Principios tácticos básicos asociados a las formas de juego deportivo

Esta circunstancia hace de la aplicación práctica del proyecto un elemento fundamental del desarrollo del currículum, como dijera Stenhouse (1984). Pero, además, pone en duda la utilidad del curso de formación previo si éste no va acompañado de algún tipo de experimentación en las clases.

Un tema problemático para el profesorado estuvo relacionado con la progresión táctica de los juegos de cancha dividida porque se observaron más dificultades en su realización. En el caso de Pedro se debió a la confusión de identificar dos juegos modificados como juegos de cancha dividida, en cambio, en Amparo y Luisa, las dificultades se debieron a la diferencia de criterio que mantenían en la progresión de estos juegos respecto al criterio del grupo colaborador. En lugar de progresar de juegos más individuales (p. ej. 1 vs. 1 en campo largo) a colectivos (p. ej. 3 vs. 3 o más), Amparo actuó con la idea de intercalar juegos de varios participantes por equipo con otros de uno o dos participantes y Luisa actuó con la idea de progresar de juegos más colectivos a más individuales, aunque en la práctica los mezcló. Estas diferencias de criterio eran legítimas y respetadas por el grupo colaborador, pero también generaron dudas e inseguridades en las dos profesoras. Además existía un factor cultural añadido, ya que los juegos de cancha dividida les resultaban más alejados de su realidad y de su propio conocimiento, predisponiéndolas a la percepción de problemas. No obstante, se obtuvieron ciertas sugerencias o conclusiones para el futuro que Luisa resume así:

> Comenzar por el uno contra uno. Variar más rápidamente las condiciones de juego: aumentar pases optativos, permitir el golpeo, cambiar más rápidamente de móviles, introducir antes la red. Norma importante: TIRAR DESDE DONDE SE RECIBE. Comenzar con pelotas rápidas (tenis; se agiliza el juego; movimiento defensivo más rápido; movimiento ataque más preciso). Variar o alternar profundidad y amplitud. (Documento escrito).

La comprensión táctica y su evaluación. Algunos principios tácticos encontraron mayores dificultades de comprensión en el alumnado. En los juegos de bateo se concentraron los problemas en los principios que exigían la coordinación de acciones como, por ejemplo, la realización de una cadena de pases para llevar el móvil al lugar convenido. También podemos citar la defensa del jugador sin balón en los juegos de invasión o la recuperación de la mejor posición de defensa después de lanzar la pelota al campo contrario en los juegos de cancha dividida. Entre los principios tácticos de ataque que solían presentar más dificultades estaban los que implicaban previsión táctica. En los juegos de cancha dividida destaca el provocar el movimiento del contrario para crear huecos en su campo y en los de invasión las acciones de apoyo al compañero con balón.

En las primeras clases dedicadas a los juegos de cancha dividida hubo problemas de comprensión en función del género. Las chicas solían tardar algo más en comprender de qué iban estos juegos, es decir, que no consisten en pasarse el balón a las manos de un campo a otro sino buscar la manera de que no coja el balón el oponente y poder colocarlo en su campo. En las observaciones de estas clases se encuentran, al principio, varias notas como ésta:

> Campo largo: algunos chicos cogen bastante bien la idea; a las chicas les cuesta algo más [...] Los de campo ancho no pueden evitar el remate: algunas chicas tienen idea. [Pero] Todavía alguna chica sigue tirando a las manos del oponente.

Sin embargo, estas diferencias son mayores en los juegos de invasión de las clases de Amparo y Pedro, probablemente por diferencias culturales como apunta clarificadoramente Amparo en esta cita:

> He apreciado también que así como en los otros juegos tanto chicos como chicas tenían actuaciones parecidas, partíamos de unas bases parecidas, aquí se notaba bastante diferencia entre los chicos y las chicas. Tanto a nivel de juego como incluso a nivel simplemente de vocabulario, lo que para los chicos era un lenguaje completamente comprensible como cubrir, marcar, desmarcarse, acudir al apoyo, etc..., para las chicas, generalmente, eran términos que no sabían lo que significaban, me imagino que esto se deberá a que si los chicos alguna vez han jugado a algún tipo de deporte éste siempre ha sido de invasión (fútbol, baloncesto o balonmano). (Documento escrito).

Estas diferencias culturales implican que para el futuro debemos prestar mayor atención a las diferencias de socialización entre alumnos y alumnas, especialmente en los juegos de invasión. La igualdad de género en los juegos deportivos, y en especial los de invasión, son un tema difícil que requiere adoptar una perspectiva de proceso y cambio adaptada a contextos particulares. De la misma manera que la educación mixta no garantiza la coeducación, la igualdad en la práctica deportiva tampoco se garantiza con la realización de equipos mixtos. Aunque el profesorado y todo el grupo colaborador apostaron inicialmente por la realización mixta de todos los juegos, estos resultados indican, como señalan otras autoras (p. ej. Scraton, 1990; Thomas, 1991), la necesidad de preguntarse de cara al futuro cuándo hacerlo, en qué actividades o juegos y cómo utilizar el agrupamiento.

Otro tema problemático lo encontramos en una parte del alumnado en los que se observaba una separación entre la teoría y la práctica de la comprensión. Es decir, algunos alumnos/as comprendían los principios y situaciones tácticas planteadas, al menos a juzgar por las respuestas que daban a las preguntas que realizaba el profesorado, mientras que sus acciones de juego no se mostraban coherentes con la comprensión verbal o teórica. Esta problemática la trató de solucionar Amparo, tal y como reflejan estas citas:

> ...hay que insistir mucho en unos determinados objetivos tácticos y que es cuestión de jugar muchas veces porque aunque en la teoría parecen comprenderlo, sus actuaciones muchas veces demuestran lo contrario. (Diario de Amparo)
> La mayoría de las chicas han aprendido con rapidez, mientras que los chicos aunque sepan en la teoría cómo deben actuar, en la práctica no lo hacían... y había que parar el juego e insistirles tanto casi como a las chicas. (Documento escrito)

Esta diferencia entre la teoría y la práctica ya había sido sugerida por Kirk (1983), quien apuntaba que la comprensión en los juegos deportivos implicaba actos de cognición y no un comportamiento claro. Para este autor, el nivel de comprensión se evidencia en las acciones que realiza una persona dentro del contexto de juego, o como lo llama él, en la 'performance inteligente'. Pero esta cuestión es problemática y requiere más investigación en el ámbito de los juegos deportivos, precisamente porque puede haber comprensión, es decir, actos de cognición, sin demostrarlos prácticamente.

La evaluación de la comprensión táctica era otra gran preocupación del profesorado del grupo colaborador que finalmente cada profesor y profesora lo resolvió con la elección de las propuestas sugeridas entre todos en las reuniones de grupo, tales como: (a) observaciones de las acciones del alumnado durante el juego; (b) participación en las intervenciones o parones durante el desarrollo de los juegos (generalmente comentarios y respuestas a preguntas de comprensión); y (c) pruebas orales y escritas orientadas a la comprensión de situaciones y juegos similares a los realizados en las clases (ver tabla 3).

A partir de un dibujo en el que se representa una situación determinada de un juego de bateo, Luisa escribe una serie de preguntas:
Si tú fueses el bateador, ¿a qué sitio tirarías? ¿por qué?. Elige tres sitios diferentes.
Si la pelota llegase al punto F (del dibujo), ¿quién crees tú que debería ir a cogerla? ¿por qué?
¿Qué deben hacer los demás defensores cuando su compañero ha ido a por la pelota? ¿por qué?
Dibuja un esquema similar, colocando tú a los defensores como creas que es mejor, y explica por qué los has colocado así.

Tabla 3. Ejemplo de prueba escrita de comprensión

La continuidad o fluidez en los juegos modificados

Durante la puesta en práctica de los juegos se aprecia una característica de enorme interés vinculada especialmente al deseo del alumnado por jugar. Se trata de la fluidez del juego, tal y como le denomina Pedro, es decir, la continuidad que el alumnado le imprime al juego a pesar de las interferencias que reciba. Así lo aprecian este profesor y el observador/investigador:

> Desde el principio los alumnos de 7º de forma tácita empiezan a jugar de una forma lógica, sin tener que poner muchas reglas. Toleran toda clase de variaciones, pero no quieren que las reglas alteren la fluidez del juego (Diario de Pedro).
>
> Las interrupciones [interferencias de agentes extraños a la clase] no influyen a los alumnos, que están inmersos en el juego (obvian, están absortos,...). Los alumnos también pasan de mí. (Notas de la observación).

Precisamente la fluidez del juego o de la acción, como la denomina Coakley (1990), es una de las características del juego informal de los niños y niñas que este autor identificó en sus estudios comparativos entre juegos formales e informales. Contrariamente a lo que ocurría en los juegos deportivos formales u organizados, en los informales, "Los jugadores podían estar de guasa, e incluso obviar las reglas, pero estas formas de desviación eran ignoradas siempre que no interfirieran en el flujo de la acción" (Coakley, 1990, p. 90).

A los participantes en juegos informales se les permitía muchas cosas que contravenían las reglas siempre y cuando no interrumpiera la fluidez del juego, mientras que en los formales las reglas eran intocables. Como señala este autor, las experiencias personales en estos dos tipos de juego parecen ser muy distintas, ya que los juegos deportivos informales están generalmente centrados en la acción y los formales u organizados están centrados en la rigidez y cumplimiento de las reglas. La fluidez del juego y la flexibilidad y cambio de las reglas se convierten así en un argumento a favor de los juegos modificados de nuestro proyecto como unos juegos que se encuentran en la encrucijada del juego libre y del juego deportivo estándar o deporte o, al menos, como unos juegos que recogen ciertos elementos próximos al juego informal que señalara Coakley.

La organización y el control

La organización de la clase es una de los aspectos de interés para los docentes por su relevancia para el control de la misma. Sin embargo, en nuestro estudio de casos el control preocupó de distinta forma al profesorado, dependiendo de la experiencia docente de cada profesor en la EF, de la familiaridad que éste posea con el centro y el alumnado y de otras características personales.

Para Pedro y Luisa no fue un tema especialmente preocupante, todo lo contrario que fue para Amparo. Era la profesora que menos experiencia poseía en la EF y era nueva en un centro donde no había tradición en esta asignatura. Además, Amparo era un tanto perfeccionista en su forma particular de abordar la enseñanza, ya que le gustaba hacer bien las cosas desde el principio:

> Es que quiero que todo me salga bien desde el principio y me veo: unos por allí hablando, otros por allá que no se enteran [...] el problema lo tengo [...] porque quiero observar [el desarrollo de los juegos] y es por lo que me agobio más. (Reunión del grupo colaborador).

El control llegó a ser obsesivo y agobiante, hasta el punto de reconocer en una entrevista con el investigador que estuvo a punto de abandonar la experiencia colaborativa porque se "sentía perdida". Pero poco a poco este problema fue dando paso a otras cuestiones que captaron el interés de Amparo. No obstante, esto fue posible gracias a la ayuda que recibió en la supervisión clínica, especialmente en las conversaciones con el observador/investigador, y en las reuniones del grupo colaborativo. Asimismo, fue posible gracias a su interés por superar esa situación y probar distintos tipos de estrategias de control que le permitieron ganar confianza en las clases, tales como la eliminación de grupos de alumnos observadores, el establecimiento de lugares fijos de reunión y sentados de espaldas al patio, y la retención de material durante los comentarios de la profesora, entre otras.

La organización, además de buscar el control, también trata de gestionar las condiciones humanas, temporales y espaciales para que la clase entre en contacto con la materia (Tinning, 1992). Pero esta gestión tiene consecuencias educativas trascendentales. Tal y como puede observarse en nuestro estudio de casos, la organización de los grupos está condicionada por el tipo de juego deportivo (bateo, cancha dividida o invasión) que se realice y está vinculada a la intención por aumentar la participación práctica del alumnado en condiciones igualitarias de sexo y/o habilidad y a la reducción de la competitividad en el desarrollo de los juegos. Así, por ejemplo, la supresión de los distintos sistemas de rotación de los grupos en los casos de Amparo y Luisa, además de incidir sobre el control, porque así desaparecen las conductas desviadas del grupo que espera, también aumenta la participación práctica del alumnado porque ningún grupo tiene que esperar. En el caso de Pedro, la rotación se hace imprescindible en muchos de los juegos debido a las limitaciones espaciales de su patio.

Sin embargo, los primeros sistemas de rotaciones por eliminación del grupo también estimulaban la competitividad entre los equipos porque siempre era el grupo perdedor el sustituido. De esta manera, los grupos ganadores jugaban más tiempo y además se marcaba una diferencia innecesaria entre equipos ganadores y perdedores. Por ello, Amparo y Luisa que disponían de un amplio patio, acabaron por suprimir las rotaciones. Pero no fue el caso de Pedro que tuvo que mantener las rotaciones en la mayoría de las clases, aunque cambió el sistema de rotación por eliminatorias por el más equitativo de la rotación cada cierto tiempo. Así lo comentaba en una reunión del grupo colaborador:

…hacíamos rotaciones cada cinco minutos [y] ¿qué he solucionado con eso? Que no esperaban ganar los tantos, sino que esperaban acabar en cinco minutos… No se preocupaban de ganar los tantos sino de jugar.

El cambio de algunos factores y condiciones organizativas fue variando según el tipo de juego deportivo. Así, por ejemplo, las dos profesoras y el profesor aumentaron el número de bases en los juegos de bateo para que participaran más personas, poner unas bases más cerca y otras más lejos para que tuvieran opción alumnos o alumnas de distinta capacidad física, ofrecer la oportunidad de lanzar con la mano a aquéllos que después de uno o dos intentos no lo consigan con una pala, o que las carreras en estos juegos sean de dos en dos, tres en tres o de todo el equipo a la vez. Por lo que respecta a los juegos de cancha dividida e invasión se probaron estrategias para estimular la participación independientemente del nivel de habilidad de los participantes. Así, Luisa trató que los equipos de invasión estuvieran equilibrados, mientras que Amparo, buscando aumentar la participación de los menos hábiles y activos trató de mezclarlos en los juegos de cancha dividida pero no le funcionó. Ésta era su reflexión al respecto:

…creo que he cometido un fallo al colocar a niños más pasivos con otros muy activos, porque en lugar de que los pasivos se estimulasen con los contrarios, que les harían estar moviéndose, dejaban caer la pelota, perdían muchas y además los "buenos" se aburrían de la lentitud del juego (Diario).

Lo cierto es que el tema de mezclar personas más hábiles o activas con otras menos hábiles o activas en los juegos deportivos es tan problemática como los agrupamientos mixtos por género que hemos visto más arriba. Dependerá de los contextos particulares y las actividades concretas, y sobre todo del seguimiento y la atención que a estos problemas le dedique el profesorado. En determinadas circunstancias, o en juegos deportivos colectivos donde todos los participantes puedan tener un papel que jugar, puede optarse por incluir a los menos hábiles y capaces físicamente y adaptar el juego de los más capaces, aprovechando los problemas que surjan para comentar y discutir problemas de igualdad en el deporte (Griffin, 1989; Scraton, 1990). A pesar de algunas excepciones como la señalada en la cita anterior, la estrategia de adaptar el juego y hacer partícipes del mismo a todos era lo que Amparo había tratado de realizar en la mayoría de juegos, y que recoge en esta entrevista:

...si ves que no le pasan a una persona, porque ellos saben quién es más bueno y quién tiene más facilidad para perder una pelota... Entonces cuando tú paras y le dices: "¿por qué no le has pasado?" o insistes, es cuando ellos lo hacen. Es cuestión de insistencia.

El profesorado acompañó las estrategias anteriores para el tratamiento de la competitividad evitando dar importancia al tanteo y la victoria y orientando su atención hacia otras problemáticas de los juegos, tal y como recoge Kamii (1988) al tratar la competición de los juegos colectivos desde el punto de vista de la psicología. En línea con esta autora, los juegos deportivos modificados poseen competición y los niños y niñas ya son bastante competitivos como para que en el desarrollo de este enfoque todavía se les incentivara más la competitividad.

Como se observa en este apartado, la organización de la clase de EF no podemos verla únicamente como un conjunto de decisiones dirigidas a la eficacia en la gestión de los juegos modificados y la rentabilidad del tiempo, sino como unas decisiones cargadas de valor que resaltan la naturaleza moral de la enseñanza y la repercusión moral de muchas decisiones percibidas normalmente como técnicas y ausente de valor (Tinning, 1992; Tinning, Kirk y Evans, 1993).

La participación del alumnado en la toma de decisiones

Al comienzo del desarrollo de los juegos era poco habitual que el alumnado participara en la toma de decisiones, pero a medida que fueron familiarizándose con los juegos y su dinámica, aumentaron las opciones de participación.

En las clases de las dos profesoras aparecieron diversas manifestaciones del alumnado, algunas de ellas para aclarar espontáneamente algún aspecto del juego o sugerir cambios en el mismo. Otras veces fue el alumnado el que solucionó con completa autonomía el problema para seguir jugando. En otras ocasiones la toma de decisiones del alumnado surge del ofrecimiento que les hace la profesora y vinculado a cuestiones de funcionamiento o participación en los juegos, tal y como se observa en las citas siguientes:

Algunos alumnos se quejan de que "no tocan bola" (yo ya lo había observado). Los reúno y propongo [pregunto] qué se puede hacer para que todos la toquen. [Un

alumno/a sugiere] "Cambiarse de sitio, ir rotando". [Otro alumno/a propone] "Hacer pases a la gente que es más inactiva y estática". (Diario Amparo).
(La profesora reúne a unos grupos y pregunta): "¿Qué problemas habéis tenido?". "Que me cogen", responde un alumno. "¿Y qué podemos hacer?", pregunta la profesora a todos los grupos. "Que no vale agarrar"... (Observación clase Luisa).

Estas últimas citas también reflejan que el alumnado sugería nuevas reglas en el juego, algo fundamental en las clases de Pedro. Después de aportar la información mínima para empezar a jugar, Pedro dejaba al alumnado que definieran las reglas sobre la marcha. Surgían, espontánea y tácitamente, de la interacción del alumnado durante el juego y de la adaptación del mismo a las reducidas condiciones físicas de su patio. Luego las reglas que surgieran en una clase podían ser distintas a las de otra e incluso ser distintas de un grupo a otro dentro de la misma clase. Sin embargo había reglas de un mismo juego que se mantenían porque, al rotar los grupos, se transmitían de una zona de juego a otra de la misma clase y después las recogía el profesor como reglas más estándar durante las reuniones que realizaba de toda la clase en el transcurso de la sesión. Otras veces eran reglas que, después de surgir del alumnado, el profesor las mantenía en otros juegos porque las consideraba básicas para su funcionamiento. Si alguna regla fundamental para el desarrollo del juego no salía del alumnado, al final era el mismo profesor quien acababa introduciéndola.

Las intervenciones del profesorado en las clases

Durante el desarrollo del enfoque curricular identificamos tres tipos de intervenciones de distinta naturaleza: (a) intervenciones relativas al funcionamiento de los juegos; (b) intervenciones relativas a problemas de orden entre los y las estudiantes; y (c) intervenciones relativas a la comprensión táctica.

Todo el profesorado de nuestro estudio recurrió a estos tres tipos de intervenciones que, a menudo, aparecieron mezcladas y con mayor o menor relevancia en distintos momentos del desarrollo del enfoque. Asimismo, aparecieron antes, durante y después de la práctica de los juegos y dirigidos a una persona o varias, a uno o varios grupos de clase o a toda ella (ver tabla 4.).

	Antes	Durante	Después
Funcionamiento	Clase	Clase Grupo/s Persona/s	Clase Grupo/s Nada
Orden	Clase	Clase Grupo/s Persona/s	Clase Grupo/s Nada
Comprensión Táctica	Clase	Clase Grupo/s Persona/s	Clase Grupo/s Nada

Tabla 4. Intervenciones del profesorado

Las intervenciones realizadas antes de la práctica de los juegos modificados iban dirigidas a toda la clase y dedicadas a la explicación del juego o juegos de esa sesión, pero en el caso de Amparo y Luisa también se utilizaba para recordar algún aspecto destacable del juego o del comportamiento/orden de los participantes porque ya se habían realizado el día anterior. En algunas ocasiones, las profesoras también planteaban alguna cuestión relativa a la comprensión táctica antes de empezar a jugar. Veamos tres ejemplos relativos a este tipo de intervenciones, una de explicación, otra de orden y otra mezcla de recordatorio de funcionamiento y táctica:

> Profesora. [Se dirige a todo el grupo de clase que está sentado en semicírculo. Los alumnos/as saben que en el juego de hoy se introduce la pala para batear y un compañero que actúa de pasador]. Vamos a hacer hoy un juego nuevo. Se llama "base y puntos"...El equipo bateador ha de batear, de dos en dos bateará [sic] y tendrá que pasar estas bases sin pararse en ninguna. Tiene que hacer la carrera completa. La carrera completa es cuando lleguen a la última base que estará allí [mientras explica distribuye el material por el campo]. Que el equipo de la defensa puede coger la pelota y meterla en una rueda que estará en el centro o en otra rueda que estará más aparte. Si la mete en la que está en el centro serán dos puntos y si la mete en la que está más alejada será un punto. Por supuesto, solamente se puntúa si consiguen pillar a los que batean antes de que lleguen a su última base. ¿Alguna duda?. [Lo repite resumidamente].
> Alumno. Qué te iba a decir...¿puedes tirar al centro o puedes tirar a dónde quieras?
> Profesora. Puedes tirar adonde quieras, pero vamos a suprimir preescolar [zona de patio de preescolar] que ya se me ha quejado la [profesora] de preescolar. Si sale fuera ya sabéis que se anula el tiro. Tres fallos y se anula el bateador. Tres bateos cada equipo y cambiamos de equipo. [La profesora distribuye a los grupos de juego]. (Observación clase bateo de Luisa).
> Reunión [recuerdo del último juego]. A petición de la profesora un alumno explica las reglas del juego a otros que no habían asistido: no tocar o robar pelota al que la tiene; no botar ni retener la pelota; no pasar dos veces seguidas al mismo alumno; cuando hacen los 10 pases sacan de banda. [Después la profesora dice] "Había un problema: todos iban detrás del balón. ¿Cómo se solucionaba? y ¿qué pasa con los que dicen que no me pasan?".
> Alumno. Deben moverse a por el balón o desmarcarse.
> Otro alumno. Algunos pasaban a quien estaba cubierto en lugar de a quien estaba desmarcado. (Observación clase invasión Amparo).

Durante el desarrollo de los juegos modificados las intervenciones se dirigen a toda la clase, a uno o varios grupos o a personas concretas, dependiendo de las necesidades del juego y siempre a criterio del profesorado. En el caso de Pedro fueron, sobre todo, reuniones dirigidas a toda la clase, a excepción del periodo dedicado a los juegos de cancha dividida que aumentó las de grupos o personas. Debido al estilo personal de Pedro, esas reuniones eran más o menos estables, es decir, realizaba dos o tres reuniones a lo largo de toda la clase después de dejar pasar un tiempo prudente de juego. Además, con ellas pretendía captar la atención del alumnado para que no decayera la motivación en una clase de hora y media en la que hacía, además del calentamiento, un sólo juego.

En las primeras clases, Luisa sufrió una evolución curiosa respecto a las intervenciones. Comenzó con una gran preocupación por observar el desarrollo de los juegos, llegando a ir "de un campo a otro observando", con papel y lápiz, para anotar aspectos sobre los que intervenir. Pero muy pronto desestimó esta forma de proceder porque si anotaba no tenía tiempo de intervenir o su intervención se retrasaba y perdía inmediatez respecto al aspecto o situación que pretendía resaltar o sobre la que quería preguntar. Después pasó a realizar intervenciones sistemáticas cada poco tiempo que jugaba el alumnado, pero solían ser forzadas porque no existía ningún aspecto que fuera realmente interesante destacar. Así es como, al cabo de un par de clases, las intervenciones las fue adaptando a las necesidades del juego y parando cuando lo creía oportuno.

Según su naturaleza o tipo, las intervenciones de funcionamiento dominaban en el caso de Pedro, mientras que en el caso de Amparo y Luisa las compartían con las de orden y comprensión. Las intervenciones de funcionamiento son también las más características del estilo de enseñanza de Pedro. Las realizaba con el apoyo de un silbato y una pizarrita. Con el primero anunciaba la reunión para toda la clase y la segunda le servía para anotar las reglas procedentes del alumnado y, si lo veía necesario, para explicar algún aspecto del juego en cuestión. Veamos, como ejemplo, una de estas intervenciones:

Profesor. ¿Cómo será el juego más rápido y divertido?
Alumnado. Si tira cada vez uno; si no hay números; si se termina el juego después de lanzar todos los jugadores del grupo; si se tira bombeada; si se tira rápido.
Profesor. [Anota en la pizarrita las reglas básicas]: (a) Se eliminan los números; (b) El saque lo realiza cada vez un jugador del grupo. (c) El juego termina cuando ha lanzado todo el grupo. (Observación clase cancha dividida).

Sin embargo, también realizó otro tipo de intervenciones de orden y comprensión táctica, aunque menos, e introduciéndolas conforme avanzaba el desarrollo del enfoque curricular. Por ejemplo:

[Orden]
[...] Después de una pequeña discusión por el tanteo de los pases, varios alumnos y alumnas reclaman la presencia del profesor para evitar problemas y éste acepta llevar la cuenta. (Observación clase invasión).
[Comprensión]
Profesor. ¿Qué hay que hacer? [refiriéndose al jugador del centro].
Alumnado. Quedarse en un sitio fijo;...
Profesor. ¿Cómo marca el del centro?
Alumnado. Quitando el balón de las manos al que lo lleva; moviéndose con rapidez;...
Profesor. [En vista del poco éxito decide hacer una ejemplificación práctica en colaboración con un alumno para hacer preguntas sobre la marcha] ¿Cómo marca el del centro?, ¿qué haríais?. Mirad al que tiene el balón.
Alumnado. [Estar] Cerca del que no tiene balón.
Profesor. [Apoya la contestación anterior con movimientos prácticos comentados] ¿Y las soluciones para recibir el pase? [refiriéndose a los jugadores de los extremos que poseen el balón] ¿Por qué está parado el que tiene el balón? (Observación clase invasión).

Las intervenciones de Amparo y Luisa que dedicaban a la comprensión táctica durante el transcurso de los juegos, además de compartirlas con las de funcionamiento y orden, evolucionaron en su forma de realización. De plantearlas directamente, aportando en muchos casos la solución de una situación determinada, a hacerlo indirectamente para que fuera el alumnado quien sacara la solución o soluciones posibles. No obstante, al final de cada tipo de juegos deportivos (bateo, cancha o invasión), de tanto insistir directa o indirectamente, se trataba de aplicar a situaciones concretas los principios tácticos enseñados. Como muestra de este tipo de intervenciones presentamos estas citas:

[Funcionamiento]
Profesora. [Sin parar el juego ni decir palabra alguna, la profesora mueve las bases para compensar el juego, esto es, compensar el tiempo de carrera alrededor de las bases con el tiempo de recogida de la pelota hasta meterla en una de las dos ruedas] (Observación clase bateo de Luisa).
[Comprensión táctica]

Profesora. Acabo de ver a Juan pasar el balón allá, ¿me quieres explicar por qué?
Alumno. Porque todos estaban cubiertos.
Profesora. ¿Todos estaban cubiertos? [dirigiéndose al grupo] Vamos a ver, ¿qué tienen que hacer los defensores?
Alumnos. [Contestan, pero no se oye (...)]
Profesora. ¿Los peligrosos quiénes son? A ver, tú [señala a una alumna].
Alumna. Los que están desmarcados.
Profesora. Los que están desmarcados. Muy bien. Entonces, ¿a quién hay que cubrir? Alumnado. [Opinan. Alboroto]. (Observación clase invasión de Amparo).

El tipo de intervenciones finales podía ser de diversa naturaleza y mezcladas, según las circunstancias, en las dos profesoras y el profesor de nuestro estudio de casos:

Profesora. [Hace preguntas (...) preguntas orientadas para que se den cuenta del apoyo en jugadores de campo. Comenta que los jugadores de campo cambien de zona (roten). Los alumnos hablan y sugieren que alguien hace trampas y que no tiene sentido ponerse en fila después de decir "¡stop!". (Observación clase bateo de Amparo).
Profesora. [Reúne a cuatro o cinco grupos y les pregunta] ¿Tiráis con rapidez?, ¿por qué?
Alumnado. Para crear huecos con vistas a tirar al hueco.
Profesora. ¿Qué falta por ver?, ¿cómo defendéis?
Alumnado. Tapando huecos.
Profesora. ¿Cómo [lo conseguís]?.
Alumnado. Volviendo al centro [Posición mejor para defender]...(Observación clase cancha dividida de Luisa).

Como podemos observar a lo largo de este subapartado dedicado a las intervenciones, el profesorado utilizó como principales estrategias para facilitar la comprensión el intercambio entre preguntas y respuestas, el recordatorio de situaciones, la reproducción de situaciones o "ejemplos ralentizados" como les llama Luisa, así como alguna ejemplificación o comentario táctico en pizarra.

CONCLUSIONES Y COMENTARIOS FINALES

Las principales conclusiones del trabajo pueden concretarse de la forma siguiente:

El profesorado siguió el orden de complejidad táctica sugerido por la literatura, es decir, primero los de bateo, luego los de cancha dividida y finalmente los de invasión. Hubo algunas diferencias en la progresión dentro de los juegos de cancha dividida, aunque concluyeron progresar de juegos con menos jugadores a más jugadores (1 vs. 1, 2 vs. 2, 3 vs. 3). Se mostraron especialmente preocupados por la progresión táctica, cuestión que realmente aprendieron durante la puesta en práctica del enfoque.

El alumnado mostró un interés tácito por la continuidad del juego, independientemente de las interferencias o formas de desviación que surgiera en el transcurso de los juegos. En los juegos de cancha dividida hubo que cuidar especialmente la formación de los equipos para que estuvieran equilibrados en función de las capacidades físicas y habilidades porque de lo contrario no existía continuidad de juego, especialmente en los juegos de 1 vs. 1.

Se trabajaron principios tácticos básicos de cada tipo de juegos deportivos. El alumnado tuvo mayores dificultades de comprensión en ciertos principios tácticos como la coordinación de acciones en la defensa de los juegos de bateo, crear espacios libres en el campo contrario y recuperar la mejor posición de defensa en los juegos de cancha dividida, y la defensa de los jugadores sin balón en los juegos de invasión.

Las intervenciones del profesorado en las clases acontecieron antes, durante y después de la realización de los juegos y fueron sobre su funcionamiento, sobre problemas de orden en el alumnado y sobre comprensión táctica.

El profesorado utilizó diversas estrategias para facilitar la comprensión táctica en su alumnado como el intercambio entre preguntas y respuestas, el recordatorio de situaciones, la reproducción de situaciones o ejemplos ralentizados, así como alguna ejemplificación o comentario táctico en una pizarrita. También se recurrió al material y las reglas para ayudar a la comprensión.

La evaluación de la enseñanza de los juegos modificados la realizó el profesorado mediante la observación de las acciones de juegos, aspecto fundamental para después utilizar una u otra estrategia de comprensión. También fueron importantes las respuestas del alumnado a las preguntas realizadas por el profesorado en las paradas del juego y en las reuniones de principio y final de la sesión. Asimismo, se utilizaron pruebas orales y escritas orientadas a la comprensión de situaciones y juegos similares a los realizados en las clases.

Se observaron diferencias de género en la comprensión de los juegos de cancha dividida, ya que a algunas chicas les costó comprender que no se trataba de pasarle la pelota al oponente. Pero fueron más evidentes en los juegos de invasión, a juzgar por las acciones de juego y el lenguaje utilizado porque las chicas no estaban culturalmente tan familiarizadas con los juegos de invasión como lo estaban los chicos.

Se advirtió que algunos alumnos y alumnas comprendían bien los principios tácticos básicos a juzgar por las respuestas que daban a las preguntas lanzadas por el profesorado, pero sus acciones de juego no resultaban coherentes con sus declaraciones. Esto podía deberse el limitado tiempo en el desarrollo del proyecto o a que la comprensión implica, inevitablemente, actos de cognición.

El alumnado participó en el control de los juegos no sólo al decidir cuándo empezar, parar, reanudar el juego o solventar algún problema puntual, sino que decidieron planes de organización y actuación táctica.

Se observaron dos formas de desarrollo curricular ligeramente diferentes entre el profesorado. Una de estas formas consistía en presentar inicialmente los juegos con reglas definidas que podían variar puntualmente por sugerencias del alumnado o por las necesidades identificadas de evolución táctica por parte del profesorado. La otra forma presentaba unas pocas reglas básicas y el profesor recogía las sugerencias para completar el juego en las reuniones que realizaba, de manera similar al principio constructivista de enseñanza.

Los miembros del grupo destacaron la experiencia colaborativa porque permitió compartir conocimiento profesional, ayudarse mutuamente para superar la marginación y el aislamiento sufrido en distintos momentos de desarrollo del proyecto y mantener su compromiso con la enseñanza. También les resultó muy provechoso el proceso de supervisión clínica de las clases y las reuniones del grupo. Asimismo, consideraron que el investigador y la colaboradora se habían acercado al mundo del profesorado y habían aumentado su entendimiento de la realidad escolar. Los datos indicaban que el impacto de esta experiencia en los miembros del grupo colaborador era tanto o mayor que el impacto producido por el proyecto curricular.

Por último, conviene señalar que esta investigación colaborativa contó con, al menos, tres limitaciones: (a) el tiempo de desarrollo del proyecto, porque se ha visto conveniente alargarlo en el tiempo, uno o dos cursos escolares para poder obtener datos más consistentes que permitan valorar mejor sus repercusiones; (b) considerar en menor manera al alumnado y su aprendizaje que al profesorado, ya que si bien se tuvo en cuenta su comportamiento y sus respuestas a las preguntas de la comprensión táctica mediante observaciones y vídeos, no se recogió información amplia de entrevistas o documentos que permitirían completar los datos; y (c) la alta probabilidad de que el trabajo quede en una investigación colaborativa individualista, sin continuidad en el esfuerzo formador de los profesionales implicados en este trabajo.

BIBLIOGRAFÍA

Almond, L. (1983). Games making. *Bulletin of Physical Education*, *19*, 32-35.
Almond, L. (1986). Reflecting on themes: a games classification. En R. Thorpe, D. Bunker y L. Almond (Eds.), *Rethinking Games Teaching* (pp. 71-72). Loughborough: Loughborough University.
Arnold, P. J. (1985). Rational planning by objectives of the movement curriculum. *Physical Education Review*, *8*, 50-61.
Arnold, P. J. (1991). *Educación física, movimiento y currículum*. Morata. Madrid.
Bunker, D. y Thorpe, R. (1982) A model for the teaching of games in secondary schools. *Bulletin of Physical Education*, *18*, 5-8.
Chaves, R. (1968). *El juego en la educación física* (4ª ed.). Madrid: Doncel.
Coakley, J. (1990). *Sport in society. Issues and controversies* (4ª ed.). Boston: Times Mirror/Mosby College.
Denzin, N. K. (1978). *The Research Act: A Theoretical Introduction to Sociological Methods*. New York: McGraw-Hill.
Devís, J. (1992). Bases para una propuesta de cambio en la enseñanza de los juegos deportivos. En J. Devís y C. Peiró (Eds.) *Nuevas perspectivas curriculares en la educación física: la salud y los juegos modificados* (pp. 141-159). Barcelona: Inde.
Elliott, J.(1990). *La investigación acción en educación*. Madrid: Morata.
Ellis, M. (1983). Similarities and differences in games: a system for classification. En *Congreso Mundial A.I.E.S.E.P.* Roma: CONI.
Ellis, M. (1986) Modification of games. En R. Thorpe, D. Bunker y L. Almond (Eds.), *Rethinking Games Teaching* (pp.75-77). Loughborough: Loughborough University.
Fraile, A. (1995). *El maestro de educación física y su campo profesional*. Salamanca: Amarú.
Gimeno, J. (1984). Prólogo. En L. Stenhouse (Ed.), *Investigación y desarrollo del currículum* (pp. 9-24). Madrid: Morata.
Goetz, J. P. y LeCompte, M. D. (1988). *Etnografía y diseño cualitativo en investigación educativa*. Madrid: Morata.
Griffin, P. (1989). Assessment of equitable instructional practices in the gym. *CAHPER Journal*, *55*, 19-22.
Guba, E. G. (1985). Criterios de credibilidad en la investigación naturalista. En J. Gimeno y A. Pérez (Comps.), *La enseñanza: su teoría y su práctica* (2ª ed.) (pp. 148-165). Madrid: Akal.
Guba, E. G. y Lincoln, Y. (1981). *Effective Evaluation*. San Francisco: Jossey Bass.
Hargreaves, J. (1977). Sport and physical education: autonomy or domination. *Bulletin of Physical Education*, *13*(1), 19-28.
Kamii, C. (1988). La cuestión de la competición. En C. Kamii y R. DeVries (Comps.), *Juegos colectivos en la primera enseñanza* (pp. 243-255). Visor: Madrid.

Kirk, D. (1983). Theoretical guidelines for "Teaching for Understanding". *Bulletin of Physical Education, 19*, 41-45.

Krueger, R. A. (1991). *El grupo de discusión. Guía práctica para la investigación aplicada*. Madrid: Pirámide.

Lincoln, Y. y Guba, E.G. (1985). *Naturalistic Inquiry*. London: Sage.

McKinney, E. D. (1977)....But can game skills be taught. *Journal of Physical Education and Recreation, 48*(7), 18-20.

Merriam, S. B. (1988). Doing case study research in education. En J.P. Goetz y J. Allen (Eds.), *Qualitative Research in Education: Substance, Methods, Experience* (pp. 84-90). Athens: The University of Georgia.

Morgan, D.L. (1988). *Focus Groups as Qualitative Research*. London: Sage.

Newell, K.M. (1978). Some issues on action plans. En G.E. Stelmach (Ed.), *Information processing in motor control and learning* (pp. 41-54). New York: Academic Press.

Pigott, R.E. (1982). A psychological basis for new trends in games teaching. *Bulletin of Physical Education, 18*(1), 17-22.

Read, B. (1988). Practical knowledge and the teaching of games. En Varios (Eds.), *Essays in Physical Education, Recreation Management and Sports Science* (pp. 111-122). Loughborough: Loughborough University Press.

Ruiz, L.M. (1993). El modelo de aprendizaje motor y la enseñanza de los juegos deportivos en la E.S.O. En V. Martínez y R. Velázquez (Comps.), *Actualizaciones en educación física- 1993* (pp. 7-18). Madrid: CEP Madrid.

Santos, M.A. (1990). *Hacer visible lo cotidiano. Teoría y práctica de la evaluación cualitativa de los centros escolares*. Madrid: Akal.

Scraton, S. (1990). *Gender and Physical Education*. Victoria: Deakin University Press.

Singer, R.N. (1986). *El Aprendizaje de la Acciones Motrices en el Deporte*. Barcelona: Hispano Europea.

Smyth, J. (1984). *Clinical Supervision: Collaborative Learning About Teaching*. Victoria: Deakin University Press.

Smyth, J. (1985). Developing a critical practice of clinical supervision. *Journal of Curriculum Studies, 17*(1) 1-15.

Stenhouse, L. (1984). *Investigación y desarrollo del curriculum*. Madrid: Morata.

Stenhouse, L. (1988). Case Study Methods. En J.P. Keeves (Ed.), *Educational Research, Methodology, and Measurement: An International Handbook* (pp. 49-53). Nueva York: Pergamon Press,.

Taylor, S.J. y Bogdan, R. (1986). *Introducción a los métodos cualitativos de investigación*. Barcelona: Paidós.

Thomas, S. (1991). Equality in Physical Education: A Consideration of Key Issues, Concepts, and Strategies. En N. Armstrong y A. Sparkes (Eds.), *Issues in Physical Education* (pp.56-73). London: Cassell.

Thorpe, R. y Bunker, D. (1989). A changing focus in games teaching. En L. Almond (Ed.), *The Place of Physical Education in Schools* (pp. 42-71). London: Kogan Page.

Thorpe, R., Bunker, D. y Almond, L. (1986). A change in focus for teaching of games. En M. Piéron y G. Graham (Eds.), *Sport Pedagogy* (pp.163-169). Champaign: Human kinetics.

Tinning, R. (1992). *Educación física: la escuela y sus profesores*. Valencia: Universitat de Valencia.

Tinning, R., Kirk, D. y Evans, J. (1993). *Learning to teach physical education*. Sydney: Prentice Hall.

Yin, R. K. (1984). *Case Study Research: Design and Methods*. London: Sage.

Yin, R. K. (1994). *Case Study Research: Design and Methods* (2ª ed.). London: Sage.

CAPÍTULO X

TRATAMIENTO DEL DEPORTE DENTRO DEL ÁREA DE EDUCACIÓN FÍSICA DURANTE LA ETAPA DE EDUCACIÓN SECUNDARIA OBLIGATORIA[9]

José Robles Rodríguez

INTRODUCCIÓN

Nos encontramos ante una sociedad que en la última década ha sufrido grandes cambios, innovaciones tecnológicas, transformaciones políticas, nuevo estilo de vida, etc. Ante tanta variación, el ser humano debe adaptarse a las nuevas situaciones. La educación como servicio público, no está exenta de estos cambios debiendo ser pionera en este sentido. Delors (1996, p. 18), considera que "la educación tiene que adaptarse en todo momento a los cambios de la sociedad, sin dejar de transmitir por ello el saber adquirido, los principios y los frutos de la experiencia". En ese mismo sentido, McCulloch (2007) afirma que la educación ha ido cambiando a lo largo de los años con el fin de cambiar y adaptar el conocimiento de forma adecuada a los objetivos que en la sociedad permanecen. Este nuevo estilo de vida se ve reflejado en el adolescente. Durante los últimos años la actividad físico-deportiva en los jóvenes ha descendido de forma considerable, como lo demuestran estudios recientes en donde se observa que un elevado porcentaje de la población en edad escolar es muy poco activa, respecto a la práctica deportiva (Chillón Garzón, 2005; De Hoyo Lora y Sañudo Corrales, 2007).

La adolescencia es una etapa crítica en el desarrollo posterior de la persona, no sólo a nivel físico, sino también a nivel psicológico. Lo que hagamos durante esta etapa se verá reflejado más tarde, de ahí la importancia de mantener buenos hábitos durante este periodo de la vida. En este sentido, cabe resaltar el estudio de Castillo Viera (2006) sobre la población universitaria onubense, en donde se observa que sólo el 23.8% de los jóvenes practican actividad física de manera habitual.

Esta inactividad por parte de los jóvenes, en ocasiones, va emparejada con la falta de motivación. Según indica Cervelló Gimeno (1996), abandono y motivación son dos conceptos estrechamente ligados, ya que el primero es a menudo consecuencia de la falta del segundo. En este sentido, Iso-Ahola y St.Clair (2000) afirman que la motivación es un elemento clave para lograr el compromiso y la adherencia al deporte.

Son muchos los casos en el que el único contacto con la práctica físico-deportiva, por parte de los alumnos/as, se lleva a cabo durante el horario lectivo, es por lo que el docente de Educación Física (EF) pasa a ser uno de los principales responsables, debien-

---

[9] Robles Rodríguez, J. (2008). Tratamiento del deporte dentro del Área de Educación Física durante la etapa de E.S.O. Directores: Francisco Javier Giménez Fuentes-Guerra y José Mª Rodríguez López. Departamento de Expresión Musical, Plástica, Corporal y sus Didácticas. Universidad de Huelva.

do transmitir estímulos positivos hacia la práctica de la misma. Estudios recientes afirman que los docentes de EF son considerados como condicionantes prioritarios del ocio físico-deportivo de los adolescentes (Ramos Echazarreta, Valdemoros San Emeterio, Sanz Arazuri y Ponce De León Elizondo, 2007).

Por otra parte, la ley que regula la asignatura de EF en Educación Secundaria Obligatoria (ESO), plantea el desarrollo de varios bloques de contenidos. Uno de estos bloques es el de juegos y deportes, generalmente, éste es el más solicitado por los alumnos/as, concretamente los deportes de equipo (Hill y Cleven, 2006; Greenwood y Stillwell, 2001). Además, ciertos estudios demuestran que los docentes otorgan una mayor carga lectiva a estos contenidos a lo largo de la etapa (Díaz Lucea, 2001; Matanin y Collier, 2003; Napper-Owen, Kovar, Ermler, y Mehrhof, 1999; Salinas Martínez y Viciana Ramírez, 2006; Viciana Ramírez, Salinas Martínez y Cocca, 2007). Es por ello por lo que consideramos que todo estudio que contribuya a mejorar la formación del docente en relación a la aplicación de los deportes en el aula, va a beneficiar en cierta medida a una mejor calidad de vida del alumnado durante las posteriores etapas de la misma.

Actualmente, no todos los docentes que imparten clases de EF en Secundaria han recibido una formación adecuada para asumir dicha responsabilidad. Las plazas de EF, hoy día, están ocupadas no sólo por Licenciados y Diplomados en EF, personal cualificado para esta labor, sino también por médicos, abogados y psicólogos, entre otros. Generalmente, este personal no cualificado trabaja el deporte, durante las clases de EF a través de un modelo de enseñanza tradicional, repercutiendo de este modo en la formación de nuestros alumnos/as. Por ello, creemos que es necesario conocer la realidad existente en el área de EF, especialmente en nuestro entorno, en la provincia de Huelva. El deporte como contenido de EF debe tener unas características específicas motivadas por las peculiaridades del contexto, por lo que con el presente estudio pretendemos conocer la realidad del tratamiento del deporte en las clases de EF durante la Etapa de Educación Secundaria Obligatoria en la Provincia de Huelva.

OBJETIVOS

A continuación se ponen los objetivos que se han planteado para la investigación de la presente tesis doctoral.

Establecer el perfil del profesorado de EF de Educación Secundaria de la Provincia de Huelva.

Analizar la formación inicial y continua de los profesores de EF de ESO, y expresamente, conocer el grado de satisfacción del profesorado por los conocimientos adquiridos durante la carrera en relación con los contenidos deportivos.

Analizar las opiniones de los docentes respecto a la presencia de una metodología propia de la etapa de la iniciación deportiva a lo largo de la ESO al desarrollar los contenidos deportivos en las clases de EF.

Descripción y análisis de los principales elementos del currículum en relación a la aplicación de los contenidos deportivos durante las clases de EF. En particular los siguientes aspectos: (a) describir y analizar cómo es la programación de los contenidos deportivos durante las clases de EF a lo largo de la Secundaria; (b) describir y analizar los objetivos que persiguen los docentes con la aplicación de los contenidos deportivos; (c) describir y analizar la metodología de enseñanza aplicada durante el desarrollo de los contenidos deportivos; y (d) describir y analizar cómo se evalúa el proceso de enseñanza-aprendizaje de los contenidos deportivos.

Identificar cuáles son los motivos por los que los docentes imparten determinados contenidos deportivos en las clases de EF.

Plantear unas orientaciones relacionadas con la puesta en práctica de los contenidos deportivos a lo largo de ESO.

METODOLOGÍA

El presente trabajo se caracteriza por ser un estudio social, transversal y mixto. A lo largo del mismo podemos diferenciar dos etapas, cada una de ellas correspondiente a la aplicación de un instrumento, uno cuantitativo (cuestionario) y otro cualitativo (entrevista). A continuación nos centramos en el diseño metodológico llevado a cabo para la elaboración de cada uno de los instrumentos.

La investigación se centra en los profesores de Educación Secundaria Obligatoria que imparten clases de EF en la Provincia de Huelva. La población objeto de estudio está constituida por 77 docentes.

El cuestionario

Con el fin de conocer el número de profesores que se debía encuestar para que el estudio fuese válido, se utilizó el programa informático STAT^{TM}, propuesto por Hernández Sampieri, Fernández Collado y Baptista Lucio (1991). Una vez obtenido el número total de docentes y realizados los cálculos oportunos, se puede afirmar que con un nivel de confianza del 95% y un error máximo del 5% la muestra seleccionada es de 63 profesores.

Debido a que no todos los docentes presentan la titulación específica de EF, presentamos una tabla en la que se detalla el número y titulaciones de los docentes encuestados:

Titulación	Nº
Licenciado en EF	44
Diplomado en E. F. y Licenciado en Psicopedagogía	8
Otras titulaciones	11
Total	63

Tabla 1. Número de profesores encuestado por titulación.

Para la recogida de los datos se ha elaborado un cuestionario con el que se ha pretendido conocer cómo es el tratamiento que los docentes dan a los contenidos deportivos durante la etapa de Secundaria. El cuestionario está formado por siete dimensiones: datos sociodemográficos, formación inicial y permanente, iniciación deportiva, contenidos, objetivos, metodología y evaluación.

El cuestionario compuesto por 62 ítems, está formado fundamentalmente por preguntas actitudinales, utilizando diferentes escalas de Likert. Algunos de los ítems se ha utilizado la escala Likert con tres posiciones, siendo 3 el más valorado y 1 el que menos. Esto sucede en aquellas preguntas en donde los docentes debían valorar en orden de importancia las tres posibilidades expuestas, con el fin de poder compararlas entre sí. Por otro lado, se ha utilizado la escala Likert con cinco posiciones, siendo 5 el más valorado y 1 el que menos. Finalmente, también hemos utilizado escalas en donde se pretendía conocer el grado de acuerdo o desacuerdo del encuestado con respecto a cada una de las cuestiones.

Fiabilidad y validez de la escala de medida. Para validar el cuestionario éste ha pasado por una serie de fases, siguiendo lo establecido por autores como Goode y Hatt (1998). Primero, pasó por la revisión de un comité de jueces-expertos, quienes valoraron positivamente la relación entre los ítems y el contenido que se pretendía evaluar, sin embargo fue necesario la eliminación o modificación de algunos ítems. Los expertos seleccionados fueron cuatro profesores titulares de universidad con amplia experiencia tanto en el ámbito docente, como en los procesos de investigación. Posteriormente, se presentó y aplicó a quince docentes que impartían EF en Secundaria, con distintos perfiles a modo de estudio piloto. Este grupo de profesores ejercían su labor educativa en una provincia anexa a Huelva, por lo que los sujetos que participaron en dicho estudio piloto no formaron parte de la muestra definitiva de la investigación. Con ello se ha pretendido asegurar la validez de contenido de dicho instrumento. Además, una vez recogidos los cuestionarios e introducidos los datos en el programa informático (SPSS 13.0), se realizó el análisis de fiabilidad del mismo utilizando el alfa de Cronbach.

Tras el análisis realizado obtenemos resultados satisfactorios en cuanto al alfa de Cronbach en las dimensiones contenido (.611), metodología (.933), y objetivos (.6). Por lo que respecta al resto de las dimensiones, la de formación inicial y permanente, iniciación deportiva y la evaluación, los datos obtenidos están por debajo de .5, niveles de fiabilidad poco aceptables, debido fundamentalmente al reducido número de ítems que forman las distintas dimensiones, sin embargo, no se ha considerado oportuno incluir ningún ítem más ya que se ha priorizado la validación de contenidos realizada por los expertos.

Análisis estadístico. Para la obtención de los resultados han sido realizados estadísticos descriptivos de cada uno de los ítems con la finalidad de describir la distribución de los datos. Además se ha realizado un análisis de independencia entre variables mediante las pruebas del Chi-cuadrado de Pearson (χ^2), donde las variables independientes son: el género, la titulación académica del profesor, los años de experiencia en educación y la experiencia como entrenador.

La entrevista

A partir de los datos socio-demográficos obtenidos, se establecieron 10 perfiles distintos, que corresponden a los 10 docentes entrevistados, los cuales son identificados con un seudónimo para asegurar el principio de confidencialidad. La elección de los informantes claves responde a una estrategia de selección intencionada, es decir, no se realiza al azar, sino que se selecciona según el grado de ajuste a los criterios establecidos por el investigador (Rodríguez Gómez, Gil Flores y García Jiménez, 1996). Los criterios de selección que se han tenido en cuenta son: el género, la titulación académica que posee, la situación laboral en el centro educativo y los años de experiencia como profesor de EF. A continuación (Tabla 2) se muestra el perfil de los docentes entrevistados.

Seudónimo	Género	Titulación	Cargo profesional	Años de docencia
Francis	Hombre	Licenciado EF	Funcionario	Más de 15 años
Diego	Hombre	Lcdo. Psicopedagogía	Interino	Entre 6/14 años
Pablo	Hombre	Licenciado EF	Interino	Entre 0/5 años
Miguel	Hombre	Licenciado EF	Interino	Entre 0/5 años
Ana	Mujer	Licenciado EF	Funcionario	Entre 0/5 años
Manolo	Hombre	Licenciado EF	Funcionario	Entre 6/14 años
María	Mujer	Diplomada en EGB	Interino	Más de 15 años
Uribe	Hombre	Otra Licenciatura	Funcionario	Entre 6/14 años
Luisa	Mujer	Licenciado EF	Funcionario	Más de 15 años
Oscar	Hombre	Licenciado EF	Funcionario	Entre 0/5 años

Tabla 2. Perfiles de los docentes entrevistados

Para la recogida de los datos se elaboró una entrevista. Para la elaboración de las distintas dimensiones se tomó como referencia las dimensiones realizadas anteriormente en el cuestionario, con el objetivo de ampliar la información que consideramos más interesante y, de ese modo, poder comparar los resultados obtenidos con ambos instrumentos. Siguiendo las recomendaciones de autores como Flick (2004) y McKernan (1996), entre otros, se confeccionó una entrevista semiestructurada.

Fiabilidad y validez. La entrevista se elaboró pasando por diferentes fases. Como se indicó anteriormente, teniendo en cuenta las dimensiones del cuestionario del estudio se elaboraron las posibles preguntas. Dos expertos en metodología cualitativa revisaron y corrigieron la entrevista antes de ser aplicada. Seguidamente, se entrevistó a cuatro profesores de EF, con el objetivo de ponerla en práctica a modo de prueba piloto y poder establecer la entrevista definitiva. Las entrevistas se registraron con una grabadora digital (Sony ICP-P 28) y, fueron transcritas literalmente en el procesador de texto. Antes de iniciar el proceso de codificación, se realizaron distintas reuniones con el fin de obtener fiabilidad interna entre los codificadores, la cual se estimó por medio del llamado acuerdo interobservador (Thomas y Nelson, 2007). En la primera reunión se obtuvo un porcentaje del 82%, mientras que en la segunda un 87%, considerándose, pues, una fiabilidad óptima (Goetz y LeCompe, 1984). Además, para paliar los acuerdos obtenidos por el azar se calculó el Índice de Kappa (Cohen, 1960), utilizando el programa estadístico SPSS 13.0. El promedio obtenido entre los codificadores en las dos reuniones fue de .76, con un nivel de significación de $p<.001$, considerándose estos valores importantes según el rango propuesto por Landis y Koch (1977). Las entrevistas se codificaron mediante chequeos cruzados, ya que cada entrevista fue codificada por dos investigadores. Una vez transcritas éstas, se analizaron con la ayuda del programa informático AQUAD 5.8.

RESULTADOS: ANÁLISIS Y DISCUSIÓN

Datos socio-demográficos

A partir del análisis de los resultados obtenidos en la dimensión socio-demográfica se puede establecer el perfil del profesorado de EF. Se ha detectado que hay un predominio de hombres (85.7%) sobre las mujeres (14.3%). En cuanto a la edad, encontramos que el 32.3% tiene entre 21/30 años, el 38.7% entre 31/40 años, el 25.8% entre 41/50 años, y sólo el 3.2% posee 51 o más años. Por lo que se puede afirmar que la población es relativamente joven. Por otra parte, el 69.8% de los encuestados posee la Licenciatura de EF, el 13% es Diplomado en EF y el 17.5% de los docentes no posee estudios relacionados con la EF. En lo que respecta a la experiencia como profesores, el 36.5% lleva menos de 5 años impartiendo clases, el 41.3% entre 6 y 14 años y, el 22.2% más de 15 años. Por otro lado, el 72.6%, posee alguna titulación deportiva, y el 65.1% ha trabajado como monitor/entrenador en escuelas deportivas fuera del ámbito educativo.

Dimensión formación inicial y permanente

En este apartado analizaremos el grado de satisfacción de los docentes que imparten EF en Secundaria, respecto a la formación inicial recibida y el modo en el que continúan con su formación, de cara a la aplicación de los contenidos deportivos en el aula.

Satisfacción con los conocimientos adquiridos durante la carrera. En cuanto a la satisfacción con los estudios adquirido en la carrera, detectamos que en los cuestionarios el 40.4% de los docentes consideran no estar planamente satisfecho con los conocimientos adquiridos. Sin embargo, en las entrevistas sólo Ana y Manolo, ambos licenciados en EF, pronuncian su descontento con la formación recibida. Ana considera que no posee conocimientos para impartir determinados deportes, concretamente los de lucha, mientras que a Manolo le preocupa la poca formación recibida en relación a la iniciación deportiva.

Formación permanente. En cuanto al modo en el que los docentes continúan su formación en relación a los contenidos deportivos, nos encontramos según los datos obtenidos en los cuestionarios que, los intercambios de experiencias y opiniones con otros compañeros es el más valorado. En este sentido, Francis, Diego, Luisa y Oscar resaltan que, el modo más eficazmente para continuar con su formación continua son los intercambios de opiniones y las charlas con otros compañeros (Viciana Ramírez, 1998).

Otro instrumento que también adquiere bastante importancia en los docentes son las lecturas de revistas y libros especializados, aspectos que también se observa en cinco de los diez entrevistados. En cuanto a la asistencia a cursos, jornadas y seminario, los profesores de EF otorgan menor importancia a la asistencia a cursos como medio que contribuya a su formación.

Dimensión iniciación deportiva

En esta dimensión tratamos de averiguar qué opinan los docentes sobre la aplicación de los contenidos deportivos en la etapa de Secundaria teniendo en cuenta los principios metodológicos de la iniciación deportiva. Además, profundizamos en la concepción que tienen de la misma y su importancia dentro de las clases de EF durante la ESO.

El periodo comprendido entre los 12-16 años es una etapa óptima para llevar a cabo la iniciación deportiva. Según los cuestionarios, se observa que el 65.9% de los profesores considera el periodo comprendido entre los 12-16 años como una etapa idónea para trabajar el deporte teniendo en cuenta los principios de la iniciación deportiva. En las entrevistas encontramos que cuatro de los docentes, Diego, Uribe, Miguel y Pablo se inclinan hacia esta afirmación debida fundamentalmente a las características del contexto en el que nos encontramos. Apoyándonos en Blázquez Sánchez (1995), la toma de contacto con las prácticas deportivas, lo que el autor denomina iniciación deportiva generalizada, debería coincidir con el periodo comprendido entre los 9-10 años y los 13-14 años, periodo que engloba tanto el tercer ciclo de Primaria como el primer ciclo de la Educación Secundaria.

¿Se debe comenzar a trabajar la iniciación deportiva en el tercer ciclo de Primaria? Aunque la mayoría de los docentes piensan que, teniendo en cuenta la realidad del contexto educativo, la iniciación deportiva tiene mucha cabida dentro del área de EF a la hora de impartir los contenidos deportivos, según se desprende en los cuestionarios, el 78% de los profesores consideran que la iniciación deportiva debe comenzar antes de que el alumno/a entre en la etapa de Secundaria, es decir en el tercer ciclo de Primaria. Del mismo modo, según los resultados de las entrevistas, la mitad de los profesores de EF, Ana, Manolo, María, Luisa y Oscar, consideran que los alumnos/as al llegar a la etapa de Secundaria vienen con muy pocas experiencias previas en el ámbito deportivo, por lo que señalan que este trabajo debe iniciarse en Primaria. En este sentido, Blázquez Sánchez y Batalla Flores (1995), observando las dificultades que hay a la hora de unificar un criterio en cuanto a la edad de iniciación de esta etapa, establecen una media en función de las propuestas de diferentes autores, concretando que la edad ideal para que el sujeto tome contacto con la iniciación deportiva debe oscilar entre los 9 y 11 años, edad en la que los alumnos/as están en el tercer ciclo de Primaria.

La iniciación deportiva es un periodo en el que el sujeto toma contacto con la actividad físico-deportiva. En referencia al concepto de iniciación deportiva como periodo de toma de contacto con la actividad deportiva, en los cuestionarios se observa que el 72.2% de los docentes están de acuerdo con esta afirmación. Por otro lado, en las entrevistas también se hace eco de esta idea aunque en valores más inferiores, ya que sólo Pablo, Luisa y Oscar hacen referencia a que la iniciación deportiva es la toma de contacto con uno o varios deportes. En este sentido, son muchos los autores que al definir el concepto de iniciación deportiva consideran ésta como la toma de contacto con el deporte (Blázquez Sánchez, 1986, 1995; Hernández Moreno, 1988).

La iniciación deportiva es el proceso de enseñanza-aprendizaje, que engloba desde la toma de contacto hasta que el sujeto es capaz de jugarlo adecuadamente. En cuanto a los datos obtenidos en este ítem se observa que son similares al anterior, ya que el 67.8% de los encuestados están de acuerdo o totalmente de acuerdo con dicha afirmación. En este sentido, en las entrevistas esta concepción de la iniciación deportiva sólo se refleja en un pequeño sector de los docentes, Diego, Miguel y Ana.

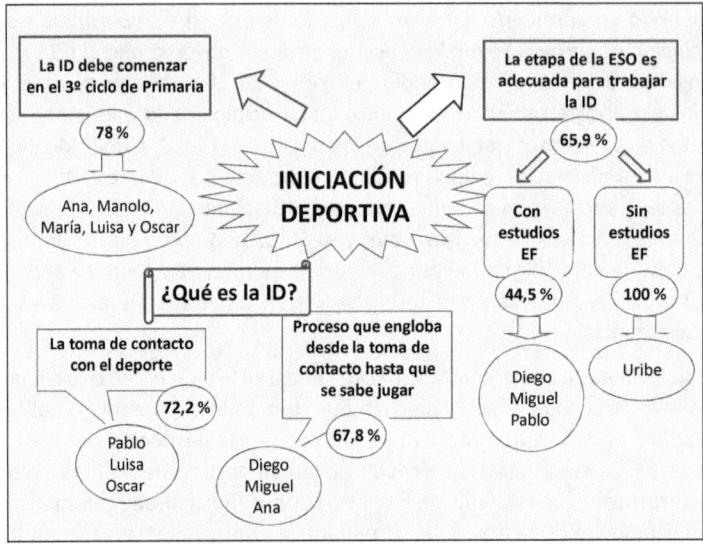

Figura 1. Dimensión iniciación deportiva

Dimensión contenidos

En la siguiente dimensión se analiza el qué, cómo y cuándo trabajan los docentes los contenidos deportivos durante la etapa de la ESO.

Programación de los contenidos deportivos. La elección de los contenidos deportivos por parte del profesorado va a depender de numerosos factores. La mayoría de los docentes eligen los deportes según las instalaciones que posee el centro (87.8%). Según los datos obtenidos podemos deducir que son los deportes tradicionales y colectivos los más practicados en la clases de EF, ya que la mayoría de los centros educativos están dotados de las instalaciones propias para la práctica de los mismos (Castejón Oliva, 2004; Robles Rodríguez, Giménez Fuentes-Guerra y Abad Robles, 2010). También destaca el alto porcentaje de profesores que imparten en sus clases los deportes según el material del que disponen en el centro (83.2%) (Viciana Ramírez y Requena Sánchez, 2002). En el caso de las entrevistas también se observa que todos los docentes hacen hincapié en este dato, considerando el material y las instalaciones como el principal aspecto que tienen en cuanta a la hora de programar los contenidos deportes.

En lo que respecta a la demanda e interés del alumnado, es decir, si el profesor tiene en cuenta las preferencias deportivas de los alumnos, se aprecia que sólo por el 47.5% del profesorado dice tener en cuenta este aspecto, mientras que en el caso de las entrevista, tres son los docentes que lo señalan, Pablo, Ana, y Uribe. Ampliando estos datos, se puede concretar que los profesores con estudios de EF dicen que están de acuerdo con seleccionar los deportes que demandan los alumnos sólo en un 38.3%, mientras que los docentes sin estudios específicos dicen que sí suelen tener presente este factor en un porcentaje mucho mayor (83.3%), por lo que encontramos diferencias estadísticamente significativas (χ^2 0.025). Estos datos se diferencian de los obtenidos por Salinas Martínez, Miranda León y Viciana Ramírez (2006), donde el 74% de los docentes en formación inicial dice adecuar sus planificaciones teniendo en cuenta los intereses de sus alumnos/as. Según las investigaciones de Hill y Cleven (2006) y de Greenwood y Stillwell (2001), los contenidos deportivos tienen un gran peso dentro del alumnado siendo los deportes escogidos por los alumnos/as aquéllos propios de esa zona geográfica.

En cuanto a la elección de los contenidos deportivos en función de la motivación que estos despiertan en el alumnado por ser novedosos y motivadores, se observa que el 65.1% del profesorado dice tenerlo en cuenta. Estudios realizados por Sáenz-López Buñuel, Ibáñez Godoy y Giménez Fuentes-Guerra (1999), afirman que una de las mayores preocupaciones que tienen los docentes es conseguir una motivación adecuada de los alumnos/as con el fin de evitar el fracaso de sus clases.

Aproximadamente la mitad de los docentes encuestados dice que suelen impartir los contenidos deportivos según el conocimiento y dominio que tengan de los diferentes deportes. En este sentido, el 54.2% así lo afirman. Manolo, que previamente deja constancia de que trabaja los contenidos deportivos porque así le obliga la ley, es el único que dice que a la hora de programarlos tiene en cuenta sus propios conocimientos e intereses sobre determinados deportes. Este aspecto hace que la mayoría de los alumnos/as se encuentra con un filtro, de censura previa, que le impiden acceder a ciertos conocimientos (Castejón Oliva, 2005).

Coincidiendo con el estudio realizado por Zabala Díaz, Viciana Ramírez y Lozano Moreno (2002), queremos resaltar positivamente el hecho de que gran parte del colectivo de EF selecciona los contenidos deportivos debido a la riqueza en el aprendizaje (61,9%,), en las entrevistas, ningún docente se inclina hacia esta postura.

Secuenciación de los contenidos deportivos. En el caso de las entrevistas, la mitad de los docentes o no contestan a la cuestión, o directamente afirman no secuenciar los contenidos teniendo en cuenta algún criterio en el que basarse. María y Luisa señalaron que trabajaban los deportes de un modo aleatorio, Diego y Pablo coincidieron en que durante el primer ciclo se debe trabajar una amplia gama de deportes, dejando para el segundo ciclo la profundización en algunos de ellos, aunque ninguno de los entrevistados concretó qué tipo de deportes trabajaba al principio de la etapa, ni qué deportes contempla conforme avanza.

En la misma línea, Kneer (1986) detectó que sólo un tercio del profesorado planificaba. Según Bracken (2003), esto conlleva a programaciones de poca calidad debido a que muchos de los objetivos pueden quedarse en el aire. Por otra parte los datos obtenidos en los cuestionarios no revelen que en el primer ciclo se trabaje un mayor número de deportes y que en el segundo ciclo se profundicen en algunos de ellos.

¿A qué deportes se le dedica más tiempo? Tanto en las entrevistas como en los cuestionarios se detecta que los deportes más practicados en las clases de EF son los deportes de equipo, seguidos de los deportes individuales y, finalmente, de los deportes de adversario, estos datos coinciden con los obtenidos en otras investigaciones (Matanin y Collier, 2003; Napper-Owen et al., 1999; Robles Rodríguez, 2008; Zabala Díaz, Viciana Ramírez, y Lozano Moreno, 2002). Concretando en las modalidades deportivas más practicadas podemos, decir que son el voleibol, baloncesto, balonmano y fútbol. Datos semejantes se encuentran en las investigaciones realizadas por Ureña Ortín, Alarcón López y Ureña Villanueva (2009 Zabala Díaz, Viciana Ramírez, y Lozano Moreno (2002). Sin embargo, no ocurre lo mismo en el estudio realizado por Salinas Martínez y Viciana Ramírez (2006), donde se observa que los deportes individuales cobraron mayor importancia.

Hay que resaltar que se han encontrado diferencias significativas en relación con el género, ya que ningún hombre dice valorar más los deportes individuales, frente al 33% de las mujeres encuestadas que afirman valorar más estos contenidos durante el segundo ciclo (χ^2 0.003). Por otro lado, los hombres dicen dedicar más tiempo a los deportes colectivos, así lo ratifica el 92.9%, mientras que las mujeres lo hacen en un 62.5% (χ^2 0.0017). Datos similares se reflejan en el estudio realizado por Piéron y Absil (citados por Piéron, 1999), donde se observó un desequilibrio a favor de la puesta en práctica de los deportes de equipo en el género masculino.

De manera general, la ausencia de los deportes individuales, en ocasiones, se debe, según señalan los entrevistados, a la falta de medios e instalaciones, a la poca motivación que éstos provocan en el alumnado, y al riesgo que entrañan. Sin embargo, según datos obtenidos por Pérez Turpin, Cortell Tormo, Suárez Llorca, Andreu Cabrera, Chinchilla Mira y Cejuela Anta (2008), la mayoría de las lesiones deportivas en edad escolar se dan en los deportes colectivos.

Prioridad que se le da a conceptos, procedimientos y actitudes. En lo referente a la prioridad que los profesores dan a conceptos, procedimientos y actitudes, observamos que un 44.1% de los profesores que contestan priorizan las actitudes sobre los procedimientos, dejando en último lugar los conceptos. Datos muy similares se exponen en las entrevistas en donde Pablo, Miguel, Manolo, María, y Oscar priorizan los procedimientos frente a las actitudes, mientras que Francis, Diego, Uribe, y Luisa priorizan las actitudes, seguidos de procedimientos. Podemos observar que, sea cual sea la inclinación de los docentes, todos afirman que la parte conceptual, sin menospreciarla, es la que tiene menos peso en nuestra área. Estos datos coinciden con las investigaciones realizadas por Burrows, Wright, y Junersen-Smith (2003) y Corbin (2002). Sin embargo, discrepan con los datos obtenidos en los estudio realizados por Viciana Ramírez, Salinas Martínez y Miranda León (2006); Zabala Díaz et al. (2002) y Manzano Moreno (2003), donde los profesores de EF priorizan los procedimientos sobre las actitudes y finalmente los conceptos.

Dimensión objetivos

En esta dimensión indagamos sobre los tipos de objetivos que intentan conseguir los docentes a la hora de plantear los contenidos deportivos en sus clases, además se analiza si se plantean los mismos objetivos para todos los alumnos/as del grupo-clase.

Objetivos relacionados con el fomento de valores y actitudes. Tras analizar los cuestionarios se detecta que los objetivos actitudinales son los que adquieren mayor valor dentro del colectivo de EF en Secundaria, ya que según la escala propuesta en el cuestionario en donde se puntúa de 1 a 4, estos obtienen una puntuación valorada en 3,54.

Según los datos obtenidos en las entrevistas, dentro de los principales objetivos relacionados con la adquisición de valores y actitudes encontramos, por una parte, que casi la mitad de los entrevistados, Diego, Ana, María y Uribe, se interesó por el fomento de valores socio-afectivos, ya que hacen referencia directamente al desarrollo de los objetivos en relación a la promoción de valores; por otra parte, dos profesores destacaron el hecho de inculcar hábitos de práctica deportiva para contribuir a la salud del alumnado. En este sentido, un entrevistado manifestó cierta preocupación por el alto porcentaje de sedentarismo que presenta gran parte de los adolescentes en la actualidad.

Al respecto, Sáenz-López Buñuel, Sicilia Camacho y Manzano Moreno (2010), señalaron en su investigación que los objetivos más valorados por los docentes son los relacionados con el desarrollo de las relaciones socio afectivas. En este sentido, Mohr, Townsend, Pritchard (2006) manifestaron que la etapa de Educación Obligatoria es un periodo importante en relación con la promoción de valores, creencias y actitudes. Además, los profesores consideraron que la propia práctica contribuye positivamente al desarrollo saludable del sujeto, cuestión comentada por Meek y Curtner-Smith (2004). Hemos de resaltar que los profesores que cuentan con más de quince años en la educación, son los que menos importancia dan a la asimilación de este tipo de contenidos encontrando diferencias significativas respecto al resto de los docentes (χ^2 0.003).

Objetivos procedimentales. En los datos obtenidos en los cuestionarios, se observa como los objetivos procedimentales obtienen gran importancia dentro del colectivo, ya que, según la escala propuesta en el cuestionario en donde se puntúa de 1 a 4, estos obtienen una puntuación valorada en 3.32. En la investigación realizada por Alshammari (2004), sobre la percepción de los docentes de Kuwait, en cuanto a la importancia de los objetivos, se detecta que los profesores dan prioridad a los objetivos procedimentales, seguido de los actitudinales y otorgan el menor valor a los conceptuales.

Del mismo modo, en las entrevistas se observa que este tipo de objetivos son planteados por la mayoría de los docentes, como por ejemplo Francis, Diego, Miguel, Manolo y Oscar, a quienes les preocupa que los aprendizajes deportivos tengan una utilidad en su vida cotidiana. Se observa la preocupación en parte del profesorado por el alto grado de sedentarismo existente en gran parte del alumnado de Secundaria, aspecto que se señala en multitud de estudios (por ejemplo, Nelson, Neumark-Stzainer, Hannan, Sirard y Story, 2006). Por este motivo la mayoría de los docentes plantearon, como principal objetivo, que sus alumnos sean capaces de practicar el deporte de manera básica, con el fin de poder ocupar su tiempo libre y de ocio (McCaughtry, Barnard, Martin, Shen y Hodges, 2006), y que asimilen los elementos técnico-tácticos para que disfruten con la práctica del mismo. Sanz Arazuri y Ponce de León Elizondo (2006) consideran que es conveniente que nuestros alumnos reciban desde los primeros años de edad una educación en y para el ocio físico-deportivo a lo largo de toda la vida, y que, al mismo tiempo, se fomenten y consoliden unos hábitos físico-deportivos. Sólo una de las entrevistadas afirmó que perseguía objetivos más relacionados con la asimilación de aspectos tácticos, como el comprender la lógica interna del juego y la asimilación del concepto de equipo.

Objetivos lúdicos o recreativos. En relación a la consecución de los objetivos relacionados con los aspectos lúdicos y recreativos, se observa que siguen teniendo importancia para el profesorado, ya que, se han valorado con una puntuación de 3.05, según la escala propuesta en los cuestionarios. Del mismo modo, solamente, Diego, Pablo, Manolo y María afirman que dentro de los objetivos que pretenden conseguir con sus alumnos/as está el que se diviertan mediante la realización de los distintos deportes propuestos en sus clases.

Por tanto, podemos afirmar que entre las principales preocupaciones del profesor aparece el hecho de que el alumno se sienta motivado en sus clases (Sáenz-López Buñuel et al., 1999). En investigaciones realizadas por Matanin y Collier (2003) y Viciana Ramírez et al. (2006), los docentes en formación inicial han priorizado en sus objetivos que sus alumnos se diviertan. En la misma línea, las investigaciones realizadas por Cothran y Ennis, (1998) y Garn y Donetta (2006) los objetivos lúdicos tienen bastante importancia dentro de las clases de EF, tanto para profesores como para alumnos/as.

Objetivos conceptuales. En cuanto a la pregunta que hace referencia a la asimilación de aspectos conceptuales, observamos cómo los docentes se muestran menos preocupados, ya que se observa en los cuestionarios que sólo el 6.8% de los docentes, dan prioridad a los aspectos conceptuales. Este dato es confirmado en las aportaciones de Miguel, Manolo y María, quienes recalcan que otorgan poca importancia a los aspectos conceptuales, tratando solamente ciertos aspectos muy básicos del reglamento deportivo. Las características y naturaleza de nuestra asignatura hacen que los aspectos conceptuales en la mayoría de las ocasiones pasen a un segundo plano. Estos datos coinciden con los resultados presentados en las investigaciones realizadas por Alshammari (2004), Burrows et al. (2003), Corbin (2002), Manzano Moreno (2003), Viciana Ramírez et al. (2006) y Zabalza et al. (2002).

Plantean los mismos objetivos para todos los alumnos/as. A la hora de responder sobre si se plantean los mismos objetivos a todos los alumnos/as del grupo, podemos decir que encontramos ciertas similitudes entre los datos obtenidos en ambos instrumentos. Por un lado, en los cuestionarios aparece que, el 78.1% dice que suele plantear los mismos objetivos para todo el grupo clase. Por otro lado, en las entrevistas se observa que todos los docentes comentan que a cada alumno/a se le exige en función de sus posibilidades, por lo que no plantean los mismos objetivos para todos.

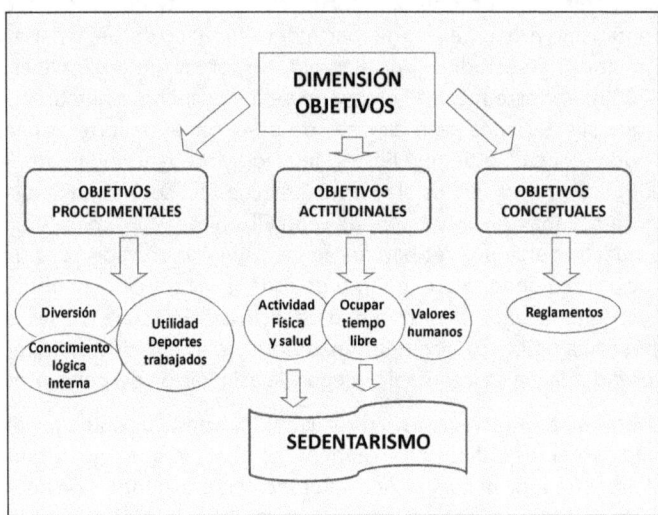

Figura 2. Dimensión objetivos

Dimensión metodología

En esta dimensión intentamos analizar todos los aspectos relacionados con la metodología que utilizan los docentes durante las clases de EF a la hora de plantear los contenidos deportivos. Para ello, nos centraremos en el análisis de los aspectos técnicos y tácticos, así como la utilización del juego y de la competición como medios de aprendizaje, incidiendo en la importancia que dan a cada uno y cómo lo llevan a la práctica para la mejora de los contenidos deportivos. Finalmente, nos centraremos en las preferencias metodológicas a la hora de impartir clase, así como la inclinación de éstas a la hora de desarrollar los distintos contenidos deportivos.

Importancia que se le da a los elementos técnicos. Primeramente, hemos de resaltar que los datos obtenidos en ambos instrumentos son algo diferentes, ya que, mientras que en los cuestionarios se observa que al preguntar por la importancia que se le concede a la técnica respecto a otros elementos del deporte, ésta adquiere un valor superior que la táctica. Sin embargo, estos datos no coinciden con los obtenidos en las entrevistas, en donde todos los profesores coinciden que no suelen dar importancia a los aspectos técnicos, fundamentalmente debido al poco tiempo que disponen en las clases de EF, cuestión planteada anteriormente por McCaughtry, Barnard, Martin, Shen y Kulinna. *(2006)* y Robles Rodríguez, Giménez Fuentes-Guerra y Abad Robles, (2011).

Sin embargo, hay que resaltar que conforme avanzamos en la etapa se observa un aumento en cuanto a la importancia que los docentes otorgan a la asimilación de los gestos técnicos al trabajar los contenidos deportivos, ya que, en el primer ciclo el 33.4% así lo afirma y, en el segundo ciclo el 49%.

Cómo trabaja los elementos técnicos en las clases de Educación Física. En lo que respecta al modo de trabajar la técnica, primeramente nos centraremos en analizar qué porcentaje de docentes afirman utilizar los métodos analíticos en situaciones aisladas para que sus alumnos/as asimilen los gestos deportivos. En este sentido, los datos obtenidos en ambos instrumentos son idénticos, ya que según los cuestionarios, tanto para el primer ciclo como para el segundo, el 50% de los profesores, opinan que para la mejora de los aspectos técnicos se deben utilizar situaciones aisladas. Datos que se confirmar en las respuestas obtenidas en las entrevistas, ya que cinco de los diez entrevistados, Francis, María, Uribe Miguel y Manolo, hacen alusiones directas.

En cuanto al hecho de plantear las actividades deportivas a través de los modelos ya establecidos para la mejora de la técnica, volvemos a encontrar ciertas similitudes según los resultados de ambos instrumentos, sobre todo en lo que respecta al primer ciclo. En los cuestionarios, el 28%, para el primer ciclo, y el 49% para el segundo ciclo, consideran que es necesario plantear actividades deportivas a través de modelos técnicos ya establecidos. Sin embargo, al analizar este ítem, teniendo en cuenta la experiencia de cada docente, se observa que para el primer ciclo, conforme aumenta el tiempo de experiencia en la educación, el porcentaje de profesores que está de acuerdo con esta afirmación va decreciendo. Estos datos son muy similares a los obtenidos en las entrevistas ya que esta idea es apoyada por Miguel, con menos de cinco años de experiencia, y Manolo con menos que catorce. Hay que decir que conforme aumenta los años de experiencia en la docencia parece ser que se le resta importancia al aprendizaje de los gestos técnicos mediante modelos estándares ya establecidos. Por lo que podemos afirmar que estas diferencias encontradas en este ítem son estadísticamente significativas (χ^2 0.05).

En ocasiones, muchos profesores consideran el asumir estas técnicas básicas como indispensables para la práctica del deporte en cuestión. Esta concepción plantea una visión del aprendizaje estática, sin preocuparse por el interés que pueda tener el alumno/a, ni sus capacidades para asimilar los ejercicios propuestos (Blázquez Sánchez, 1995). Según Cárdenas Vélez (2005), las estrategias de enseñanzas basadas en la reproducción de modelos cerrados de comportamiento, limitan el grado de libertad e inhiben el desarrollo de la creatividad del alumnado.

Por otro lado, al preguntar sobre el trabajo técnico desde un punto de vista más global, es decir, mediante situaciones de juego, observamos que los datos obtenidos en ambos instrumentos son bastante preocupantes, ya que según los cuestionarios sólo el 32,8% para primer ciclo, y el 48% para el segundo, están de acuerdo con trabajar los gestos técnicos mediante situaciones similares al juego real. Estos datos tan pobres también se ven reflejados en las entrevistas, ya que sólo dos de los entrevistados hacen alusión a este aspecto, concretamente Diego y Miguel, quienes comentan que no trabajan los gestos técnicos de forma aislada, a través de ejercicios analíticos, sino que lo hacen mediante situaciones globales lo más parecida al juego real.

Importancia que se le da a los elementos tácticos. En primer lugar llama la atención el que aproximadamente un tercio del profesorado afirma dar mayor importancia a los aspectos tácitos que a los técnicos, según los cuestionarios. En las entrevistas más de la mitad de los profesores, Francis, Diego, Miguel, Ana, Uribe y Luisa sostienen que suelen darle mayor importancia a la táctica, aunque recalcan que se trata de una táctica básica. En este sentido, numerosos estudios sobre los modelos de enseñanza en el ámbito del deporte escolar afirman que hay que desarrollar en los alumnos/as una conciencia táctica y la toma de decisiones, anticipándose siempre a los factores de ejecución técnica; es decir, la técnica se debe presentar subordinada a la táctica (Bunker y Thorpe, 1982; Griffin, 1996; Holt, Stream y Garcia-Bengoechea, 2002; Mitchel, Oslin y Griffin, 2006; Thorpe y Bunker, 1983).

Cómo trabaja los elementos tácticos en las clases de Educación Física. Respecto a cómo trabajan los elementos tácticos los docentes al desarrollar los contenidos deportivos, podemos concretar que según los cuestionarios el 47.9%, en el primer ciclo, y el 30.8%, en el segundo ciclo, afirman trabajarlos mediante situaciones en forma de juego. Datos similares lo encontramos al analizar las entrevistas, donde sólo cuatro de los diez docentes realizan comentarios al respecto, como es el caso de Oscar, Pablo, Diego y Manolo, quienes señalan que suelen plantear situaciones jugadas en donde los alumnos/as tengan que decidir qué hacer, cuál es la mejor opción. Consideramos que los datos obtenidos en este ítem en ambos instrumentos resultan bastante pobres y preocupantes.

Los planteamientos metodológicos basadas en situaciones en forma de juego contribuye a la asimilación de los contenidos deportivos. Con esta herramienta podremos realizar adaptaciones metodológicas que favorecen el aprendizaje de los distintos elementos del deporte, aspecto que ya fue resaltado por Almond (1985), y Rink, French y Tjeerdsma (1996), entre otros. Sin embargo, se ha observado que más de la mitad del profesorado no suele utilizar las formas jugadas como una herramienta para la adquisición de los aspectos tácticos, es decir, mediante planteamientos con actividades similares al juego real.

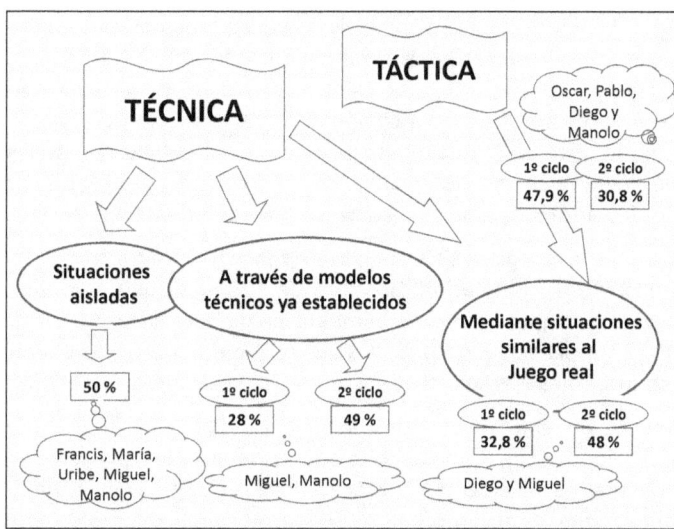

Figura 3. Cómo realizan los docentes el trabajo de los aspectos técnico-tácticos

Importancia y utilización de la competición como medio de aprendizaje para el desarrollo de los contenidos deportivos. Según las entrevistas no hay una postura unánime en cuenta a la utilización de la competición. Se contempló un grupo de docentes que se posiciona no muy a favor de la competición en el contexto educativo, aunque sólo Francis resaltó que no suele utilizarla debido a los conflictos que provoca entre los alumnos, y a la heterogeneidad que hay en el grupo. Más de acuerdo con la utilización de la competición, aunque se mostraron algo críticos con ésta, lo están tres docentes, quienes dijeron utilizarla principalmente por ser motivadora para el alumnado. En el lado opuesto nos encontramos a un grupo de profesores que están plenamente a favor de la competición como medio de aprendizaje. Cinco de los entrevistados, todos con poco tiempo de servicio, afirmaron utilizarla bastante en sus clases. Con esta utilización persiguen, principalmente, que los alumnos se diviertan, se motiven y, que asimilen mejor los elementos técnicos-tácticos trabajados en clase, en situaciones similares al juego real. Independientemente de la postura que se toma hacia el uso de las formas competitivas, todos los entrevistados, a excepción de uno, manifestaron utilizar la competición en situaciones de juego reducidas, mezclando los alumnos debido a la diferencia de niveles que hay en el grupo-clase.

Por otra parte, analizando los datos obtenidos en los cuestionarios se observa que durante el primer ciclo, aproximadamente la mitad de los docentes (52.9%) consideran que la competición es un instrumento útil para la adquisición de nuevos aspectos relacionados con la práctica deportiva. Sin embargo, en contraposición, se observa que el 47.1% de los profesores afirma no utilizarla como medio de aprendizaje para los contenidos deportivos. En el segundo ciclo, se detecta que la competición adquiere un matiz más importante durante las clases de EF, ya que en este caso el porcentaje de docentes que dice utilizarla como medio de aprendizaje asciende hasta un 72.6%.

La competición dentro del ámbito educativo siempre resulta un tema que suscita diálogos entre los docentes (Robles Rodríguez, Giménez Fuentes-Guerra y Abad Robles, 2011), y así lo demuestran los datos obtenidos en el análisis diferencial. Se han encontrado diferencias estadísticamente significativas cuando tenemos en cuenta el tiempo de servicio de los docentes. Hay gran discrepancia entre los que llevan poco tiempo en la educación y el resto de profesores. Los docentes con menos de cinco años de experiencia están más de acuerdo con utilizar la competición como medio de aprendizaje, con un 73.7%, de acuerdo, y un 5.3% totalmente de acuerdo. En el lado opuesto, están los docentes que llevan entre seis y catorce años, con 28.6%, de acuerdo, y los que llevan más de quince años impartiendo clase, con 44.6%, de acuerdo (χ^2 0.0041).

También hay diferencias significativas en función de la titulación. Se puede afirmar que los docentes con titulación específica de EF son los que, por lo general, están más de acuerdo con la aplicación de la competición durante sus clases. Siendo el 64.1% de los docentes con estudios específicos los que consideran adecuada utilizarla, mientras que el resto de los profesores sólo el 16.7% dice estar de acuerdo (χ^2 0.0033).

Finalmente, teniendo en cuenta la experiencia de los docentes como entrenadores de escuelas deportivas fuera del ámbito educativo, aquellos que han sido entrenadores se muestran más de acuerdo con la utilización de la competición, estando de acuerdo el 62.5%, y totalmente de acuerdo el 6.3%. Mientras que los docentes sin experiencias dentro del ámbito deportivo están de acuerdo sólo el 15.8%, y totalmente de acuerdo, en un 7.8% (χ^2 0.0005).

La competición dentro del ámbito educativo debe tener un tratamiento especial, debido a las características de los sujetos y del contexto en el que nos encontramos. Multitud de estudios afirman que ésta resulta indispensable durante el proceso de enseñanza del deporte tanto dentro como fuera de la escuela, ya que, con ella podremos ofrecer a nuestros alumnos una práctica deportiva variada, debido a la propia dinámica del juego, la relación con adversario y oponentes (Cárdenas Vélez, Ortega Martín, Ortega Toro y Ayala Mayol, 2004), a su alto componente motivacional (Pérez Turpin, 2002), y fundamentalmente porque es algo intrínseco a la misma práctica deportiva (Blázquez Sánchez, 1995; Giménez Fuentes-Guerra, 2003).

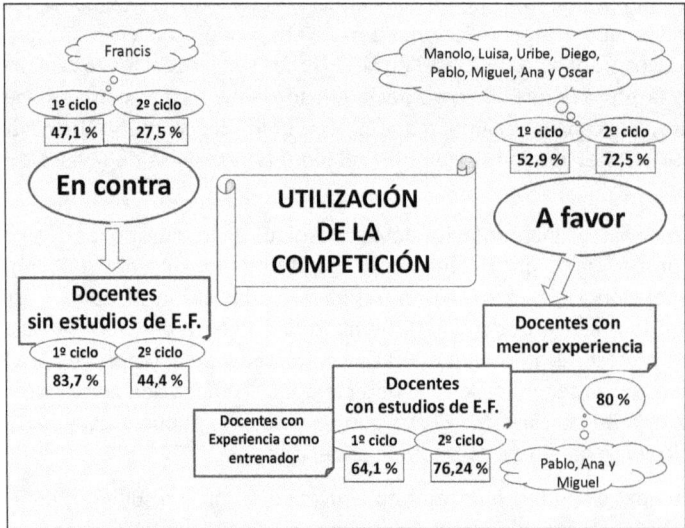

Figura 4. La competición como medio de aprendizaje para el desarrollo de los contenidos deportivos

Utilización de una metodología tradicional. En cuanto a los aspectos relacionados con la enseñanza tradicional, según se desprende en los datos obtenidos en los cuestionarios, observamos que los docentes afirman utilizar la estrategia mixta y la analítica fundamentalmente en el segundo ciclo de la ESO. Además, dentro de los estilos de enseñanza propios de EF, los profesores afirman utilizar para el desarrollo de los contenidos deportivos el mando directo modificado y la asignación de tareas.

En este mismo sentido, en el caso de las entrevistas, la mayoría de los docentes afirman utilizar aspectos característicos de la metodología tradicional, fundamentalmente relacionándola con la mejora de los aspectos técnicos. En el caso de Francis, María y Uribe, todos con bastantes años de experiencia, aseguraron que solían utilizar este tipo de metodología, en ocasiones, con el fin de que los alumnos/as asimilen mejor los gestos deportivos. Para ello, plantean actividades cuyo principal objetivo es aumentar el número de repeticiones de un gesto técnico. Sólo dos entrevistados afirmaron combinar ambos métodos de enseñanza, aunque yendo de la técnica a la táctica. Ambos expresaron que les resulta más fácil que sus alumnos aprendan los gestos técnicos mediante situaciones aisladas para, posteriormente, introducir los elementos tácticos.

Aunque el profesorado es cada vez más consciente de las deficiencias que presenta la enseñanza del deporte mediante la utilización de una metodología tradicional (Contreras Jordán, De La Torre Navarro y Velázquez Buendía, 2001), ésta sigue estando presente en las clases de EF, y así lo corroboran casi la mitad de los docentes entrevistados, quienes actúan bajo la búsqueda del resultado o del dominio de las habilidades por parte del alumno (Blázquez Sánchez, 1995). Llama la atención que todos los que muestran evidencias de la utilización de este tipo de metodología son profesores con bastantes años de experiencia en la educación.

Utilización de una metodología activa. En cuanto a los aspectos relacionados con la enseñanza activa, en los cuestionarios, observamos que los docentes utilizan más la estrategia en la práctica global a lo largo de toda la etapa, aunque señalan que suelen darle mayor importancia durante el primer ciclo de la ESO. En cuanto a los estilos de enseñanza más utilizados observamos que son el descubrimiento guiado y la resolución de problemas, se utilizan fundamentalmente para el desarrollo de los deportes de equipo.

En lo que respecta a los datos obtenidos en las entrevistas, al analizar este aspecto se observó que los docentes tenían claro que esta metodología es la más adecuada para el aprendizaje de deportes. Sin embargo, por las características del contexto, por la heterogeneidad del alumnado, etc., su utilización, en ocasiones, es escasa. No obstante, pocos docentes justificaron, a través de sus comentarios, la utilización de esta metodología para la adquisición de nuevos aprendizajes deportivos. En este sentido Diego, Miguel y Ana afirmaron utilizarla planteando juegos modificados o juego reducidos, con la idea de que los alumnos vayan asimilando los elementos técnico-tácticos.

Aunque todos los entrevistados tienen claro que la metodología activa es la más adecuada, menos de la mitad de los entrevistados justifica utilizarla. En este sentido, Sáenz-López Buñuel et al. (2010) en su investigación detentan que los métodos directivos son los más utilizados por el profesorado.

Dimensión evaluación

En esta dimensión lo que pretendemos es conocer cómo y cuándo evalúan los profesores de EF los contenidos deportivos que imparten durante sus clases. Para ello, analizaremos los instrumentos que utilizan los docentes, el momento en el que los aplican y la prioridad que conceden a cada ámbito de los contenidos a la hora de llevar a cabo la evaluación.

Instrumentos que se utiliza para evaluar los contenidos deportivos. En cuanto a los instrumentos utilizados por los docentes para evaluar los contenidos deportivos, se observan bastantes similitudes según los resultados de ambos instrumentos. Primeramente, hay que resaltar que la gran mayoría de los docentes utilizan más de un instrumento, siendo el más utilizado la observación sistemática (Sáenz-López Buñuel et al., 2010), ya que en los cuestionarios aparece que el 88.9% de los profesores recurren a este instrumento como para su evaluación, e igualmente todos los entrevistados así lo afirman también. El siguiente instrumento más utilizado según los cuestionarios son las pruebas de ejecución técnicas (test físico, pruebas de habilidades deportivas), con un 77.8%, sin embargo, sólo Miguel, María y Uribe comentan aplicarlos.

En cuanto a los exámenes teóricos, hay una mayor similitud en los datos de ambos instrumentos, ya que en los cuestionarios el 69.8% de los docentes lo señalan, al igual que lo hace Miguel, Ana, Manolo, María, Uribe y Oscar en sus entrevistas. Otro instrumento que hemos de resaltar es la presencia de los trabajos. Por un lado, en los cuestionarios el 38.1% de los profesores lo utilizan, dato que es confirmado solamente por Diego y Oscar en las entrevistas. Francis, Diego, y María, dicen utilizar también el cuaderno de los alumnos/as como uno de los instrumentos para su evaluación, sin embargo, según los cuestionarios, sólo el 6.3% de los encuestados dicen tenerlo en cuenta.

Momento en el que se lleva a cabo la evaluación de los contenidos deportivos. Atendiendo a los distintos momentos de la evaluación, primeramente nos centramos en los datos relacionados con la evaluación inicial. Según los datos obtenidos en los cuestionarios, sólo el 37.7% de los docentes afirman que realizan una evaluación inicial antes de comenzar una unidad didáctica relacionada con los contenidos deportivos, por otra parte otro sector del profesorado, concretamente el 42.6%, señala que la evaluación inicial sólo la realiza en ocasiones. Estos datos se reflejan en cierto modo en las entrevista, ya que tres de los docentes, Pablo, Miguel y Oscar afirman realizar evaluación inicial.

Respectos a los docentes que afirman realizar la evaluación durante el proceso de enseñanza-aprendizaje, es decir, durante la unidad didáctica, nos encontramos con que en los cuestionarios se refleja que el 72.6% de los docentes afirman realizarla. Sin embargo, este porcentaje disminuye según los datos de las entrevista ya que sólo cuatro de los docentes, Diego, Ana, Uribe y Oscar afirman que realizan evaluación continua y, principalmente lo hacen mediante la observación directa.

Finalmente, en referencia a la evaluación de los contenidos deportivos al finalizar cada unidad didáctica, nos encontramos con que en ambos instrumentos los resultados son similares ya que según los cuestionarios, el 62.9% de los docentes así lo reflejan, al igual que lo hacen seis de los diez entrevistados.

Importancia que los docentes dan a los distintos ámbitos de contenidos en la evaluación. Al analizar este ítem encontramos dos líneas de actuación. Hay docentes que priorizan los procedimientos, y otros que priorizan las actitudes, aunque sea cual sea su inclinación todos afirman que la parte conceptual, sin menospreciarla, es la que menor peso tiene en nuestra área. Por un lado, nos encontramos, según los datos obtenidos en las entrevistas, que Francis, Diego, Uribe, y Luisa priorizan las actitudes, seguidos de los procedimientos y finalmente los conceptos, en el caso de los cuestionarios esta postura es avalada por el 39.7% de los docentes para el primer ciclo y, el 33.3% para el segundo, datos que coinciden con los expuestos por Zabala Díaz et al. (2002) y Manzano Moreno (2003).

Por otro lado, Pablo, Miguel, Manolo, María, y Oscar priorizan los contenidos en el siguiente orden, primeramente procedimientos, seguidos de actitudes y finalmente los conceptos. En el caso de los cuestionarios esta postura es ratificada por el 38.1% de los docentes para el primer ciclo y, el 49.2%, para el segundo, lo cual coincide con los resultados encontrados por Burrows et al. (2002) y Corbin (2002).

Finalmente, el 22.2%, en el primer ciclo y el 17.5% en el segundo de los encuestados, dicen darles el mismo valor a los distintos ámbitos de contenidos, aspecto que también señala en cierto modo Ana, quien dice que todos los ámbito están interrelacionados entre sí y que cada uno influye sobre los otros.

CONCLUSIONES

Una vez llegado a este punto vamos a centrarnos en las conclusiones finales del estudio relacionándolas con los objetivos propuestos.

Establecer el perfil del profesorado de Educación Física de Educación Secundaria de la Provincia de Huelva. Hay un predominio de hombres sobre mujeres, con una media de edad alrededor de los 30/35 años, Licenciados en EF en su mayoría, que posee alguna titulación deportiva, y con experiencia como monitor/entrenador en escuelas deportivas fuera del ámbito educativo.

Analizar la formación inicial y continua de los profesores de Educación Física de ESO, en particular conocer el grado de satisfacción del profesorado por los conocimientos adquiridos durante la carrera en relación con los contenidos deportivos. En cuanto a la satisfacción con los conocimientos adquiridos en la carrera, algo menos de la mitad no están satisfecho con los conocimientos adquiridos durante la carrera en relación con los contenidos deportivos.

Analizar las opiniones de los docentes respecto a la presencia de una metodología propia de la etapa de la iniciación deportiva a lo largo de la Educación Secundaria al desarrollar los contenidos deportivos en las clases de Educación Física. Los profesores consideran el periodo comprendido entre los 12-16 años como una etapa idónea para trabajar el deporte teniendo en cuenta los principios de la iniciación deportiva. Debiendo comenzar ésta etapa deportiva en el tercer ciclo de Primaria. No hay postura unánime sobre el concepto ya que algunos consideran esta etapa con la toma de contacto con el deporte, mientras que para otros abarca desde la toma de contacto hasta que el sujeto es capaz de practicar el deporte.

Descripción y análisis de los principales elementos del currículum en relación a la aplicación de los contenidos deportivos durante las clases de Educación Física. Las conclusiones de los objetivos específicos de este apartado son los siguientes: (a) Describir y analizar cómo es la programación de los contenidos deportivos durante las clases de EF a lo largo de la Secundaria: En cuanto a la secuenciación de los contenidos deportivos la mayoría afirma no secuenciarlos o hacerlos de un modo aleatorio. Los deportes que más se trabaja son el voleibol, baloncesto, balonmano y fútbol-sala. Se observa una inclinación de los docentes masculinos hacia los deportes colectivos en el segundo ciclo, mientras que las profesoras suelen valorar más los deportes individuales. Se priorizan las actitudes sobre los procedimientos y en un último plano los conceptos. (b) Describir y analizar los objetivos que persiguen los docentes con la aplicación de los contenidos deportivos: Principalmente buscan desarrollar objetivos actitudinales, relacionados fundamentalmente con el ámbito social y afectivo, la salud y la ocupación del tiempo libre y de ocio. Los objetivos procedimentales obtienen también gran importancia, buscando principalmente que los alumnos entiendan la lógica interna del deporte y, que estos aprendizajes tengan una utilidad en su vida diaria. En relación al logro de objetivos relacionados con los aspectos lúdicos y recreativos, los docentes pretenden conseguir que los alumnos/as se diviertan mediante la realización de los distintos deportes propuestos en sus clases. Los objetivos conceptuales tienen poca relevancia. (c) Describir y analizar la metodología de enseñanza aplicada durante el desarrollo de los contenidos deportivos: En cuanto a la metodología utilizada a la hora de impartir los contenidos deportivos, encontramos aspectos característicos de ambos métodos de enseñanza. Por un lado, la estrategia en la práctica global es utilizada a lo largo de toda la etapa, aunque señalan que suelen darle mayor importancia durante el primer ciclo de la ESO. Por otra parte, la estrategia en la práctica analítica es utilizada fundamentalmente en el segundo ciclo de la ESO. Los docentes suelen darle mayor importancia a la técnica frente a la táctica. En relación con la asimilación de los elementos técnicos, aproximadamente la mitad de los profesores consideran que se deben trabajar mediante métodos analíticos en situaciones aisladas y consideran que es necesario plantear las actividades a través de los modelos técnicos ya establecidos. Se ha detectado que hay una menor inclinación a la hora de trabajar los aspectos técnicos mediante situaciones similares al juego real. Respecto a los aprendizajes de los elementos tácticos, algo más de la mitad de los docentes no suele dar importancia a la asimilación de los mismos, y menos de la mitad afirma trabajarlos mediante situaciones similares al juego real. Finalmente, respecto a la utilización de la competición como medio de aprendizaje, detectamos que las formas competitivas son más valoradas por docentes con menos tiempo de servicio, que tienen titulación de Licenciado en EF y que han tenido experiencia en escuelas deportivas fuera del contexto educativo. (D) Describir y analizar cómo se evalúa el proceso de enseñanza-aprendizaje de los contenidos deportivos: A la hora de evaluar los docentes utilizan más de un instrumento, el más usado es la observación sistemática y las pruebas de ejecución técnicas (test físico, pruebas de habilidades deportivas. Atendiendo a los distintos momentos de la evaluación, aproximadamente un tercio afirma realizar evaluación inicial antes de comenzar una unidad didáctica relacionada con los contenidos deportivos, mientras que la final dice llevarla a cabo casi un tercio de los docentes. En lo que respecta a la prioridad de los tipos de contenidos encontramos que los docentes conceden mayor importancia a los contenidos actitudinales durante el primer ciclo y durante el segundo a los procedimentales.

Identificar cuáles son los motivos por los que los docentes imparten determinados contenidos deportivos en las clases de Educación Física. En cuanto a los aspectos que tienen en cuenta los docentes a la hora de elegir qué deportes desarrollar durante las clases de EF, la mayoría de los profesores plantea los deportes en función de las instalaciones y los materiales que tienen en el centro. Aproximadamente la mitad dice que tienen en cuenta que los contenidos sean novedosos y motivadores para los alumnos, aunque un porcentaje algo inferior dice tener presente los intereses y la demanda de los alumnos, siendo los docentes sin estudios de EF los que más en cuenta tienen este aspecto. Para finalizar, hemos de decir que algo más de la mitad del profesorado dice que suelen plantear aquellos deportes que mejor conocen y dominan. En cuanto a la elección de los contenidos por su riqueza en el aprendizaje, se observa que la mayoría de los profesores dice tenerlo en cuenta.

Plantear unas orientaciones relacionadas con la puesta en práctica de los contenidos deportivos a lo largo de ESO. Una vez que conocemos la realidad del deporte en las clases de EF durante la etapa de la ESO, planteamos una serie de orientaciones en torno a la aplicación de este bloque de contenidos a lo largo de dicha etapa.

Orientaciones en relación a los objetivos: (a) Desarrollar en el alumno/a unos hábitos de práctica deportiva continuada, que contribuyan a un estilo de vida más saludable; (b) que el alumno/a conozca nuevas posibilidades para la ocupación de su tiempo libre y de ocio; (c) que el alumno/a se divierta a través de la práctica deportiva; y (d) adquisición de nuevas habilidades técnico-tácticas mediante situaciones en forma de juego que motiven la práctica del deporte.

Orientaciones en relación a los contenidos: (a) Al finalizar la etapa los alumnos/as deben haber practicado de manera básica un buen número de deportes colectivos, de adversario e individuales; (b) incluir deportes alternativos novedosos en la programación (spiribol, tchoukball, kin-ball, floorball, balonkorf, deportes de palas, etc…), que pueden resultar motivantes para la gran mayoría del alumnado; (c) secuenciar los deportes a los largo de la etapa, de un modo lógico, es decir, tener en cuenta el grado de dificultad técnico-táctica, y las posibilidades de adaptación al contexto educativo; y (d) coordinarse en los casos que sea posible con los monitores/ entrenadores de las escuelas deportivas del centro educativo (deporte en la escuela), con el fin de trabajar ambas partes en la misma línea.

Orientaciones en relación a la metodología: (a) Dar prioridad a la adquisición de los aprendizajes tácticos por encima de los técnicos; (b) incluir el juego como medio para la adquisición de los elementos técnicos; (c) planteamiento horizontal de la enseñanza del deporte; y (d) utilizar la competición como medio de aprendizaje y como recursos para la participación entre alumnos de igual y distinto nivel en cuanto las capacidades como deportista se refiere.

Orientaciones en relación a la evaluación: (a) Realizar una evaluación inicial en cada una de las unidades didácticas deportivas; (b) utilizar varios instrumentos para recabar suficiente información con el fin de que las calificaciones sean lo más objetivas posibles; y (c) crear instrumentos de evaluación objetivos y funcionales.

Perspectivas futuras de la investigación

Para finalizar con nuestra investigación, proponemos a continuación una serie de perspectivas futuras con las que ampliar y profundizar en el campo de los contenidos deportivos dentro de las clases de EF en la Etapa de la Educación Secundaria Obligatoria.

Ampliar este estudio con otras investigaciones en las que se profundice sobre aspectos relacionados con el deporte, durante la etapa de Secundaria en las clases de EF.

Sería interesante examinar el campo de la formación del profesorado, fundamentalmente en aquellas materias en las que de trabajen aspectos relacionados con la metodología en la enseñanza del deporte, ya que observamos discrepancias en ciertos aspectos.

Profundizar en los contenidos deportivos que se imparten durante la Secundaria, con el objetivo de realizar una secuenciación lógica de los mismos.

Extender el estudio a los profesores de EF que imparten clases en otras zonas geográficas.

A partir de los datos obtenidos en dicho estudio, realizar un seminario de formación con el propósito de mejorar la formación de los profesores de EF de la ESO en relación con los contenidos deportivos.

BIBLIOGRAFÍA

Almond, L. (1985). Teaching games through action research. En C.O.N.I. Scuola dello Sport (Ed.), *Teaching Team Sports. International Congress* (pp. 185-197). Roma: CONI; AIESEP.

Alshmmari, O. (2004). *Teachers' perceptions of the goals of secondary schools physical education in State of Kuwait*. Disertación para la Tesis Doctoral. West Virginia: West Virginia University.

Blázquez Sánchez, D. (1986). *Iniciación a los deportes de equipo*. Barcelona: Martínez Roca.

Blázquez Sánchez, D. (1995). Métodos de enseñanza de la práctica deportiva. En D. Blázquez Sánchez (Dir.), *La iniciación deportiva y el deporte escolar* (pp. 251-286). Barcelona: Inde.

Blázquez Sánchez, D. y Batalla Flores, A. (1995). La edad de iniciación: 'Vísteme despacio que tengo prisa'. En D. Blázquez Sánchez (Dir.), *La iniciación deportiva y el deporte escolar* (pp. 115-130). Barcelona: Inde.

Bracken, L. (2003). *Teachers' perceptions of the impact of block scheduling on physical education programs*. New York: Columbia University Teachers College.

Bunker, D. y Thorpe, R. (1982). A model for the teaching of games in secondary schools. *Bulletin of Physical Education, 18*(1), 5-8.

Burrows, L., Wright, J. y Junersen-Smith, J. (2002). Measure your belly. New Zealand children's constructions of health and fitness. *Journal of Teaching in Physical Education, 22*, 39-48.

Cárdenas Vélez, D. (2005). La creatividad en el deporte. EN F. J. Giménez Fuentes-Guerra, P. Sáenz-López Buñuel y M. Díaz Trillo (Eds), *Educar a través del deporte* (pp. 59-84). Huelva: Universidad de Huelva.

Cárdenas Vélez, D., Ortega Martín, V., Ortega Toro, E. y Ayala Mayol, R. (2004). La participación activa en competición como base para lograr un adecuado proceso de enseñanza-aprendizaje en jóvenes jugadores de baloncesto. *Lecturas: Educación Física y deportes. Revista digital. Año 10. Nº 75.* http://www.efdeportes.com/efd75/balonc.htm. (revisada el 8 de mayo de 2009).

Castejón Oliva, F.J. (2004). Una aproximación a la utilización del deporte. Educación deportiva. *Lecturas: Educación Física y deportes. Revista digital. Año 10. Nº 77.* http//www.efdeportes.com/efd77/deporte.htm. (revisada el 7 de Marzo de 2009).

Castejón Oliva, F.J. (2005). ¿Es el deporte un contenido educativo? En F. J. Giménez Fuentes-Guerra, P. Sáenz-López Buñuel y M. Díaz Trillo (Eds.). *Educar a través del deporte* (pp. 11-22). Huelva: Universidad de Huelva.

Castillo Viera, E. (2006). *Hábitos de práctica de actividad física y estilos de la universidad de Huelva*. Tesis doctoral no publicada. Huelva: Universidad de Huelva.

Cervelló Gimeno, E. (1996). *La motivación y el abandono deportivo desde la perspectiva de las metas de logro*. Tesis doctoral no publicada. Valencia: Universidad de Valencia.

Chillón Garzón, P. (2005). *Efectos de un programa de intervención de Educación Física para la salud en adolescentes de 3º de E.S.O*. Tesis doctoral no publicada. Granada: Universidad de Granada.

Cohen, J. (1960). A coefficient of agreement for nominals scales. *Educational and Psychological Measurement, 20*, 37-46.

Contreras Jordán, O.R., De La Torre Navarro, E. y Velázquez Buendía, R (2001). *Iniciación deportiva*. Madrid: Síntesis.

Corbin, C.B. (2002). Physical activity everyone: What every physical educator should kwon about promoting lifelong physical activity. *Journal of Teaching in Physical Education, 21*, 128-144.

Cothran, D.J. y Ennis, C.D. (1998). Curricula of mutual worth: comparisons of student's and teacher's curricular goals. *Journal of Teaching in Physical Education, 25*, 281-297.

De Hoyo Lora, M. y Sañudo Corrales, B. (2007). Motivos y hábitos de práctica de actividad física en escolares de 12 a 16 años en una población rural de Sevilla. *Revista Internacional de Medicina y Ciencias de la Actividad Física y el Deporte, 7*(26), 87-98. http://cdeporte.rediris.es/revista/revista26/artmotivos49.htm (revisada el 12 de julio de 2011)

Delors, J. (1996). *La educación encierra un tesoro*. Madrid: Santillana/UNESCO.

Díaz Lucea, J. (2001). *El proceso de toma de decisión en la programación de Educación Física en las etapas obligatorias de educación. Una aportación a la formación del profesorado*. Tesis doctoral no publicada. Barcelona: Universidad autónoma de Barcelona.

Flick, U. (2004). *Introducción a la investigación cualitativa*. Madrid: Morata.

Garn, A. y Donetta, J. C. (2006). The fun factor in physical education. *Journal of Teaching in Physical Education, 25*, 281-297.

Giménez Fuentes-Guerra, F. J. (2003). *El deporte en el marco de la Educación Física*. Sevilla: Wanceulen.

Goetz, J. P. y Lecompte, M. D. (1984). *Ethnography and qualitative design in educational research*. Orlando: Academic press.

Goode, W. J. y Hatt, P. K. (1998). *Métodos de investigación social*. México: Trillas.

Greenwood, M. y Stillwell, J. (2001). Activity preferences of middle school physical education students. *Physical Educator, 58*, 26-30.

Griffin, L.L. (1996). Improving net/wall game performance. *Journal of Physical Education, Recreation and Dance, 67*(2), 34-37.

Hernández Moreno, J. (1988). *Baloncesto: iniciación y entrenamiento*. Barcelona: Paidotribo.

Hernández Sampieri, R., Fernández Collado, C. y Baptista Lucio, P. (1991). *Metodología de la investigación*. México: McGraw Hill.

Hill, G.M. y Cleven, B. (2006). A comparison of students' choices of 9th grade physical education activities by ethnicity. *The High School Journal, 89*(2), 16-24.

Holt, N.L., Strean, W.B. y Garcia-Bengoechea, E. (2002). Expanding the teaching games for understanding model: new avenues for future research and practice. *Journal of Teaching in Physical Education, 21*(2), 162-176.

Iso-Ahola, S.E. y St. Clair, B. (2000). Toward a theory of exercise motivation. *Quest, 52*, 131-147.

Kneer, M.E. (1986). Description of physical education instructional theory/practice gap in selected schools. *Journal of Teaching in Physical Education, 5*, 91-106.

Landis, J.R. y Koch, G.G. (1977). The measurement of observer agreement for categorical data. *Biometrics, 33*, 159-174.

Manzano Moreno, J.L. (2003). *Currículo, deporte y actividad física en el ámbito escolar. La visión del profesorado en Andalucía*. Jerez de la Frontera: IAD.

Matanin, M. y Collier, C. (2003). Longitudinal analysis of preservice teachers´ beliefs about teaching physical education. *Journal of Teaching in Physical Education, 22*, 153-168.

McCaughtry, N., Barnard, S., Martin, J., Shen, B. y Kulinna, H. (2006). Teachers' perspectives on the challenges of teaching physical education in urban schools: The student emotional filter. *Research Quarterly for Exercise and Sport, 77*(4), 486-498.

Mcculloch, G. (2007). Forty years on: presidential address to the history of education society. *History of Education, 36*(1), 1-15.

McKernan, J. (1996). *Investigación-acción y currículum*. Madrid: Morata.

Meek, G. y Curtner-Smith, M. (2004). Preservice teachers' value orientations value orientations and their compatibility with the national curriculum for physical education. *Physical Educator, 61*, 88-101.

Mitchell, S.A., Oslin, J.L. y Griffin, L.L. (2006). *Teaching sport concepts and skills* (2ª ed.). Champaign: Human kinetics.

Mohr, D. J., Townsend, J. S. y Pritchard, T. (2006). Rethinking middle school physical education: Combining lifetime leisure activities and sport education to encourage physical activity. *Physical Educator, 63*, 18-29.

Napper-Owen, G.E., Kovar, S.K., Ermler, K.L. y Mehrhof, J.H. (1999). Curricula equity in required ninth-grade physical education. *Journal of Teaching in Physical Education, 19*, 2-21.

Nelson, M.C., Neumark-Stzainer, D., Hannan, P.J., Sirard, J.R. y Story, M. (2006). Longitudinal and secular trends in physical activity and sedentary behavior during adolescence. *Pediatrics, 118*(6), 1627-1634.

Pérez Turpin, J.A., Cortell Tormo, J.M., Suárez Llorca, C., Andreu Cabrera, E., Chinchilla Mira, J.J. y Cejuela Anta, R. (2008). La salud en la competición deportiva escolar. *Revista Internacional de Medicina y Ciencias de la Actividad Física y el Deporte, 8*(31), 212-223. http://cdeporte.rediris.es/revista/revista31/artsalud81.htm (revisada el 14 de abril de 2010).

Piéron, M. (1999). *Para una enseñanza eficaz de las actividades físico-deportivas*. Barcelona: Inde.

Ramos Echazarreta , R., Valdemoros San Emeterio, M. A., Sanz Arazuri, E. y Ponce De León Elizondo, A. (2007). La influencia de los profesores sobre el ocio físico deportivo de los jóvenes: percepción de los agentes educativos más cercanos a ellos. *Profesorado, Revista de currículum y Formación del profesorado, 11*(2). http://www.ugr.es/~recfpro/rev112ART6.pdf (revisada el 16 de febrero de 2010).

Rink, J.E., French, K.E. y Tjeerdsma, B.L. (1996). Foundations for the learning and instruction of sport and games. *Journal of Teaching in Physical Education, 15*(4), 399-417.

Robles Rodríguez, J. (2008). Causas de la escasa presencia de los deportes de lucha con agarre en las clases de educación física en la ESO. Propuesta de aplicación. *Retos, 14*, 43-47.

Robles Rodríguez, J., Giménez Fuentes-Guerra, F.J. y Abad Robles, M. T. (2010). Motivos que llevan a los profesores de Educación Física a elegir los contenidos deportivos en la E.S.O. *Retos, 18*, 5-8.

Robles Rodríguez, J., Giménez Fuentes-Guerra, F.J. y Abad Robles. M.T. (2011). Metodología utilizada en la enseñanza de los contenidos deportivos durante la E.S.O. *Revista Internacional de Medicina y Ciencias de la Actividad Física y el Deporte, 10*(41), 35-57. http://cdeporte.rediris.es/revista/revista41/artmetodologia201.htm (revisada el 8 de agosto de 2011).

Rodríguez Gómez, G., Gil Flores, J. y García Jiménez, E. (1996). *Metodología de la investigación cualitativa*. Granada: Aljibe.

Sáenz-López Buñuel, P., Ibáñez Godoy, S. y Giménez Fuentes-Guerra, F.J. (1999). La motivación en las clases de Educación Física. *Lecturas: Educación Física y deportes. Revista digital*. Año 4. Nº 17. http://www.efdeportes.com/efd17a/motiv.htm (revisada el 16 de Marzo de 2009).

Sáenz-López Buñuel, P., Sicilia Camacho, A. y Manzano Moreno, J.L. (2010). La opinión del profesorado sobre la enseñanza de la Educación Física en función del género. *Revista Internacional de Medicina y Ciencias de la Actividad Física y el Deporte, 10*(37), 167-180. http://cdeporte.rediris.es/revista/revista37/artopinion148.htm (revisada el 17 de abril de 2010).

Salinas Martínez, F., Miranda León y Viciana Ramírez, J. (2006). ¿Hacia dónde orientan los profesores de E.F. en su formación inicial sus planificaciones? Comparación entre las facultades de España y Galicia. *Revista Educación Física. Renovar la teoría y la práctica, 101*, 5-14.

Salinas Martínez, F. y Viciana Ramírez, J. (2006). La planificación de los bloques de contenidos de la Educación Física en educación secundaria obligatoria. *Ciencia y Deporte, 3*. http://www.cienciaydeporte.net/articulo_0306_1.php (revisada el 14 de Marzo de 2009).

Sanz Arazuri, E. y Ponce de León Elizondo, A. (2006). La necesidad de educar la dimensión de ocio físico-deportivo. Propuesta surgida de un estudio centrado en una comunidad universitaria. *Tándem, 20*, 73-88.

Thomas, J.R. y Nelson, J.K. (2007). *Métodos de investigación en actividad física*. Barcelona: Paidotribo.

Thorpe, R. y Bunker, D. (1983). Issues that arise when preparing to teaching for understanding. *Bulletin of Physical Education, 19*(1), 9-11.

Ureña Ortín, N., Alarcón López, F. y Ureña Villanueva, F. (2009). La realidad de los deportes colectivos en la Enseñanza Secundaria. Cómo planifican e intervienen los profesores de Murcia. *Retos, 16*, 9-15.

Viciana Ramírez, J. (1998). *Evolución del conocimiento práctico de los profesores de Educación Física en un programa de formación permanente colaborativo*. Microfichas. Tesis doctoral no publicada. Granada: Universidad de Granada.

Viciana Ramírez, J. y Requena Sánchez, B. (2002). La planificación de la Educación Física por el profesorado en formación permanente. En J. Viciana Ramírez (ed.), *Planificar en Educación Física* (pp. 237-252). Zaragoza: Inde.

Viciana Ramírez, J., Salinas Martínez, F. y Cocca, A. (2007). Análisis de contenido comparativo del primer nivel curricular de Educación Física en secundaria. *Profesorado, revista de currículum y formación del profesorado, 11*(2). http://www.ugr.es/~recfpro/rev112art4.pdf (revisada el 16 de febrero de 2010).

Viciana Ramírez, J., Salinas Martínez, F. y Miranda León. (2006). Comparación de la formación inicial ofrecida por las universidades de Granada y el resto de España sobre la planificación en Educación Física. *Lecturas: Educación Física y deportes. Revista digital*. Año 11. Nº 97. http://www.Efdeportes.Com/Efd97/Granada.Htm. (revisada el 12 de Abril de 2007).

Zabala Díaz, M., Viciana Ramírez, J. y Lozano Moreno, L. (2002). La planificación de los deportes en la Educación Física de E.S.O. *Lecturas: Educación Física y deportes. Revista digital*. Año 8. Nº 48. http://www.efdeportes.com/efd48/eso.htm (revisada el 5 de mayo de 2009).

CAPÍTULO XI
APLICACIÓN DE LA ENSEÑANZA PARA LA COMPRENSIÓN EN LA FORMACIÓN INICIAL DEL PROFESORADO DE EDUCACIÓN FÍSICA[10]

Roberto Monjas Aguado

INTRODUCCIÓN

En el presente capítulo se expone el estudio llevado a cabo en la formación inicial del profesorado de Educación Física, que se concretó en la tesis doctoral "Análisis y evolución de la propuesta de enseñanza deportiva en la formación inicial del profesorado de Educación Física a través de la evaluación del alumnado" (Monjas, 2008a) desarrollada en el contexto de la E.U. de Magisterio de Segovia. Se trata de un estudio longitudinal que abarca un amplio periodo de tiempo, doce cursos académicos, desde el curso 1995-1996 hasta el curso 2006-2007.

En líneas generales, la investigación tiene una intencionalidad formativa, lo que significa que no quiere quedarse en el análisis y valoración de la propuesta de enseñanza que es estudiada, sino también buscar pautas de acción que contribuyan a su mejora y puedan ser llevadas a la práctica para favorecer el desarrollo profesional y la formación del alumnado. Todo el proceso generado con la investigación se caracteriza por su enfoque educativo, en el que se parte de la idea de la necesidad de razonar, argumentar y defender las ideas como criterios básicos que justifiquen cualquier decisión en el campo educativo.

El motivo fundamental que impulsó la realización de este estudio fue contribuir a mejorar la formación inicial del profesorado de Educación Física (EF) a partir de la detección de carencias formativas, que son identificadas tomando como referencia la propia historia personal del autor de la tesis doctoral. La formación inicial recibida por un docente condiciona los planteamientos educativos que desarrolla posteriormente, de tal modo que si se recibe una formación tradicional, que no cuestiona la necesidad de analizar y reflexionar, es normal que cuando ejerza como profesional se limite a reproducir sin más el modelo recibido, como se refleja claramente en uno de los párrafos de la historia personal del autor:

"Con el paso del tiempo, cuando ya estás más tranquilo, empiezas a plantearte seriamente lo que estás haciendo y qué es lo que te gustaría lograr. Así, me fui dando cuenta de que estaba reproduciendo el mismo sistema de enseñanza que había recibido, ése que no me funcionó cuando tomé contacto con la realidad es-

---

[10] Monjas Aguado, R. (2008). Análisis y evolución de la propuesta de enseñanza deportiva en la formación inicial del profesorado de Educación Física a través de la evaluación del alumnado. Directores: Antonio Fraile Aranda y Víctor Manuel López Pastor. Departamento de Didáctica de la Expresión Musical, Plástica y Corporal, Universidad de Valladolid.

colar, porque estaba muy vinculado a objetivos propios del deporte de competición y no de la utilización del deporte en la educación" (Monjas, 2008a, p. 10).

A continuación explicaré el proceso de concreción del tema de estudio, que puede considerarse un proceso en cascada, ya que cada decisión tomada fue analizada y valorada para que fuese argumentada con coherencia, y tratar así que toda la investigación respondiese a esa intencionalidad formativa de base en el estudio, de ahí que un primer paso fuese analizar en profundidad mi historia personal. De la misma destacan inicialmente un grupo de ideas muy significativas:

> El periodo formativo es un momento clave para que surjan buenos docentes. Con esto me refiero a profesionales reflexivos, que puedan analizar su labor y tratar de cambiarla si lo creen necesario; profesionales que intercambian experiencias y se enriquecen con las aportaciones de los demás; profesionales que aportan a su alumnado la capacidad de elegir coherentemente entre diferentes opciones, siendo conscientes de lo que hacen y de su relevancia. No es lógico que después de recibida la formación inicial, el docente tenga que aprender muchas cosas de forma casi autodidacta, cuando podrían, y deberían, haber formado parte de su formación anterior. Destaco un ejemplo significativo en mi propia formación inicial: la falta de preparación sobre diferentes alternativas en la enseñanza de los juegos deportivos.
> Mi formación inicial se basó únicamente en un modelo de enseñanza tradicional, como parte de una formación inicial centrada en la consecución de rendimiento, orientado hacia el deporte competición. La falta de referencias sobre la aplicación en la práctica real de los contenidos deportivos (ni en las asignaturas deportivas específicas que cursé en el INEF, ni en el periodo de prácticas que tuvo lugar en el último curso se trabajó a este nivel) supuso una carencia formativa adicional.
> Los estudiantes no solo aprenden cosas relativas al dominio cognitivo o procedimental. El ámbito socioafectivo está muy presente en el proceso de aprendizaje y los docentes debemos ser conscientes de nuestra responsabilidad a este nivel.

El segundo paso fue concretar las ideas surgidas en mi formación inicial en principios de actuación relacionados con la formación del profesorado, ámbito de la investigación. Estos principios fueron recogidos específicamente en el marco teórico del estudio:

> La tendencia a reproducir lo vivido hace que sea especialmente importante la labor de reflexión. ¿Por qué? debe ser una pregunta que esté siempre presente en nuestro trabajo. Un maestro debe cuestionarse sistemáticamente su labor para evitar convertirse en técnico que se limita a reproducir cosas sin pensar. La reflexión debe ser el núcleo central en la formación del futuro docente. En conexión con lo expuesto, el conocimiento del punto de partida de la mayoría del alumnado que estudia para ser maestro de EF, su vocación deportiva, debe orientar inicialmente la labor docente en la formación inicial hacia el conocimiento de sus ideas previas y su influencia (López-Pastor, García-Peñuela, Pérez, López y Monjas, 2004).
> La utilización del deporte en educación. Si no se aplica la metodología apropiada la experiencia puede ser negativa. El enfoque que se da a la formación inicial del profesorado de Educación Física tiene como base la enseñanza para la comprensión (Devís, 1990a y b; Devís y Peiró, 1992; Devís y Sánchez, 1996; Griffin y Butler, 2005), pero intentando dar un paso más adelante, colocando el ámbito socioafec-

tivo en un lugar central del mismo. El resultado es el planteamiento de una propuesta complementaria al realizado en la E.U. de Magisterio de Segovia: la enseñanza para la comprensión y la participación, que se concreta en la doble acepción del concepto comprensión: "El modelo comprensivo puede ofrecer una doble perspectiva a la palabra comprensión: comprender la naturaleza táctica del juego y comprender a los demás, ser capaces de pensar en nuestros compañeros, darnos cuenta de su situación, tener la capacidad de empalizar" (Monjas, 2006, p. 169).

La enseñanza para la comprensión como modelo de enseñanza deportiva es ampliamente estudiada en el marco teórico de la tesis doctoral, tomando como punto de partida a los propios autores que generaron el modelo (Bunker y Thorpe, 1982; Thorpe, Bunker y Almond, 1986) y detallando su evolución y planteamientos. Asimismo, se expone de forma concreta el modelo que es llevado a cabo en el contexto de la investigación, que se articula en tres ejes de actuación: las bases generales para la programación de la iniciación deportiva (Monjas, 2004, 2006 y 2008a), utilizar la educación en valores como marco de referencia (López-Pastor, Monjas y Pérez, 2003) y llevar a cabo una evaluación formativa y compartida para garantizar el desarrollo adecuado de todo el proceso (López-Pastor, 2006; Monjas, 2007, 2008a).

La necesidad de tener experiencias de docencia significativas durante el periodo de formación inicial como forma de acercar la realidad a nuestro alumnado. Es muy importante superar la tradicional separación teoría/práctica (Monjas, 2008b, 2009).

La importancia de crear hábitos de trabajo colaborativo desde la formación inicial para evitar caer en situaciones de aislamiento profesional (Devís, 1994, López-Pastor, Monjas et al, 2005; Monjas, 2006)

El tercer paso, una vez expuesta la necesidad de llevar a cabo una formación inicial adecuada, fue concretar una propuesta de investigación que recogiese estos principios. Así, el problema a investigar escogido fue el que dio título a la tesis.

En definitiva, el sentido de la investigación es contribuir a la mejora de la formación inicial. Es fundamental ayudar al alumnado en el proceso de construcción de su propio modelo formativo, evitando la reproducción acrítica que a veces se realiza de modelos previos con planteamientos cuestionables (aunque muchas veces se haga de forma inconsciente).

Por último, a la hora de exponer cuáles han sido los antecedentes de la investigación relevantes, hay que tener en cuenta que se ha basado en estudios anteriores relativos al contenido de la investigación, el desarrollo de un modelo de enseñanza deportiva (Méndez, 1999; Pope, 2005; Wright, Mc Nelly, Fry y Wang, 2005), así como en estudios relativos al desarrollo y estructura de investigaciones similares, entre las que destacamos las de Devís (1994), Pascual (1994), López-Pastor (1999) y Manrique (2006).

OBJETIVOS

Todo el razonamiento expuesto que llevó a la elección del tema de la investigación se concretó en las siguientes metas de la investigación, motivación principal para su desarrollo:

Favorecer que los futuros docentes de EF analicen, se cuestionen y, en muchos casos, cambien las ideas iniciales que traen acerca del deporte y su aplicación en las clases de EF. Es el primer paso para estructurar un modelo propio de enseñanza deportiva apropiado.

Formar profesionales reflexivos, que integren el análisis y la reflexión en su práctica docente, como estrategia para fomentar el pensamiento crítico. La evaluación formativa es un elemento básico para el profesorado de formación inicial, que debe permitirnos reorientar nuestra acción como docentes con la intención de mejorar día a día. Los profesionales del ámbito educativo deben desarrollar hábitos reflexivos desde su periodo formativo inicial.

Conocer qué modelo de enseñanza deportiva reconoce haber aprendido nuestro alumnado a partir del trabajo desarrollado en la asignatura.

Analizar el aprendizaje de nuestro alumnado a nivel socioafectivo. No sólo hay un aprendizaje cognitivo o procedimental, también actitudinal y es muy importante saber lo que el profesorado en formación inicial transmitimos a nuestro alumnado.

Conocer el efecto real que nuestra labor produce en el alumnado cuando posteriormente logran trabajar como docentes de EF en Educación Primaria.

Analizar la importancia que el alumnado concede a la labor del profesor, como eje básico de todo el proceso de enseñanza-aprendizaje.

Identificar nuevas ideas y propuestas que puedan complementar y mejorar la formación inicial del profesorado.

En definitiva, con la investigación buscábamos dar respuesta a la preocupación por desarrollar una buena formación inicial que contribuya a formar buenos docentes de EF, pero me gustaría subrayar que muchos de los planteamientos de esta investigación no son ideas personales y aisladas, sino que son las señas de identidad de un equipo de docentes que trabajamos conjuntamente en la formación inicial, de ahí que muchas ves utilicemos el plural a la hora de redactar.

METODOLOGÍA

Diseño de la investigación

Como investigación que busca profundizar en las ideas, opiniones y planteamientos que desarrolla el alumnado sobre la enseñanza deportiva en su formación inicial en EF y el efecto que tiene en sus prácticas cuando llegan a ejercer como docentes de Educación Primaria en este ámbito, se parte del modelo de enseñanza deportiva que promueve el investigador de este estudio en sus clases en la E.U. de Magisterio de EF.

Nos encontramos, por tanto, con una investigación que desde el punto de vista del tipo de diseño podemos considerar un estudio de caso de carácter evaluativo. Es además un estudio abierto y emergente (Guba, 1985), ya que se fueron realizando cambios a lo largo del proceso de investigación hasta tomar su forma definitiva. En definitiva, es el estudio de la propuesta de enseñanza deportiva en la formación inicial del profesorado de EF durante 12 años, que para su mejor comprensión, es estudiada dividida en cuatro ciclos de investigación diferentes, pero que conforman un único caso de análisis y evolución de la propuesta de enseñanza deportiva tomando como referente la evaluación del alumnado.

Definición del objeto de estudio y planificación del proceso de investigación

Definición del caso: los ciclos de investigación. Para desarrollar de forma más clara y precisa la investigación, una primera decisión fue dividir el periodo investigado. La aplicación de la propuesta de enseñanza deportiva se desarrolló a lo largo de 12 cursos académicos consecutivos, entre 1995-96 y 2006-07, divididos en cuatro ciclos de investigación. Estos se corresponden con los momentos clave en la docencia, identificados a través de la historia personal del investigador y del análisis comparativo de los programas de las asignaturas de contenido deportivo que impartía: baloncesto, voleibol y fútbol-sala, así como de las bases para la realización de trabajos de programación utilizadas en dichas asignaturas en diferentes momentos. Los ciclos establecidos fueron los siguientes:

Ciclo Primero, los duros comienzos: Se corresponde con los dos primeros años de docencia en formación inicial por parte del investigador, cursos 1995-96 y 1996-97. Las dificultades iniciales que supuso un comienzo precipitado y la falta de referencias y de reflexión personal, hicieron que este periodo fuera en el que se produjeron más diferencias con relación a los demás, que podríamos considerar más uniformes entre si. Se trata de un ciclo en el que la propuesta de enseñanza deportiva tiene una base tradicional, especialmente en el primero de los años. Los instrumentos de recogida de datos se corresponden con esta orientación metodológica y apenas hay información que no provenga de documentos muy estructurados. El programa de la asignatura es completamente diferente del que surgirá a partir del segundo ciclo de investigación. Así, este primer ciclo ofrece una orientación muy tradicional y, en consonancia con la misma, el trabajo de programación que se pedía al alumnado era diferente para cada asignatura y se refería a aspectos técnicos de la enseñanza deportiva.

Ciclo segundo, primeros cambios, una nueva propuesta de enseñanza deportiva: Se corresponde este segundo ciclo con otros dos cursos académicos, 1997-98 y 1998-99. En este periodo hay cambios muy significativos que le identifican: por un lado, la consideración de todas las asignaturas de deportes: Baloncesto, Fútbol-sala y Voleibol, como una asignatura global con base teórica común; y por otro, la enseñanza para la comprensión es la propuesta de enseñanza deportiva básica para el contexto escolar, que es transmitida desde la asignatura. Se empieza a pedir al alumnado la confección de cuadernos de campo y un trabajo por grupos sobre programación de Iniciación Deportiva en el ámbito de la Educación Primaria, una unidad didáctica, que es ejemplificada, una sesión, de forma práctica entre los propios alumnos. El trabajo ya es común para todas las asignaturas de deportes.

Ciclo tercero, la Educación en Valores como referencia de toda la labor docente: Este tercer ciclo que comprende tres cursos académicos: 1999-2000, 2000-2001 y 2001-2002. Este periodo coincide con la redacción del Proyecto Docente para la plaza de Profesor Titular de Escuela Universitaria (PTEU) por parte del investigador. En este proyecto se plantea el desarrollo de un modelo de educación en valores (López-Pastor et al., 2003) como punto de partida y referencia para toda su labor. Además, en este tercer ciclo se incorpora a la propuesta de enseñanza deportiva la ejemplificación de una sesión de la Unidad Didáctica con escolares.

Cuarto ciclo, la evaluación formativa como eje vertebrador de toda la propuesta de enseñanza deportiva: Este ciclo incluye los cinco últimos cursos académicos que ocupan la investigación, desde 2002-2003 hasta 2006-2007. El principal elemento que distingue este ciclo es la inclusión de una propuesta de evaluación formativa (López-Pastor, 2006), debido a que el investigador formaba parte del grupo de trabajo que genero está propuesta, así como de la Red Interuniversitaria de Evaluación Formativa en Docencia Universitaria, que comienza a funcionar en el curso 2005-06 y que desarrolla diferentes proyectos de innovación docente y convergencia hacía el EEES (López-Pastor, 2009, Monjas, 2007, 2008b). Esto se refleja en la utilización de diferentes instrumentos de evaluación, con la incorporación de nuevas ideas. Por ejemplo, la realización de prácticas con escolares, en las que se incluyen en los últimos años la posibilidad de desarrollar cuatro sesiones de una unidad didáctica elaborada y evaluada previamente con el profesor, la elaboración de un informe final de iniciación deportiva y la utilización de informes de valoración de los diferentes trabajos por parte del profesor que son comentados con el alumnado (Monjas, 2007, 2008b).

El contexto de la investigación. La investigación se desarrolla en la E. U. de Magisterio de Segovia, cuyos planes de estudio fueron desarrollados a partir del establecimiento del título de Maestro, Real Decreto 1440/1991, cuando pertenecía a la Universidad Autónoma de Madrid. Desde 1997 Segovia pasó a ser un campus periférico perteneciente a la Universidad de Valladolid. Pese a las numerosas propuestas para reestructurar los planes de estudio, lo cierto es que nunca se cambiaron, con la peculiaridad que supone que en el plan de estudios para la titulación de maestro de EF figuren asignaturas específicas de deportes: baloncesto, fútbol-sala, o voleibol, más propias de centros tipo INEF. Así, en la investigación se consideran tres asignaturas obligatorias para la titulación de maestro especialista en EF: baloncesto, voleibol y fútbol-sala, cada una con 2,5 créditos y que son impartidas en el segundo curso de la especialidad.

Los alumnos que forman parte de la investigación, entre los cursos 1995-1996 y 2006-2007, fueron un total de 708. Se trata de datos relativos a solo una de las asignaturas del estudio, Baloncesto, ya que para las otras dos, Balonmano y Fútbol-sala, los datos no experimentaban apenas variación, oscilando entre 86 (2006-2007) y 38 (2002-2003), con una media de 59 alumnos por curso. Es decir, la cifra habitual cada curso oscilaba entre 55 y 65 alumnos, como puede verse en los datos que figuran en la tabla 1. El alumnado era subdividido en dos grupos de prácticas para un mejor desarrollo de la asignatura.

Ciclo de Investigación	Primero		Segundo		Tercero			Cuarto			
Curso académico	95-96	96-97	97-98	98-99	99-00	00-01	01-02	02-03	03-04	04-05	05-06	06-07
Total alumnado	65	68	59	65	64	62	47	38	45	52	63	86

Tabla 1. Alumnado matriculado en la asignatura baloncesto durante el periodo del estudio.

Por último, un elemento propio del contexto de la investigación y que se ha tenido cuenta en la misma, ha sido el programa impartido en las asignaturas, que experimentó una constante evolución, reflejada en los diferentes ciclos de investigación.

Planificación, desarrollo e instrumentos de la investigación

Para llevar a cabo la investigación se utilizaron dos instrumentos de recogida de datos: la recopilación de fuentes documentales y las entrevistas a docentes de EF que hubieran pertenecido al grupo de alumnos con el que se desarrolló la propuesta de enseñanza en los diferentes ciclos de la investigación.

Fuentes documentales. A la hora de seleccionar los instrumentos, se optó por aquellos que fueron aplicados con continuidad, y se añadieron puntualmente algunos que podían aportar información complementaria. Por otro lado, es necesario significar, tal y como señala Pascual (1994) que es posible utilizar técnicas de recogida de datos que son más propias de otros enfoques de investigación, siempre que estén de acuerdo con el planteamiento general del estudio. En este sentido, la evaluación externa utiliza los informes de evaluación sobre las encuestas docentes que la Universidad aplica al alumnado para evaluar la labor docente del profesor. Son informes estadísticos, pero que aportaron información útil para el proceso investigador, lo mismo que sucede en alguna de las preguntas del cuestionario de ideas previas, o en los informes de evaluación del primer ciclo. En la tabla 2 se detallan los diferentes instrumentos y el momento en el que fueron aplicados.

	Ciclos										
	Primero		Segundo		Tercero			Cuarto			
Instrumentos	95-96	96-97	97-98	98-99	99-00	00-01	01-02	02-03	03-04	04-05	05-06	06-07
Cuestionario de ideas previas	X	X	X	X	X	X	X	X	X	X	X	X
Cuestionario final.	X	X	X	X	X	X	X	X	X	X	X	X
Informe evaluación final	X	X	X	X	X	X	X	X	X	X	X	X
Historias de vida			X	X	X	X	X	X	X	X	X	X
Evaluación externa (institucional)	X			X	X	X	X	X	X	X	X	
Cuaderno de campo			X	X	X	X	X	X	X	X	X	X
Programas		X		X		X				X		
Documentación trabajos de las asignaturas		X		X		X				X		
Entrevistas		X		X		X				X		

Tabla 2. Técnicas e instrumentos utilizados en los diferentes ciclos

A continuación detallamos algunos aspectos significativos de las fuentes documentales.

Cuestionario de ideas previas (CI) y cuestionario final (CF). Son dos instrumentos que fueron aplicados a lo largo de toda la investigación. Se pasaban al comienzo y final de las asignaturas y permitían conocer las ideas previas del alumnado y la evolución de su pensamiento sobre la relación EF-deporte y sus ideas previas. En la tabla 3 se detallan los ítems de ambos cuestionarios (CI y CF) utilizados en la investigación, ya que incluían además otros ítems que no fueron considerados para la misma. Para completar los conocimientos e ideas previas del alumnado, desde el segundo ciclo de investigación se incorporó la redacción por parte de cada alumno de una historia de vida (HV) relacionada con el deporte, documento que tenían que entregar en la primera semana de curso.

Ítems del cuestionario inicial de ideas previas (CI)
¿Por qué has elegido la especialidad de EF dentro de Magisterio?
¿Tuviste relación con el deporte antes de entrar en Magisterio?
Comenta si tu experiencia fue positiva o no y por qué.
¿Qué deportes son los más adecuados a la hora de trabajar con los alumnos en EF para Educación primaria?
Valora la importancia del deporte dentro de la EF de Educación Primaria
1   2   3   4   5   6   7
Ítems del cuestionario final (CF)
Valora en una escala de 1 a 7 la importancia del deporte dentro de la EF de Educación Primaria, razonándolo brevemente.
1   2   3   4   5   6   7
¿Qué deportes crees son los más adecuados a la hora de trabajar con alumnos de EF en E. Primaria?
Analiza si ha evolucionado tu opinión sobre la relación entre deporte y Educación Física a lo largo de este curso.

Tabla 3. Ítems de los cuestionarios utilizados en la investigación.

Informes de evaluación del alumnado (IE). Se aplicaron con continuidad en toda la investigación, pero con cambios significativos a partir del segundo ciclo. En el primero eran más bien cuestionarios, ya que aunque no eran cerrados del todo, al incluir la posibilidad de hacer valoraciones numéricas, se utilizaron casi exclusivamente con esta orientación. En la tabla 4 se incluye la estructura de dicho informe con los ítems que incluía, detallando las pequeñas diferencias existentes entre los dos últimos ciclos de la investigación.

Preguntas comunes	
1. Autoevaluación. Valorad vuestra implicación y aprendizaje.	
2. Analizad la labor del profesor.	
3. Finalmente, analiza si la asignatura ha contribuido a cambiar tu opinión sobre el deporte y su aplicación a nivel educativo, en definitiva, tu evolución a lo largo del curso y formula una opinión propia al respecto de forma breve.	
Variaciones entre los dos ciclos	
Ciclo 3	Ciclo 4
¿Qué te han parecido los contenidos? ¿Qué añadirías o quitarías?	Valora el desarrollo general de la asignatura: aspectos positivos y negativos (sesiones, trabajos, organización, etc.
Los trabajos realizados: valoración.	Explica brevemente qué crees haber aprendido en la asignatura, especialmente en lo relativo a metodología de enseñanza deportiva.
Metodología seguida: progresión, relación alumnado-profesor, etc.	

Tabla 4. El informe de evaluación del alumnado (IE)

Cuaderno de campo. Es un instrumento de evaluación y reflexión en el que se recogen los comentarios sobre la vivencia personal del alumno, relacionado con su experiencia práctica en las sesiones de la asignatura y su análisis docente de las mismas.

Programas y documentación sobre los trabajos de las asignaturas. Como ya hemos explicado, estos documentos fueron utilizados, fundamentalmente, como referencia para definir los cuatro ciclos que se han establecido en la investigación. En todos los casos se optó por tomar como referencia los documentos de la asignatura Baloncesto para realizar el análisis de los diferentes ciclos, pero hubiese sido igualmente válido el de cualquiera de las otras dos asignaturas por su similitud, como lo refleja el hecho de que incluso, desde el segundo ciclo, el trabajo era común a todas ellas.

Informes de evaluación externa de la Universidad (IEU). Son las encuestas de evaluación sobre la asignatura y el profesor que la Universidad pasa a los alumnos al finalizar el curso. Se trata de ítems que deben ser valorados en una escala. Hay dos encuestas diferentes, la de la Universidad Autónoma de Madrid (UAM), hasta el curso 1997-1998 y la de la Universidad de Valladolid (UVA), desde 1998-1999 hasta el final de la investigación. No obstante, se trata de encuestas muy similares que aluden a aspectos de la docencia que, en general, coinciden. En el informe de evaluación externa de la UAM, utilizaba para su encuesta un cuestionario cerrado centrado en la docencia con 13 ítems que luego agrupaba en 7 aspectos diferentes de la docencia: satisfacción general con la labor del profesor, organización y claridad en las exposiciones, estímulo del interés del alumno, dominio del tema, interacción con los alumnos, aspectos complementarios del curso (actividades y materiales) y cumplimiento de las obligaciones formales. El alumno podía dar una valoración a través de una escala con 7 opciones que iban desde "totalmente de acuerdo" a "totalmente en desacuerdo". Por lo que respecta a los informes de evaluación de la UVA, la encuesta constaba de 10 ítems donde el alumnado valoraba de 1 a 10 la labor del profesor en diferentes aspectos relacionados con el programa y desarrollo de la asignatura, su práctica pedagógica y la relación con los estudiantes. La encuesta incluía un último ítem para valorar de forma global el trabajo del profesorado.

Las entrevistas. Tuvieron un carácter semiestructurado, por ser el que mejor se adecuaba a los intereses de la investigación. Se realizaron un total de ocho entrevistas a maestros y maestras de EF que recibieron su formación inicial sobre enseñanza deportiva en el contexto de la investigación. Además, la selección de los participantes, cumpliendo con la idea de relevancia defendida por McMillan y Schumacher (2005) se basó en los siguientes criterios: (a) pertenencia a diferentes ciclos de la investigación, dos por ciclo; y (b) trabajo en diferentes contextos: centros rurales, urbanos o incluso de educación compensatoria, y accesibilidad.

La entrevista se articuló en torno a tres bloques temáticos: conocimientos e ideas previas, la enseñanza deportiva recibida en su formación inicial y el deporte en la EF desde su experiencia como docentes. En la tabla 5 se detallan las preguntas utilizadas en la entrevista.

Bloque 1- Conocimientos e ideas previas.
Valora tu experiencia deportiva desde el punto de vista personal. Comenta si ha sido una experiencia positiva o no y las razones de tu opinión. ¿Cuáles son los motivos que te han llevado a la práctica deportiva? ¿Cómo ha influido tu experiencia deportiva en la elección de tu profesión? ¿Qué modelo de formación deportiva consideras que fue el predominante en tus experiencias previas a la formación inicial como maestro de EF? ¿Cómo han condicionado esas experiencias previas tu formación y planteamientos sobre la enseñanza deportiva?
Bloque 2- La enseñanza deportiva en el ámbito de la formación inicial.
¿Qué aprendizaje has recibido acerca de la enseñanza deportiva en tu formación inicial como maestro de EF en la EU de Magisterio? ¿Reconoces otras influencias significativas? Explica cuáles. ¿En qué cambia tu idea sobre la enseñanza deportiva en la EF a través de la participación en la asignatura de Iniciación Deportiva en la E.U. de Magisterio? Analiza la relación Educación Física-Deporte. ¿Qué debe aprender un maestro de EF sobre enseñanza deportiva?: ¿Deben estar las actitudes y valores presentes en la formación? Valora tu formación inicial: aspectos positivos y negativos. ¿Cuál fue el modelo de enseñanza deportiva recibido en tu formación inicial? ¿Cuáles son las ventajas e inconvenientes que viste en el aprendizaje del mismo? Si la respuesta alude al modelo comprensivo: ¿Qué entiendes por enseñanza para la comprensión en la iniciación deportiva? ¿Qué diferencias encuentras con el modelo tradicional? ¿Ha sido útil en tu formación el modelo de enseñanza para la comprensión? ¿Qué te llama la atención del modelo de enseñanza para la comprensión? ¿Qué necesita un docente que toma contacto con una nueva metodología como la enseñanza para la comprensión para desarrollarla? ¿Qué nuevas propuestas incluirías para la enseñanza deportiva en la formación inicial de un maestro de EF?
Bloque 3- El deporte en la EF desde la experiencia como docentes.
Analizando con perspectiva la formación recibida, ¿ha sido útil para tu trabajo como maestro de EF? ¿Qué aspectos destacas en tu formación inicial? ¿Cuáles son tus principales preocupaciones como docente en torno a la enseñanza deportiva en la EF? ¿Qué modelo de enseñanza deportiva aplicas?; ¿Por qué? Ventajas e inconvenientes al de aplicar dicho modelo en la escuela. ¿Qué estrategias utilizas para la comprensión? ¿Has sido capaz de trasladar el protagonismo al alumno? ¿Cómo? ¿Dejas que ellos den la solución a las preguntas o tu mismo les dabas las respuestas? ¿Cómo evalúas el aprendizaje de tus escolares en la enseñanza deportiva? ¿Conoces lo que es el Espacio Europeo de Educación Superior? ¿Qué propuesta de enseñanza deportiva se adapta mejor a los principios que guían el mismo.

Tabla 5. Preguntas básicas utilizadas en la entrevista.

RESULTADOS, ANÁLISIS Y DISCUSIÓN.

Análisis de los datos

Desde el punto de vista práctico, los resultados trataron de sintetizar el proceso de investigación a lo largo de los cuatro ciclos que abarcó el mismo, de modo que su elaboración tuvo dos partes. En la primera parte, se definieron los resultados para cada uno de los ciclos, y en la segunda parte, los resultados de todos los ciclos fueron redactados globalmente, a partir de los obtenidos previamente para cada ciclo, aportando evidencias para cada uno de los ciclos en tablas donde se recogían los datos obtenidos en los diferentes instrumentos. A modo de ejemplo, la tabla 6 (Monjas, 2008a, p. 184) refleja qué deportes consideran los estudiantes de magisterio que son más adecuados para trabajar en la EF en Primaria. Las abreviaturas se corresponden con los instrumentos utilizados y el ciclo en el que se emplearon.

Ciclo 1º	Cualquier deporte es bueno si se dirige y adapta correctamente (CI1-8) Todos los deportes son adecuados, siempre que se les conceda un fin propiamente educativo (CI1-30)
Ciclo 2º	Todos los deportes son adecuados, de manera básica, pues pienso que no hay que limitarles. Cada persona tiene su deporte y nuestra función es ayudar a encontrarle (CI2-11) El deporte es muy positivo para todas las personas que lo practiquen, siempre que sea sin presiones y sin elitismos (HV2-1)
Ciclo 3º	Nunca me ha gustado hacer deporte yo sola... Siempre llamaba a alguien, necesito a alguien con quien compartir, hablar, ... (HV3-71) Cualquier deporte explicado de manera correcta puede ser adecuado y si es muy complejo se pueden hacer variantes (CI3-76)
Ciclo 4º	... me parecen muy apropiados [los deportes de equipo] porque se practican en grupo y se apoyan unos a otros, practicando también el compañerismo(CI4-146) ... los deportes más adecuados serían aquellos donde entre en juego el trabajo en equipo y la estrategia ... (CI4-90)

Tabla 6. Ejemplo de tabla de resultados sintetizando los 4 ciclos.

El análisis de datos, como corresponde a una metodología de investigación cualitativa, se dio a lo largo de toda la investigación de forma simultánea con la recogida de los mismos (Rodríguez, Gil y García, 1996; Stake, 1998). De hecho, la utilización de la información proporcionada por algunos de los instrumentos supuso cambios en el programa y desarrollo de la propuesta de enseñanza deportiva por parte del investigador en su práctica docente, como se desprende del establecimiento de diferentes ciclos de investigación que se corresponden con cambios sustanciales en la docencia. Esta idea se corresponde con la búsqueda de transformar la realidad educativa y no sólo interpretarla propia de las investigaciones educativas que señalan autores como Pérez (1994) y Rodríguez et al. (1996).

En este análisis de los datos se determinó el establecimiento de un sistema de categorías, que sirvieron además como guía para la posterior elaboración de las ideas y conclusiones de la investigación. En la tabla 7 se detallan las categorías utilizadas en el estudio.

1. Evolución de la relación EF-Deporte en el alumnado en formación inicial	2. Análisis del aprendizaje	3. Aspectos más relevantes de la práctica docente en la formación inicial
1.1.- Conocimientos e ideas previas del alumnado 1.2.- Ideas sobre la relación EF-Deporte que manifiesta el alumnado tras su paso por la asignatura 1.3.- Evolución del pensamiento del alumnado tras su paso por la asignatura.	2.1.- Bases teóricas 2.2.- Metodología de enseñanza deportiva. 2.3.- Aplicabilidad del modelo de enseñanza deportiva. 2.4.- Problemas de aprendizaje.	3.1.-La presencia de la Educación en valores 3.2.- Análisis de la labor del profesor 3.3.- Propuestas para mejorar la formación inicial

Tabla 7. Categorías y subcategorías establecidas para la investigación.

Además, el análisis de los datos se realizó teniendo en cuenta los criterios de rigor que deben cumplirse en toda investigación. En nuestro caso, siguiendo a Guba (1985), se analizó detenidamente el cumplimiento de los criterios de credibilidad, transferibilidad, dependencia y confirmabilidad. Además consideramos también un quinto criterio por su adecuación al planteamiento y diseño de investigación adoptado, que Lather (1986) denomina "Validez Catalítica", definiéndola como el grado en que el proceso de investigación proporciona a los participantes en el mismo los medios para mejorar su situación y transformarla. En esta línea, destacamos tres aspectos que se dan en el estudio:

> Este estudio constituye una investigación sobre un modelo de enseñanza deportiva para la formación inicial del profesorado de EF, dirigido fundamentalmente a analizarle para plantear pautas de mejora del mismo.
> Se establece un marco colaborativo con el profesorado implicado en la investigación, las entrevistas, que entendemos que puede repercutir en su perfeccionamiento profesional y en la mejora de su práctica.
> A través del modelo, se busca generar en el alumnado procesos de reflexión y comprensión de sus prácticas de aprendizaje, así como de los diferentes modelos de enseñanza deportiva que pueden existir, para que definan su propio planteamiento sobre el tema de forma autónoma.

Discusión. El efecto de la propuesta en el alumnado

En este apartado se relacionan los resultados, desglosados en las diferentes categorías, con las finalidades de la investigación, tratando de dar respuesta a las mismas. En líneas generales, a través del estudio se busca analizar la influencia que la propuesta de enseñanza deportiva tiene en el alumnado en un doble sentido: en su formación inicial y en su futura labor como docentes. Se trataba de dar respuesta a las preguntas complementarias que guiaron todo el proceso de investigación y que se detallan en la tabla 8.

Efecto de la propuesta en el alumnado, en su formación inicial
¿Cómo evolucionan sus creencias previas, especialmente en lo relativo a la relación entre EF y deporte?
¿Qué cambia en el concepto del alumnado sobre la utilización del deporte en la EF después de su paso por la asignatura?
¿Qué manifiesta aprender el alumnado con la asignatura?; ¿Qué problemas encuentran y qué cambios sugieren para mejorar el trabajo desarrollado?
¿Cuáles son los aspectos más relevantes para el alumnado de mi práctica docente, como profesor responsable de su formación inicial?
Efecto de la propuesta en el alumnado, en su futuro como docentes
¿Qué modelo de enseñanza deportiva están aplicando los docentes de EF que he formado cuando son maestros de EF en Educación Primaria?
¿Qué cambios proponen para mejorar el proceso seguido en la asignatura?

Tabla 8. Preguntas complementarias en la investigación

La evolución de sus creencias y el cambio del concepto que el alumnado tiene sobre la relación EF-deporte a través de su participación en la asignatura. En este apartado se analiza la consecución de la primera de las finalidades fijadas para la investigación: favorecer que los futuros docentes de EF analicen, se cuestionen y, en muchos casos, cambien las ideas iniciales que traen acerca del deporte y su aplicación en las clases de EF. Las ideas más significativas son las siguientes:

Los resultados de la investigación nos indican que los estudiantes de la especialidad de EF tienen un perfil bastante homogéneo, en la línea de otros estudios previos

(Contreras, 2003; Sicilia, 1998): son personas con una buena experiencia previa en el ámbito de la actividad físico-deportiva, sin apenas experiencias negativas y que valoran especialmente la socialización que supone la práctica deportiva. Además, vienen con ideas previas afianzadas en las que los deportes son considerados un contenido fundamental de la EF en Primaria, siendo los deportes colectivos los más adecuados. En la tabla 9 se resumen los resultados relativos a los conocimientos e ideas previas del alumnado de Segovia.

Experiencia previa
El alumnado de EF se caracteriza por tener una experiencia positiva en su contacto previo con las actividades deportivas, lo que constituye la razón fundamental para iniciar sus estudios.
La experiencia previa positiva se debe, fundamentalmente, a la socialización que acompaña a la práctica deportiva.
Apenas hay experiencias negativas, destacando que el reconocimiento de éstas suele producirse principalmente cuando se utilizan las historias de vida.
La utilización del deporte en la EF
Para el alumnado el deporte es un contenido básico de la EF en Primaria.
Los deportes colectivos son considerados el contenido más adecuado para trabajar el deporte en el currículum de EF.

Tabla 9. Los conocimientos e ideas previas del alumnado que estudia la especialidad de EF en la E.U. de Magisterio de Segovia.

Si tenemos en cuenta esta realidad, la formación inicial del profesorado de EF en materia de enseñanza deportiva debe partir del análisis crítico de las experiencias e ideas previas del alumnado como proceso clave que les permita cuestionarse los planteamientos iniciales que traen sobre el tema. Para evitar que el aprendizaje de nuestro alumnado pueda llegar a ignorar la realidad propia de las clases de EF, con escolares cuya vivencia no es siempre buena, debemos promover su participación no sólo en los aspectos considerados tradicionalmente prácticos de la asignatura, sino también en los intercambios de ideas que constituyen un procedimiento básico en su formación. No olvidemos que hay una creencia fuertemente asentada sobre la separación entre teoría y práctica en el ámbito de la EF, que lleva a pensar que sólo es teoría lo que se explica en el aula y práctica las actividades motrices que se realizan en las instalaciones deportivas (López-Pastor, 2006; López et al., 2004). La toma de conciencia sobre sus ideas previas se convierte así en un elemento clave para el cambio, tal y como apuntan Devís (1996), López et al. (2004), Pascual (1994), Sicilia (1998). Los relatos biográficos interpretados de forma crítica constituyen un elemento esencial para la toma de conciencia de la influencia que para un maestro de EF tienen sus ideas previas a la hora de desempeñar su profesión, en especial las relativas al deporte, por su relación positiva con el mismo.

Pero además, las razones que llevan al alumnado a estudiar en las escuelas de formación del profesorado de EF no sólo deben valorarse como un argumento que puede ser negativo debido a la influencia de las ideas previas en el planteamiento que adopten como docentes. También pueden interpretarse como un factor positivo: el gusto por la enseñanza y los niños, tan presente entre las razones que llevan al estudiante de magisterio a elegir su formación, debemos convertirlo en el factor que lleve al profesorado a dar un paso más en su búsqueda de la mejor enseñanza para su alumnado. En los resultados de la investigación, coincidiendo con Griffin y Butler (2005) y Holt, Stream y Garcia-Bengoechea (2002), las experiencias socioafectivas de nuestro alumnado son consideradas por delante de las cognitivas y motrices a la hora de identificar por qué una experiencia deportiva es positiva y considerar si esa vivencia positiva sería bueno que la transmitiesen a los escolares con los que lleguen a trabajar cuando desarrollen su labor como docentes. En definitiva, hay que conseguir que sitúen, como docentes, el centro de referencia de su labor en su alumnado. Enseñan a personas, no simplemente una materia y deben lograr que los alumnos y alumnas tengan vivencias positivas, como a ellos les sucedió.

Con relación a las ideas sobre la relación EF-deporte tras su paso por la asignatura (ver resumen de resultados en tabla 10), destaca el cambio de perspectiva. El estudio constata que se consigue el propósito de crear en el alumnado una inquietud por su trabajo como futuros docentes de EF, que ya no ven el deporte simplemente como un contenido a practicar, sino como un contenido que deben enseñar. Así, surge un mayor número de opiniones críticas acerca de la presencia del deporte en el currículum de EF y en su propia formación inicial, por lo que el deporte es considerado un medio y no un fin en sí mismo. Es decir, hay una progresión interesante en la valoración del contenido, que ya no es considerado de un modo tan preferente, evitando esa visión "deportivizada" de la EF (identificación de la EF con el deporte a la que aluden López-Pastor, Monjas, García y Pérez, 2003) habitual en muchas experiencias previas. Además, los deportes colectivos siguen siendo considerados el contenido deportivo idóneo para las clases de EF, pero relacionándolos con la posibilidad de trabajar en grupo o fomentar el desarrollo de valores como: la socialización, la igualdad, el respeto o la honestidad; teniendo en cuenta que lo importante no es el deporte que se trabaje, sino cómo se utilice, el enfoque que se aplique (Castejón, 2006; Giménez, 2003; Monjas, 2004; Seirulo, 1995; Zaulaika, 2004).

La relación entre EF y deporte pasa a ser percibida desde una perspectiva docente, relacionada con su posible aplicación en EF cuando ejerzan como docentes de la asignatura.
La presencia del deporte en la EF es valorada positivamente, ofreciendo razones de carácter educativo para su utilización.
Evolución del pensamiento del alumnado tras su paso por la asignatura
Disminuye la importancia que el alumnado concede al deporte dentro de la EF y aparecen opiniones que manifiestan la necesidad de utilizarle críticamente.
El cambio más significativo consiste en considerar el deporte, a partir de su vivencia en la asignatura, como un contenido con posibilidades formativas. El deporte pasa de ser una actividad que el alumnado realiza en su vida personal, a ser un contenido analizado y estudiado para saber como debe ser aplicado en la práctica docente.
Hay una evolución importante, desde una visión del deporte unida a la técnica y el rendimiento, hacia un enfoque formativo al utilizar el deporte en la EF
Destaca la importancia concedida al conocimiento de diferentes opciones metodológicas para poder utilizar la más adecuada en cada momento
Análisis sobre qué deportes son los más adecuados para la EF
Los deportes colectivos siguen siendo considerados los más adecuados para la EF en Educación Primaria, pero entre las respuestas del alumnado, es frecuente justificar su utilización por las posibilidades que ofrecen para fomentar el trabajo en equipo, la colaboración o el respeto.
Son destacables opiniones que explican que lo importante no es la actividad, el tipo de deporte, sino el enfoque que se dé al mismo, que debe ser coherente con un uso educativo del deporte en el contexto escolar.

Tabla 10. Ideas sobre la relación EF-deporte que manifiesta el alumnado tras su paso por la asignatura.

En consonancia con lo expuesto, igual que para los escolares de Primaria el docente es una figura clave para conseguir buenas experiencias en el ámbito deportivo, el profesor en formación inicial tiene la responsabilidad de formar a los futuros maestros y maestras, proporcionándoles experiencias adecuadas que les permitan afrontar la enseñanza deportiva con una visión formativa en la que todo el mundo tenga cabida. Como señalan López-Pastor et al. (2003), Rivera y de la Torre (2003), Ruíz (2004), la labor del docente va a ser un referente clave a la hora de definir una propuesta formativa asociada al deporte. De acuerdo con Sparkes (1992) el proceso de cambio es muy complejo y por ello es todavía más importante nuestro compromiso de ofrecer un modelo diferente de EF desde la formación inicial.

Análisis del aprendizaje. Este apartado se corresponde con otras dos finalidades de la investigación: formar profesionales reflexivos, que integren el análisis y la reflexión en su práctica docente como estrategia para fomentar el pensamiento crítico, y conocer qué modelo de enseñanza deportiva reconoce haber aprendido nuestro alumnado a partir del trabajo desarrollado en la asignatura. Las ideas más destacadas son estas (resumidas en las tablas 11 y 12).

La inquietud docente que es transmitida al alumnado desde la asignatura, queda patente en los resultados de la investigación, que corroboran la importancia que estos dan a la utilización de la reflexión, el desarrollo del pensamiento crítico y el trabajo de grupo. Es necesario asumir el riesgo de fomentar en la formación del profesorado el pensamiento crítico porque, si lo sabemos aprovechar, promoverá el diálogo y el intercambio de ideas y favorecerá un proceso formativo más completo, en el que la argumentación y la reflexión, finalidades de todo el proceso, se trabajarán de forma específica (Contreras, De la Torre y Velázquez, 2001; Devís, 1996; Learreta, Boned y Huete, 2003; Monjas, 2004). Pero no podemos olvidar que un planteamiento crítico y reflexivo comienza por un respeto absoluto y escrupuloso a las ideas y planteamientos de los demás, también por parte del profesorado, y a veces, sin darnos cuenta, podemos caer en el error de imponer un tipo de reflexión o pensamiento determinado como la única salida de nuestro alumnado para superar la asignatura.

El alumnado valora muy positivamente la posibilidad de llevar a cabo experiencias prácticas con escolares, ya que les permite establecer conexiones entre el trabajo de la asignatura y la práctica docente. Este tipo de experiencias repercuten positivamente en la motivación y aprendizaje, siempre que vayan acompañadas de un trabajo de análisis y reflexión que posibilite un aprovechamiento adecuado de las mismas. Diversos autores defienden la importancia de la reflexión sobre la práctica para garantizar que ésta tenga un efecto realmente positivo sobre el proceso de enseñanza-aprendizaje (Learreta et al., 2003; Pascual, 1994) El desarrollo profesional de un docente se verá beneficiado con la puesta en práctica de este tipo de hábitos, que servir de puente de conexión entre teoría y práctica.

Análisis del aprendizaje: aspectos generales
El proceso de enseñanza-aprendizaje es valorado positivamente por la conexión que el alumnado establece con su futura labor profesional, destacando los siguientes aspectos básicos propios del mismo La importancia de la reflexión en el proceso de enseñanza-aprendizaje llevado cabo en la asignatura y como herramienta necesaria para el desarrollo profesional de un docente.
Es necesario favorecer el desarrollo del pensamiento crítico.
La posibilidad de realizar prácticas con escolares es considerada una experiencia de aprendizaje fundamental, que permite establecer conexiones entre el trabajo del aula y la práctica docente.

Tabla 11. Resumen sobre los aspectos generales del análisis del aprendizaje: aspectos generales.

El modelo de enseñanza aprendido por el alumnado se centra en la búsqueda de la participación como criterio fundamental para utilizar el deporte en la EF. El alumnado en formación inicial se identifica con un modelo de enseñanza deportiva que podemos calificar de participativo durante todo el periodo investigado, a pesar de los cambios introducidos en la enseñanza deportiva a lo largo de los 12 años que dura el mismo.

Desde una perspectiva crítica, los resultados de la investigación también nos muestran la necesidad de profundizar a nivel teórico en el aprendizaje metodológico para la enseñanza deportiva dentro de la formación inicial del profesorado de EF, ya que un importante grupo de estudiantes tiene una concepción genérica del aprendizaje a nivel metodológico, sin definirse por un planteamiento específico. Esto puede ser una carencia formativa, porque también puede entenderse que indica que el alumnado no tiene claras las bases y finalidades de la propuesta de enseñanza deportiva escogida, con el riesgo de que los cambios que apliquen los futuros docentes en la enseñanza deportiva sean superficiales, limitándose a introducir nuevas actividades, pero sin comprender con claridad su sentido y las finalidades que se buscan. Esto podría producirse especialmente cuando se trata de la enseñanza para la comprensión. Es necesario, por tanto, desarrollar estrategias concretas que permitan profundizar en el tema de forma adecuada. Por ejemplo, la utilización de los informes de iniciación deportiva con una orientación más específica a nivel metodológico, o el análisis de sesiones con planteamientos metodológicos diferentes, que favorecen que el alumnado identifique, comprenda y diferencie los distintos enfoques que existen para la enseñanza deportiva, tal y como se recogen en Blázquez (1995), Contreras et al. (2001), (1996), Giménez (2003).

La investigación confirma que el alumnado otorga gran importancia a la metodología como factor clave para que el proceso de enseñanza deportiva se lleve a cabo correctamente, así como al conocimiento de diferentes modelos, que ofrezcan al alumnado la posibilidad de orientarse hacia propuestas coherentes con el interés formativo que debe estar presente a la hora de utilizar el deporte en EF (Castejón, 2006; Contreras et al., 2001; Devís, 1996; Devís y Peiró, 1992; Griffin y Butler, 2005; Monjas, 2006).

Análisis del aprendizaje: Metodología de la enseñanza
La metodología de enseñanza deportiva que es aplicada en la asignatura es definida por el alumnado como "metodología participativa", por ser ésta la característica que mejor la identifica durante todo el proceso de investigación, a pesar de los cambios introducidos en la programación y planteamiento de los diferentes ciclos, especialmente desde el segundo de ellos.
La enseñanza para la comprensión, modelo de referencia para la enseñanza deportiva transmitido desde la asignatura, no siempre es identificada con claridad. Existen dudas sobre el conocimiento en profundidad de la propuesta.
El alumnado destaca la importancia de la metodología de enseñanza deportiva en su formación, así como el hecho de conocer diferentes planteamientos al respecto.

Tabla 12. Resumen sobre la metodología de enseñanza deportiva.

Aspectos más relevantes de la práctica docente. En este apartado valoraremos la consecución de dos de las finalidades propias de nuestra investigación: Analizar el aprendizaje de nuestro alumnado a nivel socioafectivo y analizar la importancia que el alumnado concede a la labor del profesor, como eje básico de todo el proceso de enseñanza-aprendizaje. Las principales aportaciones encontradas son las que se exponen a continuación.

En la investigación se refleja claramente la importancia que para el alumnado tiene la Educación en Valores en todo proceso educativo. Además, a través de su participación en la asignatura de Iniciación Deportiva, esta relación es percibida en una doble dimensión.

Por una parte, como alumnado que en sus prácticas vivencia situaciones donde valores como la colaboración, el respeto o la igualdad son fomentadas, de acuerdo con la importancia de desarrollar este tipo de experiencias en la formación del profesorado (López-Pastor et al., 2003; Monjas, 1997; Padrón, 1999). Por otra parte, como futuros docentes, que valoran la importancia y necesidad de tener en cuenta estos aspectos en su labor, y de modo específico, cuando el contenido a utilizar es el deporte. Autores como Castejón (2006), Giménez (2003), Monjas (2004), Seirulo (1995), exponen el potencial formativo del deporte, pero al mismo tiempo, la necesidad de desarrollar planteamientos apropiados que permitan que esa relación con la Educación en Valores se produzca realmente. No debe entenderse que la simple utilización del deporte conlleva un efecto educativo.

Resolvemos pues el interrogante ¿Formar docentes o formar personas? que Rivera y De La Torre (2003) se plantean y que ellos mismos, al igual que autores como López-Pastor et al. (2003), Monjas (1997), Ortega y Mínguez (1996) también asumen al hablar de los retos a resolver en la formación inicial del profesorado: la necesidad de trabajar la Educación en Valores como parte esencial de la formación del profesorado, idea que el alumnado ha asimilado a través de la asignatura, como se puede comprobar con claridad en los resultados de la investigación.

En la valoración del proceso de enseñanza-aprendizaje, el alumnado subraya la importancia de crear un buen clima de trabajo en el aula para favorecer el mismo, tal y como apuntan algunos autores (López-Pastor et al., 2003; Monjas, 1997; Ruíz, 2004; Velázquez, 2004), que consideran que cuando no hay buen ambiente de grupo se resiente el aprendizaje. Para conseguir un buen ambiente de grupo la labor del docente es determinante, pues será quién defina la orientación del proceso, el tipo de relaciones que se establecen en el mismo, etc. Coinciden a la hora de señalar la importancia del profesor a este nivel diferentes autores (Barba, 2006; Escartí, Gutiérrez y Pascual, 2005; López-Pastor, 1999; López-Pastor en al., 2003) y en la investigación se pone de manifiesto que el proceso de enseñanza-aprendizaje es entendido como una labor conjunta, si bien es fundamental dejar claro que la responsabilidad de ambos es diferente, al igual que el tipo de aprendizaje que se puede producir. Un buen ejemplo de este aprendizaje conjunto es la doble acepción del término comprensión antes explicada. La idea de ampliar el sentido del término surgió a través del diálogo entre el profesor y un grupo de alumnos y alumnas en formación inicial, durante la evaluación de la aplicación de una unidad didáctica de enseñanza deportiva basada en un modelo comprensivo.

La valoración favorable que del proceso de enseñanza-aprendizaje realiza el alumnado en la investigación es coherente con la idea de que un buen clima de trabajo, basado en la cercanía docente-discente favorece el mismo. Esta afirmación se ratifica en los diferentes instrumentos de evaluación utilizados, en los que la organización, contenidos, metodologías, relación profesor-alumnado, etc., son considerados muy positivamente. Es significativo apuntar que esta valoración no ha experimentado cambios significativos en un estudio que abarca 12 años, divididos en cuatro ciclos de investigación diferentes a partir de los cambios que se han producido en la programación y desarrollo de la asignatura. La interpretación que puede darse a este hecho, es que la dimensión afectiva del aprendizaje es un factor fundamental en el desarrollo de la asignatura. En Pascual (1994, p. 45) encontramos una cita que sintetiza muy bien esta idea: "Los estudiantes no sólo aprenden 'los que', sino también 'los cómo'"; no sólo aprenden el conocimiento que se transmite, sino también los procesos utilizados para que el conocimiento se produzca.

En este sentido, en la investigación se constata que cuando el alumnado percibe implicación en el profesorado, genera un efecto motivador muy interesante para el aprendizaje, como reconocen diferentes autores (Escartí et al., 2005; Gore, 1991; López-Pastor et al., 2003; Monjas, 1997; Pascual, 1994; Ruíz, 2004).

El hecho de que la investigación confirme que los contenidos socioafectivos son muy significativos para nuestro alumnado es, además, un resultado acorde con la revisión del modelo de Enseñanza para la Comprensión, que se refleja en el doble significado de la palabra comprensión (Monjas, 2006). La preocupación de un docente en el proceso de enseñanza deportiva no debe limitarse a que el alumnado conozca y aplique estrategias, tácticas o sepa definir situaciones de juego, es decir a la comprensión táctica y técnica del juego. También es posible comprender la necesidad de adoptar determinadas actitudes positivas para favorecer a las personas que toman parte en la actividad. Por ejemplo, comprender la necesidad de que todos participen en el juego, independientemente de su nivel de habilidad y promover reglas o actitudes en el juego que lo faciliten, de modo que se entiendan los verdaderos objetivos de nuestra actividad (el aprendizaje desde la participación conjunta de todos y todas). Es una forma de que el alumnado identifique el modelo comprensivo con actitudes de igualdad, respeto y colaboración, que entienda la necesidad de hacer efectivo el derecho a participar.

Este aprendizaje es especialmente importante porque estamos trabajando con un contenido, el deporte, en el que suele haber muchas diferencias entre los participantes, y ésta desigualdad inicial no debe ser vista como un factor excluyente, sino como un rasgo a tener en cuenta en el proceso de enseñanza-aprendizaje para plantear propuestas en las que todo el mundo esté integrado y progrese en su aprendizaje. Existen en la literatura interesantes propuestas en esta misma línea. Entre las mismas destacamos las hojas de registro que propone Velázquez (2001), las estrategias para la igualdad que señala Sánchez (1997), la utilización de dilemas y narraciones (Ruíz, 2004), la creación de juegos deportivos con carácter cooperativo que aplica Méndez (2004), las modificaciones participativas que propone Monjas (2006) y los recursos cooperativos para la enseñanza deportiva de Velázquez (2004).

El alumnado resalta la importancia de la figura del profesor, que será el que defina la orientación de la asignatura y contribuya a que el ambiente de la clase sea el adecuado. En este sentido, es muy bien valorada la participación del alumnado en el proceso desarrollado. El hecho de conseguir que sean los protagonistas de su formación y no sólo meros receptores de información, es un aspecto resaltado significativamente.

La buena actitud e implicación del profesor en la asignatura fomenta la motivación del alumnado hacia el proceso de enseñanza-aprendizaje que tiene lugar en la misma, como queda reflejado en los diferentes instrumentos de la investigación.

La aplicabilidad del modelo de enseñanza deportiva. En este apartado se analizan otras dos de las finalidades de la investigación: conocer qué modelo de enseñanza deportiva reconoce haber aprendido nuestro alumnado a partir del trabajo desarrollado en la asignatura y conocer el efecto real que nuestra labor produce en el alumnado cuando posteriormente logran trabajar como docentes de EF en Educación Primaria. Las ideas más destacadas de su análisis son las siguientes.

En la investigación se refleja que la principal característica del modelo de enseñanza deportiva aprendida por el alumnado es su interés participativo. Es decir, el modelo comprensivo es asimilado en muchos casos como modelo participativo, ya que entienden que conseguir la implicación de los niños y niñas, lograr que disfruten con la práctica deportiva y la educación en valores deben ser las finalidades a conseguir con su aplicación, coincidiendo básicamente con el planteamiento defendido por diferentes autores que señalan que los participantes en la actividad deportiva deben ser los verdaderos protagonistas en el proceso de enseñanza-aprendizaje, con la Educación en Valores como referencia básica del mismo (Devís, 1996; Monjas, 2004; Ruíz, 2004; Sánchez-Mora, García y González, 2007; Velázquez, 2004).

El carácter participativo del modelo es asimilado por el alumnado desde el inicio de la investigación, a pesar de que la definición y concreción del modelo con esta idea no se produce hasta la redacción del proyecto docente por parte del investigador, en el año 2000, que es cuando se plantea de un modo consciente lo que define como Enseñanza para la comprensión y la participación, como propuesta complementaria al modelo comprensivo, especialmente para el ámbito de Educación Primaria (Monjas, 2006). Es decir, independientemente del ciclo de investigación en el que el alumnado recibió su formación inicial (no olvidemos que los dos primeros ciclos de la investigación abarcan desde 1995 a 1999, antes de la definición específica de la propuesta), el enfoque participativo del modelo de enseñanza deportiva ha sido después unánimemente aplicado cuando pasan a desarrollar su función como maestros de primaria. Este resultado admite una doble interpretación: (a) por un lado, es un resultado coherente con los planteamientos del investigador, que constata que el proceso de aprendizaje del modelo fue similar para el alumnado y el docente, que fueron descubriendo al mismo tiempo los fundamentos básicos del mismo de forma inductiva; y (b) por otro lado, este dato nos indica que es necesario profundizar a nivel teórico en la metodología de enseñanza deportiva, ya que con frecuencia el alumnado no habla de una propuesta metodológica concreta, sino de las actividades con las que ésta se desarrolla, por lo que corremos el riesgo de que el cambio a la hora de aplicar el deporte en el ámbito educativo sea superficial, simplemente un cambio de actividades, que podrían ser aplicadas como una receta y no desde planteamientos realmente comprensivos.

En definitiva, hay que intentar desarrollar de forma completa el modelo comprensivo y participativo, no quedarnos sólo en el ámbito participativo, lo que empobrecería la propuesta. Es necesario plantear estrategias y formas de trabajo que realmente permitan a nuestro alumnado optar por una opción metodológica que conozcan en profundidad, para que así puedan desarrollarla de modo coherente, no limitándose a un uso parcial de actividades.

La aplicación del modelo de enseñanza deportiva a nivel docente, cuando el alumnado desempeña esta función, ofrece resultados que coinciden con los que se daban en la investigación con el alumnado en formación inicial. Esto nos permite afirmar que la respuesta que ofrece el alumnado sobre su aprendizaje en el proceso formativo que tiene lugar en la asignatura no está condicionada por la figura del docente universitario, es decir, podemos afirmar que el alumnado desarrolla un pensamiento propio, que luego pone en práctica en la enseñanza deportiva dentro de la EF. Las razones que contribuyen a que este tipo de respuestas se produzca con naturalidad, según los datos recogidos, parecen ser: (a) el buen ambiente general que hay en el grupo; (b) la cercanía profesor-alumnado; y (c) el protagonismo que el alumnado tiene en su formación. La influencia del profesorado sobre el alumnado, lo que Bereiter (1990) denomina *school-work module*, para referirse a que las respuestas del alumnado están condicionadas por lo que el profesorado quiere escuchar es, por tanto, poco significativa, y esto contribuye a un aprendizaje más real y efectivo.

La investigación constata que los maestros de EF formados a través de su paso por la asignatura no aprenden un modelo sin más, sino que son capaces de tener una visión más global, que les permite identificar las ventajas e inconvenientes de la propuesta, en la línea de lo que apuntan diversos autores (Devís y Peiró, 1992; Monjas, 2004; Sánchez, 1997; Sánchez-Mora et al., 2007). En la tabla 13 se resumen las ideas en este sentido.

Este resultado es muy interesante pues permite corroborar que la formación inicial del alumnado ha sido provechosa para el desarrollo de estrategias docentes como la reflexión y el análisis y permite hacer una valoración positiva del trabajo realizado en la formación inicial, ya que ofrece sus frutos cuando el alumnado consigue ejercer como docente.

Aplicabilidad del modelo de enseñanza deportiva
El modelo de enseñanza deportiva que predomina entre el alumnado cuando pasa a desempeñar funciones docentes es la enseñanza para la comprensión, aunque en ocasiones es definido como modelo participativo
La utilización de los juegos, especialmente los juegos modificados, por la posibilidad que ofrecen a la hora de adaptar las actividades a los escolares, es una de las características principales de la propuesta aplicada en la EF escolar.
Cuando el alumnado de la especialidad de EF llegan a ser maestros y maestras tienen una visión más crítica del modelo de enseñanza deportiva recibido, identificando las ventajas e inconvenientes del mismo para su puesta en práctica: (a) las ventajas fundamentales son la implicación del alumnado y las posibilidades de participar en las actividades de una forma más justa; y (b) los inconvenientes se asocian a las dificultades iniciales para cambiar el planteamiento tradicional, la falta de tiempo y la influencia negativa del modelo más arraigado a nivel social, vinculado al rendimiento.

Tabla 13. Resumen sobre la aplicabilidad del modelo de enseñanza deportiva.

Propuestas de mejora

En este apartado es analizada la última de las finalidades de la investigación: identificar nuevas ideas y propuestas que puedan complementar y mejorar la formación inicial del profesorado. Para ello se ha utilizado de forma complementaria la información obtenida relativa a los problemas de aprendizaje por un lado, y por otro, las nuevas ideas para mejorar el proceso que se han encontrado en los diferentes instrumentos de recogida de datos. Las principales aportaciones son las siguientes.

Problemas de aprendizaje. El principal problema señalado por el alumnado en la investigación son las condiciones en las que se desarrolla la asignatura: desplazamientos a la instalación, falta de tiempo, problemas de organización,...

El alumnado apenas aporta información sobre problemas de aprendizaje en la asignatura, suele mostrarse de acuerdo con el trabajo realizado en la misma y sólo en algunos ciclos aparecen problemas puntuales, pero que no se repiten con continuidad, tales como el carácter tradicional del modelo en el primer ciclo, las relaciones entre chicos y chicas en el segundo ciclo y tercer ciclo, la falta de coordinación entre el profesorado en el cuarto ciclo o el excesivo trabajo que conlleva la asignatura para el número de créditos que tiene asignados, en el primero y el último ciclo.

Nuevas propuestas. La mayoría del alumnado apenas señalan aspectos significativos para mejorar la asignatura, ya que la consideran adecuada tal y como está. No obstante, entre las propuestas aportadas, la mayoría se refieren a las condiciones materiales en las que se desarrollan las clases: mejorar la accesibilidad a la instalación evitando los desplazamientos, aumentar el tiempo de clase, clarificar la organización de horarios o reducir el número de alumnos, a veces, excesivo. La inclusión de nuevos contenidos, como por ejemplo, otros deportes, o la realización de nuevos trabajos, son algunas de las sugerencias aisladas que son apuntadas, en la línea de dedicar mayor tiempo a la asignatura.

Quizás el aspecto más destacado dentro de las nuevas propuestas, es la coincidencia generalizada a la hora de demandar la realización de prácticas con escolares dentro de la asignatura. Estas prácticas fueron incluidas a medida que avanzaban los ciclos, pero se sigue aludiendo a la necesidad de incrementar las mismas. En esta misma línea, una de las propuestas más significativas, que surgen a partir de las entrevistas con alumnado que pasan a ejercer como docentes, es mejorar la conexión del trabajo realizado en la asignatura con la realidad escolar que se van a encontrar en su futuro profesional, por ejemplo, utilizar como contexto para las prácticas los centros rurales agrupados (CRAs) o reproducir las condiciones materiales que suelen encontrarse cuando comienzan su trabajo en los centros educativos.

Para finalizar, aunque no sea un tema especialmente significado entre las ideas y opiniones del alumnado, nos gustaría destacar por su interés la existencia de algunos casos que señalan la utilidad de la formación recibida para el ámbito extraescolar, aludiendo a la perspectiva formativa que debe darse en cualquier contexto donde se trabaje con niños y niñas. La posibilidad de transferencias desde la educación al deporte y no sólo, como desgraciadamente suele suceder, en sentido contrario, es una opción sumamente interesante que puede enlazarse con la necesidad de una formación adecuada de los técnicos deportivos de base y con enfoques formativos y participativos desde las administraciones políticas responsables de actividades como los juegos escolares o desde las federaciones deportivas.

CONCLUSIONES Y PROPUESTAS DE FUTURO

Conclusiones

El análisis global de todo el proceso de investigación nos ha permitido llegar a las siguientes conclusiones, que hemos separado teniendo en cuenta los dos grandes temas centrales de la investigación.

La propuesta de enseñanza deportiva y su efecto en el alumnado, en su formación inicial. Es necesario comenzar la enseñanza deportiva en la formación inicial del profesorado de EF partiendo de la toma de conciencia de las experiencias e ideas previas del alumnado, habitualmente asociadas a una vivencia positiva de la práctica deportiva, que ha sido la razón fundamental que les ha llevado a cursar los estudios de Magisterio. Este trabajo favorecerá el análisis y reflexión del alumnado sobre la necesidad de aprender un modelo de enseñanza deportiva adecuado para todos los escolares, y no sólo para aquellos que habitualmente tienen experiencias positivas, lo que les llevará a cuestionarse sus ideas iniciales sobre el tema.

El trabajo de la asignatura cumple con el propósito de crear en el alumnado una inquietud por su formación docente, de modo que muchos de los resultados que se manifiestan a través de la evaluación del proceso de enseñanza-aprendizaje aluden al cambio de perspectiva que supone ver el contenido desarrollado desde una visión de futuros maestros y maestras, lo que nos lleva a pensar que se da un aprovechamiento adecuado de la misma.

La relación entre EF y deporte para el alumnado en formación inicial evoluciona a través de su trabajo en la asignatura, pasando a ser la educación en valores el eje de referencia de todo el proceso formativo, en la línea del cambio que se produce al ver el deporte como futuros docentes que deben saber cómo llevarlo a la práctica. La investigación subraya la importancia que el alumnado concede a los contenidos socioafectivos, tanto en su faceta de participantes en las actividades deportivas que se realizan en la asignatura, como en su análisis de la futura labor que como maestros y maestras deben llevar a cabo.

El alumnado valora muy positivamente la posibilidad de llevar a cabo experiencias prácticas con escolares, ya que les permite establecer conexiones entre el trabajo de la asignatura y la práctica docente. Este tipo de experiencias repercuten positivamente en la motivación y aprendizaje, siempre que vayan acompañadas de un trabajo de análisis y reflexión que permita un aprovechamiento adecuado de las mismas.

El modelo de enseñanza aprendido por el alumnado se centra en la búsqueda de la participación como criterio fundamental para utilizar el deporte en la EF. El alumnado en formación inicial se identifica con un modelo de enseñanza deportiva que podemos calificar de participativo durante todo el periodo investigado, a pesar de que en el amplio periodo de 12 años que abarca el estudio, el investigador consideraba que se habían producido cambios significativos, especialmente con relación al modelo aplicado en el primer ciclo, muy tradicional. Esta realidad corrobora que el alumnado da, en ocasiones, mayor importancia a los contenidos socioafectivos que a los conceptuales. Sólo así se explica que hayan asimilado un mismo modelo pese a los cambios introducidos en los diferentes ciclos.

Es necesario profundizar en el aprendizaje del modelo comprensivo, para evitar que dicho modelo se desarrolle de forma superficial, basándose únicamente en las actividades del mismo, los juegos modificados, pero sin comprender con claridad el sentido y finalidades de la propuesta.

El profesor es considerado la figura clave, que define la orientación del proceso de enseñanza-aprendizaje. A él le corresponde fomentar que el alumnado sea el verdadero protagonista de su formación. Es significativo que haya una coincidencia general a lo largo de los doce años del estudio respecto a la valoración positiva que el alumnado concede a la labor desempeñada por el docente a este nivel.

La propuesta de enseñanza deportiva y su efecto en el alumnado, en su trabajo cuando llegan a ser docentes de EF. El efecto que la asignatura tiene sobre el alumnado cuando son docentes es unánime: aplican un modelo basado en la participación, con los juegos modificados como base general de la propuesta, pero no siempre es identificada con la enseñanza para la comprensión.

La aplicación del modelo a nivel docente, cuando el alumnado desempeña esta función, ofrece resultados que coinciden con los que se daban en la investigación con el alumnado en formación inicial. Esto nos permite afirmar que el docente universitario no condiciona las respuestas del alumnado, que desarrolla un pensamiento propio a través de su trabajo en la asignatura. Las razones que justifican este hecho son el buen ambiente general que hay en el grupo, la cercanía profesor-alumnado y el papel protagonista que se intenta dar al alumnado en el proceso de enseñanza-aprendizaje, como queda patente en la investigación.

La investigación ofrece una visión optimista sobre la influencia que ha tenido la formación inicial del alumnado para su desarrollo profesional. La aplicación de estrategias docentes como la reflexión y el análisis cuando llegan a ejercer como docentes de EF ratifican la utilidad del proceso formativo llevado a cabo.

El matiz positivo que, en general, puede percibirse de la lectura de estas conclusiones no nos impide reconocer la necesidad de mejorar el proceso formativo, especialmente profundizando en la formación teórica general relativa a los modelos de enseñanza deportiva. Sería bueno, además, incorporar las propuestas del alumnado para mejorar el proceso, como por ejemplo la búsqueda de mayor conexión con la práctica docente real o la lucha por mejorar las condiciones en las que se desarrolla la asignatura.

Desde el estudio se apunta una idea interesante relativa a la posibilidad de buscar transferencias desde la educación al deporte, promoviendo que las actividades deportivas tengan una perspectiva formativa independientemente del contexto.

Propuestas de futuro

Nuevas ideas para la docencia. Desde el estudio se apuntan estas posibilidades:

Favorecer la conexión de los contenidos desarrollados en la asignatura con la realidad a través de la realización de prácticas con escolares en contextos cercanos a su realidad profesional, como por ejemplo, los CRAs.

Aprovechar las posibilidades de conexión de la asignatura con el trabajo a nivel extraescolar que muchos de nuestros alumnos y alumnas llevan a cabo, en algunos casos incluso en conexión con la propia Universidad.

Mejorar el aprendizaje de las diferentes metodologías de enseñanza deportiva, utilizando instrumentos y estrategias que contribuyan a un conocimiento más adecuado de las diferentes propuestas, haciendo especial hincapié en el modelo Enseñanza para la Comprensión y la Participación. Es necesario hacer consciente al alumnado de que dentro de sus clases hay que dedicar un tiempo a la reflexión y el análisis, incluso si fuese necesario a la discusión de diferentes ideas. Muchas veces esto es percibido como una disminución del tiempo dedicado a la actividad propia de las clases de EF (motriz), pero es el medio indispensable para promover un aprendizaje real. Los instrumentos que potenciaremos con esta finalidad son los cuadernos de campo, reflexiones conjuntas en la clase y evaluaciones del proceso.

Evaluar conjuntamente con el alumnado su actuación, analizando si ha sido correcta o no, dando la opción de cambiar lo que han hecho si el resultado no fuese satisfactorio. El fin último es lograr que el alumnado sea capaz de evaluar su propio trabajo y el de otras personas, teniendo en cuenta su doble rol: alumno, pero también futuro docente

Desarrollar un modelo con un carácter constructivista significa también dejar que el alumnado tenga la opción de definir su propio modelo de enseñanza. Para ello hay que insistir en promover que, en las diferentes actividades de la asignatura, la participación del alumnado se produzca a través de un diálogo abierto y saludable, facilitar el intercambio de ideas y escuchar con respeto las opiniones diferentes.

Posibles líneas de investigación futura. A partir de la investigación surgen otras líneas de estudio entre las que destacamos:

Analizar la formación inicial del profesorado a través de la evaluación a profesorado en ejercicio, preferentemente titulados recientes, de modo que sea posible elaborar una propuesta adecuada para la formación inicial a partir los intereses y carencias detectados desde la práctica docente.

Realizar estudios conjuntos con otros docentes universitarios sobre las propuestas de enseñanza deportiva que tienen lugar en la formación del profesorado.

Evaluar la propuesta de enseñanza universitaria con el apoyo de otros docentes. Una alternativa muy interesante sería la de trabajar conjuntamente con compañeros del departamento. Gracias a la labor de observación crítica de otro docente, que puede ser mutua, podemos descubrir nuevas posibilidades de trabajo o también ser conscientes de problemas que el docente, de forma aislada, no es capaz de percibir.

Aplicar y analizar propuestas de enseñanza deportiva en otros contextos como el deporte escolar en los centros educativos, la formación de técnicos deportivos y el entrenamiento deportivo. Este tipo de trabajos trataría de fomentar las transferencias desde un modelo de enseñanza deportivo, con una orientación educativa, hacia contextos deportivos, que en muchas ocasiones priorizan sus finalidades hacia el rendimiento, olvidándose de la labor formativa que debe presidir la utilización del deporte en la edad escolar.

Para finalizar, es necesario destacar que las propuestas de futuro han sido tenidas en cuenta con posterioridad a la defensa de la tesis doctoral, en especial, aquellas relacionadas con la docencia. A nivel de investigación, nos gustaría señalar que, tal y como se expuso en el tribunal de la tesis, el fin primordial del estudio era contribuir a fomentar una escuela para todos, favoreciendo la participación del alumnado para que la escuela sea verdaderamente una herramienta de transformación social. En ese sentido, la principal línea de investigación seguida ha sido la relacionada con la aplicación de la propuesta de enseñanza deportiva comprensiva al contexto extraescolar, a través del proyecto de deporte en edad escolar para la ciudad de Segovia, que era una de las opciones de futuro que se planteó en el diálogo con el tribunal. Esta línea ha tenido su concreción en diversos proyectos de investigación desde el año 2009, que tienen continuidad, en principio, hasta 2014. Los proyectos han sido financiados por el Ayuntamiento de Segovia (Diagnóstico de la situación del Deporte en Edad Escolar en la ciudad de Segovia y desarrollo de un Plan de Actuación para la mejora del mismo. Planificación y desarrollo de un programa de actividad física regular para la franja de población de 8-16 años en la ciudad de Segovia); Consejo Superior de Deportes (Transformar el modelo de Deporte Escolar de toda la ciudad por un modelo de Deporte Escolar para la convivencia y la integración, de carácter polideportivo en la ciudad de Segovia. La importancia de la educación en valores en el desarrollo práctico del deporte escolar) y Junta de Castilla y León (Planificación y desarrollo de un programa de actividad física regular para la franja de población de 8-16 años en la ciudad de Segovia. Actividad Física Regular, Obesidad y Salud. Diagnóstico de la situación del Deporte en Edad Escolar en la ciudad de Segovia y desarrollo de un Plan de actuación para la mejora del mismo).

El aspecto más novedoso de estos proyectos es que el modelo de enseñanza comprensiva que se plantea en el programa de deporte escolar para Educación Primaria en Segovia (Manrique, López, Monjas, Barba y Gea, 2011), no es una alternativa a la propuesta "oficial", sino la propuesta que asume el Ayuntamiento de Segovia, como organizador de esta actividad. El equipo investigador está formado por profesorado de la E.U. de Magisterio de Segovia, incluyendo al autor de la tesis doctoral expuesta en este apartado.

Nos gustaría concluir este apartado señalando que el desarrollo de esta investigación fue un proceso complejo y laborioso, pero el resultado ha merecido la pena y los fines de la investigación tienen un reflejo a nivel social en nuestra ciudad, Segovia, lo que sin duda, resulta muy gratificante y nos motiva a seguir avanzando en pro de una educación de todos y todas y para todos y todas.

Para terminar quisiera hacer constancia de mi agradecimiento hacia todas las personas que han contribuido de uno u otro modo a desarrollar esta tesis, especialmente a mis alumnos y alumnas, compañeros de este viaje formativo apasionante, y también a mis compañeros de la E.U. de Magisterio de Segovia con los que he compartido y seguiré compartiendo el sueño de una Educación Física que ayude a la formación de las personas con las que trabajamos.

BIBLIOGRAFÍA

Barba, J.J. (2006). Ventajas de la cooperación para atender a la diversidad. Iniciación del alumnado a través de la gimnasia colectiva. En *Actas V Congreso Internacional de Actividades Físicas Cooperativas*. Formato CD Rom. La Coruña: EDUFICO.
Bereiter, C. (1990). Aspects of an educational learning theory. *Review of Educational Research, 60*, 603-624.
Blázquez, D. (1995). *La iniciación deportiva y el deporte escolar*. Barcelona: Inde.
Bunker, D. y Thorpe, R. (1982). A model for the teaching of games in the secondary school. *Bulletin of Physical Education, 18,* 5-8.
Castejón, F.J. (2006). ¿Es el deporte un contenido educativo? *Wanceulen Digital www.wanceulen.com/Revista, 2* (Revisada el 25 de Septiembre de 2007).
Contreras, O.R. (2003). La transformación del pensamiento del maestro especialista en Educación Física. *Actas del XXI Congreso Nacional de Educación Física*. Formato CDrom. Tenerife: Universidad de La Laguna.
Contreras, O.R., De la Torre, E. y Velázquez, R. (2001). *Iniciación Deportiva*. Madrid: Síntesis.
Devís, J. (1990a). Renovación pedagógica en la educación física: hacia dos alternativas de acción (I). *Perspectivas de la Actividad Física y el Deporte, 4*, 5-7.

Devís, J. (1990 b). Renovación pedagógica en la educación física: hacia dos alternativas de acción (II). *Perspectivas de la Actividad Física y el Deporte, 5,* 13-16.

Devís, J. (1994). *Educación Física y desarrollo del currículum. Un estudio de casos en investigación colaborativa.* Tesis doctoral no publicada. Valencia: Universitat de Valencia.

Devís, J. (1996). *Educación física, deporte y curriculum.* Madrid: Visor.

Devís, J. y Peiró, C. (1992). *Nuevas perspectivas curriculares en educación física: la salud y los juegos modificados.* Barcelona: Inde.

Devís, J. y Sánchez, R. (1996) La enseñanza alternativa de los juegos deportivos: antecedente, modelos actuales de iniciación y reflexiones finales. En J. A. Moreno y P.L. Rodríguez (Coords.), *Aprendizaje deportivo* (pp. 159-179). Murcia: Universidad de Murcia.

Escartí, A. (Coord.), Pascual, C. y Gutiérrez, M. (2005). *Responsabilidad personal y social a través de la Educación Física y el deporte.* Barcelona: Graó.

Giménez, F.J. (2003). *El deporte en el marco de la Educación Física.* Sevilla: Wanceulen

Gore, J. (1991). Practising what we preach: action research and supervision of Student Teachers". En B.R. Tabachnich y K. Zeichner (Coords). *Issues on Practices in inquiry-oriented Teacher Education* (pp. 253-272). Londres: The Falmer Press.

Griffin, L.L. y Butler, J.I. (2005). *Teaching Games for Understanding. Theory, research, and practice.* Champaign: Human kinetics.

Guba, E. (1985). Criterios de credibilidad en la investigación naturalista. En J. Gimeno y A. Pérez (Eds.), *La enseñanza: su teoría y su práctica* (pp. 148-165). Madrid: Akal.

Holt, N.L., Strean, W.B. y Garcia-Bengoechea, G. (2002). Expanding the Teaching Games for Understanding model: new avenues for future research and practice. *Journal of Teaching in Physical Education, 21,* 162-176.

Lather, P. (1986). Issues of validity in openly ideological research: between a rock and a soft place. *Interchange, 17*(4), 63-84.

Learreta, B., Boned, C. y Huete, L. (2003). Desarrollo de competencias profesionales en la formación inicial del profesorado de Educación Física. En *Actas del V Congreso Internacional de Educación Física y Deporte en edad Escolar* (pp. 159-165). Valladolid: FEADEF.

López-Pastor, V.M. (1999). *Prácticas de evaluación en Educación Física: estudio de casos en primaria, secundaria y formación del profesorado.* Tesis doctoral no publicada. Valladolid: Universidad de Valladolid.

López Pastor, V.M. (Coord.) (2006). *La Evaluación en Educación Física: revisión de los modelos tradicionales y planteamiento de una alternativa: la evaluación formativa y compartida.* Buenos Aires: Miño y Dávila.

López-Pastor, V.M. (Coord.) (2009). *Evaluación formativa y compartida en educación superior. Propuestas, técnicas, instrumentos y experiencias.* Zaragoza: Narcea.

López-Pastor, V.M., García-Peñuela, A., Pérez, D., López, E. y Monjas, R. (2004). La utilización de las historias de vida en la formación inicial del profesorado de Educación Física. *Revista Internacional de Medicina y Ciencias de la Actividad Física y el Deporte, 13,* 1-12.

López-Pastor, V.M., Monjas, R., García, A. y Pérez, D. (2003). ¿Qué educación Física hemos vivido? Analizando nuestro saber profesional a partir de nuestras historias de vida. En *Actas del V Congreso Internacional de Educación Física y Deporte en edad Escolar* (pp. 21-26). Valladolid: FEADEF.

López-Pastor, V.M., Monjas, R. y Pérez, D. (2003). *Buscando alternativas a la forma de entender y practicar la Educación Física Escolar.* Barcelona: Inde.

López Pastor, V.M., Monjas, R., Barba Martín, J.J., Subtil Marugan, P., González Pascua, M., García de la Puente, J.M., Aguilar Baeza, R., García Pérez, E., Ruano Herranz, C., Manrique Arribas, J.C. y Martín, M.I. (2005). Doce años de Investigación-Acción en Educación Física. La importancia de las dinámicas colaborativas en la formación permanente del profesorado. El caso del grupo de trabajo internivelar de Segovia. *Revista digital lecturas de EF y deportes.* www.efdeportes.com, 90 (revisada el 20 de Septiembre de 2007).

Manrique, J.C. (2006). *Las profesoras de Educación Física Femenina durante el franquismo y su relación con el ideal de mujer que se proponía desde Sección Femenina. Análisis de la situación en la provincia de Segovia.* Tesis doctoral no publicada. Valladolid: Universidad de Valladolid.

Manrique, J.C., López, V.M., Monjas, R., Barba, J.J. y Gea, J.M. (2011). Investigación y cambio social: un proyecto de I+D+I para transformar el programa de Deporte Escolar de toda la ciudad. *Apunts Educación Física y Deportes, 105,* 58-66.

McMillan, J. y Schumacher, S. (2005). *investigación educativa.* Madrid: Pearson.

Méndez, A. (1999). *Análisis comparativo de las técnicas de enseñanza en la iniciación a dos deportes de invasión: el floorball patines y el baloncesto.* Tesis doctoral no publicada. Granada: Universidad de Granada.

Méndez, A. (2004). Inventamos un juego deportivo de forma cooperativa. En *Actas del IV Congreso Estatal y II Iberoamericano de actividades físicas cooperativas "Educación en valores y actividades física cooperativas"* (Formato CD-rom). Segovia: Universidad de Valladolid.

Monjas, R. (1997). Las prácticas dentro de la asignatura "actividades físicas en el medio natural" como medio de transmisión de valores para los alumnos en formación inicial. En *Actas del IV congreso nacional de EF de Facultades de Educación y XV de E.U. de Magisterio* (pp. 445 -450). Granada: Universidad de Granada.

Monjas, R. (2004). El deporte en la escuela: reflexiones previas. La importancia de la justificación coherente de su uso. En A. Fraile, V.M. López y R. Monjas (Eds.), *Los últimos diez años de la Educación Física Escolar* (pp. 87-102). Valladolid: Universidad de Valladolid.

Monjas, R. (Coord.) (2006). *La iniciación deportiva en la escuela desde un enfoque comprensivo.* Buenos Aires: Miñó y Dávila.

Monjas, R. (2007). La evaluación en la iniciación al baloncesto. Ideas para mejorar e aprendizaje. En C. Jiménez y G. Ortega (Coord.) *Baloncesto en la iniciación* (pp. 157-175). Madrid: Wanceulen.

Monjas, R. (2008a). *Análisis y evolución de la propuesta de enseñanza deportiva en la formación inicial del profesorado de Educación Física a través de la evaluación del alumnado.* Tesis doctoral no publicada. Valladolid: Universidad de Valladolid.

Monjas, R. (2008b). Experiencia de aplicación de un sistema de evaluación formativa en iniciación deportiva dentro de los estudios de Magisterio, especialidad de Educación Física. Análisis de los resultados después de tres cursos académicos. En *Actas II Congreso Internacional La evaluación Formativa en el Contexto Internacional de la Convergencia europea* (Formato Cd-rom). Barcelona: Universidad de Barcelona.

Monjas, R. (2009). Experiencia 5: Un sistema de evaluación unificado para tres asignaturas diferentes. En V.M. López (Coord), *Evaluación formativa y compartida en educación superior: Propuesta, técnicas, instrumentos y experiencias.* (pp. 174-178). Madrid: Narcea.

Ortega, P. y Mínguez, R. (1996) Valores y educación para el desarrollo. *Revista Interuniversitaria de Formación del Profesorado 25,* 55-70.

Padrón, M. (1999). Educación en valores y formación del profesorado. *Comunidad Educativa 262,* 7-11.

Pascual, C. (1994). *Evaluación de un programa de Educación Física para la formación inicial del profesorado basado en la reflexión.* Tesis doctoral no publicada. Valencia: Universitat de Valencia.

Pérez, G. (1994). *Investigación cualitativa. Retos e interrogantes.* Madrid: La Muralla.

Pope, C. (2005). Once more with feeling: affect and playing with the TGfU model. *Physical Education and Sport Pedagogy, 3*(10), 271-286.

Rivera, E. y De la Torre, E. (2003) ¿Formar docentes o formar personas? La formación inicial del profesorado ante los retos del nuevo marco educativo? En *Actas XXI Congreso Nacional de Educación Física* (Formato CD-rom). Tenerife: Universidad de La Laguna.

Rodríguez, G., Gil, J. y García, E. (1996). *Metodología de la investigación cualitativa.* Málaga: Aljibe.

Ruíz, J.V. (2004). *Pedagogía de los valores en la Educación Física.* Madrid: CCS.

Sánchez, R. (1997). Juegos deportivos y experiencia satisfactoria: sugerencias para la educación física basadas en la participación, la igualdad y la comprensión. En S. Camarero. V. Tella y J.J. Mundina (Eds.), *La actividad deportiva en el ámbito escolar* (pp. 187-212) Valencia: Promolibro.

Sánchez-Mora, D., García, L.M. y González, I. (2007). La formación del profesorado para la enseñanza deportiva con un modelo comprensivo. En *Actas II Congreso Internacional y XXIV Nacional de Educación Física* (Formato CD-rom). Universidad de las Islas Baleares: Palma de Mallorca.

Seirulo, F. (1995). Valores educativos del deporte. En D. Blázquez (coord.), *La iniciación deportiva y el deporte escolar* (pp. 61-76). Barcelona: Inde.

Sicilia, A. (1998). Perfil del alumnado de Educación Física universitario. El caso de Almería. En *Actas XVI Congreso Nacional de Educación Física de Escuelas de Magisterio*, (pp. 47-64). Cáceres: Universidad de Extremadura.

Sparkes, A. (1992). Reflexiones sobre las posibilidades y los problemas del proceso de cambio en la Educación Física. En C. Peiró y J. Devís (coords.), *Nuevas perspectivas curriculares en. Educación Física: la salud y los juegos modificados* (pp. 251-266). Barcelona: Inde.

Stake, R. E. (1998) *Investigación con estudio de casos*. Madrid: Morata.

Thorpe, R., Bunker, D. y Almond, L. (1986). *Rethinking games teaching*. Loughborough: Loughborough University.

Velázquez, C. (2004). Las actividades cooperativas en los programas de Educación Física. Reflexiones desde la práctica. *Tándem. Didáctica de la Educación Física, 14*, 8-20.

Velázquez, R. (2001). Hojas de registro, aprendizaje cooperativo e iniciación deportiva. *Tándem. Didáctica de la Educación Física, 4*, 45-59.

Wright, S., McNeill, M., Fry, J. y Wang, J. (2005). Teaching teachers to play and teach games. *Physical Education and Sport Pedagogy, 1*(10), 61-82.

Zulaika, L.M. (2004). *25 Razones para practicar deporte*. San Sebastián: Departamento de Educación del Gobierno Vasco.

SECCIÓN SEGUNDA

INVESTIGACIONES EN LA FORMACIÓN DEPORTIVA Y LA ENSEÑANZA DEL DEPORTE COMO ACTIVIDAD EXTRAESCOLAR

CAPÍTULO XII

ESTUDIO PRAXIOLÓGICO DE LA ESTRUCTURA DE LAS SITUACIONES DE ENSEÑANZA EN LOS DEPORTES DE COOPERACIÓN/OPOSICIÓN DE ESPACIO COMÚN Y PARTICIPACIÓN SIMULTÁNEA: BALONMANO Y FÚTBOL SALA[11]

Francisco Jiménez Jiménez

INTRODUCCIÓN

La alta complejidad estructural de los deportes de cooperación/oposición de espacio común y participación simultánea (Co/Op/Ec/Ps), proveniente de la integración de los numerosos elementos que conforman su estructura y lo que ello comporta estratégicamente para la acción de juego, hace que su enseñanza plantee numerosos interrogantes. En esta investigación se aborda el análisis de la estructura "deporte de Co/Op/Ec/Ps" y la estructura "situación de enseñanza" como modelos sistémicos de conglomerado de elementos que es necesario desvelar para conocer, comparar entre sí y establecer sus semejanzas y divergencias. De esta manera, pretendemos conocer la relación existente entre la lógica interna de estos deportes y la lógica didáctica de su enseñanza.

En este trabajo se han tomado como objeto de estudio las situaciones de enseñanza que se emplean en los deportes de Balonmano y Fútbol Sala. La investigación se ha realizado desde una doble perspectiva teórica: praxiológica e interpretativa. Cómo estrategia metodológica hemos empleado el estudio de casos, por la posibilidad que nos ofrece de profundizar conjuntamente en el conocimiento de las características estructurales de las situaciones de enseñanza que emplean los técnicos deportivos, su correspondencia con la estructura interna de estos deportes y las concepciones implícitas que tienen los técnicos deportivos sobre las dos cuestiones anteriores. Las técnicas de investigación empleadas han sido el cuestionario, la observación sistemática y la entrevista.

Entre las conclusiones más relevantes de este estudio se desvela la concepción parcial y no sistémica que tienen los técnicos deportivos acerca de la estructura de sus deportes, y cómo esto se ve reflejado en el tipo de situaciones de enseñanza que emplean.

La estructura de los deportes de Co/Op/Ec/Ps se caracteriza por su complejidad. En ella confluyen diversos elementos que tienen una presencia constante: un espacio con unos subespacios delimitados y unas metas que se han de alcanzar y proteger, un móvil, un marco temporal donde intentar conseguir los objetivos del juego, unos compañeros y adversarios con los que interactuar simultáneamente, comunicándose y contracomunicándose a

---

[11] Jiménez Jiménez, F. (2000). Estudio praxiológico de las situaciones de enseñanza en los deportes de cooperación/oposición espacio común y participación simultánea: balonmano y fútbol sala. Director: José Hernández Moreno. Departamento de Educación Física, Universidad de Las Palmas de Gran Canaria.

través de la gestualidad propia de cada deporte. Esta complejidad estructural, proveniente de la integración de estos elementos y lo que acarrea estratégicamente, hace que una enseñanza dirigida al simple dominio motor de sus técnicas no sea suficiente para resolver las variadas situaciones de juego con las que se encuentran los jugadores de estos deportes. Esto es así, porque la acción de juego de estos deportes, no solo transcurre bajo coordenadas de ejecución, sino fundamentalmente de percepción y decisión.

La enseñanza del deporte ha sido una preocupación constante desde la instauración del deporte moderno como actividad social desde finales del s. XIX. Esta enseñanza se ha organizado tradicionalmente de forma exclusiva en cada una de las modalidades deportivas. A comienzos de la década de los sesenta, sobre todo con la obra de Mahlo (1969), es cuando se empieza a llamar la atención acerca de la existencia de principios técnico-tácticos generales respecto a varias modalidades deportivas y qué métodos serían los más adecuados para su enseñanza y perfeccionamiento. Las propuestas globalizadoras que se enuncian toman como referencia a los denominados "deportes de equipo" o "deportes colectivos".

Este criterio de identificación de principios comunes a varias modalidades deportivas del mismo tipo es postulado también por autores como Listello, Clerc, Crenn y Schoebel (1965), Gratereau (1967), Gallant (1970), Theodorescu (1977), Bayer (1986), Thorpe, Bunker y Almond (1986). En el ámbito español tenemos que considerar las aportaciones de Galloso Calatayud (1983), Hernández Moreno (1984, 1985, 1987), Blázquez Sánchez (1986), Devís Devís y Peiró Velert (1992, 1995), Lasierra Aguilá (1991), Lasierra Aguilá y Lavega Burgués (1993), Jiménez Jiménez (1993, 1994, 2002), Devís Devís y Sánchez Gómez (1996), Devís Devís (1996), Navarro Adelantado y Jiménez Jiménez (1998). Todos estos autores han mostrado una doble preocupación: (a) identificar rasgos característicos comunes para varias modalidades deportivas; y (b) proponer modelos teóricos y/o aplicaciones conducentes a adecuar la enseñanza de los deportes colectivos o de equipo, identificando propiedades y estableciendo algún grado de pertinencia.

Hasta el momento, han sido numerosos los autores que han realizado propuestas conducentes a la concreción de una didáctica específica para estos deportes. En la actualidad nos encontramos con una falta de consenso acerca del tipo de enseñanza que se debe desarrollar para promover el aprendizaje de estos deportes, de ahí que se puedan diferenciar diversos modelos de iniciación deportiva (Devís Devís y Sánchez Gómez, 1996).

Una didáctica específica de estos deportes, ha de dar respuestas para que el jugador desarrolle la capacidad de comprender la lógica interna del deporte que práctica, de manera que éste pueda organizar su acción de juego de una forma autónoma y reflexiva. Por ello, uno de los problemas que debe afrontar la didáctica específica de los deportes de Co/Op/Ec/Ps radica en que la naturaleza de las situaciones de enseñanza que se empleen se corresponda con la lógica interna de esos deportes. Si nos atenemos a esa premisa, se facilitará la comprensión del aprendizaje que se promueve y también la aplicación de lo aprendido en el juego real, donde la acción de juego se desarrolla y adquiere significación en un contexto estructural en el que los elementos que lo componen están en relación unos con otros. Es decir, donde los elementos estructurales tienen una presencia conjunta.

La lógica interna de un juego deportivo hace referencia "al sistema de los rasgos pertinentes de esa situación ludomotriz y el cortejo de consecuencias práxicas que ese sistema entraña" (Parlebas, 1988, p. 106). Este concepto nos remite a las constantes estructurales y funcionales que condicionan la acción de juego que en él se desarrolla. Las constantes estructurales de un deporte se manifiestan en la presencia/ausencia de determinados elementos (espacio, tiempo, objetos, y otros protagonistas), las características de estos y en la delimitación reglamentaria de los mismos. La interrelación de estos elementos conforma el contexto o el escenario donde se desarrolla la acción de juego. Esta acción de juego se lleva a cabo en cada deporte bajo unas determinadas constantes funcionales. Es decir asumiendo o no unos determinados roles estratégicos, planteándose en ellos unas intenciones de juego que son llevadas a cabo con una determinada gestualidad o técnica, e interaccionando o no con otros protagonistas.

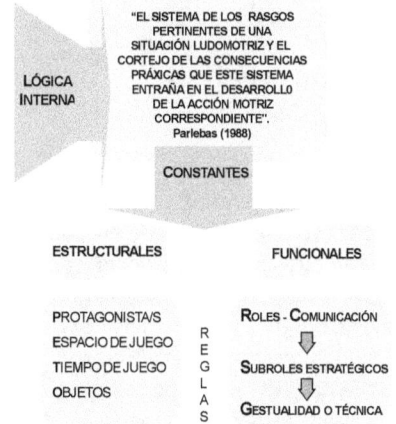

Figura 1. Lógica interna y constantes estructurales y funcionales

Si consideramos que en los deportes C/Op/Ec/Ps la toma de decisión del jugador se produce a partir del tratamiento de la información del contexto, tendremos que admitir que, los elementos estructurales caracterizadores de ese contexto condicionan la toma de decisión y la acción de juego de los jugadores. Por ello, en las situaciones de enseñanza serán las características estructurales de cada contexto las que, inicialmente, posibilitan el desarrollo y la mejora de unas determinadas acciones de juego e impiden la aparición de otras. Todo ello, sin ignorar la importancia didáctica de otros aspectos, como los objetivos motores que se planteen en las situaciones de enseñanza, las condiciones de consecución que se establezcan, y los roles estratégicos que asuman los jugadores y las opciones de transición que se promuevan. Por ello, consideramos que la organización de la enseñanza en los deportes de Co/Op/Ec/Ps ha de concretarse a partir del conocimiento intrínseco de su naturaleza estructural y funcional o lógica interna, de manera que exista una correspondencia entre la lógica interna del juego y la lógica didáctica de las situaciones de enseñanza.

Por deporte de Co/Op/Ec/Ps, entendemos el conjunto de situaciones motrices codificadas institucionalmente en forma de competición, donde la interacción motriz entre los participantes es simultánea y se desarrolla en un espació común. Esta interacción motriz es de cooperación entre los componentes del mismo equipo y de oposición con los componentes de distinto equipo, conformando una situación de enfrentamiento con roles antagónicos. De este concepto anterior podemos destacar los siguientes rasgos:

Situación motriz: modelo concretado institucionalmente (federación) y de carácter estable.

Interacción motriz: presencia de compañeros y adversarios con los que comunicarse y contracomunicarse. Esta interacción motriz se desarrolla a través del sistema de roles estratégicos que asume el jugador.

Aspectos Espaciales: ocupación común del espacio y actuación diferenciada en el mismo según los roles estratégicos que se asumen.

Participación: los jugadores de los dos equipos que se enfrentan tienen la posibilidad de actuar simultáneamente sobre el móvil. La posesión o no del móvil por parte del jugador y su equipo determinará el comportamiento estratégico a desarrollar.

ANTECEDENTES Y JUSTIFICACIÓN DEL ESTUDIO

En cuanto al objeto de estudio, "las situaciones de enseñanza en los deportes de Co/OpEcPs", encontramos algunas propuestas teóricas que identifican los rasgos estructurales que deben caracterizar estas situaciones de enseñanza, tomando para ello como referencia las constantes estructurales de estos deportes. En este sentido, debemos de considerar las propuestas de Bayer (1986), Blázquez Sánchez (1986), Antón García (1990), Lasierra Aguilá y Lavega Burgués (1993), Martínez de Dios (1996), Sans Torrelles y Frattarola Alcaraz (1997, 1998), Konzag, Döbler y Herzog (1997), Garganta (1997), Méndez Giménez (1999), García Eiroá (2000), Né, Bonnefory y Lhuppe (2000). Asimismo, se han fundamentado diversas clasificaciones de situaciones de enseñanza en estos deportes. En algunos casos, estas clasificaciones consideran de manera explícita el grado de similitud estructural entre la situación real de juego de un deporte y las situaciones de enseñanza como criterio para organizar sus propuestas pedagógicas Rink (1985), Blázquez Sánchez (1986), Seirul.lo Vargas (1993), Ticó Camí (1996), Martínez de Dios (1996), Sans Torrelles y Frattarola Alcaraz (1997), Antón García (1998). Las propuestas de otros autores, consideran, de manera más o menos implícita, esta referencia estructural (Antón García y Serra De L'Hhotellerie-Fallois, 1989; Bayer, 1986; Ibánez Godoy, Parra Mendoza y Asencio Calvarro, 1999; Konzag et al, 1997; Wein, 1991, 1995).

Respecto al método praxiológico seguido en este estudio, encontrados antecedentes en los diversos estudios praxiológicos realizados con el objeto de desvelar la lógica interna de determinadas modalidades deportivas. Este es el caso de los trabajos de Hernández Moreno (1987), Amador Ramírez (1994), Lloret Riera (1994), Ruiz Llamas (1996). En estos estudios, realizados desde una perspectiva praxiológica el deporte es analizado como un sistema de interacción global entre un sujeto actuante, el entorno físico y el/los otro/s participante/s eventuales. El estudio de los juegos deportivos desde esta perspectiva, exige concebir el juego deportivo como un sistema, es decir como una disposición de componentes interrelacionados para formar un todo interactivo poseedor de una estructura y de una lógica interna, susceptible de ser estudiada y desvelada. La observación sistemática de la acción de juego ha sido una constante en el proceso de investigación desarrollado. Mediante diversos modelos de análisis de corte praxiológico, se ha podido desvelar con rigor la acción de juego de estos deportes e identificar sus particularidades funcionales, partiendo siempre del análisis previo de las constantes estructurales y funcionales que caracterizan cada uno de estos sistemas deportivos.

Sin embargo, no hemos encontrado referencias anteriores acerca de estudios dirigidos a conocer y mostrar el tipo de situaciones de enseñanza que emplean los técnicos deportivos en estos deportes y el grado de correspondencia estructural que guardan, estas situaciones de enseñanza, con las constantes estructurales de los mismos.

Este estudio se enmarca dentro del campo de estudio de la Praxiología Motriz (Parlebas 1981). Tomamos como objeto de estudio la "acción motriz" que se realiza en las situaciones motrices que se desarrollan en la enseñanza de los deportes de Co/Op/Ec/Ps, para conocer la naturaleza estructural de estas situaciones de enseñanza. En este sentido, tal como plantea Lagardera Otero (1994, p. 25) "toda acción se da necesariamente en un contexto" y nuestro estudio se dirige al conocimiento de ese contexto. Desde el paradigma praxiológico y una perspectiva estructural sistémica, se intentará desvelar la naturaleza estructural de las situaciones de enseñanza, que emplean los técnicos deportivos en los deportes de Co/Op/Ec/Ps, y delimitar el grado de similitud o de divergencia que guardan con la estructura interna de estos deportes.

OBJETIVOS

Los objetivos específicos del estudio fueron conocer:

Las características estructurales y funcionales de los deportes de Co/Op/Ec/Ps: balonmano y fútbol sala.

La naturaleza estructural de las situaciones de enseñanza que se emplean en los deportes de Co/Op/Ec/Ps, a través de la discriminación de sus contextos estructurales.

El grado de correspondencia que guarda las características estructurales de los deportes de Co/Op/Ec/Ps con los contextos estructurales de las situaciones de enseñanza que se emplean en estos deportes.

METODOLOGÍA

El diseño de la investigación

La investigación se ha realizado desde una doble perspectiva teórica: praxiológica e interpretativa. Cómo estrategia metodológica hemos empleado el estudio de casos, por la posibilidad que nos ofrece de profundizar conjuntamente en el conocimiento de las características estructurales de las situaciones de enseñanza que emplean los técnicos deportivos, su correspondencia con la estructura interna de estos deportes y las concepciones implícitas que tienen los técnicos deportivos sobre las dos cuestiones anteriores. Las técnicas de investigación empleadas han sido la observación sistemática, el cuestionario y la entrevista.

El estudio se estructuró en cuatro fases. En la primera, una vez determinados los objetivos de la investigación, se realizó un análisis documental acerca de los antecedentes y situación actual del estudio de las características estructurales y funcionales de los deportes de Co/Op/Ec/Ps, y de las situaciones de enseñanza en estos deportes.

En la segunda fase de la investigación se acotó la muestra para el estudio de campo en los técnicos deportivos que llevan a cabo la enseñanza de las modalidades deportivas de Co/Op/Ec/Ps de balonmano y fútbol sala, en las Escuelas Deportivas Municipales de la Campaña Insular de Promoción Deportiva en la isla de Tenerife en la campaña 1998/99. Al conjunto de estos se les pasó un cuestionario de opinión para obtener una información del contexto donde se iba a realizar el estudio de casos, y poder seleccionar una muestra homogénea de cuatro técnicos deportivos de cada una de las modalidades seleccionadas para nuestro estudio.

En la tercera fase del trabajo, se llevó a cabo un estudio de casos colectivo. Este estudio se desarrolló a través de la observación sistemática de cuatro sesiones de enseñanza a cada uno de los ocho técnicos y mediante la aplicación de una entrevista semiestructurada. Para la observación sistemática elaboramos un sistema de categorías *ad hoc* que nos permitiera la discriminación de los contextos estructurales que se emplean en las situaciones de enseñanza en los deportes de Co/Op/Ec/Ps. Para conocer y comprender las concepciones que los técnicos deportivos tienen acerca de los deportes de Co/Op/Ec/Ps y de su enseñanza se realizó una entrevista semiestructurada a cada uno de los técnicos seleccionados. En la cuarta fase del trabajo, se abordó el análisis e interpretación de los resultados, las conclusiones y las perspectivas de futuro.

Muestra

Para este estudio se determinó inicialmente, como universo de población a estudiar, el colectivo de técnicos deportivos de baloncesto, balonmano y fútbol sala que desempeñaban su labor en las Escuelas Deportivas de la Campaña de Promoción Deportiva del Cabildo Insular de Tenerife 1998/99. Este colectivo asciende a 267 sujetos. Estos técnicos deportivos están al cargo de grupos de niños/as en edad escolar que se inician en esos deportes de Co/Op/Ec/Ps. En una segunda fase, para el estudio de casos se seleccionaron a cuatro técnicos de de balonmano, y otros cuatro de fútbol sala de manera aleatoria. Nos planteamos como criterio de selección que dos técnicos deportivos tuvieran titulación académica relacionada con la Educación Física y con titulación deportiva; y otros dos técnicos poseyeran titulación deportiva solamente. Para homogeneizar la muestra hemos tomado como referencia a técnicos que, reuniendo las características de formación inicial anteriormente expuestas, estén a cargo de grupos de la categoría infantil masculina.

El cuestionario

El instrumento (anexo 1) consta de 52 ítems organizados en cuatro dimensiones: variables sobre datos generales (7); formación inicial de los técnicos deportivos (4); formación permanente (2); aspectos didácticos de la enseñanza de los deportes en los que ejercen como técnicos deportivos (39). Para acreditar la validez del instrumento, se optó por su validación por expertos. Asimismo se aplicó a los resultados de las variables del apartado "aspectos didácticos" del cuestionario la prueba estadística *Cronbach´s Alpha*, obteniéndose un valor de .89. Esta comprobación se ha realizado, al igual que el tratamiento estadístico de los datos, a través del paquete informático SPSS 8.0 para Windows. Se entregaron 267 cuestionarios y se recibieron 117 (44%). En el cuestionario aplicado, los datos obtenidos de las preguntas donde cada uno de los encuestados elegía una de las opciones, se han sometido a un análisis de frecuencia; mientras que aquellas preguntas donde se promovía la comparación de grupos de ítems y cada uno de los encuestados puede dar respuesta a cada uno de esos ítems, hemos optado por la prueba no paramétrica de Friedman, ya que nos permite analizar las diferencias entre los grupos de ítems relacionados en torno a una determinada cuestión. Así por ejemplo para reconocer cómo organizan su enseñanza los técnicos deportivos, se escogieron cuatro criterios que podían ser considerados, debiendo contestar, cada uno de los encuestados, a cada uno de ellos con un valor desde 1 a 5 (nada, poco, regular, bastante, mucho). En este caso, la media de los rangos nos ha servido para ordenar la preferencia sobre dichos criterios.

Estudio observacional

El sistema de categorías empleado en este estudio, fue elaborado específicamente para el análisis de la estructura de las situaciones de enseñanza en los deportes de cooperación/oposición. Para ello, tomamos como referencia el criterio de presencia o ausencia de los elementos estructurales que conforman la estructura interna de los juegos deportivos de cooperación/oposición. Las categorías han sido agrupadas según criterios y rasgos homogéneos.

Unidades de observación. Las unidades que se han empleado son de principio a fin (Anguera Argilaga, 1983, p. 15), sus registros comienzan con el inicio de la sesión y concluyen con el final de la misma. Es decir, el conjunto de situaciones de enseñanza que se lleven a cabo en el desarrollo completo de una sesión de iniciación deportiva

Unidades de sistematización. Se discriminan, en función de la presencia o ausencia de interacción motriz entre los participantes, dos grandes bloques de categorías: "situaciones de enseñanza psicopráxicas" y "situaciones de enseñanza sociopráxicas". En un segundo nivel de concreción, en función del tipo de interacción motriz que se establece entre los participantes, se han identificado cuatro categorías molares de situaciones de enseñanza: "situaciones psicopráxicas"; "situaciones sociopráxicas de cooperación"; "situaciones sociopráxicas de oposición"; "situaciones sociopráxicas de cooperación/oposición". A partir de estas cuatro categorías molares se han identificado 36 subcategorías moleculares (ver tabla 1). Esta categorización molecular se ha precisado a partir de considerar la presencia o ausencia de los elementos estructurales: compañero, compañeros, adversario, adversarios, espacio y móvil.

> El móvil (M), que será considerado cuando en la situación de enseñanza se emplee el móvil.
> El espacio (E), que será considerado cuando en la situación de enseñanza exista una meta o metas (porterías) de carácter espacial y no humano que: (a) deba ser alcanzada por un móvil o directamente por los participantes; y (b) deba protegerse, para no ser alcanzada directamente por los participantes o por un móvil.
> El compañero (C), que será considerado, como elemento estructural, cuando en la situación de enseñanza el participante colabore motrizmente con un solo compañero. Es decir, por parejas.
> Los compañeros (Cs), que serán considerados, como elemento estructural, cuando en la situación de enseñanza el participante colabore motrizmente con más de un compañero.
> El adversario (A), que será considerado, como elemento estructural, cuando en la situación de enseñanza el participante se oponga motrizmente a un adversario.

Los adversarios (As), que serán considerados, como elemento estructural, cuando en la situación de enseñanza el participante/s se oponga/n motrizmente a varios adversarios.

Por lo tanto, la sistematización se concreta en tres niveles; el primero en función de la discriminación de la ausencia o presencia de interacción motriz; el segundo por el tipo de interacción motriz que se establece entre los participantes, y el tercero, definido por el grado de complejidad estructural que presenta cada una de las situaciones de enseñanza, en función de la mayor o menor presencia de los elementos estructurales considerados en nuestro estudio.

CLASIFICACIÓN DE SITUACIONES DE ENSEÑANZA								
PRESENCIA/AUSENCIA DE INTERACCIÓN MOTRIZ								
S.E. PSICOPRÁXICAS				S.E. SOCIOPRÁXICAS				
TIPO DE INTERACCIÓN MOTRIZ								
S.E. INDIVIDUALES	S.E. COOPERACIÓN			S.E. OPOSICIÓN		S.E. COOPERACIÓN OPOSICIÓN		
COMPLEJIDAD ESTRUCTURAL (C, Cs, A, As, E, M.)								
CCsAAsEM	CCsAAsEM	CCsAAsEM	CCsAAsEM	CCsAAsEM	CCsAAsEM	CCsAAsEM	CCsAAsEM	CCsAAsEM
CCsAAsEM	CCsAAsEM	CCsAAsEM	CCsAAsEM	CCsAAsEM	CCsAAsEM	CCsAAsEM	CCsAAsEM	CCsAAsEM
CCsAAsEM	CCsAAsEM	CCsAAsEM	CCsAAsEM	CCsAAsEM	CCsAAsEM	CCsAAsEM	CCsAAsEM	CCsAAsEM
CCsAAsEM	CCsAAsEM	CCsAAsEM	CCsAAsEM	CCsAAsEM	CCsAAsEM	CCsAAsEM	CCsAAsEM	CCsAAsEM
1:0	2:0	3:0 ↓	1:1	Todos contra todos	2:1	2:2 ↓	3:1 ↓	3:3 ↓↓

Tabla 1. Sistematización del sistema de categorías para el análisis estructural de situaciones de enseñanza de los deportes de Co/Op/Ec/Ps

Los registros han sido realizados en grupo por más de un observador de forma independiente y en el mismo momento. Para valorar la fiabilidad interobservadores se ha aplicado el índice de Kappa-Cohen, obteniéndose en las dos últimas pruebas un índice de .8. Las pruebas se han realizado en sesiones completas, seleccionadas de manera aleatoria. A partir de ahí, se comenzó la observación de las sesiones que hemos analizado en nuestro estudio, siendo analizadas cada una de ellas por al menos dos observadores, y realizándose en cada caso la prueba de fiabilidad interobservadores. Los índices de fiabilidad obtenidos fueron iguales o superiores a .80 al aplicar la prueba de Kappa-Cohen.

El análisis de los resultados de la observación sistemática se organizó en tres apartados. En primer lugar los resultados de la observación sistemática de las situaciones de enseñanza en balonmano; en segundo lugar, los resultados de las situaciones de enseñanza en fútbol sala; y por último, los resultados del análisis conjunto de las situaciones de enseñanza en balonmano y fútbol sala. El análisis estadístico de los datos se llevó a cabo mediante la aplicación del paquete informático SPSS 8.0 para Windows. En el análisis descriptivo de las situaciones de enseñanza empleadas en las modalidades deportivas, los datos obtenidos se han sometido a un análisis de frecuencia. Con la frecuencia pretendemos conocer qué tipos de situaciones de enseñanza tienen un mayor grado de presencia en la enseñanza de los deportes de Co/Op/Ec/Ps. En los análisis comparativos que exponemos, los datos obtenidos se han sometido a la prueba no paramétrica de *Mann-Whitney* para comprobar la existencia de diferencias significativas entre el tipo de situaciones de enseñanza empleadas por los dos grupos de técnicos deportivos en los que hemos dividido nuestra muestra inicial en función de su formación inicial, y entre el tipo de situaciones de enseñanza empleadas por el conjunto de los técnicos deportivos de una modalidad y otra.

En las situaciones de enseñanza de las 32 sesiones observadas en este estudio se han registrado un total un total de 259 contextos estructurales, de los que 178 corresponden a las 16 sesiones de balonmano, y 81 a las 16 sesiones de fútbol sala.

La entrevista

La entrevista se aplicó a los técnicos deportivos que técnicos participantes en el estudio de casos y tenía como finalidad, no sólo conocer sus concepciones didácticas acerca de la enseñanza de los deportes de Co/Op/Ec/Ps, sino contrastar las respuestas aportadas sobre este tema en el cuestionario y las observaciones realizadas durante sus sesiones. En el diseño de la entrevista, se tuvieron en cuenta una serie de categorías relacionadas con los temas objeto de estudio: (a) Identificación de los elementos estructurales que caracterizan la estructura interna de los deportes de Co/Op/Ec/Ps; (b) criterios considerados para el diseño o selección de las situaciones de enseñanza en sus sesiones; (c) criterios considerados en la secuenciación de las situaciones de enseñanza en las sesiones; (d) identificación explícita de los elementos estructurales que tienen en cuenta los técnicos deportivos en la construcción de sus situaciones de enseñanza y orden de prioridad que asignan a los mismos; y (e) valoración del grado de correspondencia estructural que guardan las situaciones de enseñanza que emplean con la estructura interna de los deportes de Co/Op/Ec/Ps.

Para el análisis de la información obtenida, se llevó a cabo un análisis de contenido de respuestas suscitadas. En este análisis, la naturaleza del soporte ha sido oral, aunque para la aplicación del estudio hemos utilizado el soporte escrito, producto de transcribir las entrevistas realizadas. En cuanto al número de personas implicadas en la comunicación es dual, el entrevistador-investigador y el técnico deportivo entrevistado. En nuestro análisis, hemos realizado una clasificación de los elementos de significación contenidos en las respuestas, delimitados y clasificados según los elementos estructurales identificados en cada caso y en relación con cada una de las dimensiones del análisis: (1) estructura interna del deporte de referencia; (2) selección y diseño de situaciones de enseñanza; (3) criterios de secuenciación de las situaciones de enseñanza; (4) discriminación de prioridad de los elementos estructurales; (5) grado de correspondencia entre los contextos estructurales de las situaciones de enseñanza y la estructura interna del deporte; y (6) contexto estructural y transferencia de lo aprendido al juego real.

En el análisis temático se tomó como regla de enumeración la presencia/ausencia de los elementos estructurales considerados en nuestra investigación. La unidad de registro elegida es el elemento estructural. Por lo tanto, estamos considerando una unidad de registro de carácter semántico, que en nuestro caso se corresponde con las palabras que hacen alusión explícita a los elementos estructurales identificados. La unidad de contexto, que según Bardin (1986) sirve de unidad de comprensión para codificar la unidad de registro, será el párrafo o párrafos que recogen la contestación del técnico deportivo a las preguntas planteadas en cada una de las dimensiones de análisis en las que hemos estructurado nuestra entrevista.

RESULTADOS: ANÁLISIS Y DISCUSIÓN

En este apartado se expone la discusión de los principales resultados aportados por las técnicas de investigación utilizadas en esta investigación. Para ello, se toma como referencia los objetivos de la investigación.

Objetivo: Conocer las características estructurales y funcionales de los deportes de CO/OpEcPs

En la actualidad, existe un alto grado de consenso en considerar los juegos deportivos como sistemas, lo que permite concebir realidades constituidas por estructuras que integran elementos, capaces de reconocer y comportar efectos por la función que desempeñan. En este postulado coinciden autores tan diversos como Parlebas (1981), Hernández Moreno (1994), Konzag et al. (1997), Castelo (1999), García Eiroá (2000). Consideramos esto como una consecuencia lógica de la capacidad de la teoría sistémica para implicar a todos los factores explicativos que concurren en la acción motriz y su contexto.

Coincidimos con los autores anteriores en la concepción de los deportes de Co/Op/Ec/Ps, como un sistema práxico de interacción global entre el sujeto actuante, el entorno físico, donde adquieren especial relevancia el espacio, el tiempo, los objetos que están presentes (metas y móvil), y la presencia de otros participantes. Este "sistema juego deportivo" de Co/Op/Ec/Ps participa de diferentes subsistemas: el subsistema "estructura" (entorno físico y otros participantes) y el subsistema "reglas", de nivel diferente pero ligado al anterior, así como a otras esferas de la cultura. Esto comporta que el subsistema reglas pueda cambiar desde dentro del mismo juego deportivo, pero también influjo de la cultura.

Nuestra concepción sistémica del juego deportivo, es la de un sistema abierto, ya que se trata de una manifestación social, regulada, producto y protagonista de la cultura. La existencia del sistema juego deportivo, se basa en la existencia de unos rasgos específicos que lo diferencian del entorno, y a través de ellos establece sus límites. Sin embargo, como plantea Luhmann (1990, p. 79) "con la ayuda de los límites, los sistemas pueden abrirse o cerrarse a la vez, separando las interdependencias internas de las interdependencias sistema/entorno, y redefiniendo las unas a las otras". Este fenómeno, explica los cambios reglamentarios que se producen en los juegos deportivos por la emergencia e influencia de determinados valores sociales y/o culturales. Por ejemplo, el creciente rechazo social hacia la violencia, se traduce en el "sistema juego deportivo" en modificaciones reglamentarias dirigidas a reducir en los contactos físicos de determinados deportes en los que existe contracomunicación motriz; o bien, la creciente concepción social del deporte como espectáculo, y las expectativas que se generan en este sentido, produce igualmente cambios reglamentarios conducentes a valorar más determinadas acciones o a favorecer que se produzcan con más frecuencia. En ambos casos, se comprueba como los límites del sistema juego deportivo son permeables al influjo del entorno cultural en el que existen. Esto no implica que los componentes del sistema deportivo pierdan su especificidad, o que este sistema no pueda cambiar y evolucionar desde dentro.

De las versiones de la teoría de sistemas nos resultan de interés las que atienden a lo social y su semejanza con otros modelos. Por ello, nos parecen destacables algunos conceptos y postulados de Luhmann (1990). Este autor, propone una teoría sistémica ciertamente compleja, ya que aborda la autorreferencia de forma muy dinámica, reivindicando las relaciones en la diferencia y lo ecológico de su propuesta. Precisamente la diferencia justifica el mantenimiento del sistema y su capacidad de autorreferencia. En el caso del sistema "deporte de Co/Op/Ec/Ps" esta diferencia viene determinada por la disposición interrelacionada de diversos elementos de carácter estructural: espacio, tiempo, compañeros, adversarios, móvil, reglas. En este contexto diferenciado, el jugador se relaciona simultáneamente con compañeros y adversarios, haciendo un uso común del espacio y teniendo la posibilidad de actuar simultáneamente sobre el balón con el resto de los participantes. En esta dinámica de interacción constante, el jugador desarrolla su acción de juego asumiendo diversos roles estratégicos y experimentando una transición continua de un rol a otro.

En nuestros resultados, también encontramos un alto grado de consenso entre los autores que han hecho propuestas relacionadas con la identificación de las constantes estructurales que caracterizan a estos deportes (tabla 2).

Autores y deporte	Constantes estructurales
Bayer (1986, p. 36-51), *Juegos deportivos colectivos* "denominadores comunes".	La pelota, el terreno, las porterías, los compañeros y los adversarios.
Antón (1990, p. 28), *Balonmano,* "elementos estructurales constantes".	Balón, meta, espacio, compañeros, adversarios.
Sans y Frattarola (1998, p. 17), *Fútbol*, "elementos de la situación real de juego".	Balón, compañeros, adversarios, espacio, reglamento.
García (2000, p. 72), *Deportes de equipo*, "componentes de la estructura".	Porterías, móvil, las reglas, compañeros y adversarios.
Méndez (1999), *Juegos deportivos de invasión*, "variables de la estructura".	Móvil y material, metas, espacio, tiempo, jugador/es que coopera o compite, y reglas.
Castelo (1999, p. 14-17), *Fútbol*, "subsistema estructural".	Relaciones establecidas por los compañeros, adversarios, balón, espacio de juego, etc.

Tabla 2. Constantes estructurales que caracterizan a los deportes de Co/Op/Ec/Ps

Del análisis estructural y funcional de los deportes de Co/Op/Ec/Ps, deducimos que los elementos que configuran el subsistema estructura (espacio, objetos, tiempo, compañeros y adversarios) son realidades de las que emanan las acciones. El subsistema reglas constituye un código estructural donde, para cada juego deportivo, se establecen los límites de cada elemento estructural y de las relaciones entre los elementos y las acciones.

En nuestro estudio, y desde una perspectiva praxiológica, hemos abordado un análisis de la lógica interna de los deportes de Co/Op/Ec/Ps. Para realizar este análisis hemos tomado como referencia el concepto de "estructura funcional" de Hernández Moreno (1994), y el de "estructura interna" de Lagardera Otero (1994). A partir de las propuestas de estos autores, y con la intención de desvelar la lógica interna de estos deportes, hemos aplicado un modelo estructural-funcional para su análisis.

En el análisis estructural, después de considerar las propuestas que han realizado diversos autores acerca de las constantes estructurales de los deportes de Co/Op/Ec/Ps, hemos tenido en cuenta los siguientes elementos estructurales: espacio, tiempo, compañeros, adversarios, y móvil. Estos elementos estructurales, se han analizado desde dos puntos de vista: (a) la delimitación de las reglas; y (b) las consecuencias funcionales que cada elemento estructural tiene para la acción de juego.

En el análisis funcional hemos considerado, a partir del condicionamiento estructural, las siguientes variables: roles estratégicos, subroles estratégicos, gestualidad y comunicación motriz. A través de este análisis funcional es posible identificar el mapa de la posible acción de juego que un jugador puede desarrollar en estos deportes, y deducir los principios de juego que orientan su comportamiento estratégico individual.

La concepción sistémica en la que nos situamos contrasta con la concepción parcial que tienen siete de los ocho técnicos deportivos de nuestro estudio de casos, donde se da una mayor significación a las variables físicas (metas y móvil) de la estructura interna de estos deportes, identificadas por seis de los ocho técnicos, respecto a las variables sociales o presencia de compañeros y adversarios, identificados solo por cuatro de los ocho técnicos.

Objetivo: Conocer la naturaleza estructural de las situaciones de enseñanza que se emplean en los deportes de Co/OpEcPs, a través de sus contextos estructurales

El análisis documental de las propuestas realizadas por diversos autores, acerca de las características estructurales que deberían tener de las situaciones de enseñanza en los deportes de Co/OpEcPs, nos muestra la importancia que se otorga a la presencia conjunta, en estas situaciones de enseñanza, de las constantes estructurales de estos deportes. Así Bayer (1986, p. 77), enfatiza que el modelo pedagógico de los juegos deportivos colectivos "debe caracterizarse por un contenido donde aparecen conjuntamente los elementos específicos de la estructura global del juego, a saber, las relaciones jugador-balón-adversario-compañero". Este autor se posiciona claramente a favor de la integración, en las situaciones de enseñanza, de los elementos estructurales que caracterizan a los deportes colectivos. En el mismo sentido se pronuncian, refiriéndose al fútbol, Konzag et al. (1997, p. 25), en fútbol el jugador ha de actuar constantemente en un sistema de referencia complejo, formado por: los compañeros, los contrarios, el balón, el espacio de juego, las finalidades de las acciones y sus propias condiciones de rendimiento. Por ello, los métodos y medios de entrenamiento, así como los ejercicios y juegos deben estar dirigidos siempre hacia estas exigencias complejas de la actividad competitiva. De esta manera, se ofrece al sujeto contextos de aprendizaje similares a la situación real de juego, donde pueda tomar decisiones significativas en la organización y mejora de su acción de juego.

Otros autores destacan la necesidad de graduar la complejidad de las situaciones de enseñanza mediante la modificación o manipulación de los elementos estructurales que conforman el contexto estructural de estos deportes.

Así, Martínez de Dios (1996, p. 83), en su propuesta de iniciación al hockey, plantea graduar la complejidad de las situaciones de enseñanza mediante la modificación de los componentes de la actividad: espacio, material, tiempo, la capacidad de maniobra, la oposición y la consecución del objetivo. También García Eiroá (2000, p. 72), en relación con la iniciación a los deportes de equipo, propone construir las situaciones de enseñanza partiendo de la estructura del deporte y considerando sus componentes en todo momento y la modificación de estos componentes. Entre estos componentes recoge: el espacio, las porterías, el móvil, las reglas, y asocia el carácter cambiante de las situaciones de juego a la presencia de compañeros, adversarios y móvil. Coincidimos con estos autores en destacar la necesidad de manipular pedagógicamente los elementos estructurales, como medio para la gradación de la complejidad de las situaciones de enseñanza, teniendo en cuenta la gran complejidad de estos deportes, tomando siempre como referencia, para ello, la estructura del deporte que se enseña.

A nuestro juicio, consideramos que uno de los problemas de la didáctica específica de los juegos deportivos colectivos se centra, por una parte, en la necesidad de diseñar y promover situaciones de enseñanza significativas que estructuralmente se correspondan con la estructura de estos juegos deportivos y, por otra, en la gradación de la complejidad de las situaciones de enseñanza mediante la modificación o manipulación de los elementos estructurales que conforman el contexto estructural de estos deportes dentro de una concepción sistémica de los mismos. Ello, permitirá diseñar y promover situaciones de enseñanza donde los jugadores aprendan a organizar su acción de juego, en contextos similares a los que van a encontrar en la situación real de juego, que es donde van a tener que aplicar lo aprendido y donde adquiere significación las acciones a realizar.

Con objeto de conocer la opinión de los técnicos deportivos que enseñan estos deportes acerca del perfil estructural de las situaciones de enseñanza que emplean, se preguntó a estos técnicos en qué grado empleaban determinados ejercicios en función de la presencia o ausencia de los elementos estructurales: meta espacial, balón, compañero, compañeros, adversario, adversarios.

En cuanto a los elementos estructurales de carácter físico (meta espacial y balón), los técnicos deportivos manifiestan emplear más situaciones de enseñanza con balón que sin balón y, más situaciones con metas espaciales que sin ellas. Sin embargo, si contrastamos estos datos con los obtenidos en el estudio observacional de nuestro estudio de casos, realizado en las modalidades de balonmano y fútbol sala, encontramos que la primera premisa es coincidente, pero la segunda, referida a la presencia de metas espaciales en las situaciones de enseñanza empleadas, los datos no son coincidentes. En el estudio observacional, la meta espacial estaba presente solamente en el 42% de las situaciones; es decir, se han empleado más situaciones de enseñanza sin metas espaciales a defender y/o atacar que con ellas. Esto evidencia que la opinión de los técnicos deportivos acerca de lo que hacen, no siempre es coincidente con la realidad. Asimismo, el hecho del que el dato discrepante sea el referido a la presencia de metas espaciales en las situaciones de enseñanza viene a mostrar la concepción no sistémica que los técnicos deportivos tienen acerca del deporte que enseñan. En tanto el empleo de metas espaciales a defender y/o atacar comporta la presencia conjunta en esas situaciones de enseñanza de móvil y al menos de adversario.

Respecto a los elementos estructurales de carácter social (compañero, compañeros, adversario, adversarios), los técnicos deportivos exponen que las situaciones de enseñanza, donde se interacciona con compañeros y contra adversarios, son las más empleadas, este dato coincide con el obtenido respecto a este aspecto en nuestro estudio observacional de las 32 sesiones, que alcanza el 19% considerando conjuntamente los datos de balonmano y fútbol sala (ver tabla 3).

	Situaciones de enseñanza	Porcentaje
P	Situaciones psicopráxicas	19%
C	Situaciones sociopráxicas de cooperación con un compañero	11%
CS	Situaciones sociopráxicas de comunicación con más de un compañero	13%
A	Situaciones sociopráxicas de contracomunicación contra un adversario	12%
AS	Situaciones sociopráxicas de contracomunicación donde los participantes se oponen simultáneamente entre sí.	2%
CA	Situaciones en donde se da simultáneamente comunicación con un compañero y contracomunicación con un adversario	11%
CAS	Situaciones en donde se da simultáneamente comunicación con un compañero y contracomunicación con más de un adversario	7%
CSA	Situaciones en donde se da simultáneamente comunicación con más de un compañero y contracomunicación con un solo adversario	6%
CSAS	Situaciones en donde se da simultáneamente comunicación con más de un compañero y contracomunicación con más de un adversario	19%

Tabla 3.- Tipos de comunicación de los contextos estructurales analizados.

Sin embargo, al discriminar en nuestro estudio observacional si en todas estas situaciones de enseñanza también están presentes el móvil y la meta espacial, comprobamos que ese porcentaje baja hasta el 12%, y dejan de ser las situaciones de enseñanza más empleadas. Este aspecto viene a mostrar la importancia de discriminar la presencia conjunta o no de los elementos estructurales en las situaciones de enseñanza, pues es ahí donde consideramos que se centra la discusión del carácter sistémico o no de una determinada situación de enseñanza.

Si nos hubiéramos atenido solamente a las respuestas recogidas sobre la naturaleza estructural de las situaciones de enseñanza en el cuestionario, el conjunto de técnicos que han respondido al cuestionario coincide con las propuestas recogidas en el análisis documental realizado y con nuestro posicionamiento. Es decir, de los resultados del cuestionario se deduce que los técnicos deportivos de los deportes de Co/Op/Ec/Ps balonmano, baloncesto y fútbol sala emplean en mayor grado ejercicios con presencia de balón que sin balón; ejercicios con presencia de metas espaciales a defender y/o atacar que sin ellas; y ejercicios con presencia de compañeros y adversarios. De la información obtenida con este instrumento, podemos sacar la conclusión de que los técnicos deportivos de estos deportes emplean prioritariamente situaciones de enseñanza con contextos estructurales donde están presentes los elementos estructurales: meta espacial, balón, compañeros y adversarios.

En este sentido, a la hora de concretar la estrategia de la investigación, consideramos interesante emplear otros instrumentos que nos permitieran conocer nuestros objetivos de estudio desde otra perspectiva y poder contrastar los datos obtenidos para aproximarnos mejor a la realidad del fenómeno que estudiamos y poder interpretarlo mejor. Por ello, optamos por un estudio de casos que desarrollamos a través de la observación sistemática y de una entrevista. Los resultados obtenidos en la observación sistemática nos muestran que el tipo de situaciones de enseñanza que según el cuestionario era la que se empleaba en mayor grado, solo es utilizado en un 12%. Asimismo, en el análisis de las entrevistas realizadas se constata que ninguno de los técnicos deportivos identifican explícitamente que tengan en cuenta conjuntamente los elementos estructurales meta, móvil, compañeros y adversarios, en la selección y/o diseño de sus situaciones de enseñanza. Esto, pone de manifiesto que la concepción estructural que los técnicos deportivos manifiestan e a través del cuestionario, no se corresponde con lo que manifiestan en la entrevista y lo que se constata mediante la observación sistemática. Por ello, valoramos más adecuado el empleo de la observación sistemática y de la entrevista como instrumentos para abordar el análisis de la naturaleza estructural de las situaciones de enseñanza que emplean los técnicos deportivos.

En cuanto a la naturaleza estructural de las situaciones de enseñanza que emplean los técnicos deportivos de nuestro estudio de casos, se aprecia una disfunción interna al considerarse en ellas aspectos parciales de la estructura, lo que conduce a un reduccionismo del problema:

El empleo de situaciones de enseñanza sin presencia de adversario/s está en torno al 40% (44% en balonmano; 39% en fútbol sala y 43% en balonmano y fútbol sala).

El empleo de situaciones de enseñanza sin presencia de meta/s está por encima del 55% (59% en balonmano; 56% en fútbol sala; y 58% en balonmano y fútbol sala).

El empleo de situaciones de enseñanza con presencia de móvil y espacio está por debajo del 45% (40% en balonmano; 44% en fútbol sala; 41% en balonmano y fútbol sala).

El empleo de situaciones de enseñanza con presencia de meta, móvil, compañeros y adversarios, está por debajo del 16% (11% en balonmano; 15% en fútbol sala; 12% en balonmano y fútbol sala).

De los resultados obtenidos, interpretamos que la concepción estructural que tienen los técnicos deportivos de los deportes de Co/Op/Ec/Ps, acerca de las situaciones de enseñanza, no coincide con la concepción sistémica de los autores que han considerado las variables estructurales en el análisis teórico de los deportes de Co/Op/Ec/Ps y de sus situaciones de enseñanza. A nuestro juicio, esta falta de concepción sistémica que tienen los técnicos acerca de su deporte deberíamos situarla en el tipo de formación inicial que reciben.

Consideramos que la formación inicial y/o permanente de los técnicos deportivos de estos deportes debería abordar este déficit formativo en la interpretación de la naturaleza estructural y funcional de su deporte. Ya que en caso contrario, se estará privando a estos técnicos deportivos de los fundamentos que les permita diseñar y/o seleccionar situaciones de enseñanza que, por sus características estructurales, ofrezcan a sus jugadores escenarios reales donde aprender a organizar su acción de juego. Para ello, coincidiendo con las propuestas de Bayer (1986, p. 7), Riera Riera (1989, p. 153), Lasierra Aguilá y Lavega Burgués (1993, p. 31), Konzag et al. (1997, p. 25), Graça (1997, p. 27), Garganta (1997, p. 16), y Antón García (1998, p. 57), consideramos que estos contextos estructurales han de ser similares estructuralmente a las condiciones de práctica de la situación real de juego. Sin que ello excluya la simplificación y la progresiva evolución, con criterios pedagógicos, de estos contextos estructurales. De esta manera, se permitirá a los jugadores organizar su acción de juego adaptada a las características contextuales del deporte que aprende y deducir reglas o pautas de acción que sigan siendo válidas en la situación real de juego.

Objetivo: Conocer el grado de correspondencia de guardan las características estructurales de los deportes de Co/Op/Ec/Ps con los contextos estructurales de las situaciones de enseñanza que se emplean en estos deportes

El análisis documental realizado, acerca de las características estructurales de los deportes de Co/OpEcPs, pone de manifiesto que, entre los autores que se han pronunciado al respecto (Antón García, 1990; Bayer, 1986; Castelo, 1999; García Eiroá, 2000; Hernández Moreno, 1994; Konzag et al., 1997) existe una alto grado de consenso al considerar una serie de elementos estructurales como caracterizadores de la estructura interna de estos deportes. Los elementos estructurales que suscitan una mayor coincidencia son: el espacio de juego y dentro de este las metas espaciales, el móvil, la presencia de compañeros y de adversarios. En nuestro caso, hemos optado por considerarlos en el análisis estructural y funcional que hemos desarrollado, con el objeto de deducir las consecuencias funcionales que se derivan de cada uno de ellos para los diversos roles estratégicos que el jugador, en el desarrollo del juego, debe asumir. De esta manera, hemos pretendido desvelar la lógica interna de estos deportes.

Asimismo, del análisis documental realizado constatamos que autores que han abordado el estudio de las situaciones de enseñanza en deportes de Co/Op/Ec/Ps, como Bayer (1986), Riera Riera (1989), Antón García (1990), Devís Devís y Peiró Velert (1992), Lasierra Aguilá y Lavega Buergués (1993), Martínez de Dios (1996), Konzag et al. (1997), Garganta (1997), Méndez Giménez (1999), García Eiroá (2000), coinciden en destacar, de una manera u otra, la importancia de la presencia conjunta en estas situaciones de enseñanza de los elementos estructurales que caracterizan estos deportes. Este amplio consenso nos sugiere la siguiente reflexión: los contextos estructurales de las situaciones de enseñanza facilitan o limitan las experiencias de los jugadores en los diversos roles estratégicos que han de asumir en el juego real. En el juego real de un deporte de Co/Op/Ec/Ps los participantes han de asumir diversos roles estratégicos, y organizar su acción de juego en una transición continua de roles en una dinámica de interacción constante. O dicho de otra manera, el juego real demanda del jugador que desarrolle sus proyectos de juego pasando constantemente de un rol a otro. Por ello, independientemente de que pueda estar justificado, en una progresión pedagógica, el empleo de situaciones de enseñanza psicopráxicas, donde solamente se asume un rol, o situaciones sociopráxicas de cooperación, donde se suelen asumir dos roles; serán las situaciones sociopráxicas de cooperación oposición, con meta espacial y móvil las que permiten a los jugadores organizar sus acciones de juego desde cada uno de los roles posibles en estos deportes y en constante transición de unos a otros. En este sentido, nos parece pertinente la proposición de Bronfenbrenner (1987, p. 131), cuando afirma que "los diferentes tipos de entorno dan lugar a patrones distintivos de rol, actividad y relación para las personas que se convierten en participantes en estos entornos".

Considerando los resultados obtenidos con el cuestionario de opinión, se deduce que los técnicos deportivos de estos deportes emplean prioritariamente situaciones de enseñanza con contextos estructurales donde están presentes los elementos estructurales: meta espacial, balón, compañeros y adversarios. Es decir, situaciones de enseñanza similares estructuralmente con la situación real de juego de estos deportes, lo que parece deberse a una cuestión intuitiva, ya que los resultados del estudio de observación sistemática contrastan con esa interpretación, y ponen de manifiesto que ese tipo de situaciones de enseñanza solo alcanza el 11% en balonmano, el 15% en fútbol sala, y el 12% considerando conjuntamente los datos de balonmano y fútbol sala. Asimismo, el análisis de contenido de las entrevistas sobre este aspecto, nos señala que ninguno de los ocho técnicos entrevistados identifica explícitamente que tenga en cuenta conjuntamente los elementos estructurales: compañeros, adversarios, metas y móvil, en la selección y/o diseño de sus situaciones de enseñanza. Por lo tanto, no parece que las situaciones con mayor similitud estructural con la situación real de juego de los deportes de Co/Op/Ec/Ps sean empleadas de manera preferente en la enseñanza de estos deportes. Esto, nos está poniendo de manifiesto que existe una falta de correspondencia entre la naturaleza estructural de los deportes de Co/Op/Ec/Ps estudiados y los contextos estructurales de las situaciones de enseñanza que identifican y emplean los técnicos deportivos que constituyen la muestra de nuestro estudio de casos.

Esta interpretación se ve fundamentada también con otros resultados del estudio de observación sistemática realizado. Así, la presencia de adversarios, que constituye una constante estructural en estos deportes, solo constituyen el 44% de las situaciones de enseñanza empleadas en balonmano, el 39% en fútbol sala, y el 43% considerando conjuntamente los resultados de balonmano y fútbol sala. También, la presencia simultánea de móvil y metas espaciales (porterías) a alcanzar y/o proteger es otra constante estructural en estos deportes, pero estos elementos estructurales solamente han estado presentes conjuntamente en el 40% de las situaciones de enseñanza en balonmano, el 44% en fútbol sala, y el 41% considerando conjuntamente los datos de balonmano y fútbol sala. Por último, si consideramos la presencia de metas espaciales, nos encontramos que las situaciones de enseñanza sin la presencia de este elemento estructural constituyen el 59% en balonmano, el 56% en fútbol sala y el 58% considerando conjuntamente los resultados de balonmano y fútbol sala.

Esta falta de contextualización de gran parte de las situaciones de enseñanza que han sido empleadas por los técnicos deportivos estudiados, concuerda, por una parte, con la concepción parcial que estos tienen de las características estructurales de estos deportes, donde solo uno de los ocho técnicos identificó conjuntamente los elementos estructurales compañeros, adversarios, metas y móvil, como elementos que tienen una presencia constante en la situación real de juego de estos deportes; y, por otra parte, con la concepción que estos técnicos deportivos tienen de que lo que se aprenda en cualquier situación de enseñanza, independientemente de los elementos estructurales que estén presentes, tendrá una gran probabilidad de ser aplicado en el juego real.

Diversos autores del campo de la psicosociología (Casier, Lewis, Pinillos, Mayor, Endler y Magnusson, citados por Fernández-Ballesteros, 1987, p. 32), destacan que la significación que un individuo asigna a una situación determinada ejerce una influencia sobre su conducta en esa situación. Coincidiendo con la propuesta de estos autores, consideramos que la concepción que los técnicos deportivos tengan sobre la naturaleza estructural del deporte que enseñan, influirá en el diseño estructural que hagan de sus situaciones de enseñanza. Es decir, si no conciben de forma sistémica el deporte que enseñan, difícilmente diseñaran y/o seleccionaran situaciones de enseñanza que integren los elementos estructurales que caracterizan la situación real de juego de estos deportes, aunque sea de forma simplificada.

En este sentido, coincidimos con autores como Cratty (1993) cuando expone que los entrenadores deben recordar que para que el entrenamiento se transfiera a la competición debe procurarse que éste sea lo más parecido a la competición. Asimismo con Riera Riera (1989, p. 153), cuando destaca la importancia de que "las situaciones de práctica, han de ser lo más similares posibles a las que posteriormente servirán para evaluar el grado de aprendizaje"; y con Bayer (1986), cuando caracteriza el modelo pedagógico de los juegos deportivos colectivos a través de la presencia conjunta de los elementos específicos de la estructura global del juego.

Por último, consideramos que la relación mostrada en nuestro estudio, entre la concepción parcial y no sistémica que los técnicos deportivos estudiados tienen acerca de las constantes estructurales de su deporte (entrevista) y la falta de correspondencia estructural de los contextos estructurales de los deportes de Co/Op/Ec/Ps con los contextos estructurales de las situaciones de enseñanza empleadas por estos técnicos Observación sistemática), nos remite a una reflexión acerca de los modelos de formación inicial y permanente de los técnicos deportivos en el ámbito de los deportes de Co/Op/Ec/Ps. Esta reflexión, debe evitar que la complejidad estructural de estos deportes sea un obstáculo para que los modelos de enseñanza que se empleen se correspondan con la lógica interna de estos deportes. Es decir, que se promueva una correspondencia entre la lógica interna y la lógica didáctica.

CONCLUSIONES

Las conclusiones se presentan tomando como referencia los objetivos de la investigación.

Conocer las características estructurales y funcionales de los deportes de Co/Op/Ec/Ps

Existe un consenso creciente, entre los autores que han abordado el estudio de los deportes de Co/Op/Ec/Ps, en concebir estos deportes como un sistema práxico de interacción global entre el sujeto actuante, el entorno físico, donde adquieren especial relevancia el espacio, el tiempo, los objetos que están presentes, y la presencia de otros participantes (compañeros y adversarios) con los que se establece una relación de comunicación y contracomunicación motriz.

Conocer la naturaleza estructural de las situaciones de enseñanza que se emplean en los deportes de Co/Op/Ec/Ps, a través de sus contextos estructurales

Los autores que han analizado las características estructurales de las situaciones de enseñanza en los deportes de Co/Op/Ec/Ps, concuerdan en destacar la importancia de la presencia conjunta, en las situaciones de enseñanza, de las constantes estructurales que se dan en la situación real de juego en estos deportes, coincidiendo con nuestro criterio.

En cuanto a las características estructurales de las situaciones de enseñanza empleadas por los técnicos deportivos, nos remitimos a las cuatro primeras conclusiones expuestas a partir de los resultados obtenidos en el estudio observacional.

Conocer el grado de correspondencia que guardan las características estructurales de los deportes de Co/Op/Ec/Ps con los contextos estructurales de las situaciones de enseñanza que se emplean en estos deportes

Se observa una falta de correspondencia entre la naturaleza estructural de los deportes de Co/Op/Ec/Ps estudiados y los contextos estructurales de las situaciones de enseñanza empleadas por los técnicos deportivos de la muestra de nuestro estudio de casos, en cuanto a la presencia conjunta en estas situaciones de los elementos estructurales compañeros, adversarios, móvil y metas espaciales (11% en Balonmano, 15% en Fútbol sala, y 12% considerando conjuntamente los resultados de Balonmano y Fútbol sala); a la baja presencia del elemento estructural metas espaciales (41% en Balonmano, 44% en Fútbol sala, y 42% considerando conjuntamente los resultados de Balonmano y Fútbol sala); a la baja presencia conjunta de los elementos estructurales móvil y metas espaciales (40% en Balonmano, 44% en Fútbol sala, y 41% considerando conjuntamente los resultados de Balonmano y Fútbol sala); a la moderada presencia de los elementos estructurales adversario/s (56% en balonmano, 61% en Fútbol sala, y 57% considerando conjuntamente los resultados de Balonmano y Fútbol sala).

Aplicación práctica del estudio

Consideramos importante que los técnicos deportivos tengan en cuenta, desde una perspectiva sistémica, estos aspectos estructurales tanto en la concepción que tienen de su deporte, como en el diseño y organización de sus situaciones de enseñanza. En este sentido, consideramos las situaciones de 4 vs. 4 con portero, con meta y balón como la formula más simplificada que recoge la esencia estructural y funcional de los deportes estudiados, en tanto que el jugador puede organizar su acción de juego interaccionando con las constantes estructurales de este deporte (meta, balón, compañeros y adversarios), y desde el punto de vista funcional colaborando con más de un compañero, disponiendo de alternativas para jugar con uno u otro, o continuar la acción individual. Asimismo las situaciones de 3 vs. 3 y con meta a alcanzar y defender ofrecerían esta posibilidad. Mientras que esta posibilidad de decisión alternativa no existe en las situaciones de 2 vs. 2, donde la única opción de un jugador es jugar o no con el otro compañero. Con ello, se conseguirá facilitar que los aprendizajes que se promuevan en las situaciones de enseñanza tengan las máximas posibilidades de ser aplicados en las situaciones reales de juego. Es decir, atendiendo a las propuestas de las teorías que han estudiado el fenómeno de la transferencia en los aprendizajes motores (Judd, 1905; Thorndike, 1935), consideramos que deberían predominar las situaciones de enseñanza de cooperación/oposición con presencia de compañeros, adversarios, móvil y metas, donde los jugadores organicen su acción de juego en constante transición de un rol estratégico a otro.

El alto grado de complejidad estructural que presentan los deportes de Co/Op/Ec/Ps, demanda de los técnicos deportivos una gradación de la misma para facilitar los aprendizajes iniciales. Pero la gradación de esta complejidad estructural, no es simplemente la suma o resta de elementos estructurales en las situaciones de enseñanza, sino de las relaciones que entraña la presencia/ausencia de los elementos estructurales del sistema deporte de Co/Op/Ec/Ps y de las consecuencias funcionales que esto implica para la acción de juego que el jugador aprende a organizar. Por ello consideramos, que en la formación inicial y permanente de los técnicos deportivos de los deportes de Co/Op/Ec/Ps se debe dar respuesta a la falta de fundamentación evidenciada en nuestro estudio acerca de la concepción parcial y no sistémica que los técnicos deportivos tienen de sus deportes y de las situaciones que promueven en su enseñanza.

En la organización de la enseñanza de estos deportes postulamos una complejidad estructural intencional y planificada, donde se decida qué elemento estructural se relaciona en cada momento con los demás en el contexto de una situación de enseñanza. Ya que cada contexto estructural ofrece una potencialidad pedagógica propia para promover o limitar un determinado aprendizaje. Asimismo, consideramos importante que los técnicos deportivos tengan en cuenta en sus consignas pedagógicas los roles estratégicos que los jugadores asumen en cada situación de enseñanza, y si en estas se promueve el transito de un rol a otro en los protagonistas de la acción motriz que en ellas se desarrolla.

Por último, en el desarrollo de los deportes de Co/Op/Ec/Ps como contenidos curriculares, hemos de tener en cuenta que en estos deportes la acción de juego se organiza desde los diferentes roles estratégicos que se asumen. Por ello, consideramos que sería pertinente plantearse objetivos didácticos significativos en la línea de: "identificar las posibles intenciones de juego en cada uno de los roles estratégicos ", "mejorar o desarrollar las habilidades motrices que permitan llevar a cabo las diversas intenciones de juego". Es decir, proponemos una organización de estos contenidos deportivos partiendo de la intencionalidad de la conducta motriz y no únicamente desde las habilidades específicas que se emplean.

Futuras líneas de investigación

El estudio aquí expuesto, sobre las situaciones de enseñanza en los deportes de Co/Op/Ec/Ps sugiere cuestiones metodológicas e hipótesis alternativas. Éstas son las siguientes:

Se ha presentado un estudio sobre las características de los contextos estructurales de las situaciones de enseñanza, separándolo del universo de la acción de juego por integrar numerosas variables no controlables en este estudio. Este posicionamiento debe generar estudios que exploren la influencia de los contextos estructurales en la acción de juego que en ellos se desarrolla, en relación con sus límites y posibilidades para la enseñanza. En este sentido, estamos analizando los roles estratégicos que asumen los jugadores en cada situación de enseñanza y las consignas específicas que generan la presencia de estos roles en los técnicos deportivos, de cara a identificar que roles son más atendidos didácticamente por los técnicos deportivos.

En el estudio estructural realizado, no se incluyó la variable tiempo por la dificultad que entrañaba su control conjuntamente con las demás variables estructurales en este estudio. Por ello, consideramos que se deben generar estudios que integren esta variable estructural. De esta manera podremos considerar en el estudio de las situaciones de enseñanza, entre otros aspectos, la duración que los técnicos deportivos conceden al desarrollo de cada contexto estructural, y/o el tipo de referencias temporales que plantean en las situaciones de enseñanza.

Consideramos importante ampliar el estudio a otras modalidades deportivas de Co/Op/Ec/Ps, para poder discriminar si el hecho de compartir una naturaleza estructural y funcional similar conduce a que se den situaciones semejantes en su enseñanza. En este sentido, estamos llevando a cabo este estudio en la modalidad de baloncesto.

Tomando como referencia la definición de situación de enseñanza que hemos empleado en nuestro estudio: "organización didáctica que prevé el profesor o técnico deportivo en base a una o varias tareas motrices vinculadas a un objetivo motor y que, finalmente, se define en el contexto", consideramos importante analizar los objetivos motores que se plantean en cada uno de diversos tipos de situaciones de enseñanza. Ello nos permitiría profundizar en las consecuencias pedagógicas que se derivan de cada contexto estructural, y en el conocimiento de la influencia que ejerce el entrenador/profesor en las acciones motrices que se promueven.

Teniendo en cuenta el escepticismo que manifiestan los técnicos deportivos de los deportes de Co/Op/Ec/Ps, respecto a la influencia de las características estructurales, en la mayor o menor transferencia de lo aprendido a la situación real de juego, consideramos que se hacen necesarios diseños experimentales que desvelen si se da o no esta influencia y en qué grado. Para ello, la discriminación estructural de las situaciones de enseñanza, realizada en este estudio, podría ser una de las variables a tener en cuentas es esos diseños.

Estas líneas de investigación mencionadas contribuirían, sin duda, a fundamentar una didáctica basada en conocimientos más específicos para los deportes sociomotores, caracterizados por su alto grado de complejidad estructural y funcional.

BIBLIOGRAFÍA

Amador Ramírez, F. (1994). *Estudio praxiológico de los Deportes de Lucha. Análisis de la acción de brega en la Lucha Canaria*. Tesis doctoral no publicada. Las Palmas de Gran Canaria: Universidad de Las Palmas de Gran Canaria.

Anguera Argilaga, M. T. (1983). *Manual de técnicas de observación*. México: Trillas.

Antón García, J. (1990). Balonmano: *fundamentos y etapas de aprendizaje: un proyecto de escuela española*. Madrid: Gymnos.

Antón García, J.L. (1998). *Balonmano táctica grupal ofensiva: concepto, estructura y metodología*. Madrid: Gymnos.

Antón García, J.L. y Serra De L'Hhotellerie-Fallois, E. (1989). Medios diáctico-metodológicos. En J.L. Antón, García (coord.), *Entrenamiento deportivo en la edad escolar* (pp. 207-252). Málaga: Unisport.

Bardin, L. (1977). *Análisis de contenido*. Madrid: Akal.

Bayer, C. (1986). *La enseñanza de los juegos deportivos colectivos*. Barcelona: Hispano Europea.

Blázquez Sánchez, D. (1986). *Iniciación a los Deportes de Equipo*. Barcelona: Martínez Roca.

Bronfenbrenner, E. (1987). *La ecología del desarrollo humano*. Barcelona: Paidós.

Castelo, J. (1999). *Fútbol. Estructura y dinámica del juego*. Barcelona: Inde.

Cratty, B.J. (1973). *Teaching motor skills*. New Jersey: Prentice-Hall.

Devís Devís, J. (1996). *Educación física, deporte y currículum, investigación y desarrollo curricular*. Madrid: Visor.

Devís Devís, J. y Peiró Velert, C. (Eds.) (1992). *Nuevas perspectivas curriculares en educación física: La salud y los juegos modificados*. Barcelona: Inde.

Devís Devís, J. y Peiró Velert, C. (1995). La enseñanza de los deportes de equipo: la comprensión en la iniciación de los juegos deportivos. En D. Blázquez Sánchez (dir.), *La iniciación deportiva y el deporte escolar* (pp. 333-350). Barcelona: Inde.

Devís Devís, J. y Sánchez Gómez, R. (1996). La enseñanza alternativa de los juegos deportivos: antecedentes, modelos actuales de iniciación y reflexiones finales. En J. A. Moreno Murcia y P. L. Rodríguez García (comps.), *Aprendizaje deportivo* (pp. 159-181). Murcia: Universidad de Murcia.

Fernández-Ballesteros, R. (1987). *El ambiente, análisis psicológico*. Madrid: Pirámide.

Gallant, M. (1970). *Juegos deportivos* (2ª ed.). Barcelona: Vilamata.

Galloso, F. (1983). *Fundamentos de táctica deportiva*. Madrid: Gráficas Lara

García Eiroá, J. (2000). *Deportes de equipo*. Barcelona: Inde

Garganta, J. (1997). Para un teoría de los juegos deportivos colectivos. En A. Graça y J. Oliveira (Eds.), *La enseñanza de los juegos deportivos*, (pp. 9-24). Barcelona: Paidotribo.

Graça, A. (1997). Los cómos y los cuándos en la enseñanza de los juegos. En A. Graça y J. Oliveira (Eds.), *La enseñanza de los juegos deportivo* (pp. 25-35). Barcelona: Paidotribo.

Gratereau, R. (1967). *Initation aux sports collectifs*. París: Bourrelier

Hernández Moreno, J. (1984). Factores que determinan la estructura funcional de los deportes de equipo. *Apunts Educación Física y Deportes, XXI*(81), 37-45.

Hernández Moreno, J. (1985). La enseñanza de los deportes. En VV.AA, *La educación Física en las enseñanzas medias, teoría y práctica* (pp. 485-540). Barcelona: Paidotribo.

Hernández Moreno, J. (1987). *Análisis de la acción de juego en los deportes de equipo: su aplicación al baloncesto*. Tesis doctoral no publicada. Barcelona: Universidad de Barcelona.

Hernández Moreno, J. (1994). *Fundamentos del deporte: análisis de la estructura del juego deportivo*. Barcelona: Inde.

Ibáñez Godoy, S. J., Parra Mendoza, M.A., y Asensio Calvarro, J.M. (1998). Taxonomía de medios para la iniciación al baloncesto. *Revista de Entrenamiento Deportivo, XII*(4), 15-24.

Jiménez Jiménez, F. (1993). La formación deportiva en los deportes de cooperación-oposición. En VV. AA, *Recursos para la iniciación deportiva* (pp. 280-302). Santa Cruz de Tenerife: Dirección General de Deportes, Escuela Canaria del Deporte

Jiménez Jiménez, F. (1994). Análisis y tratamiento didáctico de las actividades deportivas de cooperación/oposición. En *Actas I Congreso Nacional de Educación Física de Facultades de Ciencias de la Educación y XII de E.U. de Magisterio* (pp. 207-212). Sevilla: Wanceulen

Jiménez Jiménez, F. (2002). *Estudio praxiológico de la estructura de las situaciones de enseñanza en los deportes de cooperación/oposición de espacio común y participación simultánea: balonmano y fútbol sala*. Tesis doctoral (formato microficha). Las Palmas de Gran Canaria: Servicio de Publicaciones Universidad de Las Palmas de Gran Canaria.

Judd, C.H. (1905). Movement and consciousness. *Phychological Review*, 7, 199-226.

Konzag, I., Döbler, H. y Herzog, H. (1997). *Entrenarse jugando, un sistema completo de ejercicios*. Barcelona: Paidotribo.

Lagardera Otero, F. (1994). La praxiología como nueva disciplina aplicada al estudio del deporte, en *Educación Física. Renovar la teoría y la práctica*, 55, 21-30.

Lasierra Aguilá, G. (1991). Aproximación a una propuesta de aprendizaje de los elementos tácticos individuales en los deportes de equipo. *Apunts de Educación Física y Deportes*, 24, 59-68.

Lasierra Aguilá, G. y Lavega Burgués, P. (1993). *1015 juegos y formas jugadas de iniciación a los deportes de equipo*. Barcelona: Paidotribo.

Listello, A., Clerc, P., Crenn, R., y Schoebel, E. (1965). *Recreación y educación físico-deportiva*. Buenos Aires: Kapelusz.

Lloret Riera, M. (1994). *Análisis de la acción de juego en el waterpolo*. Tesis doctoral no publicada. Barcelona: Universidad de Barcelona.

Luhmann, N. (1990). *Sociedad y sistema: la ambición de la teoría*. Barcelona: Paidós.

Mahlo, F. (1969). *L´acte tactique en jeu*. [Edic. en español *La acción táctica en el juego*. La Habana: Pueblo y Educación. La Habana. 1981].

Martínez de Dios, C. (1996). *Hockey*. Madrid: MEC.

Méndez Giménez, A. (1999). Efectos de la manipulación de las variables estructurales en el diseño de juegos modificados de invasión. *Lecturas Educación Física y Deportes, 16*. En http://www.efdeportes.com/efd16/juegosm.htm (Revisado el 14 de noviembre de 2002).

Navarro Adelantado, V. y Jiménez Jiménez, F. (1998). Un modelo estructural-funcional para el estudio del comportamiento estratégico en los juegos deportivos (I). *Educación Física. Renovar la teoría y la práctica, 71*, 5-13.

Né, R., Bonnefory, G. y Lahuppe, H. (2000). *Enseñar balonmano para jugar en equipo*. Barcelona: Inde.

Parlebas, P. (1981). *Contribution à un lexique commenté en science de l´action motrice*. París: Insep.

Parlebas, P. (1988). *Elementos de Sociología del Deporte*. Málaga: UNISPORT.

Riera Riera, J. (1989). *Fundamentos del aprendizaje de la técnica y la táctica deportivas*. Inde.

Rink, J. (1985). *Teaching for learning*. St. Louis: Mosby.

Ruiz Llamas, G. (1996). *Análisis praxiológico de la estructura del tenis. Comparación de las acciones de juego en la modalidad de singles y dobles masculina sobre superficie de tierra abatida*. Tesis doctoral no publicada. Las Palmas de Gran Canaria: Universidad de Las Palmas de Gran Canaria.

Ruiz Pérez, L.M. (1994). *Deporte y Aprendizaje. Procesos de adquisición y desarrollo de habilidades*. Madrid: Visor.

Sans Torrelles, A. y Frattarola Alcaraz, C. (1997). *Entrenamiento en el fútbol base*. Barcelona: Paidotribo.

Sans Torrelles, A. y Frattarola Alcaraz, C. (1998). *Fútbol base. Programa de entrenamiento para la etapa de tecnificación*. Barcelona: Paidotribo

Seirul.lo Vargas, F. (1993). Preparación física específica en balonmano. Nuevas perspectivas en el entrenamiento de la fuerza. En VV. AA, *Preparación física específica* (pp. 38-45). La Laguna: Dirección General de Deportes-Escuela Canaria del Deporte.

Theodorescu, L. (1977). *Theorie et methodologie des jeux sportifs*. París: E.F.R.

Thorpe, R. D., Bunker, D. J. y Almond, L. (eds.) (1986). *Rethinking games teaching*. Loughborough: Loughborough University Press.

Thorndike, E.L. (1935). *Fundamentals of learning*. New York: Teachers College.

Ticó Camí, J. (1996). Clasificación de tareas específicas de los deportes de cooperación/oposición (situaciones sintéticas y globales). En J.A. Moreno Murcia y P.L. Rodríguez García (eds.), *Aprendizaje deportivo* (pp. 231-241). Murcia: Universidad de Murcia.

Wein, H. (1991). *Hockey*. Madrid: COE.

Wein, H. (1995). *Fútbol a la medida del niño*. Madrid: Real Federación Española de Fútbol.

ANEXO 1

Cuestionario para técnicos deportivos que están al cargo de escuelas deportivas de deportes de equipo (baloncesto / balonmano / fútbol sala)

Agradezco de antemano su sincera colaboración, que sin duda contribuirá a conocer mejor la enseñanza deportiva de los deportes equipo.

INFORMACIÓN PARA LA CONTESTACIÓN DEL CUESTIONARIO:

En las preguntas que tienes que hacer una valoración de: NADA-POCO-REGULAR-BASTANTE-MUCHO y que se corresponden con: 1-2-3-4-5, deberás contestar cada una de ellas, rodeando con un círculo la respuesta que mejor exprese tu opinión.

En las preguntas donde encuentres un recuadro al lado de la contestación señala con una cruz la respuesta correcta.

Te ruego que leas detenidamente cada una de las preguntas antes de contestar, con el objeto de conocer todas las posibles opciones que se te presentan.

YA PUEDES COMENZAR A CONTESTAR EL CUESTIONARIO.

A: DATOS GENERALES DE LOS TÉCNICOS DEPORTIVOS

(1)- SEXO

1.- Varón. ☐   2.- Mujer. ☐

(2)- EDAD DEL TÉCNICO DEPORTIVO

1.- de 15 a 19 ☐

2.- de 20 a 24 ☐

3.- de 25 a 29 ☐

4.- de 30 a 34 ☐

5.- de 35 a 39 ☐

6.- de 40 a 44 ☐

7.- más de 44 ☐

(3)- MODALIDADES EN LAS QUE ACTÚAS DE TÉCNICO DEPORTIVO:

1.- Baloncesto ☐

2.- Balonmano ☐

3.- Fútbol sala ☐

(4)- CATEGORÍAS DE LAS QUE EJERCES DE TÉCNICO DEPORTIVO:

* Baloncesto:

    -Alevín femenino. ☐   - Alevín masculino. ☐

    - Infantil femenino. ☐   - Infantil masculino. ☐

    - Cadete femenino. ☐   - Cadete masculino. ☐

* Balonmano:

    -Alevín femenino. ☐   - Alevín masculino. ☐

    - Infantil femenino. ☐   - Infantil masculino. ☐

    - Cadete femenino. ☐   - Cadete masculino. ☐

* Fútbol Sala:

    -Alevín femenino. ☐   - Alevín masculino. ☐

    - Infantil femenino. ☐   - Infantil masculino. ☐

    - Cadete femenino. ☐   - Cadete masculino. ☐

(5)- NÚMERO DE CENTROS EN LOS QUE EJERCES DE TÉCNICO DEPORTIVO:

1.- Un solo centro ☐

2.- Dos centros ☐

3.- Tres centros ☐

4.- Mas de 3 centros ☐

(6)- AÑOS QUE LLEVAS EJERCIENDO DE TÉCNICO DEPORTIVO DE ALGUNA MODALIDAD DE DEPORTE DE EQUIPO:

1.- Un solo año ☐

2.- Entre 2 y 4 años ☐

3.- Entre 5 y 9 años ☐

4.- Más de 9 años ☐

(7)- AÑOS QUE LLEVAS EJERCIENDO DE TÉCNICO DEPORTIVO DE ALGUNA MODALIDAD DE DEPORTE DE EQUIPO EN LA CAMPAÑA DE PROMOCIÓN DEPORTIVA DEL CABILDO DE TENERIFE:

1.- Un solo año ☐

2.- Entre 2 y 4 años ☐

3.- Entre 5 y 9 años ☐

4.- Más de 9 años ☐

B: LA FORMACIÓN INICIAL DEL TÉCNICO DEPORTIVO

(8)- QUÉ TITULACIÓN DEPORTIVA TIENES

0.- Sin titulación. ☐

1.- Monitor/a de: baloncesto ☐ balonmano ☐ fútbol sala ☐

2.- Entrenador/a provincial (1º nivel) de: baloncesto ☐ balonmano ☐ fútbol sala ☐

3.- Entrenador/a regional (2º nivel) de: baloncesto ☐ balonmano ☐ fútbol sala ☐

4.- Entrenador/a nacional (3º nivel) de: baloncesto ☐ balonmano ☐ fútbol sala ☐

5.- Otras:

(9)- QUE TITULACIÓN ACADÉMICA RELACIONADA CON LA ACTIVIDAD FÍSICA Y EL DEPORTE TIENES

0.- Sin titulación. ☐

1.- Técnico en Animación de Actividades Físicas y Deportivas. ☐

2.- Maestro/a Especialista en Educación Física. ☐

3.- Licenciado/a en Ciencias de la Actividad Física y del Deporte. ☐

4.- Otras:

(10)- ¿COMO AYUDA A TU LABOR DE TÉCNICO DEPORTIVO LOS CONOCIMIENTOS RECIBIDOS EN TU FORMACIÓN INICIAL COMO TITULADO DEPORTIVO?

N	P	R	B	M
1	2	3	4	5

(11)- ¿COMO AYUDA A TU LABOR DE TÉCNICO DEPORTIVO LOS CONOCIMIENTOS RECIBIDOS EN TU FORMACIÓN ACADÉMICA INICIAL?

N	P	R	B	M
1	2	3	4	5

C: FORMACIÓN PERMANENTE

(12)- ¿QUÉ NÚMERO DE HORAS HAS DEDICADO, EN LOS ÚLTIMOS 3 AÑOS, A LA PARTICIPACIÓN EN CURSOS DE FORMACIÓN PERMANENTE RELACIONADOS CON TU LABOR COMO TÉCNICO DEPORTIVO?

N	P	R	B	M
1	2	3	4	5
	(10h.)	(30h.)	(100h.)	(+ DE 100h.)

(13)- ¿ESTARÍAS INTERESADO EN PARTICIPAR EN ACTIVIDADES DE FORMACIÓN PERMANENTE RELACIONADAS CON TU LABOR COMO TÉCNICO DEPORTIVO ANTES DE CADA CAMPAÑA DEPORTIVA?

N	P	R	B	M
1	2	3	4	5

D: ASPECTOS DIDÁCTICOS DE LA ENSEÑANZA DEL DEPORTE

- ¿CÓMO ORGANIZAS LA ENSEÑANZA DEL DEPORTE O DEPORTES DE LOS QUE ERES TÉCNICO DEPORTIVO?

N- P- R- B- M

(14)- Sigo las orientaciones del coordinador de zona   1 - 2 - 3 - 4 - 5.

(15)- Sigo las orientaciones de alguna publicación específica   1 - 2 - 3 - 4 - 5

(16)- Según mis experiencias anteriores   1 - 2 - 3 - 4 - 5

(17)- Otros criterios:

(18)- ¿CONCRETAS POR ESCRITO PREVIAMENTE LAS SESIONES QUE VAS A DESARROLLAR?

N	P	R	B	M
1	2	3	4	5

(19)- ¿RECOGES POR ESCRITO OBSERVACIONES DE LAS SESIONES QUE DESARROLLAS?

N	P	R	B	M
1	2	3	4	5

- EN EL CASO DE RECOGER OBSERVACIONES ¿SOBRE QUÉ ASPECTOS LAS REALIZAS?

N- P- R- B- M

(20)- Comportamiento...   1 - 2 - 3 - 4 - 5

(21)- Aspectos técnicos individuales..........................   1 - 2 - 3 - 4 - 5

(22)- Aspectos tácticos individuales.......................... 1 - 2 - 3 - 4 - 5

(23)- Aspectos tácticos colectivos............................ 1 - 2 - 3 - 4 - 5

(24)- Aspectos físicos.. 1 - 2 - 3 - 4 - 5

(25)- Otros.. 1 - 2 - 3 - 4 - 5

- EN LA ENSEÑANZA DE TU DEPORTE QUE TIEMPO DEDICAS AL DESARROLLO DE LOS SIGUIENTES CONTENIDOS

N- P- R- B- M

(26)- Condición Física............................... 1 - 2 - 3 - 4 - 5

(27)- Fundamentos técnicos...................... 1 - 2 - 3 - 4 - 5

(28)- Fundamentos tácticos individuales.... 1 - 2 - 3 - 4 - 5

(29)- Fundamentos tácticos colectivos....... 1 - 2 - 3 - 4 - 5

(30)- Reglas de juego................................ 1 - 2 - 3 - 4 - 5

(31)- Sistemas de juego............................. 1 - 2 - 3 - 4 - 5

- EN FUNCIÓN DE LA AUSENCIA O PRESENCIA DEL BALÓN Y DE METAS ESPACIALES A DEFENDER Y/O ATACAR, EN QUÉ GRADO UTILIZAS LOS SIGUIENTES TIPOS DE EJERCICIOS EN LA ENSEÑANZA DE TU DEPORTE:

N- P- R- B- M

(32)- Sin balón............................ 1 - 2 - 3 - 4 - 5

(33)- Con balón.......................... 1 - 2 - 3 - 4 - 5

(34)- Sin meta espacial a defender y/o a atacar... 1 - 2 - 3 - 4 - 5

(35)- Con meta espacial a defender y/o a atacar... 1 - 2 - 3 - 4 - 5

- EN FUNCIÓN DE LA AUSENCIA O PRESENCIA DE COMPAÑERO/S Y/O ADVERSARIO/S EN QUÉ GRADO UTILIZAS LOS SIGUIENTES TIPOS DE EJERCICIOS EN LA ENSEÑANZA DE TU DEPORTE:

(36)- Ejercicios donde se actúa individualmente 1-2-3-4-5

(37)- Ejercicios donde solo se actúa con un compañero 1-2-3-4-5

(38)- Ejercicios donde solo se actúa con más de un compañero 1-2-3-4-5

(39)- Ejercicios donde solo se actúa contra un adversario 1-2-3-4-5

(40)- Ejercicios donde solo se actúa contra más de un adversario 1-2-3-4-5

(41)- Ej. donde solo se actúa con un compañero y contra un adversario 1-2-3-4-5

(42)- Ej. donde solo se actúa con un compañero y contra adversarios 1-2-3-4-5

(43)- Ej. donde solo se actúa con compañeros y contra un adversario 1-2-3-4-5

(44)- Ej. donde solo se actúa con compañeros y contra adversarios 1-2-3-4-5

(45)- ¿EVALÚAS LA EVOLUCIÓN DEL APRENDIZAJE DE TUS ALUMNOS?

N	P	R	B	M
1	2	3	4	5

- EN EL CASO DE EVALUAR EL APRENDIZJE DE TUS ALUMNOS ¿QUÉ ASPECTOS EVALUAS?

N- P- R- B- M

(46)- Fundamentos técnicos...................... 1 - 2 - 3 - 4 - 5

(47)- Fundamentos tácticos individuales................... 1 - 2 - 3 - 4 - 5

(48)- Fundamentos tácticos colectivos...................... 1 - 2 - 3 - 4 - 5

(49)- Reglas de juego............................... 1 - 2 - 3 - 4 - 5

(50)- Sistemas de juego............................ 1 - 2 - 3 - 4 - 5

(51)- Otros.. 1 - 2 - 3 - 4 - 5

(52)- EN LAS COMPETICIONES LE PLANTEAS A LOS JUGADORES ALGÚN OBJETIVO DE RENDIMIENTO A ALCANZAR INDEPENDIENTEMENTE DEL RESULTADO

N	P	R	B	M
1	2	3	4	5

CAPÍTULO XIII

ADQUISICIÓN DE LA COMPETENCIA PARA EL DEPORTE EN LA INFANCIA: EL PAPEL DEL CONOCIMIENTO Y LA COMPRENSIÓN EN LA TOMA DE DECISIONES EN BALONMANO[12]

Juan Antonio García Herrero

INTRODUCCIÓN

Dentro del contexto de las teorías y los enfoques del aprendizaje deportivo distintos autores coinciden en señalar lo limitado de los estudios en el ámbito de la enseñanza de los juegos deportivos, así como las posibilidades de expansión y desarrollo que existen en este campo (Rink, French y Tjeerdsma, 1996; Turner y Martinek, 1999). La mayoría de los estudios que se han llevado a cabo han tenido como objetivo principal comparar las diferencias existentes entre varios grupos que aprendían bajo principios metodológicos diferentes. En la revisión de la literatura se observa una evolución tanto en los diseños como en los objetivos de los trabajos. Así, las investigaciones relacionadas con este asunto han ido centrando su interés en distintos aspectos, de tal forma que estudios anteriores proporcionaban información para los siguientes, mostrándose una progresión en la intencionalidad y en los objetivos de las investigaciones.

La mayoría de los estudios que han tratado de comparar distintos modelos de aprendizaje deportivo, han optado por un diseño cuasi-experimental en el que se administraba a los diferentes grupos un tratamiento específico (técnico, táctico o combinado), y donde se obtenían unas medidas pre y postratamiento que se comparaban entre sí. Siguiendo a Rink, French y Tjeerdsma (1996) las variables que habitualmente se manejan en las investigaciones tratan de obtener una medida de conocimiento sobre el deporte, una medida de desarrollo de la habilidad técnica, una medida de rendimiento en el juego y una medida relacionada con el nivel motivacional.

A pesar de que en teoría el modelo metodológico centrado en la técnica debería favorecer este tipo de adquisiciones (técnicas), si se analizan los resultados ofrecidos por las distintas investigaciones en su conjunto, se comprueba que no existen diferencias notables entre unos grupos y otros con relación al dominio de las habilidades técnicas específicas de cada modalidad deportiva. Esto supondría que los participantes que aprenden bajo metodologías centradas en la táctica (comprensivas o combinadas) no son significativamente inferiores que los participantes que aprenden con otros modelos en la ejecución de habilidades técnicas específicas del juego (Griffin, Oslin y Mitchell, 1995; Lawton, 1989; McMorris, 1988; Mitchell, Griffin y Oslin, 1995; Turner, 1996; Turner y

---

[12] García Herrero, J. A. (2001). Adquisición de la competencia para el deporte en la infancia: el papel del conocimiento y la comprensión en la toma de decisiones en balonmano. Director: Luís Miguel Ruiz Pérez. Departamento de Didáctica de la Expresión Musical, Plástica y Corporal. Universidad de Extremadura.

Martinek, 1992, 1995). A pesar de ser esta una tendencia general en las investigaciones, también existe un grupo de estudios en los que sí se refleja alguna diferencia entre los distintos grupos analizados (Turner y Martinek, 1999).

Otras investigaciones como las de French, Werner, Rink, Taylor y Hussey (1996); French, Werner, Taylor, Hussey y Jones (1996); Turner y Martinek (1992, 1999), sugieren que quizá antes de empezar a emplear las tácticas, sea necesario que los participantes cuenten con un control mínimo sobre los objetos. Para Rink, French y Graham (1996), la falta de control sobre los objetos puede haber sido una de las razones por las que otros estudios no hayan podido demostrar los cambios de muchas variables de estrategia y habilidad.

En relación con el rendimiento en el juego, del análisis de los trabajos de French, Werner, Rink et al. (1996) y French, Werner, Taylor et al. (1996), se extrae la idea de que si los participantes tienen la capacidad de controlar el objeto, el conocimiento estratégico general del mismo se adquiere a través de la práctica. En sus estudios sobre la toma de decisiones en el bádminton, no se encontraron diferencias significativas entre el grupo que entrenó específicamente la táctica y el que no lo hizo (a pesar de que el grupo táctico dedicó un tiempo considerable al aprendizaje de las tácticas generales). Estos resultados son similares a los obtenidos por McPherson y French (1991), Rink, French y Werner (1991), Turner y Martinek (1992), en los que los jugadores que no fueron entrenados específicamente en las tácticas empleadas en el juego, parece que fueron capaces de adquirirlas mediante la práctica del mismo.

Por otro lado, también hay un grupo de investigaciones en las que sí se encontraron diferencias en la toma de decisión en los grupos que fueron entrenados con una orientación táctica (Turner, 1996; Turner y Martinek, 1995, 1999), aunque en la mayoría de ellos las diferencias nunca fueron excesivas. El estudio de Gabriele y Maxwell (1995), refleja la igualdad que se aprecia en otros trabajos similares, donde el grupo táctico supera mínimamente al grupo técnico sin alcanzar diferencias significativas en ningún momento. En el estudio de Mitchell et al. (1995) sobre el fútbol, el método táctico mejoró significativamente las tomas de decisión en el juego sin balón, aunque no mostró la misma eficacia en las tomas de decisión con balón.

Una de las grandes inquietudes que ha existido en el ámbito del aprendizaje deportivo ha sido encontrar la mejor forma de enseñar a los jóvenes los juegos deportivos para ser más eficaces. Junto con esta preocupación, desde finales de los años 80 y principios de los 90, a los investigadores les ha preocupado igualmente evaluar cuánto conocimiento adquieren los niños sobre el deporte que están aprendiendo. French y Thomas (1987) defienden la idea de que un mayor conocimiento declarativo del deporte, facilitará un comportamiento más eficaz en el juego (conocimiento procedimental), cuestión que puede parecer obvia pero sobre la que todavía no existen suficientes evidencias científicas como para poder confirmarla

> "...uno debe primero desarrollar una base de conocimiento declarativo dentro de un deporte dado antes de que uno pueda adecuadamente desarrollar buenas destrezas en la toma de decisiones" *(French y Thomas, 1987, p. 17).*

Estudios posteriores a esta tesis doctoral (Alarcón, Cárdenas, Miranda, Ureña y Piñar 2010; Dodds, Griffin y Placek, 2001; Iglesias, 2006), han avanzado en el conocimiento de esta variable (el conocimiento declarativo), llegándose a proponer como un factor determinante en el rendimiento en el juego real. Aunque el propio Alarcón et al. (2010), reconocen en su diseño la influencia de variables contaminantes (la mejora de los contenidos individuales) que no han sido controladas durante el estudio.

De esta forma, los estudios que han comparado diferentes modelos de aprendizaje deportivo, han cuantificado, generalmente, cuánto conocimiento reportaba una forma de aprendizaje u otra (Griffin et al., 1995; Mitchell et al., 1995; Turner y Martinek, 1995, 1999). Distintos han sido los autores que han enfatizado el papel del conocimiento en el aprendizaje de habilidades complejas, y cómo éste puede influir en el rendimiento final alcanzado (Anderson, 1982; Chi y Rees, 1983). Los valores que se obtienen en las distintas encuestas y tests valoran la habilidad de los participantes para emplear su conocimiento de forma consciente y plasmar la respuesta de forma verbal o escrita. Los instrumentos usados en la medición de este conocimiento han sido de lo más variado: pruebas de conocimiento (Castejón y López, 2000; Lawton, 1989; McPherson y French, 1991; Turner y Martinek, 1992, 1999), simulaciones en laboratorio (Adam y Wilberg, 1992; Greco, 1995; Tenenbaum et al. 1993), entrevistas y/o protocolos verbales durante la práctica del juego (French, Werner, Rink et al., 1996).

Investigaciones como las de Lawton (1989) o Turner y Martinek (1992), no encontraron diferencias notables en el conocimiento del juego (bádminton y hockey hierba), en los distintos grupos estudiados. Una vez más se atribuyó a la falta de tiempo el que los tratamientos no establecieran diferencias entre uno y otro grupo.

Continuando con su investigación Turner y Martinek (1995), vuelven a comparar un modelo técnico con uno táctico manteniendo un grupo control a lo largo de 15 sesiones. En esta investigación sí se encontraron diferencias a favor del grupo táctico en cuanto al conocimiento declarativo.

En el estudio de McPherson y French (1991), los participantes que fueron entrenados primero centrándose en las habilidades del juego, mejoraron en el conocimiento del tenis y en la toma de decisión en el propio juego de forma similar al grupo que fue entrenado partiendo de la táctica. Estos autores, sugieren que en un deporte tan complejo técnicamente como el tenis, los participantes no son capaces de centrarse por igual en las habilidades y las estrategias, por lo que parece necesario para su aprendizaje o un mínimo de habilidad o disminuir la dificultad de las mismas en las primeras etapas del aprendizaje. Estudios como el de Griffin et al. (1995) y el de Mitchell et al. (1995), han demostrado que los grupos de táctica obtienen puntuaciones bastante más altas que los grupos de técnica en cuanto al conocimiento de las acciones tácticas del deporte.

En el trabajo de García y Ruiz (2003), la principal diferencia encontrada en los dos grupos comparados (con orientación hacia la técnica y hacia la táctica), fue en el conocimiento declarativo a favor de los niños entrenados bajo un modelo táctico.

Como se aprecia, los resultados de las investigaciones no son ni mucho menos definitivos, aunque no resulta fácil determinar la causa de tanta variabilidad (tiempo dedicado a los programas, diseños empleados, número de participantes, etc.).

Objetivos e hipótesis

Los principales objetivos que se persiguieron con esta investigación fueron los siguientes:

Analizar la complejidad y problemática de los procesos de aprendizaje motor en un deporte colectivo como el balonmano en la fase de iniciación al juego.

Analizar el efecto que diferentes programas de intervención tienen en el desarrollo de la competencia en balonmano.

Identificar las semejanzas en relación con la competencia deportiva de dos grupos de sujetos sometidos a programas de aprendizaje diferentes con un tiempo de competición idéntico.

Analizar el efecto que diferentes programas de aprendizaje deportivo en balonmano tienen en la adquisición de conocimiento en los sujetos implicados.

Para alcanzar los anteriores objetivos se formularon las siguientes hipótesis:

El grupo de práctica con orientación táctica será significativamente mejor en la toma de decisión en el juego real que el grupo de práctica con orientación técnica.

No existirán diferencias significativas en la ejecución técnica al margen del juego de distintos contenidos técnicos del balonmano entre los dos grupos.

El grupo de práctica con orientación hacia la táctica será significativamente mejor en el conocimiento del balonmano.

No existirán diferencias significativas en la ejecución de las acciones técnicas en el juego real entre los dos grupos participantes.

MÉTODO

Participantes

La muestra empleada en el estudio pertenece a una población escolar de quinto curso de Educación Primaria formada por participantes de sexo masculino de dos centros escolares. Para pertenecer a la muestra, los participantes no debían tener una experiencia previa en el juego del balonmano ni haber participado en actividades deportivas de forma regular al margen de las realizadas en las clases de educación física. En su etapa de escolaridad dentro de la asignatura, las actividades desarrolladas por los dos grupos fueron muy semejantes sin encontrarse entre ellas el balonmano. Los participantes fueron distribuidos inicialmente al azar en dos grupos de 15, de entre los niños que decidieron participar voluntariamente en la actividad extraescolar de balonmano, aunque finalmente debido a la mortalidad experimental de tres participantes, los grupos estuvieron compuestos por 13 participantes (grupo técnico) y 14 participantes (grupo táctico), constituyendo una muestra de 27 participantes.

Variables objeto de estudio

Variable dependiente. Se ha definido como la competencia deportiva en balonmano. La operatividad de la variable dependiente se ha realizado en torno a tres aspectos que habitualmente se emplean en investigaciones similares: conocimiento declarativo del deporte, grado de precisión en la ejecución técnica al margen del juego, y nivel técnico y táctico en situación de juego real (toma de decisión y ejecución).

Variable independiente. Está formada por los dos programas de instrucción que van a administrarse a los dos grupos de participantes:

El método con orientación técnica. Este programa de intervención ha constado de 40 sesiones. A lo largo de cada una de las sesiones se presentaron los principales contenidos técnicos que diferentes expertos en balonmano consideran adecuados para niños de estas edades (Antón, 1990; Torrescusa, 1991). Durante las primeras 30 sesiones cada entrenamiento se dedicaba exclusivamente a una habilidad técnica, mientras que en las 10 últimas sesiones se combinaron distintos elementos técnicos (el pase y el lanzamiento, o el ciclo de pasos, el bote y el pase, etc.). Cada habilidad técnica era previamente demostrada por el entrenador para posteriormente, realizar una práctica repetitiva de esa habilidad técnica. Los ejercicios empleados tenían un carácter analítico y tanto el objetivo de los mismos como el *feedback* proporcionado por el entrenador se dirigían básicamente hacia la ejecución técnica.

El método con orientación táctica. Al igual que para el programa anterior, el número de sesiones ha sido de 40. Los contenidos empleados en las sesiones fueron los mismos que para el anterior método. Las sesiones de entrenamiento se iniciaban básicamente mediante un juego modificado o situación simplificada que presentara un problema técnico-táctico (por ejemplo, se iniciaba la sesión con una situación de 3 vs. 3 ó 4 vs. 4 en la que había un problema principal a resolver). El entrenador orientaba, sugería o preguntaba a los jugadores sobre cuestiones relacionadas con ese problema. En las primeras sesiones del programa se abordaron los problemas básicos del balonmano (ocupación de espacios, dispersión de apoyos, progresar hacia portería, etc.), para posteriormente, orientar las sesiones hacia problemas más específicos (cuándo utilizar el bote o el pase, qué informaciones son relevantes a la hora de pasar, botar, lanzar, etc.). Una vez que los jugadores identificaban las principales variables que afectaban al problema se proponían situaciones reducidas para su entrenamiento (1 vs. 1, 2 vs. 1, etc.).

En los dos programas de intervención los niños han participado en un total de 17 partidos de competición. Estos 17 partidos han estado regularmente distribuidos entre las 40 sesiones de cada programa. En los partidos números 1 (pretest), 4, 7, 10, 13 y 17 (postest), los dos grupos se han enfrentado entre sí, siendo estos seis partidos los que se han empleado para obtener los datos de la investigación. En los otros 11 partidos los dos grupos han jugado contra los mismos equipos compuestos por niños de edad similar a la suya.

Validación de los modelos de intervención

Para validar los dos modelos de intervención empleados, tres expertos en balonmano, independientemente emitieron un informe sobre la programación general de las 40 sesiones del programa de entrenamiento, así como sobre tres sesiones completas de este programa. El nivel de acuerdo entre los expertos fue del 93%. Por otro lado, se empleó un protocolo de validación para los dos programas de aprendizaje semejante al utilizado en otras investigaciones de carácter similar (Turner y Martinek, 1992). El tratamiento de validación requería que un codificador juzgara cada lección (10 para cada programa), basándose en los criterios que Turner y Martinek (1992, 1999) proponen en sus trabajos. Un colaborador fue entrenado para usar el instrumento, éste debía analizar diez sesiones (el 25% de cada programa), en cinta de vídeo y responder a cada una de las preguntas de forma afirmativa o negativa. La validación se realizó antes de iniciar la investigación. En las diez sesiones de los dos modelos se obtuvo un porcentaje medio de acuerdo del 97.14%.

Materiales e instrumentos

Cuestionario de valoración del conocimiento teórico. Se desarrolló un cuestionario de conocimiento sobre el balonmano a partir del modelo aplicado a otros deportes colectivos de McGee y Farrow (1987), y refinado con las aportaciones de autores como Antón (1990), Messick (1987) y Turner y Martinek (1992). Constó de 20 preguntas que se relacionaban con tres aspectos del juego: el reglamento (cuatro preguntas), la técnica (ocho preguntas) y la táctica (ocho preguntas). Para asegurar el hecho de que las preguntas examinaran los tres aspectos sobre los que queríamos incidir (reglamento, técnica y táctica), dos expertos en balonmano, independientemente clasificaron las 20 preguntas. El resultado fue un 100% de acuerdo en las 20 preguntas del cuestionario. El instrumento se aplicó en dos ocasiones diferentes (con una semana de intervalo) a un grupo de 50 participantes de similares características a los participantes en la investigación para conocer su estabilidad- fiabilidad siendo ésta de .882.

Instrumento de valoración del rendimiento técnico-táctico individual en el juego. El instrumento de medida que se ha utilizado en la investigación está basado en el propuesto por French (1985), French y Thomas (1987) y adaptado por Méndez (1998a) para las variables relacionadas con el juego de ataque sin balón. Para Turner y Martinek (1999), la fiabilidad y validez del instrumento fueron aceptadas desde finales de los años ochenta. Es un instrumento que, partiendo del propio juego, establece una serie de categorías simples de observación para los atacantes con o sin balón. Las principales acciones técnico-tácticas individuales ofensivas de los jugadores (pase, bote de balón, lanzamiento a portería y juego sin balón) son codificadas mediante valores de 1 ó 0. El valor 1 corresponde a decisiones y/o ejecuciones correctas y el valor 0 a decisiones y/o ejecuciones inapropiadas. La observación de los participantes se realiza durante un partido de balonmano en condiciones normales con defensas individuales desde medio campo (situación clásica en estas edades y recomendada por los autores en la aplicación del instrumento). Se analizan los 15 primeros minutos de partido de cada jugador. El análisis se efectuará sobre un registro en vídeo del partido para facilitar la identificación de los diferentes aspectos que se van a observar. El instrumento fue empleado por un observador entrenado previamente, al que se le aplicó una prueba de fiabilidad intraobservador con una semana de intervalo, alcanzando un 95% de acuerdo entre un registro y otro.

Instrumentos de evaluación de la ejecución técnica individual al margen del juego. Prueba de evaluación de la precisión en el lanzamiento sobre un blanco. Consiste en lanzar 10 balones contra un blanco de 50 cm de diámetro situado en la pared, a una altura del suelo de 1,5 m en su parte baja, y situados a 4 m de distancia desde posición estática (Antón, 1990).

Instrumentos de evaluación de la ejecución técnica individual al margen del juego. Prueba de evaluación del pase y la recepción. Consiste en recibir y pasar un balón a tres expertos situados a 4 m de distancia tanto frontal como lateralmente (Antón, 1990). Cada participante recibe y pasa un total de 10 balones en el siguiente orden: centro, derecha, izquierda, centro, derecha, izquierda, etc.

Instrumentos de evaluación de la ejecución técnica individual al margen del juego. Prueba de evaluación de la ejecución de un encadenamiento técnico del juego. Situado a

15 m de la línea de portería con un balón en las manos y partiendo de una posición estática, el sujeto inicia la siguiente secuencia técnica: (a) progresar en carrera hacia la portería botando dos veces el balón, (b) adaptación del balón, (c) completar el ciclo de pasos (3 pasos) mediante una acción técnica habitual (Falkowski y Enríquez, 1982) y, (d) lanzamiento a una portería que está dividida en cuatro cuadrantes de 1,5 m^2 cada uno. Antes de iniciar la ejecución del encadenamiento y aleatoriamente, se le dice al participante el cuadrante al que debe lanzar el balón. El criterio de valoración de esta prueba se ha desarrollado anotando los aciertos y los errores que cada participante realiza en el conjunto del encadenamiento y en la localización del lanzamiento, así, se han codificado como 1 las acciones desarrollas correctamente, y como 0 todas las acciones incorrectas. Cada participante ha tenido ocasión de realizar la prueba dos veces de forma consecutiva.

Procedimiento para la recogida de datos

Con relación al conocimiento del balonmano y a la precisión en la ejecución técnica al margen del juego, la recogida de los datos se realizó antes de la aplicación de los programas, y después de la finalización de los mismos. Para las variables relacionadas con el rendimiento en el juego (control, toma de decisión y ejecución) se ha realizado un seguimiento cada tres partidos a lo largo de la investigación, de tal forma que se han obtenido valores de los dos grupos en los siguientes partidos: partido número 1 (antes de iniciarse la administración de los programas de intervención), partido número 4 (después de nueve sesiones de entrenamiento), partido número 7 (después de 15 sesiones de entrenamiento), partido número 10 (después de 23 sesiones de entrenamiento), partido número 13 (después de 29 sesiones de entrenamiento), partido número 17 (al concluir las 40 sesiones de los programas de entrenamiento). En estas seis tomas de datos los dos grupos han competido entre ellos.

RESULTADOS

Una vez recogidos los datos de los diferentes instrumentos se analizaron la existencia o no de las diferencias entre los dos grupos, lo cual permitiría confirma o rechazar las hipótesis plateadas, para lo cual se llevaron a cabo pruebas de comparación de grupos (*t* de *student*).

Sobre el conocimiento del balonmano (reglamento, técnica y táctica)

Después de los dos programas de aprendizaje administrados a cada uno de los grupos, se apreció que el grupo táctico era superior al grupo técnico en el conocimiento del balonmano (ver tabla 1), y que esta diferencia era significativa (p=.039), si bien, si se analiza por separado cada uno de los componentes principales del test, no se observan diferencias significativas.

	Prueba *t* para la igualdad de las medias	G.l.	p	Diferencia de las medias
Reglamento	-0.483	25	.633	-0.13
Técnica	0.960	25	.346	0.46
Táctica	1.480	25	.151	0.65
Conocimiento del balonmano	2.180	25	.039	0.98

Tabla 1. Diferencia de las medias en el conocimiento del balonmano (reglamento, técnica y táctica). Valoración final

Sobre la ejecución técnica al margen del juego

Tras realizar un contraste entre las medias de los dos grupos no se identificaron diferencias significativas en ninguna de las pruebas de ejecución técnica: ni en la prueba de precisión en el lanzamiento a un blanco, ni en la prueba del encadenamiento técnico, ni en la prueba de pase y recepción del balón.

Del mismo modo, tampoco se halló tendencia alguna a favor de ningún grupo, ya que la igualdad ha sido una constante en cada una de las pruebas realizadas. Por otro lado, como cabría esperar, los porcentajes de acierto en el pase y en el atrape del balón son mejores en la prueba al margen del juego que dentro del propio juego. En el desarrollo del juego, el grupo técnico consigue un porcentaje en la valoración final de la ejecución del pase del 77.93%, inferior al que consigue al margen del juego (90.8%). Esto mismo sucede con el control del balón, al margen del juego el porcentaje de acierto es superior (89.2%) al conseguido dentro del juego (79.57%).

Sobre el rendimiento en el juego

Control del balón. Ninguno de los dos grupos ha conseguido puntuaciones suficientemente amplias como para alcanzar el grado de significación en esta variable. Del mismo modo, si se realiza un seguimiento de las medias de los dos grupos a lo largo de las seis tomas de datos, se constata una evolución muy similar en los dos grupos respecto al control del balón.

Toma de decisión en el pase, el bote de balón, el lanzamiento a portería y el desmarque. Tras el contraste entre las medias no hemos podido identificar ninguna diferencia significativa respecto a las variables relacionadas con la toma de decisión durante el juego real. En la Figura 1, puede observarse la evolución de las cuatro variables en los dos grupos a lo largo del estudio.

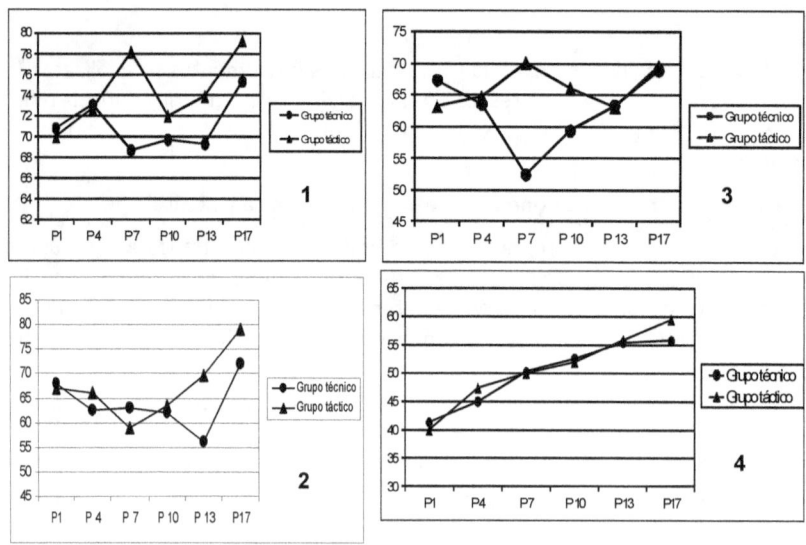

Figura 1. Evolución de los dos grupos en a lo largo de la investigación respecto a la toma de decisión en el pase (1), el bote de balón (2), el lanzamiento a portería (3) y el desmarque (4).

Si se realiza un análisis comparativo del total de la toma de decisiones en el juego entre los dos grupos a lo largo de los seis partidos estudiados (en relación con las variables de pase, bote de balón, lanzamiento y desmarque), se observa que el grupo táctico siempre puntúa por encima del grupo técnico respecto a la toma de decisión en estas variables (excepto en la valoración inicial), (Figura 2).

Parece que existe cierta tendencia favorable al grupo táctico si se agrupan todos los datos recogidos de las variables relacionadas con la toma de decisión, aún insistiendo en que en ninguna de las seis mediciones se alcanzó el nivel de significación. La mayor diferencia entre los dos grupos en la toma de decisión se consigue en el partido número 7 (después de 15 sesiones de entrenamiento), y es favorable al grupo táctico (5.65%), aunque sin llegar a ser significativa (p =.117).

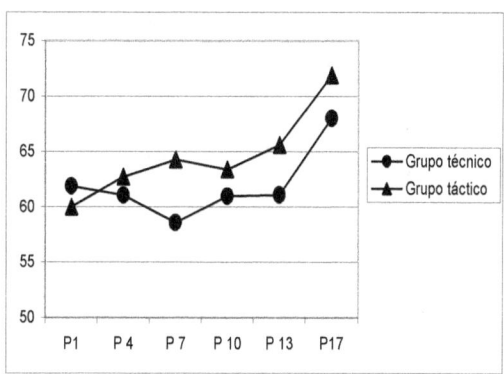

Figura 2. Evolución del porcentaje de acierto en la toma de decisión a lo largo de los seis partidos analizados.

Ejecución del pase, del bote de balón, del lanzamiento a portería y del desmarque

Al igual que sucedía con la toma de decisión, el análisis individual de cada una de las variables relacionadas con la ejecución, no muestra diferencia significativa alguna, por lo que no parece que los tratamientos aplicados a los dos grupos hayan originados diferencias lo suficientemente amplias como para alcanzar el nivel de significación. En la Figura 3, puede observarse la evolución de las cuatro variables en los dos grupos a lo largo del estudio.

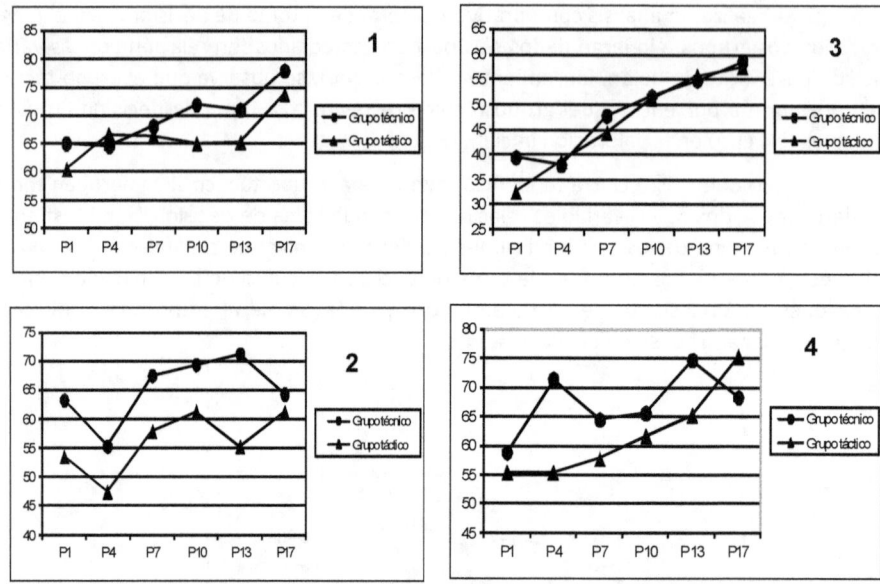

Figura 3. Evolución de los dos grupos a lo largo de la investigación respecto a la ejecución del pase (1), del bote de balón (2), del lanzamiento a portería (3) y del desmarque (4).

El análisis de los resultados con relación a la ejecución en el juego respecto a las cuatro variables estudiadas refleja que el grupo técnico a pesar de haber sido superior al grupo táctico, no ha alcanzado una diferencia significativa. En cualquier caso, como se aprecia en la Figura 4, parece existir una tendencia favorable al grupo técnico si se agrupan los valores de las variables relacionadas con la ejecución. La mayor diferencia entre los dos grupos se alcanza en el partido número 13 (después de 29 sesiones de entrenamiento), siendo ésta favorable (como ya se ha comentado) al grupo técnico (7.51%).

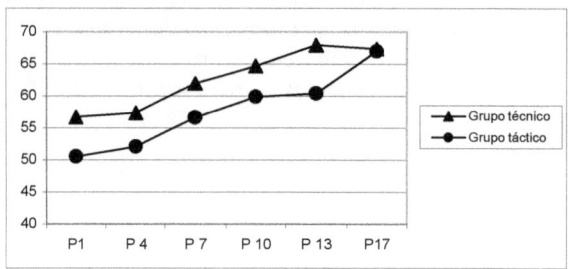

Figura 4. Evolución del porcentaje de acierto en la ejecución a lo largo de los seis partidos analizados.

DISCUSIÓN

Este estudio ha comparado los efectos que dos modelos de aprendizaje deportivo diferentes (uno con orientación hacia la técnica y otro combinado con orientación hacia la táctica, más 17 partidos añadidos por igual a los dos modelos), han tenido sobre la competencia deportiva en balonmano. El grupo combinado mostró mejores resultados en el conocimiento del deporte, mientras que no se pudieron encontrar diferencias significativas en ninguna de las pruebas de ejecución técnica al margen del juego, ni en las variables relacionadas con el rendimiento en el juego (toma de decisión y ejecución).

Relación entre el modelo de aprendizaje deportivo empleado y el nivel de conocimiento que los participantes tienen del deporte

Como se refleja en otras investigaciones (French y Thomas, 1987), parece que una buena base de conocimiento puede permitir a los participantes adquirir destrezas apropiadas en la toma de decisiones. En diferentes investigaciones que abordan la enseñanza y el aprendizaje de distintos deportes (Griffin et al., 1995; Turner, 1996; Turner y Martinek, 1995), sí se encuentran diferencias significativas en el nivel de conocimiento a favor de los participantes entrenados con orientación táctica respecto a los que aprendieron orientados hacia la técnica. En otro grupo de estudios (French, Werner, Rink et al., 1996; Turner y Martinek, 1999), se encontraron diferencias a favor del grupo táctico aunque éstas no alcanzaron una diferencia significativa.

En la mayoría de los estudios analizados, el grupo entrenado bajo una orientación técnica nunca alcanzó mejores puntuaciones respecto al conocimiento en el juego que el grupo entrenado con orientación hacia la táctica. En nuestro caso, dentro de los tres aspectos analizados (reglamento, técnica y táctica), el grupo técnico sólo puntuó ligeramente mejor que el grupo táctico en el apartado de conocimiento del reglamento, consiguiendo una mínima diferencia a su favor (valor que no ha supuesto una diferencia significativa). Parece que los datos obtenidos en esta investigación tienden a confirmar la tendencia que ya se apunta en otras investigaciones, en las que los participantes entrenados bajo modelos tácticos tienen al final del proceso un mayor conocimiento sobre el deporte que los participantes entrenados al amparo de modelos técnicos. Por otro lado, al igual que en el estudio de McPherson y French (1991), en nuestra investigación los participantes que fueron entrenados con un modelo basado en la técnica aprendieron tanto el reglamento como los aspectos relacionados con el comportamiento en el juego (conocimientos sobre la técnica y la táctica), sin ser entrenados específicamente para ello. Quizá sea esto debido a que los 17 partidos que jugaron los participantes de este grupo les ayudaron a aprender las principales reglas del juego, así como a adquirir conocimiento sobre la técnica y la táctica en el mismo, aun sin ser entrenados con ese objetivo.

En resumen, y a tenor de los datos que se han extraído de la investigación, puede afirmarse que los participantes que han entrenado con una orientación táctica adquieren un mayor conocimiento conceptual del balonmano que los participantes que aprendieron bajo una orientación técnica, por lo que parece que centrar las primeras sesiones de aprendizaje del balonmano hacia los aspectos tácticos facilitará una mayor adquisición de conocimientos de ese deporte que si inicialmente se desarrollan los aspectos técnicos.

Rendimiento en el juego. Toma de decisiones

En otras investigaciones similares a ésta, este punto no ha sido unánimemente contestado por los resultados obtenidos. En algunas investigaciones no se encontraron diferencias significativas entre la toma de decisiones de un grupo y otro (French, Werner, Rink et al., 1996; McPherson y French, 1991; Rink et al., 1991; Turner y Martinek, 1992), asumiéndose que los participantes no entrenados específicamente en la solución de tareas tácticas eran capaces de desarrollar estrategias para ser eficaces en la solución de los problemas tácticos que aparecen durante el juego. En este trabajo, el análisis de los resultados del grupo técnico con relación a la adquisición de estrategias generales de comportamiento en el juego confirma la idea ya expuesta en otras investigaciones (French, Werner, Taylor et al., 1996; Rink et al., 1996, p. 491), donde se sugiere que los jugadores "parecen absorber algunas de las tácticas empleadas en el juego por el simple hecho de practicarlo". Es decir, a pesar de que los datos indican una mejor respuesta del grupo táctico en las situaciones de toma de decisión, esta diferencia no es significativa, por lo que es posible que los participantes del grupo técnico, a pesar de no haber entrenado específicamente estas estrategias, consigan adquirirlas mediante la práctica global a lo largo de los 17 partidos que disputan.

En anteriores investigaciones en las que se emplea un instrumento de medida semejante al empleado en este estudio (Turner, 1996; Turner y Martinek, 1999), se aprecian resultados similares a los que se han obtenido en este trabajo. Por un lado, se constata una tendencia a favor del grupo táctico sobre el técnico a la hora de tomar decisiones en las distintas variables analizadas, aunque, por otro, esta tendencia no suele refrendarse posteriormente con grandes diferencias entre los grupos (Mitchell et al., 1995). Turner y Martinek (1999) en su estudio sobre el hockey sobre hierba, encontraron diferencias significativas en el pase, aunque esta diferencia no apareció posteriormente en las otras variables analizadas (*dribling* y lanzamiento). En esta investigación, como ya se ha indicado, en ningún momento se encontraron diferencias significativas entre los dos grupos en las variables relacionadas con la toma de decisión. No obstante, el grupo táctico siempre ha puntuado mejor en todas las mediciones realizadas a lo largo de la investigación (exceptuando la valoración inicial).

La interpretación de estos datos puede realizarse en dos direcciones. Por un lado, podría pensarse que verdaderamente los participantes entrenados con una orientación técnica son capaces de adquirir el criterio táctico de comportamiento en el juego por el simple hecho de practicar (aspecto que apuntan diferentes investigaciones). Por otro, es necesario plantear también que quizá las diferencias que se aprecian en nuestro trabajo no alcanzan el grado de significación por contar en el estudio con un número de participantes poco numeroso.

Rendimiento en el juego. Ejecución de los contenidos técnicos

Los datos que se han obtenido en la investigación indican que ninguno de los dos grupos alcanzó en las mediciones realizadas diferencias significativas en las variables relacionadas con la ejecución de acciones técnicas en el juego real. Admitiendo que no existen grandes diferencias, puede comprobarse comparando las seis mediciones efectuadas, que el grupo técnico siempre ha sido mejor en las variables relacionadas con la ejecución. Si se analiza el perfil del rendimiento que han tenido los dos grupos a lo largo de las seis mediciones, parece que el grupo técnico mantiene las pequeñas diferencias iniciales durante toda la investigación, excepto en la última toma de datos donde los valores se aproximan prácticamente hasta la igualdad (Figura 4). La aparente inferioridad del grupo táctico a lo largo de la investigación respecto a la ejecución de las habilidades técnicas en el juego, quizá se deba a que el entrenamiento integrado con orientación hacia la táctica necesite de un tiempo de asimilación de los contenidos trabajados hasta que los participantes sean capaces de aplicarlos al juego. Por el contrario, parece que el entrenamiento con orientación técnica permite alcanzar unas diferencias iniciales que posteriormente empiezan a perderse.

Resultados de habilidad técnica al margen del juego

Los resultados obtenidos en esta investigación sobre la relación entre la precisión en la ejecución técnica al margen del juego y la orientación del aprendizaje hacia la técnica o hacia la táctica han sido muy similares a los de otras investigaciones (Griffin et al., 1995; Lawton, 1989; McMorris, 1988; Méndez, 1998b; Turner, 1996). Tanto en estos estudios como en el nuestro no se encontraron diferencias significativas en el componente precisión en la ejecución de habilidades técnicas al margen del juego. Estos resultados han sido contrastados en diferentes modalidades deportivas: hockey sobre hierba (Turner y Martinek, 1992; Turner 1996), bádminton (Lawton, 1989), fútbol (Mitchell et al., 1995), voleibol (Griffin et al., 1995), squash (Gabriele y Maxwell, 1995).

En ninguna de las tres pruebas que se han realizado para medir la precisión en la ejecución técnica al margen del juego ha habido diferencias significativas. Igualmente, no se puede observar una tendencia clara respecto al dominio en las pruebas de un grupo sobre otro, ya que los resultados favorecen (ligeramente) en unas ocasiones al grupo técnico y en otras al grupo táctico.

Al parecer, los resultados sugieren que los participantes del grupo técnico no se benefician sustancialmente de un modelo de aprendizaje orientado hacia la técnica. Por otro lado, el grupo táctico es capaz de mostrar un dominio en la precisión técnica fuera del juego, similar al grupo técnico sin pasar por un entrenamiento específico centrado en la ejecución. Es necesario recordar aquí que el grupo táctico ha entrenado conjuntamente las intenciones tácticas en cada uno de los contenidos analizadas y la ejecución técnica en esas mismos contenidos (integrando ambos aspectos), por lo que no parece que el análisis de los resultados indique una pérdida de eficacia en la precisión de las acciones, por combinar en el entrenamiento estos dos aspectos de la ejecución.

Implicaciones para la enseñanza y recomendaciones para el futuro

Para desenvolverse eficazmente en un deporte van a ser necesarias tanto las técnicas específicas de ese deporte, como los conocimientos tácticos. Emplear un modelo de aprendizaje deportivo que integre los dos factores orientando los mismos hacia las intenciones tácticas, permite que los deportistas adquieran un mayor conocimiento sobre ese deporte.

Por otro lado, parece que la competición puede haber provocado un efecto homogeneizador en los resultados relacionados con el rendimiento en el juego, ya que los participantes que aprendieron mediante el modelo técnico han conseguido ser igual de eficaces que sus compañeros del grupo táctico en las variables relacionadas con la toma de decisión y la ejecución, por lo que será necesario considerar en la aplicación de los modelos de aprendizaje deportivo, el tiempo que los jugadores dedican a participar en situaciones de competición real. Del mismo modo, es necesario profundizar en el estudio del efecto que tiene la competición sobre los aprendizajes que logran los participantes, ya que posiblemente el tiempo de competición en situación real suponga un momento de aprendizaje especialmente significativo para los jugadores.

Como ya señalan Rink et al. (1996) es necesario profundizar en el diseño de instrumentos de medida que permitan identificar las distintas adquisiciones que logran los participantes sobre las distintas variables que pretenden analizarse: conocimiento del deporte, rendimiento en el juego, habilidad técnica fuera del juego, grado de motivación, etc.

En definitiva, esperamos que este trabajo constituya un paso más en el estudio sistemático de las variables que afectan al proceso de enseñanza y aprendizaje deportivo en las primeras etapas, y que sirva de acicate para el desarrollo de nuevas investigaciones que profundicen en el análisis de este complejo asunto.

BIBLIOGRAFÍA

Adam, J. J. y Wilberg, R. B. (1992). Individual differences in visual information processing rate and the prediction of performance differences in team sports: A preliminary investigation. *Journal of Sports Sciences*, *10*, 261-273.

Alarcón, F., Cárdenas, D., Miranda, M.T., Ureña, N., y Piñar, M.I. (2010). La influencia de un modelo constructivista para la enseñanza de la táctica en baloncesto sobre la eficacia del juego durante la competición. *Retos*, *17*, 15-20.

Anderson, J. R. (1982). Acquisition of cognitive skill. *Psychological Review*, 89, 369-406.

Antón, J.L. (1990). *Balonmano: fundamentos y etapas de aprendizaje*. Madrid: Gymnos.

Castejón, F. J. y López V. (2000). Solución mental y solución motriz en la iniciación a los deportes colectivos en la educación primaria. *Apunts Educación Física y Deportes*, *61*, 37-47.

Chi, M.T.H. y Rees, E. T. (1983). A learning framework for development. En M.T.H. Chi (Ed.), *Contributions in human development* (Vol. 9, pp. 71-107). Basel: Karger.

Dodds, P., Griffin, L. y Placek, J. (2001). A selected review of the literature on development of learners' domain-specific knowledge. *Journal of Teaching in Physical Education*, *20*, 301-313.

Falkowski, M. y Enríquez, E. (1982). Estudio monográfico de los jugadores de campo. Madrid: Esteban Sanz.

French, K.E. (1985). *The relation of knowledge development to children's basketball performance*. Tesis doctoral no publicada. Baton Rouge: Louisiana State University.

French, K.E. y Thomas, J. (1987). The relation of knowledge development to children's basketball performance. *Journal of sport psychology, 9,* 15-32.

French, K. E., Werner, P., Rink, J., Taylor, K. y Hussey, K. (1996). The effects of a 3-week unit of tactical, skill, or combined tactical and skill instruction on badminton performance of ninth-grade students. *Journal of Teaching in Physical Education*, *15*, 418-438.

French, K. E., Werner, P., Taylor, K., Hussey, K. y Jones, J. (1996). The effects of a 6-week unit of tactical, skill, or combined tactical and skill instruction on badminton performance of ninth-grade students. *Journal of Teaching in Physical Education*, *15*, 439-463.

Gabriele, T.E. y Maxwell, T. (1995). Direct versus indirect methods of squash instruction. *Research quarterly for exercise and sport*, *66*, A-63 (suppl.).

García, J. A. y Ruiz, L. M. (2003). Análisis comparativo de dos modelos de intervención en el aprendizaje del balonmano. *Revista de Psicología del Deporte, 12*(1), 55-66

Greco, J. P. (1995). *O Ensino do comportamento Tático nos Jogos esportivos Coletivos: Aplicacao no Handebol*. Tesis Doctoral no publicada. Campinas: Universidad Estatal de Campina.

Griffin, L., Oslin, J. y Mitchell, S. A. (1995). An analysis of two instructional approaches to teaching invasion games. *Research Quarterly for Exercise and Sport*, *66*, A-64.

Iglesias, D. (2006). *Efecto de un protocolo de supervisión reflexiva sobre el conocimiento procedimental, la toma de decisiones y la ejecución en jugadores jóvenes de baloncesto*. Tesis doctoral no publicada. Cáceres: Universidad de Extremadura.

Lawton, J. (1989). Comparison of two teaching methods in games. *The Bulletin of Physical Educa-*

tion, 25(1), 35-38.

McGee, R. y Farrow, A. (Eds.) (1987). *Test questions for physical education activities*. Champaign: Human kinetics.

McMorris, T. (1988). *Comparison of effectiveness of two methods of teaching passing and support in football*. En *Congreso Mundial. Humanismo y nuevas tecnologías en la Educación Física y el Deporte* (pp. 229-232). Madrid: A.I.S.E.P., M.E.C. e I.N.E.F.

McPhearson, S.L. y French, K. E. (1991) Changes in cognitive strategies and motor skill in Tennis. *Journal of Sport and Exercise Psychology, 13,* 26-41.

Méndez, A. (1998a). La observación *in vivo* del rendimiento deportivo. Un instrumento de análisis en iniciación al baloncesto. *Lecturas: Educación Física y Deportes. Revista digital,* 12. http://www.efdeportes.com/efd12/amendez.htm.

Méndez, A. (1998b). *Análisis comparativo de las técnicas de enseñanza en la iniciación a un deporte de invasión: el floorball patines*. Comunicación presentada en las IV Jornadas Europeas de Intercambio de experiencias de Educación Física en Primaria y Secundaria. (pp. 46-51), Medina del Campo.

Messick, J. A. (1987). Field Hockey. En R. McGee y A. Farrow (Eds.), *Test questions for physical education activities* (pp. 85-110). Champaign: Human kinetics.

Mitchell, S. A., Griffin, L. y Oslin, J. (1995). An analysis of two instructional approaches to teaching invasion games. *Research Quarterly for Exercise and Sport, 66,* A-65.

Rink, J., French, K. y Graham, K. (1996). Implications for practice and research. *Journal of teaching in physical education, 15,* 490-502.

Rink, J., French, K.E. y Tjeerdsma, B.L. (1996). Foundations for the learning and instruction of sport and games. *Journal of Teaching in Physical Education, 15,* 399-417.

Rink, J., French, K.E. y Werner, P. (1991). Tactical awareness as the focus for ninth grade badminton. Higher Education World Congress. Congreso Mundial de Atlanta. International Association for Physical Education (AIESEP). Atlanta, Georgia.

Tenenbaum, G., Yuval, R., Elbaz, G. Bar-Eli, M. y Weinberg, R. (1993). The Relationship Between Cognitive Characteristics and Decision Making. *Canadian Journal of Applied Physiology, 18*(1), 48-62.

Torrescusa, L.C. (1991). Metodología de la enseñanza. En J. García (Coord.), *Balonmano* (pp. 164-292). Madrid: FEBM-COE.

Turner, A.P. (1996). Teaching for understanding: Myth or reality? *Journal of Physical Education, Recreation and Dance,* 67(4), 46-48/55.

Turner, A.P. y Martinek, T.J. (1992). A comparative analysis of two models for teaching games (Technique approach and game-centered) (Tactical focus approach). *International Journal of Physical Education, 29*(4), 15-31.

Turner, A.P. y Martinek, T. J. (1995). Teaching for understanding: a model for improving decision making during game play. *Quest, 47*(1), 44-63.

Turner, A.P. y Martinek, T. J. (1999). An investigation into teaching games for understanding: Effects on skill, knowledge, and game play. *Research Quarterly for Exercise and Sport, 70*(3), 286-296.

CAPÍTULO XIV
LA FORMACIÓN DEL ENTRENADOR DE INICIACIÓN AL BALONCESTO EN ANDALUCÍA. SEMINARIO DE FORMACIÓN Y ESTUDIO DE CASOS[13]

Francisco Javier Giménez Fuentes-Guerra

INTRODUCCIÓN

Las líneas de investigación creadas en España en torno a la formación del profesorado por autores como Marcelo, Villar, Medina, Montero, Delgado Noguera u otros, se han ido abriendo a otros ámbitos educativos diferentes. El estudio del entrenador deportivo puede aportarnos datos interesantes que mejoren la docencia de este colectivo y que ayudarán a mejorar el proceso de aprendizaje de los alumnos y/o jugadores. Son muy escasas las investigaciones realizadas en nuestro país en este campo profesional, por lo que se hace necesario abrir nuevas perspectivas de investigación en este sentido.

El objetivo principal del que parte nuestra investigación ha sido estudiar la formación de los monitores deportivos que existen en la comunidad de Andalucía, y concretamente a los que enseñan el baloncesto dentro de las Escuelas Deportivas Municipales existentes en las ocho capitales andaluzas.

Para conocer la realidad de estos técnicos deportivos en toda Andalucía realizamos un cuestionario, y los datos que obtuvimos los contrastamos en una reunión con los supervisores de estas escuelas deportivas. Con estos datos diseñamos un seminario de formación que pudiera servir de alternativa a los cursos tradicionales y que mejorara su formación.

Tanto el cuestionario como el seminario de formación realizados tenían por objetivo final mejorar la docencia de este colectivo de personas que cada día es más numerosa y que más influencia tiene en la educación del alumnado de primaria dentro de las actividades extraescolares en el colegio, o en los entrenamientos de algunos clubes.

El trabajo que ahora presentamos lo hemos dividido en siete apartados principales además de la bibliografía. Comenzamos con esta introducción y resaltando los objetivos principales de nuestra investigación. Desarrollamos a continuación toda la fundamentación teórica del trabajo, partiendo de la formación del profesorado y llegando a la formación del entrenador de baloncesto, pasando por el profesor de Educación Física (EF), el entrenador deportivo, el deporte escolar y el baloncesto en edades de primaria (minibasket). Realizada la fundamentación teórica pasamos a desarrollar la metodología de investigación y explicamos el proceso que hemos llevado a cabo. A continuación se analizan todos los datos, en primer lugar los obtenidos del cuestionario y de la reunión

---

[13] Giménez Fuentes-Guerra, F. J. (2000). La formación del entrenador de iniciación al baloncesto en Andalucía. Seminario de formación y estudio de casos. Director: José María Rodríguez López. Departamento de Expresión Musical, Plástica, Corporal y sus Didácticas. Universidad de Huelva.

de expertos, y en segundo lugar los obtenidos del seminario de formación y el estudio de casos. Para finalizar, exponemos conclusiones principales de nuestro estudio.

OBJETIVOS DE LA INVESTIGACIÓN

Descritos brevemente los fines principales de nuestro estudio y el proceso o estructura que vamos a desarrollar, pasamos a enumerar los objetivos que nos planteamos al inicio de la investigación:

Analizar la formación que tienen las diferentes personas que entrenan el baloncesto con niños de edades comprendidas entre los 7-8 y los 11-12 años.
Establecer cuáles son los principales problemas y necesidades que tienen estos monitores.
Establecer el perfil del monitor de iniciación al baloncesto con el que contamos en Andalucía.
Diseñar un seminario de formación inicial para monitores de Baloncesto que desarrollen la enseñanza de este deporte en edades de iniciación.
Evaluar el seminario y analizar si ayuda a disminuir los problemas y necesidades de los entrenadores.
Describir unas orientaciones, generales y específicas, que sirvan en futuros cursos de formación inicial para entrenadores principiantes y ayude a éstos a mejorar su docencia.

FUNDAMENTACIÓN TEÓRICA

La formación del profesorado como base para la formación del entrenador deportivo

Somos de la opinión de que la formación de los entrenadores deportivos se debe basar en la formación del profesorado y que debe utilizar todos los estudios e investigaciones realizadas en este campo, (los modelos de formación e investigación sobre el profesorado, las estrategias de formación e instrumentos de investigación, etc.) tal como opinan también autores como Ibáñez (1996, 1997), Moreno (1997), Sánchez (1996) o Saura (1996).

De esta forma comenzamos justificando la necesidad de formación del profesor tal como advierte Gimeno (1982), que afirma que no se puede renovar el sistema educativo sin tener en cuenta al profesorado, y por supuesto su formación. Medina y Domínguez (1993) añaden que la reforma educativa en España tiene como uno de los objetivos principales que no se deben descuidar la formación del profesorado, propiciando una continuidad entre formación inicial y permanente.

Esta formación del profesorado es definida por Marcelo (1989), del que Rodríguez (1997) resalta sobre todo los siguientes aspectos: proceso, etapas o fases, individual o en grupo, intervención profesional o calidad de la enseñanza.

Justificar la formación del profesorado como una necesidad imprescindible para que la enseñanza sea más justa, completa, coherente y eficaz es algo innecesario hoy día, ya que como afirma Blández (1996) el profesorado es uno de los elementos claves de la educación, uno de los pilares más importantes. Además sigue comentando que sin la colaboración del profesor no podremos realizar cambios significativos. Nuestra área de EF no es distinta al resto y nuestros profesionales deben perfeccionarse igual que los demás maestros o profesores.

Esta fundamentación teórica que estamos desarrollando debe sernos útil en otro campo profesional como es el del entrenador deportivo. En nuestro caso será el entrenador de jóvenes que practican el baloncesto en edades comprendidas entre 8 y 12 años. A pesar de ser realidades diferentes van a aparecer importantes similitudes por lo que creemos que bastantes de los aspectos que estamos exponiendo se podrán utilizar siempre que los adaptemos a nuestra enseñanza. En esta misma línea, Moreno (1997, p. 197) entiende que "la formación del entrenador deportivo no dista mucho de la del profesor de EF o del profesorado en general".

La formación del entrenador deportivo

Este campo ha sido muy poco estudiado por lo que las referencias bibliográficas e investigaciones no abundan, complicando por tanto la fundamentación. Para poder entrar a analizar las necesidades de formación de los técnicos deportivos tenemos que estudiar el contenido que utilizan: el deporte escolar y más específicamente el baloncesto para niños y niñas de 8 a 12 años. Y también como se pone en práctica, las Escuelas Deportivas:

El deporte durante el periodo formativo puede convertirse en un excelente medio educativo para el individuo, siempre que sea tratado desde una perspectiva educativa en la que todos los alumnos puedan participar y disfrutar de esta práctica deportiva. Muchos son los autores que defienden este tratamiento pedagógico del deporte: Castejón (1995), Díaz, Sáenz-López y Tierra (1995), Fernández (1998), Gutiérrez (1995, 1998), Hahn (1988), Martens (1993), Proença (1998), Saura (1996), Wein (1995), etc.

Muy relacionado con el concepto de deporte escolar aparecen en España las Escuelas Deportivas que, como vamos a ver, son la forma más común de tratar el deporte fuera del horario lectivo. Romero (1998) realiza una clasificación muy completa e interesante de las diversas modalidades que nos podemos encontrar (según el organismo convocante y según los objetivos o finalidades). Nuestra investigación la centramos en las Escuelas Deportivas Municipales de Baloncesto. La definición del tipo de escuelas que se dan en nuestra Comunidad no es un dato que nos deba pasar desapercibido. El hecho de que la mayoría de las escuelas deportivas sean convocadas por una entidad pública como son los ayuntamientos, va a marcar claramente el tipo de formación que se va a dar a los jugadores: dirigida a todos los que quieran participar, sin discriminaciones por nivel o sexo y se va a buscar un inicio deportivo de los jóvenes por encima de otros objetivos más específicos o técnicos. Por otro lado, el precio o cuota que los chicos y chicas van a pagar será muy bajo o inexistente.

Nos queda por analizar el baloncesto y su adaptación en primaria: el minibasket, que es un deporte reducido, adaptado a jugadores de edades comprendidas entre 8 y 12 años. Este deporte incide principalmente en dos aspectos principales: reglamentarios (evolucionando desde las reglas más sencillas hasta las más complejas) y pedagógicos (contribuir a la socialización del alumnado principalmente).

La formación del monitor de iniciación al baloncesto

El entrenador o monitor debe ser un educador que busca el desarrollo motriz de sus alumnos además de motivarlos hacia la práctica deportiva, utilizando el minibasket como medio principal de aprendizaje, con las aportaciones pedagógicas y reglamentarias que aporta tal como afirma un gran experto italiano como Mondoni (1995, 1998). Ya en 1968 autores como López Cuadra plantean la necesidad de que los entrenadores actúen como educadores. Esto implica que el entrenador debe saber lo que se enseña, saberlo enseñar y educar, todo ello de forma integral. Autores más antiguos como Roger (1972) o más modernos como Krause (1994) ven en el entrenador a una figura que debe ayudar a los jugadores a mejorar su formación personal y deportiva (Giménez, Rodríguez, y Castillo, 2002).

Como cualquier otro profesional del ámbito de la EF y el deporte, los entrenadores deportivos deben mejorar su formación. Para asegurarnos de que la práctica que realizan está bien enfocada y planteada, es muy importante estudiar el deporte que hay que desarrollar, y la formación de monitores y entrenadores que trabajan con los escolares. Sánchez (1996) expone las dimensiones en las que deben trabajar y, por tanto, formarse los técnicos deportivos: psicopedagógica, técnica, coordinación y liderazgo, gestión y, por último, la dimensión afectiva.

Delgado (1995) justifica la necesidad de esta formación en los entrenadores, e indica que los planes de estudios están obsoletos en la mayoría de los casos, por lo que se hace necesario un cambio drástico en el currículum.

Por otro lado, Soria y Cañellas (1991) creen que el aumento de la práctica deportiva entre los jóvenes ha hecho que mejoren enormemente los medios y la infraestructura, aunque siguen existiendo algunos aspectos que no han evolucionado de forma paralela como puede ser la formación de los monitores y entrenadores deportivos. Con la ley del deporte de 1990 se intenta mejorar todo este proceso de formación, apareciendo la responsabilidad formativa no sólo en las federaciones deportivas sino también en las instituciones educativas, lo que supone un gran salto de calidad.

En el R.D. 594/1994 se establecen tres niveles formativos: técnico deportivo elemental, técnico deportivo de base y técnico deportivo superior. Cada uno de estos niveles se desarrollará en las diferentes modalidades deportivas. Pero es a partir del R.D. 1913/1997 cuando queda definitivamente cerrado el proceso de formación de los técnicos deportivos, llegando a tener los títulos obtenidos validez deportiva y académica o educativa. Los dos niveles o grados establecidos se equiparan con los dos ciclos formativos vigentes actualmente: grado medio y grado superior.

METODOLOGÍA DE LA INVESTIGACIÓN

Vamos a utilizar una metodología mixta (ver tabla 1) recomendada por diferentes autores como Zabalza (1988) o Camerino (1996). Este método mixto es denominado modelo integrador por Delgado (1998), y en él se aprovechan las ventajas de los dos paradigmas más importantes de investigación, cualitativo y cuantitativo. Pasamos a describir el proceso que hemos llevado a cabo, pero antes presentamos los principales instrumentos utilizados.

	INSTRUMENTOS CUANTITATIVOS
PRIMERA FASE DE LA INVESTIGACIÓN	Cuestionario inicial con el que conocer la realidad de los entrenadores y escuelas deportivas de baloncesto en Andalucía
SEGUNDA FASE DE LA INVESTIGACIÓN	Cuestionario de evaluación del seminario de formación
	Inventario de preocupaciones de los participantes en el seminario
	INSTRUMENTOS CUALITATIVOS
SEGUNDA FASE DE LA INVESTIGACIÓN	Análisis cualitativo de textos: reunión de expertos, seminario de formación y estudio de casos (entrevistas y diarios)
	Cuestionario de evaluación del seminario de formación

Tabla 1.- Instrumentos de investigación utilizados.

Análisis cuantitativo

En la primera parte de este trabajo estudiamos la realidad de los monitores de Baloncesto de Andalucía. Para ello, diseñamos un cuestionario con el que se pretende conocer aspectos relacionados con el entrenador de iniciación al baloncesto como: datos descriptivos; formación inicial y permanente; aspectos didácticos de los entrenamientos; entrenamiento de los medios técnico-tácticos; la competición; características y experiencia como entrenador; o el contexto del lugar de entrenamiento (Giménez, Castillo, Abad, 2008). En la tabla 2 podemos ver la muestra de esta primera fase.

CIUDAD	Nº DE MONITORES DE BALONCESTO	Nº DE MONITORES QUE CONTESTAN AL CUESTIONARIO	PORCENTAJE
ALMERÍA	22	16	72 %
CÁDIZ	13	11	84 %
CÓRDOBA	23	18	78 %
GRANADA	21	17	80 %
HUELVA	11	11	100 %
JAÉN	4	4	100 %
MÁLAGA	42	27	64 %
SEVILLA	21	15	71
TOTAL	157	119	75 %

Tabla 2.- Muestra del cuestionario.

Tras la recepción de los cuestionarios estos son analizados a través del programa estadístico "SPSS", resultando de este análisis multitud de datos que nos ayudan en el planteamiento de la segunda fase de la investigación. Nos centramos en un análisis de datos descriptivo ya que el interés principal que perseguíamos con el diseño de este cuestionario era definir la realidad del monitor de baloncesto en Andalucía.

Dentro de la descripción que estamos realizando del análisis cuantitativo, tenemos que hacer referencia también a la evaluación del seminario de formación que planteamos como alternativa a los cursos tradicionales de formación para entrenadores. En él hemos utilizado instrumentos cualitativos y cuantitativos (Gráfico 1). Dentro de los instrumentos cuantitativos hemos utilizado un cuestionario mixto donde la mayoría de los ítems eran cerrados, y un inventario de preocupaciones al inicio y al final del seminario. Todos ellos los analizamos de forma cuantitativa.

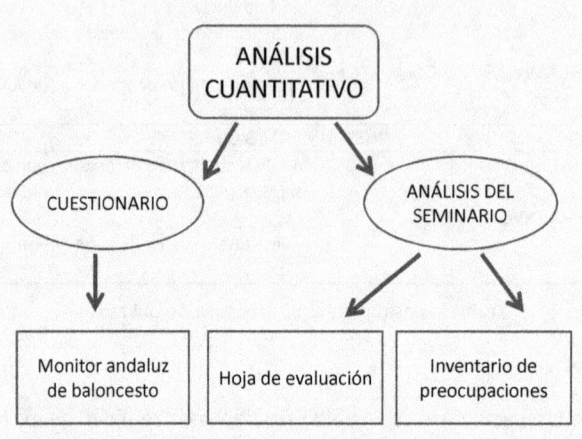

Gráfico 1. Instrumentos de investigación cuantitativos utilizados.

Análisis cualitativo

En la segunda fase de la investigación hemos realizado diferentes actividades que necesitan de un tratamiento cualitativo (Gráfico 2). Tanto la reunión con los coordinadores de las escuelas deportivas de baloncesto, como las entrevistas y los diarios realizados durante el estudio de casos (con una muestra de 8 entrenadores), se han evaluado a través del análisis cualitativo de textos. Para ello hemos utilizado el programa informático "AQUAD" que Carlos Marcelo introduce en España. También hemos analizado de forma cualitativa, aunque no a través del programa citado, las sesiones del seminario y la evaluación de éste.

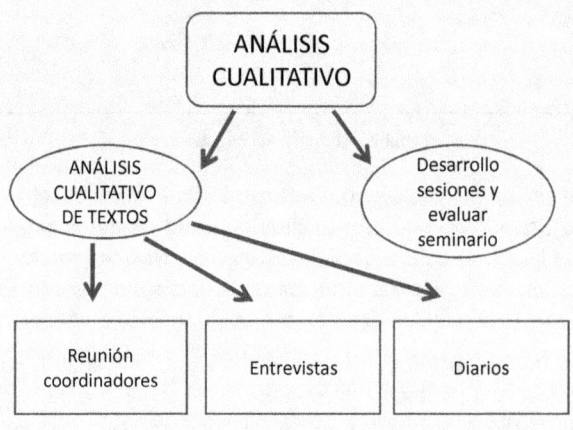

Gráfico 2. Instrumentos de investigación cualitativos utilizados.

RESULTADOS DE LA PRIMERA FASE

Una vez que hemos presentado todo el proceso de investigación llega el momento de comentar los resultados. En primer lugar vamos a explicar los obtenidos en la primera fase, cuestionario y reunión de expertos.

Resultados del cuestionario

Este cuestionario se componía de 80 ítems agrupados en 11 dimensiones, y fue pasado entre los monitores de las Escuelas Deportivas Municipales de Baloncesto de las ocho capitales andaluzas. A continuación pasamos a analizar los datos que consideramos de mayor interés:

De los datos descriptivos destacamos sobre todo que existe un porcentaje elevado de entrenadores menores de edad (12%); que la presencia de mujeres es muy escasa (28%); y que la cuarta parte de los monitores que estudian son del campo de la EF.

Sobre la formación inicial de los monitores es necesario comentar que una quinta parte no tiene titulación específica. De los monitores con titulación, el porcentaje más alto es el de monitores y el más bajo el de entrenadores superiores de baloncesto; y que la gran mayoría, tres cuartas partes, han sido anteriormente jugadores de baloncesto.

Contamos con monitores de baloncesto expertos en Andalucía, ya que más de la mitad tienen cinco o más años de experiencia como entrenador. Por el contrario, en el ámbito del minibasket, el porcentaje más alto baja al intervalo comprendido entre uno y tres años (30%).

En la formación permanente nos encontramos con algunos datos de gran interés. Casi la mitad de los monitores afirman no estar satisfechos con su formación; una mayoría muy importante sigue formándose (74%); y los cursos que se realizan son por orden de importancia: *clinics* de baloncesto, cursos de iniciación deportiva, cursos de EF y cursos de preparación física.

Sólo la mitad de los monitores valora el curso que realizaron para obtener la titulación como adecuado y suficiente para ser entrenador de minibasket, frente a la otra mitad que afirma ser inadecuado para lo que se pretende. Además, la mayoría cree que debería durar más tiempo y que debería incluir prácticas reales de entrenamiento con niños.

La gran mayoría, casi tres cuartas partes de los monitores, entrenan principalmente en centros escolares públicos y privados de educación primaria, siendo más numerosos los centros públicos; y el nivel socioeconómico de los centros es medio (medio/bajo y medio/alto).

La mayoría de los monitores recibe alguna contraprestación económica por entrenar (90%); las entidades de las que reciben el dinero son por este orden: Ayuntamientos, clubes, colegios y APAs. Algo más de la mitad reciben menos de 120 euros al mes, mientras que un tercio recibe entre 125 y 240 euros mensuales.

Del entrenamiento de medios técnico-tácticos podemos comentar que los medios más entrenados con gran diferencia respecto a los demás son por este orden: bote, tiro, y pase-recepción; los porcentajes de entrenamiento son mucho más altos en los medios de ataque que en los de defensa; y los medios individuales son más entrenados que los colectivos.

En cuanto a la dimensión donde hemos incluido todos los ítems relativos a los aspectos didácticos de los entrenamientos es la más amplia de todas. Resumiendo podemos destacar que los días de entrenamiento de las escuelas de minibasket son principalmente tres días a la semana; los jugadores asisten normalmente al entrenamiento, y la mayoría de los monitores no tienen problemas de control y organización del grupo, ni de disciplina. Se planifica cada temporada, cada semana y cada sesión de entrenamiento y las mayores dificultades se encuentran en la planificación de la temporada, y las menores en la programación de la sesión.

Las principales razones o motivos que justifican los entrenadores para entrenar son que lo hacen por gusto por entrenar o enseñar en primer lugar, y después, por motivación personal, motivación económica, y por querer dedicarse profesionalmente al entrenamiento. El tipo de entrenador con el que más se identifican es con el entrenador colaborador, y con el que menos con el entrenador permisivo. La mayoría de los monitores trabaja en grupo con otros compañeros en su club o colegio, y sólo la mitad tiene relación con el profesor de EF del colegio donde entrena.

Analizamos por último un tema tan controvertido como la competición. Casi todos los monitores (90 %) piensan que la competición es necesaria para la formación del jugador y que, bien utilizada, tiene valores educativos importantes. Casi por unanimidad (95 %), la utilización de la competición es entendida como medio de aprendizaje y motivación para los jugadores, y casi tres cuartas partes afirman que la competición en minibasket está bien adaptada al nivel de los jugadores.

Resultados de la reunión de expertos

Una vez obtenidos los datos del cuestionario reunimos a los coordinadores de las escuelas deportivas municipales de baloncesto de las ocho capitales andaluzas y otros expertos con el objetivo de contrastar los datos.

Realidad de las escuelas deportivas en Andalucía. La mayoría son escuelas deportivas municipales en las que el Ayuntamiento colabora en el pago de los monitores, casi todas son escuelas de iniciación y se busca sobre todo que el mayor número de jóvenes puedan practicar el baloncesto.

Perfil del monitor. El perfil idóneo del monitor será el de una persona mayor de edad, estudiante universitario (si es posible del campo educativo, EF principalmente), antiguo jugador, que viva cerca y conozca el contexto del colegio donde va a entrenar, tener el título de monitor o la intención de sacarlo, empezar de ayudante de un compañero con más experiencia. Estos datos coinciden con algunos de los datos del cuestionario y la opinión de otros autores como Martens et al. (1989) o Knop et al. (1998) entre otros.

Formación de los monitores. Será muy importante la formación inicial de los monitores, por lo que debemos tener preparado algún proyecto con el que afrontar esta situación entre los nuevos monitores que se incorporen. Esta formación es muy importante, pero no se puede exigir demasiado ya que en las condiciones en las que nos encontramos, nos podemos dar por satisfechos si conseguimos ayuda de gente, joven o con experiencia, que quiera colaborar.

La competición y el deporte escolar. Las coincidencias con los resultados obtenidos en el cuestionario son unánimes, ya que se plantea la necesidad de utilizar el deporte como un medio de formación interesante, donde todos los alumnos puedan participar y disfrutar de la competición.

RESULTADOS DE LA SEGUNDA FASE

Enumeramos a continuación los datos principales que deducimos tras el desarrollo del seminario de formación con ocho entrenadores y el estudio de los tres casos puesto en práctica.

Seminario de formación

A partir de los datos analizados en la primera fase ponemos en práctica un seminario de formación del que comentamos las conclusiones principales (ver gráfico 3). Este seminario ha tenido una duración de ocho meses en las que se alternaban sesiones teóricas en las que trabajábamos conjuntamente los participantes, el coordinador y los expertos externos sobre temas como: el entrenador, la iniciación deportiva, los componentes del entrenamiento deportivo, la competición, programación, desarrollo de la condición física, el juego, diseño de actividades y ejercicios, etc. (50 h.) y sesiones prácticas donde cada monitor participante en el seminario entrenaba con su escuela deportiva y ponía en práctica los contenidos aprendidos (100 h.).

Gráfico 3. Desarrollo de las sesiones del seminario.

En primer lugar nos gustaría comentar que todo el desarrollo del seminario se ha convertido en una actividad personal y profesional muy satisfactoria, y que gracias a las intervenciones de los participantes y de los expertos se ha podido llevar a cabo de forma correcta.

La utilización de otras alternativas de formación como el trabajo en equipo y la reflexión se han convertido en elementos importantes para mejorar la formación de los monitores participantes, pero también han servido para aumentar la motivación de éstos y para que se cree un clima de trabajo positivo y eficaz.

La combinación, en el seminario, tanto de sesiones teóricas como prácticas ha sido uno de los aspectos más interesantes de la metodología utilizada, ya que nos ha dado la oportunidad de aplicar los contenidos aprendidos en las prácticas, y debatir entre todos el desarrollo de éstas.

Las relaciones tan positivas que se han establecido entre todos los componentes del seminario han contribuido en gran medida a que éste se haya desarrollado positivamente.

A partir del seminario realizado creemos que se pueden describir algunas orientaciones para futuros cursos de formación inicial para monitores de baloncesto sobre objetivos, contenidos o metodología que más adelante comentaremos.

Se hace necesario seguir con actividades de formación una vez concluidos estos cursos de formación inicial para que el proceso de formación sea adecuado y útil para todos los entrenadores.

Estudio de casos

De los ocho participantes en el seminario elegimos a tres de ellos a los que realizamos el estudio (Marta, Álvaro y Luis –los nombres son ficticios para mantener el anonimato). En el estudio de los tres casos hemos seguido el mismo esquema de trabajo (ver Tabla 3): características principales de cada caso, análisis de los dos ciclos de supervisión realizados, análisis de los diarios, conclusiones más interesantes de cada caso y conclusiones generales de los tres casos.

CASO Nº:
1.- Características principales
2.- Análisis de los ciclos de supervisión
3.- Análisis de los diarios
4.- Conclusiones más interesantes de cada caso
5.- Conclusiones generales de los tres casos

Tabla 3. Esquema a seguir en los tres casos.

Con objeto de no extendernos demasiado enumeramos las conclusiones conjuntas de los tres casos en cada dimensión analizada:

Personal. Existen situaciones personales y profesionales diferentes entre los tres, lo que repercute directamente en su forma de trabajo. Luis tiene experiencia como entrenador, Álvaro como jugador y Marta no tiene ninguna experiencia. Este hecho repercute en una falta de confianza de Marta que llega a comentar que no está preparada para entrenar aunque esta opinión va cambiando de forma positiva a lo largo del año. En los otros dos casos destacamos que Luis entiende el baloncesto como un medio de educación de sus alumnas que les puede ayudar a salir del ambiente complicado donde viven, y Álvaro está preocupado por su falta de formación didáctica y por los inconvenientes que le causa su situación de estudiante.

Relaciones. Los tres casos mantienen una buena relación con sus alumnas y alumnos, sobre todo Luis y Álvaro ya que las conocen de años anteriores. Marta valora muy positivamente su relación con el resto de compañeros del seminario de formación que le ayudan en algunas sesiones.

Formación del entrenador. Dentro esta dimensión, los tres casos valoran muy positivamente el desarrollo del seminario. Lo que más les ha gustado ha sido el poder trabajar en grupo, la comunicación que se ha mantenido entre todos los componentes o los trabajos que se han realizado. Tanto Luis como Álvaro comentan que han aprendido algunos aspectos didácticos que no sabían y que los están aplicando en sus entrenamientos. Marta se queja de que a veces necesita soluciones más inmediatas y no tanta reflexión y que ella tenga que buscar sus propias soluciones.

Planificación. Encontramos aspectos muy interesantes dentro de la dimensión "Planificación". Los tres se preocupan por diseñar actividades que motiven a sus alumnos, y los tres programan sus actividades y los contenidos de forma global y dinámica. Álvaro ha aprendido a plantear objetivos de forma integral y no sólo motrices, Luis programa la temporada entera en primer lugar y luego acude a ella antes de realizar cada sesión, y Marta planifica cada sesión en función de la anterior aprovechando las actividades que mejor han salido.

Medios de enseñanza del baloncesto. La dimensión sobre contenidos específicos tiene bastante menos importancia de la que en principio esperábamos. Tanto los "medios técnico-tácticos" como la "competición" no son elementos sobre los que los tres casos hayan reflexionado en profundidad. A pesar de ello las pocas referencias que encontramos son todas muy interesantes. Todos utilizan la competición como medio de aprendizaje de sus jugadores y para motivarlos hacia la práctica del baloncesto, todas las jugadoras y los jugadores participan en la competición. Los tres plantean situaciones reducidas de competición al final de la sesión. Los medios técnico-tácticos más trabajados son el bote, el pase y el tiro. Por último, todos coinciden en trabajar los diferentes medios de forma global e inespecífica.

Enseñanza. Dentro de la dimensión "Enseñanza" sobresale el interés que tienen los tres casos por motivar a los jugadores durante los entrenamientos. En este sentido preparan variantes de cada actividad y utilizan el juego para dinamizar las sesiones. Tanto Luis como Álvaro insisten en que a nivel metodológico han mejorado su actuación ya que este año han aprendido aspectos de didáctica que no sabían y que están utilizando en con sus equipos. Marta ya conoce en profundidad la metodología de la EF y el deporte y la aplica correctamente (recordamos que Marta es Maestra especialista en EF).

Comunicación. La dimensión comunicación no tiene demasiada importancia. Tanto Álvaro como Luis no tienen problemas de comunicación con sus alumnas. Para Marta, el código "Información Inicial" es especialmente importante por los problemas que tiene para darla correctamente. Luis comenta que antes no sabía dar la información inicial y ahora sí.

Control. Los problemas de "Control" son más importantes en Marta y en Álvaro, pero sobre todo en la primera. Luis como tiene bastante experiencia y ya conoce a las jugadoras de años anteriores no tiene apenas problemas de control o disciplina.

Recursos didácticos. En la última dimensión las coincidencias son tajantes, ya que para los tres el juego es el medio o recurso más utilizado para el desarrollo de las actividades. Tanto en la parte inicial como en la fundamental y la final se utiliza el juego como medio de aprendizaje y motivación de los jugadores. Se utiliza poco material además de los balones y la pista de minibasket.

Terminado el estudio de casos pasamos a continuación a analizar los resultados del inventario de preocupaciones y del cuestionario de evaluación del seminario.

Inventario de preocupaciones

Tanto al inicio como al final del seminario planteamos la necesidad de utilizar un instrumento para conocer las principales preocupaciones que tienen los monitores participantes en esta actividad formativa. Antes de comenzar lo utilizamos para conocer mejor a los participantes y adaptar los contenidos a las necesidades y preocupaciones que manifestaban, y al finalizar para saber si se producen cambios en estas preocupaciones, lo que significaría que el seminario ha sido realmente útil para los participantes. Para ello, adaptamos al campo del entrenador de baloncesto el Inventario de Preocupaciones de Profesores diseñado y utilizado por Marcelo (1995) y Mayor (1995).

En el análisis realizado de los inventarios no se observan diferencias significativas entre las preocupaciones que manifiestan tener los monitores al iniciar el seminario y al terminar éste. Como aspectos más destacados podemos comentar que existe gran preocupación por la enseñanza y ésta se mantiene a lo largo de la duración de todo el seminario y que existe la esperanza casi unánime de mejorar como entrenador con el paso del tiempo. Plantean la necesidad de formarse más para mejorar como entrenadores y tienen gran interés por enterarse de la metodología que utilizan otros entrenadores. Se preocupan porque los jugadores participen e intervengan en las clases, y que aprendan en cada sesión de entrenamiento.

Cuestionario de evaluación del seminario

De forma sintética, resumimos en las siguientes tablas (Tablas 4, 5, 6 y 7) las opiniones principales de los participantes en las cuatro dimensiones establecidas.

CONTENIDOS
Los contenidos tratados son interesantes, novedosos y originales
La información transmitida es relevante para la consecución de los objetivos que se quieren conseguir
El contenido del curso se adecúa a las necesidades e intereses de los participantes
Los ponentes dominan los contenidos expuestos

Tabla 4. Resumen de la valoración de los contenidos del seminario por parte de los participantes.

ORGANIZACIÓN
El diseño es flexible y se han aceptado modificaciones y sugerencias que han propuesto los participantes
El tiempo empleado en el curso es escaso
La organización del curso es acertada
La variedad de ponentes han aportado gran riqueza de perspectivas, lo que es importante para la formación

Tabla 5. Resumen de la valoración de la organización del seminario por parte de los participantes.

METODOLOGÍA
Las opiniones y sentimientos son expresadas con libertad
El desarrollo del curso ha hecho reflexionar a los participantes sobre su enseñanza
Las relaciones entre los participantes y los ponentes han sido relajadas y han contribuido a la buena marcha del curso
Durante el desarrollo de las sesiones se ha estimulado y motivado la participación
El debate entre los compañeros del curso ayuda en la superación de conflictos y dilemas como entrenador

Tabla 6. Resumen de la valoración de la metodología del seminario por parte de los participantes.

GRADO DE SATISFACCIÓN
Este curso sería recomendado a otros compañeros
El valor y la funcionalidad del curso es alta
Este tipo de cursos son valorados como muy útiles para formar a entrenadores
Los participantes afirman estar satisfechos con la formación recibida

Tabla 7. Resumen de la valoración del grado de satisfacción del seminario por parte de los participantes.

Terminamos este apartado comentando algunas frases literales expresadas por los monitores participantes incluidas en el último ítem del cuestionario que es desarrollado de forma abierta y donde ellos expresaban con mayor libertad sus opiniones acerca del seminario:

"Me ha parecido la mejor manera de sacarle el jugo a la formación del entrenador"

"El diálogo y la reflexión con los demás compañeros ha sido lo que más me ha gustado"

"Este curso supone una invitación a la reflexión permanente y ha supuesto un antes y un después en mi formación como entrenador"

"Lo más importante podría ser el poder aplicar toda la teoría, estar en contacto siempre con la práctica"

"Hemos podido en todo momento exponer nuestros problemas o conclusiones, incluso se nos ha dado la oportunidad de cambiar el enfoque de las sesiones"

"Se aprende más que en cursos intensivos donde se dan los contenidos de forma magistral"

CONCLUSIONES DEL ESTUDIO

Llegados a este crucial apartado del trabajo, analizamos si hemos conseguido los objetivos que nos planteábamos al inicio de la investigación.

A través del análisis del cuestionario hemos definido la formación real y los problemas y necesidades que tienen los entrenadores de iniciación al baloncesto andaluces.

En la formación nos encontramos con que aproximadamente la mitad de los monitores manifiestan estar estudiando y la otra mitad trabaja, algo más de la cuarta parte de los monitores con titulación académica tienen estudios de EF y el 40% de los estudiantes están relacionados con nuestra área (Educación Física, Psicopedagogía o Medicina). El 25% de los trabajadores lo hace en el ámbito educativo, y sobre titulaciones específicas de baloncesto nos encontramos los siguientes resultados: sin titulación (18%), título de monitores (43%), título de entrenador (30%) y título de entrenador superior (9%). El 35% tiene otras titulaciones deportivas y más de tres cuartas partes han sido anteriormente jugadores.

Como principales problemas y necesidades de los monitores podemos comentar que más de la mitad de los monitores no están satisfechos con la formación y que reciben una contraprestación económica muy baja. A nivel didáctico los principales problemas los encontramos en la evaluación y la programación de la temporada. Además se quejan de la falta de material e instalaciones, y no mantienen relaciones continuas ni con los padres ni con los profesores de EF de los colegios donde trabajan.

El perfil del entrenador de iniciación al baloncesto con el que contamos en Andalucía es el siguiente: principalmente varones de edades comprendidas entre 20 y 30 años. La mitad está estudiando actualmente, tienen titulación específica de baloncesto en alguno de sus niveles y la gran mayoría han sido anteriormente jugadores. Tienen más de cinco años de experiencia como entrenadores, no están satisfechos con su formación y en la actualidad siguen formándose. Entrenan en Colegios Públicos y Privados de su ciudad y cobran unos 120 euros al mes por entrenar.

Hemos diseñado un seminario de formación inicial para entrenadores de baloncesto con una duración de ocho meses que ha sido muy bien valorado por todos los participantes, destacando sobre todo las prácticas reales de entrenamiento con niños, el trabajo y la reflexión en grupo, los contenidos realizados por los participantes y ponentes, y las relaciones humanas que se han establecido entre todos.

Teniendo en cuenta los datos del cuestionario, la opinión de expertos de toda Andalucía, el desarrollo del seminario de formación, la opinión de todos los participantes y el estudio de casos, podemos destacar algunas orientaciones metodológicas a tener en cuenta en cursos de formación inicial para monitores de baloncesto: hacer especial énfasis en las asignaturas de carácter psicopedagógico, adaptar los contenidos que se desarrollen a la iniciación al baloncesto y diferenciarlos claramente del entrenamiento de adultos, y realizar prácticas de entrenamiento real con niños y niñas de minibasket supervisadas por entrenadores expertos.

BIBLIOGRAFÍA

Blández, J. (1996). *La investigación-acción: un reto para el profesorado. Guía práctica para grupos de trabajo, seminarios y equipos de investigación*. Barcelona: Inde.

Camerino, O. (1996). Integración metodológica en la investigación de la enseñanza de la EF, su aplicación en la interacción educativa. En F. Del Villar (Coord), *La investigación en la enseñanza de la EF* (pp. 157-184). Cáceres: Universidad de Extremadura.

Castejón, F.J. (1995). *Fundamentos de iniciación deportiva y actividades físicas organizadas*. Madrid: Dykinson.

Delgado, M.A. (1995). Evolución del currículum de la EF en los años 1984-1993. En AA.VV., *Unisport: el deporte hacia el siglo XXI* (pp. 33-46). Málaga: I.A.D.

Delgado, M.A. (1998). El practicum en la formación del profesorado de EF Estrategias formativas. En A. Sierra, J. Tierra y M. Díaz (Eds), *Formación del profesorado en Educación Física* (pp. 59-76). Huelva: Universidad de Huelva.

Díaz, M., Sáenz-López, P. y Tierra, J. (1995). *Iniciación Deportiva en Primaria. Actividades Físicas Organizadas*. Sevilla: Wanceulen.

Fernández, E. (1998). El deporte en la escuela. Diferentes modelos para la enseñanza del deporte. *Élide, revista de didáctica de la EF, 0*, 70-76.

Giménez, F.J.; Rodríguez, J.M.; Castillo, E. (2002). Necesidades de formación psicopedagógica de los entrenadores deportivos. *Ágora Digital, 2*, 1-11.

Giménez, F.J.; Castillo, E.; Abad, M.T. (2008). Training of coaches at the basketball initiation level in Andalusian, Spain. *Iberian Congress on Bassketball Research, 4*, 137-139.

Gimeno, J. (1982). La formación del profesorado en la universidad. Las escuelas universitarias de formación del profesorado de E.G.B. *Revista de Educación, 269*, 77-89.

Gutiérrez, M. (1995). *Valores sociales y deporte*. Madrid: Gymnos.

Gutiérrez, M. (1998). Desarrollo de valores en la Educación Física y el Deporte. *Apunts Educación Física y Deportes, 51*, 100-108.

Hahn, E. (1988). *Entrenamiento con niños*. Barcelona: Martínez Roca.

Ibáñez, S. (1996). *Análisis del proceso de formación del entrenador español de baloncesto*. Tesis doctoral no publicada. Granada. Universidad de Granada.

Ibáñez, S. (1997). Los modelos de entrenador deportivo basados en el rol predominante. *Revista Española de Educación Física, 4*(4), 35-42.

Knop, P., Wylleman, P., Theeboom, M., De Martelaer, K., Van Puymbroeck, L. y Wittock, H. (1998). *Clubes deportivos para niños y jóvenes*. Málaga. I.A.D.

Krause, J. (1994) (Ed). *Coaching basketball*. Indianápolis: Masters Press.

López, G. (1968). *Manual del entrenador y jugador de los deportes de equipo*. Barcelona: Hispano Europea.

Marcelo, C. (1989). *Introducción a la formación del profesorado. Teorías y métodos*. Universidad de Sevilla: Sevilla

Marcelo, C. (1995) (Coord). *Desarrollo profesional e iniciación a la enseñanza*. Barcelona: PPU.

Martens, R. (1993). *Coaches guide to sport psychology*. Champaign: Human kinetics.

Martens, R., Christina, R.W., Harvey, J.J. y Sharkey, B. (1989). *El entrenador*. Barcelona: Hispano Europea.

Mayor, C. (1995). *Enseñar y aprender a enseñar en la Universidad. Un estudio sobre las condiciones profesionales y formativas del profesorado de la Universidad de Sevilla:* Tesis Doctoral no publicada. Sevilla: Universidad de Sevilla.

Medina, A. y Domínguez, C. (1993). *La formación del profesorado en una sociedad tecnológica*. Madrid: Cincel.

Mondoni, M. (1995) (Coord). *Minibasket. Manuale tecnico-didattico*. Roma: Federazione Italiana Pallacanestro, settore minibasket.

Mondoni, M. ET AL (1998). *Conoscere e insognare il minibasket*. Roma: Federazione Italiana Pallacanestro, settore minibasket.

Moreno, M.I. (1997). La formación básica del entrenador deportivo en la edad escolar. En M.A. Delgado (Coord), *Formación y actualización del profesorado de EF y del entrenador deportivo* (pp. 197-204). Sevilla: Wanceulen.

Proença, J. (1998). A identidade do treino de jovens. Da ética a metodologia. *Treino Deportivo, 1*(3ª), 11-14.

R.D. 1913/1997 de 19 diciembre sobre Técnicos Deportivos. B.O.E. Nº 20, de 23 de enero de 1998.

R.D. 594/1994 de 8 de abril sobre Enseñanzas y Títulos de los Técnicos Deportivos. B.O.E. Nº 102, de 29 de abril de 1994.

Rodríguez, J.Mª. (1997). *Bases y estrategias de formación permanente del profesorado*. Huelva: Hergué.

Roger, T. (1972). El entrenador. *Novedades en Psicopedagogía*. Madrid: INEF.

Romero, S. (1997). *El fenómeno de las escuelas deportivas municipales*. Sevilla: Instituto de Deportes del Ayuntamiento de Sevilla.

Sánchez, F. (1996). Organización y gestión de recursos humanos en el deporte. "Apuntes del Master Universitario en Psicología del Deporte". C.O.E. y Universidad Autónoma de Madrid.

Saura, J. (1996). *El entrenador en el deporte escolar*. Lérida: Fundació Pública Institut d´Estudis Ilerdencs.

Soria, M.A. y Cañellas, A. (1991). *La animación deportiva*. Barcelona: Inde.

Wein, H. (1995). *Fútbol a la medida del niño*. Madrid: Real Federación Española de Fútbol.

Zabalza, M.A. (1988). Condiciones metodológicas en el estudio del pensamiento de los profesores: los autoinformes. En C. Marcelo (Ed.), *Avances en el estudio del pensamiento de los profesores,* 25-44. Sevilla: Universidad de Sevilla.

CAPÍTULO XV

INCIDENCIA DEL CAMBIO DE UN CONJUNTO DE REGLAS DE JUEGO SOBRE ALGUNAS DE LAS VARIABLES QUE DETERMINAN EL PROCESO DE FORMACIÓN DE LOS JUGADORES DE MINIBASKET (9-11 AÑOS)[14]

María Isabel Piñar López

INTRODUCCIÓN

Antes de comenzar es necesario indicar que en el transcurso de elaboración de la tesis doctoral y tras la publicación de un artículo en la revista *Clinic* (Cárdenas, Piñar y Baquero, 2001) se han creado diferentes foros de debate en relación con las propuestas realizadas en dicho artículo, que sirven como base para la presente investigación. Además, debido a una inquietud incipiente por modificar la reglamentación de minibasket por parte de las diferentes Federaciones, hay que tener en cuenta que, cuando en el presente trabajo se hace referencia al reglamento actual de minibasket de la Federación Andaluza de Baloncesto o Federación Española de Baloncesto nos referimos al reglamento vigente hasta la temporada 2003-2004, pues, desde la temporada 2004-2005, las competiciones oficiales se juegan con una reglamentación nueva que incluye una línea de tres puntos y dos períodos más de juego por partido como modificaciones más relevantes.

El minibasket, en sus orígenes, pretendió ser una adaptación del baloncesto a las características y necesidades de los niños, de tal forma que éstos pudieran practicar una actividad que les ayudara a disfrutar de acuerdo con sus posibilidades. Por este motivo, aunque respetando la esencia del juego del baloncesto, se modificaron las reglas para adecuar el espacio, la altura de las canastas, o la forma de participación del jugador (Archer, 1963).

Estas primeras adaptaciones fueron un paso importante en la evolución del juego consiguiendo una aproximación al mundo infantil. Una de éstas fue la reducción de la altura de las canastas; sin embargo, del análisis de sus consecuencias surge la siguiente pregunta, si en la élite el mate es una acción muy frecuente y conveniente, ¿por qué el aro no está colocado a una altura que permita a los niños la práctica de esta habilidad? ¿acaso no sería un elemento que incrementaría la motivación por la tarea? Otra de las adaptaciones ha sido la del tamaño del campo, pero ¿se plantearon los dirigentes deportivos que los niños tienen necesidad de poseer mucho tiempo el balón y que el juego de 5 vs. 5 les obliga a compartirlo excesivamente? ¿conlleva esto una disminución del número de éxitos individuales que se pueden conseguir en el juego y, como resultado, un

---

[14] Piñar López, M.I. (2005). Incidencia del cambio de un conjunto de reglas del juego sobre algunas de las variables que determinan el proceso de formación del jugador de minibasket (9-11 años). Directores: David Cárdenas Vélez y Mª Teresa Miranda León. Departamento de Educación Física y Deportiva. Universidad de Granada.

menor grado de motivación por la tarea? Éstas y otras son cuestiones a tener en cuenta a la hora de planificar el proceso de formación del jugador de minibasket.

Los niños que juegan a minibasket se inician a la práctica deportiva comenzando con ello un proceso que debe respetar una serie de principios pedagógicos, didácticos, psicológicos y metodológicos que garanticen un proceso de formación integral del individuo. Dado que esta etapa va a ser determinante para el jugador que se inicia, es necesario conocer y valorar si cumple unos requisitos mínimos para ser considerada verdaderamente útil. Esta valoración afecta al tiempo dedicado a los entrenamientos y también a la propia competición, considerada como el mejor medio para conseguir el aprendizaje (Jiménez, López y Aguado, 2003).

Así que, si la competición deportiva es la herramienta formativa por excelencia, ¿es la competición de minibasket una situación de aprendizaje que realmente se ajusta a las necesidades de formación de sus practicantes? ¿el progreso en el conocimiento acerca de las características de los niños en cada etapa de maduración, se traduce en una competición que cumple con sus necesidades? En definitiva, ¿es el minibasket un deporte adaptado al niño?

La competición es un ámbito de actuación determinante para asegurar una formación adecuada del jugador de minibasket (Cárdenas, 2003, 2004; Ortega, 2004; Roberts, 1991). Aunque, después de realizar un estudio exhaustivo del reglamento que rige la actual competición, pensamos que las adaptaciones que se realizaron en principio con el fin de ajustarse a las características del niño, son insuficientes y no se ajustan a las necesidades formativas del jugador.

Se encuentran grandes diferencias entre los aprendizajes planteados y su manifestación en la competición y es en este punto donde surgen las siguientes reflexiones:

Si es necesario que en el proceso de aprendizaje se disminuya la cantidad de información que el sujeto debe procesar, y mejorar la capacidad para atender progresivamente a un mayor número de estímulos, como requisito indispensable para la adquisición y mejora del aprendizaje del jugador que se inicia (Cárdenas, 2003, 2004; Ruiz, 1997), y si para ello la mayoría de los autores proponen situaciones reducidas del juego, en las que, entre otras variables, se reduce el componente numérico de la tarea (ver, por ejemplo, Buschner, 2003; Cárdenas, 2004), ¿por qué se sigue compitiendo 5 vs. 5, si esta situación, desde el punto de vista perceptivo y decisional, es la más complicada del juego?

Si uno de los principales objetivos de la iniciación deportiva es conseguir la mayor inclusión y participación de todos los jugadores y por consiguiente el mayor índice de participación posible, para aumentar el número de experiencias motrices vividas (Cárdenas, 2004; Giménez y Sáenz-López, 1999), y si para ello, se considera requisito indispensable aumentar el tiempo de juego y de participación activa en la competición, igualando o mejorando el tiempo de juego de todos los participantes como proponen los reglamentos de varios países y comunidades autónomas ¿por qué existen diferencias de hasta 20 minutos en el tiempo de juego máximo y mínimo que los jugadores pueden participar en competición con la consecuente desmotivación que ello acarrea a los jugadores que menos juegan? (Roberts, 1991).

Si el número de veces que el jugador tiene la posesión del balón está directamente relacionado con la mejora individual, y si la variabilidad de la práctica es un requisito indispensable para la adquisición de aprendizajes (Ruiz, 1997), proporcionando la competición una práctica variable determinada, principalmente, por la dinámica del juego que se produce por la interacción entre los jugadores, ¿por qué se compite en equipos en los que se tiene que compartir el móvil con cuatro compañeros más y no se reduce el número de jugadores, aumentando de esta forma el número de veces que se posee el mismo así como la variabilidad de las acciones realizadas?

Si la variabilidad condiciona la mejora del aprendizaje y el lanzamiento es el contenido más importante del juego, pues es el que más satisfacción produce, ya que a través de él se consigue el éxito (Ortega, 2004; Piñar, Alarcón, Vegas, Carreño y Rodríguez, 2002; Roberts, 1991), ¿por qué el minibasket no ofrece la posibilidad de realizar lanzamientos desde larga distancia al no incluir una línea alejada del cesto que incite al niño a lanzar desde otras posiciones, que no sean sólo las cercanas al aro? Se ha comprobado cómo entre el 75-85% de los lanzamientos realizados en los partidos de minibasket se realizan desde posiciones interiores desde la derecha del campo (Piñar et al., 2002).

Tras estas reflexiones pensamos que la reglamentación actual de la competición de minibasket muestra carencias para la formación del niño que se inicia en nuestro deporte, debido a que ésta no es tratada como un medio más de enseñanza, que debe ser modificado en función de las necesidades formativas de la etapa. Así que, al ser la dinámica del juego la consecuencia de la aplicación del reglamento y el uso que el jugador hace de él, proponemos una modificación de las reglas de minibasket con el objetivo de variar la forma de participación, incrementar el índice de participación y ofrecer una mayor garantía de formación al jugador.

La preocupación por el estudio de los reglamentos deportivos, su significado, modificaciones e interpretaciones han sido objetivo de trabajo en ocasiones (aunque muy pocas de ellas se han realizado en competición), al igual que la relación entre el deporte y la educación física con los niños que, en numerosas ocasiones, son considerados como adultos en miniatura (Chase, Ewing, Lirgg y George, 1994). Para evitarlo, los programas de modificación de deportes para jóvenes y los minideportes (American Sport Education Program, 2001), buscan adaptar las reglas del deporte y los equipamientos a las necesidades y a las habilidades de los niños que participan en alguno de estos programas para hacer posible una mayor participación, permitiendo que los participantes puedan desarrollar sus habilidades, asegurando que todos puedan jugar y obtener éxito. Para ello, se ha recurrido a las modificaciones de los elementos estructurales. Como señala Henry (1979, p. 66), para paliar las diferencias en el tamaño, fuerza y la madurez de los niños "se hace necesario modificar los equipamientos".

Son varios los estudios realizados en esta línea. Schmid (1983) en fútbol, Martens, Rivkin y Bump (1984) en béisbol, Brown (1986), Buekers y Billiet (1998) y Weidner (1998), en voleibol, Rupnow y Engelhorn (1989) en sofball.

La investigación empírica desarrollada en el ámbito del baloncesto en relación con la modificación de reglas, se limita, casi en exclusiva, a observar las diferencias que se producen al modificar los equipamientos. En este sentido, Chase et al. (1994) señalan que es necesario adaptar los equipamientos porque los niños esperan obtener un rendimiento parecido al adulto, intentan imitarlos; para ello, es necesario adaptar los equipamientos, modificando la altura de las canastas, el tamaño del balón y las dimensiones del campo de juego (Chase et al., 1994; McPherson y Brown, 1988).

Ha resultado difícil encontrar referencias bibliográficas que hablasen de la experimentación relacionada con la modificación de reglas, sobretodo en la competición. Los estudios realizados se centran, fundamentalmente, en comprobar cómo afecta la modificación de ciertas variables estructurales (tamaño del móvil, altura de la canasta y distancia) a la realización del lanzamiento y a su eficacia (Chase et al., 1994; Esper, 1999; Gabbard y Shea, 1980; Haywood, 1978; Husak, Poto y Stein, 1986; Isaacs y Karpman, 1981; Liu y Burton, 1999; Mckay, 1997; Miller, 1971; Regimbal, Deller y Plimpton, 1992; Satern, Messier y Keller-McNulty, 1989) en baloncesto y en otros deportes (Buekers y Billiet, 1998; Brown, 1986; Martens et al., 1984; Rupnow y Engelhorn, 1989; Schmid, 1983; Weidner, 1998). No se ha encontrado ningún estudio en baloncesto donde se modificara la variable número de jugadores, aunque ésta sí se ha analizado en fútbol (Schmid, 1983) y en voleibol (Buekers y Billiet, 1998), para comprobar si la participación del jugador aumentaba en la situaciones reducidas del juego.

Este es el principal caballo de batalla, la participación, pero, los estudios realizados acerca del tiempo de participación, como requisito indispensable en el aprendizaje, generalmente se han circunscrito al contexto del aula y ellos, según Belka (1994), se han basado en cómo organizar a los alumnos, al tiempo y al espacio, así como en las estrategias del profesor para controlar a los alumnos. Nuestro ámbito de actuación es la competición y en ésta son realmente escasos los que estudian el tiempo y el tipo de participación (Engelhorn, 1988). Como estudio de referencia de la participación del jugador en el juego tenemos el trabajo de Ortega (2004), tras analizar la competición en categoría cadete. No se han encontrado estudios de referencia en minibasket pero después de haber analizado su reglamento, comprobar sus carencias y observar que la participación en la investigación empírica, en relación con la participación del jugador, es escasa, el objetivo sería modificar la reglamentación para aumentar el índice de participación como variable clave en la adquisición de aprendizajes. Para ello planteamos comparar dos modalidades de juego: la modalidad 5 vs. 5 (con la reglamentación de minibasket vigente hasta 2004) y la modalidad 3 vs. 3 (modificaciones: 3 jugadores de campo, igualar tiempo de juego entre jugadores, modificar el espacio de juego-dimensiones del terreno de juego e inclusión de una línea de tres puntos).

OBJETIVOS

Con el fin de comprobar los aspectos que se han tratado en el apartado anterior, y para tratar de contestar a las preguntas formuladas, se proponen los siguientes objetivos:

Estudiar las diferencias relacionadas con el juego colectivo, existentes entre el minibasket jugado con el reglamento actual de la Federación Andaluza de Baloncesto (modalidad 5 vs. 5) y el practicado con las modificaciones reglamentarias propuestas (modalidad 3 vs. 3).

Determinar la incidencia que las modificaciones reglamentarias tienen sobre el número, el tipo y la duración de las fases de ataque, comparando las modalidades de 5 vs. 5 y de 3 vs. 3.

Determinar la incidencia que las modificaciones reglamentarias tienen sobre el número de pases por fase de ataque, comparando las modalidades de 5 vs. 5 y de 3 vs. 3.

Determinar la incidencia que las modificaciones reglamentarias tienen sobre el número y tipo de Medios Tácticos Colectivos Básicos (MTCBs), comparando las modalidades de 5 vs. 5 y de 3 vs. 3.

Determinar la incidencia que las modificaciones reglamentarias tienen sobre el rendimiento del ataque (puntos), el número de puntos en juego y el número de puntos de tiro libre, comparando las modalidades de 5 vs. 5 y de 3 vs. 3.

Estudiar las diferencias relacionadas con el juego individual de los sujetos experimentales, existentes entre el minibasket jugado con el reglamento actual de la Federación Andaluza de Baloncesto (modalidad 5 vs. 5) y el practicado con las modificaciones reglamentarias propuestas (modalidad 3 vs. 3).

Determinar la incidencia que las modificaciones reglamentarias tienen sobre el número de periodos de juego, el tiempo de juego, el número de fases de ataque y el número de participaciones totales de los sujetos experimentales, comparando las modalidades de 5 vs. 5 y de 3 vs. 3.

Determinar la incidencia que las modificaciones reglamentarias tienen sobre los tipos de ataque en los que participan los sujetos experimentales, comparando las modalidades de 5 vs. 5 y de 3 vs. 3.

Determinar la incidencia que las modificaciones reglamentarias tienen sobre las formas de obtención de la posesión del balón, los tipos de posesión del balón y las formas de finalización de la posesión del mismo, por parte de los sujetos experimentales, comparando las modalidades de 5 vs. 5 y de 3 vs. 3.

Determinar la incidencia que las modificaciones reglamentarias tienen sobre las distancias y posiciones específicas por las que se desplazan los sujetos experimentales con posesión de balón, comparando las modalidades de 5 vs. 5 y de 3 vs. 3.

Determinar la incidencia que las modificaciones reglamentarias tienen sobre el número de situaciones de 1 vs. 1 jugadas por los sujetos experimentales, comparando las modalidades de 5 vs. 5 y de 3 vs. 3.

Determinar la incidencia que las modificaciones reglamentarias tienen sobre el número de intentos de tiro libre, de dos y tres puntos, así como los puntos de cada categoría y de forma conjunta (puntos totales) conseguidos por los sujetos experimentales, comparando las modalidades de 5 vs. 5 y de 3 vs. 3.

Determinar la incidencia que las modificaciones reglamentarias tienen sobre la duración de la posesión del balón de los sujetos experimentales, comparando las modalidades de 5 vs. 5 y de 3 vs. 3.

MÉTODO

La población objeto de estudio está compuesta por todos aquellos jugadores federados de Andalucía de la temporada 2001-2002, pertenecientes a la categoría alevín masculino y femenino; la muestra seleccionada está formada por los jugadores de baloncesto participantes el Campeonato de Minibasket de Selecciones Provinciales (9-11 años) de la temporada 2001-2002.

En este Campeonato participaron ocho equipos (cuatro masculinos y cuatro femeninos), dos por cada provincia de la zona oriental de Andalucía: Almería, Granada, Jaén y Málaga. Cada equipo presentaba un máximo de 12 jugadores y un mínimo de 10 con un total de 92 jugadores (48 niños y 44 niñas), que fueron los analizados en el estudio de las variables relacionadas con el juego colectivo. Para la segunda parte de la investigación cada equipo presentaba un máximo y un mínimo de seis jugadores (participantes en la anterior competición) con un total de 48 (24 niños y 24 niñas), que fueron analizados en el estudio de las variables relacionadas con el juego individual, si bien en el transcurso de la investigación se produjo una muerte experimental en uno de los equipos femeninos, por lo que el número de jugadores de la muestra fue de 47.

El tipo de muestreo seleccionado ha sido de tipo no probabilístico de carácter opinático o deliberado, cuya característica fundamental radica en la selección intencionada de los sujetos (Buendía, Colás y Hernández, 1998), fundamentalmente por la facilidad en la recogida de información en el primer Campeonato, al ser un campeonato oficial organizado por la Federación Andaluza de Baloncesto (FAB) y que transcurrió en un sólo día. El hecho de que participaran Selecciones Provinciales facilitaba, desde un punto de vista institucional, la organización del segundo Campeonato, así como la recogida de información en éste.

Diseño

El presente trabajo de investigación se realizó mediante un diseño cuasiexperimental antes-después (pretest-postest) sin grupo de control, donde el grupo considerado es el grupo experimental (Hernández, Fernández y Baptista, 2000). El objetivo era determinar la incidencia de las modificaciones reglamentarias (variable independiente, ver tabla 1) sobre los valores que presentan las acciones relacionadas con el juego colectivo y con el juego individual del jugador con balón (variables dependientes, cuadros 1 y 2), comparando el antes y el después (para ver la definición completa de cada variable dependiente, consultar Piñar, 2005).

Número de fases de ataque.

Duración de las fases de ataque. Dividida en cinco categorías: De 0 a 5 segundos, de 6 a 10 segundos, de 11 a 15 segundos, de 16 a 20 segundos, más de 21 segundos.

Tipo de Ataque. Cuatro categorías: Contraataque, ataque posicional, ataque tras rebote de ataque y lanzamiento inmediato y otros.

Número de pases. Cinco categorías, adaptando la propuesta de Ortega, Piñar y Cárdenas (1999) y Ortega (2004), que son las que siguen: de 0-2 pases, de 3-5 pases, de 6-8 pases, de 9-11 pases, más de 11 pases.

Medios Tácticos Colectivos Básicos (MTCBs) que se utilizan en cada fase de ataque. Distinguimos entre: Pase y Progresión, Creación y Ocupación de Espacios Libres, Fijación del Impar, Bloqueo Directo, Bloqueo Indirecto y Otros.

Rendimiento. Número de puntos conseguidos en cada fase de ataque, pudiendo ser 0 puntos, 1 punto, 2 puntos, 3 puntos, o más de 3 puntos. Se analizan por separado: Puntos en juego convertidos y Puntos de tiro libre convertidos

---

Cuadro 1. Variables relacionadas con el juego colectivo

Obtención de la posesión del balón. Las formas que un jugador tiene de obtener la posesión del balón son: Saque de fondo , Saque de banda -fondo delantero , Saque de banda- fondo trasero, Saque de banda, Robo del balón, Interceptación del balón, Salto entre dos, Pase Error de un compañero o error propio, Rebote

Tipos de posesión del balón. Los modos de poseer el balón reglamentariamente son: estable, Posesión estable con oposición, Bote desplazamiento, Bote desplazamiento con oposición, Bote posicional, Bote posicional con oposición, Transporte y Transporte con oposición.

Posiciones y Distancias por donde se desplaza el jugador con balón.

Finalización de la posesión del balón. Las formas de finalizar la posesión que se establecieron fueron: lanzamiento en carrera, Lanzamiento en salto, Violación, Robo del balón, Interceptación del balón, Salto entre dos, Pase, Interrupción momentánea de la posesión del balón, Error propio, Falta personal recibida, Falta personal, técnica o descalificante realizada Falta personal doble, Decisión arbitral, Acciones en contra, Acciones a favor

Posiciones y Distancias desde donde lanza el jugador con balón (ver figuras 1 y 2).

Periodos de juego.

Tiempo de juego.

Fases de ataque en las que participa cada jugador.

Participaciones totales.

Participaciones por fase de ataque.

Tipos de ataque en los que participa cada jugador.

Situaciones de uno contra uno jugados (1 vs. 1).

Rendimiento del jugador (Rendj). Se analizan por separado. Puntos en juego conseguidos. Se distinguen: Lanzamientos convertidos de 2 puntos. En ambas modalidades de juego. Lanzamientos convertidos de 3 puntos. Sólo posible en la modalidad 3 vs. 3. Puntos de tiro libre convertidos. Intentos de lanzamiento en juego. Número de veces que un jugador realiza un lanzamiento en situación de juego (excluyendo el lanzamiento desde la línea de tiro libre). Se distinguen: Intentos de dos puntos (Int2). Lanzamientos que se realizan desde una distancia < 4m. Intentos de tres puntos (Int3). Lanzamientos que se realizan desde una distancia > 4m.

Duración de la posesión del balón

Cuadro 2. Variables relacionadas con el juego individual

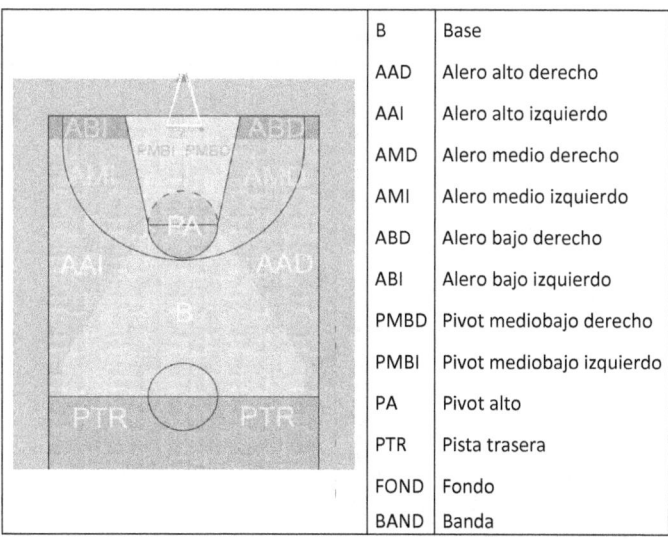

B	Base
AAD	Alero alto derecho
AAI	Alero alto izquierdo
AMD	Alero medio derecho
AMI	Alero medio izquierdo
ABD	Alero bajo derecho
ABI	Alero bajo izquierdo
PMBD	Pivot mediobajo derecho
PMBI	Pivot mediobajo izquierdo
PA	Pivot alto
PTR	Pista trasera
FOND	Fondo
BAND	Banda

Figura 1. Posiciones específicas de desplazamiento y lanzamiento

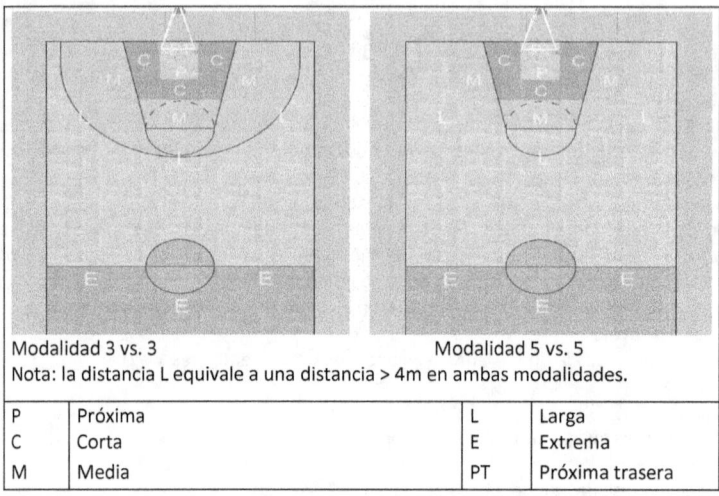

Modalidad 3 vs. 3		Modalidad 5 vs. 5		
Nota: la distancia L equivale a una distancia > 4m en ambas modalidades.				
P	Próxima		L	Larga
C	Corta		E	Extrema
M	Media		PT	Próxima trasera

Figura 2. Distancias de desplazamiento y lanzamiento

Modificaciones reglamentarias
V.I.$_1$: Modificación del espacio de juego. (figura 4)
Las dimensiones del terreno de juego son de 15m de largo por 10m de ancho. La línea de tiro libre se sitúa a 3m del aro y el círculo central y los de tiro libre tienen 2 m de diámetro. Se incluye una línea de tres puntos a 4m del aro.
V.I.$_2$: Modificación del tiempo de juego de cada jugador.
Un jugador debe jugar obligatoriamente en dos períodos del partido como máximo y como mínimo. Se juegan 4 períodos de 10minutos cada uno. En el último período se podrá hacer cambios en los dos últimos minutos.
V.I.$_3$: Modificación del número de jugadores por equipo.
Cada equipo estará compuesto por 6 jugadores. En cada período jugarán 3 jugadores.

Tabla 1. Definición de los niveles de la variable independiente.

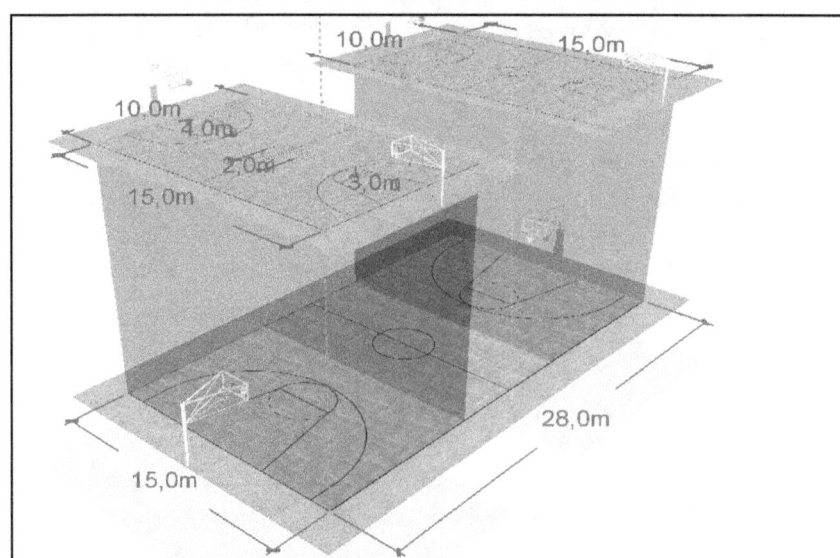

Figura 4. Construcción de los campos en la modalidad 3 vs. 3 sobre una pista de baloncesto.

Variables extrañas
Control de los partidos de competición
Los partidos en la modalidad 3 vs. 3 se jugaron en el mismo orden que en la modalidad 5 vs. 5. Con la finalidad de que los entrenadores y los jugadores se familiarizaran y practicaran el juego desarrollado en la modalidad 3 vs. 3, 15 días antes de la celebración del Campeonato se les mandó a cada equipo la normativa con la que se iba a competir. Se mantuvo una reunión con los árbitros como medida para familiarizarse con las reglas.

Tabla 2. Variables extrañas en el tratamiento y su control

Control de los sesgos de observación. Cada tipo de investigación puede verse asaltada por diferentes tipos de sesgos (tabla 2) y dificultades que afectan al observador. Los elementos que componen la relación funcional en metodología observacional pueden verse afectados por exceso o por defecto (Anguera, 1993). Los sesgos más frecuentes en metodología observacional desde la perspectiva de cada variable son los que se exponen a continuación (Behar, 1993). Se especifica en cada uno de ellos la forma en que se intentó solucionar o reducir al mínimo.

> Sesgo Expectancia. Para solucionar este sesgo los investigadores encargados de filmar los partidos, y recoger la información, no conocían el objetivo de estudio, ni las diferentes hipótesis planteadas en él. Únicamente disponían de la información necesaria para recoger la información solicitada.
>
> Sesgo de Reactividad. Las grabaciones de los partidos fueron realizadas desde posiciones relativamente alejadas al escenario del partido. Al realizar las grabaciones de partidos en competición, los jugadores en ningún momento se sentían observados.
>
> Sesgos mecánicos de registro. Para eliminar cualquier error relacionado con las herramientas de medida, se grabaron todos los partidos y las observaciones se realizaron a través de su visualización en vídeos, con la posibilidad de adelantar y retroceder la cinta en el caso de posibles dudas o errores.
>
> Sesgos de interpretación del sistema de categorías y perceptivos. Para solucionar este error los observadores fueron entrenados hasta alcanzar un índice de correlación muy alto con respecto al investigador principal (Pearson>.85).

Instrumentos

Instrumental para la construcción de los campos de minibasket 3 vs. 3. Cinta métrica de 25m, 8 rollos de precinto de 20m, 4 canastas transportables de minibasket.

Instrumental para la filmación y toma de datos de los partidos. Se utilizaron 2 cámaras de vídeo Sony, de formato 8 mm con trípode para para la filmación de los partidos, 48 Cintas para video de 8mm de 90´ SONY y 48 cintas VHS de 90´ Sony, 10 magnetoscopios para la toma de datos.

Instrumental para el entrenamiento de los observadores, almacenamiento y tratamiento de datos (ver Piñar, 2005). Manual de Instrucciones para el Observador donde se explicaban las diferentes categorías de observación. Hoja de registro de las variables objeto de estudio, excepto las correspondientes al tiempo y períodos de juego. Hoja de registro del "tiempo y períodos de juego" del jugador. Tabla de códigos de los aspectos de control. Tabla de códigos de las categorías de observación. Manual de instrucciones para completar las hojas de cálculo. Cuestionario para los entrenadores. 12 diskettes de 1,4 Mb para el almacenamiento de las hojas de cálculo. El paquete informático SPSS (Versión 11.5) para el tratamiento estadístico de los datos.

Procedimiento

Los pasos seguidos para llevar a cabo el presente estudio han sido los que se exponen en la Tabla 3 donde se presentan de forma resumida los pasos seguidos ordenados cronológicamente.

Estudio piloto para la validación de las categorías (Ortega, Piñar y Cárdenas, 1999)	Definición de las categorías Elaboración de hojas de registro Filmación de los partidos Registro de los datos Tratamiento estadístico y análisis	Enero-Marzo 1999
Análisis del reglamento	Estudio de las reglas actuales Primera propuesta de modificación Reunión con árbitros de la delegación granadina Elaboración definitiva de modificaciones	Enero- Marzo 2001 Marzo 2001 18 Mayo 2001 Mayo-Junio 2001
Grabación de partidos	Consentimiento de la FAB y de la delegación granadina Grabación del torneo de selecciones provinciales de Andalucía oriental (Coín- Málaga) Envío modificaciones reglamentarias e invitación y condiciones para participar en el torneo a las delegaciones provinciales de la zona oriental Aceptación de las delegaciones provinciales y sus entrenadores Gestión de la instalación para celebrar el Torneo de la modalidad 3 vs. 3 Preparación de la instalación para la celebración Torneo modalidad 3 vs. 3 Grabación del torneo de selecciones provinciales de Andalucía oriental de la modalidad 3 vs. 3 (Armilla-Granada) y aplicación de los cuestionarios a los entrenadores	4 de Octubre 2001 20 Octubre 2001 1-30 de Noviembre 2001 10 Noviembre-5 Diciembre 2001 15-30 Noviembre 2001 14-15 Diciembre 2001 16 Diciembre 2001
Cuestionario	Elaboración y selección ítems Validación del cuestionario Redacción definitiva del cuestionario	Abril 2001 Mayo 2001 Mayo 2001
Observadores	Selección de los observadores Entrenamiento de los observadores Entrega de datos	Febrero 2002 Marzo-Abril 2002 Mayo-Julio 2002
Tratamiento estadístico	Tratamiento de los datos Obtención de resultados	Julio-Septiembre 2002 Octubre 2002-Febrero 2003

Tabla 3. Evolución temporal de las fases del Estudio

Elaboración de las modificaciones del reglamento de minibasket de la Federación Andaluza de Baloncesto y entrevista con los árbitros de la Delegación Granadina de Baloncesto. Tras un estudio del reglamento de minibasket y la realización de la revisión bibliográfica pertinente se propusieron una serie de cambios al reglamento. Posteriormente, se mantuvo una reunión con representantes del Comité de árbitros de la Delegación Granadina de Baloncesto quiénes aportaron alguna modificación a las propuestas tras un debate acerca de su viabilidad. Después de analizar las nuevas aportaciones y consultarlas con varios entrenadores de la categoría se realizó la propuesta final de modificaciones (Tabla 6).

Filmación del Campeonato de minibasket de Selecciones Provinciales de la zona oriental de Andalucía, celebrado en Coín (Málaga) el 20 de octubre de 2001. Para llevar a cabo esta fase se siguieron los siguientes pasos:

Contacto con la Federación Andaluza de Baloncesto a través de la Delegación Granadina de Baloncesto, solicitando permiso para la grabación del Campeonato e informándoles del contenido del trabajo y de esta manera obtener el consentimiento informado de los padres de los jugadores/as.

Condiciones del Campeonato. El Campeonato se celebró en un único día (20 de octubre de 2001) en el Pabellón Municipal de Deportes de Coín (Málaga). Los equipos participantes fueron, en categoría masculina y femenina, los de Almería, Granada, Jaén y Málaga. Los emparejamientos de los partidos, que se celebraron de manera consecutiva con un periodo de tiempo de 10´ de descanso entre cada uno de ellos, fueron los que se presentan en la Tabla 4, jugándose de manera simultánea ambas categorías. Se filmaron un total de 12 partidos.

Orden	Emparejamientos
1º	Málaga- Granada
2º	Jaén- Almería
3º	Almería-Granada
4º	Málaga-Jaén
5º	Granada-Jaén
6º	Almería- Málaga

Tabla 4. Secuenciación de los partidos del Campeonato.

Los partidos se jugaron siguiendo el reglamento de la FAB (2001), aunque los periodos tenían una duración de 12´ en los que no se paraba el reloj. Las dimensiones del terreno correspondían a las indicadas en la Figura 6.

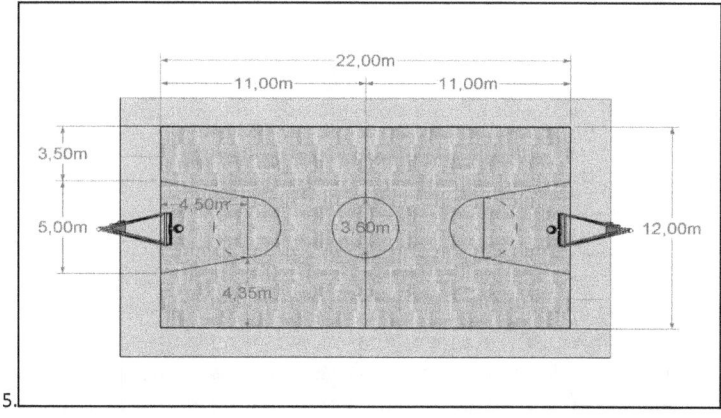

Figura 6. Dimensiones de los terrenos de juego utilizados en la modalidad 5 vs.

Se informó, igualmente, a todos los responsables de los equipos participantes de la celebración de un Torneo de Navidad de minibasket 3 vs. 3 y se les indicó que recibirían información al respecto, en breve. Se celebró, al final, en Armilla (Granada), el 16 de diciembre de 2001 y corresponde con el postest.

Para realizar el postest se jugó con las modificaciones reglamentarias propuestas (Tabla 3). Los pasos llevados a cabo para la organización y la filmación del Campeonato fueron:

Invitación mediante e-mail y, a través de la Delegación Granadina de Baloncesto, para participar en el "Torneo de Navidad de minibasket 3 vs. 3", a cada una de las Delegaciones provinciales de baloncesto participantes en el anterior Campeonato. Igualmente, se le envió a cada uno de los responsables de los diferentes equipos participantes información acerca del tipo de reglamentación con la que se jugaría el Torneo, así como los criterios para la selección del número de jugadores que debía presentar cada equipo.

Condiciones del Torneo. El Torneo se celebró en un único día (16 de diciembre de 2001) en el Pabellón de Deportes de la Ciudad Deportiva de Armilla (Granada).

Estos equipos participantes fueron los mismos que en el Campeonato descrito en el apartado anterior al igual que los emparejamientos de los partidos, que se celebraron de manera consecutiva con un periodo de tiempo de 10´ de descanso entre cada uno de ellos. Los partidos de ambas categorías se jugaron simultáneamente. Se filmaron un total de 12 partidos.

Los partidos se desarrollaron siguiendo el reglamento de la FAB (2001), salvo las modificaciones presentadas en la Tabla 3. Los periodos tenían una duración de 10' en los que no se paraba el reloj a diferencia del anterior Campeonato, debido a la falta de disponibilidad de tiempo de la instalación donde se celebró el Torneo. Se decidió jugar con este tiempo de menos antes de no llevar a cabo la investigación.

El procedimiento para la construcción de los campos de minibasket 3 vs. 3 fue sobre un campo de baloncesto donde se construyeron dos campos de minibasket de manera que los 15 metros de largo coincidían con el ancho del campo de baloncesto. (Figuras 1, 2 y 3).

Elaboración del sistema de categorías y recogida de datos

Para la elaboración del sistemas de categorías y la recogida de datos se siguieron las indicaciones establecidas por la metodología observacional (Anguera, 1993). Los pasos llevados a cabo fueron los siguientes:

Elaboración del sistema de categorías de las variables de estudio y la hoja de registro. El instrumento de observación utilizado fue el sistema de categorías, considerado por Anguera (1993) como el instrumento básico de medida en la investigación observacional. Se definieron las variables de forma que fuesen cuantificables y pertinentes con respecto al problema de investigación. Para la construcción del sistema de categorías se diseñó un estudio piloto previo (Ortega, Piñar y Cárdenas, 1999) en el que se observaron diferentes partidos de baloncesto de distintas categorías con el objetivo de recoger, definir y acotar cada una de las categorías objeto de estudio, analizando las acciones del jugador que posee el balón (artículo 16 del reglamento de minibasket de la FAB, 2001).

Igualmente, se construyó una hoja para el registro de las diferentes categorías de observación asociadas cada una, a un código con un valor numérico.

Selección de los observadores. En el proceso de recogida de datos participaron 11 observadores estudiantes de la asignatura de Baloncesto de 4º curso de la Facultad de Ciencias de la Actividad Física y el Deporte de la Universidad de Granada. A este grupo de alumnos, con el objetivo de servir de referencia y control en el proceso de adiestramiento, se le añadió un observador extra (Licenciado en Educación Física y especialista en baloncesto) por su experiencia y conocimientos en baloncesto.

Adiestramiento y entrenamiento de los observadores (Behar, 1993). En ninguna fase del adiestramiento los observadores recibieron información sobre el/los objetivo/s de la investigación para evitar en ellos el efecto de expectancia. Las fases llevadas a cabo para el adiestramiento y entrenamiento de los observadores de la investigación fueron las que siguen:

1ª Fase: adiestramiento en el sistema de observación.
2ª Fase: adiestramiento en el registro de variables y categorías de estudio.
3ª Fase: adiestramiento en el contexto de observación.
4ª Fase: evaluación de los observadores después del entrenamiento inicial.
5ª Fase: evaluación de la conservación del rendimiento del observador.
6ª Fase: entrenamiento en la trascripción de datos a las hojas de cálculo.

Para medir el índice de fiabilidad se realizó una prueba control en situación de observación real, para lo que se seleccionó al azar un periodo de un partido de competición de cada una de las modalidades de juego. Para calcular el grado de fiabilidad se utilizó el Coeficiente de Correlación Intraclase para variables continuas (cuantitativas) y el Índice de Concordancia para las variables categóricas (cualitativas) entre cada uno de los observadores y el observador de referencia.

Los datos registrados fueron almacenados mediante la hoja de cálculo Excel 2000 de Microsoft en archivos de extensión .xls, siendo posteriormente capturados y archivados por el paquete de programas estadísticos SPSS 11.5 para Windows como archivos de extensión .sav, para poder ser tratados estadísticamente desde dicho programa. Al ser las variables del estudio de tipo cualitativo (categóricas) y tipo cuantitativo (continuas y discretas), los procedimientos estadísticos empleados para unas y otras han sido diferentes.

Procedimientos estadísticos para las variables de tipo cualitativo

Inferencia Estadística. El procedimiento empleado ha sido el de Tablas de Contingencia, con el Test Chi-cuadrado y Test exacto de Fisher (siendo éste significativo cuando $p \leq .05$). Se obtuvo tanto la significación unilateral como bilateral que se produce en el cruce de variables.

Estadística descriptiva. Se analizaron las medidas descriptivas utilizando el procedimiento Medias, dentro del módulo de Comparar Medias, calculando la Media, y la medida de dispersión, desviación típica (o estándar)

Para comparar las medias poblacionales de las variables cuantitativas y comprobar si existían diferencias significativas entre ellas se utilizó el procedimiento de *t* de Student para Muestras Independientes o Apareadas previa realización del test de Normalidad.

RESULTADOS Y ANÁLISIS

Resultados

En las tablas 5, 6 y 7 se presenta un resumen de los resultados más relevantes en relación con cada una de las variables del estudio al comparar la modalidad de juego 5 vs. 5 con la 3 vs. 3. Se presentan los resultados generales, los obtenidos para el sexo masculino y los obtenidos para el sexo femenino.

En caso de tratarse de variables categóricas (cualitativas), se indica el valor de *p* para cada una de las variables (P_{valor}) y se señalan las categorías de la variable responsables de la significación (Análisis de la significación), de manera que si al lado de éstas se encuentran los signos > ó < simbolizará que existe una frecuencia de aparición de la categoría, en la modalidad 3 vs. 3, lo suficientemente grande o pequeña, en relación con la modalidad 5 vs. 5, para explicar la significación del test. Además, para algunas categorías se indica el signo + ó – seguido de un valor numérico, simbolizando el número de casos de más o de menos, que aparecen en la modalidad 3 vs. 3 con relación a la 5 vs. 5.

Si la variable es continua (cuantitativa) se indica el valor de p para cada una de las variables (P_{valor}) y se señala el valor de la t_{exp} (*t* de Student), de manera que, si el valor que presenta es positivo la diferencia de medias es a favor de la modalidad 5 vs. 5 y, si es negativo la diferencia es a favor de la 3 vs. 3.

Hay que tener en cuenta que los resultados obtenidos corresponden a 496 fases de ataque menos en la modalidad 3 vs. 3, correspondientes a los 2minutos menos por período que no se jugaron en esta modalidad. Si se hubiesen obtenido datos en relación con las 496 fases de ataque las variables para las que existe significación al comparar ambas modalidades de juego, seguirían presentando significación. No se sabe que hubiera ocurrido con aquéllas para las que la realización del test no presenta significación.

Variable		Diferencias entre modalidades (en relación con 3 vs. 3)						
		Resultados generales		Resultados sexo masculino		Resultados sexo femenino		
		P_{valor}	Análisis significación	P_{valor}	Análisis significación	P_{valor}	Análisis significación	
Número de fases de ataque		p=,000	+ 496	p=,000	+ 226	p=,000	+ 276	
Tipo de fases ataque		p=,000	> contraataque < at.posicional < reb. ataq.	p=,000	> contraataque < at.posicional < reb. ataq. > otros	p=,000	> at.posicional < rebote ataque < otros = % contraataque	
Duración de las fases de ataque	Cualitativo	p=,000	< 11-15" < 16-20" + 66 (0-5") + 43 (0-10")	p=,000	< 16-20" +18 (0-5") +18 (0-10")	p=,189	+48 (0-5") +25 (6-10") -20 (11-15")	
	Cuantitativo	p=,074	t_{exp}=1,79	p=,308	t_{exp}=1,02	p=,135	t_{exp}=1,49	
Número de pases por fase de ataque	Cualitativo	p=,060	+ 34 (0-2pases) + 3 (3-5pases) - 4 (6-8pases)	p=,757	- 5 (0-2pases) - 2 (3-5pases) + 2 (6-8pases)	p=,148	+ 39 (0-2pases) + 5 (3-5pases) - 6 (6-8pases)	
	Cuantitativo	p=,399	t_{exp}= -,844	p=,258	t_{exp}= -1,13	p=,399	t_{exp}= -,048	
MTCBs		p=,000	> PP < FI > BD - 8 CEOL	p=,000	> PP < FI > BD - 3 CEOL	p=,012	> BD + 22 PP + 2 FI + 22 CEOL	
Rendimiento		p=,000	> 3 puntos < 1 punto + 168(2 puntos)	p=,000	> 3 puntos < 1 punto + 60(2 puntos)	p=,004	> 3 puntos < 1 punto + 108(2 puntos)	
Puntos en juego		p=,000	> 3 puntos < 2 puntos (+156)	p=,000	> 3 puntos < 2 puntos (+ 53)	p=,038	> 3 puntos < 2 puntos (+ 103)	
Puntos de tiro libre		p=,003	> 2 puntos < 1 punto	p=,016	> 2 puntos < 1 punto	p=,003	> 2 puntos < 1 punto	

Tabla 5. Resumen de los resultados relacionados con el juego colectivo.

Variable	Diferencias entre modalidades (en relación con 3 vs. 3)					
	Resultados generales		Resultados sexo masculino		Resultados sexo femenino	
	P$_{valor}$	Análisis significación	P$_{valor}$	Análisis significación	P$_{valor}$	Análisis significación
Formas de obtención de la posesión balón	p=,000	> S.fondo > S.banfon tras < Robos < Intercepta. < S/2 < Rebotes + 1031 pases	p=,000	> S.fondo < S.banfon del. > S.banfon tras. < Robos < Rebotes > Pases (+639)	p=,000	> S.fondo > S.banfon tras. < S. banda. < Robos < Intercepta. < S/2 > Pases (+392)
Tipos de posesión del balón	p=,000	> Estable < Bote desp. < Bote. desp. opos	p=,000	> Estable > E. oposición < B.desp. opos > Transporte < Transprt opos	p=,000	> Estable < E. oposición > Bote desp. < Bote.desp. opos > Transporte opos
Distancias de desplazamiento	p=,000	> Próxima < Corta > Media < Larga > Extrema < Próx. Trasera	p=,000	> Próxima < Corta > Media < Larga > Extrema	p=,049	< Corta > Media < Larga +187 Extrema
Posiciones de desplazamiento	p=,000	> Base > AAD < AMD < AMI < PA < PMBD > FON	p=,000	> Base >AAD < AMD < AMI < ABD <ABI < PA < PMBI > FON	p=,000	> Base >AAD < AMI < ABD <ABI < PA < PMBD > FON < BAN
Formas de finalización de la posesión balón	p=,000	> LS < Robos < S/2 > Pases < FPrb +185 LC	p=,000	< LC > LS < Robos < S/2 < FPrb + 588 Pases	p=,000	< LC > LS < ROBO < S/2 < FPrb + 419 Pases
Distancias de lanzamiento	p=,000	< Corta > Media > Larga + 115 Próxima	p=,000	< Corta > Larga + 97 Próxima +30 Media	p=,004	< Próxima (+18) < Corta > Media > Larga
Posiciones de lanzamiento	p=,000	> Base > AAD > AAI >AMD < PMBD < PMBI	p=,000	> Base > AAD > AAI > ABI < PMBI	p=,038	> Base > AAD > AAI >AMD < PMBD

Tabla 6. Resumen de los resultados relacionados con el juego individual para variables cualitativas.

Variable		Diferencias entre modalidades (en relación con 3 vs. 3)					
		Resultados generales		Resultados sexo masculino		Resultados sexo femenino	
		P_{valor}	Análisis significación	P_{valor}	Análisis significación	P_{valor}	Análisis significación
Períodos de juego		p=,001	t_{exp}= 3,47	p=,346	t_{exp}= ,948	p=,000	t_{exp}= 4,53
Tiempo de juego		p=,264	t_{exp}= 1,22	p=,970	t_{exp}= -,037	p=,090	t_{exp}= 1,72
Fases de ataque en las que participa el jugador		p=,000	t_{exp}= -8,78	p=,000	t_{exp}= -5,99	p=,000	t_{exp}= -6,48
Participaciones totales		p=,000	t_{exp}= -9,15	p=,000	t_{exp}= -6,74	p=,000	t_{exp}= -6,25
Participaciones por fase de ataque	1	p=,000	t_{exp}= -7,03	p=,000	t_{exp}= -4,47	p=,000	t_{exp}= -5,55
	2	p=,000	t_{exp}= -7,89	p=,000	t_{exp}= -5,98	p=,000	t_{exp}= -5,17
	3	p=,004	t_{exp}= -0,08	p=,004	t_{exp}= -3,88	p=,901	t_{exp}= -0,12
	4	p=,319	t_{exp}= -1,00	p=,050	t_{exp}= -1,92	p=,159	t_{exp}= 1,42
Tipo de ataque	Contraataque	p=,000	t_{exp}= -9,11	p=,000	t_{exp}= -11,45	p=,000	t_{exp}= -3,20
	At.posicional	p=,000	t_{exp}= -5,32	p=,078	t_{exp}= -1,78	p=,000	t_{exp}= -6,51
	Tras rebote at	p=,096	t_{exp}= -1,67	p=,807	t_{exp}= -,245	p=,031	t_{exp}= -2,20
1 vs. 1 jugados		p=,596	t_{exp}= ,571	p=,014	t_{exp}= 2,51	p=,005	t_{exp}= -2,89
Rendimiento		p=,000	t_{exp}= -8,59	p=,000	t_{exp}= -6,21	p=,000	t_{exp}= -5,89
Puntos en juego		p=,000	t_{exp}= -8,32	p=,000	t_{exp}= -5,77	p=,000	t_{exp}= -5,95
Intentos de 2 puntos		p=,000	t_{exp}= -7,43	p=,000	t_{exp}= -4,64	p=,000	t_{exp}= -5,86
Intentos de 3 puntos (> 4m)		p=,000	t_{exp}= -8,27	p=,000	t_{exp}= -6,60	p=,000	t_{exp}= -5,10
Puntos tiro libre		p=,003	t_{exp}= -2,97	p=,008	t_{exp}= -2,72	p=,154	t_{exp}= -5,89
Intentos de tiro libre		p=,050	t_{exp}= -1,94	p=,031	t_{exp}= -2,19	p=,487	t_{exp}= -,698
Duración de la posesión del balón		p=,000	t_{exp}= -6,05	p=,000	t_{exp}= -4,58	p=,000	t_{exp}= -3,96

Tabla 7. Resumen de los resultados relacionados con el juego individual para variables cuantitativas.

Análisis de los resultados

La competición, según numerosos autores, es un ámbito de actuación determinante para asegurar una adecuada formación del jugador de minibasket, siempre y cuando esté bien orientada y adaptada. En este sentido y desde un punto de vista general, los resultados en relación con cada una de las variables objeto de estudio muestran diferencias claras entre la modalidad competitiva 5 vs. 5 y la 3 vs. 3, comprobándose como la dinámica de juego, desde un punto de vista colectivo e individual es diferente para ambas modalidades, observándose una tendencia al aumento del grado, del tipo y del índice de participación en relación con el jugador con balón (ver Piñar, Cárdenas, Alarcón, Escobar y Torre, 2009).

Los datos reflejan que la modalidad 3 vs. 3 ofrece una forma de competir en la que los ataques son más rápidos y dinámicos favoreciendo la creación de desequilibrios defensivos, ventajas numéricas y posicionales de los atacantes frente a sus oponentes, lo que conlleva un aumento en el número de puntos conseguido por la mayor facilidad para superar a los oponentes, debido principalmente a la reducción del número de éstos, con lo que se reduce el nivel de dificultad en la toma de decisiones y beneficia la toma de iniciativas, favoreciendo, a priori, la mejora de la capacidad táctica individual; el número de puntos también aumenta por la presencia de una línea de tres puntos a 4m del aro y por el aumento de la eficacia en el lanzamiento de 2 puntos.

El número de pases es prácticamente el mismo, lo que supone un aumento en el índice de participación del jugador con balón, aumentando el número de veces y el tiempo que el jugador lo posee sin que ello suponga un incremento en el número de errores, participando, más veces en diferentes tipos de ataque (ataque posicional y contraataque), lo que repercutirá en una mayor variabilidad de las acciones realizadas individualmente y en una mejora de la formación táctica colectiva. Considerando que existe un reparto más equitativo de los minutos y periodos de juego al proporcionar las mismas posibilidades de participación a todos los jugadores, incluso jugando el mismo tiempo que en la modalidad 5 vs. 5, se observa una mayor participación activa al aumentar el número de veces en las que se posee el balón, rentabilizando y optimizando el tiempo de juego

El aumento en el número de veces en las que se obtiene la posesión del balón repercute en un mayor número de intentos de lanzamiento a canasta que supone un incremento del número de experiencias de enceste, con un incremento en la eficacia del mismo y en la variabilidad (en cuanto al tipo, la distancia y la posición desde donde se realiza) con lo que la formación de los jugadores en el contenido más importante y que más satisfacción produce, se puede considerar como más completa en esta modalidad.

Si la competición es una de las principales herramientas que poseen los entrenadores para que el proceso de aprendizaje sea completo y eficaz, los datos obtenidos reflejan que la competición actual muestra carencias formativas para el jugador en comparación con la competición propuesta, que, aunque necesita de una revisión para mejorar aquellos aspectos en los que muestra deficiencias, proporciona una mayor participación que implica protagonismo y responsabilidad directa de todos los jugadores.

CONCLUSIONES

Conclusiones generales

Las modificaciones reglamentarias propuestas producen un incremento del índice de participación individual de todos los jugadores y una reducción de las diferencias entre ellos, al permitirles conseguir el balón un mayor número de veces y una mayor variabilidad de acciones. Esto hace pensar que una competición en la que se emplearan estas modificaciones ayudaría a conseguir un proceso de formación más adecuado para el jugador de minibasket.

Para algunas de las variables objeto de estudio las modificaciones reglamentarias propuestas actúan de manera diferente en función del sexo, por lo que será necesario plantear y estudiar modificaciones para uno y otro sexo.

Conclusiones relacionadas con el juego colectivo

En la modalidad 3 vs. 3 existe un aumento del número de fases de ataque debido a la disminución del tiempo invertido en su desarrollo, como consecuencia del aumento del número de contraataques para el género masculino, y el aumento del número de ataques posicionales rápidos para el femenino.

El número de pases realizados en ambas modalidades de juego es prácticamente el mismo, aunque ligeramente superior en la modalidad 3 vs. 3. Esto hace suponer que existe un reparto más equitativo del balón entre los jugadores del equipo en la modalidad 3 vs. 3, y una mayor participación puesto que, el número de jugadores es menor.

Existe un aumento del número de MTCBs realizados por el género masculino debido fundamentalmente al aumento del Pase y Progresión y el Bloqueo Directo, aunque existe un descenso del número de Fijaciones del Oponente Impar. Para el género femenino no se observan diferencias significativas en cuanto a la utilización de MTCBs.

En la modalidad 3 vs. 3 se consiguen un mayor número de puntos en juego por los lanzamientos de 3 puntos y el aumento del rendimiento en el lanzamiento de 2 puntos y como consecuencia de los tiros libres, al incrementarse el número de intentos y su eficacia. Además se incrementa el número de lanzamientos realizados desde una distancia superior a 4m, así como la proporción de fases de ataque en las que se consigue encestar, con lo que la frecuencia de éxito en la consecución del enceste por parte de los jugadores aumenta, al igual que su motivación.

Conclusiones relacionadas con el juego individual de los sujetos experimentales

La modalidad de juego 3 vs. 3 proporciona un reparto del tiempo y periodos de juego, en los que participan los jugadores experimentales, más equitativo, incrementándose el número de fases de ataque en las que participan y el número de veces en las que se obtiene la posesión del balón.

Los chicos participan en un número mayor de contraataques en la modalidad 3 vs. 3, con lo que la variabilidad en cuanto al tipo de ataque en el que se participa aumenta. Para las chicas la proporción entre ataques posicionales y contraataques se mantiene, aunque aumenta considerablemente la participación en ambos.

Las modificaciones reglamentarias propuestas favorecen que los sujetos experimentales obtengan la posesión de balón más veces que en la modalidad 5 vs. 5, debido al aumento del número de pases, sin que esto implique un aumento del número de errores, pues disminuye el número de interceptaciones y de robos, así como la posesión de balón con una oposición directa al mismo.

En la modalidad 3 vs. 3 existe un aumento del uso, de las posiciones exteriores y más frontales a canasta, acompañado por una disminución de las posiciones laterales y un uso igual de las posiciones interiores.

En la modalidad 3 vs. 3 existe un incremento del número de pases realizados por los sujetos experimentales así como un incremento del número de lanzamientos en salto sin apoyos de aproximación, lo que supone una mayor variabilidad en la práctica de este contenido en comparación con los realizados en la modalidad 5 vs. 5.

En la modalidad 3 vs. 3 existe un aumento de los lanzamientos realizados desde el exterior del área restringida, incrementándose el número de lanzamientos que se ejecutan desde una distancia entre 2 y 4 metros y mayor de 4m, lo que representa un aumento de la variabilidad, de posiciones y distancias desde las que se realiza el lanzamiento, en comparación con la modalidad 5 vs. 5.

En la modalidad 3 vs. 3, los jugadores experimentales, consiguen un mayor número de puntos, tanto en juego como desde la línea de tiro libre como consecuencia de un incremento del número de intentos y de su eficacia.

Las modificaciones reglamentarias propuestas no favorecen la realización de situaciones de 1 vs. 1 en el ataque posicional por la disminución de la ratio m^2/jugador en pista delantera en el interior de la línea de 3 puntos y por la escasa anchura del campo. La disminución del número de situaciones de 1 vs. 1 en las que se busca la aproximación a canasta también puede deberse al aumento de los lanzamientos lejanos a ella.

En la modalidad 3 vs. 3 los sujetos experimentales poseen el balón en sus manos un tiempo en comparación con la modalidad 5 vs. 5.

Futuras líneas de investigación

La realización de este trabajo nos llevó a plantearnos una serie de líneas de investigación futuras, algunas de las cuales ya se han llevado a cabo por otros investigadores.

Estudiar la influencia de las modificaciones reglamentarias propuestas sobre jugadores con un nivel menor de formación aumentando el tamaño de la muestra

Estudiar la influencia de las modificaciones reglamentarias propuestas sobre el jugador atacante sin balón y del jugador del equipo sin balón.

Realizar nuevos estudios en los que se analicen las consecuencias tácticas y técnicas de la ubicación de la línea de tres puntos a diferentes distancias con el fin de encontrar cuál es la distancia que ofrece mayores garantías de formación en la táctica colectiva e individual sin afectar a los parámetros mecánicos de eficacia del lanzamiento a larga distancia.

Estudiar la influencia de otras modificaciones reglamentarias sobre variables como la categoría y el sexo con la finalidad de encontrar las mejores condiciones de aprendizaje para cada jugador en cada estadio evolutivo.

Realizar un estudio comparativo entre todas las categorías de formación con el fin de establecer diferencias claras para realizar las planificaciones del proceso de entrenamiento en función de las necesidades y carencias de cada uno.

Crear y validar un cuestionario mediante el cual analizar el grado de satisfacción y el clima motivacional que experimentan los niños al competir de una y otra forma.

Estudiar y analizar propuestas de modificación de reglas en otros deportes y para cada una de las categorías de formación.

Limitaciones del estudio

En este apartado se persigue especificar las limitaciones que han determinado la realización del estudio y prevenir posibles problemas que puedan surgir a otros investigadores que realicen trabajos de características similares.

La primera dificultad fue encontrar una muestra con garantías. En marzo de 2001 la muestra seleccionada comprendía a todos los equipos participantes en la liga federada de minibasket de Granada, un total de 10 equipos, lo que, a priori, garantizaba un N=60 para el estudio relacionado con el juego individual. Se consiguieron realizar las grabaciones del pretest jugando 5 vs. 5 mediante la realización de un Campeonato de dos días. Se organizaron unas jornadas intermedias para que los jugadores practicasen con las reglas que se iban a aplicar en el postest pero en esta ocasión hubo dos equipos que no acudieron a la cita y tres que presentaban menos de seis jugadores. Aun así, en abril de 2001 se decidió realizar el postest en el que se jugaría con las modificaciones reglamentarias propuestas. Con el fin de respetar las mismas condiciones en las que se celebró el primer campeonato, repartiendo los partidos de la misma manera y en dos días lo que supuso que en el segundo día de campeonato hubiera una ausencia de un equipo completo y de 17 jugadores del resto de los equipos de manera que las grabaciones obtenidas no se pudieron utilizar. Hay que tener en cuenta que los jugadores de minibasket se encuentran en una edad en la que dependen de los compromisos de fin de semana que tengan sus padres, de manera que a la ausencia de oficialidad de nuestro campeonato, aunque estaba apoyado por la delegación y el comité de árbitros de baloncesto de Granada, supuso una ausencia considerable de jugadores. Se decidió entonces grabar el Campeonato de Selecciones provinciales de minibasket de la zona Oriental de Andalucía en el que participaban ocho equipos y se celebraba en un sólo día. Posteriormente se organizó un Campeonato en el que se jugaba con las reglas modificadas y que se celebró en un sólo día. Como consecuencia el tamaño final de la muestra fue sólo de 47 sujetos debido a que sólo participaban ocho equipos, así que los resultados y las conclusiones obtenidas en el presente estudio son para una muestra pequeña y para jugadores cuyo nivel de juego se les supone elevado.

Debido a las dificultades encontradas para la selección de la muestra ésta no fue elegida al azar y el diseño del estudio fue sin grupo control. Además, los jugadores que juegan en la modalidad 3 vs. 3 vienen con la experiencia del 5 vs. 5 y no han practicado la modalidad 3 vs. 3 en competición. Con la finalidad de que conocieran y practicaran se les envió a cada equipo la normativa de la modalidad 3 vs. 3 al menos 15 días antes de la realización del Campeonato.

De igual modo, tuvimos problemas con las horas de disponibilidad de la instalación utilizada para la realización del Campeonato de 3 vs. 3 con lo que se decidió que los partidos se jugasen a 10minutos a reloj corrido por período con el fin de respetar los descansos oportunos entre períodos y entre partidos.

La definición de la variable "situaciones de 1 vs. 1 jugadas" ha supuesto una limitación importante a la hora de determinar su número puesto que, sólo se han tenido en cuenta aquellas situaciones que se juegan en el ataque posicional, obviando las realizadas en contraataque. Este hecho se debe a que cuando se realizaron el análisis y definición de las variables se pensó en baloncesto y no en la dinámica de juego que podría surgir con la implantación de las modificaciones reglamentarias. El cálculo de las dimensiones del terreno de juego de la modalidad 3 vs. 3 se realizó teniendo en cuenta el espacio disponible por jugador en todo el campo, obviando el espacio para cada uno en pista delantera y cerca de las inmediaciones del aro al incluir la línea de tres puntos a 4m y la de tiros libres a 3m. Además, el cálculo de las dimensiones se realizó teniendo como referencia las mínimas permitidas por el reglamento actual de minibasket (20mx12m) y el campo en el que se jugó la modalidad 5 vs. 5 tenía 2m más de largo (22mx12m).

A pesar de las dificultades encontradas y las limitaciones del trabajo pensamos que mereció la pena el esfuerzo realizado, sirviendo de punto de partida y referencia para próximas investigaciones relacionadas con la modificación de reglas.

BIBLIOGRAFÍA

American Sport Education Program. (2001). *Coaching youth basketball*. Champaign: Human kinectics.

Anguera, M.T. (1993). Proceso de categorización. En M.T. Anguera (Ed.), *Metodología observacional en la investigación Psicológica. Vol 1: Fundamentación 1* (pp. 115-167). Barcelona: PPU.

Archer, J. (1963). *Cómo jugar mejor el baloncesto. Manual del minibasket*. Madrid: Club Nacional Hesperia.

Behar, J. (1993). Sesgos del observador. En M.T. Anguera (Ed.), *Metodología observacional en la investigación Psicológica. Vol 2: Fundamentación 2* (pp. 27-76). Barcelona: PPU.

Belka, D.E. (1994). *Teaching children games: Becoming a master teacher*. Champaign: Human kinectics.

Brown, W.E. (1986). *The effects of volleyball and soccer game modifications on student opportunity to participate in fifth grade physical education classes*. Tesis doctoral no publicada. Eugene: The Ohio State University.

Buekers, M.J. y Billiet, B. (1998). The influence of game modifications on the quality of youth volleyball. *Coaching and Sport Science Journal, 3*(1), 37-41.

Buendía, L., Colás, P. y Hernández, F. (*1998*). *Métodos de investigación en psicopedagogía*. Madrid: McGraw-Hill.

Buschner, C.A. (2003). *Teaching children movement concepts and skills. Becoming a master teacher*. Champaign: Human kinetics.

Cárdenas, D. (2003). *Fundamentos de las habilidades de los deportes de equipo: Baloncesto*. Manuscrito no publicado.

Cárdenas, D. (2004). Criterios metodológicos para el diseño de las tareas de enseñanza-aprendizaje en baloncesto. En A. López, C. Jiménez y C. López (Eds.), *II Curso de Didáctica del baloncesto en las etapas de formación* (pp. 38-69). Madrid: Fundación Real Madrid.

Cárdenas, D., Piñar, M. I. y Baquero, C. (2001). Minibasket: ¿un deporte adaptado a los niños? *Clinic, 55,* 4-11.

Chase, M.A., Ewing, M.E., Lirgg, C.D., y George, T.R. (1994). The effects of equipment modification on children's self-efficacy and basketball shooting performance. *Research Quaterly for Exercise and Sport, 65*(2), 159-168.

Englehorn, R. (1988). The relationship between player skill level and offesive player activity in girls youth basketball. *Journal of Applied Research in Coaching and Athletics, 3*(3), 204-219.

Esper, P.A. (1999). Estudio sobre el tamaño de balón ideal en baloncesto para los jugadores de 13-14 años. *Lecturas: Educación Física y Deportes,* 15 http//:www.efdeportes.com/efd15/balonc.htm. (revisado el 10 de Diciembre, 2001).

Federación Andaluza de Baloncesto. (2001). *Reglamento oficial de minibasket y pasarela*. Sevilla: Consejería de Turismo y deporte de la Junta de Andalucía.

Gabbard, C.P. y Shea, C.H. (1980). Effects of varied goal height practice on basketball foul shooting performance. *Coach and Athlete, 42,* 10-11.

Giménez, F.J. y Sáenz-López, P. (1999). *Aspectos teóricos y prácticos de la iniciación al baloncesto*. Huelva: Diputación de Huelva.

Haywood, K.M. (1978). *Children's basketball performance with regulation and junior-sized baskets*. St.Louis: University of Missouri.

Henry, G.M. (1979). Should the basket be lowered for young participants? *Journal of Physical Education and Recreation. 50*(3), 66-67.

Hernández, R., Fernández, C. y Baptista, P. (2000). *Metodología de la investigación*. México: McGraw-Hill.

Husak, W.S., Poto, C. y Stein, G. (1986). The women's smaller basketball. It's influence on performance and attitude. *Journal of Physical Education, Recreation and Dance, 57*(9), 18-26.

Isaacs, L.D. y Karpman, M.B. (1981). Factors effecting children's basketball shooting performance: a log-linear analysis. *Carnegie School of Physical Education and Human Movement, 1*, 29-32.

Jiménez, C., López, M.A. y Aguado, R. (2003). La enseñanza y el aprendizaje del baloncesto en las escuelas de la fundación Real Madrid. En A. López, C. Jiménez y R. Aguado (Eds.), *Didáctica del baloncesto en las etapas de formación* (pp. 89-117). Madrid: Fundación Real Madrid.

Liu, S. y Burton, A.W. (1999). Changes in basketball shooting patterns as a function of distance. *Perceptual and Motor Skill,89,* 831-845.

Martens, R., Rivkin, F. y Bump, L.A. (1984). A field study of traditional and nontraditional children's baseball. *Research Quaterly for Exercise and Sport, 55*(4), 351-355.

Mckay, L.L., (1997). *Biomechanical parameters influencing fourth grade children's free throw shooting.* Tesis doctoral no publicada. Temple: Universidad de Temple.

McPherson, B.D. y Brown, B.A. (1988). The Structure, Processes and Consequences of Sport for Children. En F.L. Smoll, R.A. Magil y M.J. Ash (Eds.), *Children in Sport,* (3rd ed., 265-286). Champaign: Human kinetics.

Miller, C.R. (1971). *The effect of the size of the ball and the height of the basket on the learning of selected basketball skills by fifth grade boys.* Tesis doctoral no publicada. Springfield: Faculty of Springfield College.

Ortega, E. (2004). *Análisis de la participación del jugador con balón en etapas de formación en baloncesto (14-16 años) y su relación con la Autoeficacia.* Tesis doctoral no publicada. Granada: Universidad de Granada.

Ortega, E., Piñar, M.I. y Cárdenas, D. (1999). *El estilo de juego de los equipo de baloncesto en las etapas de formación.* Granada: Autor.

Piñar, M.I. (2005). *Incidencia del cambio de un conjunto de reglas del juego sobre algunas de las variables que determinan el proceso de formación del jugador de minibasket (9-11 años).* Tesis doctoral no publicada. Granada: Universidad de Granada.

Piñar, M.I., Alarcón, F., Vegas, A. Carreño, F. y Rodríguez, D. (2002). Posiciones y distancias de lanzamiento durante la competición en Minibasket. En A. Díaz, P.L. Rodríguez, y J.A. Moreno (Coord.), *Actas del III Congreso Internacional de Educación Física e Interculturalidad.* Murcia: Consejería de Educación y Cultura de la Región de Murcia.

Piñar, M.I, Cárdenas, D., Alarcón, F., Escobar, R., Torre, E. (2009). Participation of mini-basketball players during small-sided competitions. *Revista de Psicología del Deporte, 18, 3,* 445-449.

Regimbal, C., Deller, J. y Plimpton, C. (1992). Basketball size as related to children's preference, rated skill, and scoring. *Perceptual and Motor Skills, 75,* 867-872.

Roberts, G.C. (1991). Actividad física competitiva para niños: consideraciones de la psicología del deporte. *Revista de Entrenamiento Deportivo, V*(5), 2-10.

Ruiz, L.M. (1997). *Deporte y Aprendizaje, procesos de adquisición y desarrollo de habilidades.* Madrid: Visor.

Rupnow, A. y Engelhorn, R. (1989). Effect of substitution rules on player participation in youth softball and baseball. *Journal of Applied Research in Coaching and Athletics, 4*(4), 233-244.

Satern, M.N., Messier, S.P., y Keller-McNulty, S. (1989). The effects of ball size and basket height on the mechanics of the basketball free throw. *Journal of Human Movement Studies, 16,* 123-137.

Schmid, C.C. (1983). *The effectiveness of improving soccer skills and tactics through the use of small-side and limited area scrimmages.* Tesis doctoral no publicada. Oregon: Universidad de Oregón.

Weidner, J.A. (1998). *The Effects of a modified Ball in developing the volleyball pass and set for high-school students.* Tesis doctoral no publicada. DeKalb: Northern Illinois University.

CAPÍTULO XVI
EFECTO DE LA MODIFICACIÓN DE LA MASA DEL BALÓN SOBRE VARIABLES DE JUEGO QUE IMPLICAN SU POSESIÓN EN MINIBÁSQUET[15]

José Luis Arias Estero

INTRODUCCIÓN

El minibásquet fue creado por Jay Archer, ante la necesidad de adaptar el baloncesto a las características de los niños, con el objetivo de que éstos pudieran practicar una actividad que les ayudara a disfrutar de acuerdo con sus posibilidades. Sin embargo, desde sus orígenes, el reglamento de minibásquet no ha sufrido modificaciones significativas y específicas para los niños hasta hace pocas fechas. Por este motivo, son varios los autores que desde una perspectiva académica, apoyan la idea de que la reglamentación actual de la competición podría mostrar carencias para la formación del niño que se inicia en este deporte (Arias, Argudo y Alonso, 2008, 2009a; Piñar, 2005). Además, el minibásquet en España depende de diferentes administraciones, lo que da lugar a una desunificación de las reglas (Arias et al., 2008; Carrillo, 1997; Mitjana, 1999, 2007). En España, a pesar de las modificaciones reglamentarias efectuadas en los últimos años por la Federación Española de Baloncesto (FEB), los responsables de cada comunidad autónoma y de cada provincia adoptan aquellas que estiman oportunas. Por estos motivos, últimamente son muchos los técnicos y administradores del minibásquet que comentan la conveniencia de plantear un reglamento unificado para toda España (Arias et al., 2008; Cárdenas, Piñar y Baquero, 2001; Carrillo, 1997; Mitjana, 1999, 2007).

A partir de los objetivos, contenidos y requisitos que deben cumplir las reglas de minibásquet, las propuestas de modificación del reglamento y los estudios realizados sobre modificaciones reglamentarias, las adaptaciones que se realicen en el reglamento de este deporte deben favorecer un aumento de los siguientes aspectos: (a) posesiones de balón dinámicas; (b) número de pases y recepciones; (c) equidad de jugadores que obtengan la posesión del balón; (d) número de situaciones de un atacnate contra un defensor (1 vs. 1); (e) número de tiros; (f) variabilidad de los tiros; (g) tiros desde el exterior de la zona restringida y a distancias superiores a cuatro metros; (h) encestes desde el exterior de la zona restringida y a distancias superiores a cuatro metros; e (i) éxito en las acciones (Arias et al., 2008, 2009a; Cárdenas et al., 2001; Carrillo, 1997; Carrillo y Rodríguez, 2004; Chase, Ewing, Lirgg y George 1994; Gabbar y Shea, 1980; Haywood, 1978; Isaacs y Karpman, 1981; Juhasz y Wilson, 1982; McKay y Halliday, 1997; Miller, 1971; Mit-

---

[15] Arias Estero, J. L. (2009). Influencia de la modificación de la masa del balón sobre variables relacionadas con las acciones motrices en minibasket. Directores: Francisco Manuel Argudo Iturriaga y José Ignacio Alonso Roque. Departamento de Educación Física, Deporte y Motricidad Humana, Universidad Autónoma de Madrid.

jana, 1999, 2007; Piñar, 2005; Regimbal, Deller, y Plimpton, 1992; Satern, Messier y Keller-McNulty, 1989; Stinar, 1981).

El desarrollo de los aspectos de juego indicados en el párrafo anterior conlleva consecuencias a nivel formativo y estratégico, individual y colectivamente. Individualmente, varios autores han desarrollado propuestas sobre cuáles deben ser los contenidos a trabajar en las diferentes etapas formativas (Cárdenas y Pintor, 2001; Ibáñez, 2002). Estas propuestas coinciden en la importancia de trabajar contenidos individuales en la etapa que corresponde al minibásquet. Por otro lado, una de las formas de trabajar la toma de decisión en minibásquet es bajo condiciones de oposición, tal y como ocurre durante el juego, para que la práctica resulte significativa al niño. Por estos motivos, los entrenadores en minibásquet suelen utilizar la situación de 1 vs. 1 (e.g., Cañadas e Ibáñez, 2010). El 1 vs. 1 exige que los jugadores descubran sus posibilidades de decisión y acción en relación al contexto, posibilita el trabajo de las acciones técnico-tácticas individuales y pretende el desarrollo de la responsabilidad personal del par de jugadores. Tradicionalmente, se asume que la situación de 1 vs. 1 permite dividir la defensa, desestabilizarla y aumentar los intentos de tiro próximos a la canasta y por tanto las canastas conseguidas.

Colectivamente, los estilos de juego que combinan ataques rápidos con pocos pases y ataques posicionales en los que se realizan un mayor número de pases, posibilitan que un mayor número de jugadores obtengan más oportunidades de practicar y disfrutar de experiencias de juego en posesión del balón. A nivel estratégico, esto posibilita romper el ritmo de juego, generar desajustes en la defensa y aumentar los intentos de tiro (American Sport Education Program [ASEP], 1996; Hanlon, 2005; Ortega, Cárdenas, Sainz de Baranda y Palao, 2006a, b; Ortega, Palao, Gómez, Lorenzo y Cárdenas, 2007).

Todos los medios y estrategias que se desarrollan durante el juego tienen como finalidad lograr las mejores condiciones para conseguir éxito en el tiro. El tiro es una de las acciones del juego de minibásquet más importante para los niños, por tres motivos: (a) es la acción mediante la que los jugadores encestan; (b) es el aspecto de juego por el que los jugadores muestran una mayor preferencia (Palao, Ortega y Olmedilla, 2004); y (c) el éxito en el tiro es experimentado por el tirador como un logro. Por este motivo, los jugadores deberían dominar esta habilidad con la finalidad de tener recursos para adaptarse con éxito a las diferentes condiciones que genera el juego (e.g., diferentes tipos de tiro y desde diferentes zonas y distancias) y no limitar su formación.

Para adecuar el juego a las características de los participantes es necesario modificar el reglamento. Las reglas concretan los elementos estructurales y funcionales que establecen las diferencias entre los juegos (Parlebas, 2001). Parlebas estableció que las reglas determinan cuatro tipos de relaciones de los participantes que hacen emerger las acciones del juego: (a) con otros participantes; (b) con el espacio de juego; (c) con el equipamiento; y (d) el modo en cómo ellos deben ajustarse al tiempo de juego. Como consecuencia, cada juego se caracteriza por una lógica interna propia, que obliga a los jugadores a realizar unas acciones determinadas para poder jugar.

La interpretación de que las acciones del juego surgen como resultado de la dinámica de relaciones que se producen durante su desarrollo, exige elevar la acción del juego como elemento clave en la evaluación de las modificaciones reglamentarias. Este razonamiento implica reconocer que las modificaciones de las reglas reflejan sus efectos directamente sobre las acciones del juego, como resultado visible de los cambios que se producen. A partir de los cambios en las acciones del juego, consecuentemente, también se pueden modificar las demandas enenrgéticas, físicas, fisiológicas, psicológicas e incluso sociales. Por lo que el análisis de las modificaciones reglamentarias debe realizarse sobre las acciones motrices como elemento fundamental.

Los cambios a realizar en las reglas deben ser diseñados y analizados a lo largo de un proceso reflexivo para conocer la influencia que ejercerán sobre el juego antes de introducirlos definitivamente. Los resultados de las modificaciones reglamentarias no suelen ser habitualmente los esperados, debido al carácter subjetivo de las conductas motrices y a la complejidad de variables que interaccionan en el juego.

La literatura científica consultada sobre modificaciones de las reglas en baloncesto de iniciación demuestra que la mitad de los estudios (10 de 19) analizaron el efecto de la modificación del tamaño del balón, mientras que el resto modificaron la línea de tres puntos, número de jugadores participantes, altura de la canasta y otras variables relacionadas con el juego. Este pequeño análisis refleja la importancia que tiene el balón en baloncesto. El balón es uno de los equipamientos más importantes que mediatizan el enfrentamiento y focaliza la atención de los jugadores. De manera que el estudio del efecto de su modificación sobre diferentes variables que influyen en la formación deportiva de los niños puede aportar información a los profesores y entrenadores para adecuar las condiciones de práctica. En nueve de los diez estudios que analizaron la modificación del tamaño del balón, los autores terminaron recomendando la disminución de su tamaño, aunque sólo en cinco los resultados fueron favorables para la formación de los niños. Los trabajos que han analizado el efecto de la reducción de las dimensiones del balón (masa y circunferencia), parecen indicar que un balón de menores dimensiones se ajusta mejor al tamaño de la mano (Haywood, 1978), permite una mejor técnica de tiro (Regimbal et al., 1992) o no la perjudica (Satern et al., 1989), satisface la preferencia de los niños (Regimbal et al., 1992), aumenta los niveles de autoeficacia percibidos (Chase et al., 1994) y aumenta la efectividad del tiro (Haywood, 1978; Isaacs y Karpman, 1981; Juhasz y Wilson, 1982; Miller, 1971; Regimbal et al., 1992; Stinar, 1981).

En el área del aprendizaje y desarrollo motor, se ha observado que un balón de menor dimensión facilita el bote (Burton y Welch, 1990), que la reducción de la masa es lo que permite la mejora del rendimiento (Pellett, Henschel-Pellett y Harrison, 1994; Weidner, 1998) y que un aumento del diámetro suele disminuir la calidad de las acciones (Burton, Greer y Wiese, 1992). Pero no ha habido un acuerdo en cómo debe ser el balón para facilitar la recepción (Isaacs, 1980; Payne, 1985). En este sentido, la literatura recomienda que en la iniciación al baloncesto se debe reducir la masa del balón sin modificar el diámetro (Del Río, 2000).

No obstante, no se ha estudiado el efecto de la disminución y/o el aumento de la masa del balón manteniendo su circunferencia y tampoco se ha encontrado en la literatura consultada que se analice la disminución y/o el aumento de la masa del balón en un contexto real de juego.

A partir de un proceso científico de análisis y reflexión se presentan las siguientes cuestiones: (a) en comparación con el balón reglamentario (masa: 470-500 g, circunferencia: 69-71 cm) ¿cómo afecta la modificación de la masa del balón, manteniendo su tamaño?; (b) la disminución o el incremento de la masa del balón manteniendo su circunferencia ¿contribuye a adaptar el juego de minibásquet a las características de los jugadores, para aumentar las oportunidades y el éxito en la respuesta de manera que se favorezca el aprendizaje y su desarrollo motor?; (c) la inclusión de un balón de menor o mayor masa ¿permite desarrollar situaciones de juego que favorezcan el aumento de: (1) posesiones de balón dinámicas; (2) número de pases y recepciones; (3) equidad de jugadores que obtengan la posesión del balón; (4) número de situaciones de 1 vs. 1; (5) número de tiros; (6) variabilidad de los tiros; (7) tiros desde el exterior de la zona restringida y a distancias superiores a cuatro metros; (8) encestes desde el exterior de la zona restringida y a distancias superiores a cuatro metros; y (9) éxito en las acciones?

Objetivos

El objetivo de este estudio fue analizar si la modificación de la masa del balón, al comparar un balón de menor masa (440 g) y otro balón de mayor masa (540 g) con respecto al balón reglamentario (470-500 g), contribuyó al desarrollo de situaciones de juego que favoreciesen el aumento de: (a) posesiones de balón dinámicas; (b) número de pases y recepciones; (c) equidad de jugadores que obtuvieron la posesión del balón; (d) número de situaciones de 1 vs. 1; (e) número de tiros; (f) variabilidad de los tipos de tiro; (g) tiros desde el exterior de la zona restringida y a distancias superiores a cuatro metros; y (h) encestes desde el exterior de la zona restringida y a distancias superiores a cuatro metros.

De acuerdo con la literatura consultada, un balón de menores dimensiones podría facilitar el manejo del balón (Burton y Welch, 1990; Pellett et al., 1994) y el éxito en el tiro a canasta (Isaacs y Karpman, 1981; Juhasz y Wilson, 1982; Regimbal et al., 1992). Por lo que la primera hipótesis fue que al jugar con el balón de menor masa (440 g) con respecto al balón reglamentario (470-500 g) se contribuiría en mayor medida al desarrollo de situaciones que favoreciesen el aumento de: (a) posesiones de balón dinámicas; (b) número de pases y recepciones; (c) equidad de jugadores que obtuvieran el balón; d) número de situaciones de 1 vs. 1; (e) número de tiros; (f) variabilidad del tipo de tiro; (g) tiros desde el exterior de la zona restringida y a distancias superiores a cuatro metros; y (h) encestes desde el exterior de la zona restringida y a distancias superiores a cuatro metros. En base a la supuesta facilitación del juego con el balón de menor masa, la segunda hipótesis fue que al jugar con el balón de mayor masa (540 g) con respecto al balón reglamentario (470-500 g) no se contribuiría en mayor medida al desarrollo de este tipo de situaciones.

METODOLOGÍA

Participantes

La población objeto de estudio estuvo formada por jugadores de minibásquet, de entre 9 y 11 años, de los equipos masculinos participantes en la liga regular que organizó una Federación de Baloncesto Regional (FBRM –Murcia-) para la temporada 2007-2008. Los jugadores seleccionados fueron 55 niños (edad: M = 10.63, D.E. = 0.55 años) de seis equipos. Atendiendo al reglamento de minibásquet de esta competición, cada equipo contó con un mínimo de ocho jugadores y un máximo de 12. Los niños llevaban practicando minibásquet de forma federada 2.52 años (DE=.75).

A la semana, entrenaban de promedio 5.03 horas (DE=.80), durante 3.57 días también de promedio (DE =.51). Los equipos estaban federados y eran de cantera, perteneciente a una estructura de club. Cuatro de ellos poseían equipo senior en categoría a nivel nacional y los otros dos poseían equipo junior en categoría a nivel regional. Todos los clubes contaban con al menos cinco equipos masculinos de cantera.

La selección de los equipos y jugadores fue deliberada (Anguera, 2003), ya que estos se comprometieron a cumplir los criterios de inclusión: (a) que el equipo participara en los partidos en los que se jugara con cada balón y (b) que los mismos niños participaran en todos los partidos que se jugaran con cada balón. La selección de las posesiones de balón se realizó mediante un muestreo total (Anguera, 2003).

Diseño

Se utilizó la metodología observacional (Anguera y Blanco, 2003), mediante un diseño idiográfico, puntual y multidimensional (Anguera, Blanco, y Losada, 2001), para analizar el efecto de la variable independiente. Ésta fue la masa del balón, para lo que se diferenció entre: (a) el balón reglamentario (masa: 470-500 g; circunferencia: 69-71 cm); (b) un balón de menor masa (masa: 440 g; circunferencia: 69-71 cm); y (c) otro balón de mayor masa (masa: 540 g; circunferencia: 69-71 cm). El diseño fue idiográfico porque entre todos los equipos jugaron cuatro partidos con cada balón, los cuales fueron analizados como una unidad, es decir, sin diferenciar por equipos. Fue puntual porque de cada equipo se filmaron cuatro partidos durante un torneo celebrado en tres días. Cada día un mismo equipo participó en uno o dos partidos y a lo largo del torneo jugó un mínimo de un partido y un máximo de dos con el mismo balón. Los enfrentamientos se establecieron de forma aleatoria, al igual que el balón utilizado en cada partido. Cuatro equipos repitieron rival en una ocación. El diseño también fue multidimensional porque las dimensiones analizadas fueron diferentes y estaban contenidas en el instrumento de observación.

Las variables dependientes sobre las que se determinó el efecto de la modificación de la masa del balón fueron: (a) tipo de posesión (posicional, transición, tiro libre y tiro tras rebote en ataque); (b) número de botes (sin bote, 1-4 botes, 5-9 botes, más de 9 botes); (c) número de pases (sin pase, 1-2 pases, 3-4 pases, más de 4 pases); (d) número de recepciones (sin recepción, 1-2 recepciones, 3-4 recepciones, más de 4 recepciones); (e) número de jugadores que obtienen la posesión del balón; (f) número de situaciones de 1 vs. 1 (sin situación de 1 vs. 1, una situación de 1 vs. 1, más de una situación de 1 vs. 1); (g) forma de finalizar las posesiones de balón (tiro que llega al aro, tiro que no llega al aro, error de los atacantes, error de los defensores y decisión arbitral); (h) tiros realizados (tiro de 1 punto, tiro de 2 puntos y tiro de 3 puntos.); (i) canastas conseguidas (canasta de 1 punto, canasta de 2 puntos y canasta de 3 puntos); (j) tipo de tiro (estándar sin salto, estándar con salto, en carrera y gancho); (k) zona de tiro (figura 1A: zonas 1, 2, 3, 4 y 5) y distancia de tiro (figura 1B: de 0 a 3 m, de 3 a 4 m, de 4 a 5 m y mayor a 5 m).

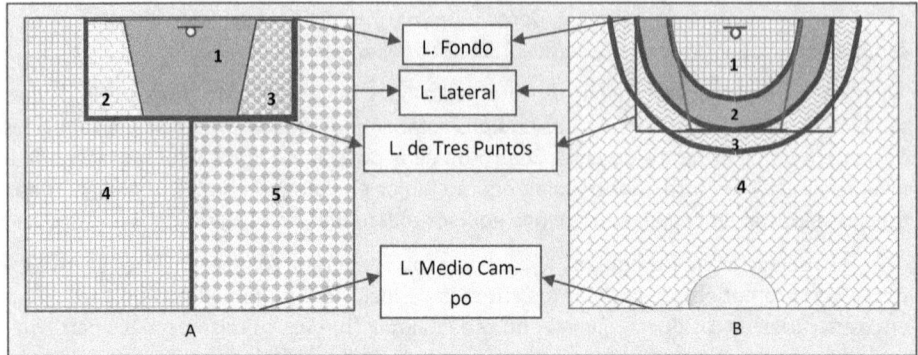

Figura 1. Zonas de ataque (A) y distancias a la canasta (1: 0-3 m, 2: 3-4 m, 3: 4-5 m, 4: más de 5 m) (B).

Procedimiento

Definición de variables, elaboración del instrumento de observación y del instrumento de registro. El proceso seguido para definir las variables y elaborar el instrumento de observación se fundamentó, principalmente, en los trabajos de Anguera (2003) y Anguera y Blanco (2003). Este proceso siguió dos etapas. En la primera, se identificó una lista de variables a través de la estrategia teórico-deductiva y empírico-inductiva. A través de la estrategia teórico-deductiva, se realizó una revisión bibliográfica sobre minibásquet, baloncesto de formación y otros deportes en edades adultas. Mediante la estrategia empírico-inductiva, se realizó una observación exploratoria de 10 partidos de minibásquet. Posteriormente, la lista de acciones observadas se relacionó con los criterios obtenidos en la revisión bibliográfica.

En la segunda fase se realizó una delimitación y definición operacional de cada variable y de sus categorías, a partir de la literatura y la consulta a dos doctores en Ciencias de la Actividad Física y del Deporte, especialistas en baloncesto. A dichos especialista se les planteó una propuesta en la que se esbozó la definición de cada variable y las categorías que podrían cubrir cada una de las mencionadas variables. Para tal motivo, se les envió, mediante correo electrónico, un documento en el cual se les indicó que valorasen estos dos aspectos. Posteriormente, se organizaron dos reuniones con ellos para tratar las indicaciones realizadas y llegar a un consenso. Esta consulta permitió aportar validez de contenido y/o lógica al instrumento de observación. Tras la definición se diseñó el instrumento de observación, que consistió en un sistema de categorías (Anguera, 2003; Anguera y Blanco, 2003). Este instrumento fue perfeccionado durante la formación de los observadores.

El instrumento de registro se construyó a partir de la adaptación de una hoja de cálculo del programa informático Microsoft Excel 2003, al que se le añadió el programa informático Virtual Dub 1.6.15., para el visionado de los partidos.

Se elaboró un manual que guió el proceso de formación de los observadores y otro de instrucciones para que realizaran la observación.

Contacto con la FBRM, los equipos y organización y filmación de los partidos. El estudio contó con el informe favorable del Comité de Ética de la Investigación de la Universidad Autónoma de Madrid. Previo al trabajo de campo se informó del propósito de la investigación al responsable de la FBRM y se obtuvo su visto bueno. Posteriormente, se recogieron los consentimientos informados de los padres o tutores de los niños y de los responsables de los equipos.

Se acordó invitar a participar a los ocho equipos que conformaban el grupo especial, puesto que los equipos participantes en este grupo eran los de un mayor nivel y más homogéneo, en cuanto a edad, experiencia previa y nivel de juego, de acuerdo con el director técnico y los ocho entrenadores. De los ocho equipos, sólo seis se comprometieron a cumplir los criterios de inclusión exigidos. Una vez recibida su comunicación, se organizó una reunión para tratar diferentes aspectos con mayor minuciosidad y aportarles los documentos de consentimiento informado.

Una vez en posesión de los consentimientos informados, se organizó el campeonato siguiendo las condiciones que determina el diseño y atendiendo a los requisitos de constancia intersesional: (a) los jugadores participantes fueron los mismos; (b) se jugaron todos los partidos en pistas idénticas (28x15 m); c) el tiempo de descanso entre partidos fue como mínimo de una hora; (d) en cada partido se jugaron cuatro periodos de diez minutos cada uno; (e) el calentamiento se produjo con, al menos, un balón similar al que se utilizaba en el partido; (f) no se permitieron las defensas en zona, ni las mixtas, ni las situaciones de dos contra uno al portador del balón; (g) la altura de las canastas fue de 2,60 m, (h) los balones fueron iguales en cuanto a textura, color, circunferencia y bote; e (i) se siguió el reglamento de la FBRM para la temporada 2007-08.

Las variables que se controlaron del balón fueron: (a) la masa; (b) la circunferencia; y (c) la altura de bote, como recomienda el reglamento y la literatura consultada (Isaacs y Karpman, 1981). El control se realizó una hora antes de cada partido. Se siguió un protocolo que consistió en tomar tres medidas de cada característica para obtener la media.

La filmación de cada partido se realizó con una cámara de vídeo (Everio Full HD-GZ-HD7, JVC, Japón). Esta se situó transversal a la pista de juego, en el lado opuesto a donde se colocó la mesa de anotación. La ubicación fue elevada a cinco metros del suelo y a dos metros de la línea de banda. En caso de que fuese necesario la cámara giraba sobre el eje que marcaba el trípode (Velbon CX-540, Velbon, United Kingdom). Como norma general, en la grabación debía aparecer el jugador con balón, la pista y la canasta, además del resto de jugadores.

Formación de los observadores. Se formó a cuatro observadores según las fases de entrenamiento y adiestramiento sugeridas por Anguera (2003). El proceso de formación se realizó durante once sesiones con una duración variable de entre una y tres horas, a lo largo de cuatro semanas. Los observadores acumularon una experiencia mínima de 20 horas. En la etapa de adiestramiento un observador experto fue el observador de referencia.

Validación y fiabilidad del sistema de categorías, los observadores y la observación. A partir de los trabajos de referencia y del proceso de formación de los observadores, el sistema de categorías desarrollado cumplió los requisitos demandados por la metodología observacional al ser exhaustivo y mutuamente excluyente, tener validez de contenido y posibilitar la fiabilidad de la observación.

Se obtuvo la fiabilidad del instrumento de observación y de los observadores, a través de una evaluación interobservador e intraobservador al final del proceso de su formación. Para lo cual se utilizó un partido diferente a los propios de la investigación. Se evaluó la fiabilidad interobservador, por separado, mediante un fragmento de 20 minutos de partido. Posteriormente y tras siete días de no observación se volvió a observar el mismo fragmento para obtener la fiabilidad intraobservador.

Respecto a la fialibilidad de la observación, se obtuvo a través de una evaluación interobservador al final del proceso de observación. Para esta evaluación se observó el 15% de las posesiones de balón, de los partidos propios de la investigación. De manera que se observaron 50 minutos de partido.

La fiabilidad para el instrumento de observación y los observadores, mediante la estrategia interobservador, alcanzó valores entre 0.92 y 1. La fiabilidad para el instrumento de observación y los observadores, mediante la estrategia intraobservador, alcanzó valores entre 0.94 y 1. La fiabilidad de la observación, mediante la estrategia interobservador, alcanzó valores entre 0.93 y 1.

Toma de datos de la observación. La observación fue activa, no participante, directa y sobre las variables determinadas en relación al jugador con balón (Anguera y Blanco, 2003). La toma de datos fue sistemática (Anguera, 2003; Anguera y Blanco, 2003), a partir de los vídeos de los partidos. La técnica de registro fue la codificación de las variables objeto de estudio (Anguera y Blanco, 2003) por los observadores, en el instrumento de registro. En cada observación realizada de una posesión, se registraba el código numérico correspondiente a cada variable sobre el que se centraba dicha observación. Para aumentar la fiabilidad de la observación, se utilizó la estrategia de observar cada posesión de balón tantas veces como variables a registrar, a velocidad real de vídeo. En cada una de estas observaciones la atención se centró en una variable. Una vez localizada la categoría correspondiente a cada variable, los observadores volvían a visualizar la posesión de balón en cuestión a velocidad de 25 fotogramas por segundo cuantas veces fueran necesarias. Cada observador observó y registró tres partidos. Se analizaron 2.100 posesiones de balón, durante 12 partidos. De las cuáles, 736 correspondieron a los cuatro partidos jugados con el balón reglamentario (470-500 g), 660 a los cuatro partidos jugados con el balón de menor masa (440 g) y 704 a los cuatro partidos jugados con el balón de mayor masa (540 g).

Análisis estadístico

Se realizaron análisis descriptivos utilizando los estadísticos recuento y porcentaje. Se utilizó la prueba H de Kruskal Wallis ($\chi 2$), con la finalidad de establecer diferencias a nivel de las categorías, entre las tres condiciones objeto de estudio. El análisis *post hoc* se realizó mediante la prueba U de Mann-Whitney (U) para conocer si existían diferencias significativas entre las medias de las categorías comparadas, en función de las tres situaciones objeto de estudio. Se utilizaron las pruebas Chi-Cuadrado de Pearson ($\chi 2$) y Rho de Spearman (ρ) con las variables nominales y ordinales, respectivamente, para comprobar las correlaciones entre las diferentes variables y así poder razonar los resultados. Para todas las pruebas el intervalo de confianza fue del 95%. El tratamiento estadístico se realizó con el paquete estadístico SPSS 17.0 para Windows.

RESULTADOS Y DISCUSIÓN

Tipo de posesión

Para el criterio tipo de posesión, los resultados revelaron diferencias estadísticamente significativas en las categorías "posicional" y "tiro libre", aunque las diferencias no fueron estadísticamente significativas en el resto de categorías (Tabla 1). Un menor número de posesiones fueron posicionales con el balón de 440 g en comparación con el reglamentario (5.2%; U = 218548, p = .022) y el de 540 g (6%; U = 230222, p = .042), pero los resultados fueron similares al comparar el balón reglamentario con el de 540 g (U = 257216, p = .780). Con el balón de 540 g se realizaron un menor número de tiros libres en comparación con el de 440 g (3.9%; U = 2223322, p = .017) y el reglamentario (6.3%; U = 242736, p = .000), pero los resultados fueron similares al comparar el balón de 440 g con el reglamentario (U = 236972, p = .181).

Tipo de posesión	Balón 440 g		Balón reglam.		Balón 540 g		p
	n	%	n	%	n	%	
Posicional	214	32.4	277	37.6	270	38.4	.047
Transición	302	45.8	305	41.4	316	44.9	.222
Tiro libre	79	12.0	106	14.4	57	8.1	.001
Tiro tras rebote ataque	65	9.8	48	6.5	61	8.7	.072

Tabla 1. Análisis descriptivo y diferencias significativas de la variable dependiente tipo de posesión.

Con el balón de menor masa, un número menor de posesiones de balón fueron posicionales (32.4%) y a medida que aumentó la masa del balón, aumentó también el número de posesiones de balón desarrolladas mediante este tipo de posesión (38.4%). Este hecho podría asociarse a que el balón de mayor masa dificulta el desarrollo de un juego desestructurado, lo que favoreció las acciones de los atacantes sobre las de los defensores.

Las diferencias significativas encontradas entre el balón de 440 g y el reglamentario con respecto al de 540 g para los tiros libres, indicaron que al jugar con los balones de menor masa aumentó el número de errores de la defensa, en términos de faltas personales cometidas y el número de canastas que iban seguidas de tiro libre adicional (como se ratificará más adelante). Esto pudo deberse a una mayor simplificación del juego con los balones de menor masa, lo que facilitó el juego a los atacantes. Ante esta circunstancia parece que los defensores se veían forzados a realizar faltas personales para evitar que el equipo atacante encestara. Esto contrasta con los resultados relativos a las situaciones de 1 vs. 1 que mostraron cómo con el balón de 440 g se jugaron significativamente un mayor número de ellas (p ≤ .05).

Según la literatura sobre baloncesto de formación, el tipo de ataque más común es el posicional y en segundo lugar el contraataque (Cruz y Tavares, 1998; Ortega et al., 2007; Piñar, 2005). Además, el contraataque es más común en baloncesto de formación que en baloncesto, principalmente porque en formación se producen más acciones de pérdidas de balón, robos, interceptaciones y errores en el tiro (Ortega et al., 2006b).

En minibásquet, el desarrollo del juego es rápido y desestructurado (Arias, Argudo, y Alonso, 2009b; Piñar, 2005). Según los resultados del estudio de Piñar (2005), para minibásquet masculino, el 59.4% de las posesiones de balón fueron posicionales. Mientras que para minibásquet femenino este valor fue menor (47.8%). Sin embargo, en el trabajo de Piñar (2005), al introducir una serie de modificaciones en el reglamento, se encontró que para los niños disminuyeron las posesiones de balón posicionales (44.7%), a favor de un aumento de los contraataques (27.2%). También Arias et al. (2009b) en minibásquet femenino, comentaron el carácter desestructurado de las posesiones de balón, al encontrar que el 51.5% se produjeron en transición. No obstante, en el trabajo de Arias et al. (2009b), tras definir el perímetro de la zona restringida como línea de tres puntos, se obtuvo un mayor número de transiciones (60.1%).

Al igual que en los dos estudios de referencia, en el presente trabajo, al disminuir la masa del balón, disminuyeron de manera significativa ($p \leq .05$) las posesiones de balón posicionales, mientras que no varió el resto de tipos de posesiones sociomotrices. Sin embargo, los resultados numéricos no fueron similares puesto que cada estudio definió de manera diferente el tipo de ataque o el tipo de posesión.

Estos resultados sugieren que el balón reglamentario contribuyó a provocar posesiones de balón más variadas con respecto a los de mayor y menor masa, aunque éstas fueron más dinámicas (por aumento de las posesiones que conllevan desestructuración de los equipos) cuando disminuyó la masa del balón, con respecto a los balones de mayor masa.

Situaciones de 1 vs. 1

Para el criterio número de situaciones de 1 vs. 1, los resultados revelaron diferencias estadísticamente significativas en la categoría "ninguna situación de 1 vs. 1", "una situación de 1 vs. 1" y "más de una situación de 1 vs. 1", aunque las diferencias no fueron estadísticamente significativas en el resto de categorías (Tabla 2). Los participantes realizaron en un menor número de posesiones de balón "ninguna situación de 1 vs. 1" con el balón de 440 g en comparación con el reglamentario (16%, U = 203876, p = .000) y el de 540 g (9.7%, U = 209704, p = .000) y al comparar el balón reglamentario con el de 540 g (6.3%, U = 242688, p = .012). Los participantes realizaron una situación de 1 vs. 1 en más ocasiones con el balón de 440 g en comparación con el reglamentario (6.6%, U = 226878, p = .022), pero los resultados fueron similares al comparar el balón de 440 g con el de 540 g (U = 226842, p = .341) y al comparar el balón reglamentario con el de 540 g (U = 248112, p = .070). Los participantes realizaron más de una situación de 1 vs. 1 con el balón de 440 g en comparación con el reglamentario (9.4%, U = 219878, p = .000) y el de 540 g (7.3%, U = 215182, p = .000), pero los resultados fueron similares al comparar el balón reglamentario con el de 540 g (U = 253648, p = .177).

		Balón 440 g		Balón reglam.		Balón 540 g		p
		n	%	n	%	n	%	
Nº 1 vs. 1	Sin sit. 1 vs. 1	337	51.1	494	67.1	428	60.8	.000
	Una sit. 1 vs. 1	204	30.9	179	24.3	201	28.6	.020
	Más de una sit. 1 vs. 1	119	18.0	63	8.6	75	10.7	.000

Tabla 2. Análisis descriptivo y diferencias significativas de la variable dependiente número de situaciones de 1 vs. 1.

Con los tres balones se encontraron los mayores porcentajes para la categoría que representó la no realización de una situación de 1 vs. 1, aunque en este caso, los valores más altos correspondieron al balón reglamentario y al de 540 g. Para las categorías en las que se realizó alguna situación de 1 vs. 1, los mayores porcentajes correspondieron al balón de 440 g. Además, la diferencia entre el balón de 440 g y los de mayor masa aumentó cuando ocurrió más de una situación de 1 vs. 1.

Según la literatura consultada sobre minibásquet (Arias et al., 2009a; Piñar, 2005), las situaciones de 1 vs. 1 se favorecen en el juego a partir de: (a) la reducción del número de jugadores en el espacio; (b) la situación a una distancia próxima con respecto al jugador con balón; (c) la pérdida de la posición del defensor; y (d) la apertura de las defensas. Atendiendo a estas premisas, el desarrollo de un juego desestructurado, mediante las posesiones en transición, favorecería estos aspectos (Arias et al., 2009a; Piñar, 2005). En función de la facilitación del manejo del balón, esta podría ser la principal causa por la que, con el balón de 440 g, se produjeron un mayor número de situaciones de 1 vs. 1.

La explicación de un mayor porcentaje de posesiones de balón en las que no se desarrolló ninguna situación de 1 vs. 1 con el balón reglamentario con respecto al de 540 g, podría deberse a que con el balón de 540 g se jugó un mayor número de posesiones de balón en transición y un porcentaje similar de posesiones de balón posicionales. Por lo que, la diferencia en el porcentaje de posesiones en transición podría haber favorecido que no se produjeran situaciones de 1 vs. 1.

El minibásquet se caracteriza por un escaso número de situaciones de 1 vs. 1. Piñar (2005), para la categoría femenina, encontró una media de 1.52 (D.E.= 2.81) situaciones de 1 vs. 1 por posesión de balón y jugador. En esa misma categoría, Arias et al. (2009a) reportaron una media de 0.25 (D.E. = .50).

En relación a estos datos, en el presente estudio y con el balón de 440 g, se obtuvo que en el 48% de las posesiones de balón se produjeran una o más de una situación de 1 vs. 1. De manera que los resultados al jugar con el balón de 440 g fueron mayores a los reportados por Arias et al. (2009a), pero inferiores a los que reportó Piñar (2005).

Estos resultados sugieren que cuando se jugó con el balón de menor masa aumentaron las situaciones de 1 vs. 1, pero con el balón de mayor masa disminuyeron las posesiones de balón en las que no se realizó una situación de 1 vs. 1, con respecto al balón reglamentario.

Botes, pases, recepciones y jugadores que obtienen la posesión del balón

Para los criterios número de botes, pases, recepciones y jugadores que obtienen la posesión del balón, los resultados revelaron diferencias estadísticamente significativas en las categorías "de 1-4 botes", "de 5-9 botes", "de 3-4 pases", "ninguna recepción", "de 3-4 recepciones", "sólo un jugador obtiene la posesión del balón" y "tres jugadores obtienen la posesión del balón". Las diferencias no fueron estadísticamente significativas en el resto de categorías (Tabla 3). Los participantes realizaron un mayor número de veces de 1-4 botes con el balón reglamentario en comparación con el balón de 440 g ($U = 227496$, $p = .010$), pero los resultados fueron similares al comparar el balón reglamentario con el de 540 g ($U = 252672$, $p = .315$) y al comparar el balón de 440 g y el de 540 g ($U = 223344$, $p = .115$).

Los participantes utilizaron el bote de 5-9 veces en menos posesiones con el balón reglamentario en comparación con el balón de 440 g ($U = 225304$, $p = .002$) y el de 540 g

(U = 246368, p = .034), pero los resultados fueron similares al comparar el balón de 440 g y el de 540 g (U = 226886, p = .344).

También se evidención que los participantes realizaron de 3-4 pases en más ocasiones con el balón de 440 g en comparación con el reglamentario (9.3%, U = 220312, p = .000) y el balón de 540 g (5.7%, U = 219098, p = .009), pero los resultados fueron similares al comparar el balón reglamentario con el de 540 g (U = 520960, p = .058).

Resepcto a la recepción, los participantes realizaron en menos ocasiones ninguna recepción con el balón de 440 g en comparación con el reglamentario (6.4%, U = 227520, p = .012), pero los resultados fueron similares al comparar el balón de 440 g con el de 540 g (U = 227370, p = .394) y al comparar el balón reglamentario con el de 540 g (U = 248208, p = .093). Para las recepciones, los participantes realizaron en más ocasiones de 3-4 recepciones con el balón de 440 g en comparación con el reglamentario (9.2%, U = 220552, p = .000) y el balón de 540 g (5.1% U = 220418, p = .014), pero los resultados fueron similares al comparar el balón reglamentario con el de 540 g (U = 520960, p = .058).

En un menor número de ocasiones sólo un jugador obtuvo la posesión con el balón de 440 g en comparación con el reglamentario (6.3%, U = 227584, p = .012), pero los resultados fueron similares al comparar el balón de 440 g con el de 540 g (U = 228536, p = .509) y al comparar el balón reglamentario con el de 540 g (U = 246976, p = .059). La posesiones en las que tres jugadores obtuvieron el balón fueron mayores con el de 440 g en comparación con el reglamentario (6.3%, U = 227728, p = .009) y el de 540 g (4.9%, U = 221012, p = .045), pero los resultados fueron similares al comparar el balón reglamentario con el de 540 g (U = 255520, p = .546).

		Balón 440 g		Balón reglam.		Balón 540 g		p
		n	%	n	%	n	%	
Nº botes	Sin bote	163	24.7	206	28.0	166	23.6	.136
	1-4 botes	177	26.8	244	33.2	216	30.7	.036
	5-9 botes	202	30.6	172	23.4	199	28.3	.008
	Más de 9 botes	118	17.9	114	15.5	123	17.5	.437
Nº pases	Sin pases	187	28.3	241	32.7	204	29.0	.146
	1-2 pases	304	46.1	359	48.8	345	49.0	.483
	3-4 pases	151	22.9	100	13.6	121	17.2	.000
	Más de 4 pases	18	2.7	36	4.9	34	4.8	.077
Nº recepciones	Sin recepción	195	29.5	264	35.9	223	31.7	.036
	1-2 recepciones	311	47.1	356	48.4	343	48.7	.826
	3-4 recepciones	136	20.6	84	11.4	109	15.5	.000
	Más de 4 recepciones	18	2.7	32	4.3	29	4.1	.235
Nº jugadores obtienen balón	Un jugador	188	28.5	256	34.8	212	30.1	.030
	Dos jugadores	184	27.9	227	30.8	232	33.0	.125
	Tres jugadores	199	30.2	176	23.9	178	25.3	.023
	Cuatro jugadores	78	11.8	68	9.2	74	10.5	.291
	Cinco jugadores	11	1.7	9	1.2	8	1.1	.659

Tabla 3. Análisis descriptivo y diferencias significativas de las variables dependientes número de botes, pases, recepciones y jugadores que obtienen la posesión del balón.

Al jugar con el balón de 440 g, a medida que aumentó el número de botes aumentó también el número de posesiones de balón en las que esto ocurrió, hasta la categoría de más de nueve botes. Por el contrario, con el balón reglamentario y con el de 540 g, a medida que aumentó el número de botes disminuyó el número de posesiones en las que esto sucedió. Esto pudo deberse al carácter de desestructuración predominante en las posesiones de balón al jugar con el balón de 440 g, como así indicó la correlación con el intervalo de cinco a más de nueve botes ($p \leq .001$).

El hecho de que con el balón de 540 g se efectuaran un número intermedio de botes, con respecto al balón de menor masa y al reglamentario, parece no responder a ninguna lógica. Sin embargo, si se atiende a que con este balón predominaron las posesiones de balón posicionales, esto parece que obligó a los jugadores a tener que utilizar el bote como un recurso de apoyo al pase como confirmaron las correlaciones entre el número de pases y botes ($\rho = .621$, $p = .000$) y el número de botes y las posesiones posicionales ($\chi2 = 320,106$, $p = .000$).

Con respecto al número de pases, al jugar con los tres balones los porcentajes más elevados se presentaron para las categorías de cero a dos pases. Sin embargo, con el balón de menor masa se desarrollaron un menor número de posesiones de balón en las que se realizó el menor número de pases. Este efecto, con el balón de 440 g pareció deberse a un número mayor de jugadores diferentes en la participación con el balón, como así confirmaron las correlaciones entre el intervalo de dos a cuatro pases con respecto a tres ($p \leq .001$), cuatro ($p \leq .001$) y cinco jugadores ($p \leq .05$).

En general, con los tres balones, a medida que aumentó el número de pases, se redujo el número de posesiones en las que esto ocurrió. Esta tendencia fue similar a la observada por Arias et al. (2009a) y Piñar (2005). No obstante, la reducción del número de pases fue menos acentuada cuando se jugó con el balón de menor masa.

Al jugar con el balón de 540 g y el reglamentario se encontró un mayor porcentaje de posesiones de balón para la categoría de más de cuatro pases. Aunque este dato no aportó diferencias estadísticamente significativas con respecto al balón de 440 g, resultó significativo en la relación analizada para entender la dinámica de juego. La explicación de este resultado radicaría en que al jugar con los balones de 540 g y el reglamentario, los pases se focalizaron sobre uno ($p \leq .001$) o dos jugadores ($p \leq .001$), como así demostraron los resultados de las correlaciones entre el número de pases y los jugadores que obtuvieron la posesión del balón.

Para el número de recepciones, se pudieron observar los mismos patrones de resultados que ocurrieron con respecto al número de pases. Sin embargo, con todos los balones los porcentajes disminuyeron para las categorías en las que se realizó alguna recepción, entre el 0.3% y el 2.3%. La excepción ocurrió para las categorías de una a dos recepciones y más de cuatro recepciones con el balón de 440 g. A partir de estos resultados se pueden argumentar tres aspectos muy relevantes. En primer lugar, se comprobó que no todos los pases permitían la correspondiente recepción. En segundo lugar, con el balón reglamentario y el de 540 g y para la categoría de una a dos recepciones, no todos los pases permitieron una recepción. Mientras que para esta categoría, con el balón de 440 g, se encontró un 1% más de posesiones de balón en las que existió de una a dos recepciones y ningún pase. No obstante, este hecho puede explicarse razonadamente si se realiza una interpretación en profundidad y se atiende a lo que en el sistema de categorías se consideró por pase. Parece lógico pensar que con el balón de 440 g se produjeron lanzamientos del balón hacia compañeros que no llevaron la dirección, el sentido y la fuerza necesaria para llegar a la altura del receptor, desde la cintura hasta la parte superior de la cabeza, considerando los brazos extendidos y sin embargo, los compañeros sí consiguieron recibir el balón. En tercer lugar, con el balón de 440 g para la categoría de más de cuatro recepciones, se obtuvo el mismo porcentaje con respecto al número de pases para esta categoría.

A partir de los datos razonados previamente, parece que la causa de estos resultados podría recaer en el hecho de que la disminución de la masa del balón facilitase su recepción. Al ser el balón más fácil de manejar, parece que el receptor pudo adoptar estrategias para recibir balones que provenían de pases con una inadecuada dirección, sentido y fuerza, que llegaban al receptor fuera de su alcance natural. Según Strohmeyer, Williams y Schaub-George (1991) los balones lanzados sobre el cuerpo conllevan un ahorro en el nivel de demanda en comparación con aquellos lanzados sobre la cabeza o a los lados, pero cuando la tarea se facilita, igualmente disminuye la demanda (Chen, Rovegno, Todorovich y Babiarz, 2003; Strohmeyer et al., 1991). En este sentido, varios estudios realizados en condiciones de laboratorio encontraron que los balones de menores dimensiones permitían una recepción de superior calidad (Isaacs, 1980).

Según la literatura sobre iniciación al baloncesto (MacPhail, Kirk y Griffin, 2008; Rovegno, Nevett, Brock y Babiarz, 2001), el aumento en el número de recepciones indica una mejora en la habilidad de búsqueda de espacios abiertos sin la presencia de oponentes y un aumento de pases cortos. Esto conllevaría que al jugar con el balón de 440 g el juego se podría haber facilitado y permitido a los participantes atender a aspectos de interpretación del juego.

Ortega et al. (2006b) con equipos de baloncesto en formación, no reportaron diferencias en el número de pases entre ganadores y perdedores, pero los ganadores tendieron a acumular más posesiones de balón en las que se realizaron de cinco a más de 11 pases. Además, los equipos ganadores reportaron un mayor número de posesiones de balón en las que participaron los cinco jugadores (Ortega et al., 2006b; Ortega et al., 2007). Piñar (2005) en minibásquet masculino, encontró que en el 84.4% de las posesiones de balón se produjeron de ninguno a dos pases y en minibásquet femenino esto ocurrió en el 89.4% de las posesiones de balón. En ese mismo estudio, tras incluir una serie de modificaciones, no se observó ningún incremento en el número de pases, pero al reducirse el número de jugadores se encontró una relación superior de pases por jugador. Arias et al. (2009a) para niñas, observaron que en el 95.7% de las posesiones de balón sólo se realizaron de ninguno a tres pases. También Arias et al. (2009a), tras definir el perímetro de la zona restringida como línea de tres puntos, obtuvieron una reducción próxima al 2% en las posesiones en las que se efectuaron hasta tres pases.

En comparación con los resultados obtenidos en el presente trabajo, los datos al jugar con el balón reglamentario parecen aproximarse a los encontrados por Piñar (2005) y en menor medida a los reportados por Arias et al. (2009a). Sin embargo, a diferencia de estos estudios, al jugar con el balón de 440 g disminuyó el número de posesiones en las que se realizaron de ninguno a dos pases al 74%, lo que supone un 26% de posesiones de balón en las que se efectuaron más de tres pases.

Con respecto al número de jugadores que obtuvo la posesión del balón, con los tres balones los mayores porcentajes se encontraron en las categorías de uno o dos jugadores y a medida que aumentó el número de jugadores disminuyó el porcentaje de posesiones en las que esto ocurrió. Este resultado fue similar al que reportaron Arias et al. (2009a) y Piñar (2005). No obstante, con el balón de 440 g la participación de uno y/o dos jugadores con balón fue menor, mientras que la de tres y/o cuatro jugadores fue mayor, con respecto a los balones de mayor masa. Los resultados con el balón de 440 g también fueron menores para la categoría de uno y/o dos jugadores (56.4% vs. 67.9-72.4%) y mayores para la categoría de tres y/o cuatro jugadores (42% vs. 27.2-31.3%), en comparación con los resultados que obtuvieron Arias et al. (2009a).

Este hecho parece explicarse porque con el balón de 440 g, durante los ataques posicionales, participaron en mayor proporción tres y cuatro jugadores en contacto con el balón, como así demostraron las correlaciones entre las posesiones posicionales y la obtención de la posesión del balón de tres (χ^2 = 34,630, g.l. = 1, p = .000) y cuatro jugadores (χ^2 = 104,627, g.l. = 1, p = .000). Sin embargo, con el balón reglamentario y el de 540 g, el juego en las posesiones posicionales se focalizó en uno o dos jugadores. Así, con el balón de 440 g se favorecieron las transiciones en las que participaron uno y dos jugadores, mientras que esto ocurrió en mayor proporción en el ataque posicional para los balones de mayor masa. Este hecho parece que pudo estar propiciado por la facilitación en el juego que habría posibilitado el balón de menor masa. Desde un punto de vista cualitativo, el balón de 440 g permitiría la realización de pases más rápidos y continuos, disminuyendo las exigencias a la hora de decidir a quién, cuándo y cómo realizarlos.

La baja posesión del balón de los niños se debe fundamentalmente a un bajo nivel de habilidad. Sin embargo, cuando la participación con balón es muy reducida y se produce constantemente, esta se puede achacar a unas condiciones de práctica poco adecuadas a las características de los jugadores. En este sentido, parece que las condiciones que propicia el balón de menor masa podrían ser más adecuadas para que un mayor número de jugadores obtuvieran la posesión del balón.

La disminución del número de botes y el aumento del número de pases, recepciones y jugadores que obtienen el balón posibilitan estilos de juego más dinámicos. Estos estilos provocan mejoras en el juego del equipo y en las experiencias de los jugadores. A nivel del equipo, se facilita que se generen desajustes en la defensa y por tanto que aumenten las opciones de tiro y enceste. A nivel de las experiencias de los jugadores, se favorece que un mayor número de ellos obtengan, en más ocasiones, experiencias de juego en posesión del balón y no restrinjan sus actuaciones sólo a la realización de acciones defensivas y/o sin la posesión del balón. De esta forma no se limita, de antemano, la formación de los jugadores.

En resumen, estos resultados sugieren que con los balones modificados aumentó el número de botes, pero con el balón de menor masa aumentó el número de pases, recepciones y jugadores que obtuvieron la posesión del balón. Este hecho evidenció una mayor tendencia a la focalización del juego en uno o dos jugadores con los balones de mayor masa con respecto al balón de menor masa.

Forma de finalizar la posesión de balón, tiros realizados y canastas conseguidas

Para este conjunto de criterios, los resultados revelaron diferencias estadísticamente significativas en las categorías "tiro que llega al aro", "tiro que no llega al aro", "error del ataque", "no se tira", "tiro de un punto", "tiro de dos puntos", "canastas de un punto" y "canastas de tres puntos". Las diferencias no fueron estadísticamente significativas en el resto de categorías (Tabla 4).

Un mayor numero de posesiones de balón finalizaron con un tiro que llegó al aro con el balón de 440 g en comparación con el reglamentario (10.8%; U = 216818, p = .000) y el de 540 g (11.7%; U = 205282, p = .000), pero los resultados fueron similares al comparar el balón reglamentario con el de 540 g (U = 256720, p = .730). Con el balón de 440 g se realizaron un menor número tiros que no llegaron al aro en comparación con el reglamentario (3.7%; U = 234346, p = .038) y el de 540 g (4.3%; U = 222794, p = .018), pero los resultados fueron similares al comparar el balón reglamentario con el de 540 g (U = 257552, p = .742).

Un menor numero de posesiones de balón finalizaron con un error del ataque con el balón de 440 g en comparación con el de 540 g (7.7%; U = 214390, p = .001), pero los resultados fueron similares al comparar el balón reglamentario con el de 440 g (U = 233390, p = .066) y el de 540 g (U = 249200, p = .087). Con el balón de 440 g, los participantes no tiraron a canasta en un menor número de posesiones en comparación con el balón reglamentario (7.3%, U = 225352, p = .003) y el de 540 g (7.6%, U = 214808, p = .002), pero los resultados fueron similares al comparar el balón reglamentario con el de 540 g (U = 258240, p = .896). Un menor número de tiros fueron de un punto con el balón de 540 g en comparación con el reglamentario (6.3%, U = 242736, p = .000) y el de 440 g (3.9%, U = 223322, p = .017), pero los resultados fueron similares al comparar el balón de 440 g con el reglamentario (U = 236972, p = .181). Un mayor número de tiros fueron de dos puntos con el balón de 440 g en comparación con el reglamentario (2.6%, U = 225760, p = .009), pero los resultados fueron similares al comparar el balón de 540 g con el de de 440 g (U = 224180, p = .196) y el reglamentario (U = 249888, p = .179).

Un mayor número de canastas fueron de un punto con el balón de 440 g en comparación con el de 540 g (2,9%, U = 225434, p = .012), pero los resultados fueron similares al comparar el balón reglamentario con el de 440 g (U = 239596, p = .281) y el de 540 g (U = 254896, p = .135). Un mayor número de canastas fueron de tres punto con el balón de 440 g en comparación con el reglamentario (1.6%, U = 239112, p = .05) y el de 540 g (1.6%, U = 228558, p = .048), pero los resultados fueron similares al comparar el balón reglamentario con el de 540 g (U = 258896, p = .918).

		Balón 440 g		Balón reglam.		Balón 540 g		p
		n	%	n	%	n	%	
Forma de finalización	Tiro que llega al aro	434	65.8	405	55.0	381	54.1	.000
	Tiro que no llega al aro	62	9.4	95	12.9	95	13.5	.043
	Error del ataque	115	17.4	157	21.3	177	25.1	.002
	Error de la defensa	39	5.9	70	9.5	43	6.1	.073
	Decisión arbitral	10	1.5	9	1.2	8	1.1	.811
Tiros realizados	No se tira	164	24.8	236	32.1	228	32.4	.003
	1 punto	79	12.0	106	14.4	57	8.1	.001
	2 puntos	355	53.8	344	46.7	354	50.3	.031
	3 puntos	62	9.4	50	6.8	65	9.2	.140
Canastas conseguidas	No se encesta	278	42.1	312	42.4	302	32.1	.957
	1 punto	43	6.5	38	5.2	25	3.6	.043
	2 puntos	154	23.3	138	18.8	138	19.6	.083
	3 puntos	21	3.2	12	1.6	11	1.6	.05

Tabla 4. Análisis descriptivo y diferencias significativas de las variables dependientes formas de finalización, tiros realizados y canastas conseguidas.

Los resultados relativos a la forma de finalización indicaron que con el balón de menor masa se consiguió facilitar el juego, ya que disminuyeron las acciones negativas y aumentaron las posesiones de balón que finalizaron con tiro. Además, posibilitó que un mayor número de esos tiros llegaran a la canasta, lo cual a estas edades ya supone un logro bastante importante. Este resultado sugiere que la disminución de la masa del balón contribuyó en cierto grado, a reducir las exigencias del juego y con ello a que los jugadores se liberaran de atender a aspectos relacionados con el manejo del balón y pudieran atender a aspectos de interpretación del juego.

Con el balón de 440 g se obtuvo un mayor porcentaje de posesiones de balón que finalizaron en tiro con respecto al 56.3% que encontraron Arias, Argudo, y Alonso (2011) con niñas, el 24.1% de Piñar (2005) para niñas y el 24% de Piñar (2005) para niños. Por el contrario, para los tiros que no llegaron al aro se encontró un menor porcentaje con respecto al 13.1% reportado por Arias et al. (2011). Arias et al., encontraron que un 32.5% de las posesiones de balón finalizaron en error del ataque, mientras que Piñar encontró valores inferiores en minibásquet femenino (16.3%) y masculino (11.9%). En el presente estudio este porcentaje con el balón de 440 g (17.4%) fue inferior al reportado por Arias et al. (2011) y superior a los de Piñar (2005).

Con respecto al tiro, el hecho de que al jugar con el balón reglamentario se produjeran un menor número de dos puntos, se pudo deber a un menor número de posesiones de balón desarrolladas mediante tiro tras rebote de ataque. Esto sucedió fundamentalmente por el aumento de un mayor número de tiros libres, a causa de un incremento en el porcentaje de faltas personales de la defensa.

El aumento de tiros de uno y dos puntos con el balón de 440 g se pudo deber al incremento de las situaciones en las que se conseguía canasta de dos puntos más tiro libre adicional. El hecho de que con el balón de 540 g se tiraran menos lanzamientos de un punto, con respecto a los otros dos balones, se debió al menor número de faltas personales en esta situación. Ésta sería la causa por la que aumentó el número de tiros de dos puntos con respecto al balón reglamentario y disminuyó con respecto al balón de 440 g. Además, estas relaciones parece que estuvieron condicionadas por las diferencias en el número de tiros entre el balón de 440 g y los otros dos.

Si se atiende a la relación entre el número de tiros realizados y de canastas conseguidas, por medio del porcentaje de eficacia, se obtiene otro dato bastante significativo. Para los tiros de un punto, con el balón de 440 g se obtuvo un porcentaje de eficacia del 54.16%, con el balón reglamentario éste fue del 36.11% y para el balón de 540 g del 44.44%. Para los tiros de dos puntos se encontró un 43.31% con el balón de 440 g, un 40.25% con el balón reglamentario y un 38.98% para el balón de 540 g. Para el tiro de tres puntos se volvió a repetir el patrón de eficacia, de manera que, con el balón de 440 g se alcanzó una eficacia del 34.04%, con el balón reglamentario ésta fue del 23.52% y con el balón de 540 g del 17.39%. Por lo que en los tiros de dos y tres puntos, a medida que aumentó la masa del balón, disminuyó la eficacia del tiro. Mientras que para los tiros libres no se observó esta relación. Esto pudo deberse diversidad de factores de naturaleza psicológica que influyen en este tiro.

Estos resultados parecen mostrar como con el balón de 440 g aumentó el número de canastas, lo que parece deberse a una disminución de la masa del balón. En este sentido son varios los autores que proponen la reducción de las dimensiones del balón como estrategia para aumentar la efectividad (Haywood, 1978; Isaacs y Karpman, 1981; Juhasz y Wilson, 1982; Miller, 1971; Regimbal et al., 1992; Stinar, 1981). A partir de diferentes trabajos se infiere que la causa de que los niños no consigan encestar con una mayor frecuencia es la ausencia de fuerza (Chase et al., 1994; Del Río, 2000; Miller, 1971) y esta se puede solventar con la disminución de la masa del balón (Del Río, 2000).

Al igual que en los estudios de Arias et al. (2009a) y Piñar (2005), en el presente estudio, a medida que aumentaba la puntuación de los tiros y las canastas, también fue disminuyendo el porcentaje de posesiones en las que ocurrió. No obstante, esta reducción fue menor al jugar con el balón de 440 g.

En comparación con la literatura, con el balón de 440 g se obtuvo un mayor porcentaje de canastas de dos puntos (23.3%), con respecto al 16.5% y al 17.2% que encontraron Arias et al. (2009a) sin modificar y tras modificar la línea de tres puntos para minibásquet femenino, respectivamente. En relación a las canastas de tres puntos, con el balón de 440 g también se obtuvo un porcentaje de posesiones de balón superior (3.2%), al que reportaron Arias et al. (2009a), antes (0.1%) y después (1.2%) de modificar la línea de tres puntos.

Atendiendo al total de canastas con el balón de 440 g, se obtuvo unos porcentajes similares para la categoría de dos (88%) y tres puntos (12%), con respecto a los resultados del estudio de Piñar (2005) para esas mismas categorías de esta variable (87.4% y 12.6%) en minibásquet tres contra tres masculino. Sin embargo, los resultados del presente estudio fueron inferiores para las canastas de dos puntos y superiores para las canastas de tres puntos, en comparación a los que obtuvo Piñar (2005) para estas categorías en la modalidad de tres contra tres femenina (97.1% y 2.9%).

Según Arias et al. (2009a) y Piñar (2005), en esta etapa los niños deberían tener éxito de manera frecuente, puesto que las canastas encestadas producen satisfacción en el jugador y son concebidas como una experiencia práctica positiva. Por éste motivo, tradicionalmente se asume que el enceste contribuye a aumentar la motivación.

En conclusión, con el balón de menor masa aumentaron los tiros que llegaron a la canasta, los tiros intentados y con éxito de un punto, los intentados de dos puntos y la eficacia de los de tres puntos.

Tipos y distancias de tiro

Para los criterios tipos y distancias de tiro, los resultados revelaron diferencias estadísticamente significativas en las categorías "tiro estándar sin salto" y "tiro en carrera", aunque las diferencias no fueron estadísticamente significativas en el resto de categorías (Tabla 5). Un mayor numero de tiros fueron estándar sin salto, con el balón de 540 g en comparación con el reglamentario (3.8%, U = 249328, p = .003) y el de 440 g (2.3%, U = 227106, p = .05), pero los resultados fueron similares al comparar el balón reglamentario con el de 440 g (U = 239196, p = .273). Un mayor numero de tiros fueron en carrera con el balón de 440 g en comparación con el reglamentario (5.68%, U = 227906, p = .010) y el de 540 g (5.38%, U = 218614, p = .015), pero los resultados fueron similares al comparar el balón reglamentario con el de 540 g (U = 258384, p = .907). Los resultados fueron similares al comparar todos los balones con respecto a las distancias de tiro.

		Balón 440 g		Balón reglam.		Balón 540 g		p
		n	%	n	%	n	%	
Tipo de tiro	Estándar sin salto	42	6.4	58	7.9	29	4.1	.012
	Estándar con salto	242	36.7	252	34.2	267	37.9	.334
	En carrera	203	30.8	181	24.6	175	24.9	.015
	Gancho	9	1.4	9	1.2	5	.7	.470
Distancia de tiro	0-3 m	309	46.8	301	40.9	308	43.8	.084
	3-4 m	32	4.8	26	3.5	28	4.0	.456
	4-5 m	14	2.1	17	2.3	18	2.6	.867
	Más de 5 m	62	9.4	50	6.8	65	9.2	.140

Tabla 5. Análisis descriptivo y diferencias significativas de las variables dependientes tipos y distancias de tiro.

Con el balón de 440 g se obtuvo un mayor porcentaje de tiros en carrera (30.8%), con respecto al 21.3% que reportaron Arias et al. (2011) en minibásquet femenino y con respecto al 27.3% que observaron Ibáñez, Lozano y Martínez (2001), tras analizar 431 tiros en minibásquet mixto. El mayor porcentaje de tiros en carrera con el balón de 440 g pudo deberse, fundamentalmente, a la desestructuración de la defensa al jugar con este balón, lo que favoreció las situaciones de 1 vs. 1 y las progresiones hacia la canasta para tirar desde distancias próximas al aro. Este resultado lo confirmó la correlación con la distancia de tiro de cero a tres metros ($\chi2$ = 196,645, p = .000).

Con el balón reglamentario y con el de 440 g se realizaron un mayor número de tiros estándar sin salto. La justificación de este resultado proviene del mayor número de tiros libres cuando se jugó con los balones de menor masa. En comparación con la literatura, los resultados fueron similares a los mostrados por Ibáñez et al. (2001) para minibásquet mixto (6.5%) y superiores al 3.3% que alcanzaron las niñas analizadas en el estudio de Arias et al. (2011).

El tiro estándar con salto fue el que más se utilizó con los tres balones. Esto pudo deberse a que es el tipo más utilizado habitualmente y la modificación de la masa del balón no supuso un cambio lo suficientemente significativo como para que se modificara este patrón de tiro. Con los tres balones, los porcentajes con respecto a este tipo de tiro fueron similares al 40.5% encontrado por Arias et al. (2011) e inferiores al 52.2% mostrado por Ibáñez et al. (2001) para minibásquet mixto. No obstante, las diferencias con el estudio de Ibáñez et al., se debieron a que su unidad de análisis fue el total de tiros analizados.

El tipo de tiro menos practicado con los tres balones fue el de gancho. Este resultado también coincidió con el encontrado por Arias et al. (2011) en minibásquet femenino (1%). Habitualmente este tiro se indica para posiciones próximas a la canasta y con los defensores muy cercanos, ya que se utiliza para proteger el balón. Por lo que este tiro requiere un dominio elevado de esta acción ante situaciones con un grado de oposición elevado.

La variabilidad obtenida para cada balón fue similar en términos porcentuales, puesto que la diferencia máxima entre los tipos de tiro, fue del 13.2% para el balón reglamentario, del 14.2% para el balón de 440 g y del 14.9% para el balón de 540 g. Según Arias et al. (2011), Ibáñez et al. (2001) y Piñar (2005) que los jugadores practiquen la variedad de tipos de tiro permite potenciar la creatividad y el conocimiento con respecto a esta habilidad y por ende, contribuye a consolidar las estructuras cognitivo-motrices. Este aspecto es muy importante en la iniciación a un deporte y sobre todo en los deportes en los que hay incertidumbre que proviene de compañeros y adversarios.

Con respecto a las zonas y distancias de tiro, el número realizado desde el interior de la zona restringida fue menor al 81% que encontraron Piñar, Alarcón, Vegas, Carreño y Rodríguez (2002) para minibásquet masculino y al 50.3% de las posesiones de balón en las que se tiró desde la zona restringida según Arias et al. (2011) para minibásquet femenino. En cambio, fue mayor al 69.5% observado por Piñar et al. (2003) para minibásquet masculino y al 68.4% y 71.6% obtenidos por Piñar (2005) para minibásquet masculino y femenino, respectivamente. Diferentes estudios que analizaron la distancia de tiro en baloncesto, mostraron que la mayoría se realizaron desde la zona restringida (Cruz y Tavares, 1998).

Según la literatura consultada sobre baloncesto de formación (Liu y Burton, 1999; Miller y Bartlett, 1996) si aumenta la distancia a la canasta, disminuye la efectividad del tiro. Sin embargo, con el balón de 440 g, el porcentaje de canastas fue del 43.98% desde una distancia de hasta cuatro metros y del 32.89% para una distancia superior a cuatro metros. Con el balón reglamentario, el porcentaje de canastas fue del 41.28% desde una distancia de hasta cuatro metros y del 22.38% para una distancia superior a cuatro metros. Con el balón de 540 g, el porcentaje de canastas fue del 38.09% desde una distancia de hasta cuatro metros y del 22.89% para una distancia superior a cuatro metros. Por lo que, con el balón de 440 g la eficacia de los tiros realizados desde una distancia superior a los cuatro metros fue un 10% mayor que al jugar con los balones de mayor masa.

Según diferentes estudios biomecánicos (Elliott, 1992; Miller y Bartlett, 1996) el aumento de la distancia con respecto a la canasta conlleva un aumento en la velocidad de salida del balón. Esto produce que los jugadores con menor nivel de fuerza incrementen su desplazamiento horizontal, para generar la velocidad necesaria que permita que el balón llegue a la canasta (Elliott, 1992; Liu y Burton, 1999; Miller y Bartlett, 1996). A la vez, este hecho conduce a que disminuya el ángulo y la altura de salida del balón (Elliott, 1992; Miller y Bartlett, 1996). De manera que un aumento de la velocidad y una disminución del ángulo y la altura de salida del balón reducen los márgenes de error en el tiro. Sin embargo, al ser el balón de 440 g puede ser que esto exigiera menores niveles de fuerza para realizar el tiro desde una distancia superior a cuatro metros.

En resumen, los resultados mostraron como con el balón de menor masa aumentaron los tiros en carrera y la eficacia de los tiros realizados desde una distancia superior a cuatro metros, aunque con los tres balones los tiros desde fuera de la zona restringida y a una distancia superior a cuatro metros fueron escasos.

CONCLUSIONES Y PROPUESTAS DE FUTURO

En conclusión, al comparar los balones modificados con respecto al reglamentario se obtuvo lo siguiente:

Cuando los participantes jugaron con el balón de menor masa con respecto al reglamentario, se observó una tendencia a la disminución de la frecuencia de posesiones de balón donde: (a) las posesiones de balón fueron posicionales; (b) se realizaban de uno a cuatro botes; (c) no se realizaba ninguna recepción; (d) sólo un jugador obtenía la posesión del balón; (e) no se realizaba ninguna situación de 1 vs. 1; (f) no se tiraba a canasta; y (g) los tiros no llegaban a la canasta.

Cuando los participantes jugaron con el balón de menor masa con respecto al reglamentario, se observó una tendencia al aumento de la frecuencia de posesiones de balón donde: (a) se realizaban de cinco a nueve botes y de tres a cuatro pases y recepciones; (b) tres jugadores obtenían la posesión del balón; (c) se realizaba una y más situaciones de 1 vs. 1; (d) se tiraba a canasta; (e) los tiros eran de dos puntos; (f) se encestaba de tres puntos; (g) se utilizaba el tiro en carrera; y (h) la eficacia del tiro realizado desde una distancia superior a cuatro metros aumentó un 10%.

Cuando los participantes jugaron con el balón de mayor masa con respecto al reglamentario, se observó una tendencia a la disminución de la frecuencia de posesiones de balón donde: (a) se practicaba el tiro libre; (b) no se realizaban situaciones de 1 vs. 1; y (c) se realizaban tiros estándar sin salto.

Cuando los participantes jugaron con el balón de mayor masa con respecto al reglamentario, se observó una tendencia al aumento de la frecuencia de posesiones de balón donde se realizaban de cinco a nueve botes y de tres a cuatro recepciones.

En función del objetivo del estudio y apartir de los resultados, cuando los participantes jugaron con el balón de menor masa con respecto a los de mayor masa (reglamentario y 540 g), se observó una tendencia al aumento de: (a) posesiones de balón dinámicas; (b) botes, pases y recepciones; (c) jugadores que obtuvieron la posesión de balón; (d) situaciones de 1 vs. 1; (e) tiros de uno y dos puntos; (f) canastas de uno y tres puntos; y (g) éxito en el tiro realizado desde más de cuatro metros.

Atendiendo a estas conclusiones, el juego con el balón de menor masa parece más adaptado a las necesidades y posibilidades de los jóvenes jugadores de baloncesto, sin embargo hay que destacar que este balón no favoreció que disminuyeran el número de botes en las posesiones de balón posicionales y que aumentaran el número de pases y recepciones, los jugadores que obtuvieron la posesión del balón, los tiros desde el exterior de la zona restringida y los tipos de tiros menos practicados a estas edades.

Los resultados de este studio deben ser interpretados con precaución por varios motivos: (a) los participantes sólo fueron niños seleccionados de forma intencionada; (b) el número de partidos jugados con cada balón fue reducido; (c) los enfrentamientos se podrían haber organizado para que todos los equipos se enfrentaran entre ellos sin repetir rivales; (d) no se aportaron características relevantes sobre los participantes (i.e., características antrpométricas, edad biológica, fuerza, grado de experiencia, conocimiento sobre el deporte, etc.); (e) no se controlaron posibles variables contaminantes, como la alimentación, nutrición de los participantes y las horas de descanso antes de los partidos jugados; y (f) aunque se encontraron diferencias estadísticamente significativas, éstas no fueron significativas en términos prácticos.

Tras la ejecución del presente trabajo y la obtención de los resultados, se presentan una serie de propuestas de futuro que se podrían considerar en esta línea:

> Estudiar el efecto del balón de 440 g con un mayor número de participantes, participantes de otro sexo y mayor cantidad de partidos, para comprobar si se corroboran los resultados y si se cumplen las tendencias observadas en este trabajo.
>
> Estudiar el efecto de las modificaciones analizadas en este trabajo mediante un test de tiro, con el fin de comprobar si se corresponden los resultados y conocer las diferencias entre el juego real y las condiciones de laboratorio.
>
> Evaluar las acciones motrices de los jugadores sin balón del equipo en posesión del balón y del equipo sin posesión del balón.
>
> Analizar el juego mediante instrumentos de observación y procedimientos que provienen de enfoques basadoso en la enseñanza comprensiva, como el "Team Sport Performance Assessment Procedure y el "Game Performance Assessment Instrument". Puesto que estos instrumentos permiten evaluar el rendimiento en el juego atendiendo a varios componentes de éste.
>
> Valorar la influencia de las modificaciones introducidas mediante parámetros de tipo psicológico y fisiológico.
>
> Analizar la modificación de la masa del balón con niños sin experiencia en minibásquet, ni en baloncesto, así como en las clases de Educación Física.

BIBLIOGRAFÍA

ASEP. (1996). *Coaching youth basketball*. Champaign: Human kinetics.

Anguera, M.T. (2003). La observación. En C. Moreno Rosset (Ed.), *Evaluación psicológica. Concepto, proceso y aplicación en las áreas del desarrollo y de la inteligencia* (pp. 271-308). Madrid: Sanz y Torres.

Anguera, M.T. y Blanco, A. (2003). Registro y codificación en el comportamiento deportivo. En A. Hernández Mendo (Coord.), *Psicología del deporte. Metodología* (pp. 6-34). Buenos Aires: Efdeportes.

Anguera, M.T., Blanco, A., y Losada, J.L. (2001). Diseños observacionales, cuestión clave en el proceso de la metodología observacional. *Metodología de las Ciencias del Comportamiento, 3*(2), 135-160.

Arias, J.L., Argudo, F.M. y Alonso, J.I. (2008). La inclusión de la línea de tres puntos en minibasket. *Revista Internacional de Ciencias del Deporte, 4*(13), 54-68.

Arias, J. L., Argudo, F. M. y Alonso, J. I. (2009a). Effect of the three-point line change on the game dynamics in girls' mini-basketball. *Research Quarterly for Exercise and Sport, 8*(3), 502-509.

Arias, J.L., Argudo, F.M. y Alonso, J.I. (2009b). Efecto de dos modelos de la línea de tres puntos sobre variables relacionadas con la acción de juego en minibasket femenino. *Retos. Nuevas tendencias en Educación Física, Deporte y Recreación, 16*, 111-114.

Arias, J.L., Argudo, F.M. y Alonso, J.I. (2011).Effect of two different forms of three-point line on game actions in girls' mini-basketball. *South African Journal for Research in Sport, Physical Education and Recreation, 33*(1), 9-23.

Burton, A.W., Greer, N.L. y Wiese, D.M. (1992). Changes in overhand throwing patterns as a function of ball size. *Pediatric Exercise Science, 4*, 50-67.

Burton, A. y Welch, B. (1990). Dribbling performance in first-grade children: effect of ball and hand size and ball-size preferences. *The Physical Educator, 47*(1), 48-52.

Cañadas, M. e Ibáñez, S.J. (2010). La planificación de los contenidos de entrenamiento de baloncesto en equipos de iniciación. *E-balonmano.com: Revista de Ciencias del Deporte, 6*(1), 49-65.

Cárdenas, D. y Pintor, D. (2001). La iniciación al baloncesto en el medio escolar. En F. Ruiz, A. García y A. J. Casimiro (Eds.), *La iniciación deportiva basada en los deportes colectivos. Nuevas tendencias metodológicas* (pp. 105-143). Madrid: Gymnos.

Cárdenas, D., Piñar, M.I. y Baquero, C. (2001). Minibasket: ¿un deporte adaptado a los niños? *Clinic: Revista Técnica de Baloncesto, 55*, 4-11.

Carrillo, A. (1997). Buscando un nuevo minibasket. *Clinic: Revista Técnica de Baloncesto, 37*, 18-21.

Carrillo, A. y Rodríguez, J. (2004). *El básquet a su medida. Escuela de básquet de 6 a 8 años*. Madrid: Inde.

Chase, M.A., Ewing, M.E., Lirgg, C.D. y George, T.R. (1994). The effects of equipment modification on children's self-efficacy and basketball shooting performance. *Research Quarterly for Exercise and Sport, 65*(2), 159-168.

Chen, W., Rovegno, I., Todorovich, J. y Babiarz, M. (2003). Third grade children's movement responses to dribbling tasks presented by accomplished teachers. *Journal of Teaching in Physical Education, 22*, 450-466.

Cruz, J. y Tavares, F. (1998). Notational analysis of the offensive patterns in cadets basketball teams. En M. Hughes y F. Tavares (Eds.), *IV World Congress of Notational Analysis of Sport* (pp. 112-129). Porto: FCDEF-UP.

Del Río, J.A. (2000). *Metodología del baloncesto* (5ª ed.). Barcelona: Paidotribo.

Elliott, B. (1992). A kinematic comparison of the male and female two-point and three-point jump shots in basketball. *Australian Journal of Science and Medicine in Sport, 24*(4), 111-117.

Gabbard, C.P. y Shea, C.H. (1980). Effects of varied goal height practice on basketball foul shooting performance. *Coach and Athlete, 42*, 10-11.

Hanlon, T. (2005). *Absolute beginner's guide to coaching youth basketball*. Indianapolis: Alpha Books Que.

Haywood, K.M. (1978). *Children's basketball performance with regulation and junior-sized baskets*. St. Louis: University of Missouri.

Ibáñez, S.J. (2002). Los contenidos de enseñanza del baloncesto en las categorías de formación. En S.J. Ibáñez y M.M. Macias (Eds.), *Novos Horizontes para o Treino do Basquetebol* (pp.111-135). Lisboa: Ediçoes FMH.

Ibáñez, S., Lozano, A. y Martínez, B. (2001). Análisis del tiro a canasta en función del tiro y valor de los lanzamientos, género y nivel de los jugadores. En F. Tavares, R. A. Janeira, A. Graça, D. Pintor y E. Brandao (Eds.), *Actas do Seminario Estudios Universitarios em Basquetebol. Tendencias actuais da investigaçao em basquetebol* (pp. 159-172). Porto: Universidad do Porto.

Isaacs, L.D. (1980). Effects of ball size, ball color, and preferred color on catching by young children. *Perceptual and Motor Skills, 51*, 583-586.

Isaacs, L.D. y Karpman, M.B. (1981). Factors effecting children's basketball shooting performance: a log-linear analysis. *Carnegie School of Physical Education and Human Movement, 1*, 29-32.

Juhasz, M. y Wilson, B.D. (1982). Effect of ball size on shooting characteristics of junior basketballers in comparison to adults. *Australian Journal of Sport Sciences, 2*(2), 16-20.

Liu, S. y Burton, A.W. (1999). Changes in basketball shooting patterns as a function of distance. *Perceptual and Motor Skill, 89*, 831-845.

MacPhail, A., Kirk, D. y Griffin, L. (2008). Throwing and catching as relational skills in game play: situated learning in a modified game unit. *Journal of Teaching in Physical Education, 27*(1), 100-115.

McKay, L.L. y Halliday, N.E. (1997). Adjustments in basket height and free throw distance for fourth grade children. *Research Quarterly for Exercise & Sport, 68*(Suppl. 1), 18.

Miller, C.R. (1971). *The effect of the size of the ball and the height of the basket on the learning of selected basketball skills by fifth grade boys*. Tesis Doctoral no publicada. Springfield: Springfield College.

Miller, S. y Bartlett, R. (1996). The relationship between basketball shooting kinematics, distance and playing position. *Journal of Sports Sciences, 14*, 243-253.

Mitjana, J.C. (1999). Nuevo reglamento de minibasket. *Clinic: Revista Técnica de Baloncesto, 47*, 14-15.

Mitjana, J.C. (2007). Propuesta de un nuevo reglamento de minibasket. *Clinic: Revista Técnica de Baloncesto, 76*, 36-41.

Ortega, E., Cárdenas, D., Sainz de Baranda, P. y Palao, J.M. (2006a). Differences in competitive participation according to player`s position in formative basketball. *Journal of Human Movement Studies, 50*, 103-122.

Ortega, E., Cárdenas, D., Sainz de Baranda, P. y Palao, J.M. (2006b). Differences between winning and losing teams in youth basketball games (14-16 years old). *International Journal of Applied Sports Sciences, 18*(2), 1-11.

Ortega, E., Palao, J.M., Gómez, M.A., Lorenzo, A., y Cárdenas, D. (2007). Analysis of the efficacy of possessions in boys' 16-and-under basketball teams: differences between winning and losing teams. *Perceptual and Motor Skills, 104*, 961-964.

Palao, J. M., Ortega, E. y Olmedilla, A. (2004). Technical and tactical preferences among basketball players in formative years. *Iberian Congress on Basketball Research, 4*, 38-41.

Parlebas, P. (2001). *Juegos, deporte y sociedad. Léxico de praxiología motriz*. Barcelona: Paidotribo.

Payne, V.G. (1985). Effects of object size and experimental design on object reception by children in the first grade. *Journal of Human Movement Studies, 11*, 1-9.

Pellett, T.L., Henschel-Pellett, H.A. y Harrison, J.M. (1994). Influence of ball weight on junior high-school girls' volleyball performance. *Perceptual and Motor Skills, 78*, 1379-1384.

Piñar, M.I. (2005). *Incidencia del cambio de un conjunto de reglas de juego sobre algunas de las variables que determinan el proceso de formación de los jugadores de minibasket (9-11 años)*. Granada: Universidad de Granada.

Piñar, M.I., Alarcón, F., Palao, J.M., Vegas, A., Miranda, M.T. y Cárdenas, D. (2003). Análisis del lanzamiento en el baloncesto de iniciación. En A. Oña y A. Bilbao (Eds.), *Libro de Actas del II Congreso Mundial de Ciencias de la Actividad Física y el Deporte*. Deporte y Calidad de Vida (pp. 202-208). Granada: Editores.

Piñar, M.I., Alarcón, F., Vegas, A., Carreño, F. y Rodríguez, D. (2002). Posiciones y distancias de lanzamiento durante la competición en minibasket. En A. Díaz, P. L. Rodríguez y J. A. Moreno (Coords.), *Actas del III Congreso Internacional de Educación Física e Interculturalidad*. Murcia: Consejería de Educación y Cultura de la Región de Murcia.

Regimbal, C., Deller, J. y Plimpton, C. (1992). Basketball size as related to children's preference, rated skill and scoring. *Perceptual and Motor Skills, 75*, 867-872.

Rovegno, I., Nevett, M., Brock, S. y Babiarz, M. (2001). Chapter 7. Teaching and learning basic invasion-game tactics in 4th grade: a descriptive study from situated and constraints theoretical perspectives. *Journal of Teaching in Physical Education, 20*, 370-388.

Satern, M.N., Messier, S.P. y Keller-McNulty, S. (1989). The effects of ball size and basket height on the mechanics of the basketball free throw. *Journal of Human Movement Studies, 16*, 123-137.

Stinar, R.A. (1981). *The effects of a modified and regulation basketball equipment on the shooting ability of nine-to-twelve-year-old children*. Thesis Doctoral (unpublished). College Park: University of Maryland.

Strohmeyer, H.S., Williams, K. y Schaub-George, D. (1991). Developmental sequences for catching a small ball: a prelongitudinal screening. *Research Quarterly for Exercise and Sport, 62*(3), 257-266.

Weidner, J.A. (1998). *The effects of a modified ball in developing the volleyball pass and set for high-school students*. Tesis Doctoral no publicada. DeKalb: Northern Illinois University.

CAPÍTULO XVII
METODOLOGÍA DE ENSEÑANZA BASADA EN LA IMPLICACIÓN COGNITIVA DEL JUGADOR DE FÚTBOL BASE[16]

Gustavo Vegas Haro

INTRODUCCIÓN

La investigación que presentamos a continuación surge como consecuencia de mi participación y contacto directo con el entorno del fútbol base, como entrenador de estas categorías y, posteriormente, como agente inmerso en los procesos de formación de los técnicos deportivos en Andalucía. En este contexto, surgió la oportunidad y la preocupación de comenzar una experiencia en la que los procesos formativos y la necesidades de los jugadores trascendieran más allá de los aspectos meramente competitivos y donde los niños y niñas fueran los principales protagonistas de su propio proceso de enseñanza aprendizaje, siendo los entrenadores los mediadores del mismo. En definitiva, la experiencia partía con la intención primordial de trasladar las iniciativas de la enseñanza basada en el protagonismo e implicación cognitiva del alumno propugnadas por los paradigmas educativos basados en la significatividad y constructivismo de los aprendizajes (Ausubel, 2002; Coll, 1994), así como la adaptación al desarrollo perceptivo-motriz y psicológico del que aprende al entorno del fútbol base y a sus procesos de enseñanza aprendizaje (De la Vega, 2002; Garganta y Pinto, 1998; Helsen, Van Winckel y Williams, 2005; Lapresa, Arana, Carazo y Ponce, 1999; Lapresa, Arana, Garzón y Álvarez, 2004; Malina, 2001; Romero, 2005; Stratton, 2001).

Partiendo de esa preocupación primordial, nos propusimos, por un lado, conocer cuáles eran las creencias de los entrenadores de Andalucía en torno a los procesos de enseñanza-aprendizaje en el fútbol base, para posteriormente seleccionar, de entre las escuelas de fútbol de la Diputación Provincial de Málaga disponibles, dos en donde los entrenadores estuvieran en la línea que hemos marcado anteriormente y se mostraran dispuestos al desarrollo de la experiencia que vamos a presentar a continuación. Asimismo, creímos conveniente seleccionar otra escuela, donde el posicionamiento de los entrenadores fuera tradicional y, a partir de ahí describir, a través de diferentes técnicas de recogida de información, aspectos relevantes de los procesos de enseñanza-aprendizaje y de la evolución seguida por los alumnos.

Actuamos en la línea de Salvador y Gallego (2002, p. 158), que afirman que "la mediación hace referencia, en primer lugar, al profesor. Pero, al tener el proceso didáctico una estructura dinámica, cualquier acción del profesor repercute en todos los elementos de la estructura". Igualmente, y en el ámbito específico del fútbol Morris (2000),

---

[16] Vegas Haro, G. Metodología de enseñanza basada en la implicación cognitiva del jugador de fútbol base. (2006). Directores: Cipriano Romero Cerezo y José Pino Ortega. Departamento de Didáctica de la Expresión Corporal, Plástica y Musical. Universidad de Granada.

habla de que uno de los determinantes más importantes en la generación de talento en los futbolistas es el proceso educativo que siguen, puesto que "las actitudes y la acción de los profesores modelan profundamente los sistemas de pensamiento de los alumnos" (Carr y Kurtz, 1989).

En base a lo anterior, los objetivos que pretendemos con nuestra investigación son los que a continuación recogemos:

> Desarrollar un proceso de formación colaborativa para determinar las necesidades de los entrenadores partícipes en la investigación y conocer los resultados de su influencia sobre la formación de los jugadores.
> Analizar la influencia de un proceso de enseñanza basado en la implicación cognitiva del jugador en el conocimiento del juego.
> Conocer la influencia de un proceso de enseñanza-aprendizaje basado en el protagonismo del jugador en el desenvolvimiento en el juego, conociendo la percepción que tienen de los procesos que han seguido.

METODOLOGÍA

Participantes

Los sujetos que configuran la muestra son, por una parte, jugadores de categoría alevín y, por otra, entrenadores con diferentes niveles de formación. La investigación comienza con la detección de las teorías implícitas de los entrenadores, tomando como muestra a 203 de los mismos y de diferentes niveles. En lo que se refiere al desarrollo de la experiencia con jugadores y entrenadores, ésta consta de una muestra compuesta por tres escuelas de fútbol, pertenecientes al programa de escuelas deportivas municipales de la Excelentísima Diputación Provincial de Málaga, durante los cursos escolares 2000/2001 y 2001/2002. En estas escuelas se desarrolla la enseñanza y el aprendizaje, así como la competición en la modalidad de fútbol-7. Dichas escuelas están conformadas por seis entrenadores y 60 jugadores (dos entrenadores y 28 jugadores en las escuelas colaboradoras y cuatro entrenadores y 32 jugadores en la escuela independiente).

La selección de las escuelas colaboradoras responde, además de la voluntariedad de participar en la investigación, a que el perfil de sus entrenadores, conocido a través de un cuestionario de teorías implícitas, es cercano a las propuestas de enseñanza-aprendizaje basadas en la implicación cognitiva del jugador y en la asunción de responsabilidades por parte del mismo (teoría interpretativa o sociocrítica, ver Vegas, Romero y Pino, 2008). En ambos casos, los técnicos responsables de las mismas, además de formación federativa, son Maestros especialistas en Educación Física.

Con el objetivo de cotejar los resultados obtenidos en las escuelas colaboradoras con el progreso realizado por jugadores de otra escuela a lo largo del proceso de investigación, se seleccionó una escuela en la que no hubo ningún tipo de modificación en su labor o modo de actuar cotidiano. Esta escuela también fue seleccionada a partir de los perfiles de entrenadores, el cual respondía al perfil más extendido dentro de los resultados obtenidos a través del cuestionario de teorías implícitas (teoría expresiva, Vegas, Romero y Pino, 2008). De entre los entrenadores de esta escuela, sólo uno posee formación universitaria, mientras que los restantes poseen formación federativa de los antiguos cursos de Nivel I.

Técnicas y Herramientas de recogida de información. Fases de la Investigación

Como punto de partida de nuestra investigación, nos propusimos tener un conocimiento más cercano del contexto en el que se iba a desarrollar la misma, a través del posicionamiento teórico e ideológico de los entrenadores que estaban a cargo de las escuelas que se incluían dentro del citado programa del servicio de deportes de la Diputación de Málaga, lo cual nos iba a proporcionar información acerca de la filosofía de los entrenadores y como la trasladaban al entrenamiento y enseñanza del fútbol base. Igualmente, este proceso, nos iba a facilitar la selección de las escuelas con las que pretendíamos trabajar. Todo esto se hacía a través del cuestionario de teorías implícitas de los entrenadores (Vegas et al., 2000).

En referencia a la recogida de datos referentes a los jugadores, nos ocuparemos, tanto de la actuación de los mismos en el juego, mediante un test de 2 vs. 2 (Vegas, Pino, Romero y Moreno, 2007), esto es de su conocimiento procedimental, así como de su conocimiento declarativo (De La Vega, 2002; Vidaurreta, 2002) mediante cuestionarios de naturaleza cualitativa y cuantitativa. A tal fin, los jugadores reflexionaron mediante una serie de preguntas sobre la actuación que tuvieron en el test de juego de 2 vs. 2, esto a través del cuestionario tras el test de juego de 2 vs. 2, con el cual pretendemos conocer si el jugador es consciente de lo que ha hecho o responde en función de lo que él entiende que debería haber hecho. Igualmente, los jugadores responden a una serie de cuestiones sobre situaciones de juego representadas de forma gráfica (cuestionario de conocimiento técnico-táctico). Por último, con el fin de analizar aspectos tan relevantes como la motivación, concibiéndola como imprescindible en los procesos de enseñanza-aprendizaje y de iniciación deportiva y que por ende, facilita el aprendizaje por el carácter afectivo del mismo (Roberts, 2001; Ommundsen et al., 2003) los jugadores realizaron un cuestionario de percepción del entrenamiento, donde se les preguntó por el nivel de diversión y de aprendizaje durante los mismos.

Estos test y cuestionarios eran realizados o cumplimentados por los jugadores de las escuelas colaboradoras dos veces, una antes del comienzo del proceso de formación colaborativa que seguían los entrenadores y otra después del mismo. Igualmente, los jugadores de la escuela independiente los hacían en el mismo tiempo y número de veces.

Una vez realizada la primera recogida de datos sobre el conocimiento y actuación de los alumnos, así como la valoración que hacen de los entrenamientos que realizan, se comienza el proceso de formación colaborativa (Morcillo, 2004; Vegas, 2006) con los entrenadores de las escuelas colaboradoras. En la primera toma de contacto se plantearon, de forma consensuada, los temas de mayor interés para ellos, en función de las necesidades que emanaban de su práctica. Dichos temas se centraban en la metodología a seguir para aumentar el protagonismo del alumno en el proceso de enseñanza-aprendizaje, así como la programación, diseño y planificación de dicho proceso en el fútbol. Igualmente, los entrenadores mostraron mucha preocupación por la creación de situaciones de enseñanza-aprendizaje.

Se mantuvieron diez reuniones con los entrenadores, las cuales podemos dividir en tres bloques diferentes, como podemos observar en la tabla 1.

Contenidos de las Reuniones del Proceso de Formación Colaborativa		
Reuniones		Contenidos principales
Primer Bloque	1ª	Detección de necesidades, inquietudes, problemas...de los entrenadores participantes en el proceso de formación colaborativa.
Segundo bloque	Actuación Orientada — 2ª	La formación del técnico deportivo. Entrega de Una Unidad Didáctica por parte del investigador.
	3ª	Reunión formativa conforme a los temas tratados en la reunión anterior.
	4ª	Discusión sobre la aplicación de la Unidad Didáctica. Entrega de material bibliográfico y audiovisual.
	5ª	Reunión Formativa sobre los aspectos tratados en la 4ª reunión. Los entrenadores adaptan la Unidad Didáctica empleada
	6ª	Discusión sobre la adaptación que cada entrenador ha hecho de la Unidad Didáctica que se entregó y posteriormente se adaptó
	Actuación Independiente — 7ª	Reunión Formativa sobre los aspectos tratados en la 6ª reunión. Los entrenadores comienzan con el diseño su programación para el resto de la experiencia y lo llevan a cabo.
	8ª	Discusión sobre el diseño elaborado por cada entrenador y su puesta en práctica.
	9ª	Reunión Formativa sobre los aspectos tratados en la 8ª reunión.
Tercer bloque	10ª	Valoración de la Experiencia

Tabla 1. Reuniones del proceso de formación colaborativa

En las reuniones que hemos llamado formativas se analizaba el material entregado y se realizaba una exposición del mismo por parte del investigador, en lo que Giménez (2000) cataloga como una técnica formativa basada en la microenseñanza. Refiriéndonos al segundo bloque de reuniones, diremos que se ha ido avanzando desde una actuación orientada por parte del investigador, a una actuación independiente de los entrenadores, tal y como mostramos en la anterior tabla.

Finalmente, tras el proceso de formación colaborativa, todos los jugadores volvían a realizar el test y cuestionarios en lo que constituía la segunda y última recogida de datos. Intentamos sintetizar este proceso en la figura.

Resultados. Análisis y Discusión

El análisis de resultados ha tenido dos fases, una primera en que analizamos herramienta por herramienta y otra segunda, en la que intentamos, mediante un proceso de triangulación, establecer relaciones entre los resultados obtenidos en cada una de las mismas. Debido a la variedad de técnicas y herramientas recogidas, nos vamos a centrar en los aspectos más relevantes de cada una de ellas.

Test de juego de 2 vs. 2

El proceso de recogida de datos comenzaba con el test de juego de 2 vs. 2, a través del cual pretendíamos acercarnos al conocimiento práctico de los jugadores. De este modo, mediante la adaptación del sistema de categorías utilizado por Ardá (1998) y Ardá y Casal (2003), recogimos información sobre las habilidades técnico-tácticas realizadas por el jugador, atendiendo a su corrección ejecutiva, es decir si la habilidad se ejecutaba correcta o incorrectamente, y a su conveniencia técnico-táctica, o lo que es lo mismo, si esa habilidad era la más adecuada dada la situación de juego. Por tanto, obteníamos un índice de corrección ejecutivo (ICTE) y otro decisional (ICTA). En última instancia pretendíamos obtener un índice de corrección (IC) de dichas habilidades, cuyo valor oscilaría entre 0 (menor índice corrección) y 1 (mayor índice de corrección), atendiendo a la fórmula:

$$IC = \frac{Hábilidades Correctas}{Habilidades Correctas + Habilidades Incorrectas}$$

Las habilidades las agrupábamos en función de los fundamentos del juego a los que atendía, es decir, individuales o grupales, así como en función de la fase de juego a la que pertenecían (Inicio de la acción ofensiva, Construcción y desarrollo ofensivo y Desarrollo defensivo).

Finalmente, reseñar que el test de juego se desarrollaba en un terreno de $10m^2$ en emparejamientos de 2 vs. 2, donde el objetivo consistía en realizar una parada total del balón, tras pase de un compañero, detrás de la línea de fondo del equipo rival.

Nos centramos, por tanto, en el análisis de los índices de corrección de las habilidades empleadas por los jugadores, los cuales se recogen en la siguiente tabla:

	Habilidades	Momento Previo	Momento Final
Ámbito Ejecutivo	Correctas	391	444
	Incorrectas	321	275
	ICTE	0.54 (σ = 0.24)	0.61 (σ = 0.28)
	Chi-Cuadrado	0.009	
Ámbito Decisional	Correctas	431	442
	Incorrectas	281	277
	ICTE	0.61 (σ = 0.25)	0.58 (σ = 0.27)
	Chi-Cuadrado	0.75	

Tabla 2. Habilidades realizadas por la escuela independiente.

Como podemos observar en la tabla número 2, las escasas diferencias que aparecen entre el momento previo y el momento final en el grupo independiente radican, primordialmente, en el ámbito ejecutivo, donde los jugadores de la escuela obtienen un índice de corrección mayor, siendo esa diferencia significativa ($p<.05$) a tenor de los resultados obtenidos al someter los datos a la prueba de contraste estadístico de chi-cuadrado.

Los resultados también nos indican que los jugadores han empeorado su actuación en el ámbito decisional, aunque las diferencias obtenidas, a nivel de significación p.05, no son significativas.

	Habilidades	Momento Previo	Momento Final
Ámbito Ejecutivo	Correctas	427	439
	Incorrectas	222	144
	ICTE	0.63 ($\sigma = 0.24$)	0.77 ($\sigma = 0.23$)
	Chi-Cuadrado	0.000	
Ámbito Decisional	Correctas	478	488
	Incorrectas	171	95
	ICTE	0.66 ($\sigma = 0.26$)	0.82 ($\sigma = 0.22$)
	Chi-Cuadrado	0.000	

Tabla 3. Habilidades realizadas por las escuelas colaboradoras

Por su parte, las escuelas colaboradoras (tabla número 3) muestran mejorías, tanto a nivel ejecutivo, como decisional, siendo éstas significativas a tenor de los resultados obtenidos en la prueba de chi-cuadrado. Por tanto, los jugadores de este grupo no sólo mejoran en la ejecución de las habilidades, sino en la toma de decisiones correctas o adecuadas a la situación de juego que afrontan, por lo cual podemos concluir que su actuación en el juego es más acorde a las demandas del mismo.

Si nos centramos en el análisis de los fundamentos del juego, para lo cual hemos dividido las habilidades en individuales y grupales, obtenemos los siguientes resultados (gráfico 1).

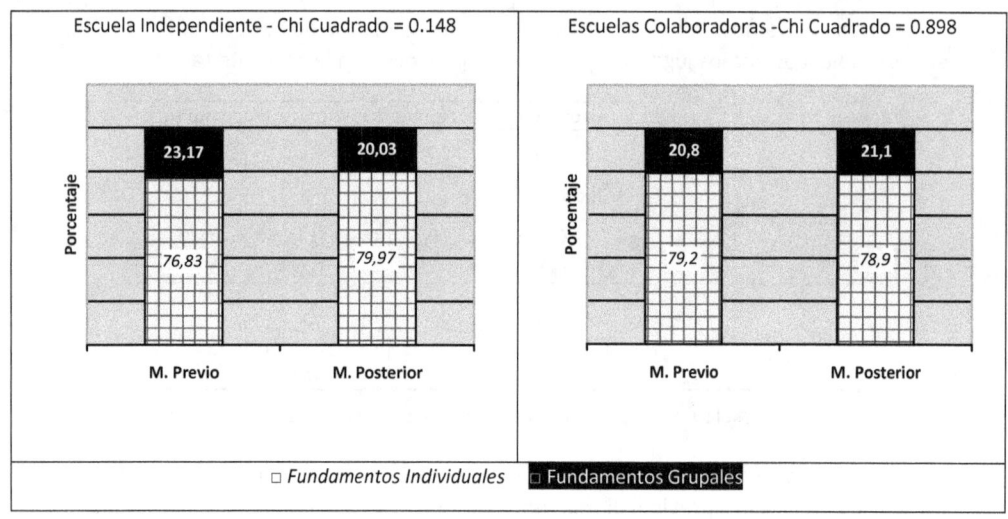

Gráfico 1. Fundamentos del juego.

Podemos comprobar cómo la distribución de las habilidades por fundamentos del juego presenta diferencias muy escasas entre el momento previo y posterior en ambos grupos, no siendo dichas diferencias significativas, como se puede apreciar en el valor de los estadísticos de contraste. En ambos grupos hay una mayor inclinación al juego individual, si bien, al final del proceso, la escuela independiente presenta un porcentaje ligeramente mayor de habilidades individuales, mientras que ocurre lo contrario en las escuelas colaboradoras.

Fundamentos		Momento Previo	Momento Final	χ^2
Individuales	ICTE	0.55	0.62	0.026
	ICTA	0.59	0.61	0.163
Grupales	ICTE	0.54	0.62	0.387
	ICTA	0.67	0.63	0.444

Tabla 4. Fundamentos del juego. Escuela Independiente.

Respecto a la corrección de los fundamentos, la escuela independiente (tabla 4) presenta ligeras mejorías en todos los ámbitos, a excepción de la dimensión decisional de los grupales, donde experimentan cierto empeoramiento. Sometidos los datos a una prueba de contraste estadístico, se aprecia que a nivel de significación p.05, el único ámbito donde la mejoría es significativo es en el ejecutivo de los fundamentos individuales.

Fundamentos		Momento Previo	Momento Final	χ^2
Individuales	ICTE	0.67	0.73	0.027
	ICTA	0.74	0.81	0.005
Grupales	ICTE	0.62	0.83	0.000
	ICTA	0.73	0.93	0.000

Tabla 5. Fundamentos del juego. Escuelas colaboradoras.

Por su parte, en las escuelas colaboradoras (tabla 5), las mejorías experimentadas en los índices de corrección son mayores, alcanzando niveles de significatividad en cada uno de los mismos. Por tanto, apreciamos una evolución opuesta en ambos grupos, y, si bien la escuela independiente mejora significativamente a nivel técnico en el juego individual, las escuelas colaboradoras evolucionan significativamente en todos los ámbitos estudiados, dándose el caso, incluso, de que la corrección de los fundamentos grupales es mayor que la de los individuales, lo cual ocurría a la inversa en la primera toma de datos.

En última instancia, dentro del análisis del test de juego, nos ocuparemos de la distribución de las habilidades realizadas por los jugadores en las diferentes fases del juego (gráfico 2).

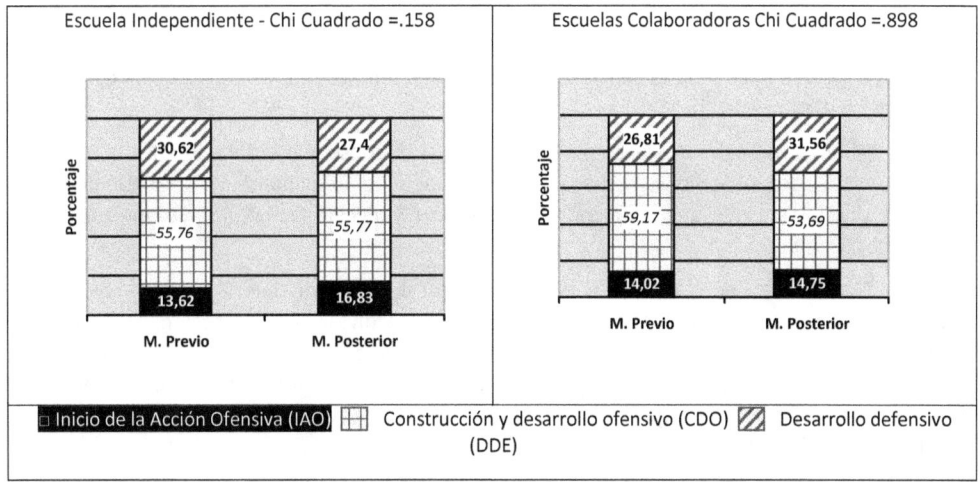

Gráfico 2. Distribución de habilidades por fases del juego.

Podemos comprobar como la distribución de habilidades por fases del juego es bastante similar entre el momento previo y posterior en ambos grupos y que las diferencias obtenidas en dicha distribución, a tenor de los estadísticos de contraste utilizados, no son significativas.

Escuela Independiente. Analizando los índices de corrección de la escuela independiente (tabla 6), podemos comprobar cómo, en caso de existir mejorías, éstas son muy ligeras en la mayoría de los casos, sólo encontrándose diferencia significativas ($p<.05$), que indican mejoría, en el ámbito ejecutivo de "IAO" y de "DDE".

		Momento Previo	Momento Final	χ^2
IAO	ICTE	0.71	0.79	0.026
	ICTA	0.82	0.81	0.779
CDD	ICTE	0.58	0.66	0.031
	ICTA	0.64	0.62	0.441
DDE	ICTE	0.41	0.43	0.780
	ICTA	0.44	0.49	0.289

Tabla 6. Corrección de los fundamentos del juego.

Por su parte, las escuelas colaboradoras (tabla 7), que tampoco presentan grandes diferencias, si obtienen una tendencia de mejoría generalizada, a excepción del ámbito ejecutivo de "IAO", donde el valor es ligeramente menor. Dichas mejorías son significativas en el ámbito decisional de "CDD" y los dos ámbitos de "DDE".

		Momento Previo	Momento Final	χ^2
IAO	ICTE	0.82	0.81	0.860
	ICTA	0.90	0.92	0.685
CDD	ICTE	0.67	0.74	0.071
	ICTA	0.73	0.83	0.003
DDE	ICTE	0.54	0.64	0.000
	ICTA	0.76	0.80	0.000

Tabla 7. Corrección de los fundamentos del juego.

Escuelas Colaboradoras. Un dato a destacar en lo referente a las fases del juego es que, si bien, en el momento previo ambas escuelas muestran grandes diferencias de corrección entre unas y otras fases, este hecho no es tan patente en las escuelas colaboradoras en el momento final.

Igualmente, cabe destacar que los alumnos de la escuela independiente, a tenor de los resultados obtenidos, rechazan la realización de habilidades que no dominan, puesto que la fase del juego con menor índice de corrección también es la que menos presencia tiene.

Finalmente, como aspecto a resaltar del test de juego de 2 vs. 2 es que, si bien la tendencia de ambos grupos es hacia la mejoría de los niveles de corrección, la escuela independiente no experimenta mejorías significativas en el ámbito decisional en ninguno de los aspectos estudiados, mientras que los jugadores de la escuela independiente, además de mejorar a nivel ejecutivo, muestran sus mayores avances, siendo estos significativos, a nivel decisional.

Cuestionario tras test de juego

Al finalizar el test de juego de 2 vs. 2, los jugadores realizan un cuestionario de cinco preguntas abiertas en el que se le preguntaba sobre su actuación en dicho test, el cual, para su análisis se sometió a un proceso de reducción de datos cualitativos.

Categoría	Independiente		Colaborador	
	%M1	%M2	%M1	%M2
Mi compañero estaba desmarcado	21.7	40	64.5	64.5
Cuando me la iban a quitar	38.3	26.7	25.8	29
Porque hay que jugar entre dos	13.3	13.3	3.2	3.2
Para que mi compañero consiga punto	16.7	6.7	-	-
En los saques	3.3	3.3	-	-
No lo sé – No responde	3.3	3.3	-	-
Cuando no podía hacer otra cosa	-	3.3	6.5	3.2

Tabla 8. Primera pregunta cuestionario tras test de juego de 2 vs. 2: "¿Cuando has pasado el balón?"

Con la primera pregunta (tabla 8) pretendíamos conocer cómo los jugadores decían haber actuado en la fase de juego de construcción y desarrollo ofensivo y más concretamente en los momentos en que el jugador ha pasado el balón. Destaca el hecho de que el grupo colaborador parece tener las ideas más claras, debido al menor número de variantes que ofrece, las cuales, al igual que en el independiente se centran primordialmente en el hecho de que el compañero estuviera desmarcado y en el peligro de que le robaran el balón. En este sentido, el grupo independiente parece experimentar una mayor evolución hacia el análisis del juego antes de pasar, buscando el desmarque del compañero.

Categoría	Independiente		Colaborador	
	%M1	%M2	%M1	%M2
Mi compañero no estaba desmarcado	43.3	43.3	54.8	54.8
Me han atacado	23.3	13.3	3.2	3.2
Estaba lejos de la potería	-	10	3.2	3.2
No había otra opción	11.7	8.3	6.5	9.7
Para marcar gol	3.3	8.3	-	-
Cuando he tenido el balón	3.3	6.7	12.9	9.7
No lo sé – No responde	5.0	5.0	-	-
No había espacio para regatear	10	1.7	12.9	16.1

Tabla 9. Segunda pregunta cuestionario tras test de juego de 2 vs. 2: "¿Cuándo has regateado?"

Por su parte, en referencia a la segunda pregunta (tabla 9), que sigue atendiendo a la misma fase del juego que la pregunta anterior, pero más centrada en el regate, existe gran estabilidad en la mayor parte datos entre los dos momentos de recogida de los mismos. Aun así, destaca el hecho de que los jugadores de las escuelas colaboradoras, a tenor de sus respuestas y de la evolución de las mismas, parecen realizar un mayor análisis de la situación antes de tomar la decisión de regatear, no siendo tan claro este hecho en el grupo independiente, el cual muestra, además, más dispersión en las respuestas que ofrece.

En la tercera pregunta (tabla 10), pretendemos conocer los aspectos a los que el jugador atiende en la fase del juego de desarrollo ofensivo.

Categoría	Independiente		Colaborador	
	%M1	%M2	%M1	%M2
Al balón	40	48.3	38.7	45.2
Al rival	18.3	20	12.9	9.7
Al balón y al poseedor	21.7	8.3	12.9	3.2
Al balón y al compañero	3.3	6.7	-	-
Al balón y al rival no poseedor	6.7	6.7	3.2	12.9
Al compañero	3.3	3.3	6.5	6.5
A todos los jugadores	3.3	3.3	12.9	12.9
Al poseedor del balón	1.7	1.7	-	-
Al entrenador	1.7	-	-	-
Si se desmarcaban los rivales	-	-	6.5	6.5

Tabla 10. Tercera pregunta cuestionario tras test de juego de 2 vs. 2: "¿A qué prestabas atención al defender?"

Lo más importante para los jugadores de ambos grupos es el balón. La gran variedad de las respuestas nos puede señalar que, o bien no existe gran claridad del entorno al tema planteado, o bien la gran cantidad de aspectos a atender en el juego colectivo escapa al desarrollo de la estructuración espacio-temporal y la capacidad de atención selectiva de estas edades. Por último, en la línea de las dos preguntas anteriores, el grupo colaborador, que tiene menos dispersión, alude con mayor frecuencia a soluciones que requieren o denotan un análisis de la situación mayor que en la escuela independiente.

Categoría	Independiente		Colaborador	
	%M1	%M2	%M1	%M2
Pasar	53.3	60	51.6	45.2
Marcar gol	6.7	16.7	6.5	6.5
Regatear	26.7	13.3	19.4	16
Avanzar	10	5	-	-
Ver si había hueco para pasar	3.3	3.3	9.7	25.8
Construir una jugada con mi compañero	-	1.7	6.5	-

Tabla 11. Cuarta pregunta cuestionario tras test de juego de 2 vs. 2: "¿Qué es lo primero que han intentado hacer cuando tenías el balón?"

Con el planteamiento de la cuarta pregunta (tabla 11) pretendíamos conocer la orientación de los jugadores hacia el juego individual o colectivo. Como podemos observar, la conducta más extendida es la de pasar, la cual avanza en el grupo independiente, todo lo contrario que ocurre en el colaborador. A este respecto, es muy interesante el incremento de presencia de la respuesta "Ver si había hueco para pasar" en el grupo colaborador, lo cual denota un análisis de la situación antes de ejecutar el pase, aspecto que no sufre variaciones en la escuela independiente. El resto de respuestas, pero sobre todo la citada, hacen ver nuevamente un mayor proceso de análisis del juego por parte de los jugadores de las escuelas colaboradoras.

Categoría	Independiente		Colaborador	
	%M1	%M2	%M1	%M2
Recuperarlo	61.7	56.7	48.4	45.2
Defender	13.3	23.3	16.1	16.1
Atacar al poseedor	1.7	8.3	9.7	-
Meter gol	3.3	6.7	3.2	-
Luchar	6.7	3.3	-	-
Retroceder y defender	8.3	1.7	22.6	38.7
No lo sé – No responde	5	-	-	-

Tabla 12. Quinta pregunta cuestionario tras test de juego de 2 vs. 2: "¿Qué es lo primero que han intentado hacer cuando tu equipo perdía el balón?"

Por su parte, con la quinta pregunta (tabla 12) pretendíamos conocer la conducta que los jugadores dicen adoptar para organizarse defensivamente. Es en esta pregunta donde más diferencias de evolución encontramos entre los grupos. Siendo la primera preocupación la recuperación del balón, tanto en uno como en otro grupo, nuevamente nos encontramos con un mayor análisis de la situación por parte del grupo colaborador, lo cual se denota a través de respuestas como "retroceder y defender", es decir, organizarse para defender de forma más eficaz. Igualmente, la escuela independiente parece adoptar situaciones más arriesgadas, mientras que la colaboradora es más conservadora.

Categoría	Independiente		Colaborador	
	%M1	%M2	%M1	%M2
Desmarcarme	61.7	63.3	67.7	71.1
Que me la pase	26.7	28.3	3.2	3.2
Apoyar	6.7	3.3	29	25.8
Moverme	3.3	3.3	-	-
Ponerme en una banda	-	1.7	-	-
No lo sé – No responde	1.7	-	-	-

Tabla 13. Sexta pregunta cuestionario tras test de juego de 2 vs. 2: "¿Qué es lo primero que han intentado hacer cuando tu equipo recuperaba el balón?"

En última instancia, la sexta pregunta (tabla 13) se ocupa de lo que los jugadores dicen hacer en la fase de inicio de la acción ofensiva. En este sentido, y al igual que en los casos anteriores, las escuelas colaboradoras presentan menor dispersión en el número de respuestas que ofrecen, siendo éste el caso en que se hace más patente. Destaca también el hecho de que no aparecen, a penas, cambios a lo largo del proceso de investigación. Las respuestas denotan una mayor conciencia colectiva en las escuelas colaboradoras, pues al hecho de desmarcarme, suman el de apoyar, que si bien disminuye su presencia a lo largo del proceso, tiene bastante más peso en el grupo colaborador que en el independiente.

Por otro lado, el hecho de que una de las intenciones más extendidas del grupo independiente sea "que me la pase", puede denotar una mayor orientación hacia el ego, mientras que dicha orientación, por lo visto en las respuestas, parece apuntar más hacia la tarea en el grupo colaborador.

Cuestionario de conocimiento técnico-táctico

En tercer lugar, los jugadores realizaban un cuestionario de conocimiento técnico-táctico, el cual estaba dividido en dos partes, En primer lugar, cuatro preguntas presentadas de forma gráfica con cuatro posibles respuestas a elegir una, tal como mostramos a continuación (ilustración 1):

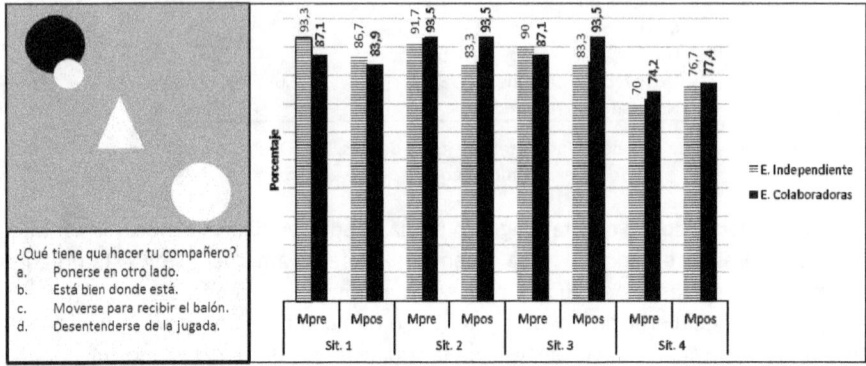

Ilustración 1. Ejemplo de situación práctica

Gráfico 3. Porcentaje de elección en las primeras respuestas gráficas

Podemos observar en el gráfico 3 que las diferencias entre la primera y la segunda toma de datos no son significativas, incluso mostrando valores inferiores en la segunda toma de datos, en algunas de las situaciones. Cabe destacar, por otro lado, que en todas las situaciones la respuesta más elegida por los jugadores de una y otra escuela ha sido la correcta.

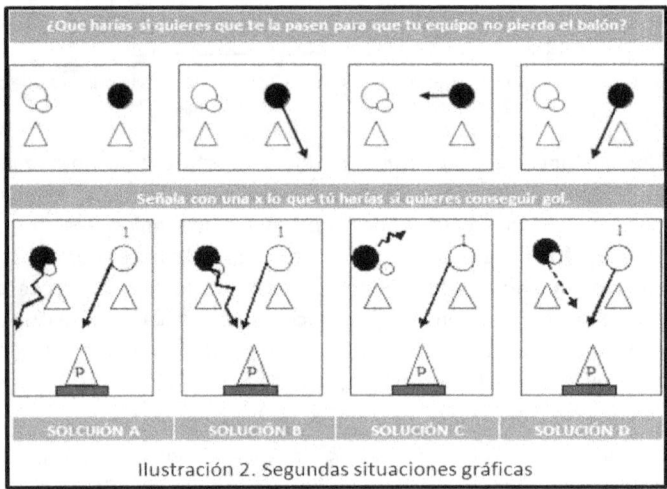

Ilustración 2. Segundas situaciones gráficas

La segunda parte del test (ilustración 2), también consistía en situaciones gráficas, pero en este caso, los jugadores habrían de señalar, atendiendo a la premisa mostrada, qué opción creían más correcta de entre las cuatro situaciones representadas. No podemos hablar, como en las situaciones anteriores, de una única solución correcta, pero sí de soluciones más o menos adecuadas. De este modo, en la primera pregunta, donde al jugador se le indica que asuma el rol de compañero del poseedor, salvo la opción "A", el resto pueden ser adecuadas, pero con diferentes grados de dificultad, entendiendo que la cuarta opción es la que en mejores condiciones deja al receptor para conservar el balón. En este sentido, el 32.2% de los jugadores de las escuelas colaboradoras, en el momento previo, eligen esta opción, mientras que hacen lo propio el 51.7% de los del grupo independiente. Estos datos contrastan con los obtenidos al final, ya que el 77.4% del grupo colaborador elige esta opción, por un 63.3% del independiente. Por su parte, la opción menos adecuada, es decir la A, es elegida, en un principio, por el 9.7% de los jugadores del grupo colaborador y un 8.3% del independiente, mientras que al final del proceso los porcentajes pasan al 6.5% y 10% respectivamente.

Respecto a la segunda situación, donde el jugador ha de asumir el rol de poseedor, entendemos que la opción "D" es la más adecuada. La elección de esta opción no muestra apenas diferencias entre una y otra escuela. Igualmente destaca el hecho de que en la opción "C", el grupo colaborador pase de un 3.2% a un 29%, mientras que el independiente permanece estable en un 3.3%. Caso parecido a "A", la más arriesgada, en la que en grupo colaborador pasa de un 25.8% a un 9.7% y el independiente de un 23.3% a un 21.7%.

Por tanto, aunque en líneas generales no aparece una tendencia clara, parece ser que el grupo colaborador toma decisiones más encaminadas a mantener la posesión del balón, mientras que el independiente se ve más inclinado a la realización de acciones más arriesgadas.

En última instancia, dentro de esta herramienta, los jugadores contestaban a seis preguntas de naturaleza cerrada (verdadero/falso) acerca de la percepción que tienen del juego (Tabla 14).

| | PREGUNTAS | Porcentaje de acuerdo | | | |
| | | Colaboradoras | | Independiente | |
		Previo	Posterior	Previo	Posterior
1	Cuantos más jugadores participemos en el juego, mejor resultado podremos tener.	74.2	77.4	63.3	63.3
2	Si siempre tenemos el balón los mejores del equipo, aunque los otros compañeros participen poco, siempre nos será más fácil ganar.	12.9	6.5	15.0	23.3
3	El mejor del equipo es el que más goles mete.	29.0	12.9	13.3	43.3
4	Es más fácil meter un gol si paso el balón que si lo hago todo yo solo.	93.5	83.9	81.7	75.0
5	El entrenador tiene que decirnos desde la banda lo que tenemos que hacer en los partidos.	64.5	71.0	81.7	73.3
6	Si el portero es pequeño, lo mejor que podemos hacer es tirar por arriba, sin preocuparnos de dónde nos encontremos o de lo fácil que resulte colocarla en otro lugar.	41.9	45.2	36.7	46.7

Tabla 14. Tercera serie de preguntas del cuestionario de conocimiento técnico-táctico

El análisis de estas cuestiones, aunque puede dar lugar a diversas interpretaciones, debido a algunas diferencias que existen entre uno y otro grupo por la dispersión de la muestra, así como a que dichas diferencias son muy escasas, no dan lugar a posibilidad de discriminación entre ambos grupos. No obstante, cabe destacar que si bien, las respuestas de las escuelas colaboradoras denotan una mayor conciencia colectiva al final del proceso, los jugadores de la escuela independiente muestran un mayor carácter individualista en el juego, como se puede concluir por los resultados obtenidos en las preguntas 1, 2, 3 y 4. Por otro lado, destaca bastante que, a pesar del proceso de formación seguido por los entrenadores de las escuelas colaboradoras y de la importancia que, como veremos más adelante, dan al protagonismo del jugador en sus decisiones, las respuestas a la pregunta cinco señalen todo lo contrario.

Cuestionario de valoración del entrenamiento

El último de los cuestionarios que pasaban los jugadores era el de valoración del entrenamiento, herramienta que se introdujo con el fin de comprobar cambios en torno a cómo los jugadores percibían los entrenamientos. En este sentido, se les pedía que valoraran cuantitativamente de 1 a 10 las siguientes preguntas:

Si tuvieras que ponerle nota a los entrenamientos. ¿Qué nota le pondrías?
Suponiendo que pasárselo fenomenal es un 10 y aburrirse mucho es un 0. ¿Cómo te lo pasas en los entrenamientos?
Si un entrenamiento en el que aprendes mucho es un 10 y uno en el que no aprendes nada es un 0. ¿Qué nota le pondrías a los entrenamientos que realizas?

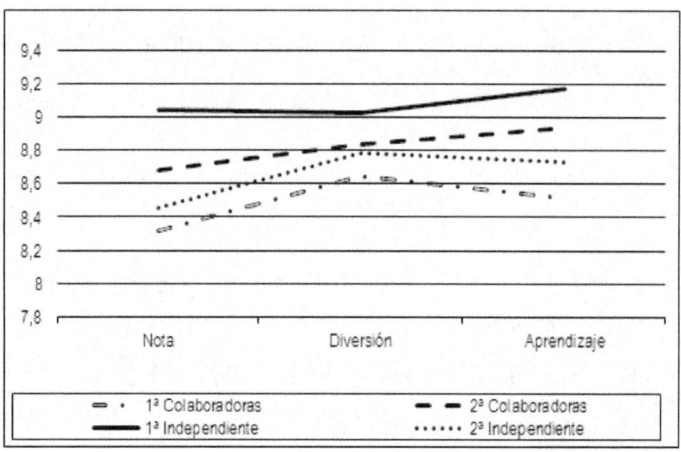

Gráfico 4. Evolución de las medias de las valoraciones obtenidas por los diferentes aspectos analizados.

El proceso que se realizó con los datos fue ir obteniendo la media aritmética de las puntuaciones que los jugadores iban otorgando a sus entrenamientos (Gráfico 4). Podemos apreciar cómo la valoración que los jugadores de las escuelas colaboradoras mejoran en todos los casos estudiados, mientras que ocurre todo lo contrario en el grupo independiente. Es más, si realizamos la media entre los valores medios de cada uno de los aspectos estudiados, podemos comprobar esa evolución diametralmente opuesta. La mayor diferencia la encontramos en la valoración general (nota). Aunque destaca el hecho del cambio de tendencia, las diferencias entre uno y otro grupo no son muy elevadas y ambos grupos obtienen valoraciones muy altas en los aspectos estudiados.

Proceso de formación colaborativa

Por último, nos ocupamos del análisis del proceso de formación colaborativa seguido a cabo con los entrenadores. Todas las reuniones fueron grabadas y posteriormente, mediante la reducción de datos realizada a través de las transcripciones de las mismas, pudimos establecer cinco dimensiones diferentes, subdivididas en diferentes categorías (Tabla 14 y gráfico 5).

Dimensiones y categorías		Frecuencia	%
Metodología y diseño			
MEM	Estrategias Metodológicas	46	31.94
MID	Intervención Didáctica	42	29.17
MFF	Manipulación de Factores Estructurales de la Tarea	37	25.69
MPD	Planificación y Diseño	19	13.19
El entrenador: perfil y funciones			
TFO	Formación. Competencias y Capacidades del Entrenador de Fútbol-Base	32	60.38
TED	Funciones del Entrenador en el Fútbol-Base	21	39.62
El jugador-alumno			
JCN	El jugador: Características y necesidades	53	67.95
JFU	Funciones del Jugador	25	32.05
El entorno de la escuela de fútbol base			
AEO	Agentes Externos	18	56.25
AEP	Padres	14	43.75
Concepción del entrenamiento y contenidos específicos			
ECO	Contenidos Específicos del Entrenamiento en el Fútbol Base	41	77.36
ENT	El Entrenamiento en el Fútbol Base	12	22.64

Tabla 15. Dimensiones y categorías del proceso de formación colaborativa.

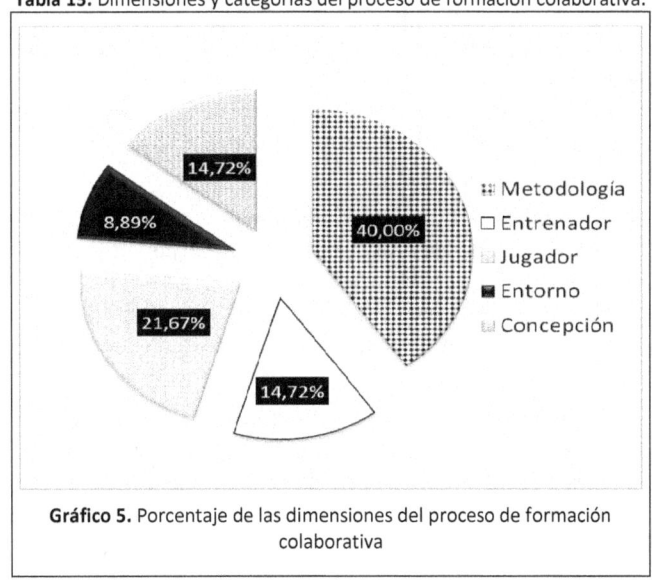

Gráfico 5. Porcentaje de las dimensiones del proceso de formación colaborativa

Como podemos observar, la dimensión que más veces ha aparecido en las reuniones mantenidas con los entrenadores ha sido la de "Metodología y Diseño", lo cual denota el interés de los mismos por el proceso de enseñanza-aprendizaje que llevan a cabo. Este hecho cobra más trascendencia al comprobar que el segundo aspecto que más preocupa es el referente al jugador. No en vano, la categoría que versa sobre las características y necesidades del mismo es la que más presencia tiene en todo el proceso de formación colaborativa. Debido a la gran cantidad de datos que manejábamos en la transcripción de las reuniones, y mediante el programa de análisis cualitativo aquad 5.0, realizamos un proceso de búsqueda e identificación de códigos anidados mediante el cual pudimos conocer las categorías y, por ende, las dimensiones que mayor relación tenían entre sí.

En la Tabla 15 recogemos dichas relaciones y marcamos en amarillo aquellas en que las categorías se relacionan con mayor intensidad.

	Códigos anidados. Distancia 3. Porcentaje										
	MEM	MID	MMF	MPD	JCN	JFU	TFO	TED	ECO	ENT	AEO	AEP
MEM	-	14.29	23.08	14.14	18.56	14.44	8.62	4.55	18.58	10.81	6.25	7.14
MID	0.89	-	12.31	12.12	16.17	16.67	17.24	13.64	9.73	8.11	0.00	16.67
MMF	13.39	6.35	-	6.06	10.18	2.22	0.00	0.00	13.27	5.41	0.00	0.00
MPD	12.50	9.52	9.23	-	8.38	5.56	20.69	13.64	7.08	13.51	20.83	9.52
JCN	26.79	21.43	26.15	14.14	-	16.67	5.17	12.12	32.74	18.92	6.25	14.29
JFU	11.61	11.90	3.08	5.05	8.98	-	8.62	13.64	7.96	5.41	18.75	14.29
TFO	4.46	7.94	0.00	12.12	1.80	5.56	-	15.15	1.77	0.00	16.67	7.14
TED	2.68	7.14	0.00	9.09	4.79	10.00	17.24	-	1.77	8.11	16.67	11.90
ECO	18.75	13.49	23.08	8.08	21.56	10.00	3.45	3.03	-	16.22	0.00	4.76
ENT	3.57	2.38	3.08	5.05	4.19	2.22	0.00	4.55	5.31	-	6.25	4.76
AEO	2.68	0.00	0.00	10.10	1.80	10.00	13.79	12.12	0.00	8.11	-	9.52
AEP	2.68	5.56	0.00	4.04	3.59	6.67	5.17	7.58	1.77	5.41	8.33	-

Tabla 16. Relaciones entre las diferentes categorías y dimensiones. Porcentajes. Distancia 3 líneas.

Como podemos observar, las relaciones más destacadas son las que se establecen con la categoría "características y necesidades del jugador", la cual guarda estrecha relación con la mayor parte del resto de categorías y, por ende, dimensiones. De entre ellas, la que más peso tiene en esta relación es la de "metodología, planificación y diseño", lo cual nos demuestra la preocupación de los técnicos por el proceso de enseñanza-aprendizaje de sus jugadores.

Otro aspecto a destacar es la relación existente entre la categoría "Funciones del jugador" y la de "Intervención Didáctica", en la cual queda patente que los entrenadores son conscientes de que en función de su intervención, así serán las funciones o roles que sus jugadores habrán de asumir dentro del proceso de entrenamiento. A su vez, aparece una estrecha relación entre estas dos categorías y la referida a las "estrategias metodológicas", lo cual incide en el planteamiento anterior.

Cada una de dichas relaciones se pueden refrendar con opiniones mostradas por los entrenadores, pero con el objetivo de sintetizar y hacer más gráficas las relaciones entre unas y otras categorías, y por tanto, vislumbrar los aspectos que más han preocupado a los entrenadores, introducimos una ilustración en la cual intentamos interrelacionar los principales aspectos tratados en las reuniones en las diferentes dimensiones y categorías.

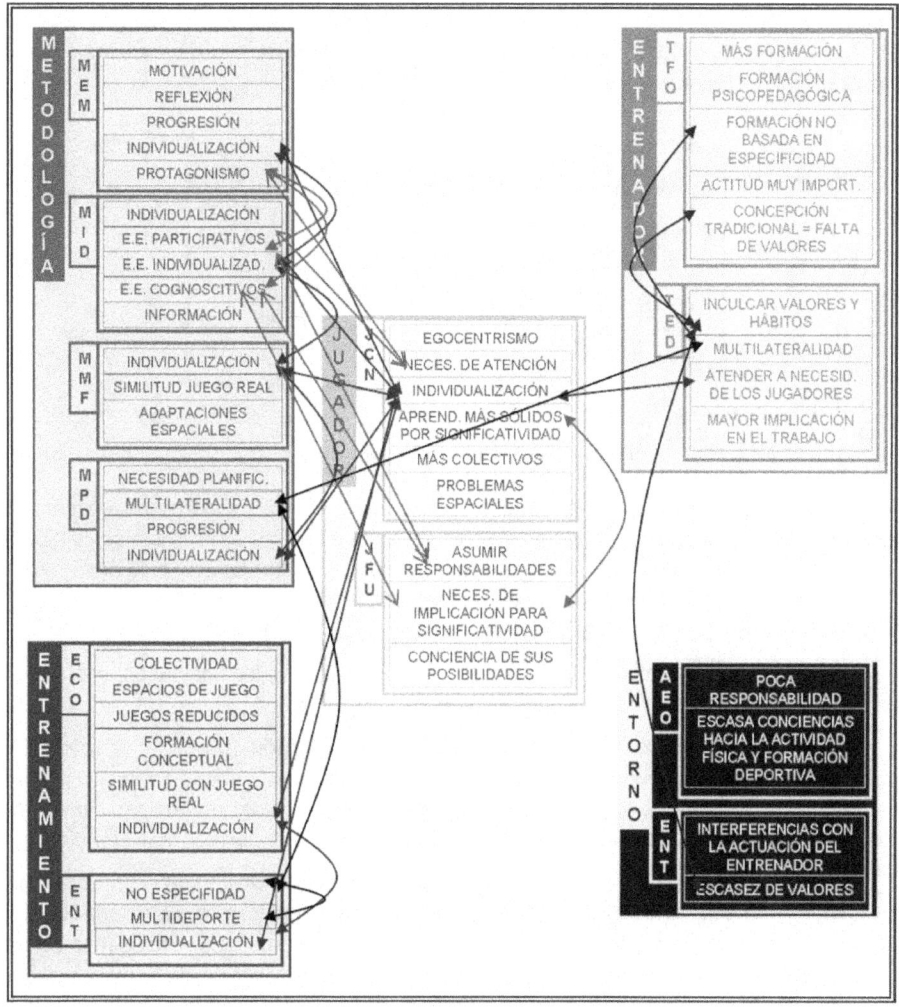

Ilustración 3. Principales relaciones entre categorías.

La ilustración 3 intenta destacar los principales temas tratados por los entrenadores, así como la relación de los mismos con otros que constantemente son tratados conjuntamente por parte de los mismos. La ilustración no viene si no a confirmar el hecho de que las características y necesidades del jugador ha sido el tema que más preocupación ha despertado en los entrenadores, por lo cual lo podemos entender como eje vertebrador del proceso de formación colaborativa seguido.

DISCUSIÓN

El proceso de discusión de los datos los vamos a hacer intentando triangular las evidencias o consecuencias que se han podido establecer a través de las diferentes herramientas, pero partiendo, ya que es el núcleo central de nuestra investigación, de lo extraído a través del análisis cualitativo de las reuniones del seminario de formación colaborativa. De este modo, el proceso de discusión los vamos a centrar en base a los siguientes ejes vertebradores:

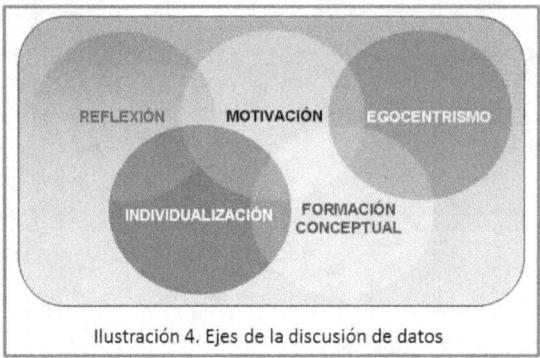

Ilustración 4. Ejes de la discusión de datos

La mayor individualización que se ha seguido en los procesos de enseñanza-aprendizaje ha influido satisfactoriamente en el conocimiento e interpretación del juego por parte de los jugadores de las escuelas colaboradoras, mientras que este hecho no se ve correspondido en los jugadores de la escuela independiente.

Dotar de reflexión las situaciones de entrenamiento ha permitido que los jugadores adopten soluciones más razonables y acordes con la naturaleza del juego, mostrando un desenvolvimiento más equilibrado en el mismo.

Los jugadores de ambos grupos muestran una progresión opuesta en la valoración que realizan de los entrenamientos, siendo el grupo colaborador el que habiendo partido de una menor valoración, alcanza cotas más altas. Esto puede ser debido a la mayor implicación que tienen, así como por ser conscientes de que se les presta más atención.

El egocentrismo de los jugadores de estas edades debe ser tenido en cuenta, pero no luchar contra él, sino tratarlo con procesos individualizadores y participativos. Los jugadores buscan la exaltación de su individualidad y protagonismo. Este hecho puede ser el causante de que la escuela independiente eluda la realización de habilidades que no dominan, aspecto que no se ve correspondido en las escuelas colaboradoras.

Una mayor formación conceptual produce mejoras en el desenvolvimiento de los jugadores de las escuelas colaboradoras, adoptando soluciones que parecen estar precedidas de un análisis de la situación de juego en la que se encuentran. De este modo, entre los jugadores de las escuelas colaboradoras abundan soluciones que buscan, como prioridad, mantener la posesión del balón, mientras que en los jugadores de la escuela independiente se busca, como principal objetivo, la finalización, adoptando respuestas que no siempre son acordes con la situación del juego en que se encuentran. Ahora bien, ese aumento de formación conceptual no se ve reflejado con claridad en ninguna de las dos escuelas en un mayor conocimiento declarativo.

Centrándonos en la individualización, diremos que son dos las herramientas utilizadas que inciden directamente sobre este tema. Por un lado, el proceso de formación colaborativa deja patente la importancia que le otorgan los entrenadores de las escuelas colaboradoras a la adaptación del proceso de enseñanza-aprendizaje a las características de los jugadores, utilizando, como una de las principales vías para ello, la manipulación de los factores estructurales del juego. Por otro lado, hablan de la necesidad de que los jugadores sean conscientes de sus posibilidades y limitaciones. Esta necesidad se hace patente en el test de juego de 2 vs. 2, donde encontramos, por un lado grandes diferencias entre unos sujetos y otros, así como, lo que es más importante, que si bien mejoran el 75% de los jugadores en las escuelas colaboradoras, sólo hacen lo propio entre el 40-50% en la escuela independiente, donde no mejoran los que en un principio tenían un nivel de habilidad elevado, ni aquellos que presentaban bastantes carencias. Por otro lado, los jugadores de la escuela independiente eluden la realización de habilidades que no dominan, mientras que los de las colaboradoras no muestran esta tendencia, por su implicación, protagonismo y confianza a través de las responsabilidades que se les transfieren. Son muchas las aportaciones realizadas por diversos autores en este sentido, pero destaca, por la relación con nuestros resultados la realizada por Williams y Really (2000, p. 663), donde acometen una revisión de los estudios realizados en torno a la identificación del talento y el desarrollo del mismo en el fútbol y nos hablan de la necesidad de un proceso de entrenamiento individualizado "no clasificando a los jugadores por su edad cronológica, sino por su estado de desarrollo. (...) Estos aspectos pueden ayudar a los entrenadores en el conocimiento inicial de las posibilidades, limitaciones y necesidades de sus jugadores". En esta línea, una de las evidencias de nuestro trabajo es la gran variabilidad intersujetos que encontramos en ambos grupos. A este respecto autores como Wein (1995), Garganta y Pinto (1998), Alippi (2002), Ardá y Casal (2003), establecen diferentes etapas y fases de desarrollo en la enseñanza y adquisición de aprendizajes en el fútbol, basadas las mismas en el exhaustivo conocimiento del jugador y de su desarrollo psicoevolutivo.

La principal vía de adaptación que encuentran los entrenadores de las escuelas colaboradoras es la manipulación de los factores estructurales del juego mediante el planteamiento de juegos reducidos donde se ponga énfasis en los aspectos que interese desarrollar en ese momento y donde se atienda a las posibilidades de actuación de los jugadores (Garganta y Pinto, 1998; Morcillo y Moreno, 2000; Navarro, 1997). En este sentido, es muy interesante acudir a los planteamientos de De la Vega (2002), que hablan de la existencia de un conocimiento afectivo, señalando que si el objeto de aprendizaje responde a las expectativas del alumno, la manera en que se afronte el mismo será mucho más efectiva y por ende motivadora (Roberts et al., 1997; Roberts, 2001; Ommundsen et al., 2003).

Íntimamente ligado con el aspecto anterior, surge el segundo eje vertebrador del proceso de interpretación de resultados, que no es otro que la reflexión y comprensión como pilar básico en el proceso de entrenamiento. Consecuencias relacionadas con este aspecto aparecen en tres de las herramientas de recogida de datos empleadas. En este sentido, el proceso de formación colaborativa nos muestra, por un lado el convencimiento de los entrenadores de que conforme avanza el proceso formativo, los jugadores, al comprender el juego, tienden a actuaciones más colectivas y toman mayor conciencia defensiva, dejando a un lado el marcado carácter egocéntrico de las edades en que nos encontramos. Pero, igualmente, aparece continuamente en sus discursos la necesidad de incluir momentos específicos en la sesión de entrenamiento para reflexionar sobre lo que se ha hecho. Este hecho guarda continuidad con la mejoría que experimentan las escuelas colaboradoras en lo que se refiere al ámbito decisional en el test de juego, cuya actuación denota mayoritariamente un análisis de la situación de juego y dando lugar a decisiones más conservadoras y centradas en la conservación del balón, mientras que la escuela independiente, que sólo mejora a nivel ejecutivo, toma decisiones más arriesgadas en busca de la finalización rápida. Igualmente, las escuelas colaboradoras experimentan un avance significativo a nivel colectivo y en la fase de desarrollo defensivo, mientras que la escuela independiente hace lo propio a nivel individual y ofensivo. Esta expresión del conocimiento práctico (De la Vega, 2002) también se ve reflejada en el conocimiento declarativo (Costa, Garganta, Fonseca y Botelho, 2004; De la Vega, 2002; Straton, 2001) que recogemos en el cuestionario tras el test de juego, el cual señala que las escuelas colaboradoras buscan una construcción progresiva del juego, mientras que el grupo independiente sigue orientado a finalizar de forma rápida. Con esta evidencia entramos en lo que se denomina proceso de toma de decisiones, ya que hay que entender la optimización del rendimiento deportivo como un proceso complejo de dominio y aplicación, y no únicamente como una repetición mecánica de gestos y tácticas (Ruiz y Sánchez, 1997). En definitiva, no basta con que un jugador posea una técnica envidiable, sino que tiene que saber utilizarla en un contexto de juego en el que el tiempo y el espacio se consolidan como las variables más destacas para su interpretación (Farrow y Hewwit, 2002; Garganta y Cunha, 2000). En este sentido, mientras el grupo independiente solo mejora significativamente a nivel ejecutivo, los jugadores de las escuelas colaboradoras muestran avance estadísticamente significativos tanto a nivel ejecutivo, como decisional, siendo las mejorías bastante más acusadas en este último ámbito. Resultados que apuntan en la misma línea que obtuvo De La Vega (2000), en cuya investigación pudo establecer relaciones directas entre la toma de conciencia, los procesos reflexivos y la corrección en la ejecución de habilidades.

El tercero de los ejes vertebradores en que vamos a basar el proceso de interpretación de los datos es la motivación, la cual es esencial en la adquisición de nuevos aprendizajes (Sicilia y Delgado, 2002) y se refleja en todas las herramientas de recogida de datos empleadas. El proceso de formación colaborativa deja patente, por el número de ocasiones en que aparece esta temática, que una de las principales preocupaciones de los entrenadores es asegurar la motivación de los jugadores, así como la necesidad de buscar objetivos en el juego que escapen a la mera consecución del gol. En este sentido, a través del test de juego de 2 vs. 2, del cuestionario posterior al mismo y del cuestionario de conocimiento técnico-táctico, podemos encontrar aspectos que aluden directamente a esta temática. Por un lado, tanto la actuación de los jugadores del grupo independiente, como su respuesta, como ya hemos mencionada en líneas anteriores, denotan su rápida búsqueda de la finalización, prevaleciendo el juego individual sobre el colectivo, lo cual denota una mayor orientación hacia el resultado, mientras que en el grupo colaborador, ya desde un principio, pero sobre todo a tenor de los cambios experimentados en el proceso de entrenamiento, desarrollan un juego con más equilibrio entre sus fases y fundamentos, y donde el desarrollo colectivo le gana terreno al individual, por lo cual podemos hablar de una mayor orientación hacia la tarea. En esta línea, diversas investigaciones señalan que los jugadores de élite, mayoritariamente, tienen buenos recuerdos de sus entrenadores en la iniciación cuando estos sabían empujarles, frenarles y adaptarles el esfuerzo a sus posibilidades (Carlson, 1993; Singer y Janelle, 1999). En relación con esto Ericsson, Krampe y Tesch-Romer (1993) presentan la "Teoría de la Práctica Deliberada" en la cual rechazan el exhaustivo reconocimiento que se le ha dado al talento en la especialización de los jugadores. Según estos autores, esta especialización tiene más que ver con la orientación y predisposición de los deportistas hacia el esfuerzo y hacia la consecución de las metas que se planteen. Es más, Nicholls (1984), Robert et al. (1997) y Roberts (2001) hablan de los sentimientos de los jugadores en relación al resultado que se obtenga. Para estos autores, el sentimiento de éxito o de fracaso no es obligatoriamente paralelo al resultado que se obtenga, sino que depende de los objetivos del practicante, lo cuales, a su vez, están muy influidos por las creencias de su entrenador. Por ello, el proceso de formación colaborativa seguido, buscaba aumentar la competencia del jugador aislándola de la mero consecución del resultado y centrándolos en la tarea, aspecto que a tenor de los resultados obtenidos se ha cumplido en el grupo colaborador, lo cual según Ruiz y Arruza (2005) además de generar menos estrés en los jugadores, les permite afrontar la toma de decisiones de una forma más eficiente, tal como indican en sus conclusiones Ommundsen et al. (2003) en un estudio realizado para comprobar los efectos de diferentes orientaciones motivacionales entre 279 jugadores de fútbol de 12 a 14 años. Este aspecto puede encontrar reflejo en nuestra investigación cuando los entrenadores participantes en el proceso de formación colaborativa señalan, en un amplio número de ocasiones, que una de las principales funciones o cometidos a cumplir en el fútbol base es la educación en valores, en hábitos y actitudes, lo cual denota que se muestran orientados hacia estos aspectos más que hacia el resultado.

Por otro lado, podemos extraer de los estudios de Carlson (1988, 1993) y Singer y Janelle (1999) la importancia de la motivación, como el gusto por la práctica de una determinada actividad, el entusiasmo por la participación en la misma y el goce que se encuentre en ello, para un mejor desarrollo y aprendizaje de las habilidades que se practiquen. Precisamente, en los últimos años, las tendencias mostradas por las investigaciones realizadas en este campo (Ericsson, 1999; Ericsson y Charness, 1994; Ericsson et al., 1993) intentan demostrar que el talento no es el aspecto más determinante en la consecución de la competencia experta en una determinada actividad, sino que depende más de otros aspectos, de entre los cuales se pueden destacar el tipo de práctica realizada, la motivación y acercamiento hacia la misma. En este sentido, los factores emocionales y motivacionales parecen predecir el éxito en mayor medida que los factores intelectuales, según estudios de Dörner y Pfeifer (1993). Esto resulta muy importante en nuestra investigación, pues en el cuestionario de percepción del entrenamiento, los jugadores de las escuelas colaboradoras aumentan la valoración que le atribuyen a la diversión en los mismos y a la percepción del aprendizaje realizado, todo lo contrario que ocurre en la escuela independiente, donde los jugadores, confieren menor valoración a este respecto al final del proceso.

El cuarto eje en torno al cual realizamos el proceso de discusión de los datos es el referido al egocentrismo del jugador. Encontramos referencias directas a este aspecto en dos de las herramientas utilizadas. Por un lado, los técnicos participantes en el proceso de formación colaborativa aluden continuamente a la dificultad del trabajo de aspectos colectivos debido al afán protagonista del niño, pero a su vez dicen que el único camino a seguir para vencer dicha inclinación es, por un lado, reflexionar sobre la naturaleza del juego y hacérsela comprender a sus jugadores y, por otra, esperar al momento madurativo en que eso sea posible. Las ideas que los entrenadores tienen se ven reflejadas en el test de juego de 2 vs. 2, en el cual queda patente la inclinación de los jugadores hacia el juego individual, aspecto que si bien no experimenta cambios en el grupo independiente, si lo hace en el colaborador, dando lugar, al final de proceso, a actitudes más encaminadas hacia el juego colectivo. Ahora bien, esta característica, que no ha de ser entendida o asimilada al egoísmo, sino como la falta de diferenciación entre el punto de vista propio y otros puntos de vista posibles (Rodríguez y Williamson, 1980), parece extenderse, aunque disminuyendo paulatinamente, hasta los 11-12 años, momento en que se entra en el período de operaciones formales (Piaget, 1969). Por ello, Bayer (1979), Le Boulch (1986) y Saraví (2000) hablan de que hasta esta edad, que es cuando se accede a la socialización verdadera, y empiezan a controlar la inestabilidad en su atención no se debe comenzar la iniciación deportiva específica, utilizando, hasta entonces, planteamientos genéricos (Kröger y Roth, 2003). En este sentido, los técnicos de las escuelas colaboradoras consideran que no se debe luchar contra ese egocentrismo, pues lo interpretan como una fase ineludible del desarrollo del niño, y que más bien hay que realizar planteamientos que le hagan comprender la importancia de la colectividad dentro del juego, fomentando su participación en actividades grupales de manera que la motivación a comprometerse nazca del hecho de que el éxito de cada uno esté ligado al éxito de los demás, o de que la dificultad individual puede ser atenuada por la ayuda que se recibe del resto (Pérez, 2002).

Nos centramos, finalmente, en el último y más importante eje a través del cual realizamos la discusión de los datos, que es el nuevo papel que han tenido que asumir los jugadores de las escuelas colaboradoras, o lo que es lo mismo la implicación de los mismos en su propio aprendizaje. Este aspecto se hace patente en todas las herramientas utilizadas, pues tanto en las opiniones mostradas por los entrenadores, como en la actuación y valoración que los jugadores llevan a cabo, se aprecian aspectos en estrecha relación con la misma. De este modo, el principal objetivo del proceso de formación colaborativa era el de aumentar el protagonismo de los jugadores en su propio proceso de entrenamiento, aspectos que según los técnicos participantes ha dado lugar a aprendizajes más consistentes y mayor comprensión del juego, además de una mejor actuación en el mismo por la asimilación de las propias posibilidades y limitaciones. Esto evidencia la necesidad de que los aprendizajes se hagan en ambientes y entornos que tengan significatividad para los alumnos, aspecto este que podemos trasladar al desarrollo de situaciones de juego que salvaguarden las características esenciales del juego real (Ardá y Casal, 2003; Castejón, 1994; Garganta y Pinto, 1998; Castejón y López, 1997, López y Castejón, 2005; Romero, 2005). En este sentido, observamos en el test de juego de 2 vs. 2 un mayor equilibrio entre los fundamentos y fases del juego en las escuelas colaboradoras, hecho que no ocurre en el grupo independiente. Además, las respuestas de estos últimos parecen ganar en análisis de la situación de juego, tanto en conocimiento práctico, como en declarativo, como señalan el cuestionario tras el test de juego y el cuestionario de conocimiento técnico-táctico. No en vano, De Corte (2000) establece una serie de principios de aprendizaje, los cuales giran en torno a determinar bien las metas que se persiguen y basar la progresión en aprendizajes mediante el descubrimiento, por un lado, y en la orientación, por parte del profesor, por otro. Asimismo, este autor habla de la necesidad de que los ambientes de aprendizaje deben mejorar la autorregulación de los estudiantes para que cada vez sean más protagonista de su propio aprendizaje. Por ello, un aspecto que nos parece muy importante es el hecho de que, si bien los jugadores del grupo independiente parecen eludir la realización de habilidades que no dominan, aspecto del cual nos hemos podido percatar por los índices de corrección de las mismas y sus frecuencias de aparición, no ocurre lo mismo en el grupo colaborador, donde al final del proceso no eluden tan claramente dichas habilidades.

Aunque alejado del mundo de las habilidades deportivas, nos parecen interesantes las aportaciones de Lesgold et al. (1988), los cuales pretendían estudiar la adquisición de habilidades expertas en el diagnóstico médico en radiología, entendiendo ésta como una habilidad cognitiva compleja (Gilar, 2003). Estos autores pretendían extrapolar los datos encontrados a los procesos cognitivos en general, y concluyen con que la adquisición de un nivel experto depende de la construcción de esquemas cada vez más refinados en base a la generalización y discriminación, e indican que este hecho se desarrolla mediante un proceso cognitivo complejo en el que el sujeto va diferenciando aspecto relevantes de aquellos que no lo son, siendo conscientes de los mismos. Finalmente indican que la automatización de la respuesta en estas tareas puede ser perjudicial para la realización de un diagnóstico adecuado.

Trasladando la anterior experiencia a nuestro trabajo, los entrenadores del grupo colaborador, como ya hemos reseñado en más de una ocasión, decían promover esta reflexión sobre la práctica realizada cuando fuese necesario, durante la misma e incluso destinando partes de la sesión, primordialmente las finales, a este cometido. No es muy adecuado que el jugador realice acciones preestablecidas sin tener en cuenta la situación de juego en la que se encuentra o sin analizar las posibles repercusiones de la asunción de una u otra respuesta, ya que, en consonancia con lo que afirma Romero (2000, p. 6), "el jugador debe hallar las respuestas adaptadas de los problemas que le presenta la acción de juego que viene derivadas de la oposición (contra los adversarios) y de la cooperación (con los compañeros)". Considerando, además, que las acciones de juego (ofensivas o defensivas) no se dan aisladas, sino concatenadas, debiendo reaccionar ante una situación y efectuando un tratamiento de la acción de juego siguiente (De la Vega, 2002).

Tras la discusión realizada anteriormente, podemos concluir este apartado con las aportaciones de Goldman, Petrosino y CTGV (1999) que establecen unos principios para el diseño de ambientes óptimos de aprendizaje. Se destaca, por encima de otros aspectos, "la necesidad de un andamiaje experto, las oportunidades de recibir retroalimentación informativa, la reflexión, la autorregulación y la oportunidad de trabajar de forma colaborativa." (Gilar, 2003, p. 286).

CONCLUSIONES Y PROPUESTAS DE FUTURO

En los procesos de enseñanza aprendizaje del fútbol se precisa realizar propuestas basadas en la individualización, atendiendo a las características diferenciadoras de los jugadores, puesto que la aplicación de estilos de enseñanza que la fomentan ha permitido que los jugadores hayan obtenido mejoría en la gran mayoría de los ámbitos estudiados.

Los procesos de reflexión han de constituir una pieza clave en los procesos de enseñanza aprendizaje. Los entrenadores que han seguido el proceso de formación colaborativa señalan que sus jugadores han adquirido aprendizajes más sólidos debido a la reflexión que han fomentado, hecho que es confirmado por su desenvolvimiento en el test de juego.

Los jugadores de las escuelas colaboradoras llegan a ser más colectivos y también más defensivos, lo cual contrasta con la etapa evolutiva de la categoría alevín, con un marcado carácter egocéntrico. En este sentido, los avances experimentados muestran un desenvolvimiento en el juego más equilibrado y acorde con la naturaleza del mismo.

En relación con la conclusión anterior, la atención más individualizada que los entrenadores han dado a los jugadores de las escuelas colaboradoras ha permitido a los mismos alcanzar un mayor nivel de satisfacción en torno a sus entrenamientos.

Dados los resultados encontrados, se precisa una formación inicial del técnico deportivo con mayor orientación didáctica con el fin de atender a las posibilidades, limitaciones y necesidades de los jugadores, así como conocer de forma más exhaustiva los procesos de adquisición de aprendizaje de los mismos.

Propuestas de futuro

Tras el proceso de investigación, consideramos que con el fin de seguir profundizando en el conocimiento del pensamiento de los entrenadores, así como de su influencia en el aprendizaje de los jugadores, el proceso de formación colaborativa se podría organizar con más técnicos, pudiendo dar lugar a una mayor variabilidad de opiniones, creencias y conocimientos y, por ende, a un mayor intercambio de experiencias. Igualmente, podría ser interesante que, además de la grabación de las reuniones, los técnicos elaboraran un diario personal en el que registren las características de su entrenamiento, opiniones personales, inconvenientes que vayan encontrando, reacciones de los jugadores, etc.

En el mismo sentido, sería interesante incluir una herramienta en la que los alumnos mostraran su opinión acerca del proceso seguido, pero para ello consideramos que sería necesario realizar este trabajo con alumnos de mayor edad.

Otro de los aspectos que consideramos sería altamente interesante sería que tras el test de juego de 2 vs. 2, los jugadores pudieran visualizarlo y explicar su actuación. Esto nos podría proporcionar gran información sobre el nivel de conocimiento y comprensión del juego por parte del jugador.

Entendemos, por otro lado, que nuestra investigación, por su naturaleza y por la muestra que ha empleado no puede extrapolar datos, no siendo ese su objetivo, pero sería interesante aplicar este tipo de iniciativas, por un lado, con la muestra suficiente y, por otro, con grupos de alumnos que partieran de niveles similares, con el fin de poder generalizar los datos obtenidos.

BIBLIOGRAFÍA

Alippi, P. (2002). *El fútbol a través de sus etapas evolutivas. Lecturas: Educación Física y deporte,* 8(50). Revista electrónica. http://www.efdeportes.com (revisada el 18 de Agosto de 2011).
Ardá, A. (1998). *Análisis de los patrones de juego en fútbol 7. Estudio de las acciones ofensivas.* Tesis doctoral no publicada. Universidad de A Coruña.
Ardá, A. y Casal, C. (2003). *Metodología de la Enseñanza del Fútbol.* Barcelona: Paidotribo.
Ausubel, D. (2002). *Adquisición y retención del conocimiento: una perspectiva cognitiva.* Barcelona: Paidós.
Bayer, C. (1979). *La enseñanza de los juegos deportivos colectivos.* Barcelona: Hispano Europea.
Carlson, R. (1988). The socialization of elite tennis players in Sweden. An analysis of the players' background and development. *Society of Sports Journal, 5,* 241-256.
Carlson, R. (1993). The path to the national levels in sport Sweden. *Scandinavian Journal of Medicine and Science in Sports, 3,* 170-177.
Carr, M. y Kurtz, B.E. (1989). *Teacher's perceptions of their student's metacognition, attribution and self-concept.* San Francisco: Council of American Educational Research Association.
Castejón, F.J. (1994). La enseñanza del deporte en la educación obligatoria: enfoque metodológico. *Revista Complutense de Educación, 2*(5), 137-151.
Castejón, F.J. y López, V. (1997). Iniciación Deportiva. En F.J. Castejón (ed.). *Manual del Maestro especialista en Educación Física.* Madrid: Pila Teleña.

Coll, C. (1994). *Aprendizaje escolar y construcción del conocimiento*. Barcelona: Paidós.

Costa, J.C., Garganta, J., Fonseca, A.M. y Botelho, M. (2004). Intelegência, conhecimiento específico e estatuto posicional de jovens futebolistas de diferentes níveis competitivos. En J. Oliveira (ed.), *Estudos CDJD, 4* (pp. 7-14). Porto: Univerdidade do Porto.

De Corte, E. (2000). Marrying theory building and the improvement of school practice: a permanent challenge for instructional Psychology. *Learning and Instruction*, *10*, 249-266.

De La Vega, R. (2002). *Desarrollo del metaconocimiento táctico y comprensión del juego: un enfoque constructivista aplicado al fútbol*. Tesis Doctoral no publicada. Universidad Autónoma de Madrid.

Dönner, D. y Pfeifer, E. (1993). Strategics thinking, strategic error, stress and intelillenge. *Sprache y kognition*, *11*, 75-90.

Ericsson, K.A. (1999). Creative expertise and superior reproductible performance: innovate and flexible aspects of expert performance. *Psychological Inquiry*, *10*(3), 329-361.

Ericsson, K.A. y Charness, N. (1994). Expert performance: its structure and acquisition. *American Psychologist*, *49*, 725-749.

Ericsson, K.A., Krampe, R. y Tesch-Romer, C. (1993). The role of deliberate practice in the acquisition of expert performance. *Psychological Review*, *100*(3), 363-406.

Farrow, D. y Hewwit, A. (2002). Sports science support for the Australian Institute of Sport Football Programme. *Insight*, *5*(4), 49-50.

Garganta, J. y Cunha, P. (2000). O jogo de futebol: entre caos e a regra. *Revista Horizonte*, *91*, 5-8

Garganta, J. y Pinto, J. (1998). O Ensino do futebol. En A. Graça y J. Olivera (Eds.). *O ensino dos jugos desportivos* (pp. 95-135). Centro de Estudos dos Jugos Desportivos. Facultade de Ciencias do Desporto e de Educaçao Física. Porto: Universidade do Porto

Gilar, R. (2003). *Adquisición de habilidades cognitivas. Factores en el desarrollo inicial de la competencia experta*. Tesis Doctoral no publicada. Universidad de Alicante.

Giménez, F.J. (2000). *La Formación del Entrenador de Iniciación al Baloncesto en Andalucía*. Tesis Doctoral no publicada. Universidad de Huelva.

Goldman S.R., Petrosino, A.J. y CTGV (1999). Design principles for instruction in content domains: lessons from research on expertise and learning. En F.T. Durso (Ed.). *Handbook of Applied Cognition* (pp. 595-627). Chichester: Wiley.

Helsen, W.F., Van Winckel, J. y Williams, A.M. (2005). The relative age effect in youth soccer across Europe. *Journal of Sports Sciences*, *23*(6), 629-636.

Kröger, C. y Roth, K. (2003). *Escuela de balón. Guía para practicantes*. Barcelona: Paidotribo.

Lapresa, D., Arana, J., Carazo. J. y Ponce, A. (1999). *Orientaciones educativas para el desarrollo del deporte escolar*. Federación Riojana de Fútbol. Logroño: Universidad de la Rioja.

Lapresa, D., Arana, J., Garzón, B. y Álvarez, A. (2004). *La Alternativa del fútbol 9 para el primer año de la categoría infantil*. Logroño: Universidad de la Rioja

Le Boulch, J. (1986). *La educación psicomotriz en la escuela primaria*. Barcelona: Paidós.

Lesgold, A., Rubinson, H., Feltovich, P., Glaser, R., Klopfer, D. y Wang, Y. (1988). Expertise in a complex skill: diagnosing X-ray pictures. En M.T.H. Chi, R. Glaser y M.J. Farrr (Eds.). *The nature of expertise* (pp. 311-342). Hillsdale: LEA.

López, V. y Castejón, F. (2005). La enseñanza integrada técnico-táctica de los deportes en edad escolar. Explicación y bases de un modelo. *Apunts de Educación Física y Deportes*, *79*, 40 48.

Malina, R. (2001). Youth football players: perspectives from growth and maturation. *Insight- Issue*, *5*(1), 27-31.

Morcillo, J.A. (2004). *El desarrollo profesional del entrenador de fútbol-base basado en el trabajo colaborativo en un club amateur*. Tesis Doctoral no publicada. Granada: Universidad de Granada.

Morcillo, J.A. y Moreno, R. (2000). Fundamentos teórico-prácticos para la creación de situaciones de enseñanza-entrenamiento en fútbol. Argentina. *Lecturas: Educación Física y deporte*, *5* (21). Revista electrónica. http://www.efdeportes.com (revisada el 14 de Agosto de 2011).

Morris, T. (2000). Psychological characteristics and talent identification in soccer. *Journal of Sport Sciences*, *18*(9), 715-726.

Navarro, V. (1997). Análisis estructural y funcional de los juegos deportivos. En J. Hernández Moreno (Ed.), *Salud, Deporte y Educación* (pp.201-226). Las Palmas de Gran Canaria: CEPSS.

Nicholls, J.G. (1984). Achievement motivation: conceptions of ability, subjective experience, task choice and performance. *Psychological Review, 91*, 328-346.

Ommundsen, Y., Roberts, G.C., Lemyre, P.N. y Treasure, D. (2003). Perceived motivacional climate in male youth soccer: relations to social-moral functioning, sportspersonship and team perceptions. *Psychology of Sport and Exercise, 4*(3), 397-413.

Pérez Turpin, J.A. (2002). *La competición en el ámbito escolar: un programa de intervención social.* Tesis Doctoral no publicada. Alicante: Universidad de Alicante.

Piaget, J. (1969). *Psicología y Pedagogía. Los métodos nuevos: sus bases psicológicas.* Barcelona: Ariel.

Roberts, G.C. (2001) Understanding the dynamics of motivation in physical activity: the influence of achievement goals and motivational processes. En G.C. Roberts (Ed.). *Advances in motivation in sport and exercise* (pp. 1-50). Champaign: Human kinetics.

Roberts, G.C., Treasure, D.C. y Kavussanu, M. (1997). Motivation in physical activity contexts: an achievement goal perspective. En M. Maehr y P. Pintrich (Eds.). *Advanced in motivation and achievement, 10* (pp. 413-447). Greenwich: Jai Press.

Rodríguez, O. y Williamson, R. (1980). Diferencias sociales en el lenguaje: el caso de las narraciones de niños mexicanos de seis años. En M.Gordon y A. Rugg (Eds.), *Actas del VI Congreso de la Asociación Internacional de Hispanistas* (pp.606-610). Spanish and Portuguese department, Toronto: University of Toronto.

Romero, C. (2000). Hacia una concepción más integral del entrenamiento en fútbol. *Lecturas: Educación Física y deporte, 5* (19). Revista electrónica. http://www.efdeportes.com (revisada el 17 de Agosto de 2011).

Romero, C. (2005). Un modelo de entrenamiento en fútbol desde una visión didáctica. *Lecturas: Educación Física y deporte, 10* (80). Revista electrónica. http://www.efdeportes.com (revisada el 14 de Agosto de 2011).

Ruiz, L.M. y Arruza, J.A. (2005). *El proceso de toma de decisiones en el deporte. Clave de la eficiencia y el rendimiento deportivo.* Barcelona: Paidós.

Ruiz, L.M. y Sánchez, F. (1997). *Rendimiento Deportivo. Claves para la optimización de los aprendizajes.* Madrid: Gymnos.

Salvador, F. y Gallego, J. (2002). Enfoque didáctico para la individualización. En A. Medina y F. Salvador (eds.), *Didáctica General* (pp.247-272). Colección Didáctica. Madrid: Prentice Hall.

Saraví, J.R. (2000). La iniciación deportiva y la intervención del adulto. Algunas reflexiones desde una perspectiva didáctica. *Lecturas: Educación Física y deporte, 5* (26). Revista electrónica. http://www.efdeportes.com (revisada el 30 de Agosto de 2011).

Sicilia, A. y Delgado, M.A. (2000). *Educación Física y Estilos de Enseñanza.* Barcelona: Inde.

Singer, R.N. y Janelle, C.M. (1999). Determining sports expertise: from genes to supremes. *International Journal of Sport Psychology, 30*(2), 117-151.

Stratton, G. (2001). A Knowledge based structure for coaching: the bigger picture. *Insight, The FA Coaches Association Journal. 4*(4), 44.

Vegas, G. (2006). *Metodología de enseñanza basada en la implicación cognitiva del jugador de fútbol base.* Tesis Doctoral no publicada. Granada: Universidad de Granada.

Vegas, G., Pino, J., Romero, C. y Moreno, M.I. (2007). Propuesta de valoración técnico-táctica mediante una situación de juego colectivo básico en el fútbol de iniciación. *Retos. Nuevas tendencias en Educación Física, Deporte y Recreación, 12,* 29-35.

Vegas, G., Romero, C. y Pino, J. (2008). Las teorías implícitas de los entrenadores de fútbol de Andalucía. Comparación de los modelos de enseñanza del fútbol base de las escuelas de la Diputación de Málaga y de los aspirantes a nivel III (curso 2001/2002) de la Federación Andaluza de Fútbol. En J. A. Mora y F. Chapado (Eds.), *Visión actual de la psicología del deporte* (pp. 690-702). Wanceulen: Sevilla.

Vidaurreta, L. (2002). Estilo cognitivo y respuesta táctica. *Lecturas: Educación Física y deporte, 8* (46). Revista electrónica. http://www.efdeportes.com (revisada el 25 de Agosto de 2011).

Wein, H. (1995). *Fútbol a la medida del niño.* Madrid: CEDIF.

Williams, A.M. y Reilly, T. (2000). Talent identification and development in soccer. *Journal of Sports Sciencies. Volume, 18*(9), 657-667.

CAPÍTULO XVIII

ESTUDIO DE LAS ETAPAS DE FORMACIÓN DEL JOVEN DEPORTISTA DESDE EL DESARROLLO DE LA CAPACIDAD TÁCTICA. APLICACIÓN AL FÚTBOL[17]

Sixto González Víllora

INTRODUCCIÓN

La enseñanza de los deportes ha dejado tradicionalmente el componente táctico a un lado (Bunker y Thorpe, 1982; Griffin y Butler, 2005), centrándose en el componente técnico, de carácter estereotipado y mecánico, que nada o muy poco añade a la educación del movimiento. Esto lleva implícito unas deficiencias o limitaciones en el proceso de enseñanza-aprendizaje deportivo que en muchos casos no se superan nunca.

Lamentablemente, en muchas ocasiones el deporte enseñado de forma tradicional conduce a los jóvenes deportistas al abandono de la actividad física o deportiva. Según Cecchini, González y Montero (2007) y Cecchini, Méndez y Contreras (2005) en España y en la categoría alevín (menos de 12 años) es donde se produce un mayor nivel de práctica. Pero en etapas posteriores se produce un descenso progresivo de praxis, especialmente en grupos dirigidos por profesores, entrenadores o monitores y en grupos destinados a chicas. Cuando nos preguntamos el porqué de dicho abandono, las investigaciones nacionales (Cecchini et al., 2007) muestran que los motivos que exponen los chicos y chicas son debidos a conflicto de intereses (práctica de otros deportes), énfasis competitivo, no se divierten, bajo nivel de competencia, enfrentamientos con los entrenadores o mala organización en el deporte (demasiados viajes o competiciones). Pero esto parece extrapolarse también en el ámbito internacional, un ejemplo de ello en el ámbito americano es la afirmación de Lonning (2002), la cual confirma lo dicho con anterioridad: entre el 50-70% de los jóvenes deportistas abandonarán el deporte organizado antes de cumplir los 13 años (categoría infantil).

Todo esto nos debería hacer recapacitar y realizar una autocrítica dentro del campo de la formación deportiva, pues son demasiados los chicos y especialmente las chicas que abandonan la práctica deportiva a una edad temprana. De esta manera, esta población desencantada con los sistemas deportivos tradicionales se asienta en el sedentarismo, en el abuso de actividades pasivas: videoconsolas, ordenadores o televisión; y en el peor de los casos en actividades nocivas para la salud: alcohol (botellón), tabaco, marihuana u otros. Todo ello lleva en ocasiones enfermedades asociadas, tales como: diabetes, obesidad, colesterol, hipertensión, cáncer, osteoporosis o facturas. Por tanto, consideramos que es necesario implantar metodologías alternativas y motivantes en el

---

[17] González Víllora, S. (2008). Estudio de las etapas de formación del joven deportista desde el desarrollo de la capacidad táctica. Aplicación al fútbol. Directores: Onofre Ricardo Contreras Jordán y Luis Miguel García López. Departamento de Didáctica de la Expresión Musical, Plástica y Corporal, Universidad de Castilla-la Mancha (UCLM).

proceso de enseñanza-aprendizaje deportivo con el fin de que los niños y jóvenes se acojan a estilos de vida saludable, practicando uno o varios deportes varias veces por semana. Para lo cual necesitamos conocer más sobre qué saben y qué saben hacer los jugadores en los diferentes estadios de aprendizaje deportivo, así como métodos de enseñanza que se aproximen lo máximo posible a estos niveles de juego.

Aunque esto no parece sencillo, pues conlleva una serie de problemas o limitaciones. Según Contreras, De La Torre y Velázquez (2001) la formación del profesor debe ser más integral, pues ya no es un mero reproductor del curriculum. Si extrapolamos esto al contexto deportivo, el entrenador ya no es un mero recopilador de entrenamientos de categorías superiores, sino que debe crear sus propias sesiones, diseñar tareas de formación innovadoras y significativas, adaptadas al nivel de sus jugadores. Para ello, en la medida de lo posible, habrá que individualizar el entrenamiento a las posibilidades de la zona de desarrollo próximo de cada jugador o grupo de jugadores. Según Griffin y Butler (2005) para una verdadera formación del entrenador se debe poseer tres factores: mayor conocimiento del contenido a enseñar, mayores habilidades de observación y análisis de los jugadores y finalmente, el desarrollo de metodologías activas y reflexivas, como pueden ser la resolución de problemas y la búsqueda o descubrimiento guiado.

La ubicación del marco teórico tiene una marcada perspectiva Constructivista, cuyas premisas son las siguientes:

Carácter social del aprendizaje: Especialmente tratándose de un deporte colectivo y la necesaria interacción entre jugadores, pues el aprendizaje tiene un carácter sociocultural, el ser humano aprende desde y mediante sus relaciones con el medio.

Importancia de la comunicación e interacción entre personas, con especial interés en los contenidos relevantes: En los deportes prima el lenguaje no verbal entre jugadores, tanto comunicación como contra-comunicación (Webster, González-Víllora y Harvey, 2011).

Participación activa del jugador en la búsqueda de la autonomía: El jugador no puede ser un mero receptor sino el máximo responsable de su aprendizaje. Nadie le puede sustituir en esta tarea (García López, 2006).

Zona de desarrollo próximo y el proceso de andamiaje: La enseñanza debe dirigirse a las funciones que están en proceso de maduración. Vygostski (1979) expone esta teoría desde un punto de vista individual, en la tesis orientamos esta teoría desde una perspectiva más grupal.

La complejidad motora: aprendizaje significativo. Oña (2001) afirma que la clave es la incertidumbre, a mayor incertidumbre más difícil es una habilidad específica. Para reducir la incertidumbre sólo conocemos un método el entrenamiento significativo.

Influencia de la metacognición en el deporte: Es conocer la existencia de estrategias de actuación (reglas tácticas) y tener conocimientos que regulen la propia actividad. La cognición se aplica en el proceso de actuación (De la Vega, 2002).

Además, en el marco teórico existe una influencia cognitivo-motriz piagietiana, basada en que el desarrollo ocurre a través de un proceso de adaptación, que está unido a los procesos de adaptación, acomodación y asimilación (Piaget, 1974). La adaptación es el proceso intelectual basado en la necesidad del individuo de hacer ajustes respecto a su interacción con el ambiente. Mientras la acomodación es cuando la persona ajusta su respuesta para resolver las demandas específicas de una nueva situación. Finalmente, la asimilación es la incorporación de la nueva información en las estructuras cognoscitivas previamente establecidas.

De este modo, Piaget (1974) identifica cuatro fases: sensomotora (del nacimiento a los 2 años), pensamiento pre-operacional (2 a 7 años), operaciones concretas (7 a 11 años) y operaciones formales (11 años o más). De esta manera, en el proceso de enseñanza-aprendizaje de los deportes debemos tener especial atención a las dos últimas fases, pues es donde se desarrolla mayoritariamente la enseñanza y el aprendizaje de estrategias y tácticas deportivas.

Una vez introducido el contexto en el que nos movemos pasamos a describir el problema de investigación como: "Conocer la capacidad técnico-táctica en niños/jóvenes, de cara a poder establecer adecuadamente los objetivos y contenidos técnico-tácticos del proceso de enseñanza/aprendizaje en fútbol desde los 7-8 a los 13-14 años".

Históricamente se ha tratado este problema, pero no se ha realizado desde una visión científica, sino desde una orientación basada en experiencias, creencias o intuiciones. Aunque también hemos de decir que en la última década existe una preocupación y auge investigador sobre este asunto y otras líneas científicas que están en estrecha relación (e.g. Blomqvist, Vänttinen y Luhtanen, 2005; Fontana, Mazzardo, Mokgothu, Furtado y Gallagher, 2009; García-López, Gutiérrez-Díaz, González-Víllora, Abellánn-Hernández y Webb, 2010; Gréhaigne, Godbout y Bouthier, 2001; Gutiérrez-Díaz, González-Víllora, García-López y Mitchell, 2011; Lapresa, Amatria, Egüén, Arana y Garzón, 2008; MacPhail, Kirk y Griffin, 2008).

Una novedad importante que se ha incluido dentro del marco teórico de la tesis es la realización de una nueva propuesta de clasificación del subsistema técnico-táctico, para ello hemos considerado las aportaciones realizadas por diversos autores, como De la Vega (2002), Fradua (1999), Lago (2002, 2007), Lasierra (1990) o Wein (1995). En esta clasificación (González-Víllora, Gutiérrez-Díaz, Pastor-Vicedo, Fernández-Bustos, 2007) aparecen las acciones técnico-tácticas individuales: jugador atacante con balón (JAcB), jugador atacante sin balón (JAsB), jugador defensa a atacante con balón (JDaAcB) y jugador defensa a atacante sin balón (JDaAsB). Además se desarrolla la relación entre las acciones técnico-tácticas en cada rol, las intenciones tácticas y los principios de ataque y de defensa (Bayer, 1992). Por último, se incluyen los elementos técnico-tácticos grupales.

Continuando con el marco conceptual, una de las revisiones elaboradas más interesante ha sido la relativa a la formación de los deportes de invasión desde la perspectiva horizontal. En este sentido, los autores agrupan a los deportes con similitudes en la lógica interna del juego y principios tácticos comunes para realizar una enseñanza de forma conjunta: buscando la transferencia de conocimientos, especialmente en (a) la formación de estrategias; (b) creatividad en el juego; y (c) la selección de tácticas. En este sentido, hay numerosas publicaciones, entre las que destacamos en el ámbito nacional a Contreras et al., (2001) y en el ámbito internacional a Griffin y Butler (2005) o Griffin, Michell y Oslin (1997). Todos ellos proponen una enseñanza horizontal de los deportes de invasión en Primaria y diferentes modelos verticales en Secundaria.

En cuanto a la formación específica del fútbol, lo que se denomina la perspectiva vertical, hemos hecho un esfuerzo en la revisión de planificaciones de enseñanza-aprendizaje (González-Víllora, 2009). Así, hemos encontrado progresiones que se llevan a cabo desde la evolución del juego y otras que se realizan a partir de la lógica de la materia. Evidentemente hay progresiones en las que se aplican ambos conceptos, es decir hay una escala de grises, pues en estas taxonomías en ocasiones los conceptos no son blancos o negros. En este apartado son de interés las aportaciones de De la Vega (2002), que se basa en un criterio basado sobre la evolución del juego. Por otra parte, Lago (2002, 2007) encuadra sus trabajos en una perspectiva orientada a la lógica de la materia: fútbol.

La primera de ellas es una tesis doctoral sobre metaconocimiento en fútbol. De la Vega (2002) propone tres pasos evolutivos en el aprendizaje del fútbol. El primero sería marcar gol y evitar que se lo marquen (egocentrismo). El segundo paso sería la relación de (a) mejorar la coordinación con los compañeros; (b) conceder importancia a la posesión del balón; (c) aparece el desmarque; (d) nociones vinculantes: precisión y velocidad, variar el ritmo de juego. Por último, y en tercer lugar, habría que integrar el juego vertical y horizontal, analizando al rival para jugar de la manera más eficaz.

Por su parte, Lago (2002, 2007), en una planificación más basada en la lógica de la materia, aunque teniendo en cuenta la evolución del juego propone la progresión de los contenidos técnico-tácticos individuales y colectivos.

La planificación va desde pre-benjamín a cadete (6-16 años). O lo que sería la Educación Primaria (6-12 años) y Secundaria obligatoria (cuatro cursos de ESO: 13-16 años).
Estableciendo cuatro roles de juego. Jugador atacante con balón (JAcB), jugador atacante sin balón (JAsB), jugador defensa a atacante con balón (JDAcB), y jugador defensa a atacante sin balón (JDAsB). Es decir una propuesta que se ocupa tanto del ataque como de la defensa. Aunque da comienzo con los elemento técnico-tácticos ofensivos para pasar después a los defensivos.
Intenciones técnico-tácticas. Idénticas a los principios propuestos por Bayer (1992), más otros que se han añadido como pueden ser ayudar o vigilar.
Principios específicos. Penetración, cobertura, espacio y movilidad.

Para terminar con el marco teórico pasamos a describir brevemente la investigación realizada sobre el proceso de enseñanza-aprendizaje deportivo.

La principal línea de investigación de la tesis es la evolución del conocimiento táctico y la toma de decisiones en la iniciación deportiva. Pero como esta línea de investigación es muy joven, nos hemos apoyado también en otros campos de investigación, como son la comparación de la eficacia de uno o varios modelos de enseñanza, estudios del paradigma experto-novato o la selección de jóvenes talentos deportivos.

De esta manera, entre los estudios que destacamos sobre la evolución del conocimiento estratégico y decisional en los deportes está el de French y Thomas (1987) y Nevett y French (1997) que realizaron investigaciones sobre baloncesto: el primero de los estudios se ocupa de una muestra de 8-12 años y en el segundo se amplia la muestra hasta los 14 años. Estudian la relación entre el desarrollo del conocimiento, las habilidades de ejecución y la competencia motriz. Compara expertos y novatos en acciones de dribling y tiro. Es decir únicamente evalúan al JAcB. La conclusión más relevante es que consideran más importante la práctica y el tiempo de aprendizaje que la edad.

Siguiendo una línea de investigación similar Nevett, Rovegno, Babiarz y McCaughtry (2001) realizaron un estudio con una muestra de 24 alumnos de 9-10 años. A partir de esta investigación describen algunos cambios en el rendimiento tras un periodo de formación (12 sesiones, dos por semana) relacionadas con la toma de decisiones y la ejecución de la habilidad. El instrumento de evaluación se realiza a partir de un juego modificado de invasión (3 vs. 3, 2 aros) y se analiza tanto el jugador atacante con balón como el jugador atacante sin balón. Los resultados encontrados explican una gran relación e influencia de las acciones de pasar, los movimientos de cortar y recibir entre los distintos jugadores de un mismo equipo. Por tanto concluyen que los elementos técnico-tácticos no se pueden estudiar de manera aislada y señalan:

La unidad de toma de decisión (DMU: decision-making unit) tenía un máximo de 4 segundos.

Sugieren que las tácticas básicas pueden ser aprendidas en cuarto grado, mientras que las tácticas simplificadas sean el centro de la formación.

Este estudio indica también la fragilidad de los nuevos conocimientos adquiridos y de las habilidades tácticas, pues los chicos en ocasiones realizaban acciones apropiadas en poco tiempo, pero más tarde empleaban otras respuestas menos apropiadas en situaciones similares.

Por su parte, Vegas-Haro (2006) elabora su tesis doctoral a partir de una muestra de 60 jugadores de fútbol (10-11 años). Su objetivo es la evaluación del conocimiento procedimental y declarativo a nivel técnico-táctico a partir de un test de juego de 2 vs. 2 (conocimiento procedimental), y un cuestionario de conocimiento técnico-táctico declarativo para conocer si el jugador es consciente de lo que ha hecho en el test de 2 vs. 2 o si responde en función de lo que él cree que debería haber hecho; además amplia esta información con cuestionarios sobre situaciones de juego representadas de forma gráfica. De este modo, las principales conclusiones fueron:

Los procesos reflexivos han de constituir una pieza clave en los procesos de enseñanza-aprendizaje, consiguiéndose aprendizajes más sólidos y acordes con las características del juego.

Los alevines tienen en su juego un marcado egocentrismo, que arrastran de etapas evolutivas anteriores.

La motivación es un hecho indispensable para el aprendizaje, sin ella el proceso de asimilación se verá perjudicado.

OBJETIVOS DE LA INVESTIGACIÓN

De acuerdo al problema planteado y al marco teórico expuesto, pasamos a plantear los objetivos principales de la investigación y las correspondientes hipótesis.

1.- Analizar la complejidad y problemática de los procesos de aprendizaje deportivo en la fase de iniciación.

2.- Analizar el desarrollo de la capacidad técnico-táctica en relación a los juegos de invasión (fútbol), entre los 7-8 y los 13-14 años con un elevado nivel de pericia.

3.- Conocer la relación existente entre el conocimiento declarativo y procedimental orientado al saber técnico-táctico en fútbol.

4.- Conocer si un mayor conocimiento procedimental teórico es indicador de un mayor conocimiento procedimental práctico.
5.- Desarrollar y aplicar nuevos instrumentos de evaluación táctica.
6.- Conocer en qué categoría de edad es adecuado comenzar el proceso de iniciación deportiva, así como los procesos de formación en fútbol.
7.- Conocer si existe un rango de edad en la que se produce un momento "sensible" para el desarrollo deportivo.

Hipótesis de la investigación:

1.- Existen diferentes niveles de representación del juego.
2.- Se da el mismo nivel de representación y acción en el juego en sujetos con un mismo desarrollo motor, volumen de entrenamiento y contexto de práctica.
3.- Existe un nivel normativo y diferencial en cada categoría de formación.
4.- El nivel de conocimiento sobre las variables técnico-tácticas individuales es mayor que para las variables grupales o colectivas del juego, para un mismo grupo de edad.
5.- El nivel de comprensión y el desarrollo de las acciones técnico-tácticas ofensivas resultan más complejas que las defensivas.

METODOLOGÍA

Población

La muestra del estudio está conformada por 57 jugadores con alto nivel de pericia de las categorías inferiores del Albacete Balompié. Club de fútbol más relevante en la región de Castilla-la Mancha. Pero ¿qué significa alto nivel de pericia en una categoría de formación? Pues que hemos seleccionado para la muestra del estudio un Club deportivo que forma a los jugadores con alto nivel de rendimiento. Esto lo contrastan los resultados alcanzados en los últimos años, por poner un ejemplo, el equipo Juvenil consiguió la copa del Rey la temporada pasada frente a equipos como Real Madrid C.F., F.C. Barcelona, etc.

De este modo, se han seleccionado entre 13 y 16 jugadores con mayor nivel de pericia de las categorías inferiores del Albacete Balompié: pre-benjamín (menos de ocho años), benjamín (menos de 10 años), alevín (menos de 12 años) e infantil (menos de 14 años).

Diseño de la investigación

La variable independiente del estudio es la edad/experiencia de juego de los jugadores, así se divide en las cuatro categorías de formación expuestas con anterioridad.

La primera variable dependiente es sobre el conocimiento declarativo en fútbol. Nos preocupa conocer el conjunto de información de tipo factual que el niño sabe o no sabe en función de la categoría de edad/experiencia en la que se encuentra. Este tipo de conocimiento se constituye a partir de las reglas de juego, la historia o las concepciones técnico-tácticas. En el estudio nos hemos centrado en los aspectos técnico-tácticos.

La segunda variable dependiente se refiere al conocimiento procedimental. Nos interesa saber el conocimiento sobre cómo actuar ("saber cómo"), es decir nos preocupa el conocimiento sobre cómo realizar las acciones técnico-tácticas que el niño o el joven posee en relación a la categoría de edad/experiencia que representan.

Y la tercera variable dependiente es sobre el rendimiento de juego y puede considerarse como la variable más interesante de la investigación, pues da mayor sentido a las dos anteriores y aporta un mayor sentido ecológico al estudio (debido a que las entrevistas son pruebas cerradas o de laboratorio). La preocupación por conocer el nivel de juego en fútbol en cada categoría de edad/experiencia ha sido siempre objeto de observación y de estudio, pero en muchos casos no se ha utilizado metodología científica.

Para entender mejor las variables dependientes expondremos a continuación la definición (Anderson, 1976) y las características (ver tabla 1; Pozo, 1989) de los tipos de conocimiento:

Conocimiento declarativo: reglamento, historia, definiciones...
Conocimiento procedimental: relación causa-efecto "si... entonces" (*"if... then"*).

	Conocimiento declarativo	Conocimiento procedimental
Consiste en	Saber qué	Saber cómo
Resulta	Fácil de verbalizar	Difícil de verbalizar
Se posee	Todo o nada	En parte
Se adquiere	De una vez	Por la práctica
Procesamiento	Esencialmente controlado	Esencialmente automático

Tabla 1. Tipos de conocimiento según Pozo (1989).

Como consecuencia de la adquisición de estos conocimientos se pueden encadenar acciones que conducen al logro. De esta manera Ruiz y Arruza (2005) afirman que el conocimiento que el deportista posee sobre sí mismo y sobre su deporte participa en sus actuaciones. Un nivel de conocimiento adecuado que posibilite al jugador, no solamente conocer, sino interpretar, analizar y comprender el juego, determinará sus actuaciones posteriores.

Procedimiento

El procedimiento de la investigación ha constado del desarrollado de cuatro fases:

Fase I. Configuración de los tres nuevos instrumentos de evaluación: elaboración de las herramientas, pruebas piloto y test de fiabilidad y validación.
Fase II. Realización de la toma de datos mediante los tres instrumentos de evaluación: 1º. Entrevista sobre el conocimiento de base sobre deportes de invasión: fútbol. 2º. Entrevista de comprensión del fútbol mediante secuencias de video. 3º. La Herramienta de Evaluación del Rendimiento de Juego (HERJ) o en inglés: *Game Performance Evaluation Tool* (GPET).
Fase III. Análisis de los datos aportados por las pruebas de evaluación y realización del informe de resultados.
Fase IV. Redacción de la discusión y las conclusiones del estudio.

Instrumentos de evaluación

Los instrumentos de evaluación han sido publicados completamente (González-Víllora, 2010), en consecuencia en este apartado no se describirán de forma pormenorizada, sino que haremos un resumen de ellos, pudiendo ir a la fuente de origen si algún lector lo precisa. Siguiendo estas orientaciones, a continuación pasamos a exponer brevemente las dos entrevistas utilizadas en la tesis. La primera de ellas es la entrevista semiestructurada sobre el conocimiento técnico-táctico aplicado a deportes de invasión (fútbol). La segunda es la entrevista estructurada sobre conocimiento técnico-táctico mediante el visionado de secuencias de juego real aplicado al fútbol. Para la realización de estos instrumentos se ha tenido en cuenta referencias científicas especializadas, tales como Griffin, Dodds, Placek y Tremino (2001) en relación a los niveles de conocimiento y problemas tácticos (siete escenarios); o Blomqvist et al. (2005) en cuanto a la metodología de investigación sobre secuencias de video.

Los primeros instrumentos de medida son dos entrevistas semiestructuradas sobre el conocimiento técnico-táctico aplicado a deportes de invasión, en concreto sobre fútbol. Con estos instrumentos accedemos de forma flexible al conocimiento técnico-táctico que poseen los jugadores en un momento determinado de su aprendizaje. Ambas entrevistas se clasifican como clínicas, es decir están adaptadas a las capacidades de los niños y jóvenes de la muestra. Por tanto se usó un lenguaje adecuado al nivel cognitivo (8-9 a 13-14 años de edad), se tuvo en cuenta la previsión del tiempo de fatiga del entrevistado (las entrevistas no duraban más de 20 minutos) y se incluyó la posibilidad de utilizar una pizarra táctica o rotulador para dibujar, en el caso de que los niños no se supiesen explicar con palabras pero sí con simbología. La pizarra, a su vez, nos sirvió para explicar a los jugadores de la categoría benjamín algunos elementos complejos para ellos, como en el ejemplo que se puede ver como se señala al jugador atacante sin balón (JAsB, ver figura 1). Las dos entrevistas se pasaron al final de cada periodo de formación o categoría (prebenjamín, benjamín, alevín e infantil) para valorar el conocimiento que se poseía al terminar con cada fase bianual.

Figura 1: Descripción visual del uso de la pizarra táctica durante las entrevistas.

Entrevista sobre el conocimiento de base sobre deportes de invasión: fútbol. Para su elaboración nos basamos en Griffin et al. (2001), los cuales pretendían conocer el conocimiento declarativo y procedimental previo de los estudiantes en Educación Secundaria sobre fútbol. En su caso utilizaron una entrevista con preguntas de tipo *open-ended*, ocupándose de cuatro apartados: conocimiento, fuentes de su conocimiento, experiencia de juego y autopercepción sobre su habilidad en fútbol. Este instrumento está compuesto por: (a) concepciones genéricas sobre qué es jugar bien al fútbol; (b) conocimientos específicos del deporte, que incluye: 1- elementos técnico-tácticos individuales (qué puede hacer un jugador con y sin balón), 2- posición de los jugadores, conceptos grupales básicos y principios de juego, 3- otros conceptos grupales: sistemas de juego básicos, tipos de defensa y ataque; y (c) función táctica (para qué sirve un medio técnico-táctico) y aplicación táctica (cuándo se debe realiza un medio técnico-táctico y cuándo no).

Entrevista de comprensión del fútbol mediante secuencias de video. Para la elaboración de este instrumento nos basamos en varias fuentes (ej., Blomqvist et al., 2005; Griffin et al., 2001). Por ello, nos basamos en secuencias de video de juego real del torneo Internacional Alevín de Fútbol A-7 de Brunete. Es importante que en las imágenes aparezcan jugadores con las mismas capacidades que los entrevistados, por tanto no nos eran útiles las secuencias de video de partidos de categoría senior o profesional.

En la elaboración de este instrumento debemos destacar el laborioso proceso previo para elegir las secuencias de video, para ello contamos con la colaboración de dos expertos para validar el instrumento. Los requisitos para la selección de los expertos fueron tres: (a) ser Doctor, (b) poseer un mínimo de diez años de experiencia en la docencia-investigación universitaria o entrenamiento en iniciación/rendimiento deportivo; y (c) haber participado en proyectos de investigación o publicaciones recientes sobre iniciación deportiva, conocimiento táctico o la toma de decisiones en deportes.

Finalmente, se pasó de las 22 secuencias de video originales a seis secuencias, de las cuales una secuencia quedo como ejemplo para que los sujetos observasen la manera de interacción entre interlocutor y entrevistador. Los criterios de selección de las secuencias de video fueron tres: (a) que las imágenes fueran de alta calidad; (b) que en las secuencias de video aparecieran la mayor cantidad de elementos técnico-tácticos, pues el objetivo era abarcar el mayor abanico posible sin llegar a cansar a los entrevistados; y (c) que los entrevistados pudiesen apreciar con claridad tanto los contextos de juego como las acciones individuales o grupales.

Por tanto la entrevista en sí consta de cinco secuencias definitivas. Cada secuencia de video se conforma de cuatro niveles de conocimiento. En el primer nivel se pide al sujeto que identifique los elementos técnico-tácticos individuales, grupales o colectivos que se muestran en determinados momento de la secuencia (ej., ¿qué hace el jugador de blanco con el dorsal 8?). En el segundo nivel el entrevistado debe responder sobre las intenciones que tiene un jugador o equipo en un determinado contexto de la secuencia (¿qué intención tiene ese jugador?). En el tercer nivel, se ha de interpretar la situación contextual de un jugador o equipo (¿crees qué hace lo correcto?). En el cuarto nivel, se ha de justificar la respuesta dada en la pregunta anterior, con lo que se formulan unas reglas tácticas de acción según el contexto de juego. Consecuentemente en la entrevista se evaluó cuatro niveles de conocimiento técnico-táctico: (a) identificación-descripción de conceptos individuales, grupales y colectivos; (b) interpretación de las intenciones o principios fundamentales de juego aplicados; (c) interpretación de los principios fundamentales de juego contextuales; y (d) identificación de las reglas de actuación que deberían regir en los contextos de juego visionados.

Las dos entrevistas se analizaron tanto a nivel cualitativo (metodología tradicional) como a nivel cuantitativo, pues se elaboraron unas fichas de evaluación y se puntuaban las respuestas bajo unos criterios de evaluación con valores numéricos (de 0 a 3 puntos). La evaluación cuantitativa se efectúo para poder comparar los conocimientos adquiridos en diferentes categorías de formación.

Herramienta de Evaluación del Rendimiento de Juego (HERJ) o Game Performance Evaluation Tool (GPET). Esta herramienta de evaluación además de publicarse en español (González-Víllora, 2010), ha sido traducida al inglés y se encuentra en proceso de revisión (García-López, González-Víllora, Gutiérrez-Díaz y Serra-Olivares, 2011).

Para su elaboración nos hemos basado en varias publicaciones previas, tales como la de French y Thomas (1987) quienes separan el estudio de la toma de decisiones y de la ejecución en baloncesto; Turner y Martinek (1992) lo adaptaron y validaron para hockey; Méndez (1998, 1999) expone la importancia de no realizar sólo test cerrados y aplica este instrumento en su tesis sobre el floorball patines y el baloncesto; y García-López (2004) adaptó el instrumento al juego de invasión genérico. También en el trabajo de Griffin et al. (2001) quienes recogen la referencia de cuatro segundos para cada toma de decisión. Otros trabajos son los de Nevett, Rovegno, Babiarz (2001) en béisbol y Nevett et al. (2001) en deportes de invasión, en ellos se incluye el concepto de la unidad de toma de decisión (UTD: inicio y fin). El trabajo de Oslin, Mitchell y Griffin (1998) y Gréhaigne et al., (1997) proponen instrumentos de evaluación de la toma de decisiones a nivel didáctico. Por tanto, el Instrumento de Medición del Rendimiento de Juego o *Game Performance Assessment Instrument* (GPAI) desarrollado por Oslin et al. (1998, p. 233) "identifica los componentes observables del rendimiento de juego para que fuesen aplicables a través de cuatro categorías en el juego". Por otro lado, el Instrumento de Medición para los Deportes de Equipo o *Team Sports Assessment Instrument* (TSAP) diseñado por Gréhaigne et al. (1997) tienen en cuenta tanto la medición de las interacciones entre estrategia y la eficiencia de la táctica como la eficiencia de la técnica.

¿Cuáles son las mejoras más relevantes de la HERJ con respecto a herramientas anteriores? A continuación se exponen dichas mejoras:

Contextualización del juego a partir del análisis de los principios tácticos de ataque (Bayer, 1992): conservar, progresar y conseguir el objetivo en ataque.

Análisis de las acciones defensivas en relación a las ofensivas, ya que se evalúa al jugador defensor del atacante con balón en relación a éste, así como al jugador defensor del atacante sin balón en relación a su par.

Además del estudio del jugador atacante con balón (JAcB) como se ha realizado en estudios previos, se analizan el resto de roles: jugador atacante sin balón (JAsB), jugador defensa a atacante con balón (JDaAcB) y jugador defensa a atacante sin balón (JDaAsB).

Elementos técnico-tácticos grupales y colectivos de defensa y ataque: en el instrumento se han incluido la cobertura, ayuda, pared o contraataque.

Además de las mejoras, otra pregunta que planteamos fue ¿qué se evalúa en la HERJ? Si nos fijamos en los dos roles de ataque observamos que se evalúan los principios de juego (ver tabla 2), para el JAcB los tres: conservar, progresar y conseguir el objetivo; y para el JAsB sólo los dos primeros: conservar y progresar, pues no se puede conseguir gol si no se tiene la posesión del balón. Si observamos la fila del JAcB dentro del contexto de cada principio de juego se evalúa tanto la toma de decisiones (Td) como las ejecuciones (Ej) del pase, conducción/regate o dribling y el tiro, así como la ejecución del control. Mientras en el JAsB se evalúa el desmarque y fijar.

En la defensa no hemos evaluado los principios de juego, pero sí los elementos técnico-tácticos, tales como: marcaje, blocaje, entrada, despeje para el defensa al jugador con balón; y marcaje, interceptación y despeje para el defensa al jugador sin balón. Además de todo lo anterior, hemos evaluado elementos técnico-tácticos grupales.

Roles de juego		Individuales		Grupales
		Principios de juego	Eficacia de la Td y Ej	
Ataque	JAcB	1º Conservar 2º Progresar 3º Conseguir el objetivo	Control (Ej) Pase Conducción/Regate Tiro/Remate	Pared Contraataque
	JAsB	1º Conservar 2º Progresar	Desmarque Fijar	Contraataque
Defensa	JDAcB		Marcaje/Posición básica Blocaje Entrada Despeje	Ayuda
	JDAsB		Marcaje/Posición básica Interceptación-Despeje	Ayuda-cobertura

Tabla 2. Elementos técnico-tácticos evaluados en la HERJ (González-Víllora, 2010) (Td se refiere a toma de decisión y Ej se refiere a la ejecución).

Análisis de videos. Se analizaron 21 partidos, cada uno de ellos de ocho minutos. Esta duración puede parecer escasa, pero hay que tener en cuenta que cada cuatro segundos se evaluaba a cada jugador en el campo de juego, de forma que el número es elevado. Por ejemplo en un partido 5 vs. 5 (categoría alevín) se mide cada cuatro segundos de juego real a diez jugadores. Cada partido obtuvo una media de diez horas de análisis de video posterior. Estas horas no se podían realizar de forma consecutiva, sino que había que realizar descansos. Por otro lado, también hay que estimar el tiempo de fatiga de los jugadores pre-benjamines. Realizar tiempos de partido de más de cinco minutos era medir a los jugadores bajo el efecto de la fatiga, algo que no era interesante según los objetivos previstos.

Los procesos de validez y fiabilidad fueron exhaustivos y precisos, obteniendo resultados estadísticos adecuados para poder usar este innovador instrumento de evaluación de la toma de decisiones y la ejecución en estudios posteriores. Todos estos datos se presentan en el artículo de García-López et al. (2011) para el instrumento orientado a la evaluación del rendimiento de juego en deportes de invasión, que en este trabajo mostramos en su versión adaptada al fútbol.

La medición de la validez de contenido en la adaptación al contexto táctico fue llevada por el panel de expertos sin incidencias reseñables. Sin embargo, la validez de criterio no dio positiva en el tercer contexto táctico (conseguir el objetivo), sin duda por la falta de acciones de finalización que se han dado en las grabaciones. No creemos que esto sea un inconveniente importante, en el sentido de que entendemos que para clasificar los jugadores por el nivel de pericia, no es necesario que todas las variables sirvan a este fin, y más aun cuando la acción del tiro en fútbol aparece tan poco a menudo debido a la propia dinámica del juego (en partidos de UEFA oficial existen de 8 a 25 lanzamientos a portería por equipo en cada partido). Sin embargo esto no ha sido así en los contextos tácticos primero (conservar el balón) y segundo (progresar hacia la portería contraria) donde se obtuvieron valores de correlación en torno al .7 y una significatividad $p<.001$.

En el caso de la fiabilidad intra-observador, los coeficientes de correlación no bajan de .927, salvo en el caso de la toma de decisiones del pase, tanto en el contexto de mantener la posesión ($r=.750$) y de avanzar ($r=.464$), aunque la correlación sigue siendo significativa en ambos casos. No se pudo calcular la correlación de nuevo en el tercer principio debido al insuficiente número de acciones, ya que muchos sujetos no tuvieron la posibilidad de tirar a portería, algo habitual en fútbol, al igual que ocurría con la validez concurrente. Otros estudios encuentran dificultades similares. Thomas, Fellingham y Vehrs (2009) no analizaron esta variable, y Blomqvist (2001) en bádminton también encontró que los valores más bajos de la correlación en la variable de toma de decisiones fueron en el remate (acción más parecida a la finalización o al tiro).

ANÁLISIS DE LOS RESULTADOS Y DISCUSIÓN

Se han realizado tres análisis de los resultados atendiendo a los instrumentos de evaluación.

Análisis cualitativo independiente de cada entrevista por separado.
Análisis cuantitativo conjunto de las dos entrevistas.
Análisis de la HERJ mediante un sistema binario "1=correcto" "0=incorrecto" y la evaluación de la toma de decisiones, y éxito o no de las ejecuciones.

De este modo tenemos la evaluación individual de cada sujeto (pudiendo dar feedback personalizado a través del entrenador), agrupamos a todos los sujetos de una categoría, obteniendo los resultados: (a) por grupo de experiencia/edad y después obtenemos los resultados; y (b) comparando similitudes y diferencias entre categorías.

Análisis independiente de cada entrevista

Se elaboró un análisis detallado y en profundidad de cada respuesta, se categorizaron las respuestas según cada bloque de preguntas y se elaboran cinco grandes bloques de categorías. Esto nos proporciona cierta ventaja, como es la profundización en el conocimiento que poseen o no los jugadores; y algún inconveniente, pues los resultados no se pueden generalizar al ser una muestra reducida, y a la dificultad para comparar los resultados de una categoría con otras.

Para solventar el último inconveniente se tomo la decisión de hacer un análisis de datos conjunto de las dos entrevistas, así se podía comparar las diferencias entre categorías. Los resultados se analizaron bajo cinco grandes bloques de conocimiento:

Identificación total: reconocimiento de los distintos elementos técnico-tácticos.
Asociación/definición total: saber vincular el elemento técnico-táctico al rol de juego adecuado y dar una descripción o explicación básica del mismo.
Aplicación táctica total: saber cuándo sí y cuándo no se debe realizar cada acción técnico-táctica.
Función táctica total: definir para qué sirve cada elemento técnico-táctico.
Asociación/definición/identificación total: es la agrupación y relación de los dos primeros bloques.

En los resultados (tabla 3) se aprecia como el conocimiento técnico-táctico en cada una de las variables va creciendo desde la categoría benjamín a la categoría infantil. En este punto recordamos que las entrevistas no se pasaron a la categoría pre-benjamín por estimar en el estudio piloto que los niños de esta edad no dominan suficientemente el vocabulario y por tanto la capacidad de comunicación para responder a estas preguntas. Así, no sólo se estudiaron estos cinco grandes bloques, sino que en cada uno de ellos se analizó el conocimiento en los cuatro roles de juego, en los elementos de ataque y defensa, y en las acciones individuales y grupales, pudiendo comparar unos con otros.

Una vez expuesto cómo has sido el análisis de las entrevista pasaremos a explicar cómo se ha elaborado el análisis de la HERJ. Los resultados de este instrumento se han analizado desde dos perspectivas:

> Estudio de las características del juego (naturaleza del juego): participación de los jugadores en relación a cada elemento técnico-táctico y principio de juego; análisis de la duración de las jugadas.
> Análisis del rendimiento en el juego (eficacia en tanto por ciento): en la toma de decisiones y en el éxito de las ejecuciones.

En el análisis de las características del juego modificado, que es una adaptación al fútbol del juego elaborado por Contreras Jordán et al. (2001), se aprecia que el juego se orienta predominantemente a la progresión (73%), después a la conservación (21%) y en tercer lugar a conseguir el objetivo (casi el 5%). Esta clasificación está realizada teniendo en cuenta todos los partidos con independencia de la categoría de pertenencia.

Si analizamos los partidos según las categorías encontramos que:

> Desde la categoría pre-benjamín hasta la infantil cada vez es más difícil llegar a un contexto donde sea oportuno lanzar a portería, en pre-benjamín encontramos el 6.67% y en infantil el 2.84%.
> En el principio de conservar, si obviamos la categoría pre-benjamín, observamos el proceso inverso, cada vez hay más situaciones de conservación, por tanto cada vez es más importante la relación del juego horizontal con el vertical, y no únicamente el juego directo hacia la portería contraria.

En la tabla 3, que presentamos a continuación, se representan los resultados a cerca de la duración de las jugadas y el tiempo real de juego en las distintas categorías. Si nos fijamos en las columnas de la derecha, podemos apreciar como cada vez se pierde menos tiempo de juego (tiempo total: ocho minutos por partido), o lo que es lo mismo cada vez hay más tiempo real de juego. Esto se produce debido a que cada vez se da más importancia a la posesión del balón, esto lo podemos observar en la siguiente columna, pues se observa que la media de cada jugada aumenta categoría a categoría.

Por último la desviación típica también va de menos a más, es decir en la categoría pre-benjamín casi todas las jugadas son de tres, cuatro o cinco segundos, mientras que en infantil hay más variabilidad en el juego, intercalando el juego directo con un juego más elaborado.

Categoría, relación de jugadores y partidos jugados	Número de jugadas	Mínimo tiempo en una jugada	Máximo tiempo en una jugada	Tiempo real de juego (suma en segundos)	Media de la jugada	Desviación típica
Pre-benjamín 2 vs. 2 cuatro partidos	44	1	18	198.75 (41,41%)	4.55	2.956
Benjamín 3 vs. 3 tres partidos	42.66	1	20	254 (52.92%)	5.96	4.347
Alevín 5 vs. 5 dos partidos	34.5	1	23	233 (48.54%)	6.76	4.503
Infantil 7 vs. 7 dos partidos	39	1	27	332.5 (69.27%)	8.52	5.283

Tabla 3. Duración de las jugadas y tiempo real de juego en segundos (González-Víllora, 2008).

Una vez visto el análisis sobre las características del juego, pasamos a describir la evaluación sobre el rendimiento de juego, es decir tanto la toma de decisiones como las ejecuciones motrices. En este análisis se han estudiado cada una de las categorías por separado. Como explicar todos los resultados encontrados en la investigación sería muy extenso, exponemos a continuación en la figura 1 un ejemplo sobre la categoría alevín: menos de 12 años (González-Víllora, García-López, Contreras-Jordán y Gutiérrez-Díaz, 2010) en los roles de ataque: JAcB y JAsB. Pero hemos considerar que en el estudio se evaluaron todas las categorías con la misma metodología científica.

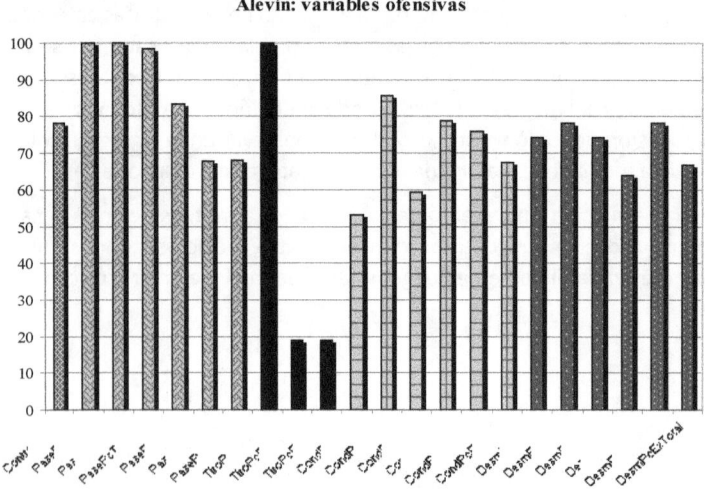

Gráfico 1. Variables ofensivas medidas en la categoría alevín (González Víllora, 2010).

Si observamos la parte que se refiere al pase, apreciamos dos características, la primera sobre el nivel de eficacia de la toma de decisiones y la segunda sobre el éxito de las ejecuciones en esta habilidad. Así, encontramos que el jugador alevín a nivel decisional domina el pase (98% de éxito) en los contextos de conservar y progresar, pero tiene algunas dificultades en su ejecución (68%). Al igual que este elemento técnico-táctico se han evaluado el tiro, la conducción-regate (dribling), el desmarque y fijar.

A continuación, en la figura 2, podemos observar un ejemplo de la categoría alevín en los roles de defensa: JDaAcB y JDaAsB. Volvemos a reincidir en la idea que este tipo de análisis se ha llevado en las otras tres categorías a estudio: pre-benjamín, benjamín e infantil.

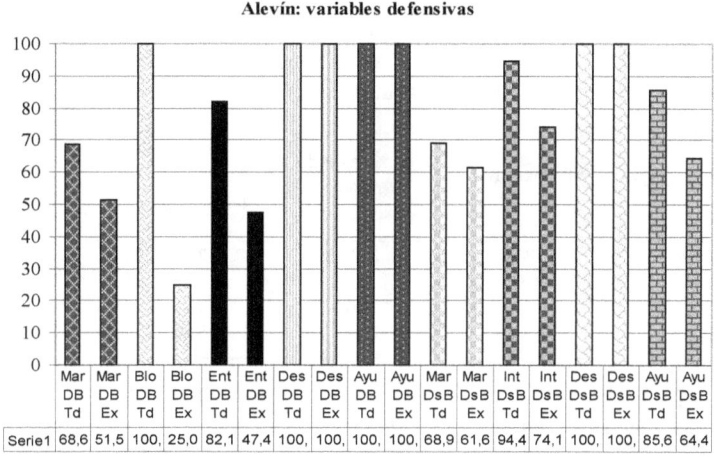

Gráfico 2. Variables defensivas medidas en la categoría alevín (González-Víllora, 2010).

Una vez expuestos los resultados sobre los medios ofensivos, pasamos a describir los resultados de los medios defensivos. Si atendemos al marcaje en cada uno de los roles, observamos que es la acción defensiva con menos eficacia, tanto en la toma de decisiones como en la ejecución. Por tanto es la acción más difícil para el jugador en formación con este nivel de pericia. También apreciamos como las acciones de blocaje y entrada son las acciones con más diferencia entre el nivel de toma de decisiones y el nivel de éxito en las ejecuciones, por tanto son elementos que se comprenden pero que tienen un alto nivel de dificultad en su ejecución. La interceptación y la ayuda en el JDaAsB, por el contrario, poseen una buena relación entre toma de decisiones y ejecución. Con una diferencia en la eficacia de un 20%. Finalmente, observamos que el despeje en los dos roles y la ayuda en el JDaAcB obtienen unos valores que expresan que estas acciones se comienzan a dominar en esta edad y nivel de pericia.

Para discutir estos resultados, nos basamos en investigaciones relacionadas con esta línea de investigación (De la Vega, 2002; French y Thomas, 1987; Gutiérrez-Díaz del Campo, 2008; Nevett y French, 1997). De esta forma, estos estudios, desarrollados en fútbol, juegos de invasión, béisbol o baloncesto, nos advierten que a mayor nivel de experiencia deportiva específica mayor nivel de conocimiento y precisión en la elección de las respuestas, algo que se confirma con los datos de esta investigación.

También se afirma en dichas investigaciones la hipótesis de que un mayor nivel de conocimiento facilita tomar decisiones más eficientes (French y McPherson, 2004). Según los resultados de la investigación podemos corroborar la primera parte, pero no podemos confirmar que las acciones se tomen con más velocidad, pues nuestros instrumentos no miden esta cualidad, que por otro lado es esencial en el rendimiento en expertos. Este elemento no era de especial importancia para nuestro análisis, ya que se trata de un estudio sobre iniciación y desarrollo deportivo.

Según Lago (2007) no hay una propuesta clara a cerca de las etapas y contenidos técnico-tácticos que deben desarrollarse en cada momento. Esto se debe a que falta investigación que justifique los cómos y los cuándos de la enseñanza del fútbol. Precisamente, uno de los propósitos de la presente investigación era cubrir el vacío científico para justificar desde una perspectiva de la evolución del juego los cómos y los cuándos del proceso de enseñanza-aprendizaje en fútbol y por extensión saber algo más sobre los deportes de invasión. Por ello, se presenta una propuesta didáctica que se deduce de los resultados y su análisis para jóvenes jugadores de fútbol.

Categorías	% Primer principio: conservar	% Segundo principio: progresar	% Tercer principio: conseguir el objetivo	% En la adecuación total en los principios
Pre-benjamín	86.88	73.5	72.42	78.23
Benjamín	90.38	85.69	73.64	85.48
Alevín	77.75	90.73	75.00	88.45
Infantil	85.5	99.33	94.44	97.51

Tabla 4. Nivel de eficacia de los principios tácticos ofensivos (González-Víllora, 2010).

Si nos fijamos en los resultados de las categorías pre-benjamín y benjamín (tabla 4) podemos apreciar que el contexto que más se domina es el de conservar, después el de progresar y por último el de conseguir el objetivo. Por tanto esta es la secuencia básica que habría que seguir en el proceso de enseñanza-aprendizaje.

Pero si nos fijamos en los resultados de las categorías alevín e infantil podemos apreciar que el contexto que más se domina es el de progresar, seguido de conservar y por último el de conseguir el objetivo. Por tanto en estas categorías habría que seguir una secuencia diferente al de las categorías anteriores. También es cierto que, en estas categorías, habría que empezar a trabajar los contextos de finalización, puesto que observamos que los jugadores tienen problemas para solucionarlos con éxito.

En la última columna, sobre el porcentaje de adecuación de los tres principios, observamos que existe una evolución clara desde la categoría pre-benjamín a la infantil, dando el mayor salto desde la categoría alevín a la infantil, en consecuencia este periodo podría ser una fase sensible en el proceso de aprendizaje en fútbol.

De todo lo anterior se deduce que el proceso de enseñanza-aprendizaje en las categorías pre-benjamín y benjamín se debe centrar en contextos de juego de conservar el balón, mientras que en las categorías alevín e infantil se debe centrar en contextos de juego basados en la progresión.

Finalmente, hemos de decir que las categorías federativas no se corresponden con la progresión de la enseñanza y que ésta habría que organizarla en otros ciclos formativos, más relacionados con la evolución de las capacidades reales de los niños.

APLICACIÓN DIDÁCTICA

A raíz de los resultados encontrados y su discusión, proponemos una aplicación didáctica para la enseñanza-aprendizaje de los jóvenes futbolistas. En ella, no sólo nos ocupamos de los principios de juego, sino que hemos analizado categoría por categoría la secuencia de los gestos técnico-tácticos, tanto a nivel de la toma de decisiones como de la capacidad para ejecutar las habilidades específicas en fútbol.

Para no extendernos demasiado, a continuación expondremos como ejemplificación la propuesta para una de las categorías a estudio, en este caso la categoría benjamín (menos de 10 años, ver tabla 5). Para mayor conocimiento sobre los resultados y análisis de la categoría benjamín se recomienda la revisión de González-Víllora, García-López, Pastor-Vicedo y Contreras-Jordán (2011). Sobre este apartado hemos de recalcar que en la tesis doctoral aparecen las propuestas didácticas para las otras tres categorías del estudio (González-Víllora, 2008, p. 569 a 585).

	Propuesta didáctica para la categoría benjamín: fútbol			
Niveles de complejidad técnico-táctica		Nivel I	Nivel II	Nivel III
		Más del 85% de eficacia	Entre el 70% y el 85% de eficacia	Menos del 70% de eficacia
A T A Q U E	Elementos técnico-tácticos del JAcB	Sin concreción por principio	Control (Ej)	
		1º principio de ataque: conservar	Pase (Td)	Pase (Ej) Conducción (Td y Ej)	
		2º principio de ataque: progresar	Pase (Td)	Conducción (Td y Ej)	Pase (Ej)
		3º principio de ataque: Conseguir el objetivo		Tiro (Td)	Tiro (Ej)
	Elementos técnico-tácticos del JAsB	1º principio de ataque: conservar	Desmarque (Td y Ej) Fijación (Td y Ej)		
		2º principio de ataque: progresar	Desmarque (Td y Ej) Fijación (Td y Ej)		
D E F E N S A	Elementos técnico-tácticos del JDaAcB	Sin concreción por principios tácticos	Blocaje (Td) Entrada (Td) Despeje (Td y Ej) Ayuda (Td)	Marcaje (Td)	Marcaje (Ej) Blocaje (Ej) Entrada (Ej) Ayuda (Ej)
	Elementos técnico-tácticos del JDaAsB	Sin concreción por principios tácticos	Marcaje (Td) Interceptación (Td) Despeje (Td y Ej) Ayuda (Td)	Interceptación (Ej)	Marcaje (Ej) Ayuda (Ej)

Tabla 5. Propuesta didáctica basada en los resultados de la investigación para la categoría benjamín (González-Víllora, 2010).

En la tabla 5 observamos que los elementos técnico-tácticos se han clasificado en tres niveles de dificultad según la eficacia de los resultados obtenidos. El nivel inferior por debajo del 70%, el nivel intermedio entre el 70 y 85% y el nivel más elevado por encima del 85%. Se puede apreciar que la toma de decisiones (Td) del pase, tanto en los contextos de conservar como de progresar, se encuentra en el nivel más elevado de eficacia, mientras que el éxito de las ejecuciones (Ej) en los contextos de conservar aparece en el nivel intermedio y en los contextos de progresar en nivel inferior. Si analizamos la conducción o regate, observamos que tanto la toma de decisiones como la ejecución se encuentran en el nivel intermedio de dificultad. Por último el tiro, aparece como la acción con más dificultad, ya que la toma de decisiones está en el nivel intermedio y la ejecución está en el nivel más bajo.

Por tanto el proceso de enseñanza-aprendizaje habría que comenzarlo por la toma de decisiones del pase en contextos de juego de conservación, más tarde habría que enseñar la conducción-regate y finalmente el tiro. Una vez que se empiecen a dominar los contextos para conservar el balón habría que pasar a los de progresar y por último los de finalización o consecución del objetivo.

Este análisis que hemos explicado elemento a elemento técnico-táctico ofensivo está desarrollado también para las acciones defensivas del juego, pudiéndose observar las orientaciones didácticas en la parte inferior de la tabla 5 (roles de JDaAcB y JDaAsB).

CONCLUSIONES Y PROPUESTAS DE FUTURO

A continuación pasamos a describir cada una de las conclusiones del estudio relacionándolas con cada objetivo/hipótesis planteada en la metodología del estudio (12 en total). De esta manera, las conclusiones relacionadas con los siete objetivos y las 4 hipótesis de la investigación son las siguientes:

Analizar la complejidad y problemática de los procesos de aprendizaje deportivo en la fase de iniciación al juego

Hemos constatado a lo largo de la investigación que el aprendizaje del fútbol resulta complejo. Esto se debe a algunas variables que afectan a su proceso: Egocentrismo característico en el niño desde los seis a los diez años. Dificultad a la hora de colaborar y oponerse en grupo. Hiperprosexia: dar especial atención al balón, intentar poseerlo a toda costa, la organización espacial está próxima al móvil de juego. No se produce la descentralización del móvil hasta finales de la categoría alevín. Reducido conocimiento declarativo y procedimental en relación al nivel de juego. No se enseña-aprende este conocimiento ni en la Escuela de fútbol ni en Educación Primaria. Limitaciones en la toma de decisiones en relación a la edad, especialmente en lo relativo al juego grupal o colectivo. Este aspecto quizás esté condicionado por el programa de formación del Albacete Balompié, donde según los resultados encontrados prima la técnica individual del jugador y en menor medida los aspectos tácticos grupales.

Analizar el desarrollo de la capacidad técnico-táctica en relación a los juegos de invasión (fútbol), entre 8-9 a 13-14 años

En cuanto al conocimiento declarativo y procedimental la evolución más grande se da en el transcurso de la categoría alevín (menos de 12 años) a la infantil (menos de 14 años). Es relevante decir que la evolución del conocimiento se produce desde lo individual a lo grupal y desde los factores ofensivos a los defensivos. En cuanto a la toma de decisiones la evolución va desde lo individual a lo grupal, concretamente desde el elemento técnico-táctico de conducción-regate al pase y posteriormente la toma de conciencia sobre el desmarque (marcaje).

Conocer la relación existente entre el conocimiento declarativo y procedimental orientado al saber técnico-táctico en fútbol

La toma de decisiones en el juego real tiene un nivel más elevado que los conocimientos conceptuales. En consecuencia, el saber declarativo y procedimental teórico es más pobre que la propia acción en todos los grupos de edad. Los jugadores poseen un conocimiento práctico que podríamos caracterizar como "débil" o no consolidado.

Conocer si un mayor conocimiento procedimental teórico es indicador de un mayor conocimiento procedimental práctico (toma de decisión)

Ambos conocimientos son más elevados a medida que subimos de categoría de formación. El desarrollo es similar en ambos tipos de conocimientos. Por tanto, parece que los dos tipos de conocimientos están relacionados entre sí. Aunque esta afirmación la podríamos catalogar como indicio científico, pues sería interesante realizar más investigaciones, con muestras más amplias, sobre esta cuestión para poder corroborar o no esta conclusión.

Desarrollar y aplicar nuevos instrumentos de evaluación táctica

Se han creado tres instrumentos de evaluación del conocimiento declarativo, procedimental, la toma de decisiones y la habilidad de ejecución. El proceso de validación y fiabilidad ha sido un éxito en los tres instrumentos de medida. Por tanto, estos instrumentos se podrán utilizar en futuras investigaciones. Para ello, es imprescindible una formación previa de los procedimientos de uso de las herramientas en los futuros investigadores, así como un pilotaje de las herramientas.

En este punto, nos gustaría destacar la relevancia de la HERJ (GPET en inglés), pues es un instrumento que nace con clara vocación investigadora, aunque también tiene posibilidades de aplicación al entrenamiento y la enseñanza del fútbol. Profesores y entrenadores pueden elegir contextos tácticos concretos y, dentro de estos, elementos técnico-tácticos que se den en dichos contextos, centrándose en el objetivo de aprendizaje que corresponda. Así pueden simplificar el proceso de evaluación, al adaptarlo a los tiempos de que dispone el entrenador o el profesor. Lo que sí parece evidente es que la HERJ (GPET) no es un instrumento que puedan utilizar los propios estudiantes, como sí pueden hacer con el TESAP y el GPAI (Gréhaigne et al., 1997; Oslin et al., 1998).

La HERJ además ofrece una perspectiva completa del juego de ataque al evaluar los roles de jugador atacante con balón y jugador atacante sin balón. La incorporación de este segundo rol tiene unas importantes implicaciones, ya que la transferencia de aprendizaje es alta en las acciones sin balón por el alto grado de similitud en los deportes de invasión (García-López, Contreras-Jordán, Penney y Chandler, 2009; Martin, 2004). Otro dato de interés a este respecto es que los jugadores en ataque se encuentran mucho más frecuentemente sin balón que con balón, por tanto es esencial estudiar al rol jugador atacante sin balón. Además, la HERJ mide los roles defensivos, otros instrumentos ofrecen la evaluación de aspectos defensivos, como el GPAI propuesto por Oslin et al. (1998), sin embargo en éste estudio el análisis no tiene en cuenta el contexto táctico en el grado que la HERJ alcanza.

Una limitación que posee el instrumento es que sólo mide el juego con la defensa individual, pues se trata de una herramienta para evaluar el inicio y desarrollo deportivo, pero no la etapa de rendimiento. Si quisiéramos evaluar muestras más orientadas al ámbito competitivo habría que adaptar este instrumento de evaluación para las defensas en zona, pues son más habituales que las defensas individuales.

Conocer en qué categoría de edad es adecuado comenzar el proceso de iniciación deportiva, así como los procesos de formación en fútbol

Recomendamos que el inicio deportivo se efectúe al principio (ocho años) de la categoría benjamín (menos de 10 años), pues todos los argumentos están a favor de ello: conocimiento declarativo, procedimental, capacidad de decidir en el juego y un mínimo de habilidad de ejecución.

Mientras en la categoría pre-benjamín (menos de ocho años), encontramos aspectos positivos y negativos. De este modo, las cuestiones positivas se refieren a los resultados aportados por el juego 2 vs. 2 de fútbol (HERJ): tanto los principios de ataque (78.23% de eficacia), como los elementos técnico-tácticos individuales (de un 50% a un 75% de eficacia) muestran unos niveles suficientes en los niños de esta edad y nivel de pericia para que puedan comenzar a practicar juegos modificados de invasión, en este caso del fútbol. Las cuestiones negativas se refieren al nivel cognitivo, pues según el pilotaje de las entrevistas se encontraron dificultades de comprensión de vocabulario y de algunos factores estratégicos del juego. Además, el niño se encuentra en una etapa egocéntrica, donde el individualismo prima sobre la cooperación, lo cual limita parcialmente el aprendizaje de los elementos de comunicación y cooperación del juego, especialmente del pase. Por último, la coordinación oculo-pédica no está desarrollada, en ocasiones se muestra que los niños tienen una percepción deficiente o limitada del contexto de juego.

Conocer si existe un rango de edad en la que se produce un momento "sensible" o con más eficacia para el desarrollo deportivo (fútbol)

En el juego real podemos afirma que este periodo sensible se produce al final de la categoría alevín (menos de 12 años), ello se confirma debido a la gran evolución en la toma de decisiones y en la ejecución.

En el conocimiento declarativo y procedimental teórico la evolución más clara se da en la categoría infantil (menos de 14 años): el nivel de conocimiento elemental formado por jugadores benjamín-alevín y el nivel de conocimiento más elevado que se conforma con los jugadores de la categoría infantil.

Existen diferentes niveles de representación del juego en fútbol

En la toma de decisiones y la ejecución del juego aparecen dos niveles de conocimiento: primer nivel formado por las categorías pre-benjamín y benjamín; segundo nivel conformado por las categorías alevín e infantil. A su vez, en el conocimiento declarativo y procedimental aparecen nuevamente dos niveles: el primero de ellos formado por las categorías benjamín y alevín; y el segundo por la infantil.

Se da el mismo nivel de representación y acción en el juego en sujetos con un mismo desarrollo motor, volumen de entrenamiento y contexto de práctica

La hipótesis se confirma, aunque excepcionalmente se encuentra entre algunos jugadores:

Superdotación: máximo uno a dos años. A medida que se asciende de categoría la diferencia entre la superdotación y el nivel normativo se reduce.

Menor dotación: máximo un año: Los procesos de selección de jugadores sustituyen a los que no cumplen los requisitos.

En este sentido, hay que tener en cuenta el efecto relativo de la edad en los jóvenes jugadores de fútbol, pues ello podría alterar una adecuada selección de los talentos deportivos (Gutiérrez-Díaz, Pastor-Vicedo, González-Víllora y Contreras-Jordán, 2010).

Existe un nivel normativo y diferencial en cada categoría de formación

Existen niveles homogéneos y diferenciales, pero estos niveles no se acoplan a las categorías de formación de la federación de fútbol, sino más bien a ciclos de representación.

Esperamos encontrar que el nivel de conocimiento sobre las variables técnico-tácticas individuales es mayor que para las grupales (en la misma categoría de formación)

En las cuatro categorías se conoce mejor los elementos individuales que los grupales. A medida que se avanza en la formación la diferencia de conocimiento entre las acciones individuales y colectivas disminuye. Se recomienda que el aprendizaje sea más integral, pues en la muestra estudiada los resultados revelan que:

Los medios individuales se aprenden en las categorías: pre-benjamín, benjamín y alevín.

Los medios grupales aparecen de forma clara en la categoría alevín, evidenciándose aspectos colectivos en infantil.

El nivel de comprensión y el desarrollo de las acciones técnico-tácticas ofensivas resultan más complejas que las defensivas

Se confirma la hipótesis, pues la fase ofensiva del juego es más compleja que la defensiva, debido a que en las acciones ofensivas los procesos cognitivos son intencionados y previos a la acción a realizar y el conocimiento abstracto es difícil de coordinar entre varios jugadores.

Mientras la defensa individual medida en la HERJ presenta que para su aprendizaje y ejecución es suficiente con un conocimiento concreto y orientado a las conductas de los oponentes. Y además es más fácil de aplicar, pues los jugadores de un mismo equipo pueden cooperar entre sí por medio del aprendizaje de la ayuda.

Además, en los resultados del estudio, el conocimiento declarativo y procedimental ofensivo es más elevado y la toma de decisiones posee un nivel más elevado en las acciones ofensivas. La explicación más razonable para valorar estos resultados se basa en la posibilidad de sesgo de la investigación relativo a que en el Albacete Balompié se comienza y prioriza el aprendizaje desde la fase ofensiva del juego, algo que recomiendan la mayoría de autores que han escrito aplicaciones didácticas en deportes de invasión

(Gréhaigne et al., 2001; Griffin et al., 1997; Lasierra, 1990), o concretamente en fútbol (Castelo, 1999; Fradua, 1999; Lago, 2002, 2007; Wein, 1995).

Propuestas de futuro

Para finalizar con este trabajo proponemos algunas prospectivas de investigación, tales como poder realizar estudios longitudinales en lugar de transversales. Extender la investigación a otras categorías de formación claves en el desarrollo del jugador de fútbol, como pueden ser las categorías cadete y juvenil, aunque para ello se requiere adaptar los instrumentos de evaluación.

Otra opción sería investigar otros tipos de juegos modificados dentro de cada categoría de formación, por ejemplo elaborar estudios con principios tácticos básicos específicos (juegos modificados de conservación, de progresión o de finalización) con diferentes agrupaciones (3 vs. 1, 3 vs. 2, 3 vs. 3, 4 vs. 1, 4 vs. 2, 4 vs. 3, 4 vs. 4, etc.). Un ejemplo de esta innovadora línea de investigación son los trabajos de MacPhail et al. (2008) o Serra-Olivares, González-Víllora y García-López (2011).

Además, este estudio se podría llevar a cabo en otros contextos: educativo (e.g. Gutiérrez-Díaz del Campo, 2008) o recreativo; así como la comparación entre poblaciones de diferentes ámbitos, como el estudio comparativo entre una muestra del sistema educativo formal y una muestra de una escuela de formación específica en fútbol (Gutiérrez-Díaz et al., 2011).

A su vez también se podrían realizar investigaciones similares en otros deportes de invasión: baloncesto, balonmano, waterpolo, hockey, rugby, fútbol americano o australiano.

Siguiendo con las prospectas de investigación, se podría estudiar algunos aspectos que se han vislumbrado de interés científico a lo largo del estudio, como pueden ser la puesta en práctica y evaluación del planteamiento didáctico: ya sea basado en la evolución de aprendizajes o en la lógica de la iniciación deportiva. También sería importante en primer lugar estudiar cómo es la puesta en juego del balón (saques iniciales, saques de banda, saques de puerta o córners) y analizar si existen problemas para su realización, y en segundo termino elaborar un plan de mejora en este tipo de acciones para la formación en los deportes de invasión y en concreto del fútbol.

Para finalizar, en cuanto a la evolución del instrumento de evaluación, la HERJ (GPET en inglés), es una herramienta que tiene diferentes posibilidades de desarrollo técnico-táctico (García-López et al. 2011). Estimamos de gran interés introducir la noción de centro de juego en el análisis de la toma de decisiones (Lago, 2002). El concepto introducido por este autor, lleva a la discriminación en función de la distancia al balón o de otras circunstancias, de si un jugador puede intervenir en la jugada a analizar, y por tanto si se deben codificar sus conductas. Es esta una manera de gradar la utilidad de una intervención en una jugada. También requieren una valoración las jugadas clave en el juego, sería el caso por ejemplo de las asistencias de gol (último pase antes del tiro).

Otro aspecto que influiría notablemente en la calidad de la evaluación sería conocer el tiempo que dispone el jugador para tomar decisiones y el tiempo que utiliza en tomarlas. Esta es sin duda una de las claves para conocer la calidad de una decisión, y que decantará si un sujeto puede jugar en una categoría más elevada o en otra más baja. En cualquier caso, debido a la gran complejidad que adquieren los instrumentos de evaluación al incorporar todas estas variables tan complejas de medir, es evidente que es necesario que cada vez más el desarrollo de estos instrumentos vaya acompañado por el desarrollo de un software que permita simplificar el proceso y economizar tiempo, para poder disponer de los resultados rápidamente y poder utilizarlos en los procesos de enseñanza-aprendizaje deportiva. Como podemos apreciar esta línea de investigación es joven y tiene una gran potencialidad, encontrando una gran variedad en relación a las prospectivas de investigación.

BIBLIOGRAFÍA

Anderson, J. R. (1976). *Language, memory, and thought*. Earlbaum: Hillsdale.
Bayer, C. (1992). *La enseñanza de los juegos deportivos colectivos*. Barcelona: Hispano Europea.
Blomqvist, M. (2001). *Game Understanding and Game Performance in Badminton. Development and Validation of Assessment Instruments and their Application to Games Teaching and Coaching*. Jyväskylä: University of Jyväskylä.
Blomqvist, M., Vänttinen, T. y Luhtanen, P. (2005). Assessment of secondary school students' decision-making and game-play ability in Soccer. *Physical Education and Sport Pedagogy, 10*(2), 107-110.
Bunker, D. J. y Thorpe, R. D. (1982). A model for the teaching of games in secondary schools. *Bulletin of Physical Education, 19*(1), 5-9.
Castelo, J.F. (1999). *Fútbol. Estructura y dinámica del juego*. Barcelona: Inde.
Cecchini, J. A., González, J. A. y Montero, J. (2007). Participación en el deporte y fair play. *Psicothema, 19*(1), 57-64.
Cecchini, J. A., Méndez, A. y Contreras, O. R. (2005). *Motivos de abandono de la práctica del deporte juvenil*. Cuenca: Universidad de Castilla-La Mancha.
Contreras, O. R., De la Torre, E. y Velázquez, R. (2001). *Iniciación deportiva*. Madrid: Síntesis.
De la Vega, R. (2002). *Desarrollo del metaconocimiento táctico y comprensión del juego: un enfoque constructivista aplicado al fútbol*. Tesis Doctoral no publicada. Madrid: Universidad Autónoma de Madrid.
Fontana, F. E., Mazzardo, O., Mokgothu, C., Furtado, O., Jr. y Gallagher, J.D. (2009). Influence of exercise intensity on the decision making performance of experienced and inexperienced soccer players. *Journal of Sport & Exercise Psychology, 31*, 135-151.
Fradua, J. L. (1999). *La visión de juego en el futbolista*. Barcelona: Paidotribo.
French, K. E. y McPherson, S. L. (2004). Development of Expertise in Sport. En M. R. Weiss (Ed.), *developmental sport and exercise psychology: a lifespan perspective* (pp. 403-423). Morgantown: Fitness Information Technology.
French, K. E. y Thomas, J. R. (1987). The relation of Knowledge development to children´s basketball performance. *Journal of Sport Psychology, 9*, 15-32.
García López, L. M. (2004). *La transferencia en los modelos horizontales de Iniciación Deportiva*. Tesis doctoral no publicada. Toledo: Universidad de Castilla-La Mancha.
García-López, L. M. (2006). Las implicaciones cognitivas de la práctica deportiva: Constructivismo y enseñanza comprensiva de los deportes. En P. Gil Madrona (Dir), *Aulas de verano. Instituto superior de formación del profesorado* (pp. 207-231). Madrid: MEC.
García-López, L. M., Contreras-Jordán, O. R., Penney, D. y Chandler, T. J. L. (2009). The role of transfer in games teaching: Implications in the development of the sports curriculum. *European Physical Education Review, 15*(1), 47-63.
García-López, L. M., González-Víllora, S., Gutiérrez-Díaz, D. y Serra-Olivares, J. (2011, *en prensa*). Validity and Reliability of the Game Performance Evaluation Tool (GPET). Documento en proceso de revisión para su publicación.

García-López, L. M., Gutiérrez-Díaz, D., González-Víllora, S., Abellánn-Hernández, J. y Webb, L. (2010). Expert-novice differences in procedural knowledge in young soccer players from local to international level. *Journal of Human Sport and Exercise, 5*, 444-452.

González-Víllora, S. (2008). *Estudio de las etapas de formación del joven deportista desde el desarrollo de la capacidad táctica. Aplicación al fútbol*. Tesis doctoral no publicada. Cuenca: Universidad de Castilla-La Mancha.

González-Víllora, S. (2009). Revisión sobre la formación específica en fútbol: Programaciones de enseñanza-aprendizaje desde la perspectiva vertical. *Training Fútbol, 156*, 26-46.

González-Víllora, S. (2010). *Estudio de las etapas de formación del joven deportista desde el desarrollo de la capacidad táctica. Aplicación al fútbol*. Cambridge (Reino Unido): Proquest. Disponible en: http://proquest.umi.com/login (Revisada el 12 de Enero de 2011).

González-Víllora, S., García-López, L. M., Contreras-Jordán, O. R. y Gutiérrez-Díaz, D. (2010). Estudio descriptivo sobre el desarrollo táctico y la toma de decisiones en jóvenes jugadores de fútbol (12 años). *Infancia y Aprendizaje, 33*(4), 489-501.

González-Víllora, S., García-López, L. M., Pastor-Vicedo, J. C. y Contreras-Jordán, O. R. (2011). Estudio descriptivo sobre el desarrollo táctico y la toma de decisiones en jóvenes jugadores de fútbol (10 años). *Revista de Psicología del Deporte, 20*(1), 79-97.

González-Víllora, S., Gutiérrez-Díaz, D., Pastor-Vicedo, J. C. y Fernández-Bustos, J. G. (2007). Análisis funcional de los deportes de invasión: importancia del subsistema técnico-táctico en el juego. Concreción en el fútbol. *Retos. Nuevas tendencias en Educación Física, Deporte y Recreación, 12*, 18-28. Dirección web: http://www.retos.org/ficheros/RETOS3-12.pdf

Gréhaigne, J. F., Godbout, P. y Bouthier, D. (1997). Performance assessment in team sports. *Journal of Teaching in Physical Education, 16*(4), 500-516.

Gréhaigne, J.F., Godbout, P. y Bouthier, D. (2001). The teaching and learning of decision making in team sports. *Quest, 53*, 59-76.

Griffin, L. L., Dodds, P., Placek, J. y Tremino, F. (2001). Middle school students'conceptions of Soccer: their solutions to tactical problems. *Journal of Physical Education, 20*(4), 324-340.

Griffin, L.L. y Butler, J.I. (2005). *Teaching games for understanding*. Champaign: Human kinetics.

Griffin, L.L., Mitchell, S.A. y Oslin, J.L. (1997). *Teaching Sport Concepts and Skills: A Tactical Games Approach*. Champaign: Human kinetics.

Gutiérrez Díaz del Campo, D. (2008). *Desarrollo del pensamiento táctico en edad escolar*. Tesis doctoral no publicada. Ciudad Real: Universidad de Castilla-la Mancha.

Gutiérrez-Díaz, D., González-Víllora, S., García-López, L. M. y Mitchell, S. (2011). Differences in decision-making between experienced and inexperienced invasion games players. *Perceptual and Motor Skills, 112*(3), 871-888.

Gutiérrez-Díaz, D., Pastor-Vicedo, J. C., González-Víllora, S. y Contreras-Jordán, O. R. (2010). The relative age effect in youth soccer players training. *Journal of Sports Science and Medicine, 9*, 190-198.

Lago, C. (2002). *La enseñanza del fútbol en edad escolar*. Sevilla: Wanceulen.

Lago, C. (2007). Planificación de los contenidos técnico-tácticos individuales y grupales del fútbol en las categorías benjamín, alevín, infantil y cadete. En Master Universitario: Detección y formación del talento en jóvenes futbolistas. Fundación R.F.E.F. y U.C.L.M. Madrid.

Lapresa, D., Amatria, M., Egüén, R., Arana, J. y Garzón, B. (2008). Análisis descriptivo y secuencial de la fase ofensiva del fútbol 5 en la categoría prebenjamín. *Cultura, Ciencia y Deporte, 8*(3), 107-116.

Lasierra, G. (1990). Aproximación a una propuesta de aprendizaje de los elementos tácticos individuales en los deportes de equipo. *Apunts Educación Física y Deportes, 24*, 59-68.

Lonning, G. C. (2002). *The effect of skill level on the opportunity to respond to the sports*. Tesis Doctoral no publicada. New Mexico: The University of New Mexico.

MacPhail, A., Kirk, D. y Griffin, L. (2008). Throwing and catching as relational skills in game play: Situated learning in a modified game unit. *Journal of Teaching in Physical Education, 27*, 100-115.

Martin, R. J. (2004). *An Investigation of Tactical Transfer in Invasion/Territorial Games*. Paper presented at the 2004 AAHPERD National Convention and Exposition, New Orleans, LA.

Méndez, A. (1998). La observación *in vivo* del rendimiento deportivo. Un instrumento de análisis en la iniciación al baloncesto. *Lecturas: Educación Física y deporte, 12*. Revista electrónica. http://www.efdeportes.com (Revisada el 5 de Febrero de 2004).

Méndez, A. (1999). *Análisis comparativo de las técnicas de enseñanza en la iniciación a dos deportes de invasión: el floorball patines y el baloncesto*. Tesis Doctoral no publicada. Granada: Universidad de Granada.

Nevett, M. y French, K. E. (1997). The development of sport-specific planning, rehearsal and updating of plans during defensive youth baseball game performance. *Research Quarterly for Exercise and Sport, 68*, 203-214.

Nevett, M., Rovegno, I. y Babiarz, M. (2001). Fourth-grade children´s knowledge of cutting, passing and tactics in invasion games after a 12-lesson unit of instruction. *Journal of Teaching in Physical Education, 20*(8), 389-401.

Nevett, M., Rovegno, I., Babiarz, M. y McCaughtry, N. (2001). Changes in basic tactics and motor skills in an invasion-type game after a 12-lesson unit of instruction. *Journal of Teaching in Physical Education, 20*(6), 352-369.

Oña, A. (2001). La complejidad motora y su aprendizaje. En V. Mazón, D. Sarabia, F.J. Canales, F. Ruiz y R. Torralbo (Coor.), *Reflexiones y perspectivas de la enseñanza de la Educación Física y el Deporte Escolar en el nuevo milenio* (pp. 155-179). Santander: ADEF.

Oslin, J.L., Mitchell, S.A. y Griffin, L.L. (1998). The Game Performance Assessment Instrument (GPAI): development and preliminary validation. *Journal of Teaching in Physical Education, 17*(2), 231-243.

Piaget, J. (1974). *La toma de conciencia*. Madrid: Morata.

Pozo, J.I. (1989). *Teorías cognitivas del aprendizaje*. Madrid: Morata.

Ruiz, L.M. y Arruza, J.A. (2005). *El proceso de toma de decisiones en el deporte. Clave de la eficiencia y el rendimiento deportivo*. Barcelona: Paidós.

Serra-Olivares, J., González-Víllora, S. y García-López, L. M. (2011). Rendimiento de juego de jugadores de fútbol de 8-9 años en dos juegos modificados de 3 contra 3. *Cuadernos de Psicología del Deporte, 11*(2), 77-91.

Thomas, C., Fellingham, G. y Vehrs, P. (2009). Development of a Notational Analysis System for Selected Soccer Skills of a Women's College Team. *Measurement in Physical Education & Exercise Science, 13*(2), 108-121.

Turner, A. y Martinek, T. J. (1992). A comparative analysis of two models for teaching games - technique approach and game-centered (tactical focus) approach-. *International Journal of Physical Education, 29*(4), 15-31.

Vegas-Haro, G. (2006). *Metodología de enseñanza basada en la implicación cognitiva del jugador de fútbol base*. Tesis doctoral no publicada. Granada: Universidad de Granada. En http://hera.ugr.es/tesisugr/16164465.pdf (Revisada el 11 de Febrero de 2007).

Vygotski, I. (1979). *El desarrollo de los procesos psicológicos superiores*. Barcelona: Crítica.

Webster, C. A., González-Víllora, S. y Harvey, R. (2011). Physical education teachers' self-reported communication of content relevance. *The Physical Educator, (en prensa)*.

Wein, H. (1995). *Fútbol a la medida del niño*. Madrid: Real Federación Española de Fútbol.

CAPÍTULO XIX
LA FORMACIÓN DEL ENTRENADOR EN EL PROCESO DE ENSEÑANZA-APRENDIZAJE DE JÓVENES FUTBOLISTAS[18]

Manuel Tomás Abad Robles

INTRODUCCIÓN

La enseñanza del fútbol tiene gran importancia ya que éste es el deporte más practicado en España, tanto a nivel federativo como en los espacios escolares, tal como prueban estudios como los de González Rivera y Aznar Miralles (2007) y Nuviala Nuviala (2003). Este gran campo de incidencia, nos debe hacer reflexionar sobre el gran número de chicos y chicas implicados y sobre sus consecuencias, tal como manifiestan Quinn y Carr (1998). Somos de la opinión de que el fútbol ha de ser enseñado de forma adecuada, entendiendo por adecuada, aquella forma de enseñar que es lo más educativa posible, es decir, que respeta las características del que aprende, la estructura interna del contenido que se enseña y, sobre todo, aquélla que favorece una formación integral de la persona, la cual debe hacer referencia a los distintos ámbitos de la persona: cognoscitivo, afectivo, social y motor. Creemos que, debido a múltiples factores, en muchas ocasiones la enseñanza de los deportes, incluido el fútbol, dista mucho de ser educativa (Abad Robles, Giménez Fuentes-Guerra, Robles Rodríguez y Rodríguez López, 2011). Sin embargo, pensamos que el fútbol como deporte tiene grandes posibilidades educativas, las cuales han de aprovecharse al máximo (salud mental y física, desarrollo motor, desarrollo cognoscitivo, socialización, vivencia de experiencias, emociones, etc.). En este sentido se expresa González Víllora (2009) cuando afirma que el fútbol posee una relevancia especial a nivel sociocultural e influye en la educación de muchos chicos y chicas. Abundando al respecto, Sabock y Chandler-Garvin (1986) concluyen contundentemente, que la prioridad número uno deben ser los niños y niñas que practican deporte.

En cuanto a la razón principal que nos ha empujado para llevar a cabo este trabajo ha sido la de acercarnos un poco más a la realidad de la enseñanza y el aprendizaje del fútbol. Pensamos que, a tal efecto, la figura del entrenador es clave, como una de las fuerzas más influyentes en el desarrollo de los niños y niñas (Jones, 1992). En este sentido Feltz (citado por Jiménez Saiz, 2008), tras realizar una investigación, señala que el 80% de los niños que se inician en el deporte, al poco tiempo lo abandonan. Entre las causas más destacadas aparece la actuación del entrenador, puesto que el 60% lo hace debido a su conducta punitiva, malos tratos, falta de refuerzos, prejuicios, entrenamientos excesivos y otros comportamientos negativos del entrenador. Todas estas conductas pueden ser paliadas de alguna forma a través de una adecuada formación. Como vemos, la figura del entrenador es de vital importancia y su formación, decisiva, por lo que es menester

---

[18] Abad Robles, M.T. (2010). La Formación del Entrenador en el Proceso de Enseñanza-Aprendizaje de Jóvenes Futbolistas. Directores: Francisco Javier Giménez Fuentes-Guerra y José María Rodríguez López. Departamento de Expresión Musical, Plástica, Corporal y sus Didácticas. Universidad de Huelva.

estudiarla, analizarla y, si es posible, mejorarla. El estudio sobre los entrenadores se justifica debido a que cada año más niños y niñas toman parte en el deporte organizado en todo el mundo (Gilbert y Trudel, 2004a). Estos mismos autores destacan que más de la mitad de los artículos publicados entre 1970 y 2001 relacionados con la ciencia del entrenamiento, y con el entrenador, hacen referencia al comportamiento de éste, mientras que otros temas tratados (la mayoría de las veces relacionados con el comportamiento del entrenador) fueron las características, el desarrollo de la carrera y los pensamientos de los entrenadores. Como podemos comprobar son pocos los trabajos dedicados a estudiar la formación de los entrenadores, con lo que parece necesario que este tipo de investigaciones sean cada vez más abundantes.

En nuestra opinión, el entrenador de fútbol base, no sólo es un docente (persona que enseña), sino, primordialmente, es un educador, que interviene en la formación y educación de chicos y chicas cuya edad va desde los 7/8 años a los 16 años, las cuales se corresponden con las categorías siguientes: Pre-benjamín, Benjamín, Alevín, Infantil y Cadete. Para Woodman (1993) el rol del entrenador de principiantes es el de asegurar el desarrollo y la maestría secuencial de las destrezas básicas, además de proporcionar diversión y participación. También considera Woodman que la buena calidad del entrenamiento asegura que todos los participantes tengan una gran satisfacción personal, independientemente de su mejora; y que la formación y desarrollo de los entrenadores constituyen la clave del entrenamiento de calidad. Por tanto, dada la importancia del papel de este entrenador/educador, pensamos que su formación ha de ser adecuada, para lo cual, creemos que ésta ha de tener muchas de las características que tiene la formación del profesorado en general y del profesorado en Educación Física (EF) en particular, consideración ésta defendida actualmente por la mayoría de los autores estudiosos del tema (por ejemplo, Giménez Fuentes-Guerra, 2003; Ibáñez Godoy y Medina Casaubón, 1999; y Stewart y Sweet, 1992, entre otros). Además, a lo anterior se une el hecho de que existen pocas investigaciones relacionadas con los entrenadores de fútbol en comparación con otros deportes, como el baloncesto (Gilbert y Trudel, 2004b). Por eso, pretendemos analizar la formación que tienen los distintos entrenadores que desempeñan su labor en el fútbol base, pero también otros aspectos relevantes para nosotros. En este sentido, nos interesa conocer las actitudes, pensamientos y opiniones acerca de elementos como los motivos que tienen los entrenadores para entrenar y enseñar en el fútbol base, metodología empleada por éstos, etc. También, pretendemos sacar a la luz las necesidades de formación que tienen aquéllos que se dedican a la enseñanza diaria del fútbol base.

Además del entrenador y de su formación, creemos que existe un aspecto esencial que va a hacer que la intervención del mismo sea más o menos educativa. Nos referimos a la metodología utilizada para transmitir los conocimientos relacionados con el fútbol. Por tanto, nos interesa también conocer y describir la metodología utilizada por los entrenadores de fútbol, a la vez que dilucidar, a la luz de los conocimientos e investigaciones disponibles en la actualidad, si desde el punto de vista educativo, ésta es la más idónea o no, y por qué. En este sentido, hemos de decir que en los últimos años están surgiendo otros modelos de enseñanza del deporte en general, y del fútbol en particular, que se ofrecen como alternativa al modelo tradicional de enseñanza del fútbol, y que, precisamente, hacen hincapié en aspectos educativos que muchas veces se olvidan en la enseñanza tradicional. Estos modelos están despertando gran interés por parte de diferentes autores, tanto nacionales (Castejón Oliva, Giménez Fuentes-Guerra, Jiménez Jiménez y López Ros, 2003), como extranjeros (Gréhaigne, Richard y Griffin, 2005; Rink, 1996; Wein 2005), lo cual hace que este tema tenga gran vigencia en la actualidad, ya que, desde el ámbito educativo, se consideran modelos de gran utilidad a la hora de conseguir las grandes finalidades educativas, así como las competencias básicas. Algunos de estos modelos están relacionados con la perspectiva constructivista del aprendizaje aplicada a la enseñanza de los deportes. Al respecto, destacaremos el hecho de que los principios constructivistas subyacen en la actual legislación educativa, con lo que la utilidad y la vigencia de estos modelos se ven así reforzadas. No obstante, tal como ya afirmaba Jones (1992), siguen siendo escasas las investigaciones que tratan acerca de la formación del entrenador de fútbol base, por lo que se hace necesaria la realización de nuevas investigaciones al respecto. Parece, pues, que necesitamos saber más acerca del conocimiento, formación y percepciones de quienes tienen tanta influencia sobre los jugadores de fútbol jóvenes que están en una etapa formativa de su desarrollo (Jones, 1992).

En definitiva, nuestro propósito es conocer la realidad de la enseñanza del fútbol y a la persona encargada de llevar a cabo esta tarea, que no es otra que el entrenador. En esta edad los niños y niñas están todavía en la Educación Primaria y/o principios de Secundaria, donde suelen darse los primeros contactos con los deportes, de ahí también nuestro enfoque predominantemente educativo. También pretendemos conocer cuáles son las claves en la formación de estos entrenadores, para poder así mejorar su cualificación. Por tanto, una vez constatada la realidad de la enseñanza del fútbol, la formación y aspectos relevantes del entrenador de fútbol, y una vez determinados los aspectos a mejorar, nos gustaría que nuestro estudio sirviese de aliciente para futuras investigaciones relacionadas con nuestro tema de investigación. En suma, si tuviéramos que resumir en una frase el principal objetivo de nuestra investigación diríamos que pretende mejorar, en la medida de lo posible, la enseñanza del fútbol desde una perspectiva educativa.

OBJETIVOS DE LA INVESTIGACIÓN

Una vez comentado y analizado de forma resumida el tema objeto de estudio de la presente investigación, enumeramos a continuación los principales objetivos de la misma:

Establecer el perfil del entrenador de fútbol base.
Exponer los motivos que llevan a los entrenadores de fútbol base a dedicarse a esta labor.
Determinar las características que debe reunir el entrenador de fútbol base.
Analizar la formación y cualificación que tienen los distintos entrenadores de fútbol base. En particular: (a) precisar la formación inicial de los entrenadores de fútbol base; (b) concretar la formación permanente de los entrenadores de fútbol base; (c) exponer la experiencia docente que tienen los entrenadores de fútbol base; y (d) explicar y analizar la utilidad de los contenidos de los cursos de entrenadores de fútbol base.
Describir y examinar la metodología de enseñanza aplicada por los entrenadores de fútbol base.
Identificar la concepción de la enseñanza del fútbol que tienen los entrenadores de fútbol base.

Establecer las necesidades de formación de los entrenadores de fútbol base.

METODOLOGÍA

Diseño de la investigación

Respecto al desarrollo de la investigación, hemos de decir que ésta ha constado de dos partes claramente diferenciadas, las cuales han correspondido a la aplicación de cada uno de los instrumentos utilizados en nuestro estudio. Por tanto, y siguiendo a Hernández Sampieri, Fernández-Collado y Baptista Lucio (2007), nuestro diseño es de dos etapas, ya que dentro de una misma investigación se aplica en primer lugar un enfoque y, posteriormente, otro, siguiéndose en cada etapa las técnicas correspondientes a cada enfoque. Siguiendo a estos mismos autores, nuestro diseño se enmarcaría dentro de aquéllos en los que se aplica un diseño cuantitativo y un diseño cualitativo de manera secuencial y, dentro de éstos, en aquéllos diseños vinculados o modelo de dos etapas por derivación; es decir, la aplicación de una etapa (cuantitativa en nuestro caso) conduce a la otra (cualitativa), ya que la entrevista realizada a los expertos tuvo como base el cuestionario pasado a los entrenadores del fútbol base de la provincia de Huelva. En la figura 1, podemos apreciar el desarrollo y la evolución de nuestra investigación.

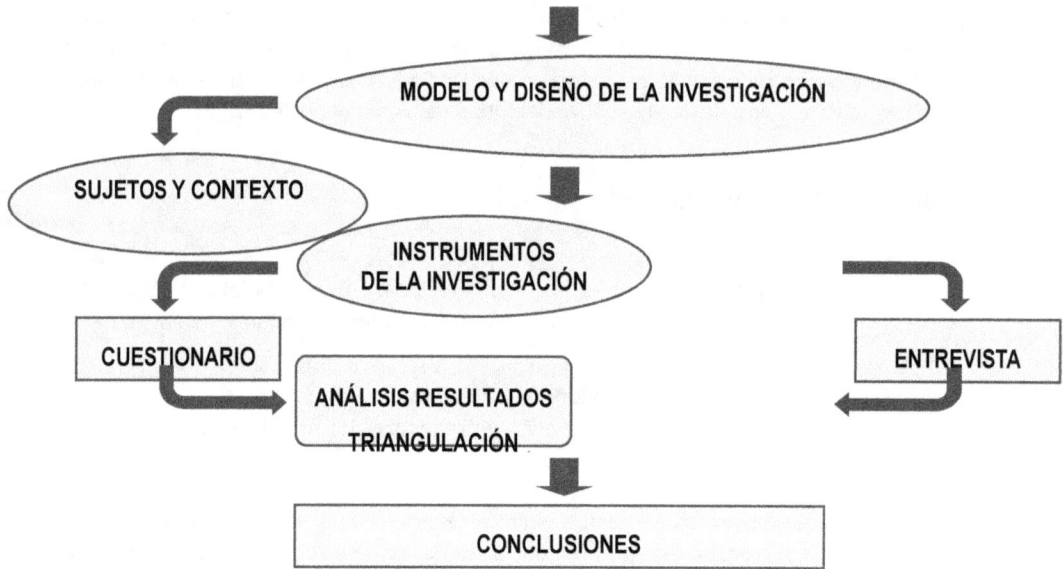

Figura 1. Esquema general de la Metodología de la Investigación.

Contexto de la investigación

En lo referente al cuestionario, el contexto de nuestro estudio hizo referencia a las escuelas deportivas y clubes de fútbol base de la provincia de Huelva. Al respecto, tenemos que decir que los datos acerca de este contexto fueron facilitados por el Servicio de Deportes de la Diputación de Huelva, el cual es el organismo encargado de gestionar y organizar las actividades físico-deportivas de toda la provincia de. Allí se nos informó de que, a efectos de una mejor distribución y funcionamiento, la provincia de Huelva estaba dividida en Servicios Deportivos Agrupados (SS.DD.AA.), y de que cada zona tenía un coordinador. Todos los SS.DD.AA., no tenían el mismo número de entidades de población, ni todas las entidades de población, como es obvio, tenían el mismo número de habitantes y, por tanto, de escuelas, clubes y entrenadores. En este sentido cabe decir que el SS.DD.AA. con mayor número de habitantes (S.D.A. de la Costa) aportó el mayor número de entrenadores a nuestro estudio (40). Por el contrario los SS.DD.AA. que menos sujetos aportaron fueron los de Mina-Andévalo y Sierra (seis y nueve respectivamente), coincidiendo también con las zonas menos pobladas. Por otro lado, el contexto al que van dirigidas las entrevistas realizadas hace referencia a aquellas personas de reconocido prestigio en el ámbito de la formación de entrenadores de fútbol, así como aquéllas que ocupan actualmente un cargo importante en la formación de la cantera de los equipos de fútbol de más relevancia en Andalucía, como son los responsables o coordinadores de cantera.

Participantes de la investigación

Los sujetos de nuestro estudio han sido los entrenadores de fútbol base de la provincia de Huelva (N=79), por un lado, y expertos en la formación de entrenadores y coordinadores de la cantera de los equipos de fútbol más destacados de Andalucía (N=10), por otro. Estos informantes clave, fueron elegidos teniendo en cuenta los siguientes criterios: (a) Ser o haber sido Profesor Titular de Universidad en la Facultad de Educación o en la de Educación Física; (b) ser entrenador de fútbol; (c) haber sido jugador profesional de fútbol; (d) ser coordinador o responsable de la cantera de alguno de los clubes más relevantes de Andalucía; (e) tener estudios superiores; (f) ser profesor de la Escuela de Entrenadores de Fútbol de Andalucía; y (g) ser o haber sido coordinador de la cantera de otros clubes de cierta relevancia.

Instrumentos de la investigación

De los distintos instrumentos de investigación que actualmente se utilizan en la investigación educativa, nosotros, hemos utilizado el cuestionario y la entrevista.

Cuestionario. La elaboración de nuestro cuestionario de investigación ha pasado por diferentes fases o etapas. En una primera etapa, previamente a la realización de la investigación llevamos a cabo un previo piloto, el cual consistió en pasar un cuestionario (preliminarmente validado por expertos y probado en diversos entrenadores de distintas categorías inferiores) a los entrenadores de fútbol base de las entidades de población de la Mancomunidad de la Costa de Huelva. Teniendo en cuenta nuestro estudio piloto, empezamos a determinar las distintas áreas o dimensiones, para posteriormente ir especificando las variables implicadas dentro de cada una de éstas. A continuación, fueron elaborados los distintos ítems o preguntas para cada dimensión, para, finalmente, realizar una selección de los más relevantes, quedando así configurado el primer borrador del cuestionario.

Hemos de decir que optamos por un cuestionario compuesto por preguntas diferentes en función del tipo de respuesta. Hemos utilizado las escalas de Likert, las cuales nos han permitido conocer el grado de acuerdo o desacuerdo del encuestado, así como el grado de importancia que daban éstos respecto a cada una de las cuestiones planteadas. También se incluyeron preguntas de elección múltiple y preguntas abiertas. En una segunda etapa, el cuestionario fue revisado por un comité de expertos. Tras la revisión realizada por los expertos, realizamos las modificaciones y aportaciones pertinentes. Posteriormente, tras obtener así un segundo borrador del cuestionario, éste fue pasado a un grupo 10 entrenadores de fútbol base, para que realizaran, cada uno de ellos por separado, una revisión personal. Una vez consideradas las sugerencias realizadas por parte estos entrenadores, que nos sirvieron para validar el cuestionario, obtuvimos el cuestionario definitivo, el cual contó con 80 ítems, aunque nosotros, para su mejor análisis, contemplamos 119 ítems de análisis, ya que algunos se pudieron dividir en sub-ítems. Los distintos ítems estaban agrupados en ocho ámbitos o dimensiones. Finalmente, fue añadida una presentación al cuestionario. A continuación (cuadro 1) exponemos las dimensiones contempladas tanto en el cuestionario como en la entrevista utilizada en nuestro estudio.

Personal
Pretendemos conocer los motivos por los que los entrenadores se dedican a entrenar en el fútbol base. Además, queremos centrar nuestra atención en la importancia que tiene la figura del entrenador en la iniciación deportiva y establecer el perfil ideal del mismo
Variables sociodemográficas
Nuestra intención es conocer el género, la edad, el nivel de estudios y si han sido jugadores los entrenadores que se dedican a entrenar en el fútbol base
Experiencia docente
Con esta dimensión queremos dilucidar la importancia que se le da a la experiencia docente, los años que llevan entrenando los entrenadores y relacionar esta experiencia con las categorías en las que entrenan
Formación inicial
Esta dimensión tiene como objetivo conocer la importancia de la formación inicial, la influencia que tiene poseer el título de entrenador y/o una titulación académica relacionada con la E.F., así como la utilidad de los contenidos del curso de entrenadores y cuáles de éstos pueden mejorar
Formación permanente
Nos interesa entender la importancia que se le da a la formación permanente del entrenador de fútbol base y, también, las estrategias de formación más adecuadas para la mejora continua
Concepción enseñanza del fútbol
Intentamos saber qué importancia se le suele dar a la competición y si ésta está adaptada, al igual que los elementos estructurales del fútbol, a las características psicoevolutivas de los niños y las niñas
Metodología
Es nuestro fin conocer qué tipo de metodología utilizan los entrenadores de fútbol base, si programan y evalúan, así como qué significado tiene la utilización de los juegos reducidos, modificados
Necesidades de formación
Queremos conocer con esta dimensión qué aspectos o contenidos no pueden faltar en la formación de los entrenadores de fútbol base

Cuadro 1. Dimensiones que componen el cuestionario y la entrevista.

El cuestionario fue validado en relación con la validez de contenido, ya que pretendíamos analizar el grado de conductas y opiniones expresadas por los sujetos encuestados. Con este fin fue revisado y validado por expertos. Todo ello ha dotado a nuestro cuestionario definitivo de la suficiente coherencia entre preguntas y contenidos. Para comprobar la fiabilidad y la consistencia interna del cuestionario, hemos aplicado a las distintas dimensiones, la prueba estadística Alpha de Cronbach a través del programa estadístico SPSS 13.0. El Alpha o modelo de consistencia interna de Cronbach, valora la consistencia interna de la escala a partir de la correlación Inter-elementos promedio (Pardo Merino y Ruiz Díaz, 2002). Al tratarse de una escala multidimensional, el cálculo de la fiabilidad se realizó para cada una de las subescalas o dimensiones. A continuación exponemos los valores del Alpha de Cronbach obtenidos en las distintas dimensiones del cuestionario, excepto las variables sociodemográficas y la experiencia docente, ya que sus elementos difieren en sus características: formación inicial .780; formación permanente .701; concepción enseñanza del fútbol .409; metodología .784; personal .729; necesidades de formación .846. Como podemos ver todas las dimensiones tienen una consistencia interna buena o muy buena, excepto la dimensión *concepción enseñanza del fútbol*, pensamos que debido al escaso número de elementos que la componen (seis ítems).

Los cuestionarios fueron analizados con el programa estadístico SPSS 13.0. En nuestro estudio, hemos realizado, en primer lugar, un análisis descriptivo. Posteriormente, efectuamos un análisis de correlación, el cual pretendió reflejar el grado de asociación y relación entre las distintas variables examinadas. En este sentido, se han realizado tablas de contingencias y la prueba de Chi-cuadrado, centrándonos en aquellas asociaciones que nos dieron significativas, es decir cuando el nivel de significación fue $p<.05$ (Pardo Merino y Ruiz Díaz, 2002; Hernández Sampieri, Fernández-Collado y Baptista Lucio, 2007). Para una mejor comprensión de los datos obtenidos hemos de decir que para estudiar el grado de relación existente entre las variables nominales se calculó el Coeficiente de Contingencia y la *V* de Cramer, mientras que para las medidas ordinales nos centramos en la *d* de Somer.

En cuanto al procedimiento de aplicación del cuestionario, tenemos que saber que una vez que tuvimos el cuestionario terminado y listo para ser aplicado, contactamos con el Área de Deportes de la Diputación de Huelva, donde obtuvimos información acerca de las distintos SS.DD.AA. en los que estaba dividida la provincia de Huelva y sobre las entidades de población que los componían. De esta forma, se nos facilitaron los teléfonos y direcciones de los Coordinadores de los SS.DD.AA. de la provincia de Huelva. A partir de este momento nos pusimos en contacto con los mismos y estudiamos el modo de pasar el cuestionario a los distintos entrenadores de fútbol base y la forma, lugar y momento de proceder a su recogida. Al respecto, tenemos que decir que los cuestionarios fueron entregados en mano, previa entrevista para explicar los motivos y objetivos del mismo, a los coordinadores, los cuales, tras pasárselos a los entrenadores, nos lo devolvieron para su análisis. Para nuestro trabajo hemos encuestado a un total de 79 entrenadores del fútbol base de la provincia de Huelva.

La entrevista. El diseño de la entrevista atravesó distintas fases que vamos a plantear a continuación: En una primera fase, y partiendo de las dimensiones del cuestionario aplicado anteriormente, elaboramos las dimensiones, categorías y subcategorías que compusieron la misma. Una vez establecidas las mismas, fuimos construyendo las posibles preguntas. El siguiente paso consistió en entrevistar a sujetos (2) para ir reduciendo errores que pudieran surgir como: falta de compresión en algunas preguntas, inadecuada redacción o forma de preguntar, preguntas innecesarias, otras preguntas de interés, etc. Esta fase nos ha servido como formación y entrenamiento como entrevistador. Una vez elaborada la entrevista definitiva, y puesta en práctica a modo de prueba, se aplicó a cinco expertos en la formación de entrenadores de fútbol y a otros tantos coordinadores o responsables de cantera de los clubes con más relevancia en Andalucía; informantes clave, que fueron elegidos teniendo en cuenta los criterios de selección expuestos más arriba.

Para diseñar las dimensiones de la entrevista nos basamos en las consideradas anteriormente en el cuestionario, con el objetivo de profundizar en la información que consideramos más relevante y, así, poder comparar los resultados obtenidos con ambos instrumentos. La realización de las entrevistas se llevó a cabo de forma que se tuvieron en cuenta tanto la accesibilidad y cercanía de los encuestados, como las posibilidades de realización de las mismas. De esta forma, algunas entrevistas se hicieron en persona (5) y otras por teléfono (5). En este sentido, una vez preparada la entrevista, nos pusimos en contacto con los distintos informantes claves, tras lo cual, procedimos a entrevistarlos poco a poco. Las entrevistas fueron grabadas con una grabadora digital (Sony ICD-P28), fueron pasadas, de inmediato, a través del acceso USB al ordenador (portátil Toshiba Satellite U400-15K) y, posteriormente, se transcribieron literalmente en un procesador de texto con la ayuda del programa informático Digital Voice Editor (versión 2.25). Al respecto, tenemos que decir que la duración de las mismas varió desde 16 minutos y 21 segundos, la más corta, hasta los 57 minutos y 3 segundos, la más larga. En total, las transcripciones de las entrevistas conformaron un documento de 64 folios impresos por las dos caras. Una vez transcritas literalmente, y con el objetivo de asegurar el rigor metodológico de nuestra investigación, cada entrevista fue enviada por correo electrónico al correspondiente entrevistado, lo cual posibilitó que éste pudiera aclarar, añadir, corregir, modificar o eliminar aquellas cuestiones que considerara oportunas. Todo ello con vistas a realizar un análisis más riguroso de las entrevistas realizadas, ya que de esta manera los entrevistados pudieron controlar aquello que más tarde sería analizado, lo cual es importante para obtener credibilidad en un estudio (según Lincoln y Guba, o Sparkes, citados por Jiménez Saiz y Lorenzo Calvo, 2007). En este sentido, de los 10 participantes, dos no cambiaron nada, tres variaron parte del texto y cinco no respondieron. En el diseño definitivo la entrevista fue dividida en ocho dimensiones, que, a su vez, se subdividieron en categorías y subcategorías con sus respectivos códigos, los cuales se refieren a fragmentos de texto con el fin de clasificarlos (Miles y Huberman, 1984), con el propósito de facilitar y mejorar su codificación y su análisis.

Para garantizar la credibilidad (validez interna cualitativa) de nuestro estudio, hemos seguido las recomendaciones realizadas por Coleman y Unrau (citados por Hernández Sampieri, Fernández-Collado y Baptista Lucio, 2007), las cuales son las siguientes: (a) evitar que nuestras creencias y opiniones influyan en las interpretaciones de los datos, cuando deben enriquecerlas; (b) considerar importantes todos los datos, particularmente los que contradicen nuestras creencias; (c) privilegiar a todos los participantes por igual; (d) ser conscientes de cómo influimos en los participantes y cómo ellos nos afectan; y (e) buscar evidencia positiva y negativa por igual (a favor y en contra de un postulado emergente).

Con el fin de que el proceso de análisis fuera más fiable, y lograr una dependencia (confiabilidad cualitativa) adecuada (Hernández Sampieri, Fernández-Collado y Baptista Lucio (2007), la codificación de las distintas entrevistas se llevó a cabo mediante un grupo de codificadores (Rodríguez López, 1995). De esta forma, se realizaron chequeos cruzados (codificaciones del mismo material por dos o más investigadores). Con el fin de aumentar la fiabilidad interna entre codificadores, ésta ha sido estimada por medio del llamado acuerdo interobservador (AIO) (Thomas y Nelson, 2007). No obstante, a fin de paliar los acuerdos debidos exclusivamente al azar, se calculó el Índice de Kappa (Cohen, 1960) con un nivel de significación de $p<.01$ utilizando el programa informático SPSS

13.0. En este sentido Goetz y LeCompte (1984) establecen como óptima una fiabilidad interobservadores superior al 80%. Teniendo en cuenta, pues, el porcentaje obtenido (83.1%) se considera que el nivel de acuerdo es suficiente y adecuado como para que cada codificador pueda trabajar de forma individual. También hemos de decir que el índice de Kappa obtenido (.697 con p<.001) es considerado sustancial o importante según los rangos propuestos por Landis y Koch (1977).

Tras este proceso, se consideró que las entrevistas estaban listas para ser analizadas a través del programa informático MAXQDA 2007, el cual nos facilitó realizar un análisis de frecuencia de códigos, por un lado y, por otro, llevar a cabo un análisis de contenido de las entrevistas. En total se analizaron 753 unidades de análisis.

RESULTADOS, ANÁLISIS Y DISCUSIÓN

En este apartado vamos a comparar los datos obtenidos a través de los instrumentos utilizados en nuestra investigación, es decir, a través del cuestionario y de la entrevista, centrándonos en las similitudes y diferencias de los resultados obtenidos en ambas etapas del estudio. En este sentido, McCullick, Belcher y Schempp (2005) destacan la importancia que tiene triangular la información proveniente de los entrenadores que realizan los cursos con aquélla que emana de las personas (expertos) que los imparten. A continuación procedemos al análisis y discusión de los resultados teniendo en cuenta las dimensiones estudiadas en nuestra investigación.

Dimensión personal

Los entrevistados, en su mayoría, estaban de acuerdo con que existían muchos entrenadores que pretendían entrenar en un futuro en categorías superiores, lo cual coincidió con lo obtenido en las encuestas a entrenadores de fútbol base, donde obtuvimos que el 60.8% estaba de acuerdo o muy de acuerdo con estas intenciones. No obstante, hubo un 27.8% que no tenía intención de entrenar en categorías superiores en el futuro. En este sentido, según hallamos en nuestro estudio de correlación, cuanto mayor formación académica tenían los entrenadores de fútbol base, menor acuerdo con entrenar en categorías mayores (p=.003). Al respecto, Morcillo Losa (2004) destacó la influencia que sobre la formación del jugador pueden tener las expectativas de futuro que el entrenador tenga. Además, estos resultados están en consonancia con el planteamiento realizado por Gordillo i Molina (1992) cuando nos decía que muchos entrenadores consideraban entrenar en la iniciación como un primer paso en la formación de un técnico, el cual, normalmente, tiene como fin entrenar en categorías superiores. También Wein (2007) piensa que muchos entrenadores del fútbol base usan a sus jóvenes jugadores como un medio de trepar en la escalera social y profesional, dando prioridad a ganar más que al desarrollo del jugador. En este sentido, hemos de decir que, tal como manifiesta el entrevistado Enrique (los nombres utilizados son ficticios para mantener el anonimato), este modelo es el que venden los medios de comunicación, los cuales, hoy en día, tienen una gran influencia, tanto en adultos como en niños y niñas, lo cual puede hacer que, en muchas ocasiones, los motivos económicos y los de promoción vayan de la mano.

Eh…, bueno, yo creo que es bastante heterogéneo, un poco la idea ¿no?, pero, básicamente, pues bueno, también creo que hay un mensaje de la propia televisión y de lo que se vive del mundo tan maravilloso, que es la primera división, los entrenadores, etc., que eso, primero, es un modelo importante para que las personas digan, pues yo quiero hacer esto, ¿no?, yo quiero ser entrenador del Real Madrid, etc. (Enrique, párr. 6).

Por otro lado, una de las principales razones por las que los entrenadores de fútbol base se dedican a entrenar es la satisfacción personal. Esta afirmación es mantenida por casi todos los sujetos entrevistados y, además, se corresponde con los datos hallados con los cuestionarios, donde obtuvimos que a prácticamente todos los encuestados (96.2%) les producía una gran satisfacción entrenar en el fútbol base y, también, les gustaría tener más tiempo para dedicarse a ello (92.4%). Además, se encontró una relación significativa ($p=.027$) entre las categorías en las que entrenaban los entrenadores del fútbol base y el hecho de que entrenar en el fútbol base le reportara una gran satisfacción, independientemente de la categoría. Esto coincide con lo encontrado por Yagüe Cabezón (1998) en entrenadores de fútbol nacionales de Castilla y León, la mayoría de los cuales manifestaron entrenar por el gusto por el fútbol. También está en relación con lo hallado por Morcillo Losa (2004), donde los entrenadores de fútbol base afirmaron que se dedicaban a entrenar por el gusto de trabajar con niños y por el entusiasmo que sienten al entrenar. Este dato es muy importante, puesto que, pensamos, que para que la enseñanza del fútbol se realice correctamente es primordial que el entrenador está motivado hacia lo que hace. Giménez Fuentes-Guerra (2003) halló que el principal motivo por el que los entrenadores y monitores de minibasket de Andalucía era el gusto por entrenar, mientras que el gusto por enseñar apareció en segundo lugar. También Stewart y Sweet (1992), aunque en un contexto diferente al nuestro, en su estudio sobre entrenadores de diferentes deportes en Montana (EE.UU.), encontraron que la gran mayoría de entrenadores manifestaron dedicarse a entrenar por su amor a los niños y por placer personal. Este hecho, pensamos, es muy positivo, puesto que para llevar a cabo su tarea de forma eficiente, es muy importante que el entrenador esté motivado.

Por otro lado, todos los expertos entrevistados consideraron muy importante la figura del entrenador a la hora de iniciar a los chicos y chicas en el deporte, tanto desde el punto de vista educativo, como desde el prisma de formación deportiva. En este sentido, no es de extrañar que la mayoría de los expertos considerase que para realizar la tarea del entrenador de fútbol base, éste tenía de reunir una serie de características que conformaran un perfil idóneo. Entre estas demandas, destacan las siguientes: el entrenador debe ser, sobre todo, un educador, debe tener una formación sólida, y debe reunir una serie de habilidades, tanto personales como sociales. En este sentido se expresa Carlos.

Eh... está claro que el perfil profesional y, además, las competencias que debe reunir ese profesional para dar respuesta a ese perfil, a lo que se espera que ese profesional o ese técnico deportivo pueda hacer en el contexto, eh... está claro que un nivel I, no es solamente dirigir, acompañar a los jóvenes en la competición, no solamente es diseñar... diseñar entrenamientos, llevar a cabo entrenamientos convenientes a las edades, sino también el proceso formativo, educativo que eso conlleva ¿no? (Carlos, párr. 19).

Además, algunos de los entrevistados consideraron importante al entrenador porque éste representa un modelo o ejemplo a seguir para los chavales. También Sisley y Wiese (1987) nos recuerdan que el entrenador es el factor más importante que influye sobre el deportista, sirve como modelo y ejerce gran influencia en la formación de actitudes y valores. Woodman (1993), por su parte, manifestó que el rol del entrenador en la iniciación es proporcionar un ambiente de práctica y de competición que asegure un desarrollo secuencial y una maestría en las habilidades básicas, además de diversión y participación. Por su parte, Gómez Benítez y Morillas Cabezas (2001) destacaron la importancia del papel del entrenador en la iniciación deportiva porque éste determinará las primeras experiencias del chico o chica, sentará las bases para su ulterior desarrollo como deportista y como persona y porque estimulará a los chavales hacia la práctica deportiva. No obstante, y teniendo en cuenta la opinión de algunos expertos entrevistados, a pesar de la gran importancia que tiene el entrenador, en la realidad, parece que las personas que se encuentran entrenando a niños y niñas, en general, no son las más adecuadas. Este hecho, quizás, hace que muchos chicos y chicas abandonen prematuramente la práctica deportiva. En este sentido Feltz (citado por Jiménez Saiz, 2008), tras realizar una investigación, señaló que el 80% de los niños que se inician en el deporte, al poco tiempo lo abandonan. Entre las causas más destacadas aparece la actuación del entrenador, puesto que el 60% lo hace debido a su conducta punitiva, malos tratos, falta de refuerzos, prejuicios, entrenamientos excesivos y otros comportamientos negativos del entrenador. Quizás, algunas de estas conductas puedan ser paliadas de alguna forma a través de una adecuada formación. En el cuadro 2 se presenta un resumen de la dimensión tratada.

Dimensión personal
Coincidencias
Existen muchos entrenadores que pretenden entrenar en un futuro en categorías superiores
La satisfacción personal es una de las principales razones por las que los entrenadores de fútbol base se dedican a entrenar
Otros aspectos a tener en cuenta
La figura del entrenador tiene una gran importancia en la iniciación deportiva de los chicos y chicas
El entrenador debe reunir una serie de características: educador, con formación y con habilidades personales y sociales

Cuadro 2. Resumen de la dimensión Personal.

Dimensión variables sociodemográficas

La inmensa mayoría de los entrenadores de fútbol base de la provincia de Huelva eran hombres (98.9%), lo cual coincide con lo que afirmaron los sujetos entrevistados. Esto está en relación con lo encontrado por otros autores en otros estudios semejantes al nuestro (Feu Molina, 2004; Giménez Fuentes-Guerra, 2003; Gutiérrez del Pozo, 2007; Sage, 1989; Yagüe Cabezón, 1998), los cuales se refieren a la mayor presencia de hombres tanto en la docencia de la Educación Física como en el Deporte. En cuanto a la edad, gran parte de los entrenadores encuestados tenían entre 21 y 30 años (58.2%), lo cual coincide con los datos hallados en otros trabajos (Feu Molina, 2004; Giménez Fuentes-Guerra, 2003; Gutiérrez del Pozo, 2007; Jones, 1992; Nuviala Nuviala, León Prados, Gálvez González y Fernández Martínez, 2007). Al respecto, Martin, Dale y Jackson (2001) encontraron en su investigación que a jugadores, padres y madres de éstos (tanto a unos como a otros), no les importaba demasiado la edad de sus entrenadores. Por su parte, los expertos entrevistados coincidieron en que, respecto a la edad, existía gran variabilidad, ya que unos afirmaron que prevalecían los jóvenes, mientras que otros aseveraron que eran los mayores los que abundaban. No obstante, parece que existe una clara tendencia a que los entrenadores del fútbol base sean cada vez más jóvenes.

> Bueno..., en esa cuestión, primero: cada vez los entrenadores son más jóvenes, con lo cual tengo la sensación de que muchos chicos que no han podido ser jugadores, pues, les va a interesando ¿no?, y, entonces, en ese sentido, los niveles de la edad de los que quieren entrar en los cursos, etc., son cada vez menores (Enrique, párr. 11).

Respecto a la titulación académica de los entrenadores encuestados, tenemos que decir que la mayoría tenían estudios secundarios, bachillerato o B.U.P. y C.O.U. (29%) o habían cursado la formación profesional (25.2%). Estos datos concuerdan, en parte, con los manifestados por los entrevistados y son similares a los obtenidos por Yagüe Cabezón (1998), en entrenadores nacionales de Castilla y León, lo cual coincide también con los datos obtenidos Gutiérrez del Pozo (2007), en su estudio de los entrenadores de fútbol de la Comunidad de Madrid. Nuviala Nuviala (2003) encontró que la mayoría de los técnicos deportivos de la Ribera Baja y el municipio Fuentes de Ebro, tenían la E.G.B., F.P. o Bachillerato. También Martínez del Castillo (1995) indicó que muchos de los empleados en el ámbito deportivo, entre ellos los técnicos deportivos, tienen estudios medios. Por otra parte, destacó el grupo formado por los Diplomados en EF (24.1%). Al respecto, Feu Molina (2004), Nuviala Nuviala (2003) y Nuviala Nuviala et al. (2007), obtuvieron, en sus investigaciones sobre entrenadores y técnicos deportivos, resultados en los que se observó un aumento de los titulados en Educación Física, lo cual, coincidiendo con Giménez Fuentes-Guerra (2003), consideramos muy importante, y puede indicarnos la tendencia de los Patronatos y Servicios de Deportes hacia la contratación de Diplomados en EF para la realización de tareas de técnico deportivo, lo cual nos parece bastante adecuado.

> Incluso se está dando mucho el caso de personas que son entrenadores que tienen una formación universitaria..., relacionada con la Educación Física y el Deporte (Javier, párr. 11).

Por otro lado, cuando relacionamos la edad con el nivel de estudios de los entrenadores de fútbol base de la provincia de Huelva, obtenemos una relación significativa ($p=.005$). Cabe decir que la mayoría de los entrenadores que tienen entre 21 y 30 años (edades entre las que están gran parte de los encuestados) poseen un nivel de estudios básico.

Respecto a la cuestión de que los entrenadores de fútbol base hayan sido o no jugadores de fútbol antes de dedicarse a entrenar, los entrenadores encuestados habían sido jugadores en un 63.3%, mientras que un 17.7% lo eran aún en el momento de contestar al cuestionario. Estos datos coinciden con los que obtuvimos en nuestras entrevistas a expertos en el fútbol base. En relación con esto, Giménez Fuentes-Guerra (2003) obtuvo en su investigación que la gran mayoría de los entrenadores de minibasket de Andalucía habían sido jugadores de baloncesto. También Feu Molina (2004) encontró datos similares. El resumen de esta dimensión está en el cuadro 3.

Dimensión variables sociodemográficas	
Coincidencias	
Predomina el género masculino	
Muchos de los entrenadores son exjugadores	
Ciertas discrepancias	
Cuestionario	Entrevista
Jóvenes entre 21 y 30 años	Edad variada de los entrenadores
Nivel de estudios básico	Nivel de estudios diverso

Cuadro 3. Resumen de la dimensión Variables Sociodemográficas.

Dimensión experiencia docente

La mayoría de los entrenadores de fútbol base de la provincia de Huelva llevaba entrenando entre 0 y 5 años (36.7%), mientras que un significativo 30.4% lo había hecho entre 0 y 2 años. Esto denota una falta de experiencia notable, lo cual coincide con lo que opinan la mayoría de los expertos entrevistados, quienes afirmaron que los entrenadores de fútbol base llevaban entrenando pocos años. Así lo manifestaba claramente Carlos.

> La realidad es que te encuentras que los entrenadores con más experiencia, o más oportunistas, están entrenando en las máximas categorías, eh... y muy poca gente con mucha experiencia está trabajando en el deporte de base (Carlos, párr. 16).

Estos datos se corresponden con los hallados por Feu Molina (2004), Giménez Fuentes-Guerra (2003), Gutiérrez del Pozo (2007), Jones (1992), Nuviala Nuviala et al. (2007), y Stewart y Sweet (1992). Al respecto se expresaban Gordillo (1992) y Haslam (1990) al referirse a que muchos de los entrenadores de la iniciación deportiva tenían poca experiencia. Esta situación parece que no es la más adecuada para el fútbol base, ya que, aunque la experiencia no lo es todo, sí estimamos conveniente que el entrenador que lleve a cabo su labor en estas categorías tenga la suficiente experiencia que avale su trabajo. De hecho, los expertos entrevistados, en general, le dieron bastante importancia al hecho de tener experiencia para entrenar en el fútbol base. En cuanto a las categorías en las que entrenaban los entrenadores de fútbol base de la provincia de Huelva, éstos lo hacían mayoritariamente en las categorías benjamín y alevín; el 15.2% entrenaba en la categoría alevín, mientras que el 13.9% lo hace en las categorías benjamín y alevín conjuntamente, lo cual hace un total de 29.1%. En relación con esto, los entrevistados, no se ponían de acuerdo a la hora de decantarse por en qué categorías tenían que estar los entrenadores con más experiencia, algunos afirmaban que en la base y otros que en categorías superiores. Según algunos de los expertos, la formación de los entrenadores de fútbol debería estar en función de las categorías en las que se trabaje. Presentamos el resumen en el cuadro 4.

Dimensión experiencia docente	
Coincidencia	
La mayoría de los entrenadores tiene poca experiencia	
Cierta discrepancia	
Cuestionario	Entrevista
Muchos entrenadores entrenan en las categorías benjamín y alevín	No hay unanimidad sobre en qué categoría han de entrenar los más experimentados

Cuadro 4. Resumen de la dimensión Experiencia Docente.

Dimensión formación inicial

Según se desprende de los datos del cuestionario, una cantidad considerable de los entrenadores no tenían el título de entrenador (19%). Además, existió un elevado número de entrenadores que poseía solamente el Curso de Iniciación Aspirante a Técnico Deportivo de Fútbol (24.1%). A esto se une que muchos de los encuestados no le daban demasiada importancia al hecho de tener el título de entrenador (17.7%). Nuestros datos coinciden con los de Gutiérrez del Pozo (2007), Martínez del Castillo (1995), Morcillo Losa (2004) y Nuviala Nuviala et al. (2007). Por su parte Quinn y Carr (1998) manifestaron que los entrenadores de fútbol base carecen de la formación adecuada, lo cual puede hacer que los niños y niñas abandonen la práctica del fútbol de forma prematura. Además, esta situación se repite en Giménez Fuentes-Guerra (2003), en la enseñanza del baloncesto en Andalucía. También Sage (1989) ya manifestaba entonces, que el colectivo de entrenadores adolecía de una escasa preparación formal. Aunque en un contexto distinto, Stewart y Sweet (1992), en su estudio sobre entrenadores de diferentes deportes en Montana (EE.UU.), comprobaron que una parte significativa de los entrenadores no tenían certificado o título para entrenar. Por su parte, Knorr (1996) detectó que existían numerosos entrenadores con poca o ninguna formación/cualificación, lo cual, según este mismo autor, sería una tendencia que, desafortunadamente, no cambiaría en un futuro próximo. Parece que se ha cumplido, más o menos, su pronóstico. Sin embargo, tal como apuntaban Bloom y Salmela (2000), los entrenadores suelen considerar muy importante su formación. Resulta algo contradictorio. Además, existe una relación significativa entre la titulación de fútbol y los años entrenando en el fútbol base ($p=.003$), es decir, a menor nivel de titulación de fútbol, menor experiencia en el campo de la enseñanza del fútbol (0 y 5 años). Como vemos esta relación muestra dos aspectos no muy positivos en la enseñanza del fútbol, ya que la situación indica que los entrenadores no sólo tienen poca experiencia sino que además tienen escasa o nula titulación de fútbol. Sin embargo, para los expertos, el hecho de tener la titulación de entrenador de fútbol, es importante, ya que no estimaron conveniente el hecho de que hubiese tantos entrenadores de fútbol base desarrollando su labor sin tener ninguna titulación o con la pre titulación de Aspirante a Técnico Deportivo de Fútbol.

> Lo que sí está claro, y no me cabe ninguna duda, que el entrenador de fútbol base tiene que estar formado, si no tiene buena formación el entrenador de fútbol base, es un mal entrenador, aunque disponga de otros valores (Fernando, párr. 23).

Según los expertos entrevistados, las causas que llevaban a que la mayoría de los entrenadores de fútbol base carecieran de titulación alguna de fútbol o tuvieran la de Aspirante a Técnico Deportivo, podían ser varias: falta de interés, motivos económicos, etc. Aunque, quizás, una de las principales sea que no hay suficientes entrenadores titulados para atender a la gran demanda que existe actualmente, puesto que hay muchos clubes y escuelas de fútbol con una gran cantidad de niños y niñas que quieren practicar el fútbol. Entonces, con el fin de poder atender a esta demanda, los clubes y escuelas tienen que poner al mando de sus equipos a alguien, aunque éste no tenga título. La gran mayoría de los expertos entrevistados consideró que el hecho de tener estudios relacionados con la Educación Física y el Deporte era muy positivo a la hora de ejercer la enseñanza del fútbol. Esto está en relación con el hecho de que cada vez existen más entrenadores de fútbol base que tienen una formación académica relacionada con la Educación Física (24.1% de los entrenadores de nuestro estudio). En este sentido, los mismos sujetos entrevistados también consideraron que cada vez había más entrenadores en el fútbol base que tenían estudios académicos relacionados con la EF y con el Deporte. Este dato, tal como expresábamos más arriba, ha sido hallado en otros estudios similares al nuestro, lo cual nos parece muy relevante, ya que pensamos, al igual que los expertos, que es muy importante este tipo de formación para ejercer la tarea de entrenador, en la iniciación deportiva en general, y en la enseñanza del fútbol, en particular.

En relación con el curso de entrenadores y los contenidos, la mayoría de los entrenadores consideró, cuando se les preguntó por cada uno de ellos por separado, que los contenidos recibidos en el curso de entrenadores les habían sido de utilidad en su labor como entrenador de fútbol base, lo cual coincidió con lo que contestaron los expertos. Sin embargo, pensaban lo contrario cuando se les preguntó por los contenidos en general (24.1% de los entrenadores encuestados). Lo mismo ocurrió con los sujetos entrevistados, ya que la mayoría de ellos reconoció que algún contenido debería mejorar. Además, más de 1/3 de los encuestados creyó que el tiempo empleado en el curso de entrenadores era insuficiente, mientras que también 1/3 pensaba que los contenidos del curso de entrenadores no eran suficientes para entrenar en el fútbol base.

Con lo anteriormente mencionado, un significativo 32% de los entrenadores encuestados estaban en desacuerdo o muy en desacuerdo con el hecho de que los contenidos del curso de entrenadores les habían sido de gran utilidad a la hora de desempeñar su función como entrenador de fútbol base. Estos datos parecen denotar cierto descontento de los entrenadores con el curso realizado y, por lo tanto, inferimos cierta necesidad de mejora en los contenidos del curso y duración de los mismos. En cuanto a los contenidos que más utilidad tenían en el fútbol base, los entrevistados hicieron mención a muchos de ellos, aunque destacaron los siguientes: aquéllos que tenían relación con las ciencias médicas y biológicas (medicina deportiva, anatomía, fisiología y primeros auxilios), los que se referían al entrenamiento deportivo y los que aludían a la Educación Física de Base. Estos datos coinciden con los hallados por Haslam (1990).

> Entonces, una materia importante es la educación física de base. Otra materia importante es las ciencias biológicas. Si no conoce el funcionamiento del cuerpo humano, difícilmente va a aplicar la educación física de base... Nosotros le damos mucha importancia también a los primeros auxilios, porque en esos equipos de fútbol base no hay médico, no hay fisioterapeuta, no hay ATS, entonces, el técnico deportivo de primer nivel tiene que conocer, pues, todos los primeros auxilios: desde una pequeña lesión hasta la resucitación cardiopulmonar y, lógicamente, mucho más que la táctica (Horacio, párr. 27).

No obstante, gran parte de los entrevistados consideró que los contenidos susceptibles de mejora eran aquéllos que hacían referencia a los aspectos psicológicos, metodológicos y didácticos y, en menor medida los relativos a la preparación física, educación física de base y dirección de equipos. Respecto a los contenidos metodológicos y didácticos, Woodman (1993) consideró que el área pedagógica del entrenamiento necesitaba mejorar en los distintos currículos, y que a lo largo de todo el mundo, había sido la que peor ha sido diseñada. Por su parte, McCullick et al. (2005) destacaron en su estudio que los entrenadores participantes reclamaban una mayor relación entre la teoría y la práctica, lo cual pensamos ha de tenerse en cuenta. Además, cabe destacar también que algunos de los expertos consideraron necesario la inclusión de contenidos relativos al inglés, nuevas tecnologías y educación deportiva, lo cual nos parece bastante interesante. En el cuadro 5 se expone el resumen.

Dimensión formación inicial	
Coincidencias	
Muchos entrenadores tienen poca formación inicial (titulación de fútbol)	
Cada vez hay más entrenadores con estudios relacionados con la EF	
Entrenadores y expertos, en general, consideran útiles los contenidos del curso de entrenadores, aunque piensan que algunos deben mejorar	
Cierta discrepancia	
Cuestionario	Entrevista
Numerosos entrenadores no le dan mucha importancia a tener el título	Los expertos le dan bastante importancia a tener el título

Cuadro 5. Resumen de la dimensión Formación Inicial.

Dimensión formación permanente

Todos los expertos entrevistados coincidieron en que la formación permanente tenía gran importancia.

> Bueno, yo creo que es determinante. Es decir, yo creo que entre las capacidades que tiene ese perfil de..., cualquiera de los dos perfiles, tanto el de rendimiento como el de formación, pero especialmente el perfil del entrenamiento para la formación, una de las capacidades que tiene que tener ese entrenador es... la inquietud ¿no?, las ganas permanentes de aprender y de mejorar (Fernando, párr. 34).

En este sentido, cabe destacar que, de los sujetos encuestados, algo más de 2/3 pensaban que realizar cursos, jornadas, etc. de E.F. y Deportes (44.3%) y también de fútbol (43.1%) era importante para realizar la labor de entrenador de fútbol. Además, prácticamente la totalidad los entrenadores analizados creyó que el entrenador de fútbol base debía de estar al día (96.2%). También la mayoría de los individuos encuestados solía realizar cursos, jornadas, etc., para estar al día, ya que los que se ofertaban solían ser de su interés (77.2%). Como podemos comprobar, casi todos los entrenadores daban una gran importancia a la formación continua, al igual que los expertos entrevistados. Así, al relacionar la titulación deportiva de fútbol con el ítem relativo al estado de acuerdo o desacuerdo con estar al día en su formación, hemos obtenido una relación significativa (p=.004), donde aquellos entrenadores que tenían un nivel de formación intermedio (1º y 2º nivel) son los que más de acuerdo estaban con que el entrenador debía estar al día en su formación. También encontramos una relación estadísticamente significativa (p=.008) cuando relacionamos las categorías en las que entrenan los jugadores y el grado de acuerdo con estar al día en la formación. En este sentido, cabe destacar que los entrenadores que entrenaban en las categorías alevín y benjamín-alevín, son los que más realizaban cursos, jornadas, etc., para estar al día. Parece, pues, que a mayor categoría en la que se entrena, menor realización de cursos y jornadas, etc., para estar al día. No obstante, y en nuestra opinión, habría que conocer hasta qué punto los entrenadores encuestados se preocupan de verdad en realizar cursos, jornadas, etc., puesto que muchas veces lo que los encuestados dicen que hacen o piensan, no se corresponde con lo que realmente hacen. En relación con la importancia de la formación permanente manifestada por entrenadores y entrevistados, Morcillo Losa (2004) manifestó que el entrenador debe mostrar inquietud y reciclarse permanentemente. Esta relevancia de la formación permanente o continua es también resaltada por Bloom y Salmela (2000) y por Nash y Collins (2006).

Por otro lado, prácticamente todos los entrenadores encuestados (89.8%) solían intercambiar opiniones, experiencias, etc., con otros compañeros y entrenadores para estar al día y para completar su formación. Además, el 74.7% aseveró trabajar en grupo dentro del club o escuela donde entrenaba. También, el 77.3% de los entrenadores solían leer libros, revistas, etc. para continuar formándose. Estos datos son alentadores, puesto que indican, al menos a priori, que los entrenadores tienen un gran interés por seguir formándose a través de las distintas estrategias de formación existentes. Según los expertos entrevistados, las estrategias de formación más adecuadas para la formación de los entrenadores de fútbol base son: cursos, jornadas, seminarios (sobre todo, con orientación práctica), intercambio de experiencias, grupos colaborativos, aprender del día a día y la lectura (libros, revistas, on-line). Esta diversidad de formación se corresponde con la investigación de Werthner y Trudel (2006), donde los entrenadores preferían formarse a través de diferentes estrategias de formación, entre ellas Internet. Además, una de las estrategias de formación más nombrada por los entrevistados de nuestro estudio, es la lectura de libros, revistas online, etc. En relación con las estrategias de formación no formales, Bloom y Salmela (2000), confirmando los datos obtenidos en nuestro estudio, aseveraron que los entrenadores sentían que es importante adquirir conocimientos a través de actividades como *clinics*, seminarios y simposios. En cuanto a las estrategias de formación informales, consideradas claves por Nelson, Cushion y Potrac (2006), Cushion, Armour y Jones (2003), Jones, Armour y Potrac (2003) y Werthner y Trudel (2006), los entrenadores suelen aprender de la experiencia diaria (aprendizaje situado según Cassidy y Rossi, 2006). Y de la observación de otros entrenadores, así como de tener encuentros con otros entrenadores y compartir experiencias, sería Red informal de conocimiento (según Jones et al., citados por Jiménez Saiz, 2008) si se produce fuera del contexto de entrenamiento; y aprendizaje situado (Cassidy y Rossi, 2006) si se lleva a cabo dentro del contexto. También Cushion (2006), Bloom y Salmela (2000) y Abrahams, Collins y Martindale (2006) destacaron la importancia que tiene el aprender de otros en la formación de los entrenadores. En este sentido, Morcillo Losa (2004) encontró que los entrenadores valoraban positivamente las reuniones y puestas en común entre entrenadores de un mismo club e, incluso, entre entrenadores de clubes diferentes. En el cuadro 6 se presenta el resumen de esta dimensión.

Dimensión formación permanente
Coincidencias
La Formación Permanente tiene una gran importancia
Las Estrategias de Formación más utilizadas por los entrenadores coinciden con las propuestas como más adecuadas por los expertos: cursos, jornadas, seminarios (sobre todo, con orientación práctica), intercambio de experiencias, grupos colaborativos, aprender del día a día y la lectura de libros, revistas, online

Cuadro 6. Resumen de la dimensión Formación Permanente.

Dimensión concepción enseñanza del fútbol

Cuando le preguntamos a los entrenadores acerca de la importancia que le daban a los resultados de la competición, el 71% dijo no darle mucha importancia, lo cual no coincide con lo expresado por los expertos entrevistados, ya que éstos opinan que en el fútbol base se le da demasiada importancia a la competición.

> Excesiva. En el fútbol base se le está dando por rutina, por tradición, se le está dando excesiva importancia a lo que es la competición, en detrimento de la formación. Hay unas nuevas corrientes que vienen lideradas por las escuelas de fútbol, por otros modelos de competición, que ya no le están dando tanta importancia. Pero esto va a tardar todavía tiempo... La competición genera una deformación de la formación en las edades tempranas. Porque el niño está más pendiente del resultado, y el entrenador está más pendiente del resultado, que de lo que es el aprendizaje. La competición, a veces, mata o disminuye la formación. Yo pienso personalmente, que los modelos de competición del fútbol base están obsoletos y hay que cambiarlos. No se puede hacer la competición de los niños a imagen y semejanza del fútbol profesional: ligas, competiciones y otra serie de cosas (Horacio, párr. 37).

En relación con lo anterior, predominaron los entrenadores que se centraban en los objetivos educativos (84.8%) y recreativos (69.7%), mientras que sólo un 16.5% estaba de acuerdo con plantearse objetivos competitivos. Además, hallamos una correlación significativa (p=.036) al relacionar las categorías en las que entrenaban los entrenadores y la importancia dada a los resultados en las competiciones. En este sentido, cabe señalar que los entrenadores que entrenaban en las categorías más pequeñas, pre-benjamín, benjamín y alevín, eran los que menos estaban de acuerdo con que los resultados obtenidos por su equipo en las competiciones eran muy importantes. También resultó significativa la relación entre las categorías en las que entrenaban los entrenadores y los objetivos educativos (p=.015); es decir, los entrenadores que entrenaban en las categorías benjamín y alevín estaban más de acuerdo con respecto al planteamiento de objetivos educativos. No obstante, estos datos no se correspondieron con los que obtuvimos en las entrevistas, puesto que los expertos entrevistados aseveraron que en el fútbol base los objetivos que predominaban, por encima de los demás, eran los de rendimiento.

> Está clarísimo que el de rendimiento. O sea, vamos, sin ninguna duda y totalmente exagerado como he dicho antes con el aspecto de la competición... Todo, todo lo que aglutina..., cualquier decisión que tú ves en el día a día, siempre tiene un trasfondo de rendimiento... Cualquier decisión de..., aunque sea una decisión que, a lo mejor, ni siquiera tiene que ver con el partido, sino de alguna convocatoria, de cómo llevar a cabo la preparación de un partido, de..., no sé, cómo establecer el viaje. Todo lo que significa el entorno, un poquito, de la competición, tiene siempre un trasfondo de rendimiento, pero, además, clarísimo y, muchas veces, exagerado. Eso es lo que pasa en la realidad (Genaro, párr. 43).

Todos los expertos, pues, estimaron que se le daba demasiada importancia a la competición, lo cual podía hacer que se desviara la atención hacia ésta, dejando en un segundo plano los aspectos relacionados con la formación personal y deportiva, que son los que deberían primar en el fútbol base. En este mismo sentido, algunos sujetos hicieron hincapié en que la competición en sí no era mala, sino que para que ésta fuese formativa y educativa tenía que tener una orientación adecuada. En relación con esto, Martin et al. (2001) encontraron que tanto los deportistas jóvenes como sus padres preferían a un entrenador que, entre otras características, proporcionara oportunidades para que los deportistas compitiesen y alcanzasen sus metas. Incluso, nos siguen diciendo estos autores, tanto los deportistas como sus padres preferían entrenadores que reuniesen estos dos componentes. También, Gilbert y Trudel (2004b) concluyeron acerca de la necesidad de que los programas de formación de los entrenadores deberían proporcionar estrategias de formación que incorporen tanto el desarrollo del deportista como el ganar. Como podemos imaginar, esto no es tarea fácil, lo cual no significa que debamos cejar en nuestro empeño, ya que una competición bien encauzada puede tener muchas posibilidades educativas. De hecho, algunos estudios muestran la importancia que tiene la competición en el proceso de enseñanza-aprendizaje del deporte (González Rivera, Campos Izquierdo y Pablos Abella, 2008; Reverter Masia, Mayolas Pi, Adell Pla y Plaza Montero, 2009).

Por otra parte, en cuanto a la adaptación del fútbol y de la competición a las características de los niños y niñas, los entrevistados consideraron que, en general, ni la competición ni algunos aspectos de la enseñanza del fútbol estaban adaptados al niño o niña.

Aunque ha habido un avance con el fútbol 7, que ha costado la misma vida a los tradicionalistas del fútbol, pero yo creo que se debería adaptar en algunas categorías y contextos, muchísimo más. Adaptar el número de jugadores, el espacio del campo, el balón, las dimensiones de las porterías... (Álvaro, párr. 53).

Estos datos no se corresponden con lo que manifestaron los entrenadores de fútbol base de la provincia de Huelva, puesto que algo más de la mitad de ellos (54.4%) creía que la competición estaba adaptada, aunque un significativo 39.2% manifestó lo contrario. En este sentido, Lapresa Ajamil, Amatria Jiménez, Egüén García, Arana Idiakez, Garzón Echevarría (2008) concluyeron su investigación manifestando que la competición 5 vs. 5 en la categoría pre benjamín (niños de 6 años) no era adecuada en relación con la utilización del espacio (profundidad y amplitud) ni con las acciones técnicas demandadas en su práctica. Por su parte, Strean (1995) hizo referencia, en su estudio con entrenadores de diferentes deportes, entre los cuales se encontraba el fútbol, a los beneficios que tiene hacer cambios en las reglas de juego para adaptar el deporte a las necesidades de los niños y niñas. El resumen de esta dimensión se expone en el cuadro 7.

Dimensión concepción enseñanza fútbol	
Ciertas discrepancias	
Cuestionario	Entrevista
Los entrenadores no le dan mucha importancia a la competición	Los expertos piensan que los entrenadores le dan demasiada importancia a la competición
En general, la competición está adaptada a las características de los niños y niñas	En líneas generales, ni la competición ni algunos aspectos están adaptados
Los entrenadores se plantean, fundamentalmente, objetivos educativos y recreativos	En el fútbol base predominan los objetivos de rendimiento

Cuadro 7. Resumen de la dimensión Concepción Enseñanza del Fútbol.

Dimensión metodología

En relación con la utilización de los distintos métodos de enseñanza, cabe señalar que los entrenadores indicaron que no utilizaban los métodos directivos en un 40.5%, mientras que un 39.2% estuvo de acuerdo. Como vemos, existían muchos entrenadores que usaban métodos directivos. Por otro lado, cuando relacionamos las categorías en las que entrenaban los entrenadores y la utilización de métodos de enseñanza basados en el descubrimiento, obtuvimos una relación significativa (p=.048), lo cual quiere decir que a menor categoría (benjamín y alevín), mayor número de entrenadores que manifestaban un grado de acuerdo con la utilización de métodos de enseñanza basados en el descubrimiento. Vemos, no obstante, que estos datos no se corresponden totalmente con lo expresado por los expertos entrevistados, puesto que éstos consideraron que los métodos de enseñanza que predominaban en el fútbol base eran los directivos, aunque deberían utilizarse con más frecuencia los basados en la resolución de problemas.

> Predomina el método directo, la instrucción directa. Y cuando hablo de instrucción, es hablar de algo militar, de enseñanza militar (Horacio, párr. 47).

Aunque en un contexto cultural distinto, Quinn y Carr (1998) hallaron que los entrenadores de fútbol base de EE.UU. solían utilizar metodologías donde el contenido no tenía en cuenta las características del desarrollo del niño, donde no se les permitía la libertad de roles y movimientos durante el juego. Esto también se relaciona con los resultados obtenidos por Jones (1990), quien encontró que los entrenadores de fútbol base de Inglaterra utilizaban predominantemente la instrucción directa en la enseñanza de las técnicas básicas del fútbol. En España, Yagüe Cabezón (1998) encontró que la mayoría de los entrenadores nacionales de Castilla y León, utilizaban métodos directivos (mando directo y asignación de tareas). A este respecto, tenemos que destacar una consideración significativa derivada del estudio de Butler (citado por Butler y McCahan, 2005): muchos de los profesores investigados creían que el aprendizaje debía centrarse en el alumno, sin embargo, realmente utilizaron métodos de enseñanza directivos, los cuales están centrados, como sabemos, en el profesor. Esto puede indicar que haya entrenadores que piensan que están utilizando un tipo de metodología, cuando en realidad están utilizando otra distinta, o que dicen que hacen algo distinto a lo que realmente llevan a cabo. Por otro lado, cuando se les consultó por aquéllos métodos de enseñanza que deberían predominar en la enseñanza del fútbol, los entrevistados, mayormente, se decantaron por los que se basaban en la resolución de problemas, lo cual nos parece bastante adecuado ya que este tipo de métodos suele considerarse muy educativos (Sáenz-López Buñuel, 1997). No obstante, algunos matizaron y se situaron en una posición ecléctica, donde se utilizaran ambos métodos dependiendo de las circunstancias. En este sentido, Fraile Aranda (2009) manifiesta que el entrenador debe conocer y utilizar distintos métodos de enseñanza en función de sus objetivos, características de los jugadores, etc. Parece que la situación en el fútbol está empezando a cambiar (Vegas Haro, 2006), aunque queda mucho camino por andar.

En lo referente a la programación y a la evaluación de la enseñanza del fútbol, los sujetos entrevistados pensaban que la programación y la evaluación tenían gran importancia, aunque no solían llevarse a cabo. Sin embargo, los entrenadores aseveraron que solían programar y evaluar con cierta frecuencia. De nuevo, aquí habría que comprobar si lo que dicen que hacen los entrenadores se corresponde con la realidad, tal como manifestaron algunos de los expertos entrevistados.

> Haciendo una comparación con el resto del fútbol base, en el resto de clubs, normalmente no se da programación de ningún tipo (Javier, párr. 64).
> No. No se lleva a cabo. La evaluación, en absoluto (Genaro, párr. 54).

Las razones por las que los entrenadores de fútbol base no programaban ni evaluaban podían ser variadas (falta de tiempo, de recursos, etc.), pero, fundamentalmente, se debe a la falta de formación.

Hay personas en los clubs de fútbol base que le ponen mucho empeño a las cosas, le dedican mucho tiempo. A veces, la falta de preparación y otras veces, también, la falta de tiempo. Son actividades no profesionalizadas, no remuneradas y..., hay que comprenderlo (Javier, párr. 64).

En este sentido, Jones (1992), aunque en un ámbito cultural distinto, destacó que los entrenadores ingleses de fútbol base consideraron la planificación como algo de menor importancia. Este hecho nos parece preocupante y digno de ser tenido en cuenta en la formación de nuestros entrenadores de fútbol base. No obstante, según bastantes de los expertos encuestados, las canteras de clubes de elite suelen programar con asiduidad. De hecho, Jones (1996) encontró, en su estudio con entrenadores de fútbol ingleses, que éstos demandaban ser asistidos respecto al área de planificación a corto y largo plazo. Si esto es así, habría que tenerlo en cuenta a la hora de establecer los contenidos de formación de los cursos de entrenadores de fútbol.

En cuanto a la utilización de juegos reducidos, comprensivos o modificados, los expertos consideraron que el uso de éstos resultaba ser muy interesante en la enseñanza del fútbol.

Bueno, yo creo que son muy interesantes este tipo de juegos, de ejercicios, porque, de alguna manera, les ayuda a los niños a aprender más rápidamente y a conocer mejor el juego ¿no? yo creo que ayudan bastante (David, párr. 48).

Cabe señalar que el 88.6% de los entrenadores decía utilizar una metodología basada en el juego. No obstante, estos datos no se corresponden con lo que opinaron los expertos, ya que éstos aseguraron que la metodología predominante era la tradicional, la cual no se fundamenta, precisamente en el juego, sino en la enseñanza analítica de la técnica. Por su parte, Jones (1996), en su estudio de entrenadores de fútbol base en Inglaterra, detectó que una de las principales carencias que los propios entrenadores reconocían, era que los contenidos del curso de entrenadores no se centraban sobre la diversión, y los juegos relacionados con el fútbol. En el cuadro 8 se presenta un resumen de esta dimensión.

Dimensión metodología	
Ciertas discrepancias	
Cuestionario	Entrevista
Los entrenadores suelen utilizar métodos basados en el descubrimiento	Los expertos opinan que en el fútbol base predominan los métodos directivos
Los entrenadores dicen que suelen programar y evaluar la enseñanza del fútbol	Los entrevistados creen que no es usual programar ni evaluar en el fútbol base
Los entrenadores basan su metodología en el juego	Los sujetos consideran que predomina la enseñanza tradicional basada en la técnica

Cuadro 8. Resumen de la dimensión Metodología.

Dimensión necesidades de formación

Como vimos en la dimensión Formación Inicial, muchos entrenadores encuestados pensaban que los contenidos del curso de entrenadores no eran muy útiles, cuando se les preguntaba por los contenidos en general (24.1%). Lo mismo ocurrió con los sujetos entrevistados, ya que la mayoría de ellos reconocían que algún contenido debería mejorar. Además más de 1/3 de los encuestados creyó que el tiempo empleado en el curso de entrenadores era insuficiente, mientras que alrededor de 1/3 estimó que los contenidos del curso de entrenadores no fueron suficientes para entrenar en el fútbol base. Estos datos parecen denotar cierto descontento de los entrenadores con el curso realizado y, por lo tanto, inferimos cierta necesidad de mejora en los contenidos del curso y duración de los mismos. En relación con lo anteriormente mencionado, un significativo 32% de los entrenadores encuestados estuvo en desacuerdo o muy en desacuerdo con el hecho de que los contenidos del curso de entrenadores le habían sido de gran utilidad a la hora de desempeñar su función como entrenador de fútbol base. Por su parte, los expertos entrevistados solían referirse, en general, a una gran variedad de contenidos como imprescindibles en la formación de los entrenadores de fútbol base. No obstante, las materias más destacadas fueron las siguientes: metodología, aspectos técnico-tácticos, psicología, preparación física y educación física de base. A esto habría que añadir el hecho de que los sujetos entrevistados consideraron que los contenidos que más debían mejorar eran los referidos a la metodología y a la psicología.

> Eh... educación física, ciencias de la conducta, metodología y ciencias biológicas. No deberían faltar nunca. Puede faltar la legislación deportiva, puede faltar las reglas de juego, que se puede aprender por otro camino, pero estas 4 ó 5 deben estar siempre presentes (Horacio, párr. 58).

Al respecto, Haslam (1990) concluyó tras su estudio, que en los cursos de entrenadores se debía de dar más importancia a los contenidos relacionados con la planificación, programación, seguridad y primeros auxilios, así como a la adaptación de la práctica al crecimiento y desarrollo de los deportistas. Por su parte, Abrahams et al. (2006) hallaron que cuando se les preguntaba a los entrenadores acerca de lo que ellos necesitaban para realizar su trabajo de forma efectiva, éstos hacían referencia a tres tipos de conocimientos: los específicos del deporte en cuestión, los relativos a la pedagogía deportiva (comunicación y adquisición de la habilidad o destreza) y los que hacen referencia a la fisiología y la psicología. Como vemos, estas consideraciones concuerdan notablemente con las expuestas por los expertos entrevistados. En relación con esto, Marín García (2004), en su estudio de los entrenadores de fútbol base de Almería, destacó que el entrenador debía tener conocimientos importantes sobre las características y objetivos del deporte, además de conocimientos relacionados con los chicos y chicas a quienes estamos enseñando, es decir, conocimientos de sus capacidades, emociones, características cognitivas, aprendizajes, etc. En la misma línea Woodman (1993) reclamaba un mejor tratamiento de los contenidos relacionados con la psicología y la pedagogía en los programas de formación de los entrenadores deportivos. Mills y Dunlevy (1997) destacaron, sobre todo, la necesidad de que los entrenadores que trabajan con niños y niñas tengan conocimientos básicos de primeros auxilios, lo cual está consonancia con las manifestaciones de algunos de los sujetos entrevistados. También habría que tener en cuenta que muchos entrenadores, cuando se les preguntó por los contenidos del curso de entrenadores, reclamaron una mayor conexión entre la teoría y la práctica de los mismos (McCullick et al., 2005). En el cuadro 9 se presenta el resumen de esta dimensión.

Dimensión necesidades de formación
Los contenidos susceptibles de mejora son: metodología, psicología, técnico-táctica, preparación física y educación física de base

Cuadro 9. Resumen de la dimensión Necesidades de Formación.

CONCLUSIONES

Llegados a este punto, a continuación exponemos las conclusiones de nuestro trabajo relacionándolas con los objetivos de la investigación descritos.

Objetivo 1. Establecer el perfil del entrenador de fútbol base: El perfil del entrenador de fútbol base de la provincia de Huelva se corresponde con el siguiente: Hombre de entre 21 y 30 años, con estudios secundarios, bachillerato, B.U.P./C.O.U., que juega o ha jugado al fútbol y lleva entrenando en el fútbol base entre 0 y 5 años.

Objetivo 2. Exponer los motivos que llevan a los entrenadores de fútbol base a dedicarse a esta labor: La satisfacción personal es una de las principales razones por las que los entrenadores de fútbol base se dedican a entrenar. Existen muchos entrenadores que pretenden entrenar en un futuro en categorías superiores. Los entrenadores de fútbol base, en general, no se dedican a entrenar por motivos económicos.

Objetivo 3. Determinar las características que debe reunir el entrenador de fútbol base: La figura del entrenador tiene una gran importancia en la iniciación deportiva de los chicos y chicas. El entrenador debe reunir una serie de características, las cuales son: educador, con formación y con habilidades personales y sociales.

Objetivo 4. Analizar la formación y cualificación que tienen los distintos entrenadores de fútbol base.

Objetivo 4.1. Precisar la formación inicial de los entrenadores de fútbol base: (a) Respecto al nivel de estudios, existe diversidad, aunque predominan los que tienen estudios básicos. No obstante, cada vez tiene mayor formación académica. Cada vez hay más Diplomados y Licenciados en EF; y (b) existen muchos entrenadores sin titulación o con la pre titulación denominada Aspirante a Técnico Deportivo en Fútbol.

Objetivo 4.2. Concretar la formación permanente de los entrenadores de fútbol base: (a) Entrenadores y expertos consideran que la formación permanente es muy importante; (b) prácticamente la totalidad los entrenadores analizados cree que el entrenador de fútbol base ha de estar al día; y (c) los expertos creen que las estrategias de formación permanente más adecuadas son: cursos, jornadas, (sobre todo, con orientación práctica), intercambio de experiencias, grupos colaborativos, aprender del día a día la lectura (libros, revistas, online).

Objetivo 4.3. Exponer la experiencia docente que tienen los entrenadores de fútbol base: (a) La experiencia tiene gran importancia a la hora de entrenar en el fútbol base; y (b) Normalmente los entrenadores de fútbol base llevan poco tiempo entrenando en el fútbol base, entre 0 y 5 años.

Objetivo 4.4. Explicar y analizar la utilidad de los contenidos de los cursos de entrenadores de fútbol base: (a) Más de 1/3 de los encuestados cree que el tiempo empleado en el curso de entrenadores es insuficiente; (b) más de 1/3 cree que los contenidos del curso de entrenadores no son suficientes para entrenar en el fútbol base; (c) los contenidos del curso de entrenadores más útiles son: medicina deportiva, entrenamiento deportivo y educación física de base; y (d) los contenidos que han de mejorar son los de metodología y psicología.

Objetivo 5. Describir y examinar la metodología de enseñanza aplicada por los entrenadores de fútbol base: Aproximadamente la mitad de los entrenadores suele utilizar métodos de enseñanza directivos. Los métodos de enseñanza que predominan se basan en la instrucción directa, los directivos, aunque deberían utilizarse con más frecuencia los basados en la resolución de problemas.

Objetivo 6. Identificar la concepción de la enseñanza del fútbol que tienen los entrenadores de fútbol base: Gran parte de los entrenadores considera importante, en la labor del entrenador de fútbol base, enseñar/educar a otras personas, y considera el fútbol como un medio a través del cual pueden educar a sus jugadores y jugadoras. Por el contrario, en el fútbol base se le da demasiada importancia a la competición. En líneas generales, ni la competición ni algunos aspectos de la enseñanza del fútbol están adaptados al niño o niña. En el fútbol base predominan los objetivos de rendimiento.

Objetivo 7. Establecer las necesidades de formación de los entrenadores de fútbol base: Los contenidos susceptibles de mejora son: metodología, psicología, técnico-táctica, preparación física y educación física de base.

Limitaciones y propuestas de futuro

Uno de los principales factores limitantes de nuestro estudio, ha sido la prácticamente, inexistencia de estudios similares, ni de fútbol, ni de otros deportes. Sólo hemos encontrado algunos que hacían referencia a aspectos concretos y aislados de nuestra investigación que, algunas veces, se referían a otros deportes. En segundo lugar, quisiéramos hacer referencia a la dificultad que hemos encontrado a la hora de que los encuestados devolviesen el cuestionario cumplimentado. En cuanto a las entrevistas, decir que nos hubiera gustado haber mantenido un contacto personal con los entrevistados para poder comentar los resultados obtenidos con cada entrevista, pero esto no fue posible por motivos de accesibilidad y de dispersión geográfica de los mismos.

Los datos y conclusiones obtenidos en nuestra investigación, deberían servir a las instituciones y organismos que dirigen el deporte en general, y el fútbol en particular, para abundar en la formación de los técnicos y entrenadores de fútbol, apoyándose en un conocimiento concreto y objetivo de la realidad en la que trabajan, atendiendo, igualmente, a las necesidades e intereses de formación de los propios entrenadores. En este sentido, pensamos que las conclusiones obtenidas en nuestro estudio deberían tener implicaciones en tres campos: federaciones de fútbol, facultades de ciencias de la actividad física y del deporte y los propios entrenadores de fútbol base. No obstante, creemos que debemos seguir estudiando la figura del entrenador de iniciación deportiva en general, y de fútbol, en particular, tanto en aspectos de formación como de metodología de enseñanza. Se necesitan, pues, más investigaciones como la nuestra. También se podría aplicar este estudio a una población mayor para poder así extraer conclusiones más sólidas. Además, cabría realizar un seminario de formación con entrenadores de fútbol base y realizar un estudio de casos. Por otro lado, esta investigación podría ser completada con la observación de los entrenadores durante los entrenamientos y las competiciones.

BIBLIOGRAFÍA

Abad Robles, M.T., Giménez Fuentes-Guerra, F.J., Robles Rodríguez, J. y Rodríguez López, J.M. (2011). Perfil, experiencia y métodos de enseñanza de los entrenadores de jóvenes futbolistas en la provincia de Huelva. *Retos, 20*, 21-25.

Abraham, A., Collins, D. y Martindale, R. (2006). The coaching schematic: Validation expert coach consensus. *Journal of Sports Sciences, 24*(6), 549-564.

Bloom, G.A. y Salmela, J.H. (2000). Personal characteristics of expert team sport coaches. *Journal of Sport Pedagogy, 6*(2), 56-76.

Butler, J.I. y McCahan, B.J. (2005). Teaching Games for Understanding as a Curriculum Model. En L. Griffin y J.I. Butler (Eds.), *Teaching Games for Understanding. Theory, Research, and Practice* (pp. 33-54). Champaign: Human kinetics.

Cassidy, T. y Rossi, T. (2006). Situating learning: (Re)examining the notion of apprenticeship in coach education. *International Journal of Sports Sciences & Coaching, 1*(3), 235-246.

Castejón Oliva, F.J., Giménez Fuentes-Guerra, F.J., Jiménez Jiménez, F. y López Ros, V. (2003). Concepción de la enseñanza comprensiva en el deporte: modelos, tendencias y propuestas. En F.J. Castejón Oliva (Ed.), *Iniciación deportiva. La enseñanza y el aprendizaje comprensivo en el deporte* (pp. 17-34). Sevilla: Wanceulen.

Cohen, J. (1960). A coefficient of agreement for nominal scales. *Educational and Psychological measurement, 20*, 37-46.

Cushion, C.J. (2006). Mentoring. Harnessing the power of experience. En R. Jones (Ed.), *The Sports Coach as Educator: Re-conceptualising sports coaching* (pp. 128-144). London: Routledge.

Cushion, C.J., Armour, K.M. y Jones, R.L. (2003). Coach education and continuing professional development: experience and learning to coach. *Quest, 55*, 215-230.

Feu Molina, S. (2004). *Estudio de los modelos y variables que afectan al entrenador español de balonmano*. Tesis doctoral no publicada. Cáceres: Universidad de Extremadura.

Fraile Aranda, A. (2009). Los métodos de enseñanza en el entrenamiento. *Training Fútbol, 157*, 24-37.

Gilbert, W.D. y Trudel, P. (2004a). Analysis of coaching science research published from 1970-2001. *Research Quarterly for Exercise and Sport, 75*(4), 388-399.

Gilbert, W.D. y Trudel, P. (2004b). Role of the coach: How model youth team sport coaches frame their roles. *The Sport Psychologist, 18*, 21-43.

Giménez Fuentes-Guerra, F.J. (2003). *La formación del entrenador en la iniciación al baloncesto*. Sevilla: Wanceulen.

Goetz, J.P. y Lecompte, M.D. (1984). *Ethnography and qualitative design in educational research*. Orlando: Academic Press.

Gómez Benítez, M.A. y Morillas Cabezas, M. (2001). Aspectos a tener en cuenta en la iniciación deportiva. En F. A. F. C.E.D.I.F.A. (Ed.), *Manual de iniciación y orientaciones metodológicas para escuelas de fútbol* (pp. 81-89). Sevilla: F.A.F. C.E.D.I.F.A.

González Rivera, M.D. y Aznar Miralles, R. (2007). La importancia de las teorías implícitas del alumnado en la didáctica de los deportes de raqueta [Versión Electrónica]. *Revista Digital. Lecturas de E.F. y deportes, 107*. http://www.efdeportes.com/efd107teorias-implicitas-del-alumnado-en-la-didáctica-de...(Consultado el 4 de abril de 2007).

González Rivera, M.D., Campos Izquierdo, A. y Pablos Abella, C. (2008). La enseñanza del deporte escolar en los centros educativos: ¿orientación a la competición? *Revista de Entrenamiento Deportivo, XXII*(2), 5-10.

González Víllora, S. (2009). Revisión sobre la formación específica en fútbol. *Training Fútbol, 156*, 26-46.

Gordillo i Molina, A. (1992). Orientaciones psicológicas en la iniciación deportiva. *Revista de Psicología del Deporte, 1*, 27-36.

Gréhaigne, J.F., Richard, J.-F. y Griffin, L.L. (2005). *Teaching and Learning Team Sports and Games*. New York: RoutledgeFalmer.

Gutiérrez del Pozo, D. (2007). *Modelo de intervención para educar en valores a través del fútbol: una experiencia con entrenadores de fútbol de la Comunidad de Madrid*. Tesis doctoral no publicada. Madrid: Universidad Politécnica de Madrid.

Haslam, I.R. (1990). Expert assessment of the National Coaching Certification Program (NCCP) theory component. *Canadian Journal of Sport Science, 15*(3), 201-212.

Hernández Sampieri, R., Fernández-Collado, C. y Baptista Lucio, P. (2007). *Metodología de la investigación* (4ª ed.). México: McGraw-Hill/Interamericana.

Ibáñez Godoy, S.J. y Medina Casaubón, J. (1999). Relaciones entre la formación del entrenador deportivo y la formación del profesor de Educación Física. *Apunts Educación Física y Deportes, 56*, 39-45.

Jiménez Saiz, S. (2008). *El desarrollo de la pericia en los entrenadores expertos de baloncesto. Etapas en la formación del entrenador a partir del estudio de su itinerario vital*. Tesis doctoral no publicada. Madrid: Universidad Politécnica de Madrid.

Jiménez Saiz, S. y Lorenzo Calvo, A. (2007). Estrategias de formación en los entrenadores expertos de baloncesto. *Cultura, Ciencia y Deporte, 3*(7), 117-122.

Jones, R. (1990). Coach-player interaction: a descriptive analysis of certified football association coaches' teaching basic technique at the youth level. *British Journal of Physical Education, Research Suplement, 7*, 6-10.

Jones, R. (1992). Certified Football Association Coaches: Background, Training and Role Perceptions. *British Journal of Physical Education, Research Suplement, 12*, 2-6.

Jones, R. (1996). English Football Association Preliminary Coach Certification: an investigation of youth coach and employer perceptions. *FIEP Bulletin, 66*(3), 16-23.

Jones, R.L., Armour, K.M. y Potrac, P. (2003). Constructing expert knowledge: A case study of a top-level professional soccer coach. *Sport, Education and Society, 8*(2), 213-229.

Knorr, J. (1996). The need to rethink coaching certification. *Scholastic Coach and Athletic Director, 65*(6), 4-7.

Landis, J.R. y Koch, G.G. (1977). The measurement of observer agreement for categorical data. *Biometrics, 33*, 159-174.

Lapresa Ajamil, D., Amatria Jiménez, M., Eguén García, R., Arana Idiakez, J. y Garzón Echeverría, B. (2008). Análisis descriptivo y secuencial de la fase ofensiva del fútbol 5 en la categoría pre benjamín. *Cultura, Ciencia y Deporte, 3*(8), 107-116.

Marín García, F.J. (2004). Capacidades y conocimientos que un entrenador de fútbol base debe poseer para la formación del joven futbolista, jugadores y directivos de la provincia de Almería. En M. A. Naharro, J. Díaz, R. Varela, et al. (Eds.), *Congreso Nacional de Deporte en edad Escolar*, "Deporte y Educación" (pp. 399-409). Dos Hermanas: Patronato Municipal de Deportes.

Martin, S.B., Dale, G.A. y Jackson, A.W. (2001). Youth coaching preferences of adolescent athletes and their parents. *Journal of Sport Behavior, 24*(2), 197-212.

Martínez del Castillo, J. (1995). Estructura ocupacional del deporte en España. Encuesta de los sectores de entrenamiento, docencia, animación y dirección. *Investigaciones en Ciencias del Deporte. ICD, 4*, 77-128.

McCullick, B.A., Belcher, D. y Schempp, P.G. (2005). What works in Coaching and Sport Instructor Certification Programs? The Participants' View. *Physical Education and Sport Pedagogy, 10*(2), 121-137.

Miles, M. y Huberman, A. (1984). *Qualitative data analysis*. London: Sage.

Mills, B.D. y Dunlevy, S.M. (1997). Coaching certification: What's out there and what needs to be done? *International Journal of Physical Education, 34*, 17-26.

Morcillo Losa, J.A. (2004). *El desarrollo profesional del entrenador de fútbol base centrado en el trabajo colaborativo en un club amateur*. Tesis doctoral no publicada. Granada: Universidad de Granada.

Nash, C. y Collins, D. (2006). Tacit Knowledge in Expert Coaching: Science or Art? *Quest, 58*, 465-477.

Nelson, L.J., Cushion, C.J. y Potrac, P. (2006). Formal, Nonformal and Informal Coach Learning: A Holistic Conceptualisation. *International Journal of Sports Sciences & Coaching, 1*(3), 247-259.

Nuviala Nuviala, A. (2003). *Las escuelas deportivas en un entorno rural aragonés. El caso del Servicio Comarcal Ribera Baja*. Zaragoza: Gobierno de Aragón.

Nuviala Nuviala, A., León Prados, J.A., Gálvez González, J. y Fernández Martínez, A. (2007). Qué actividades deportivas escolares queremos. Qué técnicos tenemos. *Revista Internacional de Medicina y Ciencias de la Actividad Física y el Deporte, 25*. http://cdeporte.rediris.es/revista/revista25/arttecdeport39.htm (Consultado el 21 de mayo de 2007).

Pardo Merino, A. y Ruiz Díaz, M. A. (2002). *SPSS 11. Guía para el análisis de datos*. México: McGraw-Hill.

Quinn, R.W. y Carr, D.B. (1998). The Instructional design Process in Coaching Education: The Development of the U.S. Soccer National Youth Coaching License. *Applied Research in Coaching and Athletics Annual, 13*, 32-49.

Reverter Masia, J., Mayolas Pi, C., Adell Pla, L. y Plaza Montero, D. (2009). La competición deportiva como medio de enseñanza en los centros educativos de primaria. *Retos, 16*, 5-8.

Rink, J.E. (1996). Tactical and skill approaches to teaching sport and games: introduction. *Journal of Teaching in Physical Education, 15*(4), 397-398.

Rodríguez López, J.M. (1995). *Formación de profesores y prácticas de enseñanza. Un estudio de caso*. Huelva: Universidad de Huelva.

Sabock, R.J. y Chandler-Garvin, P.B. (1986). Coaching certification. United States requeriments. *Journal of Physical Education, Recreation and Dance, 57*(6), 57-59.

Sáenz-López Buñuel, P. (1997). *La educación física y su didáctica. Manual para el Profesor*. Sevilla: Wanceulen.

Sage, G. H. (1989). Becoming a high school coach: From playing sports to coaching. *Research Quarterly for Exercise and Sport, 60*(1), 81-92.

Sisley, B.L. y Wiese, D.M. (1987). Current status: Requirements for interscholastic coaches. Results of NAGWS/NASPE coaching certification survey. *Journal of Physical Education, Recreation and Dance, 58*(7), 73-85.

Stewart, C.C. y Sweet, L. (1992). Professional preparation of high school coaches: The problem continues. *Journal of Physical Education, Recreation and Dance, 63*(6), 75-79.

Strean, W.B. (1995). Youth sport contexts: Coaches' perceptions and implications for intervention. *Journal of Applied Sport Psychology, 7*, 23-37.

Thomas, J.R. y Nelson, J.K. (2007). *Métodos de investigación en actividad física*. Barcelona: Paidotribo.

Vegas Haro, G. (2006). *Metodología de enseñanza basada en la implicación cognitiva del jugador de fútbol base*. Tesis doctoral no publicada. Granada: Universidad de Granada.

Wein, H. (2005). Metodología de entrenamiento en el fútbol base. *Training Fútbol, 113*, 8-15.

Wein, H. (2007). Winning vs. player development. *Success in Soccer, 10*(1), 41-43.

Werthner, P. y Trudel, P. (2006). A new theoretical perspective for understanding how coaches learn to coach. *The Sport Psychologist, 20*, 198-212.

Woodman, L. (1993). Coaching: a science, an art, an emerging profession. *Sport Science Review, 2*(2), 1-13.

Yagüe Cabezón, J.M. (1998). *El trabajo colaborativo como estrategia de formación permanente del entrenador de fútbol*. Tesis doctoral no publicada. Valladolid: Universidad de Valladolid.

TERCERA SECCIÓN
INVESTIGACIONES EN VALORES Y TRATAMIENTO DE LA COMPETICIÓN EN LA FORMACIÓN DEPORTIVA

CAPÍTULO XX
LA COMPETICIÓN DEPORTIVA EN LAS CLASES DE EDUCACIÓN FÍSICA DE LA ETAPA PRIMARIA: SU TRATAMIENTO COMO MEDIO EDUCATIVO[19]

Joan Estrada Aguilar

INTRODUCCIÓN

La competición deportiva en las clases de Educación Física (EF) es un tema controvertido y difícil de encarar, ha generado un debate intenso en los profesionales de la EF y el deporte. Hay posiciones muy contrastadas sobre el tema, desde acérrimos defensores que ven en la competición una de las fuentes más importantes para generar motivación en las clases de EF, hasta detractores que en la competición ven reflejados valores negativos de la sociedad que van en detrimento de la formación de nuestros niños y niñas.

Frecuentemente se confunde la competición deportiva con unas determinadas prácticas que nada tienen que ver con lo que significa su término y lo que queremos educativamente para nuestros niños y niñas. Tal como indica Blázquez (1995, p. 30): "Sería pedagógicamente muy útil saber si las virtudes y los vicios de la competición están en el germen original de la práctica deportiva, o si no aparecen, unos y otros, más que a partir de un determinado énfasis puesto generalmente por el entorno que rodea a dicha práctica". El falso vínculo de la competición con factores que a menudo se relacionan con ella y se consideran consubstanciales, como por ejemplo la dureza, la envidia, el ganar a cualquier precio, anular a la persona contrincante..., tienen que dejar lugar a estrategias y propuestas educativas que permitan competir con seguridad y con naturalidad.

El modelo deportivo altamente competitivo que a nivel mediático se nos ofrece no es, a menudo, el mejor ejemplo para promocionar la actividad física y sus aspectos formativos (Buxarrais, 2002; Cruz, Boixadós, Valiente y Torregrosa, 2001; Fraile, 2001 a y b; Mosquera, Lera y Sánchez, 2000; Vizcarra, Macazaga y Recalde, 2006). El término competición no debe ser considerado de entrada peyorativo. La competición no es buena o mala en sí misma, son los planteamientos, la forma, los objetivos que la rodean lo que determina su idoneidad educativa, por tanto, indagar sobre cómo se deben realizar las competiciones deportivas en el contexto educativo es un reto que los profesionales de la pedagogía deportiva nos debemos plantear (Águila y Casimiro, 2000; Bernad, 1999; Fonseca, 2006; Martínez y Buxarrais, 2000; Personne, 2006; Solar, 1997).

---

[19] Estrada Aguilar, J. (2008). La competición deportiva en las clases de Educación Física de la Etapa Primaria: su tratamiento como medio educativo. Director: José Tejada Fernández. Departamento de Didáctica de la Expresión Musical, Plástica y Corporal. Universidad Autónoma de Barcelona.

La investigación que presentamos pretende analizar y profundizar sobre el tratamiento de la competición deportiva que se realiza en las clases de EF de la Etapa Primaria para elaborar orientaciones y propuestas que contribuyan a desarrollar la competición deportiva como medio educativo (Fraile, 2001b; Jiménez y Durán, 2004; Muro, Sallent y Talavero, 1993; Vázquez y Viana, 2001).

La competición en las clases de EF nos posibilita y obliga a realizar numerosas intervenciones pedagógicas ya que es un componente intrínseco a la práctica deportiva, y el deporte representa un fenómeno cultural y social con una alta significatividad para nuestro alumnado. Tal como expone Velázquez (2001a, pp. 83-84):

> "La competición puede considerarse como una forma de conducta que las personas han de llevar a cabo necesariamente, en diversas situaciones y formas, a lo largo de sus vidas, que está motivada, según sea el caso, por factores de índole biológica, psicológica o social. Por ello mismo, y por la propia naturaleza agonal de la competición, es preciso que sea considerada como contenido educativo, al menos con la misma importancia que la educación para la cooperación. Su exclusión no sólo no llevaría a la desaparición de la competición de la vida de las personas y en la sociedad, sino que podría tener graves consecuencias desde un punto de vista moral".

En el deporte competitivo fuera del ámbito escolar con más presencia social, y también alguna vez en el propio ámbito escolar, se pueden constatar frecuentemente ejemplos de comportamientos que no contribuyen a la formación en valores de nuestros niños y niñas: no respetar el resto de participantes, el "todo es bueno para ganar", la frustración en la derrota, soberbia en la victoria, conductas violentas... Por lo tanto se hace evidente una necesidad del tratamiento de la competición deportiva canalizada hacia intereses educativos en aspectos como, por ejemplo, la mejora de la participación y el afán de superación con independencia del nivel y el género, la creación de un clima de respeto y colaboración, la adaptación del deporte a la diversidad de intereses..., por citar algunos ejemplos con los que las personas dedicadas a la educación estarían fácilmente de acuerdo en intentar canalizar, pero que históricamente no ha sido nada fácil conseguir.

Cabe considerar la competición no sólo como un aspecto imbricado en nuestra cultura deportiva que puede aportar beneficios a las capacidades motrices, es necesario también analizar su aportación en el desarrollo emocional (Abarca, 2003; Arruza, 2002; Goleman, 1995) y la formación en valores del alumnado. La idiosincrasia del deporte con su carácter de inmediatez vivencial posibilita la construcción de aspectos importantes en el crecimiento de la personalidad de los niños y niñas: el autocontrol, la relación social, el esfuerzo, el respeto,... y las oportunidades de gestionar situaciones relacionadas con estos aspectos aparecen exponencialmente en formatos de competición.

Por tanto, las personas dedicadas a la pedagogía del deporte, tenemos el deber de ser protagonistas en su análisis y posibilitar la competición que la escuela necesita para que ésta se convierta en generadora de valores educativos.

Aunque se han publicado libros, artículos, comunicaciones y ponencias para tratar el tema, cabe señalar que hay pocos trabajos de investigación existentes sobre la competición como medio educativo en el Estado español, sobre todo por lo que respecta al ámbito escolar.

La fundamentación teórica de esta tesis doctoral está basada en diferentes autorías que desde paradigmas diversos ya sea el antropológico, psicológico, sociológico o uno más ecléctico como el pedagógico, han abordado la temática de la competición deportiva. Algunos ejemplos significativos de autores referenciales son los siguientes: Antolín (1997), Aragón (2003), Bernard (1999), Blázquez (1995), Castejón (1997), Cruz (1987), Devís y Peiró (1992), Durán y Jiménez (2006), Fraile (2001a), Goleman (1995), Gutiérrez y Pilsa (2006), Heinemann (2001), Horst (2001), Pérez (2002), Velázquez (2001a y b).

OBJETIVOS

La presente tesis pretende responder a una pregunta principal que nos lleva a los objetivos posteriores:

¿Cuál debe ser el tratamiento educativo de la competición deportiva en las clases de EF de la etapa primaria?

Para llegar a la respuesta de esta pregunta principal es necesario realizar unas preguntas previas:

¿Qué se está realizando en la actualidad en las clases de EF en relación con la competición deportiva?

¿Cuáles son las aportaciones de la competición deportiva a la educación en valores?

¿Cuál es la opinión de los maestros y maestras, personas expertas y niños y niñas sobre la competición deportiva en las clases de EF?

¿Qué orientaciones pedagógicas deberían tener las competiciones deportivas en las clases de EF?

Para poder responder a las preguntas planteadas nos propusimos los siguientes objetivos:

Conocer las características de la competición deportiva en las clases de EF.

Conocer la opinión que tienen los maestros de EF sobre la utilización de actividades competitivas en las clases de EF.

Conocer opiniones de los niños y niñas relacionadas con la realización de actividades competitivas en las clases de EF.

Conocer la opinión que tienen personas expertas en educación sobre la utilización de actividades competitivas como medio educativo.

Conocer la relación de los diferentes aspectos del perfil del profesorado y el de los niños y niñas con la aplicación de la competición deportiva en la escuela.

Conocer las aportaciones de la competición deportiva en la educación en valores.

Realizar un análisis sobre el tratamiento de la competición deportiva en las clases de Educación Física.

Elaborar una propuesta de criterios pedagógicos para la mejora del tratamiento de la competición deportiva como medio educativo.

Obtener resultados que permitan el origen de nuevas investigaciones sobre el objeto del estudio.

METODOLOGÍA

La metodología de la investigación de la tesis se basó en la triangulación de fuentes de información procedentes de personas expertas en la materia, maestros y maestras especialistas de EF y alumnado de primaria. En el gráfico siguiente (gráfico 1) se puede apreciar la aplicación de los instrumentos y de las fuentes de la investigación de forma resumida:

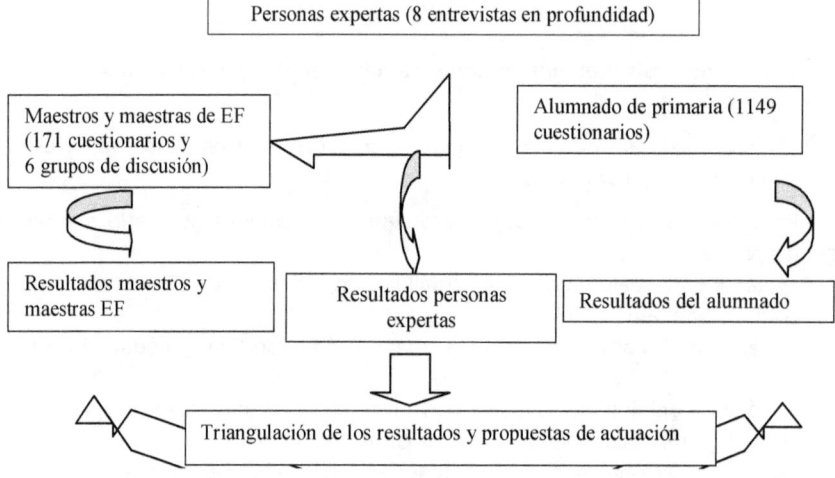

Gráfico 1. Fuentes de información e instrumentos de investigación

La tesis complementa la recogida de datos tanto de índole cuantitativa como cualitativa. Aunque las aportaciones según las fuentes e instrumentos de información fueron diversas, los datos tratados se fueron agrupando en las dimensiones y categorías que se detallan en el siguiente cuadro 1.

El deporte en las clases de Educación Física (contexto general)
Importancia del deporte en la escuela.
La competición como componente del deporte.
Deportes a realizar en la escuela.
La competición deportiva como medio educativo
Aspectos positivos de la competición deportiva.
Aspectos negativos de la competición deportiva.
Problemas para la aplicación práctica de la competición en el ámbito educativo.
Influencias sociales en la competición deportiva de la escuela.
Diferencias de comportamientos competitivos según género y niños y niñas que participan o no en deporte extraescolar.
Competición deportiva y aprendizaje de habilidades coordinativas.
Tratamiento de la competición deportiva en las clases de educación física
Aportaciones para potenciar aspectos educativos en la realización de actividades competitivas.
Papel de los maestros y maestras en la competición como medio educativo: organización de las actividades, intervenciones, actitud, comportamientos...
Tratamiento del resultado en la competición deportiva.
Tratamiento pluridisciplinar de la competición.
Tratamiento de las normativas en la competición deportiva en la escuela.
Tratamiento de los conflictos derivados de la realización de competición deportiva.
Competición como medio educativo y formación de maestros y maestras.

Cuadro 1. Resumen de dimensiones y categorías tratadas

Instrumentos y participantes

Cuestionarios. Después de las correspondientes validaciones, los cuestionarios definitivos para profesorado y alumnado se concretaron en 28 y 8 preguntas respectivamente. En ambos se expuso un apartado de ampliación abierta para que las personas encuestadas pudieran exponer cualquier reflexión o consideración referente a la competición deportiva. El vaciado de todos los datos cuantitativos se realizó con el programa SPSS.

En primer lugar se analizaron los datos generales con carácter descriptivo, después se realizó un análisis inferencial. En este segundo caso se procedió a la realización de la comparación y la relación entre variables.

Para el estudio de la relación entre dos variables cuantitativas (por ejemplo, las puntuaciones de una escala con la edad) se utilizó el Coeficiente de Correlación de Pearson (*Correlations de SPSS*). Para comparar las medias de una puntuación (por ejemplo, una escala) en función de una variable con dos categorías (por ejemplo, género) se utilizó la prueba *t* de *Student* (*T-Test Groups de SPSS*). Para variables de más de dos categorías (por ejemplo, grupos según edad) se utilizó el análisis de la varianza de una vía (*Oneway de SPSS*). Tanto en la prueba *t* de *Student* como en el análisis de la varianza se aplicó la prueba de homogeneidad de varianzas de *Levene* para comprobar que se cumplían las condiciones de aplicación de la prueba. Para el estudio de la relación entre dos variables que tienen escala nominal se utilizó la prueba de Chi-cuadrado (*Chi-Square de SPSS*). En todas las pruebas estadísticas se utilizó el valor de $p<.05$, como nivel de significación aceptado para determinar si las diferencias eran estadísticamente significativas.

Entrevistas. El perfil general de la selección de ocho personas expertas entrevistadas fue intencionada y respondía básicamente a autores y autoras que en su trayectoria profesional habían reflexionado, escrito y/o divulgado diferentes aspectos relacionados con el deporte y los valores en el ámbito educativo, y también, en algún caso, a expertos y expertas en la temática de las emociones relacionada con el ámbito de la competición deportiva. Cabe decir que en esta intencionalidad selectiva de informante clave también influyó la percepción subjetiva del doctorando en cuanto a la significación que había supuesto el análisis de lecturas y charlas con autores diversos.

Grupos de discusión. La muestra intencional de la selección de grupos de maestros y maestras especialistas en EF para realizar debates sobre el objeto del estudio fue de seis grupos, cuatro de los cuales pertenecían a grupos de formación permanente de las poblaciones de Cerdanyola del Vallès, Badalona, Barcelona (distrito de Gràcia) con la participación de 11 docentes en cada grupo y Ripollet, donde colaboraron seis docentes. Aunque hubo presencia de escuela pública y privada en estos cuatro grupos señalados, hubo una mayoría de profesorado de la escuela pública. Posteriormente se decidió ampliar la muestra de profesorado de los debates con el departamento de EF de dos escuelas privadas y de reconocida tradición deportiva, la escuela Llor de Sant Boi de Llobregat y la escuela Lestonnac de Barcelona con la participación de cuatro especialistas de EF en cada una.

Para el análisis de todo el apartado de índole cualitativa (entrevistas y grupos de discusión) se realizaron grabaciones de audio mediante un aparato de MP3 y posteriormente se transcribieron a texto.

RESULTADOS

Los resultados siguientes representan una síntesis de los muchos datos obtenidos y presentados en la tesis original con detalladas concreciones numéricas de los apartados cuantitativos y multitud de declaraciones realizadas en el apartado cualitativo.

Cuestionarios y debates realizados con maestros y maestras

(a) Ante el planteamiento de que el deporte está altamente presente en las clases de EF de la escuela primaria, no hay ningún maestro o maestra que no realice deporte en sus clases y existe una parte del profesorado que incluso introduce actividades deportivas en el ciclo inicial, se obtuvo lo siguiente:
El deporte es omnipresente en las clases de EF y también lo es la práctica de los deportes más conocidos como el baloncesto y el fútbol, aunque el profesorado reconoce la importancia de su función divulgadora en la enseñanza y la difusión de otros deportes. La presencia del deporte es mayor cuanto más avanzados son los cursos de primaria. Asimismo, una parte de los maestros realizan deporte en el ciclo inicial aunque en el diseño curricular de EF no se contemplen las habilidades motrices específicas en estos niveles (ver cuadro 2).

Lo que pasa a menudo	Lo que tendría que pasar
El deporte, un mito de extremada trascendencia.	Poner en un campo lúdico las condiciones deportivas.
Ser mejor que la otra persona es el objetivo.	
Ganar a cualquier precio.	Priorizar el objetivo de que cada niño o niña mejore respeto a uno/a mismo/a.
Trascendencia que se da al resultado.	
Falta de formación pedagógica de las personas que dirigen las actividades extraescolares	Jugar hacia el *fair play*.
	Desdramatizar el hecho competitivo.
Pocas horas de intervención docente para la práctica de aspectos educativos del deporte.	Mejorarla y no basar la formación deportiva en sólo contenidos técnicos.
¿Las generaciones actuales están menos preparadas para el esfuerzo y la superación de adversidades?	Los maestros y maestras no tienen que esperar resultados a corto plazo.
	Aprender a perder y a aceptar limitaciones.
Los comportamientos de los niños y niñas están muy condicionados por los mensajes sociales.	Estructuras organizativas flexibles, enfatizar el aspecto lúdico en la competición escolar. Colaboración de los iconos deportivos mediáticos hacia el deporte escolar.

Cuadro 2. Resumen de los resultados sobre condicionantes de la competición deportiva en las clases de EF. Problemas para la aplicación práctica de la competición en el ámbito educativo

(b) El profesorado realiza una valoración muy alta en cuanto a las posibilidades educativas de la competición deportiva en las clases; destacan la motivación, el afán de superación y la autoestima. Sin embargo recalcan que existen muchos problemas de aplicación práctica debidos principalmente a que la aplicación del deporte en la escuela tiene que convivir con otros modelos deportivos sociales que a menudo no tienen objetivos educativos, encontramos:

Cuando el profesorado valora las posibilidades educativas de la competición deportiva la considera óptima para trabajar objetivos educativos gracias a la significación que tiene el deporte para los niños y niñas. Pero cuando este mismo profesorado se pronuncia considerando lo que ocurre en la práctica, y tiene en cuenta las situaciones que se producen en la práctica real de la competición, la opinión es más moderada, no es tan optimista. Eso queda muy bien reflejado en los resultados de los grupos de discusión referidos a las problemáticas y conflictos derivados de la aplicación de la competición deportiva en las clases de EF.

(c) Sobre si el deporte en las clases de EF se realiza con un tratamiento diferenciado del deporte federativo que está orientado al máximo rendimiento. Los principales problemas de la aplicación de la competición deportiva en las clases de EF son debidos a la excesiva trascendencia y emotividad con las que el alumnado vive estas actividades y los conflictos que se derivan de ellas. Otro problema es conseguir la participación de todo el alumnado, independientemente de sus conocimientos, sus habilidades y su nivel de ejecución, se pronuncian con:

A pesar de ver una gran potencialidad educativa en las actividades deportivas competitivas, los maestros y maestras declaran dificultades en su aplicación. El tratamiento del deporte que el profesorado declara realizar, difiere de los modelos más convencionales y mediáticos.

El reto del profesorado es canalizar la competición deportiva hacia un modelo que potencie valores educativos y donde el juego limpio sea el eje central del deporte en la escuela. En este sentido, los conflictos derivados de la práctica deportiva no se consideran experiencias negativas por una parte del profesorado, ya que pueden ser una buena oportunidad para la reflexión, para trabajar valores y para reconducir comportamientos no deseados. Eso supone que los maestros y maestras tienen que estar en constante observación, aplicar las modificaciones necesarias (variación de deportes, normas, formación de grupos...), y asimismo tienen que tomar decisiones que beneficien la participación y el gusto por la práctica del deporte por parte de todos.

También es un reto conseguir que el alumnado aprenda a aceptar el resultado de las competiciones deportivas asumiendo su relativa importancia como hecho circunstancial que es (ver cuadro 3).

El tratamiento educativo del deporte con modificaciones y adaptaciones según las necesidades que se realiza en las clases de EF no tendría que ser una rareza, como pasa actualmente fuera del ámbito de la EF escolar. Las personas profesionales del deporte, y más concretamente en el ámbito educativo, tenemos que velar para que todas las adaptaciones que mejoren la participación y la educación de los niños y niñas estén completamente normalizadas en todo el ámbito del deporte en edades escolares. Por lo tanto, este apartado del estudio pone especialmente de relieve un aspecto positivo en cuanto a la declaración del profesorado con el compromiso para la adaptación del deporte a las diversas necesidades de los niños y niñas y no al revés.

Lo que pasa a menudo	Reconducir hacia
Los medios de comunicación a menudo suponen referencias negativas.	Acceder a ellos para aumentar la conciencia de la función social y educativa del deporte.
Actividades extraescolares: influencia social distorsionante, comportamientos de las familias.	Hacer más presente un modelo educativo.
Importancia del deporte profesional y su control económico.	Incrementar la presencia y la importancia del profesorado de EF, mejorar la pedagogía social del deporte escolar.
Realizar competiciones con precocidad.	Convencer de que ética y económicamente interesa que el modelo sea lo más educativo posible.
Falta de enfoque pedagógico de las actividades competitivas extraescolares.	Utilizar el hecho de ganar y/o perder en edades en las que los niños y niñas han entendido su significado.
El fútbol como paradigma de la influencia social negativa, estereotipos difíciles de cambiar.	Planteamiento de las federaciones de modificaciones de reglas para que el deporte sea más educativo.
El deporte extraescolar tiende a la especialización prematura de los niños y niñas.	Modelos o iconos deportivos con más conciencia, debido a la influencia que tienen en la transmisión de valores.
Nivel de clubs con niños y niñas en edades escolares con dinámicas de mucha competitividad.	Tendencia a la polideportividad.
Modelo deportivo donde a menudo prima la selección delante de la participación.	Incrementar el espíritu crítico de nuestros niños y niñas. Reflexiones para contrastar comportamientos.
Falta de respeto a la figura arbitral.	El deporte tendría que ser una propuesta social para todo el mundo.
	Reflexión sobre la importancia de la figura arbitral.

Cuadro 3. Resumen de los resultados sobre condicionantes de la competición deportiva en las clases de EF. Influencias sociales en la competición deportiva de la escuela

(d) Otra cuestión es si los maestros y maestras, a pesar de reconocer la dificultad de cambiar determinadas tendencias del alumnado, creen que deben tener un papel más activo en modificar ciertas dinámicas competitivas en las clases de EF y a la vez intentar influir en las actividades deportivas extraescolares. Valoran muy positivamente los encuentros profesionales donde pueden intercambiar experiencias organizativas de la competición deportiva en la escuela. Y se resumen en:

Los maestros y maestras creen que deberían ser más innovadores/as y probar estrategias buscando más originalidad en la organización de la competición de deportes en las clases de EF.

En los encuentros de maestros y maestras para debatir aspectos de la competición se hace evidente el interés por conocer las prácticas competitivas del resto del profesorado. Este dato pone en evidencia una necesidad de crear redes de escuelas y de profesorado para intercambiar experiencias.

(e) Los maestros y maestras creen que tienen que dirigir y aplicar las normativas en la competición deportiva de forma variada adaptada a cada circunstancia docente, señalan:

Los maestros y maestras deben arbitrar, entendiendo la figura arbitral como una persona que explica y razona y no que sólo sanciona. Pero también creen que tienen que ceder más protagonismo al alumnado para que aprenda a tomar decisiones y autogestionar la competición deportiva para progresar hacia la autonomía personal y grupal.

La actuación más común de los maestros y maestras cuando aparece un conflicto es apartar a quien lo ha producido para que reflexione y aprenda a pedir disculpas. Además consideran que es necesario aprovechar los conflictos para realizar reflexiones grupales.

La mayoría de maestros y maestras creen que apartar de la actividad a las personas causantes de un conflicto es vivido como un castigo. También es importante actuar con inmediatez. A veces las actuaciones conflictivas se deben utilizar como hechos cercanos y de responsabilidad de todo el grupo para crear reflexiones individuales y colectivas y encontrar soluciones a los dilemas morales presentados (ver cuadro 4).

Lo que se le pide	Cómo lo puede alcanzar
La competición es un fenómeno nada fácil de gestionar con gran potencialidad educativa.	Combinar diferentes deportes en la EF, atender a necesidades diferentes del alumnado, aprender a trabajar desde el conflicto.
El maestro o maestra es un agente clave y tiene un gran poder de influencia.	
Actuaciones preferentes al aplicar la competición.	Teniendo presente la gran carga emocional de la competición, mejorando el conocimiento de sus alumnos y alumnas, ayudando a aceptar los propios errores y que acepten los errores de las demás.
Profesorado sucursalista y no excesivamente intervencionista.	
Muy hábil en la resolución de conflictos.	
Generar motivación.	Preguntando "¿cómo va el juego?', ¿cómo lo has pasado?, ¿has jugado mejor/peor/has aprendido?", no sólo interesarse por el resultado.
Más innovación (originales en la colaboración y poco en la competición).	
Función neutralizadora de un modelo competitivo selectivo imperante fuera de las clases de EF.	Dar autonomía, observar mucho para poder introducir y equilibrar conductas y valores no deseables.
Comportamientos competitivos de los niños y niñas diferenciados fuera de la escuela.	Mejorar la formación, normas pactadas, observación, reflexión en grupo.
Organización de los grupos.	Constantemente motivar a su alumnado independientemente de la capacidad y los resultados que diferentes tipologías de alumnos y alumnas puedan obtener.
Importancia de la persona docente como modelo cuando practica deporte con el alumnado.	
	Ser más innovadores, probar varias estrategias, buscar nuevos modelos.
	No realizar competiciones de forma excluyente, proponer reglas para fomentar la participación.
	Fomentar actividades polideportivas e intentar influir en las actividades deportivas extraescolares.
	Priorizar la formación de grupos heterogéneos, mayor socio-afectividad.
	Felicitar, animar, pasar la pelota a todo el mundo, pedir perdón... comportamientos para ser copiados.

Cuadro 4. Resumen de los resultados sobre el papel de los maestros y maestras en el tratamiento de la competición deportiva. Papel de los maestros y maestras en la competición como medio educativo

(f) Cuando se señala que el profesorado cree que los niños son más competitivos que las niñas, y que el alumnado que practica deporte extraescolar lo es más que el que no practica, encontramos:

En los resultados cuantitativos del cuestionario, los maestros y maestras ven claramente grupos de alumnado diferenciados en relación a los comportamientos competitivos.

La clara separación de comportamientos competitivos por razón de género que se evoca con contundentes resultados en las encuestas realizadas a maestros y maestras se diluye cuando éstos/as realizan grupos de discusión. La relativización de estas diferencias se debe principalmente a que su análisis y origen son bastante complejos ya que se parte de una práctica deportiva muy masculinizada y con menos presencia extraescolar femenina.

En la variable del alumnado que realiza deporte extraescolar se hace presente un unánime posicionamiento en el sentido de que este sector de alumnado vive con más trascendencia la práctica competitiva, y a menudo determinados elementos de este grupo de alumnos y alumnas se convierten en resistencias para la aplicación de iniciativas de práctica de deportes diferentes de las que se realizan fuera del horario escolar. Se debe intentar reconvertir las resistencias de este sector del alumnado en activos para colaborar y facilitar que la competición llegue a todo tipo de alumnos y alumnas.

(g) En la valoración de diferentes aspectos para la realización de actividades competitivas derivados de la observación, el profesorado cree que la competición aumenta la participación del alumnado con más capacidades y disminuye la participación del alumnado con menos capacidades.

Éste es un indicador del hecho de que disfrutar de la competición en la escuela no está actualmente al alcance de todos. El alumnado tiene que aprender a competir y a superar obstáculos y dificultades, el deporte es un medio para hacerlo, el ganar o el perder es natural en la actividad deportiva. Ahora bien, el profesorado debe preguntarse si en las actividades competitivas aplica variabilidad y modificaciones encaminadas a posibilitar que todo el mundo tenga la oportunidad de participar y de ganar o perder. El afán de superación, el querer ser mejor (no tanto "mejor que"), no tiene que alcanzar sólo a un determinado grupo de alumnado con más capacidad.

Resulta prioritario que el profesorado reflexione sobre qué modelo de competición se ofrece en la escuela. Promover determinadas actividades competitivas de forma rígida y homogénea para grupos heterogéneos no puede funcionar. La solución pasa por la continua revisión de los deportes que ofrecemos, de buscar continuamente propuestas competitivas que, basadas en la continua observación, se acerquen a fórmulas participativas, a menudo cambiantes, de diferentes grupos e intereses que conforman la población escolar (ver cuadro 5).

Lo que se le pide	Cómo lo puede alcanzar
No es lo más importante.	Quitarle trascendencia.
No debe esconderse.	Afrontarlo.
Normalizar el resultado.	Es tan normal perder como ganar.
Resultado como proceso más corto.	No se alargue en ligas y clasificaciones.
Realizar modificaciones.	Por ejemplo, hacer valer aspectos de participación, de juego limpio (*fair play*). Facilitar objetivos.
Contar menos cuando más pequeños son los alumnos y alumnas.	Relativizar, priorizar objetivos de participación.
No tiene que convertirse en el eje central de la actividad competitiva.	No negarlo, no querer esconderlo con subterfugios. Necesario para aprender a ganar y a perder.
Influencia de modelos de competición deportiva fuera de la escuela.	Reflexiones sobre el resultado delante de lo que significa pasarlo bien.
Separar el resultado de lo que sería el alcance de objetivos.	Dar más importancia a la superación personal.

Cuadro 5. Resumen de los resultados sobre el papel de los maestros y maestras en el tratamiento de la competición deportiva. Tratamiento del resultado en la competición deportiva

(h) La edad del profesorado no representa tratamientos y opiniones diferentes sobre la competición deportiva en las clases de EF.

La hipótesis que nos planteábamos de que la variable edad del profesorado podría suponer tratamientos diferenciados de la competición deportiva en la escuela por parte de las personas docentes no se cumple.

(i) Se constata una valoración diferenciada en la utilización de actividades competitivas en los siguientes grupos de la muestra de maestros y maestras, según el género del profesorado.

El grupo de maestros hombres valora más los aspectos que conlleva la utilización de la competición tales como el incremento de participación, comportamientos de respeto a las normas, la cooperación, la tolerancia, el clima de cordialidad... con diferencias significativas en relación con las maestras mujeres, que hacen una valoración más alta en la formación de equipos con un nivel heterogéneo de sus componentes.

(j) Profesorado que dedica más horas a seguir el deporte competición a través de los medios de comunicación.

Una hipótesis que nos hacíamos antes de iniciar la investigación según la cual el profesorado que sigue más el deporte competitivo a nivel mediático tendría opiniones y comportamientos claramente diferenciados del resto no se produce. No obstante, en este sector se observa una ligera tendencia a puntuar más alto algún aspecto aislado de la competición. Esto demuestra que el profesorado declara saber distinguir el deporte espectáculo y de ocio del que afecta a su ámbito profesional.

(k) Profesorado de la escuela privada en relación con el de la escuela pública.

Las diferencias más significativas en el cruce de diferentes grupos de la muestra de los cuestionarios se dan en la variable "titularidad de la escuela".

Pese a que se puede pensar que existe una formación inicial similar entre maestros y maestras de EF de la escuela privada y pública, y que eso nos podría llevar a priori a similares tratamientos y opiniones sobre la competición, analizados los resultados del cuestionario se puede constatar que no es así. El profesorado de la escuela privada en general tiene más presente y valora más diferentes aspectos que la competición deportiva puede aportar.

Las diferencias son muy significativas en cuanto a que el profesorado de la escuela privada declara valorar menos la composición mixta de los equipos y actuar con mayor diligencia cuando se producen conflictos (ver cuadro 6).

Características de las normativas	Aplicaciones del tratamiento de las normativas
Se tienen que simplificar y flexibilizar, simplificación de las normas (según características físicas, psicológicas y cognitivas). Modificar desde el conocimiento docente del deporte, con un límite para mantener la estructura del deporte.	Tienen que implicar incremento de la participación en el juego colectivo. Posibilidades de transferir algunos rituales de unos deportes a otros.
Las modificaciones normativas no se tienen que estandarizar, tienen que ser muy cambiantes y tener límites de aplicación. Deberían facilitar el aprendizaje del reglamento poco a poco.	Según el contexto y que el *fair play* adquiera más relevancia. El modelo y las referencias externas de los deportes más conocidos pueden dificultarlo. Intentar alcanzar comportamientos colaborativos de este alumnado y valorarlos.
No fijar *handicaps* para el alumnado experto. Poner *handicaps* a las personas expertas penaliza la competencia motriz, puede atentar contra la mejora de autoestima de algún elemento.	Los *handicaps* (si se utilizan) se tienen que realizar de forma flexible, no individualizada y no estandarizada, atenuarlos.
Las modificaciones deben estar en constante cambio.	Estructuras flexibles, cambiar reglas mientras se juega, cambiar elementos de un equipo a otro (exportar este modelo a extraescolares).
Tendencia a que el alumnado se autogestione en el cumplimiento de las normas. La figura arbitral es una persona que explica, razona y educa. El alumnado tiene que arbitrar alguna vez.	No fijar un solo modelo de arbitraje: arbitrar el/la docente, el alumnado, no arbitrar... Conocer la dificultad de hacerlo, aprender a respetarlo. Por ejemplo, haciendo participar a los niños y niñas lesionados/as. Aprender a consensuar, respetar y aceptar otras visiones.
Agrupaciones de los equipos regidas por formas muy cambiantes.	Ganar y perder puede cambiar constantemente y este hecho puede y tiene que pasar algunas veces a todo el mundo.
Comportamientos e intervenciones de los maestros y maestras hacia un determinado modelo.	
Tener en cuenta las experiencias de otras escuelas como posibles caminos de intervenciones.	Motivación del maestro o la maestra hacia el deporte participativo, destacar las acciones de equipo.
	Funciones de la persona que arbitra más explicativas que sancionadoras. Beligerancia contra las normas en las que la persona infractora de la falta sale beneficiada, por ejemplo la falta táctica.
	Crear redes de escuelas y profesorado para el intercambio de experiencias.

Cuadro 6. Resumen de los resultados sobre el tratamiento de las normativas en la competición deportiva en la escuela

Entrevistas a personas expertas

(a) Las personas expertas consultadas destacan unánimemente la gran importancia que tiene el deporte en la escuela. La oferta de deporte debe tener un componente de variabilidad. La escuela no puede ignorar un fenómeno social y universal tan importante como el deporte.

El deporte debe estar presente en los contenidos educativos. Se tiene que aprovechar la significación de los deportes más presentes en el contexto social de cada escuela y al mismo tiempo emprender una función divulgadora de los deportes menos conocidos.

(b) La competición es inherente al deporte, no se tiene que ignorar. Se debe enseñar a competir por su gran potencialidad para el trabajo de valores, entre los cuales las personas expertas destacan el esfuerzo, la superación personal y el control emocional.

Se hace patente una consideración sobre la alta dificultad de llevar a la práctica la competición en las clases de EF. Es decir, por un lado se ven las posibilidades educativas que tiene la competición pero a la vez se constata el peligro que puede suponer realizar competiciones dentro de un modelo que no sea educativo.

(c) Para enseñar y valorar el juego limpio en el deporte se tiene que competir, no se puede enseñar si no se realizan prácticas y reflexiones sobre la actividad competitiva. Cuando la competición se focaliza en la obsesiva comparación con los demás, arrastra problemas debido principalmente a que los niños y niñas no superan las frustraciones que conllevan las adversidades. La competición en el ámbito escolar se debe analizar y canalizar como medio para mejorar y progresar individual y colectivamente.

Un reto actual de aplicación es el de ofrecer propuestas metodológicas que encaminen y potencien estas actividades hacia la educación actitudinal de nuestro alumnado.

La dificultad de aplicación de la competición en la escuela se focaliza en contrarrestar el modelo de competición deportiva educativa, del que difunden los medios de comunicación y buena parte de los programas de deportes extraescolares. Las personas expertas mencionan continuamente el ejemplo del fútbol como paradigma de comportamientos no deseados, se justifica la necesidad del trabajo educativo desde este deporte para intentar cambiar los aspectos negativos que se presentan en él.

(d) La introducción de la competición en las prácticas deportivas se tendría que realizar de forma progresiva. La competición no tendría que introducirse en las primeras edades, ya que a veces se hace competir a los niños y niñas antes de entender el concepto. Un factor importante sería su introducción escalonada para ir asimilando poco a poco el significado y las interacciones emocionales que se derivan de ella.

(e) Importancia de enfocar las competiciones deportivas en el proceso de toda la práctica competitiva en un clima de diversión y que el resultado pase a ser una consecuencia circunstancial y no, como pasa a menudo, el único objetivo final. Las personas expertas se muestran unánimemente de acuerdo en que las actividades de la competición deportiva en el ámbito educativo se canalicen hacia el aspecto lúdico, donde la idea de disfrutar sea mucho más importante que la de ganar y donde la mejora de uno mismo sea más importante que la mejora respecto a los demás.

(f) El deporte que se realiza en la escuela debe aplicarse de forma flexible, introduciendo las modificaciones que sean necesarias (mejor contando con la participación del alumnado) para adaptarlo a las diversas características de cada grupo. Un aspecto considerado imprescindible por todas las personas expertas es modificar y adaptar las condiciones y normas del deporte para la práctica de la competición deportiva a las necesidades de cada grupo escolar. El alumnado tendría que participar en la confección de normas para sentirse protagonista y así asumir mejor los cambios. Se debe educar al alumnado para que sea cada vez más capaz de autogestionarse.

Las experiencias y modificaciones en la aplicación de actividades competitivas que han sido positivas en las clases de EF tendrían que ser exportadas a la práctica del deporte extraescolar y a otros centros educativos.

(g) Utilizar los conflictos de las competiciones deportivas para reflexionar, debatir y crecer en la formación de la personalidad de los niños y niñas. La palabra que más utilizan las personas expertas delante de los conflictos de la competición deportiva es *reflexión*, ya que puede ser una excelente herramienta para aprender a controlar reacciones y desarrollar la empatía. Se tiene que trasladar a los niños y niñas el hecho de asumir que incumplir normas de convivencia es un ataque al acuerdo que previamente ha asumido todo el grupo, es decir, que se sientan cómplices de las normas de convivencia.

La utilización prioritaria de la *reflexión* no quiere decir desconsiderar la utilización del castigo de forma puntual delante de ciertos comportamientos.

(h) Un incremento de formación inicial de los maestros y maestras de EF en ciencias humanas se traduciría en una mejor formación de los niños y niñas en la competición deportiva. Esta aseveración responde a la constante interrelación de aspectos psicológicos, pedagógicos, sociales..., que aparecen en comentarios de las personas expertas en relación con las decisiones que debe tomar el profesorado sobre la competición deportiva. Por lo tanto, las decisiones de los maestros y maestras no deben fomentarse en un solo ámbito educativo de aprendizaje técnico deportivo, sino que también tienen que ir encaminadas a alcanzar el máximo de competencias en la compleja realidad de interrelación de las ciencias humanas y de la educación.

(i) Respecto a las diferencias de comportamientos competitivos entre niños y niñas las personas expertas afirman, no de forma unánime, que los niños tienen unos comportamientos competitivos más marcados. El modelo más competitivo del deporte extraescolar influencia hacia una excesiva rivalidad cuando realizan deporte en las clases de EF. Se opina que las diferencias de comportamientos competitivos por razón de género vienen determinadas sobre todo por los orígenes culturales y sociales de las prácticas deportivas más masculinizadas, más que por razones innatas.

En general las diferencias de comportamientos en las clases de EF del sector de alumnado que realiza actividades deportivas extraescolares son claras. Una mayor presencia e influencia del profesorado de EF en estas actividades ayudaría a potenciar su vertiente educativa.

Cuestionarios a niños y niñas

(a) A la mayoría de los niños y niñas les gusta realizar competiciones deportivas en las clases de EF y están de acuerdo en la forma en que estas se realizan en la escuela. Esta categórica afirmación responde a los datos cuantitativos de la investigación, donde tres de cada cuatro niños y niñas responden *sí* a la pregunta de si les gusta hacer competiciones. La misma proporción de alumnado está de acuerdo con las normas aplicadas en el deporte de las clases de EF. Teniendo en cuenta que la totalidad de las personas docentes realiza modificaciones normativas en la escuela, podemos considerar que hay un alto grado de aceptación por parte de los niños y niñas en la forma diferenciada de hacer deporte en la escuela respecto al modelo convencional.

(b) La preferencia de los niños y niñas respecto a la organización de grupos para las competiciones deportivas tiende a mezclar el nivel y el género de las personas participantes. En el análisis cuantitativo de cómo formar los grupos para realizar competición deportiva, aproximadamente tres de cada cuatro niños y niñas prefieren realizar las competiciones deportivas de forma que los compañeros y compañeras que tienen mucho o poco nivel no jueguen separados/as. En la misma proporción es mayoritario el alumnado que prefiere que en los equipos haya niños y niñas mezclados. No obstante, en el apartado de preguntas abiertas del cuestionario, el hecho de querer ir con los más amigos o amigas se convierte también en un indicador importante a tener en cuenta respecto a sus preferencias.

(c) Los niños y las niñas se interesan por el resultado cuando realizan competiciones deportivas. Solo un 15% del alumnado declara que no le interesa el resultado. En el apartado abierto del cuestionario los niños y niñas también realizan constantes manifestaciones que demuestran este interés. Sin embargo, a menudo aparecen matices que reflejan la dicotomía entre lo que reciben del discurso de la persona docente para intentar relativizar la importancia del resultado y su dependencia emocional relacionada con el hecho de ganar o perder.

(d) Los aspectos que declaran valorar más cuando realizan actividades deportivas son pasarlo bien, participar, aprender y mejorar. Los motivos más frecuentes de por qué les gusta la competición son la diversión, la emoción y la superación. Los motivos más frecuentes de por qué no les gusta la competición son las peleas, los insultos y la sensación de perder. Por un lado tenemos aspectos muy positivos de interés y una alta valoración de aspectos que no se centran en el resultado de las actividades competitivas. Pero por otro lado, en el análisis de resultados aparece como dato significativo que un 30% del alumnado no considera muy importantes aspectos que atentan gravemente el juego limpio y la convivencia (como por ejemplo respetar a los demás, las normas y no pelearse). Esta constatación justifica y determina una gran necesidad de incidir en el trabajo de valores.

(e) No ven la figura arbitral como imprescindible para realizar sus prácticas deportivas. Dan más importancia a los comentarios que les hace el profesorado que a los que hacen sus compañeros y compañeras. El alumnado se siente capaz de autogestionarse. Cerca de un 50% otorga poca o ninguna importancia al hecho de que haya alguien que arbitre cuando realizan competición deportiva en las clases de EF.
La alta valoración que dan a la importancia de los comentarios del profesorado, refuerzan el papel y la relevancia que tienen los maestros y maestras para intentar canalizar actuaciones dirigidas a mejorar la motivación y las actitudes en la práctica deportiva competitiva.

(f) Aparecen diferencias en la forma de entender y vivir la competición entre el grupo de niños y el de niñas. Existen diferencias significativas entre niños y niñas sobre el grado de aceptación de las competiciones deportivas que se hacen en las clases de EF. Se hace patente una significativa valoración más alta en el grupo de niños. Por otra parte, se constatan valoraciones más altas en el grupo de niñas en aspectos como el respeto a las personas y el hecho de no pelearse.

(g) Existe una aceptación notablemente más alta de las competiciones deportivas en el sector de alumnado que realiza competiciones deportivas extraescolares. En general el alumnado que realiza competición deportiva extraescolar da más valor a diferentes aspectos de la competición, como por ejemplo participar, pasarlo bien, poder demostrar el nivel, entre otros. Destaca la gran importancia que este sector de alumnos y alumnas da al hecho de ganar, que demuestra las dificultades con las que se encuentra el profesorado para poder gestionar el ganar y el perder como un hecho circunstancial.

(h) El grado de aceptación de las competiciones deportivas en las clases de EF es ligeramente superior en los niños y niñas de la escuela pública que en los de la escuela privada. A pesar de que la mayoría de aspectos que acompañan la competición deportiva son significativamente más valorados por el grupo de alumnado de la escuela pública (por ejemplo, el gusto por la competición, la importancia de ganar, el poder demostrar el nivel de dominio...), estas diferencias entre escuela pública y privada no resultan tan destacadas como las diferencias en los otros cruces de grupos de la muestra realizados (respecto al género o a realizar o no competiciones extraescolares).

LIMITACIONES DE LA INVESTIGACIÓN, CONCLUSIONES Y PROPUESTAS DE FUTURO

Los resultados recogidos de todas las fuentes de información se han concretado en unas propuestas de actuación en las que debe basarse el tratamiento de la competición deportiva en las clases de EF (ver ampliación en Estrada, 2008) y que son las siguientes:

Conseguir un clima adecuado para satisfacer las necesidades lúdicas y emocionales de los niños y niñas, donde el hecho de ganar no sea ni el primero ni el único objetivo.
Buscar, innovar y utilizar formas muy diversas de competir adaptables a diferentes niveles, edades y necesidades específicas, tanto físicas como motivacionales.
Aplicar las normas del deporte escolar de forma modificada, flexible y dinámica buscando el máximo de participación independientemente del nivel de habilidad de los niños y las niñas.
No negar el resultado para poder aprender a ganar y a perder, pero utilizar principalmente el resultado de la competición como indicador para motivar hacia la superación personal.
Ceder protagonismo al alumnado para utilizar estrategias pedagógicas contando con su opinión y para tender a mejorar la capacidad de autogestionarse.
Alcanzar un mayor protagonismo del profesorado de EF para poder incidir en las actividades deportivas extraescolares.
Mejorar los canales de información en el intercambio de experiencias de competición deportiva entre diferentes centros educativos y profesorado.

Estas propuestas se pueden traducir en formas y metodologías diversas según nuestra realidad educativa.

Entre las limitaciones de la investigación, tenemos que señalar que la gran cantidad de información recogida incorporando una técnica de análisis de triangulación donde se han aplicado y combinado varios instrumentos que responden a finalidades cuantitativas y cualitativas ha representado una dificultad para el análisis. Por lo tanto, se tiene que contemplar la posibilidad de haber realizado alguna interpretación no adecuada de los muchos datos que el estudio contempla o de haber profundizado poco en otros.

Por otro lado, la tesis se desarrolla en un largo periodo. El estudio ideal hubiera sido hacer confluir todos los resultados en una franja más corta de tiempo. El hecho de utilizar diferentes instrumentos con minuciosas valoraciones, con muestras considerables de población y con unas limitaciones personales del doctorando fueron las causas de no responder a este ideal. De todas formas creemos que esta dilatación temporal no afecta a los objetivos pretendidos.

Hay que señalar, también que el contexto teórico se fundamenta principalmente en la consulta y el estudio de autores a nivel del estado español. Si por un lado es innegable la importancia del fenómeno de la competición en un ámbito mundial y que este hecho podría significar una carencia para completar la investigación, por otro lado no es menos cierto que analizar la competición en la escuela se relaciona muy estrechamente con unos deportes, una cultura y una forma de vida más cercana y que en algunos aspectos puede estar alejada de otros países. Es por eso que la tesis se desarrolló esencialmente en un contexto cercano al del doctorando.

Otra dificultad a tener en cuenta es que en el análisis más cualitativo de los datos aportados por niños y niñas, a menudo fue complejo interpretar su expresión escrita. Eso se hubiera podido prevenir o completar en parte con la realización de grabaciones a niños y niñas.

Como futuros campos de investigación, algunas posibles líneas de investigación serían las siguientes: Realizar investigación sobre propuestas prácticas innovadoras de competición deportiva en ámbitos específicos escolares dirigidas a priorizar objetivos educativos de participación y gusto por la actividad física independientemente del nivel, el género o la edad; indagar, crear y establecer sistemas comunicativos entre escuelas y profesorado que mejoren el intercambio de experiencias de competición deportiva; investigar sobre la mejora de sistemas de relación referente a la influencia que el tratamiento pedagógico del deporte que se realiza en las clases de EF debe tener en el deporte extraescolar; realizar estudios comparativos entre los resultados obtenidos en la presente tesis en un contexto más amplio; analizar las similitudes, diferencias y problemática del tratamiento pedagógico del fenómeno de la competición a nivel nacional e internacional.

BIBLIOGRAFÍA

Abarca, M. (2003). *La Educación emocional en la Educación Primaria: Currículo y Práctica*. Tesis doctoral no publicada. Barcelona: Universidad de Barcelona.
Águila, C. y Casimiro, A. (2000). Consideraciones metodológicas para la enseñanza de los deportes colectivos en edad escolar. *Lecturas: Educación Física Y deporte*, 5(20). http://www.efdeportes.com/efd20a/metodol.htm. (Consultado el 4 de febrero del 2002).
Amat, M. y Batalla, A. (2000). Deporte y educación en valores. *Aula de Innovación Educativa*, 91, 10-13.
Antolín, L. (1997). *El desarrollo moral y el sistema de valores en la competición deportiva*. Tesis doctoral no publicada. Valencia: Universidad de Valencia.

Aragón, CH. (2003). La competición en el deporte educativo escolar. Libro de Actas *II Congreso y Asamblea de deporte para todos*. Madrid: INEF.

Arruza, J. (2002). Las emociones orientadas hacia la acción en el contexto de la actividad física y el deporte. *Tandem. Didáctica de la educación física*, 7, 56-74.

Bernad, M. (1999). La trascendencia de la victoria. *Revista española de educación física y deporte*, VI(4), 42-49.

Blázquez, D. (1995). *La iniciación deportiva y el deporte escolar*. Barcelona: Inde.

Boixadós, M. y Cruz, J. (2000). Avaluació del clima motivacional, satisfacció, percepció d'habilitat i actituds de fairplay en futbolistes alevins i infantils en llurs entrenadors. *Apunts Educació Física i esports*, 62, 6-13.

Buxarrais, M. R. (2002). La influència dels mitjans de comunicació en la vida quotidiana dels nois i noies. http://www: senderi.org. (Consultado el 1 de diciembre de 2002).

Castejón, F.J. (1997). La iniciació esportiva en l'educació primària: el que opinen els professors d'educació física. *Apunts de l'educació física i l'esport, 48*, 24-34.

Cruz, J. (1987). Aportacions a la iniciació esportiva. *Apunts Educació Física i esports, 9*, 10-17.

Cruz, J., Boixadós, M., Valiente, L. y Torregrosa, M. (2001). Es perd el "fair play" i l'esportivitat a l'esport en edat escolar?. *Apunts Educació Física i esports, 64,* 6-16.

Devís, J. y Peiró, C. (1992). *Nuevas perspectivas curriculares en Educación Física: La Salud y los juegos modificados.* Barcelona: Inde.

Durán, J. y Jiménez, P. J. (coord.) (2006). *Valores en movimiento. La actividad física y el deporte como medio de educación en valores.* Madrid: MEC/CSD.

Estrada, J. (2008). *La competició esportiva a les classes d'educació física de l'etapa primària: el seu tractament com a mitjà educatiu.* Tesis doctoral publicada en TDX (Tesis Doctorals en Xarxa). Barcelona: Universitat Autònoma de Barcelona .

Fonseca, A. M. (2006). La motivación de los niños y jóvenes para el deporte: ¿que pueden hacer los entrenadores?. *Revista española de Educación Física y Deporte*, 4, 37-56.

Fraile, A. (2001a). El deporte como recreación y actividad extraescolar. En *Actas I Congreso Deporte y Escuela* (pp. 69-99). Cuenca: Diputación de Cuenca.

Fraile, A. (2001b). La competición en el deporte escolar como factor segregador. En M. Latiesa, P. Martos, y J.L. Paniza (comps.), *Deporte y Cambio Social en el Umbral del siglo XXI* (pp. 395-310). Madrid: Esteban Sanz.

Goleman, D. (1995). *La inteligència emocional*. Barcelona: Kairós.

Gutiérrez, M. (1995). *Valores sociales y deporte. La actividad física y el deporte como transmisores de valores sociales y personales.* Madrid: Gymnos.

Gutiérrez, M. y Pilsa, C. (2006). Orientacions cap a l'esportivitat dels alumnes d'educació física. *Apunts de l'educació física i l'esport*, 86, 86-92.

Heinemann, K. (2001). Els valors de l'esport. Una perspectiva sociològica. *Apunts de l'educació física i l'esport*, 64, 17-25.

Horst, W. (2001). Hacen falta competiciones más formativas en el deporte base. *Lecturas: Educación Física Y deporte,* 7(34). http://www.efdeportes.com/efd34/format.htm. (Consultado el 9 de noviembre 2003).

Jiménez, P.J. y Durán, L.J. (2004). Proposta d'un programa per a educar en valors mitjançant l'activitat física i l'esport. *Apunts de l'educació física i l'esport,77*, 25-29.

Martínez, M. y Buxarrais, M. R. (2000). Los valores de la educación física y el deporte en la edat escolar. *Aula de Innovación Educativa*, 91, 6-9.

Mosquera, M. J., Lera, A. y Sánchez, A. (2000). *No violencia y deporte*. Barcelona: Inde.

Muro, M., Sallent, S. y Talavero, A. (1993). *Civisme a l'esport*. Senderi, Quaderns d'educació ètica. Barcelona: Eumo.

Pérez, J. A. (2002). *La competición en el ámbito escolar: un programa de intervención social*. Tesis doctoral no publicada. Alicante: Universidad de Alicante.

Pérez, V. y Devís, J. (2004). Las actitudes hacia la actividad física relacionada con la salud: la distinción entre actitudes hacia el resultado y actitudes hacia el proceso. *Revista de Psicología del Deporte, 13*(2), 157-173.

Personne, J. (2006). *El deporte para el niño. Sin récords ni medallas*. Barcelona: Inde.

Petrus, A. (1997). El deporte escolar hoy. Valores y conflictos. *Aula de innovación educativa, 68*, 6-10.

Prat, M. y Soler, S. (2003). *Actitudes valores y normas en la Educación Física y el deporte*. Barcelona: Inde.

Puig, J.M. y Martín, X. (1998). *La educación moral en la escuela. Colección Innova*. Barcelona: Edebe.

Solar, L.V. (1997). ¿Quién nos enseña a competir?. *Aula de innovación educativa, 68*, 11-13.

Trepat, D. (1995). La educación en valores a través de la iniciación deportiva. En D. Blázquez (ed.), *La iniciación deportiva y el deporte escolar* (pp. 95-112). Barcelona: Inde.

Vázquez, J. C. y Viana, O. (2001). La competición como medio en el proceso de iniciación deportiva. *Lecturas: Educación Física Y deporte, 7*(38). http://www.efdeportes.com/efd38/compet.htm. (Consultado el 22 de abril de 2003).

Velázquez, R. (2001a). Deporte: ¿presencia o negación curricular?. En *XIX Congreso Nacional de Educación Física* (pp. 65-106). Murcia: Universidad de Murcia.

Velázquez, R. (2001b). Sobre las reglas de juego y sobre su valor educativo y didáctico en la iniciación deportiva escolar. *Lecturas: Educación Física Y deporte, 7*(45). http://www.efdeportes.com/efd45/juego.htm (Consultado el 20 de marzo del 2004)

Vizcarra, M.T., Macazaga, A.M. y Recalde, I. (2006). Amb quin esport escolar somien les famílies? *Apunts de l'educació física i l'esport. 86*, 97-107.

CAPÍTULO XXI
ANÁLISIS DE UNA EXPERIENCIA DE FORMACIÓN PERMANENTE EN EL DEPORTE ESCOLAR A TRAVÉS DE UN PROGRAMA DE HABILIDADES SOCIALES

María Teresa Vizcarra Morales[20]

INTRODUCCIÓN

El estudio que presentamos se realizó en el contexto del deporte escolar guipuzcoano (caracterizado éste por el interés que la propia Diputación Foral ha mostrado por acercarlo a los planteamientos educativos de cada escuela). Con esta investigación se pretendían analizar algunos de los factores que intervienen en la mejora de la cohesión grupal en los equipos deportivos, tras realizar una intervención a través de sus responsables (personas entrenadoras, formadoras y coordinadoras del deporte escolar de los centros escolares). Se utilizó un programa de formación en valores y en habilidades sociales, en el que se da mayor importancia a los criterios de mejora en el aprendizaje, que a los criterios de rendimiento.

Trabajar las habilidades sociales para mejorar la cohesión de grupo va a favorecer que haya un clima de trabajo y de aprendizaje adecuados, permitiendo a los deportistas centrarse más en la propia tarea que en los resultados, para que aumente su percepción de competencia motriz (Ruiz Pérez, 1995). Creemos con Hellison (1978) que para que una persona se sienta competente motrizmente, debe sentirse también socialmente competente. Y esto nos acercó a estudiar las habilidades sociales y aquellas estrategias didácticas que nos podían ayudar a conseguir dicha competencia social tan comúnmente olvidada. En el deporte escolar se dan multitud de conflictos interpersonales, que perjudican la convivencia dentro del grupo. En nuestra investigación se trabajó sobre la responsabilidad y el compromiso para evitar los conflictos, siguiendo estrategias de Hellison (1978, 1985, 1995), Monjas Casares (1993), Monjas Casares y de la Paz González, (2000), Vallés Arandiga (1996).

El plan de intervención se desarrolló a través de un seminario de formación e investigación, en el que se aplicaron algunos de los fundamentos del programa de responsabilidad personal y social de Hellison (1995, 2003). Se estableció una nueva metodología, por considerar que una intervención con entrenadores/as podía mejorar la autoeficacia física y social de los deportistas. Este programa se desarrolla en cinco niveles que tienen como fin, llegar a conseguir la autorresponsabilidad de cada escolar. Muchos estudios (Bredemeier, 1988; Brustad, 1992; Escartí Carbonell y Cervelló Gimeno, 1994, y

---

[20] Vizcarra Morales, M. T. (2004). Análisis de una experiencia de formación permanente en el deporte escolar a través de un programa de habilidades sociales. Jose Antonio Arruza Gabilondo y Jose Miguel Correa Gorospe. Departamento de Didáctica de la Expresión Musical, Plástica y Corporal. UPV/EHU.

Tinning, 1992) se refieren a este programa por conseguir buenos resultados en las personas jóvenes más desarraigadas.

Creíamos que, ante una situación como la que nos ocupaba, el cambio metodológico debía venir determinado por las personas participantes en la formación y la reflexión, para que lo trasladaran a sus respectivos equipos. Se solicitaron cambios en la metodología para centrarse más en los aspectos psicosociales. Se siguió la metodología de investigación-acción, para permitir a cada docente cuestionarse su propia práctica. Al finalizar la aplicación del plan de intervención, deseábamos que cada deportista ganara autonomía y responsabilidad, para mejorar su competencia social, y al mismo tiempo, que cada entrenador o entrenadora ganara tranquilidad y confianza, porque las decisiones eran tomadas de manera compartida. La competencia social se desarrolla a lo largo de todo el proceso de socialización de cada escolar y que puede enseñarse (Echeburua Odriozola, 1993). Para mejorar esta competencia social, Hellison (1995) propone que las propuestas didácticas tengan una orientación motivacional que tienda hacia la tarea, y no hacia el ego, siguiendo las teorías de orientación de meta de Duda (2001), Weiss y Chaumeton (1996), Roberts (1995), Bandura (1982, 1999), Nicholls (1984, 1989), y González Valeiro (2001). La teoría de las perspectivas de meta se ha convertido en la fundamentación teórica principal de muchos estudios relacionados con el Deporte y la Educación Física (Duda, 1992, Papaioannou, 1995, Treasure y Roberts, 1995), y son fundamentales para saber qué significa para cada persona el éxito y el fracaso, de tal manera, que cobre mayor importancia disfrutar con la actividad o la tarea deportiva que realiza, más que ganar o conseguir éxitos deportivos. Se han tomado como referencia algunas de las investigaciones realizadas en este país, tales como los estudios de Arruza Gabilondo y González Villegas (2001), Cervelló Gimeno (1996), Peiró Velert (1996), Antolín Jimeno (1997) y Vázquez Gómez (2001). El estudio de Arruza y González, da origen a esta investigación, ya que defienden que trabajando en la formación con los técnicos deportivos, se va a lograr mejorar los aspectos psicosociales positivos de la práctica deportiva y reducir los negativos. En su estudio plantean la posibilidad de llevar a cabo un programa de formación en valores, que podría ser corregido y modificado por los entrenadores. Por tanto, con este trabajo se quieren materializar las prospecciones de futuro de dicho estudio.

Por otra parte, el Modelo de toma de responsabilidad personal y social (Taking Personal and Social Responsibility -TPSR-, Hellison, 1995) se basa en la enseñanza constructiva de valores, y en especial, aquellos que puedan tener una transferencia en la vida, dando mayor participación a cada deportista y menos protagonismo al profesorado. La participación de deportistas se va a desarrollar a través de las responsabilidades básicas (respeto y esfuerzo), responsabilidades de mejora (tomar autonomía en el entrenamiento) y responsabilidades de superación (ser capaz de entrenar a otros y con otros, ser capaz de resolver conflictos). Este autor propone que se modifiquen las rutinas diarias de la sesión de entrenamiento añadiendo a la sesión práctica una reunión inicial de concienciación, y una reunión final del grupo para realizar una autorreflexión sobre el comportamiento propio y sobre el de las demás personas. En este sentido, encontramos estudios sobre la participación social (Marsch, 1992), sobre la mejora de la autoeficacia física y social (Escartí Carbonell, Cervelló Gimeno y Guzmán Luján, 1996), sobre el clima motivacional (Ames, 1992), que avalan y complementan lo expuesto anteriormente. La metodología didáctica utilizada en el seminario, va a ir cambiando, desde los métodos en los que la mayor parte de las decisiones son tomadas por cada docente hasta la enseñanza entre iguales. La mayor parte de los autores (Caballo Manrique, 1993; Hellison, 1978; Kelly, 1987; Monjas Casares, 1993; Vallés Arandiga, 1996; Verdugo Alonso, 1995) consideran muy importante la existencia de la figura del alumnado-líder, que en definitiva, es aquella persona, que toma decisiones en las tareas, y a quien los diferentes autores, llaman de diferentes maneras, y le dan diferentes atribuciones. Mosston, (1991) considera la enseñanza entre iguales, una situación privilegiada de enseñanza, ya que, fomenta los aspectos sociales del deportista, al tener que comunicar mensajes a otras personas, lo que implica la utilización de un lenguaje adecuado, no agresivo, con grandes dosis de paciencia y empatía, para mejorar las relaciones sociales del grupo. La enseñanza entre iguales proporciona feed-back inmediato, permitiendo comentar las tareas, crear lazos sociales, desarrollar la tolerancia y la dignidad, estableciendo vínculos sociales que van más allá de la propia tarea. En este sentido, Mosston (1982, 1991), Mosston y Ashworth (1993) y Delgado Noguera (1993), para el área de Educación Física establecen diferentes estilos de enseñanza (enseñanza recíproca, microenseñanza, juego de roles, simulación social, dinámica de grupo y trabajos grupales...) que en nuestra investigación se combinan con los programas de entrenamiento de las habilidades sociales propuestos para otras áreas. Siendo esta combinación de teorías una de las aportaciones más valiosas de esta tesis doctoral.

La resolución de conflictos, se convierte en otro de los pilares de la formación en las habilidades sociales, ya que se van a establecer acuerdos, y pactos para dar solución a los conflictos, incluso se buscarán mediadores de conflictos. Según Weinberg y Gould, (1996) los conflictos inciden negativamente en la dinámica y la cohesión del grupo. Entre los autores de referencia hemos tomado a Alzate Sáez de Heredia, (2000), Goleman, (1996), y Vinyamata Camp (2003), entre otros. En esta tesis, las referencias en torno a los valores del deporte escolar fueron tomadas de Bellido (2002), Blázquez (1995), Devis Devis (1996), Eguia (2000), Gómez Sicilia y García Aranda (1993), Sánchez Bañuelos (1995), Santiago (2002), Seirul.lo Vargas (1999), Tinning (1992), Vázquez Gómez (2001) ya que entienden que los valores sociales positivos son la cooperación, preocuparse por los demás y el respeto por las distintas capacidades de los otros.

El perfil del entrenador/a que se busca con esta investigación, se centra en aquella persona que desarrolla en los escolares las cualidades educativas dinámicas, tal y como las llama Posch (1996), que dan al escolar la capacidad de auto-organizarse, que fomentan la iniciativa, la responsabilidad, la reflexión y la autoevaluación. Según Cochran-Smith y Lytle (2002), cuando un grupo de educadores se implica en una investigación autodirigida sobre su propia práctica su grado de satisfacción aumenta considerablemente, ya que tienen la oportunidad de cuestionar y poner a prueba la teoría en la práctica (Stenhouse, 1975, p. 144) y son promotores de conocimiento, consumidores críticos, donde su práctica y la de sus escolares es una fuente continua de preguntas y de renovación personal (Devís Devís, 1996; Elliot, 1990; Fraile Aranda, 1995; Kirk, 1990; Pérez Serrano, 1990; Tinning, 1992). La presente investigación ha dado lugar a diferentes publicaciones, Vizcarra Morales (2004), Vizcarra Morales (2005); Vizcarra Morales y González Villegas (2005) y Vizcarra Morales (2006).

OBJETIVOS E HIPÓTESIS DE LA INVESTIGACIÓN

Los objetivos de la investigación buscaban mejorar las habilidades sociales de las y los entrenadores, a través del trabajo de la responsabilidad social para apoderarse de recursos metodológicos, que facilitaran una labor educativa dirigida a escolares con modos dinámicos de aprender, respetando los diferentes niveles de sensibilización y sus propias respuestas. Además, se dirigía a mejorar las habilidades sociales y la competencia social de los deportistas en edad escolar para contribuir a que aumente su motivación y el compromiso con la tarea. El trabajo se llevaba a cabo al poner en marcha un modelo de formación en habilidades sociales, dirigido a entrenadores y entrenadoras del deporte escolar, con lo que nuestra influencia en escolares iba a ser indirecta. En el estudio con escolares se quería observar a través de un cuestionario, si había un cambio en la orientación del clima motivacional tras la aplicación de nuestro plan de intervención.

Las hipótesis están centradas en el estudio realizado con entrenadores/as y con escolares, y están orientadas a descubrir, captar y comprender una explicación y un significado a cada preocupación temática, tal y como afirman, Taylord y Bodgan (1986), Cook y Reichardt (1989), Elliot (1990), Pérez Serrano (1990), Fraile Aranda (1990), y Ruiz Olabuenaga (1996). Las hipótesis, se revisaban en cada una de las fases o preocupaciones temáticas (Kemmis y McTaggart, 1992), y son: la revisión del modelo de Hellison y nuestras adaptaciones; cómo utilizar las metodologías de enseñanza entre pares; el conocimiento de los programas de habilidades sociales; y la elaboración de materiales para aplicar al deporte escolar. Las hipótesis se han resumido y agrupado en aras de conseguir una mayor brevedad:

> Creíamos que en la medida que los entrenadores entraran en contacto con los problemas de otros entrenadores, serían más proclives a contar sus experiencias, y a experimentar los métodos utilizados por otros profesionales, a modo de aprendizaje vicario; y así mismo, que cuanto mayor fuera el interés por trabajar las habilidades sociales, tanto más se debían buscar los espacios donde se diera al escolar la oportunidad para hablar, expresarse y comunicarse con los demás.
>
> Creíamos que si los entrenadores mejoraban su capacidad para revisar su práctica, más proclives serían a cambiar su propia práctica, y a enfrentar los conflictos y problemas sociales a resolver, otorgando al alumnado más oportunidades para cambiar y consensuar las normas, buscando metodologías que les den la oportunidad de participar en la toma de decisiones en cuanto a las normativas de convivencia.
>
> Creíamos que al utilizar estrategias de enseñanza entre pares para la enseñanza, mejoraría la forma en que cada escolar se dirige a las otras personas, no solo en circunstancias de enseñanza-aprendizaje, sino en el resto de sus relaciones interpersonales, mejorando la empatía. Así mismo, creíamos que si deseábamos mejorar las habilidades sociales debíamos buscar un instrumento que nos sirviera para poder trabajar las habilidades sociales durante los entrenamientos, y adquirir un mayor conocimiento sobre cada una de ellas. Y así, en la medida que los entrenadores se plantearan dudas sobre las circunstancias ordinarias, la práctica se iría perfeccionando, y se intentarían aplicar nuevos métodos de trabajo.
>
> Creíamos que el grupo de escolares que estuviera orientado a la mejora personal presentaría mayores niveles de compromiso y de competencia motriz percibida

que otros grupos, y que así podría comprobarse después de la aplicación del programa.

Creíamos que cuando la orientación motivacional del entrenador fuera hacia la tarea, y cuando los criterios que se utilizaran en el proceso de enseñanza-aprendizaje, fueran de mejora, y no de rendimiento, disminuiría la ansiedad ante las situaciones de estrés, como pueda ser una competición, generando menores niveles de ansiedad en los escolares que hayan participado en el programa.

Creíamos que al trabajar sobre las habilidades sociales los valores de competencia motriz percibida y de compromiso con la actividad de los escolares que forman parte del programa serían mayores que los de un grupo de control. Así mismo, creíamos que al realizar un trabajo sobre los valores en el deporte, y valorar la participación y el esfuerzo como criterio de mejora, la orientación del clima motivacional tendería hacia la tarea más que hacia el resultado, y en este sentido, se produciría un incremento de los valores de la orientación motivacional hacia la tarea, y un descenso de los valores de la orientación motivacional hacia el ego.

METODOLOGÍA

Participantes e instrumentos utilizados

El estudio ha sido realizado con personas responsables (coordinadoras y entrenadoras) del deporte escolar en Guipúzcoa y sus escolares. Participaban en un programa de formación en torno a habilidades sociales, y modelo de responsabilidad personal y social de Hellison (1978, 1995), que fue complementado con otros estudios. Con el grupo de entrenadores/as y coordinadores/as se sigue una metodología de investigación-acción, con la intención de que se sientan protagonistas en su propio programa de formación en valores. No todos las personas que operan en el deporte escolar están sensibilizadas con que éste sea un hecho educativo, como lo estaban las personas participantes en nuestro seminario, ya que el deporte que se realiza en horario lectivo tiene poca consideración social, incidiendo esto en la calidad de las y los formadores, que en muchas ocasiones, se dota gracias al voluntariado.

En esta investigación se realizó un análisis de contexto, se explicó cómo se constituyó el grupo, y la experiencia previa de sus participantes. El proceso seguido en el seminario de investigación-acción se basa en las ideas recogidas de Zuber-Skerritt (1992), Bassey (1995), Goyette y Lessard-Hérbert (1988), así como de Elliot (1990, p. 97), cuando relata el proceso descrito por Lewin: "aclaración y diagnóstico de una situación problemática en la práctica, formulación de estrategias de acción para resolver el problema, implantación y evaluación de las estrategias, aclaración y diagnóstico posteriores de la situación problemática (y así sucesivamente, en la siguiente espiral de reflexión y acción)". Para la recogida de información se utilizaron las notas de campo recogidas durante la observación participante, y la información procedente de las entrevistas con entrenadores y con escolares, los diarios de campo, los cuestionarios de valoración del proceso, las grabaciones en audio de las sesiones del seminario, las grabaciones en vídeo de sesiones de entrenamiento, competiciones y partidos. En el seminario se elaboraban también materiales didácticos, se consensuaron clasificaciones de valores, y se establecieron pautas para el trabajo en el aula.

Con los escolares se realiza un estudio Cuasi-experimental. Participan 197 escolares, pertenecientes a los centros, Liceo Santo Tomás, colegio Altza Herri, Liceo Axular, Colegio María Reina, Colegio San Patricio, Zuhaizti ikastetxea, y Colegio Alemán, nacidos entre 1987 y 1993. De ellos, 53 son chicos (26.9%) y 144 chicas (73.1%). Son los deportistas escolares que entrenan con las personas que forman parte del programa de formación, y respondían un cuestionario en cuatro momentos a lo largo de los dos años que duró la intervención con sus formadores/as. Este progreso, iba a ser medido a través de un cuestionario (Arruza Gabilondo y González Villegas, 2001) que había sido utilizado con una población similar, y que iba a servirnos para realizar la comparación. El cuestionario estaba compuesto por un test de motivación al logro adatado por Ruiz, Gutiérrez y Graupera en 1997, del de Nishida de 1988. El AMPET (Achievement Motivation for learning in Physical Education Test) está recogido en Ruiz Pérez, Gutiérrez San Martín, Graupera Sanz, y Nishida (2004). Además del cuestionario de diversión con la Práctica deportiva adaptado por Escartí Carbonell y Cervelló Gimeno en 1996, de la versión de Duda y Nicholls de 1992 (CDPD); y el Cuestionario de Percepción de Éxito de Roberts y Balagué de 1991 (Cuestionario Perception Of Sucess Questionnaire -POSQ), que se utiliza para medir la orientación a la tarea y al ego, esto es, para evaluar las disposiciones de meta de logro personales. Estos cuestionarios que se utiliza para evaluar la percepción de los escolares en cuanto a los aspectos motivacionales, fue validado en euskara en la investigación de Arruza y González. Y los escolares de dicha investigación son el grupo de control, con respecto a los datos de nuestra investigación.

Además de los instrumentos básicos, que nos sirvieron para desarrollar la tesis doctoral, se realizaron cuestionarios abiertos a los escolares, y se crearon y utilizaron diversos materiales didácticos, que se fueron perfeccionando y mejorando con aportaciones de otros materiales ya existentes (véase un ejemplo en Jiménez Jiménez y Vizcarra Morales, 2010).

Constitución del grupo de participantes en la investigación-acción y procedimiento

Para establecer el grupo, la Diputación Foral de Guipúzcoa hace un llamamiento a varios centros escolares, con la intención de mejorar la calidad del deporte escolar. Se solicita desde el equipo de investigación que las personas participantes tuvieran una formación mínima en actividad física, o que tuviera una trayectoria consolidada en el deporte escolar. En un primer momento, en el curso 2001-2002, nos encontramos con un grupo de tres estudiantes de Magisterio, (dos hombres y una mujer), dos de ellos, de la especialidad de Educación Física; dos licenciados en Educación Física, un hombre y una mujer, esta última abandona el primer día, el otro licenciado, es coordinador del deporte escolar en un centro educativo y nos ayuda y apoya hasta el final. Cuatro entrenadores jóvenes, dos con titulación federativa, y los otros dos sin titulación, que comenzaban el primer año en la Universidad y en módulos formativos superiores, que fueron dejándolo paulatinamente durante los tres primeros meses; una licenciada en Empresariales y entrenadora de Gimnasia Rítmica Deportiva; un licenciado en Filología Vasca y Entrenador Nacional de Atletismo, una alumna de 5º de Pedagogía y Entrenadora de Baloncesto. Un licenciado en Derecho y Monitor de fútbol. Un maestro, licenciado en Filosofía y Entrenador Nacional de Baloncesto. Dos licenciadas en Educación Física, que actúan como investigadoras, Itziar González como observadora externa, (de cara a poder realizar una triangulación) y yo misma, Mª Teresa Vizcarra, como investigadora. Además, Itziar González era investigadora en el estudio que hemos mencionado anteriormente: Impacto de algunos aspectos psicosociales en la población guipuzcoana, de Arruza y González. Sus conclusiones dan lugar al presente estudio.

En el seminario se mantienen hasta el final del curso ocho de las 14 personas que aparecen el primer día. De estas ocho, dos más abandonan el seminario antes del comienzo del siguiente curso 2002-03, manteniéndose este grupo de seis con total estabilidad hasta el final. Antes de comenzar con la investigación-acción, hay un proceso de formación e información sobre el Modelo de Hellison y sobre las técnicas de resolución de conflictos. El seminario de investigación-formación se reunía cada quince días, los lunes en dos turnos. En un principio las sesiones atendían más a la formación básica en valores, y en los métodos de trabajo más conocidos en este campo, pero según iban pasando las semanas, el interés era tal, que cada vez se hacían más largas las sesiones, e incluso, había gente que asistía a la primera sesión y se quedaba también a la segunda, que cada vez terminaba más tarde.

Como investigadora llevé desde el principio la labor de formación, de coordinación y organización para llevar a cabo el seminario, posibilitando la recogida y análisis de datos, y motivando a los entrenadores hacia la reflexión, intentando facilitar el acceso a la formación en valores y a la información. La otra investigadora, que toma notas y actúa de agente externo en la investigación, (aspecto éste muy importante para poder llevar a cabo la triangulación de los datos), también realiza labores de coordinación y de facilitación hacia la participación reflexiva. Los temas se suscitaban a través de preguntas e ideas sobre lo que ocurría en los entrenamientos, unido a los temas que emergían de sus diarios, junto con las anécdotas y experiencias que les habían ocurrido entre las sesiones quincenales. Se analizaban las opiniones de entrenadores/as, una vez categorizadas éstas, explicando sus juicios, sus planteamientos iniciales y la evolución de las ideas. Nuestra reflexión sobre la acción nos ha llevado a construir nuestra teoría. Se reconstruían los datos recogidos en la investigación a través de análisis interpretativos que eran ha triangulados y contrastados con las y los participantes y con otras y otros investigadores.

RESULTADOS, ANÁLISIS Y DISCUSIÓN

Opiniones del proceso de formación en sus diferentes fases

La primera parte de la formación giró en torno al Modelo de responsabilidad personal y social de Hellison. Comenzamos por realizar un diagnóstico de la situación, y así, las personas participantes expresaban no tener necesidad de un trabajo en valores para gestionar el aula. Según fueron transcurriendo las sesiones, comenzaron a confesar tener problemas relacionados con la atención, y con la falta de control sobre el grupo, que provenían de querer centralizar el control de los comportamientos en la figura de la entrenadora o entrenador (ninguno de los nombres es real, y el género de los nombres está elegido al azar):

... tengo un grupo muy hablador donde me cuesta mucho captar la atención y que me escuchen. No se puede explicar nada... (Irene)

... noto además gran falta de atención, hablan mucho y tengo que gritar para que me oigan, me paso casi todo el tiempo mandando callar. (Ander)

>...tengo muchos problemas de falta de atención, de discusiones que no acaban de terminar bien, sé que tenemos que tomar distancia ante los conflictos, pero sinceramente me gustaría saber cómo podemos hacer esto... (Edurne)
>
>...yo tengo problemas de violencia en el juego... ... sería interesante trasladar la responsabilidad al alumnado, pero les veo demasiado jóvenes y faltos de criterio...
>
>... son problemas para establecer agrupaciones, la presión de las familias y el clima que se genera en las competiciones... (Jaime)

Obsesionadas como estábamos en esta primera fase, por seguir la metodología del programa de Hellison, en los entrenamientos hacíamos una reunión inicial o charla de concienciación, y una reunión final o de reflexión, y se buscaban pautas para la resolución de conflictos. Se intenta aplicar estilos de enseñanza participativos, tal y como los emplea Hellison en la parte central de la sesión. En el seminario se debate la idoneidad de cada uno de estos aspectos, y se decide probar las estrategias mencionadas, para ver si son válidas para nuestros fines, o si deben ser rectificadas o adaptadas. Hellison utiliza la figura de la persona alumna-líder, la mayor parte de los programas de entrenamiento de las habilidades sociales la utilizan como una de las estrategias pedagógicas facilitadoras, para darles la oportunidad de participar y ser más responsables de su actividad. En cuanto a las técnicas de resolución de conflictos, se habla de: sit-out, la opción de entrar y salir del juego, de crear planes para modificar las conductas no deseadas, de pedir perdón, tiempos muertos, banco de problemas, son las chicas y chicos quienes hablan el problema y lo resuelven; establecer una especie de jurado con tres compañeros/as o tribunal de deportistas; planes de emergencia para las soluciones que no se pueden resolver; y evaluaciones recíprocas. Los focos de la investigación son pues, el plan de sesión de Hellison, la metodología y las técnicas de resolución de conflictos.

Los resultados de la primera fase. Las charlas de concienciación son utilizadas por la mayor parte de participantes para dar para explicar los contenidos de la sesión, y las normas del entrenamiento, aunque no lo expresan (ver resumen en tabla 1). En esta primera época, solo tratan los valores, si surge un problema. No consiguen que las y los escolares consideren esta parte, como una parte más del entrenamiento, y tratan de evitarlo, o solicitan al entrenador/a que acaben pronto:

>La reunión inicial sirve para establecer normas y comentarlas, para decir en qué va a consistir el entrenamiento y por qué. (Pablo, 4/2/02).
>
>En las reuniones del principio nos salen mejor con los mayores que con las pequeñas, las pequeñas tienen la sensación de estar perdiendo el tiempo en la charla inicial. (Edurne, 18/2/02).

Cambiar rutinas en su manera de entrenar, les da inseguridad, porque no tienen aún claro qué desean conseguir, aunque consideran que utilizar este plan de sesión, les resulta fácil y les está reportando buenos resultados. Algunas personas como Irene están adaptando las ideas surgidas en el seminario a su metodología, a su estilo personal de enseñar:

>Las reuniones de principio y fin, las estoy orientando de otra manera. Al principio yo estaba más pérdida, cómo podía hacer para que observaran y anotaran: hasta que se me ocurrió poner a una persona a observar y anotó un montón de cosas sobre valores, ahora intentamos todos los días que no se dé una de esas cosas

negativas, y si lo conseguimos intentamos otra más. Cada día supone un reto. (Irene, 18/2/02).

En cuanto a la reunión final, todos los participantes coinciden en decir que, las niñas y niños no están acostumbrados a hablar, porque tampoco están acostumbrados a que se les pregunte su opinión. Son consideradas muy positivas, porque brindan la oportunidad de acercarse a sus deportistas y de tratar aspectos a los que no sabía cómo acceder:

> Yo, en las reuniones finales, les hacía preguntas directas y respondían, y se iban animando. Sí yo les preguntaba: ¿cómo podemos resolver esto? ... al principio me contestaban cosas como: ¡tú sabrás! ¡tú eres la entrenadora! Sin embargo ahora, dicen muchas cosas con toda naturalidad... ellas son más espontáneas que nosotros. (Edurne, 14/1/02).

Poco a poco, se van haciendo a esta dinámica, y encontramos actitudes muy positivas por parte de cada participante, hay dos personas, que deciden implicarse con el programa, consiguiendo resultados positivos. Sobre los niveles y los valores del modelo de Hellison (TPSR), coinciden en que la clasificación que hace sobre los valores, no es válida para una población de deportistas como la nuestra:

> Yo creo que no tenemos ese tipo de problemas, no necesitamos trabajar sobre la irresponsabilidad, nuestros escolares participan, y se esfuerzan más o menos, lo normal... pero no tenemos grandes problemas con el comportamiento... (Abel).

Hellison plantea los niveles como algo flexible, que puede ser modificado, en el caso de nuestra población quizá lo adecuado hubiera sido comenzar con el nivel IV (tener en cuenta los derechos y sentimientos de los otros), para continuar con una revisión del nivel I, donde se trabajara el respeto, y continuar con los niveles II y III. Opinan que no son capaces de trabajar sin dirección del entrenador/a (nivel III), y que se deberían mejorar el trato entre sí:

> Yo creo que mis alumnos/as se respetan entre sí, y son capaces de trabajar cada uno una habilidad por su cuenta, pero no creo que sean capaces de marcarse unos objetivos, ni siquiera con mi ayuda, y menos aún, que sean capaces de trabajar de manera autónoma sin mi supervisión, en cuanto al cuidado de otros, se respetan bastante entre sí, y el que no respeta tampoco se respeta a sí mismo... (Ander).

En cuanto a la resolución de conflictos, coinciden en que en esta fase es, lo que más les ha servido del modelo de Hellison, les ha dado recetas para solucionar los conflictos diarios. Supone un primer paso, ya que si no se estudia la manera de que surjan, el desgaste personal va a ser muy grande, y estas técnicas no van a tener mucha validez.

> Las técnicas de resolución de conflictos son una buena vía de aprendizaje para dar salida a problemas cotidianos que surgen en los entrenamientos y en las clases. (Abel, 18/2/02).

Coinciden en afirmar que las personas que más conflictos crean son las que tienen más baja competencia motriz, ya que se sienten discriminados en el juego:

El comentario más habitual es que no les pasan los balones, algunos suelen mantener una actitud que se vuelve contra ellos, están derrotados, intentan insultar, y su problema es el juego no tiene sentido. (Jaime).

Las técnicas de resolución de conflictos que se han aplicado han sido el sit-out, o entrar y salir del juego cuando están nerviosos, o cuando no aceptan las indicaciones de los demás:

Yo le dije a una de mis chicas, al enfadarse, que si no quería jugar, se podía sentar, y que entrara cuando ya quisiera, casi me pongo a llorar. (Edurne).

La técnica de resolución de conflictos más aplicada, ha sido la del tribunal de deportistas:

...para hacer grupos siempre hay problemas para mezclar a la gente de distintas clases... hice lo del tribunal, pero uno de ellos no estaba de acuerdo con las decisiones y se mosqueó con todos... (Loren, 10/12/01).

En cuanto a la toma de decisiones consensuadas con respecto a las normas o las actitudes y comportamientos de las jugadoras, tal y como ocurrió en el conflicto que nos relata Kimetx:

...el otro día asistieron a un partido, dos jugadoras que casi no asisten a entrenar. Yo sabía que si no les dejaba jugar iba a tener problemas con los padres, y si les dejaba jugar, iba a tener problemas con las chicas del equipo. El conflicto estaba servido. Las reuní y les dije que decidieran ellas. Decidieron que jugaran, aunque no con buena cara. En el siguiente entrenamiento, se quejaron, dijeron que yo tenía que decidir, y no ellas. No les había gustado que jugaran, y tampoco les parecía cómodo, decirles que no lo hicieran. Les expliqué que no es fácil tomar ciertas decisiones. Al final, las infractoras se disculparon. El siguiente comentario fue que había que revisar las normas y cambiarlas, y así lo hicimos. (Kimetx, 18/2/02).

Sobre la utilización de la enseñanza entre pares, los niveles de implicación fueron diferentes, algunas personas les hicieron tomar decisiones, sobre algún aspecto muy determinado:

En la enseñanza entre iguales se han repartido las funciones para ejecutar una acción o para corregir,...las correcciones son técnicas, sobre gestos técnicos sencillos. Saben lo que se les pide, se corrigen entre ellos, pero no como lo hago yo... (Ander).

Reconocen que no realizan bien las correcciones, pero que han conseguido comprender explicaciones sobre elementos técnicos, que no entendían de sus entrenadoras/es:

... lo que yo no he conseguido que entiendan, lo ha conseguido otra niña con sus explicaciones (Ander, 4/2/02).

Los escolares aceptan bien la jerarquía impuesta por la edad, que una mayor enseñe a una más pequeña. Las respuestas son adecuadas, con este tipo de apoderamiento:

Al dar responsabilidad a las alumnas, se dan todo tipo de situaciones desde gente que no saben cómo reaccionar, hasta las niñas que dicen: -¡Calla! Y vamos a entrenar. Me ha sorprendido el valor de la cooperación y lo interesante que puede ser para ellas sentir que una puede ayudar o enseñar a la otra. (Irene, 4/02/02).

Formadoras y formadores coinciden en expresar que poseen pocos conocimientos sobre la enseñanza entre pares, y que desearían saber más sobre los estilos de enseñanza participativos que implican que cada escolar tome decisiones.

He conseguido que se expliquen algunas cosas entre sí, sin mi intervención directa, pero, no hacen mucho caso, creo que necesitaría fórmulas para poder controlar esto. (Ander, 10/12/01).

Diagnóstico	Problemas encontrados	No escuchan. Hablan mucho. No prestan atención Discusiones al hacer los grupos Agresividad excesiva en el juego
TPSR	Reuniones Iniciales	Se habla de las normas. Cuesta entenderlo como parte del entrenamiento Observación y anotación de comportamientos
	Reuniones finales	Les cuesta mucho entrar en la dinámica. No están acostumbrados a hablar, ni a dar su opinión. Sirven para acercarse a los escolares. Al dirigir las preguntas se consigue mejorar la participación de los escolares
	Jerarquización de valores	No ven que se dé en su alumnado el nivel de irresponsabilidad Proponen comenzar por el nivel IV, para trabajar sobre la empatía Consideran que el nivel III de autodirección es el que más les cuesta desarrollar
	Resolución de conflictos	Lo que más les ha servido, tienen más problemas con los menos competentes. Cuesta el autocontrol. Las Técnicas utilizadas: sit-out, banco de problemas, tiempos muertos, tribunal de deportista, planes personales
Metodologías activas	Alumnado-líder Enseñanza por pares con tareas sencillas	Entienden mejor a sus compañeros/as que a entrenadores /as. Aumenta la cooperación y la responsabilidad Tienen conocimientos escasos de enseñanza por pares.

Tabla 1. Resumen de los resultados de la primera fase del programa de intervención

En la segunda fase del programa se intenta dar respuesta a los interrogantes surgidos en la primera fase: ¿Podríamos conocer con más profundidad los estilos de enseñanza que promueven la participación de escolares? ¿Podríamos mejorar la aplicación práctica y la utilización de los mismos? ¿Cómo se podría mejorar la interrelación personal entre las personas del grupo? ¿Cómo hacer para que mejore la comunicación en las charlas de concienciación y en los tiempos de reflexión? ¿Cómo podríamos comenzar nuestro propio proceso de reflexión-acción? Se establecen una serie de acuerdos entre participantes, tales como, intentar sistematizar las reuniones iniciales y finales, para mejorar la comunicación y adoptar acuerdos, para que cada deportista participe de las normas y del funcionamiento del grupo. Se elabora un diario de sucesos sobre los entrenamientos, para registrar los pasos que vayamos dando y los progresos. Para mejorar la comunicación en las reuniones finales, se establece un guión muy simple. Se profundiza en el conocimiento de los estilos de enseñanza que fomentan la participación, y se diseña un planteamiento didáctico para cada objetivo psicosocial a trabajar.

Los resultados de la segunda fase. Tratan sobre la metodología (ver resumen en tabla 2), ha supuesto una reflexión sobre la propia práctica que ha conllevado una mejora profesional:

> Desde que se enseñan entre sí, han aprendido a corregirse y la actitud ha mejorado... Ahora en mi trabajo tengo 22 ayudantes, que cada vez, tienen más interés por aprender, y son más responsables, más cooperativos y dispuestos a ayudar. (Pablo 11/3/02).

En cuanto a las estrategias aplicadas para mejorar la comunicación en las reuniones finales, se llevan a la práctica algunas de las propuestas comentadas en el grupo, una de las que más aceptación tiene es la de la coca-cola, así llamada por los más jóvenes. Los logros conseguidos han sido muy positivos, pues han conseguido comunicarse, incluso con quienes tenían problemas de comunicación. Se rompe el hielo y se habla de manera informal:

> Yo tras el efecto coca-cola (sic.), no consigo que se callen, para lo bueno y para lo malo. Yo les marco una serie de pautas, si les parece que han jugado poco, no están de acuerdo con mis decisiones, se mosquean, pero si lo hablan se liberan y se soluciona el problema. (Kimetx).

Una vez superado el obstáculo de la comunicación, la reunión final se utiliza para revisar las tareas realizadas durante la sesión, así como, para revisar los objetivos de tipo social propuestos en la reunión inicial. Se refuerza lo positivo y animan a tomar responsabilidades:

> Intentamos reforzar las cosas positivas y sacar a los comentarios el máximo rendimiento. Gracias a estas reuniones ha mejorado el ambiente del grupo, porque participan más de la solución de los problemas, que se intentan resolver entre todos, antes esperaban a la solución de la entrenadora, que era una excusa para protestar. (Edurne 6/5/02).

En la enseñanza entre pares, se ha utilizado la enseñanza recíproca y la microenseñanza. En su opinión son los estilos que más les han facilitado la enseñanza de los deportes teniendo en cuenta los aspectos sociales, ya que, facilitan el diálogo y la reflexión con escolares:

> Yo me doy cuenta que con la enseñanza entre pares, aprenden mucho, porque entienden mejor las explicaciones que se dan entre ellos.... es importante destacar que puede ser un modelo de intervención para impulsar la reflexión, el debate y la cooperación... (Edurne, 18/3/02).

En cuanto a las correcciones entre pares, coinciden en quee no se atreven a decir a los compañeros/as que algo está mal realizado, en unos casos, por miedo a qué les van a decir, en otros, porque les da reparo tomar actitudes que sean similares a las de entrenadores/as, en otros casos, porque no aciertan a ver los errores cometidos, o por falta de preparación:

> Al principio les pedí que cada persona pensara en un ejercicio, y se lo dirigieran a otro, pero no lo corrigen, les da vergüenza corregir. (Ander).

Respecto a la toma de decisión y a la organización en los entrenamientos, era importante que cada escolar tomara decisiones, y se les diera responsabilidad:

Era importante dejar claro, que deben respetar al jugador/a-entrenador/a, sea quien sea, quien dirige el equipo. (Pablo, 7/3/02).

Una vez que dan apoderamiento a sus escolares, y se atreven a que tomen las decisiones, se muestran satisfechos con el resultado, porque la responsabilidad está compartida:

Antes tomaba yo todas las decisiones, y siempre me quedaba la duda de si había tomado la decisión adecuada, pero como ahora tomamos las decisiones conjuntamente, y ya no tengo esas dudas. (Memoria de Edurne).

El proceso de aprendizaje ha supuesto un cambio, pero no todo ha sido positivo, Hellison (1995, p. 94) afirma, que en muchas ocasiones el proceso es doloroso, pero que, cuando se recibe una respuesta que satisface por parte de un escolar, se experimenta gran alegría:

...para que las cosas salgan hace falta tiempo y paciencia, porque no estamos acostumbrados a esta manera de enseñar y se hace raro, pero en seguida entran en la dinámica, y sin darse casi cuenta, se están ayudando, enseñando y colaborando... (Pablo).

Se considera la experiencia positiva, y les está llevando a mejorar las situaciones educativas:

Yo muy bien, ellas están muy sueltas, se organizan, se explican. Yo me estoy acostumbrando mal, cada vez tengo menos obligaciones, pero eso me da la posibilidad de poder hacer más cosas dando una atención más personalizada. Da tiempo a 'controlar más', 'controlando menos', quiero decir con esto, que me da tiempo a ver cosas que antes no veía. (Irene).

Además del compromiso, es destacable la mejora en la responsabilidad social, la idea de ayudarse los unos a los otros, que se corresponde el cuarto nivel de Hellison.

...yo veo que con la enseñanza recíproca, están entendiendo más la idea de ayuda, les cuesta mucho ver los espacios del juego. (Jaime, 11/3/02).

Metodologías activas	Enseñanza recíproca	Pensar sobre la propia práctica, lleva a una mejora. Autocorrecciones. Mejora de la responsabilidad Da seguridad al profesorado. Más control, controlando menos.
	Microenseñanza	Sirve para impulsar la observación, mejora la participación, mejoran las explicaciones, no se atreven a realizar correcciones
TPSR	Reuniones de reflexión	Mejora la comunicación: Efecto coca-cola Revisar lo ocurrido en la sesión. Solucionar malentendidos Se usan para dar refuerzos positivos. Participan de la solución de los problemas
	Logros	Más compromiso. Ayuda a otros (nivel IV)
	Dificultades	No siempre es fácil

Tabla 2. Resumen de los resultados de la segunda fase del programa de intervención

La tercera fase del plan de intervención, se prepara y planifica a finales del curso 2001-2002, y es llevada a la práctica durante el curso 2002-2003. Las interrogantes surgidas en esta fase son: ¿Se puede mejorar la implicación de escolares a través de la negociación de sus normas? ¿Pueden ser estar normas formalizadas en algún documento, para que el compromiso adquirido no varíe en función de los intereses personales del momento? ¿Qué otros modelos existen sobre intervención en habilidades sociales? ¿Podemos sistematizar u ordenar el trabajo de las habilidades sociales ajustándolo a nuestras necesidades? Las preocupaciones de los participantes tenían que ver con la mejora del ambiente en los entrenamientos, desean que cada escolar aprenda a valorar el aprendizaje y la mejora deportiva, evitando situaciones en las que se busque el triunfo a toda costa (Boixadós y Cruz, 1999). Sigue preocupando la resolución de conflictos, porque va asociada a una determinada manera de entender la educación y los valores. Les importa la autonomía de sus escolares, para que sean capaces de dar soluciones a sus problemas, con un adecuado desarrollo de la autoestima. Les preocupa saber integrar los objetivos deportivos y los sociales. El trabajo en el seminario se centra en las normas de convivencia, en la revisión de diferentes modelos de intervención en habilidades sociales, en la creación y mejora de materiales didácticos que ayuden a sistematizar este trabajo, y en la definición de nuestros propios valores. Entre los programas revisados podemos destacar el Programa de Enseñanza de las Habilidades de Interacción Social (PEHIS) de Monjás Casares (1993); los paquetes de Entrenamiento de las Habilidades Sociales de Caballo Manrique (1993); los Programas de Refuerzo de las Habilidades Sociales de Vallés Arandiga (1996); los Procedimientos de intervención en habilidades sociales de Kelly (1986); el Programa Conductual Alternativo (PCA) de Verdugo Alonso (1997); y las obras de Goñi (1996), de Michelson, Sugai, Wood y Kazdin (1987) sobre las habilidades sociales en la infancia, y de Goldestein, Sprafkin, Gershaw y Klein (1989) sobre las habilidades sociales y el autocontrol en la adolescencia. Se estudia la posibilidad de establecer las normas a través de contratos, que se ponen en marcha al principio del curso 2002-2003. Se sistematiza el trabajo de las habilidades sociales, siguiendo el modelo pedagógico del PEHIS, con unas pautas para trabajar. Para llevar esto a la práctica, creamos una ficha de entrenamiento de las habilidades sociales, donde aparecen la definición dada por cada entrenador/a y por cada escolar, la definición de situaciones dónde podemos observar esta habilidad. Se anota la constatación de qué pasa si alguien no es capaz de desarrollar esta habilidad. Se destacan los aspectos positivos, y las desventajas de no hacerlo. Se anotan las conductas que se desean mejorar, pidiendo cambio de conducta y se agradece a la otra persona que nos haya escuchado, siguiendo las indicaciones del PEHIS.

Los resultados de la tercera fase. Constatan la importancia de las habilidades sociales (ver resumen en tabla 3). Se ha valorado positivamente manejar autores con enfoques diferentes, pues ha ayudado a clarificar conceptos desde la sensibilidad de cada participante.

> Ha sido muy importante la información que hemos manejado sobre las habilidades sociales, con puntos de vista diferentes, así como, el recuerdo del trabajo de Hellison. (Jaime, valoración del programa de mayo de 2003).

Se redescubre a Hellison, tras compararlo con otros autores, se ve la idoneidad de su planteamiento con mayor fuerza. En un principio, todos nos quedamos más con la metodología de su modelo, que con su filosofía, siendo esto último, casi lo más importante:

> Me parecen importantes las aportaciones de Hellison al trabajo de las habilidades sociales: cómo ayudarles a reflexionar, que se tenga que decir algo positivo antes

de poder decir lo negativo, trabajar la empatía, y no permitir hacer daño a otras personas. (Edurne, 30/1/03).

La implicación de los participantes ha sido progresiva e individualizada, no han seguido el mismo proceso, ni se han implicado en la misma medida, recogemos la experiencia de Pablo:

Cuando empecé a trabajar sobre las habilidades sociales, al principio el trabajo era puntual, pero poco a poco le he dado la vuelta a las tareas, y así pienso en la responsabilidad, y en todo lo que tenía pensado trabajar en la sesión... desde ahí, ya no solo pienso en el objetivo técnico o táctico, sino también que trabajen el objetivo social. (Pablo, memoria de mayo 2002).

Se quejaban de que sus escolares no se implicaban en sus juicios críticos, cuando en realidad, ellos mismos no propiciaban un clima de reflexión, que hiciera madurar su juicio crítico. Las personas participantes reconocían que, en los sistemas de entrenamiento actuales, existe una carencia de trabajo sobre las habilidades sociales. Si no se enseña lo que no se planifica, o se enseña por omisión, no es suficiente tener una fuerte sensibilización hacia los aspectos psicosociales, que deben trabajarse, hay que planificarlos:

Cuando trabajas como yo he trabajado siempre, aunque dices que para ti que es importante valorar el ambiente del grupo, el respeto, las buenas formas, y no sé qué más, al final acabas dándole importancia únicamente a los aspectos técnico-tácticos del entrenamiento, y no trabajas esos otros aspectos, aunque digas que te importan. (Loren).

Las primeras experiencias en habilidades sociales de la mayoría de los participantes fueron bastante desastrosas:

Cuando trabajas las habilidades sociales, al principio todo es negativo, las cosas no salen bien, no salen como tú quieres. (Pablo).

Expresan la necesidad de un trabajo centrado en las habilidades sociales, porque repercute en la mejora de los aspectos técnicos y tácticos:

Paralelo al trabajo físico, técnico y táctico, hay un aspecto más social o de relación que debemos potenciar en el deporte, y en la vida, con el fin de mejorar los comportamientos y las actitudes de los escolares. (Abel).

Consideran interesante que haya una sistematización para utilizar la ficha individual, o que se busque la manera de establecer unas rutinas o algo similar:

Sería interesante trabajar más sobre la ficha individual, sistematizando su utilización, para que no se pierda tiempo en el entrenamiento. (Irene, 18/X12/02)

Sobre el plan de sesión de Hellison, incorporamos estrategias para entrenar aspectos sociales tomados de Monjas, lo que mejoró la estructura de la sesión:

Ahora me veo trabajando los aspectos sociales de una forma más ordenada, creo que ha mejorado la estructura de la sesión, aunque no siempre utilizo todas las partes de la sesión. (Irene).

Al hablar de la necesidad de realizar una clasificación propia de las habilidades sociales, se justifica que se haga entre todas las personas para unificar criterios.

> ¿Por qué no realizamos un listado de las habilidades sociales entre todos/as? Porque me da la sensación de que entendemos las habilidades sociales de diferente manera, de cada programa se puede rescatar algo, pero el de Hellison, es el que más se acerca a nuestra situación deportiva, aunque a mi parecer, le faltan algunas habilidades sociales, que son importantes. (Edurne, 27/11/02).

El grupo decide comenzar a trabajar una única habilidad social y comienzan con el respeto, la metodología incluye una reflexión sobre qué es, las actitudes que se deben mantener, una valoración de las actitudes e implicación personal, y la relación con la responsabilidad social:

> Hemos trabajado sobre el respeto, antes de decir algo vamos a parar a pensar cómo lo tenemos que decir, y trataremos de dirigirnos de la manera más correcta y amable posible. Creen, que son bastante respetuosas con las demás, aunque deben mejorar su trato. Trabajando sobre el respeto, noto que cambian en su manera de expresarse. Además si a alguien se le olvida las demás se lo recuerdan. (Diario de Irene 20/11/02).

Reconocen que al trabajar sobre la responsabilidad mejora el compromiso con la actividad, y que además, aprenden a ser más críticos con el propio trabajo y con el de las y los demás:

> Ahora tienen más responsabilidad hacia la tarea, en los partidos suelen fijarse en lo que hacen bien y en lo que hacen mal las demás. (Edurne).

La reunión final se ha convertido en un espacio para reflexionar en grupo sobre el entrenamiento. Cada escolar opina sobre los cambios a realizar en el entrenamiento o la competición, y buscan otras ocasiones para reflexionar, los vestuarios, las salidas y entradas del entrenamiento. Se revisa el trabajo, las normas, los acuerdos:

> Con las reflexiones de grupo, se hacen acuerdos, se revisan las propias ideas y las de los demás, y eso es bueno, porque hay una mayor implicación de cada componente del grupo. (Pablo).

La reflexión en grupo ha mejorado el clima de trabajo, la solución de los problemas es inmediata, no transciende, ni se hace cada día más grandes:

> Gracias a las reflexiones de las reuniones finales, el ambiente ha mejorado mucho, se han dado cuenta de que muchos problemas pueden resolverse hablando. (Edurne).

El hecho de establecer unas normas consensuadas en los equipos, ha mejorado la cohesión de equipo. Valoran las situaciones propias y las de los demás. Entienden los sentimientos de las personas ante diversos problemas, y ven que existen más puntos de vista que el propio:

> Les he dejado a mis alumnas que fijen ciertas normas, y ciertas sanciones (sic.) si éstas no se cumplían. Y les he permitido que sean ellas, quienes las establezcan, lo que favorece el diálogo entre ellas. (Irene).

Los y las escolares consideran positivo que revisen las normas, porque les ayuda a implicarse más en los entrenamientos. Reconocen que surgen menos conflictos, porque conocen los límites y las consecuencias de actuar con falta de compromiso.

...los y las escolares dicen que es bueno que las normas estén supervisadas por ellos y ellas, porque surgen menos conflictos, es mejor pasar 10' en un juego parados/as si se resuelve una discusión. (Abel, 23/5/03).

Se han establecido acuerdos y normas pactadas, a las que se les ha querido dar solidez a través de un contrato firmado por jugadores/as, para confirmar el compromiso que han decidido aceptar, que pueden ser revisadas en cualquier momento:

Mis escolares no estaban acostumbradas a pactar, y ahora establecemos las normas entre todas, además desde el primer día, si hay algún problema se revisan las normas, y las respetan. Firmamos todas, y no hay ningún problema porque saben dónde están los límites. Quizá echo en falta, más formación a sobre límites y normas. (Diario de Irene).

En cuanto a la orientación del clima motivacional, tal y como plantea Nicholls (1989), va a depender de la definición del éxito, según sea entendido el triunfo como mejora personal, o como mejora en los resultados deportivos. Cada una de estas maneras de entender qué es el éxito va a llevar asociados una serie de valores, en muchas ocasiones opuestos. Los y las participantes coinciden en afirmar que, las familias tienen una orientación motivacional hacia el resultado, y que afecta a las valoraciones que se hacen de las situaciones deportivas:

Si en los partidos han perdido de poco, las familias apuestan porque se saque a los mejores, no entienden la filosofía de que jueguen todas/os, y se lo transmiten a sus hijos e hijas. (Abel).

La orientación del clima motivacional hacia el resultado, hace que aumente la tensión y la ansiedad de las y los jugadores, lo que puede llevar al abandono de la práctica deportiva:

...nuestra portera es buenísima, pero no se atreve a ponerse de portera porque le puede la angustia que le causa la presión de perder. (Kimetx).

Aumenta la ansiedad, lo que acarrea actitudes de exigencia personal que afectan a la creación de expectativas falsas de éxito. Cuando se orienta hacia el resultado, la comparación se realiza con los demás, y depende del nivel de competencia de los demás:

Esta jugadora es muy crítica consigo misma, aunque había jugado muy bien, solo veía que había fallado al tirar a canasta. Yo intento decirle que si lo intenta, lo conseguirá, que solo tiene que poner las ganas que ha puesto hoy en el partido. (Edurne, 18/12/02).

Para que la orientación del clima motivacional se dirija hacia la tarea, se deben reforzar los criterios de aprendizaje, que lleven a la mejora personal, a la comparación con uno mismo, a la satisfacción de hacer las cosas bien, y que esto prime sobre la mejora en los resultados:

Hay que darle importancia a perder por hacer las cosas mal. Se gane o no, no debe ser un motivo de júbilo hacer las cosas mal, porque mal hechas están y ha pasado algo, que no debería haber pasado... (Jordan, 15/1/03).

Las expectativas de éxito deben ser lo más realistas posibles, que no se creen falsas expectativas de triunfo, para que no se den frustraciones que podían haberse evitado:

Hay que admitir que algunas personas son muy buenas haciendo una cosa, y que otras, no lo son. Hay que admitirlo, asumirlo y reconocerlo. Deben aprender a valorar qué son capaces de hacer, y mejorar (Abel, 27/05/02).

Se recoge una reflexión de una de las participantes, en la que nos expone cómo actuó con su equipo, al querer aplicar criterios de mejora. Sí no queremos que tengan una orientación motivacional hacia el resultado, deben cambiar los criterios para valorar la competición:

> En voleibol, solemos perder casi siempre, para que no estuvieran tan pendientes del resultado, les hice pensar en cuántos saques realizan correctamente, y en cuántas veces pasa el balón la red, dando continuidad al juego. Dijeron que 9 saques, y 10 veces pasaba el balón la red. Les propuse que los contaran y que intentaran hacer 5 más de cada uno. Pasaron el límite que nos habíamos propuesto y se fueron a casa tan contentas. El árbitro oía que yo estaba contando de diferente manera, y vino a darme los tantos del partido. Las familias no sabían qué estábamos contando, ni por qué estaban tan contentas, ya que estábamos perdiendo, como siempre. Cuando se lo explicamos les pareció muy bien. Es una pena no habernos dado cuenta de esto antes. (Edurne, 5/02/03).

TPSR	Comparado con Programas de HHSS	Se considera positivo haber utilizado diferentes autores Cobra fuerza entre los participantes el modelo de Hellison Se propone mejorarlo con aportaciones de otros autores Implicación progresiva y desigual de los participantes Se hacen modificaciones al plan de sesión.
	Avances y logros	Pensar al tiempo en objetivos deportivos y sociales Priman el trabajo de HHSS en sus entrenamientos Mejora el compromiso Los grupos son más reflexivos, ha mejorado la comunicación y ha mejorado el ambiente de los grupos
Trabajo de HHSS	Aspectos de mejora	Favorecer espacios de reflexión para escolares Sistematizar el trabajo en HHSS a través de una ficha y unas rutinas. Es importante no centrarse en uno solo de los programas.
	Decisiones Dificultades	Trabajar una HS todo el grupo, se empieza con el respeto Tienen medio a tomar decisiones, prefieren no tener responsabilidades
Normas	Se construyen en el grupo	Consideran positivo poder revisar las normas Conocen los límites y responden mejor Entienden mejor las razones de las otras personas (empatía) Surgen menos problemas, los problemas se solucionan de manera inmediata, y se firman contratos
Orientación del clima motivacional	Trabajar para que tienda a la tarea	Trabajar con las familias que suelen valorar el resultado Es necesario cambiar las referencias La orientación hacia el ego genera ansiedad Valorar el esfuerzo Crear metas fáciles de lograr

Tabla 3. Resumen de los resultados de la tercera fase del programa de intervención

En la cuarta fase del plan de intervención nos asaltan las siguientes preocupaciones: ¿Podríamos sistematizar mejor cómo desarrollar las habilidades sociales, para perder el menor tiempo posible en los entrenamientos? ¿Consideramos de interés buscar información sobre los límites, las normas, y la disciplina? Todo esto nos llevó a establecer nuestra propia clasificación de valores, y a mejorar todo el proceso y los materiales didácticos elaborados.

Los resultados de la cuarta fase. Tienen que ver con la aplicación sistemática de un trabajo en habilidades sociales (ver tabla 4), se plantea utilizar un guión en las sesiones de entrenamiento, así como, una guía sobre cómo dinamizar las reuniones, que ayude a ordenar el trabajo, definirlo y sistematizarlo:

> Me veo trabajando las habilidades sociales de forma más ordenada, tengo un esquema claro de los aspectos que se pueden trabajar, es un trabajo más sistemático y efectivo. Creo que se ha descuidado mucho el aspecto social, y que deben aprender a autocontrolarse. (Abel, 23/05/03).

Los participantes prefieren planificar las sesiones de entrenamiento, tal y como las habían planificado hasta ahora, para después adaptarlas al trabajo sobre habilidades sociales:

> Yo planifico la sesión de entrenamiento normal, y luego, le adapto el trabajo de una habilidad social concreta. (Pablo, 11/11/02).

Las ventajas de trabajar las habilidades sociales son aumentar la competencia percibida. Se estima que las habilidades sociales aumentan la competencia social, motriz, y académica:

> El trabajo sobre las habilidades sociales, ha mejorado su autoestima y su autoconfianza, y se ha hecho extensivo al ámbito académico, y al ámbito social fuera de lo deportivo. (Kimetx).

La escala de valores que elaboramos les dio seguridad, y les hizo profundizar sobre las habilidades sociales que pueden trabajarse en el deporte escolar, implicándose en aclarar cada término:

> Tengo que decir que dicha escala relaciona tres de los cinco elementos que intervienen en la educación en valores, los coordinadores, con los entrenadores y los escolares, también sería interesante que hubiera una implicación de la familia y del propio centro. (Jaime, 23/05/03).

La ficha de HHSS	Ventajas	Sistematizar el uso en el entrenamiento Mejora la definición de cada HS Mejora la competencia percibida: social, motriz y académica
	Diseño de sesiones	Plantean la sesión que deportivamente desean trabajar, y adaptan la HS que están trabajando Ayuda a lograr el lenguaje común, dando seguridad
	La clasificación propia de HHSS	Refleja las implicaciones de coordinadores, entrenadores y escolares Falta reflejar el papel de las familias y del centro escolar.

Tabla 4. Resumen de los resultados de la cuarta fase del programa de intervención

En cuanto al estudio realizado con los escolares, se realizaron cuatro tomas de datos con el cuestionario AMPET, que medía la motivación al logro, la diversión con la práctica deportiva y la percepción de éxito de los escolares. Los cuestionarios fueron pasados a 197 escolares en ocho centros escolares de San Sebastián. Los datos fueron tratados con el paquete estadístico SPSS 10.0, utilizando pruebas t para muestras relacionadas. En el Factor Compromiso en el entrenamiento, los escolares de primaria al final del programa tenían mayor compromiso que al principio, y en secundaria, mostraron menor compromiso. En las cuatro tomas de datos los valores fueron similares. La fiabilidad obtenida a través del Alpha de Cronbach, osciló entre .68 y .90. En la mayor parte de las investigaciones se dice que el compromiso en Primaria es mayor que en Secundaria, coincidiendo estos datos con los nuestros. Creemos que al utilizar una metodología más participativa, ha aumentado su nivel de autoexigencia, ya que entrenadores/as dicen que son más exigentes consigo. El Factor competencia motriz percibida, desciende al final del primer año, pero aumenta al final del segundo año. Entrenadores y entrenadoras dicen que son más competentes al final del segundo año, pero no tienen mayor percepción de competencia que la que tenían antes de comenzar con el programa. Hay una tendencia positiva en los valores de competencia, que casi no es apreciable, la diferencia no era significativa (.249). La percepción de competencia está relacionada con los intentos que hace la persona por solucionar los problemas motrices que encuentra, (Ruiz Pérez, 2001), puede que en este segundo curso se hayan hecho muchas cosas nuevas, y esto incida en que su percepción de competencia sea menor. En el Factor ansiedad ante la tarea, por miedo al error y a las situaciones que provocan estrés, hay una tendencia positiva en los valores cuando de la primera toma de datos a la segunda decrecen. En la cuarta toma de datos la ansiedad disminuye, Weinberg y Gould (1996) afirman que el sentimiento de competencia activa emociones positivas que tienden a la tranquilidad ante situaciones de presión, evita la ansiedad y reduce el riesgo de caer en la obsesión de cometer errores. Según Dosil Diaz (2001), la ansiedad y el estrés son variables que se deben tener en cuenta en el deporte escolar. En el Factor Diversión, existe una tendencia descendente negativa, las personas que expresan los valores más altos de diversión son las de secundaria, que habían mostrado mayores valores de competencia, y en primaria, se presentan valores más bajos de diversión al final del curso. Puede ser que tengan una mayor sensación de diversión al principio de temporada, cuando todo es nuevo, y se realizan más juegos. La diferencia es mínima. Según Ruiz Pérez (2001) es necesario que se diviertan para que haya una adherencia a la práctica deportiva. En la mayor parte de los estudios realizados se muestra que hay una estrecha relación entre la orientación a la tarea, y la diversión (Duda, 1992; Nicholls, 1989; Cervelló Gimeno, 1996; Peiró Velert, 1996). La orientación motivacional está orientada hacia la tarea, y sin embargo, la diversión baja, y la orientación motivacional hacia el ego, desciende al final del primer curso. Al principio del segundo curso los valores vuelven a subir, para volver a descender a finales del segundo curso. La tendencia positiva de los valores de la orientación motivacional hacia el ego debería ser descendente, esto es, si de la primera toma de datos a la segunda los valores bajan, la tendencia será positiva. En la cuarta toma de datos, los valores son inferiores a las todas las tomas anteriores. La significación bilateral es .000. En la orientación motivacional hacia la tarea (gráfico 1) los valores aumentan de la 4ª toma de datos a la tercera, incluso por encima de los valores de las dos tomas de datos anteriores. No podemos decir que en ninguno de los cursos existan grandes diferencias. Los valores de la orientación motivacional hacia el Resultado (Ego), son siempre más bajos que hacia la Tarea. Siendo ésta mucho más estable y uniforme. Se producen más fluctuaciones en los escolares más jóvenes. En la orientación motivacional hacia la Tarea apenas hay diferencias, mientras que en la orientación hacia el Resultado el comportamiento presenta un notable descenso.

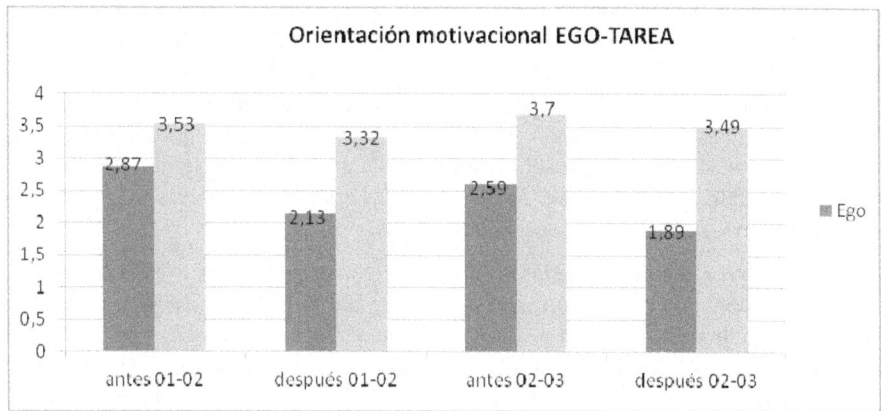

Gráfico 2. Representación gráfica de los valores medios globales del factor Orientación hacia la Tarea y hacia el Ego, en las cuatro tomas de datos.

Las personas con orientación hacia la tarea, hacen autoevaluaciones de su competencia basándose en su nivel de ejecución, mientras que las personas orientadas al ego, formulan su competencia a partir de la comparación con otras personas (Duda, 1992). La orientación hacia la tarea se relaciona con una adecuada ética de trabajo, con la persistencia y la elección de niveles y tareas competitivas adecuadas. Se realizó también un análisis comparativo con los datos de investigaciones anteriores, que no reflejamos en el presente escrito, pero que aparecen en el documento original, publicado por la UPV/EHU (Vizcarra Morales, 2004).

CONCLUSIONES

Las participantes en el programa de investigación-formación valoran su actividad como satisfactoria, creen haber obtenido buenos resultados con sus escolares, pues han mejorado su competencia social, han disminuido los conflictos y conductas antisociales. La implicación de cada participante en el programa de formación ha sido mayor en el segundo año. El proceso se ha ido retroalimentando con la revisión de sus experiencias. Consideran interesante que se hayan establecido unas rutinas de trabajo para las habilidades sociales.

Tras la participación en el programa, afirman mantener una actitud más paciente ante los conflictos, con un comportamiento más autocontrolado, y mejor para gestionar el conflicto, ya que buscan soluciones negociadas. Del modelo de Hellison las y los participantes marcan las charlas de concienciación, las reflexiones de grupo, las metodologías participativas, y las estrategias de resolución de conflictos. El trabajo sobre las habilidades sociales, ha mejorado la competencia social de escolares y de entrenadores/as, desarrollando el compromiso, la responsabilidad y el respeto. Las personas formadoras tienen mayor seguridad gracias a las metodologías participativas, que han favorecido la toma de responsabilidad de sus escolares.

Los entrenadores y las entrenadoras creen que el compromiso con la tarea y la competencia motriz percibida de sus escolares han aumentado porque toman más responsabilidades y más decisiones referentes a la práctica, porque están más comprometidos con las normas, con el entrenamiento y con la competición. En el cuestionario tienen un menor compromiso, incluso, que en otros estudios anteriores. Entrenadoras/es afirman que sus escolares están más tranquilos y más satisfechos ante las competiciones. Y este hecho se ve confirmado con el cuestionario, la ansiedad ante la práctica deportiva disminuye considerablemente, siendo en casi todos los casos inferiores a los niveles de ansiedad que muestran otros grupos.

Mientras las y los entrenadores afirman que la diversión de sus escolares aumenta, en el cuestionario la diversión ante la práctica disminuye en quienes han formado parte del programa. La diversión en 1º y 2º de secundaria se mantiene constante, pero desciende en todos los demás cursos. Las y los entrenadores afirman dar más importancia a la dedicación, el esfuerzo, a intentarlo, a comportarse adecuadamente y a la consecución de pequeñas metas, que a los resultados. Este hecho se ve confirmado en el estudio realizado con escolares, pues la orientación motivacional es principalmente hacia la tarea.

Podríamos afirmar que era pronto para observar un cambio en la percepción de compromiso en el entrenamiento de escolares, así, como en el resto de los indicadores, como son la competencia motriz percibida, la ansiedad ante la práctica, la diversión, ya que dichos constructos no varían tanto cuando la intervención se hace a través de sus entrenadores/as. Creemos que se necesitaría más tiempo para que se pueda observar el cambio.

La repercusión de nuestro programa se ha visto reflejada en las y los participantes, aunque es necesario sistematizar más la aplicación de las estrategias propuestas en el programa.

Las y los entrenadores afirman haber fijado metas conseguibles por escolares, y haber dado importancia a la consecución de pequeños logros. La orientación motivacional hacia el ego o hacia el resultado, desciende de forma notable a lo largo del programa, y es inferior a otros estudios. En cualquier caso, la experiencia vivida será difícil de olvidar, por todo lo positivo que nos aportó a todas las personas implicadas.

La mirada prospectiva

Una de las tareas pendientes que daría lugar un próximo trabajo sería realizar un programa de formación en habilidades sociales con las familias, ya que se ha considerado interesante, y se ha echado a faltar en el desarrollo de este programa. Creemos para realizar un trabajo futuro sobre los niveles de Hellison, en una población similar a la nuestra debería cambiarse el orden jerárquico de los niveles ajustándose más a la propuesta de Shields y Bredemeier (en Hellison, 1995, p. 2) que comienzan su trabajo teniendo en cuenta a los otros, comenzando por el trabajo de responsabilidad social, antes que por el trabajo de autodirección y de responsabilidad individual.

Consideramos que cualquier trabajo en este sentido, sin una reflexión previa, no va a tener ninguna efectividad. Los cambios se darán con lentitud, y teniendo una fuerte base teórica que los avalen, y en cualquier caso, deben partir de las propias experiencias.

Sería interesante que este tipo de trabajo se extendiera a otras esferas de la escuela, no solo al deporte escolar, sino al profesorado de Educación Física y de otras áreas. Coincidimos con Goleman (1996) en afirmar que se debe repensar la escuela, ya que cada vez más la vida familiar está dejando de ofrecer un fundamento seguro para la vida de las niñas y de los niños, siendo la escuela la única con capacidad para corregir las carencias emocionales y sociales. El profesorado debe ir más allá de la enseñanza de contenidos, y deberán asumir un mayor compromiso con el mundo escolar.

BIBLIOGRAFÍA

Alzate Sáez de Heredia, R. (2000). *Resolución del conflicto. Programas para Bachillerato y Educación Secundaria.* (Tomos I y II). Bilbao: Mensajero.
Ames, C. (1992). Achievement goals, motivational climate, and motivational processes. En G. Roberts (ed.), *Motivation in sport and exercise* (pp 161-176). Champaign: Human kinetics.
Antolín Jimeno, L. (1997). *El Desarrollo Moral y el Sistema de Valores en la Competición Deportiva.* Tesis doctoral no publicada. Valencia: Universidad de Valencia.
Arruza Gabilondo, J. A. y González Villegas, I. (2001). *Impacto de algunos aspectos psicosociales del deporte escolar.* Proyecto de investigación. Donostia: DFG, UPV-EHU.
Bandura, A. (1982). *La teoría del Aprendizaje Social.* Madrid: Espasa-Calpe.
Bandura, A. (1999). *Autoeficacia: cómo afrontamos los cambios de la sociedad actual.* Bilbao: Desclée de Brouwer.
Bassey, M. (1986). *Creating Education Through Research.* Newark: Kirlington Press.
Bellido, M. (2002) Deporte Escolar para todos, o la presión de ganar un partido. *Revista digital de deporte para todos.* http://www.nalejandria.com/00/colab/deporte.htm__(obtenido el 23/marzo/2003)
Blázquez, D. (1995) *La iniciación deportiva y el deporte escolar.* Barcelona: Inde.
Boixadós, M. y Cruz, J. (1999). Relaciones entre clima motivacional y satisfacción, percepción de habilidad y actitudes de fair-play en deportistas jóvenes. *Revista de Psicología Social y Aplicada, 9*(1), 45-64.
Bredemeier, M.E. (1988). *Urban classroom portraits: Teachers who make a difference.* New York: Lang.
Brustad, R. J. (1992.) Integrating socialization influences into the study of children's motivation in sport. *Journal of Sport and Exercise Psychology, 14,* 59-77.
Caballo Manrique, V. E. (1993) *Manual de Evaluación y entrenamiento de las habilidades sociales.* Madrid: Siglo XXI.
Cervelló Gimeno, E. (1996) *La motivación y el Abandono Deportivo desde la Perspectiva de Metas de Logro.* Tesis doctoral no publicada. Valencia: Universidad de Valencia.
Cochrain-Smith, M. y Lytle, S. L. (2002). *Dentro/fuera. Enseñantes que investigan.* Madrid: Akal.
Cook, T. y Reichardt, C. S. (1989). *Investigación evaluativa en educación.* Madrid: Morata.
Delgado Noguera, M. A. (1991). *Los estilos de enseñanza en la Educación Física. Propuesta para una reforma de la enseñanza.* Granada: Universidad de Granada.
Devís Devís, J. (1996) *Educación Física, deporte y currículum.* Madrid: Visor.
Dosil Díaz, J. (2001). *Psicología y deporte de iniciación.* Vigo: Gersam
Duda, J.L. (1992). Sport and exercise motivation: A goal perspective analysis. En G. Roberts (ed.), *Motivation and Sport and Exercise* (pp. 57-91). Champaign: Human kinetics.

Duda, J.L. (2001). Ejercicio Físico, motivación y salud: aportaciones de la teoría de las perspectivas de meta. En J. Devís Devís (coord.), *La Educación Física, el deporte y la salud en el siglo XXI* (pp. 271-281). Alcoy: Marfil.

Echeburua Odriozola, E. (1993). *Fobia Social*. Barcelona: Martínez Roca.

Eguia, J. (2000). *Educar en la tolerancia y en la responsabilidad*. Madrid: Eos.

Elliot, J. (1990). *La investigación-acción en educación*. Madrid: Morata.

Escartí Carbonell, A. y Cervelló Gimeno, E. (1994). La motivación en el deporte. En I. Balaguer (Ed.), *Entrenamiento psicológico en el deporte: principios y aplicaciones* (pp. 61-90). Valencia: Albatros.

Escartí Carbonell, A., Cervelló Gimeno, E. y Guzmán Luján, J. (1996). Relación entre las percepciones de las metas de los otros significativos y orientación de metas de adolescentes deportivos en competición. *Revista de Psicología Social Aplicada, 6,* 27-42.

Fraile Aranda, A. (1990). La investigación-acción en la educación corporal. En G. Pérez Serrano (coord.), *Investigación-acción, aplicaciones al campo social y educativo.* (pp. 251-264). Madrid: Dykinson.

Fraile Aranda, A. (1995) *El maestro de Educación Física y su cambio profesional*. Salamanca: Amarú.

Goldstein, A. P., Sprafkin, R. P., Gershaw, N. L. y Klein, P. (1989). *Habilidades Sociales y autocontrol en la adolescencia*. Barcelona: Martínez Roca.

Goleman, D. (1996). *La inteligencia emocional*. Barcelona: Kairós.

Gómez Sicilia, J. y García Aranda, J. (1993). *El deporte en edad escolar*. Madrid: F.E.M.P.

González Valeiro, M. (2001). Procesos cognitivos y afectivos en el pensamiento del alumno. En B. Vázquez (coord.), *Bases educativas de la actividad física y el deporte* (pp. 137-174). Madrid: Síntesis

Goñi Grandmontagne, A. (1996) *Psicología de la educación sociopersonal*. Madrid: Fundamentos.

Goyette, G. y Lessard-Hérbert, M. (1988). *La investigación-acción. Funciones, fundamentos e instrumentación*. Barcelona: Laertes.

Hale, B. y Whitehouse, A. (1998). The effects of imagery-manipulated appraisal on intensity and direction of competitive anxiety. *The Sport Psychologist, 12,* 40-51.

Hellison, D. (1978). *Beyond Balls and Bats: Alienated (and other) youth in the gym*. Washington: AAHPER.

Hellison, D. (1985). *Goals and Strategies for Teaching Physical Education*. Champaign: Human kinetics.

Hellison, D. (1995). *Teaching Responsibility Though Physical Activity and Sport*. Champaign: Human kinetics.

Hellison, D. (2003). *Teaching Responsibility Though Physical Activity and Sport*. Champaign: Human kinetics.

Jiménez Jiménez, F. y Vizcarra Morales, M. T. (2010). Propuestas para promover el desarrollo personal y social en los aprendizajes deportivos. En F.J. Castejón Oliva (coord.), *Deporte y enseñanza comprensiva* (pp. 113- 144). Wanceulen: Sevilla

Kelly, J. A. (1987). *Entrenamiento de las Habilidades Sociales*. Bilbao: DDB.

Kemmis, S. y McTaggart, R. (1992). *Cómo planificar la investigación-acción*. Barcelona: Laertes.

Kirk, D. (1990). *Educación Física y Currículo*. Valencia: Universidad de Valencia.

Marsch, H.W. (1992). Sport motivation orientations: Beware of jingle-jangle fallacies. *Journal of Sport and Exercise Psychology, 16,* 365-380.

Michelson, L., Sugai, D. P., Wood, R P. y Kazdin, A. L. (1987). *Las habilidades sociales en la infancia. Evolución y tratamiento*. Barcelona: Martínez Roca.

Monjas Casares, M. I. (1993). *Programa de enseñanza de habilidades de interacción social para niños y niñas en edad escolar (PEHIS)*. Madrid: Cepe.

Monjas Casares, M. I. y de la Paz González, B. (2000). *Las Habilidades Sociales en el Currículo*. Madrid: CIDE/MEC.

Mosston, M. (1982). *La enseñanza de la Educación Física*. Barcelona: Paidós.

Mosston, M. (1991). *El espectro de los estilos de Enseñanza en Educación Física. La reforma de los estilos de enseñanza*. Apuntes inéditos. Barcelona: Inde

Mosston, M. y Ashworth, S. (1993). *La Enseñanza de la Educación Física. La reforma de los estilos de enseñanza*. Barcelona: Hispano Europea.

Nicholls, J. (1984). Conceptions of ability and achievement motivation. En R. Ames y C. Ames (Eds.), *Research on Motivation in Education I* (pp. 39-73). San Diego: Academia Press.

Nicholls, J. (1989). *The competitive ethos and democratic education*. Cambridge: Harvard University Press.

Papaioannou, E. (1995). Motivation and goal perspectives in children's physical education. En S.J.H. Biddle (ed.), *European perspectives on exercise and sport psychology* (pp. 245-269). Champaign: Human kinetics

Peiró Velert, C. (1996). *El proceso de socialización deportiva de las orientaciones de meta en la adolescencia*. Tesis doctoral no publicada. Valencia: Universidad de Valencia.

Pérez Serrano, M. G. (1990). *Investigación-acción. Aplicación al campo social y educativo*. Madrid: Dykinson.

Posch, P. (1996). Cambio curricular y desarrollo en la escuela. En J. M. Correa y J. A. Arruza (coord.), *Contextos de aprendizaje* (pp. 113-155). Bilbao: UPV/EHU.

Roberts, G. C. (1995). *Motivación en el Deporte y el Ejercicio*. Bilbao: Desclée De Brouwer.

Roberts, G. C. y Balagué, G. (1991). *The development and validation of the perception of Success Questionnaire*. Colonia: FEPSAC.

Ruiz Olabuenaga, J. I. (1996). *Metodología de la investigación cualitativa*. Bilbao: Universidad de Deusto.

Ruiz Pérez, L. M. (1995). *Competencia Motriz. Elementos para comprender el aprendizaje motor en Educación Física Escolar*. Madrid: Gymnos.

Ruiz Pérez, L. M. (2001). *Desarrollo, comportamiento motor y deporte*. Madrid: Síntesis.

Ruiz Pérez, L. M., Gutierrez San Martín, M., Graupera Sanz, J.L. y Nishida, T. (2004). El test de AMPET de motivación al logro para el aprendizaje de la Educación Física desarrollo y análisis factorial de la versión española. *Revista de Educación, 335*, 195-211.

Sánchez Bañuelos, F. (1995). El deporte como medio formativo en el ámbito escolar. En D. Blázquez (ed.), *La iniciación deportiva y el deporte escolar* (pp. 78-89). Barcelona: Inde.

Santiago, J.J. (2002). El desarrollo de los valores sociales positivos dentro del deporte escolar. *Revista digital efdeportes.com*. http://www.efdeportes.como/efd47/valores.htm_(Obtenido el 23/marzo/2003)

Seirul.lo Vargas, P. (1999). Valores educativos en el deporte. En D. Blázquez (coord.), *La iniciación deportiva y el deporte escolar* (pp. 61-75). Barcelona: Inde.

Stenhouse, L. (1975). *An introduction to Curriculum research and development*. London: Heinemann.

Taylor, S. J. y Bogdan, R. (1986). *Introducción a los métodos cualitativos de investigación*. Barcelona: Paidós.

Tinning, R. (1992). *Educación Física: la escuela y sus profesores*. Valencia: Universitat de Valencia.

Treasure, D.C. y Roberts, G.C. (1995). Applications of achievement goal theory to physical education: Implications for enhancing motivation. *Quest, 47*, 475-489.

Vallés Arandiga, A. (1996). *Las habilidades sociales en la escuela. Una propuesta curricular*. Madrid: Eos.

Vázquez Gómez, B. (2001). *Bases educativas de la actividad física y el deporte*. Madrid: Síntesis.

Verdugo Alonso, M. A. (1995). *Personas con discapacidad. Perspectivas psicológicas y rehabilitadoras*. Madrid: Siglo XXI.

Vinyamata Camp, E. (2003). *Aprender del conflicto*. Barcelona: Graó.

Vizcarra Morales, M. T. (2004). *Análisis de una experiencia de formación permanente en el deporte escolar a través de un programa de habilidades sociales* (serie tesis doctorales). Bilbao: UPV/EHU.

Vizcarra Morales, M. T. (2005). Una formación para los responsables del deporte escolar centrada en los aspectos sociales. En N. Bores (coord.), *La formación de educadores de las actividades físico-deportivas extraescolares*. (pp. 95-126) Palencia: Ayuntamiento de Palencia/ Universidad de Valladolid.

Vizcarra Morales, M. T. (2006). Trebetasun sozialak erakusten eskola kirolean. (Enseñando habilidades sociales en la escuela). *Ikastaria. Cuadernos de Educación, 15*(1), 89-101.

Vizcarra Morales, M. T. y González Villegas, I. (2005) Ejemplificación de una propuesta metodológica para trabajar las habilidades sociales en el deporte escolar. En J. Diaz (ed.), *Actas del III Congreso Nacional de Deporte en Edad Escolar* (pp. 141-159) Sevilla: Ayuntamiento de Dos Hermanas.

Weinberg, R. y Gould, D. (1996). *Fundamentos de psicología del deporte y del ejercicio físico*. Barcelona: Ariel.

Weiss, M.R. y Chaumeton, N. (1996). Motivational Orientations in sport. En T.S. Horn (ed.), *Advances in sport psychology* (pp. 61-99). Champaign: Human kinetics.

Zuber-Skerritt, O. (1992), *Action Research in Higher Education. Examples and Reflexions*. London: Kogan Page.

CAPÍTULO XXII

BUSCANDO UN MODELO EDUCATIVO DE DEPORTE ESCOLAR EN EL MUNICIPIO DE SEGOVIA[21]

Darío Pérez Brunicardi

UN MUNICIPIO EN BUSCA DE SU PROPIO MODELO DE DEPORTE ESCOLAR

Hasta el curso 2006/2007 el deporte escolar del municipio de Segovia había evolucionado muy poco respecto al modelo convencional competitivo de décadas anteriores. Los Juegos Escolares (JJEE) eran la oferta deportiva principal en el contexto escolar municipal. Limitado por un reducido calendario de competiciones, una población participante centrada, casi exclusivamente, en el tercer ciclo de Educación Primaria y el primero de Secundaria y un escueto programa de entrenamientos, el deporte escolar suponía la mera reproducción del modelo federado de deporte base.

Desde el año 1997 veníamos colaborando con el Ayuntamiento de Segovia en el desarrollo del deporte escolar a través de una serie de convenios entre el Patronato Deportivo Municipal (PDM) (posteriormente Instituto Municipal de Deportes, IMD) y el Campus de Segovia de la Universidad de Valladolid (UVa-Segovia). Por un lado, se aportaban una serie de monitores provenientes fundamentalmente de la Escuela de Magisterio de Segovia y, por el otro, se desarrollaban diferentes programas alternativos, como el de Actividad Física Jugada (Monjas Aguado y López Pastor, 1999) y el de Iniciación Deportiva Extraescolar, con una visión más educativa y recreativa que competitiva y selectiva, que buscaban solucionar algunos de las carencias detectadas en los JJEE y que se fueron extinguiendo por falta de apoyo institucional y financiero.

Los diferentes agentes implicados mostraban su descontento con este modelo convencional en diferentes foros y, progresivamente, fue emergiendo un movimiento en busca del cambio, en busca de un programa de deporte escolar de calidad. El catalizador de este "rumor de fondo" fue el Foro por el deporte en Segovia, coordinado por UVa-Segovia, en el que participaron un amplio espectro de agentes implicados con el deporte en el municipio: profesorado de Primaria y Secundaria, técnicos deportivos y monitores, responsables de clubes y federaciones, deportistas, asociaciones de vecinos, periodistas, empleados de instalaciones deportivas, etc. A través de tres mesas temáticas se hizo un análisis del estado del deporte en Segovia en sus dimensiones prioritarias: infraestructuras, deporte de alto nivel y, como no, deporte en edad escolar. Todo este trabajo dio sus frutos con un Informe sobre el estado del deporte en Segovia (Pérez Brunicardi, 2007),

---

[21] Pérez Brunicardi, D. (2011). Buscando un modelo de deporte escolar para el municipio de Segovia. Un estudio a partir de las valoraciones, intereses y actitudes de sus agentes implicados. Directores Víctor Manuel López Pastor y Luis Mariano Torrego Egido. Departamento de Didáctica de la Expresión Musical, Plástica y Corporal. Universidad de Valladolid.

en el que se planteaban ya una serie de propuestas de actuación par reconducir el modelo actual.

Este Informe coincidió con la campaña electoral municipal de 2007. La relevancia y amplio consenso de sus aportaciones lograron que todos los grupos políticos asumieran sus principios básicos, especialmente el que finalmente logró la alcaldía segoviana, quien asumió casi íntegramente el documento como hoja de ruta para la política deportiva municipal de los siguientes cuatro años. Entre las acciones más significativa para este estudio se encuentran:

> El refuerzo del programa de colaboración entre el IMD y UVa-Segovia, con el pleno apoyo para reestructurar el modelo y un importan aumento del presupuesto.
> La creación de una Oficina Municipal I+D+i sobre el deporte municipal, que se ha venido centrando en diagnóstico y mejora del programa de deporte escolar a través de diferentes investigaciones desarrolladas por Grupo de Investigación Interdisciplinar de la Escuela de Magisterio de Segovia, en las que se enmarca la presente tesis doctoral.

De este modo, nos encontramos, por fin, con las herramientas para hacer posible el cambio: estructura científica para estudiar el fenómeno y medios para llevar a la práctica los resultados de las investigaciones. Encontrándonos en esta encrucijada, el objeto de estudio de esta tesis doctoral se nos mostraba con nítida claridad. Indagaremos sobre las visiones, intereses, actitudes y acciones de los diferentes agentes implicados en el deporte escolar de Segovia. A partir de ellos, elaboraremos un modelo de referencia sobre el que reconducir la realidad vigente en aquel momento, analizaremos la evolución del deporte escolar en Segovia, desentrañaremos las claves que han venido condicionándolo durante los últimos años, descifraremos los discursos de los agentes implicados en busca una visión común de lo que los segovianos quieren que sea el deporte escolar. Así mismo, analizaremos otras experiencias y estudios que nos arrojen luz sobre posibles líneas de actuación y estrategias de estudio.

Pese a que los proyectos de I+D+i sobre el deporte escolar en Segovia contemplan diferentes herramientas para el diagnóstico, debido a las características de las fuentes de información y de ésta propiamente dicha, optamos para esta tesis doctoral por un estudio cualitativo cuya racionalidad crítica no se conforme con el análisis del fenómeno, sino que busque una transformación positiva de la realidad (Habermas, 1982) desde una perspectiva holística (Taylor y Bogdan, 1986) y con la intención de ser útil para una realidad a partir de la reflexión desde la propia realidad (Van Manen, en Mélich, 1994). Aunque el estudio se desarrolla simultáneamente a la implantación progresiva del proyecto alternativo de deporte escolar, no tiene un carácter de investigación-acción, puesto que muchas de las decisiones que se iban adoptando en la configuración inicial de proyecto se implementaron antes de iniciarse este estudio. Sin embargo, su carácter práctico ha venido produciendo un flujo de retroalimentación positiva que ha servido de elemento dinamizador del cambio, definiendo secuencialmente el nuevo modelo al mismo tiempo que se iba conformando el nuevo proyecto. De hecho, una vez finalizada la tesis doctoral, sus resultados y conclusiones continúan sirviendo de apoyo para seguir adelante en la redefinición constante de este proyecto de deporte escolar educativo en Segovia.

En la Figura 1 se recogen los hitos más significativos que, a nuestro entender, han venido condicionando el deporte escolar en Segovia (a la izquierda) y los diferentes programas de deporte escolar implementados en los últimos años (a la derecha). Ya puede intuirse cómo han influido determinados factores en la consolidación progresiva de un modelo alternativo a los JJEE, implantados por orden autonómica, año tras año, y que, como veremos más adelante, obedecen a un modelo eminentemente competitivo, segregado, reduccionista y especializado, sin responder a las líneas planteadas en la Ley 2/2003, del deporte de Castilla y León y, posteriormente, en el Decreto 51/2005, de 30 de junio, sobre la actividad deportiva en Castilla y León, que define el deporte escolar por su carácter polideportivo, su finalidad educativa y su vinculación a los centros escolares.

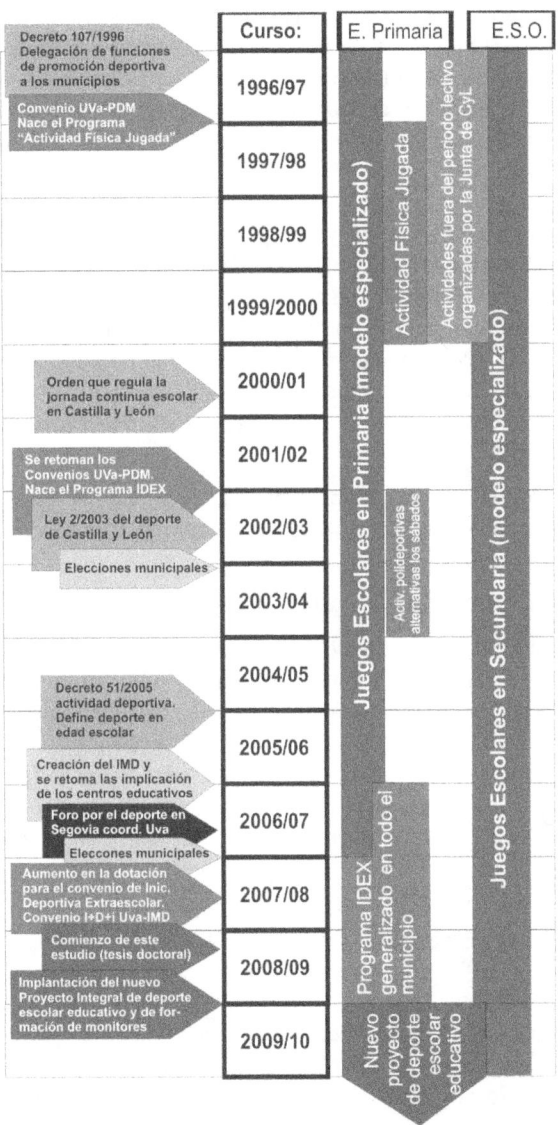

Figura 1. Evolución del deporte escolar en el municipio de Segovia.

CUESTIONES QUE SE PLANTEAN Y FINALIDADES DE ESTE ESTUDIO

Existe la necesidad urgente de buscar un nuevo modelo de deporte escolar, no sólo una alternativa, que permita desarrollar un programa ajustado a las necesidades y demandas de sus agentes implicados y que sea perdurable en el tiempo gracias a su ajuste a la realidad política, social y económica local, tanto municipal como autonómica. Para abordar este estudio nos planteamos dos cuestiones de partida:

¿Cuál es la visión, actitudes y acciones de los agentes implicados sobre el deporte escolar en Segovia? No sólo aquéllas que se nos han mostrado inicialmente de manera formal y explícita en el Foro por el deporte en Segovia (Pérez Brunicardi, 2007) y de manera informal en nuestra experiencia de los últimos diez años durante la colaboración e implantación de proyectos alternativos de deporte escolar (Monjas Aguado y López Pastor, 1999), sino fruto de un estudio riguroso que garantice su credibilidad.

¿Cuáles deberían ser las características de ese modelo de deporte escolar para permitir un cambio estructural y con garantías de futuro en el municipio de Segovia? Es decir, las señas de identidad de un deporte escolar que responda a los fines del ámbito en el que se desarrolla: el educativo escolar en el contexto municipal; y no sucumbir al influjo de otro ámbito deportivo, el federado competitivo, cuyos fines son otros bien distintos: la promoción de las modalidades deportivas propias de cada federación, la selección de los mejores deportistas, el premio a los mejores resultado competitivos, la reglamentación estricta de las actividades deportivas, etc.

La primera pretende hacer visible y dar rigor y sentido al discurso de los diferentes agentes y la segunda ayudar a resolver el problema detectado a partir de la información ofrecida por las respuestas dadas la primera.

En este sentido, la finalidad de este estudio es doble:

Por su carácter local y su sentido crítico y emancipatorio: establecer un modelo de deporte escolar definido por unos valores y unas señas de identidad que respondan a la realidad social del municipio de Segovia y que suponga un cambio estructural (no sólo una alternativa) perdurable en el tiempo.
Gracias a la definición de esos valores y esas señas de identidad: presentar los resultados y conclusiones que permita ser transferido a otros contextos, a otras realidades que pudieran encontrarse con problemas similares a los detectados en Segovia.

METODOLOGÍA EMPLEADA EN EL ESTUDIO

Previamente a definir la metodología y los instrumentos a emplear, debemos definir dónde encontraremos la información que buscamos o, más concretamente, quién nos aportará dicha información. Par ello, emplearemos el término agentes implicados que en unos casos se refiere a personas y en otro a entidades, en las que también son personas quienes generan la información, aunque sea con un carácter anónimo, propios de los documentos administrativos y legislativos.

Los agentes implicados en el deporte escolar de Segovia

Por un lado, nos encontramos con las personas directamente partícipes de los diferentes niveles de organización y realización del deporte escolar:

Los escolares: niños, niñas y jóvenes que suponen la razón de ser de todo programa de deporte escolar.

Los monitores: técnicos deportivos, voluntarios o profesores que desempeñan directamente las actividades y que son el punto de apoyo y último eslabón de la cadena organizativa.

El profesorado, tanto de Educación Primaria como de Secundaria, fundamentalmente especialistas de Educación Física o cargos directivos de los centros escolares. Son el nexo de unión entre el ámbito municipal y el ámbito escolar y quienes pueden ayudar a dar el sentido "escolar" a este deporte, confundido con demasiada frecuencia con el deporte adulto de rendimiento.

El equipo técnico municipal: gestores deportivos, técnicos municipales, administrativos, operarios, que idean, mantienen y dotan de estructura organizativa al programa de deporte escolar y lo convierten en un servicio público para todos los vecinos en edad escolar de su municipio.

Los representantes políticos locales, responsables de llevar a cabo los proyectos con los que se presentaron en los comicios y, por tanto, de llevar a la práctica la voluntad de los ciudadanos, sensibles y permeables a la evolución social y a sus necesidades (Brandshaw, en Martínez Aguado, 2003, p. 213).

En segundo lugar tenemos a las entidades, generalmente instituciones públicas, generadoras de opinión, información y normativa reguladora del deporte y de la gestión y administración locales en general, y del deporte escolar en particular:

La Comunidad Autónoma, en la medida que legisla el deporte escolar en el ámbito de sus competencias en materia educativa, deportiva y de salud. En el caso de Castilla y León, mediante el Decreto 107/1996, de 22 de abril, por el que se delega el ejercicio de funciones en materia de promoción deportiva a los ayuntamientos de municipios con población superior a 20.000 habitantes.

El Estado, que ostenta el poder legislativo de rango superior basado en su papel de garante de la igualdad entre todos los ciudadanos del Estado español (Ley Orgánica 8/1985, reguladora de Bases de Régimen Local; Ley Orgánica 10/1990, del deporte; Ley Orgánica 2/2006, de Educación) debido a la transferencia de competencias a las autonomías, ha quedado en un segundo plano en el análisis bajo un criterio de relevancia para el fenómeno estudiado.

En tercer lugar, encontramos una serie de entidades que influyen generalmente de manera externa en los programas municipales de deporte escolar y que contemplaremos de manera diferente en este estudio.

Las universidades y su profesorado, fuentes de conocimiento cuya responsabilidad radica en la devolución de éste a la sociedad de quien proviene. Generalmente, se trata de un agente externo, pero en el caso de Segovia su implicación directa en el proceso de organización y transformación del deporte escolar lo inserta directamente entre los agentes implicados, aunque al no ser transferible ni necesariamente perdurable en el tiempo, queda ubicado en este apartado. Ha sido una fuente fundamental de información, gracias a la prolija documentación desarrollada durante los últimos años en el seno de su colaboración con el Ayuntamiento de Segovia.

Las empresas de servicios deportivos, las federaciones y clubes deportivos y los medios de comunicación locales han sido excluidos por su carácter externo y, por tanto, menos relevante como emisores de información para el estudio. En todo caso, han sido recogidas en el marco teórico, para mostrar su importancia en otros modelos de deporte en edad escolar, entre los que están los antecedentes del modelo propuesto: los Juegos Escolares (JJEE).

Instrumentos de obtención y análisis de la información

Para obtener una información rigurosa optamos por emplear tres instrumentos de investigación:

Análisis de documentos elaborados por diferentes agentes implicados y entidades. Algunos de estos documentos son de carácter interno, del propio proceso de programación y evaluación de los diferentes cursos de deporte escolar en los que hemos colaborado. Otros son de carácter público (informes, legislación, publicaciones, webs, programas electorales, etc.) y por tanto de libre acceso. En el anexo I se relacionan los documentos analizados.

El empleo de este tipo de documentos presenta algunas ventajas (McKernan, 2001) como presentar una revisión retrospectiva de los hechos, fiabilidad de la información al no provenir de un instrumento no orientado condicionado por el estudio y son muy accesibles, gratuitos y fáciles de usar, especialmente al encontrarse en formato digital; aunque también se deben tener algunas precauciones como el posible sesgo propagandístico de los documentos, la imprecisión de los datos o la irrelevancia de su información. Nuestro conocimiento de la realidad nos ha permitido descubrir estas carencias en algunos de los documentos, empleando dicha información con cautela o directamente desechándola del análisis de los resultados.

Grupos de discusión organizados con los agentes más implicados en el deporte escolar. Los y las escolares, los padres y madres, pero también el profesorado de Educación Primaria, profesorado de Educación Secundaria y monitores y monitoras de deporte escolar. De la discusión sobre el deporte escolar en Segovia en cada grupo hemos podido hallar sus inquietudes, sus ideas, condensadas en un discurso común (Ibáñez, 1992).

Ante el temor de reproducir estereotipos, el prescriptor se mantiene al margen y sólo interviene para reconducir o avivar la discusión. Sólo el grupo de alumnado fracasa en el intento de construir un discurso común, convirtiéndose el grupo de discusión en una especie de entrevista colectiva. Así mismo, el investigador, por su relación tan próxima con muchos de los participantes en los grupos, cede la función de prescriptor a otro investigador, conocedor del estudio y exento de condicionamientos. Los participantes son seleccionados en base a una serie de características socio demográficas y vinculación al deporte escolar, que nos ayudará a componer grupos heterogéneos y diversos, dentro de su homogeneidad como grupo, ya que "si la homogeneidad garantiza el nacimiento del grupo, la heterogeneidad alimenta su crecimiento" (Callejo, 2001, p. 80), en lo que Ibáñez (1992) denomina "heterogeneidad inclusiva".

El investigador como instrumento. Se debe a su estrecha vinculación con el fenómeno estudiado, que le confiere la posibilidad permanencia e integración en el campo, espontánea y natural, la proximidad a los agentes implicados y las garantías de confirmabilidad (Guba y Lincoln, 1981) de la información que se ofrece, todo ello fruto de su relación e implicación durante ocho años.

Para que esta estrecha vinculación garantice la credibilidad de los resultados y la independencia de las conclusiones, son necesarias algunas cautelas metodológicas que permitan al lector conocer la posición del investigador respecto a las ideas recogidas en el estudio y ofrezcan suficiente consistencia de los resultados (Guba, 1989, p. 161).

Proceso de investigación

En un principio, el estudio se enmarca dentro del proceso de diagnóstico del deporte escolar en Segovia, centrando la atención en la información obtenida de los grupos de discusión. Este proceso se complementaba con otro estudio del Grupo de Investigación Interdisciplinar centrado en la aplicación de una serie de cuestionarios a los diferentes agentes implicados, con un carácter más extensivo y cuantitativo de los resultados.

El intenso conocimiento del fenómeno por parte del investigador indujo a buscar las razones por las que el deporte escolar se había ido desarrollando de ese modo, explícitamente rechazado por los agentes implicados en los grupos de discusión. La revisión del Informe del Foro por el Deporte en Segovia se continuó con la revisión de una serie de documentos, recogidos en el anexo I, adentrándonos cada vez más en las causas que habían llevado durante años a reproducirán modelo de rendimiento en el seno de un programa de deporte escolar. Fue así como el análisis de documentos fue cobrando su relevancia y transformando el estudio, inicialmente de diagnóstico, en un estudio crítico y emancipador que persigue la construcción de un modelo aplicable y viable para el municipio de Segovia y transferible a otros contextos.

La sincronía del desarrollo del proyecto de deporte escolar hacía difícil un diseño de investigación acción, puesto que no se podía esperar a los resultados de este estudio para poder implementar determinadas acciones, por lo que la retroalimentación entre el estudio y dicho proyecto se fue produciendo de manera natural, debido a la doble implicación del investigador en ambos procesos. Es así como, finalmente, el investigador se convierte en instrumento al servicio de la propia investigación, convirtiendo este estudio en una herramienta de cambio eficaz, como se ha podido comprobar en la implantación de un Proyecto Integral de Deporte Escolar (Manrique Arribas, López Pastor, Gea, Barba y Monjas Aguado 2010; Monjas Aguado, López Pastor, Manrique Arribas et al., 2010) y la continuidad de nuevos ciclos de Investigación- acción que abarcarán los próximos cuatro años (2011-2014). Este proceso se puede seguir en www.imdsg.es.

RESULTADOS MÁS IMPORTANTES Y RELEVANTES

Tras analizar la información obtenida mediante los documentos y grupos de discusión, y a partir de la experiencia del propio investigador en el proceso de evolución del deporte escolar en el municipio de Segovia, hemos podido obtener los siguientes resultados que nos ayudarán a definir un modelo viable y ajustado a la visión que sus agentes implicados de él.

¿Por qué el deporte escolar en el municipio de Segovia se ha limitado al programa de JJEE durante más de una década?

Tras analizar diferentes fuentes documentales, podemos identificar cuáles son las principales razones por las que el deporte escolar en el municipio de Segovia se ha restringido, casi de forma exclusiva, al programa de JJEE y, por tanto, a un modelo constreñido por las siguientes señas de identidad:

Programa limitado en el tiempo, tanto por la brevedad de su calendario de actividades (en el mejor de los casos de cinco meses de duración) como por la escasa densidad de las mismas (con entrenamientos de una hora semanal y competiciones infrecuentes, en ocasiones de cuatro o cinco partidos en todo el curso).

Segregación por género en casi todas las categorías. Tan sólo en categorías benjamines o alevines se toleraba la competición mixta, generalmente debido a la escasez de participantes de cada categoría para organizar un calendario competitivo digno.

Falta de planificación, ciñéndose los mínimos establecidos en las correspondientes convocatorias autonómicas de deporte en edad escolar de cada curso y la los deportes más demandados. Esto centraba los esfuerzos organizativos en las categorías masculinas, fundamentalmente de fútbol sala y especialmente de categoría infantil (la única en la que había fase de competición autonómica).

Uniformismo deportivo, limitado a las modalidades deportivas más convencionales (fútbol sala, baloncesto, voleibol y un poco de balonmano) y a las que se convocaran autonómicamente para sus fases finales de JJEE en categoría infantil (atletismo, campo a través, orientación y poco más).

Escasez de número y calidad de espacios deportivos y materiales, relegados en la mayoría de las ocasiones a las precarias instalaciones escolares y con una dotación material menos que simbólica, en forma de uno o dos balones cada año.

Ausencia de un programa de formación ni de selección de los monitores, abundando el voluntarismo y los monitores provenientes de convenios de colaboración, los que anula la posibilidad de profesionalización.

La legislación autonómica. Desde 1997 hasta el curso 2010/11, la convocatoria autonómica de deporte en edad escolar (referido como "deporte base" hasta el curso 2002/03) no ha evolucionado prácticamente nada. Peor aún, ha involucionado, desapareciendo algunos de los programas que permitían diversificar algo el deporte escolar en el periodo estival (indicadas en la Figura 1 como "Actividades fuera del periodo lectivo organizadas por la JCyL). Su redacción es casi idéntica, sin apreciarse influencias significativas de la nueva Ley 2/2003 del deporte en Castilla y León, ni de la nueva evolución del deporte en edad escolar de los últimos años. En todas estas convocatorias sólo se desarrolla en profundidad el programa de JJEE, limitándose a añadir un "apéndice" al final del articulado para referirte a otros posibles programas como se expresa a continuación en el caso de la Orden de 17 de agosto de 2000, de la Consejería de Educación y Cultura, por la que se establecen las normas a que han de ajustarse las actividades integradas en el programa formativo-recreativo del Deporte Base de Castilla y León y se convoca el Campeonato de Castilla y León de Centros Escolares para el Curso 2000-2001:

"De la acción de difusión del deporte y de promoción del ocio activo.

Vigesimoprimero.- La Consejería de Educación y Cultura promoverá en colaboración con Entidades Locales y asociaciones deportivas, la realización de actividades de difusión del deporte y de promoción del ocio activo." (p. 11582)

Uno de los profesores participantes en el estudio explica con claridad la percepción que hay sobre la implicación autonómica con los JJEE:

La Junta organiza los sectores [fases de competición de los JJEE] que les interesa económicamente para llevarse los aplausos (...). Por lo menos el Ayuntamiento hace algo. (Grupo de discusión de profesorado de Secundaria, p. 10).

Encontramos una total ausencia de referencias al ámbito escolar ni a su profesorado en toda la legislación autonómica de Castilla y León, convirtiéndose la colaboración de los centros escolares en puro voluntarismo discrecional de su profesorado.

Sin embargo, la Orden de 7 de febrero de 2001, de la Consejería de Educación y Cultura, por la que se regula el procedimiento de autorización de modificación de la jornada escolar en los centros sostenidos con fondos públicos de Educación Infantil y/o Primaria de la Comunidad de Castilla y León, señala que contribuirá de manera decisiva a la implantación de un nuevo modelo, aunque de manera indirecta y evidentemente involuntaria. El motivo es la obligatoriedad de cumplimentar el horario lectivo con una serie de actividades voluntarias denominadas "talleres", que extiendan la jornada escolar continuada a la tarde. Veremos que el profesorado encuentra en el modelo de deporte escolar propuesto una solución a la ocupación de ese horario, con un programa acorde a sus fines educativos (Informe UVa del Programa "Iniciación deportiva extraescolar" del curso 2007/08, 2008). Se logra, por fin, una simbiosis que favorezca el interés y la implicación de los centros y su profesorado, pese a seguir sin incentivos ni reconocimientos profesionales, económicos ni personales. El deporte escolar contribuiría al mejor funcionamiento de los centros escolares y a ampliar y mejorar su oferta de actividades "extraescolares".

La gestión deportiva municipal. Desde la delegación de funciones en materia deportiva a los municipios con más de 20.000 habitantes (Decreto 108/1996, de 22 de abril), el deporte escolar en Segovia se ha limitado a desarrollar el único programa por el que podía obtener fondos y que conllevaba cierta "obligatoriedad": los JJEE. Esta situación ha sido percibida, por tanto, como una imposición, coartando la diversificación de la oferta deportiva. Tan sólo algunas iniciativas provenientes de otras entidades, especialmente la UVa, lograron implementar otros programas, cuyo resultado final fue, en todos los casos, su extinción por falta de apoyo institucional y por problemas de financiación.

Hemos podido comprobar en algunos documentos analizados, especialmente en los informes del programa de "Iniciación Deportiva Extraescolar (IDEX)", que la relación de PDM o el IMD con los centros escolares no era demasiado proactiva, sintiéndose en frecuentes ocasiones enfrentados como miembros de diferentes "equipos". Muestra de ello era la casi total incomunicación, rota gracias a las reuniones promovidas entre el IMD y el profesorado de los centros escolares en el seno del programa de colaboración IDEX, a partir de las cuáles se inició un proceso de co-evaluación que sentó las bases del nuevo modelo de deporte escolar objeto de este estudio.

El contexto deportivo en edad escolar de Segovia. Aunque en la ciudad de Segovia había cierto anclaje en el modelo convencional competitivo de los JJEE , claramente vinculado al modelo organizativo del deporte base, en la provincia ya se venía desarrollando un programa mucho más diversificado, muy próximo a muchas de las señas de identidad del modelo que perseguimos (fundamentalmente polideportivo, mixto, recreativo, etc.). Sin embargo, siempre ha habido una falta de interés por coordinar ambos programas. Un profesor de secundaria de un centro concertado lo expresa de este modo:

> El problema aquí en Segovia es el enfrentamiento entre el Ayuntamiento y la Diputación (...). Hacen los campeonatos para luego llevar las medallas. Lo de la Junta aquí es escandaloso (...) dos organismos públicos que tendrían que ir en la misma dirección... pues muchas veces no van, y no por las personas que trabajan allí, sino por lo que viene de arriba. (Grupo de discusión del profesorado de Secundaria, p.10)

A este problema de entendimiento entre las entidades locales, como hemos podido comprobar, se añade el desamparo que perciben todos los agentes implicados respecto a la Junta de Castilla y León. Nos encontramos con un deporte escolar cuyo único referente es la convocatoria autonómica anual, motivada por el ingreso de las subvenciones correspondientes para desarrollar los JJEE.

Las alternativas frustradas. Como no podía ser de otro modo, surgen en dos periodos diferentes iniciativas por el cambio de modelo en el programa municipal de deporte escolar. En primer lugar, en 1997, el programa de Actividad Física Jugada, impulsado por la Escuela de Magisterio de Segovia (Monjas Aguado y López Pastor, 1999). Este programa se presenta como alternativa experimental, para un determinado periodo escolar. En esencia perseguía minimizar el protagonismo de la competición especializada y segregada por sexo propia de los JJEE. Sin embargo, problemas de gestión económica ligados a una falta de apoyo institucional extinguió esta iniciativa en el año 2000. En octubre del 2002, en el marco de un nuevo convenio de colaboración entre el PDM de Segovia y el campus de Segovia de la UVa, se desarrolla un programa paralelo al que daba cobertura específicamente a los JJEE y que buscaba diversificar la oferta y ofrecer una alternativa menos competitiva y mixta. Una vez más, el desinterés institucional, excusado por la falta de fondos, hizo desaparecer esta alternativa en dos años.

Catalizadores del cambio

El Foro por el deporte en Segovia. La sensación de que esto no funcionaba era ya muy extendida entre los diferentes agentes implicados, los que motivó la movilización social de una modo progresivo y organizado. La primera chispa saltó en el contexto de una jornada sobre el estado del deporte en Segovia, promovida por la UVa, cuyo fin era el de analizar y posicionar la importancia social del deporte segoviano en el "Plan Estratégico de Segovia 2006-2016". En esta jornada se gestó la creación del Foro por el deporte en Segovia en el 2006, coordinado por la UVa y con la participación de numerosas personas vinculadas al deporte segoviano en todos sus ámbitos y dedicaciones. Tras varios meses de trabajo por mesas temáticas, se redactó un informe que abordó: (a) el deporte en edad escolar; (b) el deporte de competición; y (c) las infraestructuras deportivas, como temas más urgentes e importantes (Pérez Brunicardi, 2007). En el deporte escolar se apreció la necesidad de un cambio en profundidad, no sólo planteando alternativas. Un cambio en su organización, en sus fines, en sus relaciones entre los diferentes agentes implicados y en su modelo metodológico. No cabían medias tintas, había que transformar el deporte escolar en Segovia, con un matiz: planificando una estructura deportiva en el municipio que permita la coexistencia de éste con el deporte base federado, "debe existir la posibilidad de poder participar tanto con un modelo de competición como con otros modelos más cercanos a responder las demandas de los menos habilidosos, incluso realizar ambas si el deportista las demanda" (Pérez Brunicardi, 2007, p. 44). Este aparentemente obvio, resultó ser una revolución: ambos ámbitos deportivos no competirían entre sí por los participantes, sino que se complementarían entre sí.

El programa de "Iniciación Deportiva Extraescolar (IDEX)". El segundo de los factores que catalizó el cambio fue la accesibilidad al contexto, gracias a los convenios anuales que venían suscribiendo el IMD y la UVa. Planteada la necesidad, había una herramienta para abordar el cambio: el programa de IDEX. Este programa, que desde el 2002 implementaba el deporte escolar con sus monitores tutorizados por el técnico de deportes del campus, serviría de soporte para desarrollar una estructura acorde a los objetivo marcados para lograr un deporte escolar educativo y, por tanto, mixto, polideportivo, participativo, recreativo, generalizado, accesible, etc.

Un gobierno municipal que apuesta por el cambio. La contemporalidad de estos dos factores con las elecciones municipales favoreció, por un lado, la fluidez en las gestiones para que se recogiesen en los programas electorales las ideas fundamentales del "Informe por el deporte en Segovia". Por otro lado, analizados dichos documentos, hemos podido comprobar esta influencia, dando como resultado, en el caso del partido que logró el gobierno del municipio en 2006, una serie de compromisos electorales que serían claves para la consolidación organizativa y presupuestaria del programa de IDEX. De este modo, la dotación presupuestaria de este convenio subió significativamente y permitió pagar a muchos más monitores, muchas más horas, logrando hacer realidad algo impensable hasta el momento, por ejemplo: dos sesiones semanales, encuentros deportivos durante todo el curso escolar, integración en un modelo polideportivo y mixto a la inmensa mayoría de los centros escolares de Educación Primaria, una formación específica para los monitores, basada en un enfoque eminentemente educativo, etc.

Un proyecto I+D+i sobre deporte escolar educativo en Segovia. Una de las apuestas de dicha corporación municipal y una de las demandas de del Foro por el deportes en Segovia era la de diagnosticar con rigor el estado del deporte escolar, establecer un programa integral que permita llevar a cabo dicho cambio y desarrollar diferentes ciclos de investigación-acción que permitan ir mejorando el programa hacia un modelo educativo. De este modo, el IMD crea en el año 2007 una Oficina I+D+i y solicita a la UVa que desarrolle un proyecto de investigación que lleve a cabo dicha labor. Con este proyecto de investigación se logra mantener encendida y vigilada la llama que generó el Foro por el deporte en Segovia.

¿Qué deporte escolar quieren sus agentes implicados?

Esta tesis doctoral, enmarcada en dicho proyecto I+D+i, ha ofrecido importante información para el diagnóstico, no sólo con el análisis del proceso que ha catalizado el cambio, sino también con el estudio de las valoraciones, intereses y actitudes de los agentes implicados en el deporte escolar de Segovia.

Hemos convenido definir como agentes implicados a aquellos que deberían intervenir, de un modo u otro, en cualquiera de los procesos organizativos de un deporte escolar contextualizado en el ámbito local del ayuntamiento y de los centros escolares (Mestre Sancho, 2004), presuntamente promovido y financiado por la administración autonómica e independiente de las estructuras deportivas federativas con las estructuras. Siguiendo las teorías ecológicas del desarrollo humano (Bronfenbrenner, 1987; Max Neef, 1996), los agentes sociales son el motor del cambio, motivados por sus expectativas y deseos, si se establecen las dinámicas adecuadas de reflexión y diálogo y las medidas que hagan posible una transformación social y estructural del deporte escolar. Estos agentes implicados son, en primer lugar, los escolares y sus familiares, especialmente sus padres y madres, el profesorado y los monitores (Asenjo y Maiztegui, 2000; Macazaga, Vizcarra y Recalde, 2006; Vizcarra, Macazaga y Rekalde, 2006). En segundo lugar están aquellos que se encuentran en la fase organizativa: representantes políticos y equipo técnico municipal (gestores, administrativos, etc.), además de otros agentes externos que en cada caso contribuyen al proceso organizativo (en el caso de Segovia la UVa). La información sobre estos últimos la hemos obtenido de los diferentes documentos analizados y la de los primeros de diferentes grupos de discusión, aprovechando la condición del investigador como herramienta para contrastar la información gracias a su experiencia e inmersión en el campo.

Finalidad del deporte escolar. Del análisis de los documentos elaborados por los representantes políticos se desprende cierta falta de consistencia en la finalidad y utilidad del deporte escolar. Mientras que reconocen reiteradamente el valor educativo del deporte en estas edades, generalmente lo asocian directamente con el modelo federado del deporte base. En el caso del partido que gobernó el ayuntamiento desde el 2006, se aprecian algunas influencias del Foro por el deporte en Segovia sin la suficiente madurez ni asimilación, constatada por la falta de coherencia entre el lenguaje empleado en sus programas electorales y el que apareció posteriormente en la Web oficial. Por parte del grupo de la oposición, esta falta de asimilación fue más aguda, reflejada en las referencias al deporte base federado y a los JJEE como los ámbitos del deporte en edad escolar susceptibles de ser impulsados y subvencionados, reproduciendo el modelo promovido por la Junta de Castilla y León en sus correspondientes convocatorias anuales del Deporte en edad escolar y omitiendo la necesaria relación de éste con los centros educativos.

> Potenciación de los Juegos Escolares, adaptados al calendario escolar (…). Gratuidad del uso de Instalaciones Municipales para el deporte base federado. (Programa electoral del Partido Popular, p. 16).

Algo similar sucede con el resto de agentes implicados, parece que están totalmente de acuerdo en el fin educativo. Aunque estemos hablando de deporte escolar, se desprende de su discurso que se refieren al deporte en general, reproduciendo ciertos estereotipos sociales vinculados a éste como la capacidad de socializar, de educar en valores positivos, de promover hábitos saludables, etc. Son pocos los conscientes de la importancia del modelo metodológico que se desarrolle para lograr esos fines. Tan sólo los maestros y los monitores cuya formación inicial proviene de magisterio son capaces de identificar la diferencia entre las finalidades del deporte escolar y el deporte base, no dando por sentado su condición educativa.

> Tiene que ser educativo 100%, creo que tiene que ser el primer valor, pero estoy hablando sea deporte federado, sea deporte escolar, yo creo que el componente educativo siempre que esté de responsable alguien, tiene que ser el objetivo prioritario. (Maestro de centro público, grupo de discusión de profesorado de Primaria, p.4).

Otra finalidad aceptada de manera generalizada es la recreativa, basada en el componente lúdico inherente al deporte practicado por escolares. Posiblemente, tanto para los padres y madres como para sus hijos, esta finalidad sea la más presente, contraponiéndose al rigor y disciplina que podría imponer el deporte excesivamente competitivo. Sin embargo, contrasta con algunos de los valores que pretendidamente fomenta el deporte: espíritu de sacrificio, entrega, etc.; expuestos por algunos padres y el profesorado.

Estamos diciendo muchas veces que en la sociedad nuestra se pierden valores de muchas cosas (...) y, a lo mejor, el deporte enfoca hacia muchas cosas, esfuerzo, sacrificio. (Profesora de Secundaria de centros concertado, grupo de discusión de profesorado de Secundaria, p.2).

Existe cierta vinculación entre la idea de diversión para la victoria promovida por el deporte competitivo que aprenden nuestros escolares y que, como dice este niño entrelíneas, sólo disfrutan quienes son válidos y competentes.

Bueno pues a mí me gusta porque es divertido, también porque así puedes tener un buen estado físico y también si eres bueno y ganas pues mejor todavía. (Niño de Primaria, grupo de discusión de escolares, p.1).

Sin embargo, se va dejando entrever en el discurso de los agentes implicados que el deporte es un hecho social y educativo muy amplio, que permite diferentes aplicaciones y produce diferentes vivencias. Por tanto, requiere de un tratamiento pedagógico que haga explícitas estas finalidades y que responda a la utilidad que persiguen los agentes implicados, todo ello siguiendo los criterios educativos propios del contexto escolar en el que se desarrolla y sin confundirlos con los de otros ámbitos deportivos. Esto parece que queda patente cuando se refieren a la finalidad de rendimiento, pues rebajan la importancia de los resultados a estas edades y en este contexto y, además, vinculan el acondicionamiento físico a criterios de salud, muy sensibilizados por los problemas de hábitos nocivos entre la juventud.

Los que fuman y beben en mi clase, por ejemplo, no hacen deporte, prefieren ir de botellón. (Niño de Primaria, grupo de discusión de escolares, p. 8).
A los 16 y 17 años saben que si tienen que ir a entrenar el sábado a la natación, al tenis o a lo que sea, el viernes no pueden tomar la 'litrona' que se toman. (Madre de centro concertado, grupo de discusión de familiares, p.10).

Podemos ver, por tanto, que las finalidades por las que apuestas los agentes implicados son muy amplias, cuyo denominador común es el fin educativo de toda propuesta recreativa, socializadora y saludable. Tan sólo hace falta un poco más de madurez deportiva para ser capaces de identificar los matices que harán posibles estos fines.

Características del deporte escolar. De los discursos y documentos analizados podemos extraer también cuáles son o deberían ser las cualidades del deporte escolar. Se intuye un importante deseo de cambio frente al modelo competitivo, selectivo, elitista, segregado por género y especializado, aunque en ocasiones encontramos cómo emanan ciertos estereotipos fijados, a nuestro juicio, por la fuerza de las experiencias previas en un modelo dominante y generalizado de deporte. Las características que se atribuyen al deporte escolar están íntimamente ligadas a su carácter educativo, sin que se aprecien confusiones entre éste y la Educación Física del ámbito educativo formal.

El deporte escolar, especialmente hasta el final de la etapa de Educación Primaria, es asumida de manera generalizada por todos los agentes como convenientemente mixta. Dentro de los parámetros de la coeducación y de las escasas diferencias entre las cualidades de los niños y de las niñas, el deporte mixto es expresado como deseable.

> Me va gustar mucho en esta etapa (...) el tema del deporte mixto en las competiciones, o sea: creo que en el sentido educativo es positivo, además como va a ver determinadas chavalas, y tal, que son mucho mejores que los chicos en muchos casos, que evidentemente es posible que eso con el tiempo con la fuerza física, y tal, se puede ir decantando, pero en las edades hasta 10 años (...) me parece fenomenal, es fundamental que el deporte sea mixto. (Padre de centro público de Primaria, grupo de discusión de familiares, p. 16).

Sin embargo, como puede apreciarse, al referirse al deporte en general, al deporte practicado en edades más juveniles o al más espontáneo, alejado de todo ámbito educativo, resurgen con mayor frecuencia los estereotipos de género que tantas dificultades interponen al proceso educativo a través del deporte.

> La mayoría de las chicas cuando intentan ir a jugar al fútbol, le preguntan a un chico, ¿puedo jugar?, no, es un juego de chicos y no puedes jugar, y al frontenis igual, no me dejaron jugar aunque luego vieron como tiraba de fuerte y sí me dejaron. (Alumna de Secundaria, grupo de discusión de escolares, p. 8).

Otra característica que surge con frecuencia es el debate entre la conveniencia de la especialización deportiva y la oferta polideportiva, algo sobre lo que también se centraron los estudios de Latorre Román, Gasco, García, et al. (2009) o Latorre (2006). Parece muy generalizada la creencia de que el deporte debe ser más especializado con la edad, reproduciendo el concepto selectivo del deporte base, que procura suficientes practicantes para la modalidad que promociona cada federación o club.

> Yo creo que desde pequeño está bien tener varias opciones, te las eligen tus padres la mayor parte de las veces, entonces si ves que luego alguna cosa te gusta más, cuando eres más mayor lo eliges (...). (Alumna de centro público de Primaria, grupo de discusión de escolares, p. 10).

No obstante, cuando van evolucionando y contrastando su discurso, orientándolo hacia el deporte escolar y su enfoque educativo, van resurgiendo opiniones a favor de una oferta polideportiva, bien a modo de menú variado o bien por la importancia de la formación interdisciplinar y heterogénea.

> Pero habrá que ofertar más deportes (...) ¿qué pasa con los chicos que además quieren hacer más cosas? La realidad es esa, que los equipos se forman con los mismos chicos de un centro. (...) en los recreos que estamos hartos de hacer competiciones siempre se apuntan los mismos chavales (...) los chicos que se mueven son siempre los mismos. También hay que movilizar a esos que nunca se apuntan a nada, y eso tiene que ser a través del deporte escolar, y no hay otra. (Directora de instituto público, grupo de discusión de profesorado de Secundaria, p. 16).

La difuminada línea entre el deporte base especializado y el deporte escolar polideportivo la intenta definir este joven, debatiéndose en un conflicto entre querer hacer varias cosas y el estereotipo de dedicarse a lo que a uno bien se le da bien:

También muchas veces es por horarios porque si te coinciden varios a la vez, tienes que elegir entre uno u otro (...). Yo prefiero dedicarme a una cosa con ganas y bien que dedicarme a medias. Yo al año que viene ya me voy a especializar bien en natación y triatlón, y tenis. Eso es lo que voy a practicar porque es lo que se me da bien. Luego seguiré jugando a otras cosas pero ya en plan broma con los amigos. (Estudiante de Secundaria de un centro concertado, grupo de discusión de escolares, p. 10).

Organización del deporte escolar. Parece que los agentes implicados reconocen que el punto débil del deporte escolar es su falta de organización y planificación. Se apuntan diferentes claves para resolverlo.

El Foro por el deporte en Segovia ya apuntaba la importancia de una implicación conjunta del ayuntamiento y de los centros escolares, haciendo especial énfasis en la implicación y reconocimiento del profesorado:

El Ayuntamiento debería (...) dinamizar y organizar el deporte escolar en los centros (...) para que las actividades físicas y deportivas tengan una mayor resonancia entre los alumnos, estos deben ser animados y dirigidos por personas que se encuentren en el centro. (Informe sobre el estado del deporte en Segovia, 2007, p. 47).

El Ayuntamiento debe forzar al Ministerio de Educación [quieren referirse a la Consejería de Educación de la Junta de Castilla y León] para que se reconozcan estas actividades como parte de su trabajo. De tal manera que se incluyan como horas lectivas. (Informe sobre el estado del deporte en Segovia, 2007, pp. 48-49).

Parece que hasta el momento había cierta falta de coordinación y de consenso entre el ayuntamiento y los centros escolares en la organización el deporte escolar, como se desprende del Informe del Programa de "Iniciación Deportiva Extraescolar" del curso 2006/2007:

Hay que trabajar directamente con los centros escolares para que faciliten la labor de los monitores transmitiendo información a los alumnos, cediendo o compartiendo material y espacios deportivos, etc. De lo contrario sólo son viables Escuelas Deportivas Municipales autónomas o en colaboración con Clubes o Centros Educativos con motivación por la promoción deportiva. (Informe del Programa de "Iniciación Deportiva Extraescolar" del curso 2006/07, 2007, p. 4).

Esta necesaria implicación de los centros escolares aparece especialmente en el discurso del propio profesorado, por lo que la importancia de llegar a un entendimiento parece fundamental.

Hasta que no haya una figura en los colegios que se encargue del deporte escolar, esto no funciona. Lo más importante son los enlaces con los centros, y eso es lo fundamental y donde hay que trabajar, porque si en el centro, los profesores de Educación Física o el monitor encargado del deporte mueve el deporte, ese centro se mueve. (Profesor de centro privado, grupo de discusión de profesorado de Secundaria, p. 17).

Sin embargo, se denotan ciertas reticencias derivadas de la responsabilidad que asumen, de la falta de reconocimiento profesional y, por tanto, condicionada al voluntarismo:

En vez de estar en otro lugar, pues mira mejor aquí en el colegio que están más recogidos. Lo haces con toda tu buena voluntad, entonces es que es como todo, ponerle un poco de trabas a todo lo que podemos hacer o tú quieres hacer con ellos. Ahora lo decimos, sales con ellos a cualquier actividad y es que te la estás jugando. (Profesor de centro público, grupo de discusión de profesorado de Secundaria, p. 5).

Se muestra la necesidad de establecer fórmulas que hagan sentirse al profesorado y a los monitores partícipes del mismo proyecto, como recogían Macazaga et al. (2006). Este director de un colegio público demanda dicha participación:

Desde otras instituciones como pasa en la UVa o como pasa en el Ayuntamiento, este año están demostrando (...) si nos tenemos que implicar nosotros como profesionales tendremos algo que decir en ese plan, o sea lo que no podemos hacer es recibir el plan, que puede estar bien o mal, yo no entro en ese tema, pero algo tendremos que aportar. (...) Es necesaria la colaboración de los profesores de Educación Física o de los colegios en general, pues sí, vamos a diseñar el plan, qué papel tienen que hacer, porque, claro, estamos hablando de compensación horaria..., pues ponte a hacer horarios. (Grupo de discusión de profesorado de Primaria, pp. 13 y 14).

Esta vinculación con los centros escolares parece estar consensuada, y no sólo en el aspecto organizativo, sino también como "contenedor de actividades deportivas", adaptando el concepto de "contenedores culturales" que apunta Orts Delgado (2005). Lo explica acertadamente este padre:

La administración tendrá que utilizar los colegios más de lo que se utilizan, un colegio no tendría que ser únicamente para la jornada escolar, sino para otras muchas cosas, claro, muchos colegios tendrían que tener instalaciones deportivas para que se pudiesen abrir (...), que haya monitores, yo creo que no es mucho dinero ni mucha complicación de organización, es voluntad política y tener un poco de idea, y seguro que hay expertos y esta investigación imagino que irá por ahí, para proponer un plan. (Grupo de discusión de familiares, p.12).

Por su parte, el Ayuntamiento, a través de su organismo de gestión del deporte municipal, el IMD, padece una circunstancia conflictiva. Mientras demuestra gran interés en el cambio de modelo, con el apoyo al proyecto IDEX y al proyecto I+D+i, con el aumento de la asignación presupuestaria; denota cierta falta de madurez en la concepción del propio modelo, encontrando con frecuencia incoherencias entre el apoyo a este modelo educativo y la reproducción de estereotipos vinculados al deporte federado competitivo. Como ejemplo encontramos la estructura y contenidos de la página Web oficial del IMD o la memoria del IMD para el año 2009 (en Anexo I). En ambos casos, pese a haber sido el proyecto IDEX uno de los grandes logros deportivos para el municipio, tanto en participación como en transformación de una realidad anquilosada o en la inversión en un proyecto social; se sigues recogiendo de forma prioritaria los resultados de las competiciones de los JJEE, una actividad ya minoritaria en ese momento. Parece que es necesario un proceso de maduración que facilite la asimilación del modelo, que vaya más allá de apostar por él, confiando en el asesoramiento externo de la UVa.

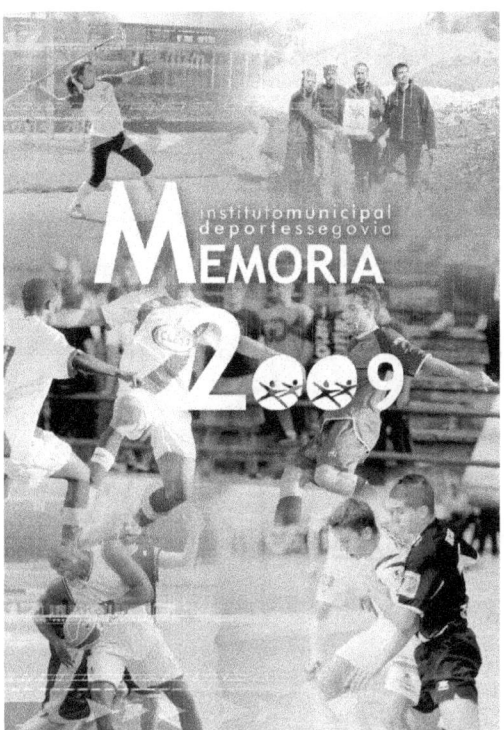

Imagen 1. Portada de la Memoria anual del IMD de Segovia, en el que se aprecia aún el protagonismo del modelo competitivo y la ausencia total del deporte escolar.

Otro aspecto en el que aparece bastante consenso es la necesidad de una adecuada formación para los monitores, algo que hasta el momento no se realizaba de un modo específico. La formación provenía de sus experiencias previas, pero nunca de un programa formativo propio, y menos aún orientado a un deporte escolar educativo. Así lo reconocían los propios monitores:

> Yo creo que nos falta formación que tenemos que buscar nosotros. (Monitora, grupo de discusión de monitores, p. 3).
>
> Yo creo que es escasa la preparación que reciben los monitores en principios educativos, creo que recibimos más en cómo enseñar habilidades que en enseñar principios educativos a los chavales. (Monitor, grupo de discusión de monitores, p. 3).

Al aspecto formativo se le une la necesaria profesionalización de los monitores, dos aspectos que no se han logrado aún en el municipio de Segovia:

> Yo creo que este deporte escolar tendría que estar en manos de monitores especializados, en fin, contratados por quien corresponda, probablemente tendría que ser el Ayuntamiento o quien sea. (Padre de alumno de alumno de Primaria, grupo de discusión de familiares, p. 7).

Sin embargo, es algo desde hace tiempo superado a nivel provincial, lo que denota la descontextualización de este modelo deportivo municipal y la necesidad de evolucionar en la formación y la profesionalización de los monitores:

> A nivel escolar, la Diputación hacía, o por lo menos antes así lo hacia, un curso de monitores polideportivos. En ese aspecto, de algún modo pues antes de empezar los cursos, pues a lo mejor estabas dos meses dando cursos en materias de formación. (Monitor de centro concertado, grupo de discusión de monitores, p. 16).
> Pero yo creo que ese es el problema de la UVa porque yo tengo algún amigo que hace esto en algún pueblo y ha tenido que hacer un curso de ciertas horas los fines de semana porque si no, no le daban ese puesto. (Monitor de centro público, grupo de discusión de monitores, p. 16).

La solución que se ha dado hasta el momento para la asignación de monitores al deporte escolar pasaba, como ya hemos comentado, por un convenio con la UVa, a través de la cual recibían una compensación económica en forma de beca. Esta solución más económica que la contratación es valorada como provisional, con la esperanza en evolucionar hacia un futuro más profesionalizado que pase necesariamente por la contratación del personal. Así lo explica un maestro:

> Se necesita (...) dar una continuidad a esa gente también como se ha visto por ejemplo en la Escuela de Magisterio que a lo mejor cuando llegan a tercero ya es cuando los chicos se hacen con los chavales, (...) pero como ya acaban en la Escuela de Magisterio pues ya no pueden optar a continuar con ellos. (Maestro de colegio público, grupo de discusión de profesorado de Primaria, p. 5).

Por último, a nivel organizativo, parece que la implicación de los familiares es muy importante, a tenor de las demandas de profesorado y monitores.

> El nivel de compromiso que se nos exige a nosotros es impresionante, aunque no te muevas de Segovia, dos días, dos tardes a entrenar. (Padre de alumno de colegio público, grupo de discusión de familiares, p. 10).

Aunque los padres y madres alegan cierto nivel de saturación de actividades extraescolares de sus hijos, también reconocen la falta de compromiso generalizado de muchas familias, lo cual interpreta como una falta de interés en el programa, concebido normalmente como "guardería" más que una actividad educativa.

> Si vas a un partido de los de Juegos Escolares, pues van a verlo cuatro padres, es que no va nadie. (Profesor de Instituto Público, grupo de profesorado de Secundaria, p. 4).
> Sólo quieren a alguien que le cuiden a los chicos. (Madre de centro privado de Secundaria, grupo de discusión de familiares, p. 11).

CONCLUSIONES Y PROPUESTAS DE FUTURO

Analizando los antecedentes y la situación actual del deporte escolar en el municipio de Segovia, podemos elaborar un modelo integral de deporte escolar que responda a los anhelos y necesidades de los agentes implicados y cumpla con unos criterios de calidad educativa y organizativa que lo conviertan en un servicio social útil y accesible a todos los escolares del municipio.

Como es bien sabido, la historia nos enseña tanto de los errores como de los aciertos del pasado. Haber podido identificar, por un lado, los factores que han impedido la evolución del deporte durante tantos años y, por el otro, los factores catalizadores del cambio, nos permitirá establecer una serie de condicionantes previos indispensables para alcanzar el objetivo de transformar el deporte escolar segoviano. Además, de este modo, esta experiencia local puede ser transferida a otros municipios con realidades similares o equivalentes.

A continuación se exponen los principales factores que han impedido la evolución del deporte escolar en el municipio de Segovia.

Una legislación excesivamente centrada en el modelo competitivo de los JJEE, que no ha evolucionado apenas en los últimos 15 años, desde que la comunidad autónoma delegó en los municipios la gestión del deporte local (Decreto 107/1996, de 22 de abril). Este modelo más vinculado con el ámbito federativo, ha obviado la necesaria integración de los centros educativos y de su profesorado, por lo que tampoco ha habido un desarrollo normativo que permitiese regular y reconocer la implicación de éstos en el deporte escolar, más allá del más puro voluntarismo.

La inexistente exigencia autonómica por desarrollar en los municipios programas de deporte escolar con fines educativos, pese al discurso teórico de la Ley 2/2003 del deporte en Castilla y León, ha dejado al arbitrio de las entidades locales el modelo deportivo que se ha promovido en sus ámbitos de competencia. De este modo, ha habido una gran diferencia entre el modelo municipal y el provincial.

Un concepto de deporte vinculado casi exclusivamente a la competición, el rendimiento, la selección y el espectáculo popular; muy arraigado entre la mayoría de los agentes implicados, en especial entre quienes deben planificar y organizar el deporte escolar. Esto reproduce una serie de estereotipos que emergen constantemente en el discurso, en las actitudes y en las acciones.

Gran escasez de espacios deportivos y medios materiales para responder a un modelo educativo que procura la participación generalizada, el enfoque polideportivo y la extensión del programa a lo largo del curso escolar, a salvo del duro invierno segoviano.

Falta de tradición profesional de la labor de monitor deportivo, vinculada demasiado a menudo al voluntarismo y, por tanto, sin garantías de formación y cualificación suficientes. A esto se suma que el único modelo formativo proviene del ámbito federativo y, por tanto, interesado en la promoción de su propio deporte, algo que choca con un modelo educativo interdisciplinar y heterogéneo que diversifique las experiencias de ocio y formación de los escolares.

Una concepción estereotipada del deporte vinculada a las diferencias de género, la necesaria especialización con la edad y a la identificación de la diversión y la motivación con la competición y el éxito. Esta concepción ofrece grandes resistencias a la hora de aceptar los cambios. Sólo las experiencias positivas permiten romper estos prejuicios. Sólo pudiendo implantar un nuevo programa se podrá lograr el cambio, algo paradójico pero indispensable.

Para poder lograr dicho cambio han sido necesarios una serie de acontecimientos y hechos que, a modo de catalizadores, han propiciado superar muchas de las dificultades que acabamos de enunciar y que se resumen en los siguientes.

La vinculación de la UVa en la organización del deporte escolar ha propiciado un proceso de reflexión externo y ajeno a las entidades implicadas (comunidad autónoma, ente de gestión local y centros educativos). El carácter educativo e investigador de la universidad, su neutralidad y su implicación convencida en la necesidad de una transformación, ha servido de combustible y motor del cambio.

El Foro por el deporte en Segovia generó la chispa que desencadenó el cambio. La participación de una amplia representación de los diferentes colectivos vinculados al deporte segoviano permitió identificar el estado del deporte escolar y las necesidades de evolución hacia un modelo de calidad, coherente y diverso, como diversa es la demanda.

La confianza y la apuesta por el cambo de la institución municipal, reflejada en la implementación de diferentes programas de estudio y promoción del deporte escolar (I+D+i e IDEX) y en el aumento progresivo de la asignación presupuestaria en estos proyectos. Sin la voluntad política suficiente los proyectos de innovación habrían sido estériles.

Una vez reconocida la necesidad de un cambio estructural y no sólo el diseño de un programa alternativo, que mantuviese los JJEE como modelo dominante, hemos identificado con qué deporte escolar sueñan los agentes implicados, parafraseando a Vizcarra et al. (2006). Hemos podido confirmar, entre los discursos de los agentes implicados, que existen grandes correspondencias con el modelo que planteaba el Foro por el deporte en Segovia y que venía demandando la UVa como entidad colaboradora en la organización del deporte escolar. Las señas de identidad que debe tener el deporte escolar son las siguientes.

La comunicación, el diálogo y un "liderazgo multiplicador" (Moreno, 2000) como modus operandi de la entidad organizadora. Esto requiere de un trabajo centrado en la coordinación intra e inter-administrativa, especialmente entre las entidades implicadas: comunidad autónoma, ayuntamiento y centros educativos.

Financiación suficiente y gestión económica optimizada que permita unos niveles mínimos de profesionalización y formación de los monitores, disponibilidad de espacios y materiales deportivos diversos y generalización de la oferta a todos los escolares que lo deseen. Las estrategias para lograrlo pueden ser diversas, pero deben cumplir estos fines.

Programa estructurado bajo unos principios educativos, que permitan orientar el carácter competitivo, el aprendizaje motriz y el ejercicio físico implícito en la naturaleza de las actividades deportivas. En este sentido, eludirá la rivalidad exacerbada, la selección temprana, los aprendizajes mecánicos y la búsqueda del rendimiento por encima de todo. Un deporte educativo debe ser integral en todas las dimensiones de la persona y debe favorecer un desarrollo social positivo, que fomente la responsabilidad, la convivencia y la libertad. Así mismo, las exigencias físicas deben basarse siempre en principios de salud y de motivación personal, desechando rigurosamente actitudes que perjudicasen a los menos cualificados.

Carácter no formal y finalidad de educación para el ocio, lo que implica un planteamiento eminentemente recreativo, algo que no está reñido con los principios educativos. El aspecto lúdico del deporte debe conservarse frente al rigor profesional del deporte de alto nivel emulado con demasiada frecuencia en diferentes momentos de la vida deportiva de los escolares.

Participación mixta, ya que no se persiguen logros deportivos ni clasificaciones. Las diferencias individuales, como las de género, son una riqueza educativa en el deporte escolar y no un problema para elaborar clasificaciones presuntamente justas.

Oferta deportiva variada y heterogénea, dejando para el ámbito federado del deporte base las propuestas más especializadas. Son complementarios entre sí, ofreciendo alternativas a las diferentes motivaciones deportivas de los escolares. Si el deporte escolar se ciñe sólo a las competiciones de los JJEE no hay alternativa posible.

Vinculación organizativa y espacial a los centros educativos, desde un marco extraescolar, que le ofrezca la suficiente independencia con un mínimo de articulación con los fines educativos de la Escuela. Esto implica una regulación profesional que recoja la figura del profesor colaborador en deporte escolar, reconociendo su labor adecuadamente.

Dificultades encontradas

Más allá de los problemas económicos para implantar cualquier tipo de programa de innovación, de las dificultades espaciales y materiales para desarrollar un programa digno o de los obstáculos organizativos debe superar cualquier cambio en la gestión deportiva municipal y escolar, la principal dificultad que hemos encontrado ha estado alimentada por una falta de reflexión de los responsables institucionales acerca de cómo debe ser el deporte escolar. Demasiado anclado en el prejuicio del deporte como forjador del carácter a través de la competición, no se ha sabido diferenciar el contexto en el que se enmarca. Este hecho, a nuestro juicio, es la causa de una falta de revisión en la normativa y legislación autonómica sobre deporte en edad escolar y, por tanto, el principal obstáculo que permita un modelo diferente del competitivo federado.

Urge, por tanto, revisar la convocatoria autonómica de deporte en edad escolar y su asignación presupuestaria, regular el sector profesional de los monitores deportivos y desarrollar una reglamentación educativa que reconozca la labor del profesorado y contemple el papel activo de los centros educativos.

Perspectivas de futuro

Este estudio, desarrollado durante los años 2009 y 2010, tan sólo podía anhelar su repercusión en el futuro desarrollo del deporte escolar en el municipio de Segovia. El modelo propuesto y el trabajo paralelo de evaluación de su implantación han permitido ir consolidando un deporte escolar educativo, integrado en la visión de los agentes implicados. Muestra de ello ha sido el nuevo convenio plurianual que dará continuidad y seguridad al proyecto durante otros tres cursos más, hasta el 2014. Este proyecto implica la profesionalización de los monitores y los coordinadores, algo impensable hasta la fecha y sumamente complicado en la coyuntura económica por la que estamos pasando actualmente.

Así mismo, se ha revisado nuevamente el proyecto de formación de los monitores, con un planteamiento más integrado, que va más allá del habitual curso de formación inicial, y se complementa con varias medidas que pasan por la tutela de los monitores en sus sesiones, el desarrollo de actividades formativas prácticas específicas para cada módulo de contenidos, la celebración semanal de un seminario que permitirá poner en común los logros y dificultades encontradas, etc.

Durante estos dos últimos años, sin querer parecer pretencioso, se ha conseguido implicar y "educar" a los medios de comunicación locales, con diferentes medidas que han ayudado a dar una imagen diferente del deporte escolar, alejada de las típicas clasificaciones y crónicas deportivas de competición. A través de estas medidas paralelas, procuraremos ir divulgando un modelo diferente al convencional que permita comprender y valorar mejor el deporte educativo, como así lo atestiguan diferentes premios y reconocimientos otorgados al proyecto nivel local y nacional.

Queda mucho por hacer, horizontes por alcanzar, pero parece que el camino está bien trazado, si no dejamos de revisar siempre el rumbo y los recursos con los que contamos.

BIBLIOGRAFÍA

Asenjo, F. y Maiztegui, C. (2000). La interrelación entre los distintos agentes implicados en el deporte escolar. Un análisis de sus demandas desde el punto de vista de los educadores deportivos. En C. Maiztegui y V. Pereda (coord.), *Ocio y deporte escolar. Documentos de Estudios de Ocio. Nº 12.* (pp.41-64) Bilbao: Deusto.

Bronfenbrenner, U. (1987). *La ecología del desarrollo humano. Cognición y desarrollo humano.* Barcelona: Paidós.

Callejo, J. (2001). *El grupo de discusión: Introducción a una práctica de investigación.* Barcelona: Ariel.

Decreto 107/1996, de 22 de abril, por el que se delega el ejercicio de funciones en materia de promoción deportiva a los ayuntamientos de municipios con población superior a 20.000 habitantes. BOCYL Nº 81, de 29 de abril de 1996. (pp.21636-21644) Valladolid: Junta de Castilla y León.

Decreto 51/2005, de 30 de junio, sobre la actividad deportiva en Castilla y León. BOCYL Nº 130, de 6 de julio de 2005. (pp. 11957-11964). Valladolid: Junta de Castilla y León.

Guba, E.G. (1989). Criterios de credibilidad en la investigación naturalista. En J. Gimeno Sacristán y A. Pérez Gómez (Eds.) *La enseñanza: su teoría y su práctica.* (pp. 148-165) Madrid: Akal.

Guba, E.G. y Lincoln, Y.S. (1981). *Effective evaluation.* San Francisco: Jossey-Bass.

Habermas, J. (1982). *Conocimiento e interés.* Madrid: Taurus.

Ibáñez, J. (1992). *Más allá de la Sociología. El grupo de discusión. Teoría y crítica.* Madrid: Siglo XXI.

Latorre Román, P.A., Gasco, F., García, M., Martínez, R.M., Quevedo, O., Carmona, F.L., Rascón, P.J., Romero, A., López, G.A. t Malo, J. (2009). Análisis de la influencia de los padres en la promoción deportiva de los niños. *Journal of Sport and Health Research, 1*(1), 12-25.

Latorre, J. (2006). *El deporte en edad escolar en los colegios públicos de Educación Primaria de la ciudad de Zaragoza.* Tesis doctoral no publicada. Zaragoza: Universidad de Zaragoza.

Ley 2/2003, de 28 de marzo, del deporte de Castilla y León. BOCYL Nº 65, de 4 de abril de 2003. (pp. 2-17). Valladolid: Junta de Castilla y León.

Ley Orgánica 10/1990, de 15 de octubre, del deporte, BOE Nº 249, de 17 de octubre de 1990. Madrid: Gobierno de España.

Ley Orgánica 2/2006, de 3 de mayo, de Educación, BOE Nº 106, de 4 de mayo de 2006. (pp. 17158-17207) Madrid: Gobierno de España.

Ley Orgánica 8/1985, de 3 de julio, reguladora de Bases de Régimen Local, BOE Nº 80, de 3 de abril de 1985. Madrid: Gobierno de España.

Macazaga, A.M., Vizcarra, M.T. y Rekalde, I. (2006). Estudio del proceso formativo que siguen un grupo de docentes para realizar un diagnóstico de necesidades en deporte escolar. *Psicodidáctica, 2*(2), 207-226.

Manrique Arribas, J.C., López Pastor, V.M., Gea, J.M., Barba, J.J. y Monjas Aguado, R. (2010). Investigación y cambio social: un proyecto de I+D+i para transformar el programa de Deporte Escolar de toda la ciudad. *Actas del V Congreso Internacional y XXVI Nacional de Educación Física* (formato CD-Rom). Barcelona: Universidad de Barcelona.

Martínez Aguado, D. (2003). Una propuesta teórica de planificación deportiva municipal: la base de los proyectos deportivos. *Revista Internacional de Medicina y Ciencias de la Actividad Física y el Deporte, 3*(12), 205-222.

Max Neef, M. (1996). *Desarrollo a escala humana. Concepto, aplicaciones, algunas reflexiones.* Buenos Aires: Icaria.

McKernan, J. (2001). *Investigación-acción y currículum.* Madrid: Morata.

Mélich, J.C. (1994). *Del extraño al cómplice: la educación en la vida cotidiana.* Barcelona: Anthropos.

Mestre Sancho, J.A. (2004). *Estrategias de gestión deportiva local.* Barcelona: Inde.

Monjas Aguado, R. y López Pastor, V.M. (1999). Actividad Física Jugada: una propuesta alternativa de actividad física extraescolar. *Actas XVII Congreso Nacional de Educación Física de Escuelas Universitarias de Magisterio* (pp. 487-501). Huelva: Universidad de Huelva.

Monjas Aguado, R., López Pastor, V.M., Manrique Arribas, J.C., Vázquez, M., Martínez, S., Barrientos, E.J. y Barba, J.J. (2010). Descubrimiento de los valores del deporte mediante la puesta en marcha de un proyecto de transformación del Deporte Escolar en la ciudad de Segovia. *Actas del VII Congreso Internacional de Actividades Físicas Cooperativas* (formato CD-Rom). Valladolid: Universidad de Valladolid.

Moreno, I. (2000). El Multiplicador: un liderazgo para el desarrollo y la autogestión del ocio. *VI Congreso Mundial de Ocio "Ocio y Desarrollo Humano".* Bilbao: Deusto. http://www.ocio.deusto.es. (revisada el 10 de febrero de 2011)

Orden de 17 de agosto de 2000, de la Consejería de Educación y Cultura, por la que se establecen las normas a que han de ajustarse las actividades integradas en el programa formativo-recreativo del Deporte Base de Castilla y León y se convoca el Campeonato de Castilla y León de Centros Escolares para el Curso 2000-2001. BOCYL Nº 180, de 15 de septiembre de 2000. (pp. 11580-11582) Valladolid: Junta de Castilla y León.

Orts Delgado, F. (2005). *La gestión municipal del deporte en edad escolar.* Barcelona: Inde.

Pérez Brunicardi, D. (Coord.) (2007). *Informe sobre el Deporte en Segovia. Diagnosis de la realidad actual y una propuesta de futuro.* Segovia: Foro por el deporte en Segovia. Universidad de Valladolid.

Taylor, S.J. y Bogdan, R. (1986). *Introducción a los métodos cualitativos de investigación.* Barcelona: Paidós.

Vizcarra, M.T., Macazaga, A.M. y Rekalde, I. (2006). ¿Con qué deporte escolar sueñan las familias? *Apunts Educación Física y Deportes, 86,* 97-107.

ANEXO 1

Documentos analizados en el estudio

Doc. 1. Informe Foro por el deporte en Segovia, 2007
Doc. 2. Plan Estratégico de Segovia 2006_2016, Cap. 5., 2007
Doc. 3. Memoria 2006_2009 Plan estratégico SG, 2010
Doc. 4. Programa electoral deportes PSOE, 2007
Doc. 5. Programa electoral municipal PP, 2007
Doc. 6. Saluda Alcalde web IMD, 2009
Doc. 7. Saluda Concejal de deportes web IMD, 2009
Doc. 8. www.imdsg.es, 2010
Doc. 9. Plan Director Deportivo Segovia, 2010
Doc. 10. Informe UVa Iniciación Deportiva Extraescolar, 2003-04
Doc. 11. Informe UVa Iniciación Deportiva Extraescolar, 2006-07
Doc. 12. Proyecto Iniciación Deportiva Extraescolar, 2007-08
Doc. 13. Informe UVa Iniciación Deportiva Extraescolar, 2007-08
Doc. 14. Informe UVa Iniciación Deportiva Extraescolar, 2008-09
Doc. 15. Memoria IMD, 2009
Doc. 16. Ley 2_2003 del deporte en Castilla y León (CyL).
Doc. 17. Decreto 51/2005, de actividad deportiva en CyL
Doc. 18. Orden del Deporte Base en CyL, 1997-98
Doc. 19. Orden del Deporte Base en CyL, 1998-99
Doc. 20. Orden del Deporte Base en CyL, 1999-2000
Doc. 21. Orden del Deporte Base en CyL, 2000-01
Doc. 22. Orden del Deporte Base en CyL, 2001-02
Doc. 23. Orden del Deporte Base en CyL, 2002-03
Doc. 24. Orden del Deporte en Edad Escolar en CyL, 2003-04
Doc. 25. Orden del Deporte en Edad Escolar en CyL, 2004-05
Doc. 26. Orden del Deporte en Edad Escolar en CyL, 2005-06
Doc. 27. Orden del Deporte en Edad Escolar en CyL, 2006-07
Doc. 28. Orden del Deporte en Edad Escolar en CyL, 2007-08
Doc. 29. Orden del Deporte en Edad Escolar en CyL, 2008-09
Doc. 30. Orden del Deporte en Edad Escolar en CyL, 2009-10
Doc. 31. Orden del programa de Deporte en Edad Escolar en CyL, 2010_11

www.ingramcontent.com/pod-product-compliance
Lightning Source LLC
Chambersburg PA
CBHW081412230426
43668CB00016B/2216